임동석중국사상100

# 춘추좌전

## 春秋左傳

左丘明 撰 / 林東錫 譯註

9. 襄公

"상아, 물소 뿔, 진주, 옥. 진괴한 이런 물건들은 사람의 이목은 즐겁게 하지만 쓰임에는 적절하지 않다. 그런가 하면 금석이나 초목, 실, 삼베, 오곡, 육재는 쓰임에는 적절하나 이를 사용하면 닳아지고 취하면 고갈된다. 그렇다면 사람의 이목을 즐겁게 하면서 이를 사용하기에도 적절하며, 써도 닳지 아니하고 취하여도 고갈되지 않고, 똑똑한 자나 불초한 자라도 그를 통해 얻는 바가 각기 그 자신의 재능에 따라주고, 어진 사람이나 지혜로운 사람이나 그를 통해 보는 바가 각기 그 자신의 분수에 따라주되 무엇이든지 구하여 얻지 못할 것이 없는 것은 오직 책뿐이로다!"

《소동파전집》(34) 〈이씨산방장서기〉에서 구당(丘堂) 여원구(呂元九) 선생의 글씨

# 책머리에

무려 19만 6,800여 자나 되는 이 방대한 저술을 역주하는데 내가 생각해도 참 애 많이 썼다. 세상에 완벽함이란 없다. 완벽을 추구하는 것만으로도 이미 그 가치는 어느 정도 인정받을 수 있으리라는 소박한 자기 합리화에 만족한다.

자료를 모아 선뜻 손을 대었다가 너무 힘들고 지쳐 '내가 왜 이 짓을 하나?' 하고 후회해본 것이 한두 번이 아니다. 나에게는 단순반복 작업을 울면서라도 그냥 해내는 묘한 힘이 있다. 이는 어릴 때 깊은 산속에서 살 때 배운 철리哲理였다. 나뭇짐에 실어온 큰 등걸나무에 톱질을 하면서 백 번을 썰면 끊어지겠지 하던 의지였다. "당연한 고통은 참고 넘겨라. 그것이 이치에도 맞다"라는 자기 최면이었다. 이 작업도 그런 생각을 하면서 나도 모르게 다시 컴퓨터 앞에 앉아 있기 일쑤이며 풀리지 않던 부분이 다른 자료와 교차 검증하다가 해결되자 나도 모르게 성취감에 들떠 점심 식사도 거른 경우도 부지기수다. 공자가 말한 "吾嘗終日不食, 終夜不寢, 以思, 無益, 不如學也"가 바로 이러한 경지리라 감히 깨닫는 자체가 송구스럽다.

금년 새해 벽두 북경에 갔다가 책방에 들러 다시 자료를 눈에 띄는 대로 욕심내다가 그만 너무 많아졌음에도 이를 들고 오다가 우편으로 부칠 것을 그랬나 하고 끙끙대며 수속을 마치고 인천 공항을 나서면서는 그래도 얼른 볼 수 있으니 고생값이 있으렸다 하고 안위의 기쁨에 매서운 한겨울 추위도 반가웠다. 아니 조선시대 같았으면 이러한 책을 어찌 이토록 쉽게 얻어 볼 수 있었겠는가 하는 비교우위 행복감에 젖어 공항 리무진 버스 창문 밖을 내다보니 밤빛 찬란한 서울의 한강 가가 참으로 아름다운 곳이라는 생각이 들었다.

이렇게 다시 작업은 이어졌지만 지루한 재점검은 다시 반 년 넘더니 또 한해가 흘렀다. 들여다보면 볼수록 미진하거나 아차 잘못된 탈자, 오자, 오류가 나를 주눅들게 하였다. 마치 비밀 번호를 숨겨놓은 것과 같은 문장, 수수께끼를 풀도록 숙제를 안겨주는 것과 같은 내용, 역사적 배경과 인물의 특징, 242년의 얽히고 설킨 수많은 제후국들의 국내외 사정, 족보가 뒤얽힌 경대부들의 가계, 忠과 賊이 무시로 바뀌는 끝없는 반전의 인간군상, 봄풀 나서 봄 한 철 살고, 사람 나서 한 일생 산다는 만물의 원리를 번연히 알고 있으면서도 영원히 살 것처럼 욕심과 배신의 굴레 속에서 날뛰는 사람들의 이야기. 정말 너무 복잡하여 어떻게 손을 대고 어떻게 진행해 나아가야 할지 막막할 때가 많았다.

그보다 유가儒家의 경전이라는 엄숙한 명제 앞에 내 기분나는 대로 마구 풀이해 나갈 수도 없었다. '미언대의微言大義'라는 대원칙을 숨겨놓았고, 포폄襃貶과 시비是非를 바로잡고자 성인이 찬집했다니 범속한 사람이 다루어도 될까 적이 두려움이 엄습하기도 하였다. 아니 두예杜預는 천재성을 발휘하였고 스스로 '좌전벽左傳癖'이 있다고 자처할 정도였으니 내용을 훤히 알고 좋아서 한 일이었을 것이다. 그 때문에 그의 '집해集解'는 가위

믿을 만하고 경탄스럽다. 마찬가지로 '정의正義'를 붙인 공영달孔穎達이나 기타 수많은 학자들도 그 당시 공구서도 그리 많지 않았을 것이니 머릿속에 모든 것이 들어 있지 않고서야 어찌 한 치의 오차도 없이 그렇게 착종錯綜해 낼 수 있었겠는가?

그러나 나도 '이미 벌여놓은 춤'(已張之舞)이니 다 추고 무대에서 내려올 수밖에 없는 상황에 이제 마무리를 지었다. 미진하기 그지없지만 단락은 지어야 한다. 강호제현江湖諸賢께서 해량하시어 오류와 탈자, 누소漏疏함이 있을 것이란 전제 아래 참고해 주시기 바라며 끝없고 혹독한 질책을 내려 주시기도 아울러 바란다.

줄포茁浦 임동석林東錫이 부곽재負郭齋에서 적음.

# 일러두기

1. 책 이름은 《春秋左傳》, 《春秋左氏傳》, 《左氏春秋》, 《左氏傳》, 《左傳》 등 여러 가지가 있으나 《春秋》의 經文과 左丘明 傳文을 모두 포함한다는 뜻의 《春秋左傳》으로 하였다.

2. 이 책은 《左傳正義》(十三經注疏本, 臺灣 藝文印書館 印本), 《春秋經傳集解》(杜預, 上海古籍出版社 活字本), 《春秋左傳注》(楊伯峻, 中華書局), 《左傳會箋》(竹添光鴻, 臺灣 鳳凰出版社 印本) 등을 저본으로 하여 相互 交叉 對照하여 經文과 傳文 전체를 완역한 것이다.

3. 그 외 《左傳全譯》(王守謙 外 貴州人民出版社 1991), 《春秋左傳今註今譯》(李宗侗 臺灣商務印書館 1980), 《左傳》(漢籍國字解全書 早稻田大學出版部 明治 42년(1909)) 등도 매우 유용한 참고 자료로 활용하였다.

4. '經文'은 전체 1,861조항을 001(隱公 元年. B.C.722. 己未)부터 1,861(哀公 16년. B.C.479. 壬戌) "夏四月己丑, 孔丘卒"까지 모두 일련번호를 부여하고 괄호 안에 공의 이름과 재위 연도 및 해당 기사의 일련번호를 넣어 찾기 쉽도록 하였다.

5. 각 해당 공의 재위 연도가 시작되는 앞에 周나라와 기타 諸侯國의 당해 연도 군주의 묘호와 이름을 표로 작성하고 이를 제시하여 이해에 도움이 되도록 하였다.

6. '傳文'은 해당 경문의 아래에 넣되 ⓔ으로 조항의 구분을 표시하여 經文과의 관계 및 내용의 정확한 소속관계를 알 수 있도록 하였다.

7. 한문 원문을 앞에 제시하고 해석을 하였으며 해석 다음에 人名, 地名, 事件名, 用語, 御諱 등 해석상 註釋이 필요한 것들을 제시하고 풀이하였다.

8. 註釋은 이미 제시된 것이라 할지라도 해당 장의 이해에 필요하다고 여겨지는 것은 반복하여 실은 것도 있다.

9. 직역을 위주로 하였으나 문의를 순통하게 하기 위하여 일부 의역을 한 곳도 있으며, 특히 미묘한 '微言大義'를 위한 표현 등은 지면상 번거로운 해석을 피하기 위하여 부연설명하지는 않았다.

10. 주석의 근거는 孔穎達 疏나 기타 학자들의 의견을 인용할 경우 가능하면 이를 밝혔으며 그 문장은 따로 해석해 넣지 않고 원문을 그대로 제시하였다.

11. 작업상 오자, 탈자, 오류 등은 불가피하였던 부분에 대해서는 발견되는 대로 앞으로 계속 수정 보완해 나갈 것이다.

12. 이 책의 역주 작업에 참고한 문헌은 다음과 같다.

## ❋ 참고문헌


1. 《左傳注疏》十三經注疏本(宋本) 嘉慶 21년 江西 南昌府學開彫. 臺灣 藝文印書館 印本.

2. 《春秋經傳集解》晉, 杜預 上海古籍出版社 1988 上海

3. 《春秋管窺》(印本) 文淵閣本(故宮博物院所藏)

4. 《左傳會箋》(日, 1903)竹添光鴻 鳳凰出版社(覆印本) 1977 臺北

5. 《春秋左傳》(十三經全文標點本) 吳樹平 北京燕山出版社 1991 北京

6. 《春秋經傳集解》(四部叢刊) 晉, 杜預(撰) 唐, 陸德明(音義) 景玉田蔣氏藏本 書同文(電子版) 北京

7. 《春秋左傳》韓廬甫 普天出版社 1973 臺中 臺灣

8. 《春秋左傳注》楊伯峻 中華書局 2009 北京

9. 《左傳全譯》 王守謙(外) 貴州人民出版社 1991 貴陽 貴州

10. 《春秋左傳今註今譯》 李宗侗 臺灣商務印書館 1980 臺北

11. 《左傳》(漢籍國字解全書) 早稻田大學出版部 明治 42년(1909) 東京

12. 《春秋傳》 毛奇齡 〈皇淸經解〉 漢京文化事業有限公司 印本 1983 臺北

13. 《春秋說》 惠士奇 〈皇淸經解〉 漢京文化事業有限公司 印本 1983 臺北

14. 《春秋地理考實》 江永 〈皇淸經解〉 漢京文化事業有限公司 印本 1983 臺北

15. 《春秋正辭》 莊存與 〈皇淸經解〉 漢京文化事業有限公司 印本 1983 臺北

16. 《春秋異文箋》 趙坦 〈皇淸經解〉 漢京文化事業有限公司 印本 1983 臺北

17. 《左傳杜解補正》 顧炎武 〈皇淸經解〉 漢京文化事業有限公司 印本 1983 臺北

18. 《春秋左傳補註》 惠棟 〈皇淸經解〉 漢京文化事業有限公司 印本 1983 臺北

19. 《春秋左傳補疏》 焦循 〈皇淸經解〉 漢京文化事業有限公司 印本 1983 臺北

20. 《左氏春秋考證》 劉逢祿 〈皇淸經解〉 漢京文化事業有限公司 印本 1983 臺北

21. 《春秋左傳補注》 馬宗璉 〈皇淸經解〉 漢京文化事業有限公司 印本 1983 臺北

22. 《春秋左傳正義》 晉 杜預(注), 唐 孔穎達(疏) 〈四庫全書〉 文淵閣(印本) 臺灣 商務印書館

23. 《春秋釋例》 杜預(撰) 〈四庫全書〉 文淵閣(印本) 臺灣商務印書館

24. 《春秋左氏傳補注》 元 趙汸(찬) 〈四庫全書〉 文淵閣(印本) 臺灣商務印書館

25. 《左傳杜林合注》 明 趙如源(等) 〈四庫全書〉 文淵閣(印本) 臺灣商務印書館

26. 《春秋世族譜》 淸 陳厚耀(撰) 〈四庫全書〉 文淵閣(印本) 臺灣商務印書館

27. 《公羊傳注疏》 十三經注疏本(宋本) 嘉慶 21년 江西 南昌府學開彫. 臺灣 藝文印書館 印本.

28. 《穀梁傳注疏》 十三經注疏本(宋本) 嘉慶 21년 江西 南昌府學開彫. 臺灣 藝文印書館 印本.

29. 《春秋左傳詞典》 楊伯峻·徐提(編) 中華書局 1985 北京

30. 《世本》 周渭卿(點校) 齊魯書社 2010 濟南 山東

31. 《帝王世紀》 晉, 皇甫謐(撰). 陸吉(點校) 齊魯書社 2010 濟南 山東

32. 《逸周書》 袁宏(點校) 齊魯書社 2010 濟南 山東

33. 《竹書紀年義證》 雷學淇 藝文印書館 1977 臺北

34. 《竹書紀年》 張潔·戴和冰(點校) 齊魯書社 2010 濟南 山東

35. 《十三經注疏》 藝文印書館 印本

36. 《史記》 鼎文書局(活字本) 1978 臺北

37. 《二十五史》 鼎文書局(活字本) 1978 臺北

38. 《中國歷史紀年表》 華世出版社 1978 臺北

39. 《中國歷史大事年表》 上海辭書出版社 1986 上海

40. 《中國歷史年表》 柏楊 星光出版社 1979 臺北

41. 《中國帝王皇后親王公主世系錄》 柏楊 星光出版社 1979 臺北

42. 《中國帝王譜》 田鳳岐(編) 天津市普文印務公司 2003 天津

43. 《經學辭典》 黃開國(編) 四川人民出版社 1993 成都

44. 《中國儒學辭典》 趙吉惠·郭厚安(編) 遼寧人民出版社 1989 瀋陽

45. 《中國大百科全書》(哲學) 中國大百科全書出版社 1992 北京

46. 《中國大百科全書》(歷史) 中國大百科全書出版社 1992 北京

47. 《中國儒學百科全書》 中國大百科全書出版社 1997 北京

48. 《郡齋讀書志》 宋, 晁公武(撰), 孫猛(校證) 上海古籍出版社 1990 上海

49. 《簡明中國古籍辭典》 邱蓮梅(編) 吉林文史出版社 1987 長春

50. 《詩經直解》 陳子展 復旦大學出版社 1991 上海

51. 《四書集註》 林東錫(譯) 東西文化社 2009 서울

52. 《漢書藝文志問答》臺灣中華書局 1982 臺北

53. 《列子集釋》新編諸子集成 中華書局 1979 北京

54. 《荀子集解》(印本) 藝文印書館 1973 臺北

55. 《中國通史》李符桐(外) 文鳳出版社 1973 臺北

56. 《圖說中國歷史》周易(主編) 二十一世紀出版社 2002 南昌 江西

57. 《圖說中國歷史》中央編譯出版社 2007 北京

58. 《說話中國》李學勤(外) 上海文藝出版社 2004 上海

59. 《中國史綱》張蔭麟 九州出版社 2005 北京

60. 《上古史》張淸華 京華出版社 2009 北京

61. 《正說中國三百五十帝》倉聖 黑龍江人民出版社 2006 哈爾濱

62. 《中國歷史》聞君 北京工業大學出版社 2006 北京

63. 《中國歷史》周佳榮(外) 香港教育圖書公司 1989 香港

64. 《中國歷史博物》朝華出版社(編) 2002 北京

65. 《國學導讀叢編》周何·田博元 康橋出版社 1979 臺北

66. 《經學通論》王靜芝 國立編譯館 1982 臺北

67. 《中國學術槪論》林東錫 傳統文化研究會 2002 서울

68. 《說文解字》,《太平御覽》,《山海經》등.


工具書 등 기타 文獻은 기재를 생략함.

# 해제

 I.《春秋》

 II.《春秋左傳》

 III.《春秋左傳集解》

 IV.《春秋釋例》

 V. 杜預

 VI.《春秋左傳正義》

 VII. 孔穎達

# I.《春秋》

## 1. 史書로서의《春秋》

‘春秋’란 원래 孔子 이전 각 나라마다 있었던 ‘國史’를 통상적으로 부르던 일반명사였다. 예를 들면《公羊傳》莊公(7년) 傳에 “不修春秋”, “魯春秋云”,《左傳》昭公(2년) 傳에 “晉韓起聘魯, 觀書於太史氏, 見易象與魯春秋” 등의 기록은, 공자가 근거로 했다는 魯나라 사서는 이미 원래부터 ‘春秋’라 불렀던 것임을 알 수 있다. 또한《國語》楚語의 “教之以春秋”나 晉語의 “羊舌肸習於春秋”로 보아 楚나라나 晉나라 역사도 역시 ‘춘추’라 불렀던 것임을 알 수 있다. 그 외,《管子》의 “故春秋之記”,《韓非子》의 “魯哀公問於孔子云:「春秋之記, 冬十二月, 霜不殺菽, 何謂記此?」”,《戰國策》의 “今臣逃而奔齊趙,

是可著爲春秋” 등 많은 기록에 '史書'를 곧 '春秋'라 부른 예는 널리 찾을 수 있다.

한편, 여기서 말하는 《春秋》는 현존하는 중국 최초의 編年體 史書이며 동시에 儒家의 經典으로 초기 六經(五經)의 하나이다. 이는 공자가 魯나라 역사를 근거로 노나라 군주의 世系를 '紀'로 하여 簡策의 기록을 재정리한 것이다. 年, 時(四時), 月, 日(干支)을 근간으로 하였으며 그 중 時, 즉 四時, 春夏秋冬의 '春'과 '秋' 두 글자를 취하여 《춘추》라 부르게 된 것이다. 공자가 《춘추》를 刪定하였다는 기록은 《孟子》, 《史記》, 《漢書》 등에 널리 실려 있다.

우선 《孟子》 滕文公(下)에 "世衰道微, 邪說暴行有作, 臣弑其君者有之, 子弑其父者有之. 孔子懼, 作春秋. 春秋, 天子之事也. 是故孔子曰:「知我者其惟春秋乎! 罪我者其惟春秋乎!」…… 孔子成春秋而亂臣賊子懼."라 하였고, 離婁(下)에도 "孟子曰:「王者之迹熄而詩亡, 詩亡然後春秋作. 晉之乘, 楚之檮杌, 魯之春秋, 一也. 其事則齊桓·晉文, 其文則史. 孔子曰:『其義則丘竊取之矣.』」라 하였으며 盡心(下)에도 "春秋無義戰"이라 하는 등 가장 강하게 거론하였다. 이에 司馬遷은 《史記》 孔子世家에서 "子曰:「弗乎弗乎, 君子病沒世而名不稱焉. 吾道不行矣, 吾何以自見於後世哉?」乃因《史記》作春秋, 上至隱公, 下訖哀公十四年, 十二公. 據魯, 親周, 故殷, 運之三代. 約其文辭而指博. 故吳楚之君自稱王, 而春秋貶之曰'子'; 踐土之會實召周天子, 而春秋諱之曰「天王狩於河陽」: 推此類以繩當世. 貶損之義, 後有王者舉而開之. 春秋之義行, 則天下亂臣賊子懼焉. 孔子在位聽訟, 文辭有可與人共者, 弗獨有也. 至於爲春秋, 筆則筆, 削則削, 子夏之徒不能贊一辭. 弟子受春秋, 孔子曰:「後世知丘者以春秋, 而罪丘者亦以春秋.」라 하여 자세히 설명하고 있으며, 〈十二諸侯年表〉 序에도 "孔子明王道, 干七十餘君, 莫能用; 故西觀周室, 論史記舊聞, 興於魯, 而次

《春秋》. 上記隱, 下記哀之獲麟, 約其文辭, 去其煩重, 以制義法. 王道備, 人事浹"이라 하였다. 班固의 《漢書》 藝文志에는 "古之王者世有史官, 君擧必書, 所以愼言行, 昭法式也. 左史記言, 右史記事, 事爲春秋, 言爲尙書, 帝王靡不同之. 周室旣微, 載籍殘缺, 仲尼思存前聖之業. ……"이라 하였다.

그러나 공자의 일상과 언행을 자세히 적은 《論語》에는 도리어 이러한 언급이나 기록이 단 한 마디도 없어 이 때문에 錢玄同 같은 학자는 《춘추》를 공자가 지었다고 확정적으로 말할 수는 없다고 회의를 표하기도 하였다. 좌우간 공자는 이 《춘추》를 육경의 하나로 삼아 제자들을 가르친 것으로 알려져 있으며 공자의 역사관, 정치관 등 사상의 일면을 깊이 담고 있는 고전이다.

한편 기록 내용은 경학 중에 《尙書》와 함께 역사 부분에 해당한다. 그러나 그 기록은 아주 간략하여 역사 배경이나 사건의 전말 등은 거의 알아볼 수 없을 정도의 綱目 위주로, 마치 '大事年表'와 같다. 문자의 숫자로 보아도 제일 많은 것이 47자(僖公 4년), 적게는 1자 '螟'(隱公 8년)로만 되어 있는 것도 있다. 이처럼 《춘추》는 기록이 매우 은미隱微하여 사건마다 오직 결과와 결론만 있을 뿐 경과나 전모는 생략되어 있다. 그 때문에 뒷사람의 많은 부연설명의 여지를 남기고 있었던 것이다.

모두 12편으로 되어 있으며 기간은 魯 隱公 원년(B.C. 722)으로부터 哀公 14년(B.C. 482)까지 242년 간, 12명의 公의 역사이며 대체로 1만 7,000여 자에, 그 經文의 條項도 1,834조에 불과하다. 그러나 이는 《公羊傳》과 《穀梁傳》을 기준으로 한 것이며 左傳에는 哀公 16년(B.C. 479) 4월 己丑 孔子의 죽음까지 기록하여 모두 244년까지이며 經文은 1,861조이다. 《公羊傳》 昭公 12년 傳의 徐彦 疏에는 《春秋說》을 인용하여 "孔子作春秋一萬八千字, 九月而

書成"이라 하여 "1만 8,000자이며 9개월 만에 마쳤다"라 하였으나 지금 이는 억설로 보고 있다.

한편 《춘추》는 공자가 직접 저술하고 교재로 사용한 육경의 하나이기 때문에 이를 해석하고 부연 설명한 저작들은 '傳'이라 불렀다. '漢'나라 때까지만 해도 이미 이러한 전이 5종류가 있었다. 즉 《公羊傳》, 《穀梁傳》, 《左氏傳》, 《鄒氏傳》, 《夾氏傳》이 그것이다. 이들 중 지금은 '公, 穀, 左'만 남아 이를 「春秋三傳」이라 하여 《춘추》 연구에 아주 중요한 자료로 활용되고 있다.

《公羊傳》과 《穀梁傳》은 《춘추》의 의리, 즉 '微言大義'를 疏正한 것이며, 《左氏傳》은 《춘추》 經文의 구체적인 史實과 역사적 경과, 배경 등을 서술한 것이다. 《漢書》 藝文志에 실려 있는 《春秋古經》 12편이 바로 《춘추》 經文만을 의미하는 것이 아닌가 한다. 한편, 《좌전》은 古文經을 근거로 한 것으로 보고 있으며, 《공양전》과 《곡량전》은 今文經을 근거로 한 것으로 보고 있다. 즉 금문과 고문은 문체는 같으나 금문은 莊公과 閔公(閔公은 2년 밖에 되지 않음)의 합하여 한 편을 줄여 11편이 된 것이다. 그리고 《좌전》은 공자의 죽음(哀公 14년)까지 경문이 실려 있으나, '공·곡'은 '獲麟'(哀公 14년)에서 경문이 끝을 맺고 있어 2년 차이가 나는 것이다. 그러나 《춘추》의 경문은 지금 모두 삼전의 傳文 앞에 나누어 실려 있으며 단행본은 없다. 杜預는 《좌씨전》과 《춘추고경》을 합하여 集解를 붙여 《춘추좌씨전》이라 하였고, 《公羊傳》과 《穀梁傳》은 《춘추금문경》을 기준으로 이를 각기 傳文 앞에 실어 단행본 《춘추경》은 아예 사라지고 말았다. 그러나 금문의 《춘추경》과 《공양전》, 《穀梁傳》과의 배합은 실제 어느 때부터 시작되었는지는 확실치 않다. 何休의 《公羊傳解詁》에는 다만 傳文만 해석해 놓아 杜預의 《經傳集解》와는 체제가 다르며, 漢 熹平石經의 《공양전》 殘片에는 傳文만 있다. 이로 보아 漢末까지도 今文經과 傳은 각기 따로 있었던 것이 아닌가 한다, 다만 〈四庫全書總目提要〉에는 今文經과 《公羊傳》의 배합은 그 義疏를 쓴 唐의 徐彦에 의해, 또 《穀梁傳》과의 배합은 그 集解를 쓴 晉 范寧에 의해 시작된 것이라 보고 있다. 이러한 과정을 거쳐 宋代까지 오면서 九經, 十二經, 十三經 등의 변화를 거쳐 지금은 모두 十三經에 들어 있으며 이들만을 묶어 「春秋三傳」이라 하게 된 것이다.


## 2. 「十二公」과 「三世」

《春秋》에서 紀가 되는 魯나라 12公은 隱, 桓, 莊, 閔, 僖, 文, 宣, 成, 襄, 昭, 定, 哀公까지의 총 242년에 대한 기록은 흔히 公羊家들에 의하면 三世로 나뉜다. 즉 공자가 전해들은 세대(所傳聞之世), 공자가 들은 세대(所聞之世), 공자가 직접 보았던 세대(所見之世)이다.

⑴ 孔子所傳聞之世(총 96년)
　① 隱公(11)　② 桓公(18)　③ 莊公(32)　④ 閔公(2)　⑤ 僖公(33)

⑵ 孔子所聞之世(총 85년)
　⑥ 文公(18)　⑦ 宣公(18)　⑧ 成公(18)　⑨ 襄公(31)

⑶ 孔子所見之世(총: 61년)
　⑪ 昭公(32)　⑫ 定公(15)　⑬ 哀公(14)

## 3. 《春秋》의 本義(本旨)

　　《춘추》의 本義(本旨)는 대체로 「正名分」, 「寓褒貶」, 「明是非」 등 세 가지를 들고 있다. 그러나 혹은 '寓褒貶'을 大義로 삼고, '정명분'과 '명시비'를 그 하위개념으로 낮추어 설정하기도 하며 혹 '정명분'을 '명시비'와 같은 것으로 여겨 '정명분'과 '우포폄' 두 가지라고 하기도 한다. 그러나 司馬遷은 '微言大義'를 가장 주된 본지로 여겨 《史記》太史公自序에서 "上大夫壺遂曰: 「昔孔子何爲而作春秋哉?」太史公曰: 「余聞董生曰: '周道衰廢, 孔子爲魯司寇, 諸侯害之, 大夫壅之. 孔子知言之不用, 道之不行也, 是非二百四十二年之中, 以爲天下儀表, 貶天子, 退諸侯, 討大夫, 以達王事而已矣.' 子曰: '我欲載之空言, 不如見之於行事之深切著明也.' 夫春秋, 上明三王之道, 下辨人事之紀, 別嫌疑, 明是非, 定猶豫, 善善惡惡, 賢賢賤不肖, 存亡國, 繼絶世, 補敝起廢, 王道之大者也. 易著天地陰陽四時五行, 故長於變; 禮經紀人倫, 故長於行; 書記先王之事, 故長於政; 詩記山川谷禽獸草木牝牡雌雄, 故長於風; 樂樂所以立, 故長於和; 春秋辯是非, 故長於治人. 是故禮以節人, 樂以發和, 書以道事, 詩以達意, 易以道化, 春秋以道義. 撥亂世反之正, 莫近於春秋. 春秋文成數萬, 其指數千. 萬物之散聚皆在春秋. 春秋之中, 弑君三十六, 亡國五十二, 諸侯奔走不得保其社稷者不可勝數. 察其所以, 皆失其本已. 故易曰'失之豪釐, 差以千里'. 故曰'臣弑君, 子弑父, 非一旦一夕之故也, 其漸久矣'. 故有國者不可以不知春秋, 前有讒而弗見, 後有賊而不知. 爲人臣者不可以不知春秋, 守經事而不知其宜, 遭變事而不知其權. 爲人君父而不通於春秋之義者, 必蒙首惡之名. 爲人臣子而不通於春秋之義者, 必陷簒弑之誅, 死罪之名. 其實皆以爲善, 爲之不知其義, 被之空言而不敢辭. 夫不通禮義之旨, 至於君不君, 臣不臣, 父不父, 子不子. 夫君不君則犯, 臣不臣則誅, 父不父則無道, 子不子則不孝. 此四行者, 天下之大過也. 以天下之大過予之, 則受而弗敢辭. 故春秋者, 禮義之大宗也. 夫禮禁未然之前, 法施已

然之後; 法之所爲用者易見, 而禮之所爲禁者難知.」라 하였다. 이에 여기서는 '정명분'과 '우포폄'을 예를 들어 간단히 설명하기로 한다.


(1) 「正名分」
① 事物의 名分을 바르게 함.
《論語》子路篇에 "子路曰:「衛君侍子而爲政, 子將奚先?」 子曰:「必也正名乎!」 子路曰:「有是哉, 子之迂也! 奚其正?」 子曰:「野哉, 由也! 君子於其所不知, 蓋闕如也. 名不正, 則言不順; 言不順, 則事不成; 事不成, 則禮樂不興; 禮樂不興, 則刑罰不中; 刑罰不中, 則民無所措手足. 故君子名之必可言也, 言之必可行也. 君子於其言, 無所苟而已矣.」라 하였으며 董仲舒의 《春秋繁露》深察名號篇에는 구체적으로 "《春秋》辨物之理, 以正其名, 名物如其眞, 不失秋毫之末, 故名霣石, 則後其五, 言退鷁, 則先其六. 聖人之謹於正名如此, 君子於其言, 無所苟而已, 五石六鷁之辭是也"라 하여 僖公 16년 "十有六年春王正月戊申朔, 霣石于宋五. 是月, 六鷁退飛, 過宋都"에서 '五'자를 뒤로, '六'자는 앞으로, '石'자를 '鷁'자로보다 먼저 쓴 것을 두고 분석한 것으로 《公羊傳》에는 "曷爲先言霣而後言石? 霣石記聞, 聞其磌然, 視之則石. 察之則五, …… 曷爲先言六而後言鷁? 六鷁退飛, 記見也. 視之則六, 察之則鷁, 徐而察之則退飛"라 하여 정확하고 과학적인 관찰을 통한 사물의 기록이라는 뜻이다.


② 君臣上下의 名分을 바로잡음.
《춘추》는 君臣, 上下, 尊卑, 貴賤 등의 名分을 중시하여 봉건 전통을 고수하고자 하였다. 예를 들면 楚와 吳는 자신들은 王을 참칭했지만 끝까지 '子'를

칭했고, 齊와 晉은 처음 작위를 받은 그대로 '侯'로 불렀으며, 宋은 비록 약소국이었지만 '公'으로 부른 예가 이것이다.

(2)「寓褒貶」

《춘추》의 포폄에 대한 판단은 기사 속에 나타난다. 예를 들면 36번이나 '弑君'의 사실을 기록하면서도 그 판단은 그 때의 상황이나 사건 발단의 원인, 선악의 소재에 따라 표현 방법이 달랐다.

이를 몇 가지 거론해 보면 다음과 같다.

① 隱公 4년 3월 戊申 "衛州吁弑其君完": '弑'를 넣어 州吁에게 죄가 있음을 밝힘.

② 桓公 2년 正月 戊申 "宋督弑其君與夷及其大夫孔父": 대부 孔父를 임금과 함께 적음으로써 그의 忠을 높임.

③ 文公 元年 10월 丁未 "楚世子商臣弑其君": '世子商臣'을 밝힘으로써 아들이 아버지이며 임금인 윗사람을 시해하였음을 표현한 것.

④ 宣公 2년 9월 乙丑 "晉趙盾弑其君夷皐": 임금을 죽인 자는 趙穿이었으나 趙盾이 이를 토벌하지 않았으므로 趙盾이 죽인 것으로 기록함.

⑤ 隱公 4년 9월: "衛人殺州吁于濮": 살을 넣어 마땅히 죽임을 당할 대상이었음을 시사하였으며 州吁가 당시 임금이었으나 君을 칭하지 않은 것은 백성이 인정하지 않았고, 濮이라는 지명까지 밝혀 衛人이 外力을 빌려 그를 죽였음을 드러낸 것.

⑥ 文公 16년 10월 "宋人弑其君杵臼": 피살된 임금(杵臼, 昭公)의 위치는 인정하여 '君'을 칭하였으나 그 자리를 스스로 지켜내지 못하였음을 지적한 것.

⑦ 文公 18년 "莒弑其君庶其": 나라 이름(莒)을 들어 그 임금을 시해했
  다는 것은 전체 백성의 원망을 샀다는 뜻으로 임금의 不德을 심히
  폄하한 것이며 이곳에 마땅히 태자 僕의 이름이 거론되어야 하나
  기록하지 않음.
⑧ 成公 18년 "晉弑其君州蒲": 실제 임금을 죽인 자는 欒書였음에도
  그렇게 기록하지 않고 나라 이름을 들어 임금을 시해한 것으로 기록
  함으로써 임금의 악행이 지나쳐 백성의 이름으로 시해한 것임을
  표현한 것.


## 4. 三傳의 차이

漢代까지 5가의 전이 있었음은 앞에 밝혔다. 지금은 三傳만 전하며
이 모두 十三經에 들어 있다. 그러나 이 三傳은 각기 다른 특색을 가지고
있다. 특히 각기 다른 각도와 관점에서 春秋 經文을 해석하였으므로 당연히
그 차이 및 장단점에 대하여 역대 이래 의견이 많았다. 그 중 元나라 吳澄의
평이 비교적 합당한 것으로 여기고 있다. 그는 "載事則左氏詳於公穀, 釋經
則公穀精於左氏"라 하여 《좌전》은 사건의 서술에 뛰어났고, 《공양전》과
《곡량전》은 경문의 해석에 뛰어났다고 평가를 내린 것이다. 《좌전》은 역사
사건을 기록하여 경문의 짧고 간단한 표현을 알 수 있도록 뒷받침하고
있으며 《공·곡》은 訓詁의 傳으로 經義를 해석하는 데에 주력하였다. 특히
《공·곡》은 아예 질문을 만들어 제시하고 그 풀이의 정답을 밝혀줌으로써
포폄의 내용은 물론 서술에 사용된 낱자의 이유를 알 수 있도록 하고 있다.

　　그러나 范寧의 〈穀梁傳序〉에는 "左氏艷而富, 其失也誣; 公羊辯而裁, 其失也俗; 穀梁淸而婉, 其失也短"이라 하여 각기 단점을 들고 있으며, 그 밖에 鄭玄은 〈六論〉에서 "左氏善於禮, 公羊善於讖, 穀梁善於經"이라 하여 각기 그 장점을 들고 있다. 그 밖에 皮錫瑞는 《春秋通論》에서 "惟公羊兼傳大義微言, 穀梁不傳微言, 但傳大義. 左傳並不傳義, 特以紀事詳贍, 有可以贈春秋之義者"라 하였다.

## Ⅱ. 《春秋左傳》

### 1. 작자

《史記》,《漢書》 등에는 《春秋左傳》의 작자를 공자와 동시대 인물 左丘明이라 하였으나 역대 이래 이에 대한 의혹은 끊임없이 제기되어 왔다. 무려 19만 6,800여 자나 되는 이 방대한 저술은 그 양이나 질, 내용으로 보아 일찍이 편찬자가 분명히 밝혀졌을 수도 있었으나 실제로는 그렇지 않다.

우선 左丘明이 지은 것으로 알려진 것은 《史記》 十二諸侯年表에 "是以孔子明王道, 干七十餘君, 莫能用; 故西觀周室, 論史記舊聞, 興於魯, 而次《春秋》. 上記隱, 下記哀之獲麟, 約其文辭, 去其煩重, 以制義法. 王道備, 人事浹. 七十子之徒口受其傳指, 爲有所刺譏褒諱挹損之文辭不可以書見也. 魯君子左丘明懼弟子人人異端, 各安其意, 失其眞, 故因孔子史記具論其語, 成左氏春秋"라 한 것이 그것이다. 그 뒤 劉向, 劉歆, 桓譚, 班固 등도 이를 그대로 따랐으며 특히 班固는 《漢書》 藝文志에서 "古之王者世有史官, 君擧必書, 所以愼言行, 昭法式也. 左史記言, 右史記事, 事爲春秋, 言爲尙書, 帝王靡不同之. 周室旣微, 載籍殘缺, 仲尼思存前聖之業, 乃稱曰:「夏禮吾能言之, 杞不足徵也; 殷禮吾能言之, 宋不足徵也. 文獻不足故也, 足則吾能徵之儀」以魯周公之國, 禮文備物, 史官有法. 故與左丘明觀其史記, 據行事, 仍人道, 因興以立功, 就敗以成罰. 假日月以定曆數, 藉朝聘以正禮樂, 所褒諱貶損, 不可書見. 口授弟子退而異言. 丘明恐弟子各安其意, 以失其眞. 故論本事而作傳, 明夫子不以空言說經也. 春秋所貶損大人當世君臣, 有威權勢力, 其事實皆形於傳, 是以隱其書而不宣, 所以免時難也. 及末世口說流行, 故有公羊·穀梁·鄒·夾之傳. 四家之中, 公羊·穀梁立於學官, 鄒氏無師, 夾氏未有書"라 하였으며, 《漢書》 劉歆傳에도 "歆以爲左丘明好惡與聖人同, 親見夫子, 而公羊·穀梁載七十子後, 傳聞之與親見之,

其詳略不同"이라 하여, 공자와 같은 시기에 몸소 겪은 일을 적은 것으로
보았다.

　또한 杜預의 《春秋經傳集解》에는 "左丘明受經於仲尼, ……身爲國史,
躬覽載籍, 必廣記而備言之"라 하여 國史 벼슬로 몸소 많은 책을 보고 갖추어
적었다고까지 하였으며, 孔穎達은 《左傳正義》에서 沈氏의 말을 인용하여
"孔子將修春秋, 與左丘明乘, 如周, 觀書於周史, 歸而修春秋之經; 丘明爲之傳,
共爲表裡"라 하여 기정 사실화하였다.


## 2. 左丘明

　左丘明이란 사람이 어느 때의 어떤 사람인지가 확실하지 않음으로써
문제가 발단된 것이다. 더구나 공자와 동시대로서 제자도 아니면서 공자의
經을 바탕으로 傳을 지었을 가능성은 확실성에서 의문을 자아낸다. 여러
역사 기록에 실린 것을 근거로 보면, 左丘明은 《左傳》의 작자라 알려진 것
외에 《漢書》藝文志에는 魯나라 太師라 하였고, 《史記》, 《漢書》 등에는
魯나라 君子로서 공자와 동시대 인물이라 하였으며, 《論語》公冶長篇에는
"子曰:「巧言·令色·足恭, 左丘明恥之, 丘亦恥之. 匿怨而友其人, 左丘明恥之,
丘亦恥之.」"라 하여 또한 공자보다 연장자로 공자가 존경하였던 인물로
보았으며 〈四書集註〉 夾註에는 "或曰:「左丘明非傳春秋者耶?」朱子曰:「未可
知也.」"라 하여 朱子 당시에도 같은 인물인지 모른다고 하였다. 그런가 하면
《史記》太史公自序에는 "左丘失明, 厥有國語"라 하여 실명한 뒤 발분하여
《國語》를 지은 인물로 보았다. 이로 인해 여기서 말하는 左丘明이 어느 때

인물인지, 《左傳》을 지은 바로 그 사람인지, 또는 《左傳》은 과연 春秋經目에 대해 傳을 쓰는 입장에서 씌어진 것인지 하는 의문이 생긴다. 더구나 經을 근거로 하였다면 어찌하여 《春秋經》보다 멀리 17년이나 더 많은지, 《左傳》과 《國語》는 같은 체재로 쓰인 책이 아닌 점, 즉 《左傳》이 편년사임에 비해 《國語》는 別國史이며 이를 근거로 《國語》를 「春秋外傳」이라고도 부르게 된 경위, 《左傳》은 과연 劉歆이 위조한 것인가 등의 문제가 속출한다. 이 때문에 唐의 趙匡, 宋의 王安石·葉夢得·鄭樵, 元의 程端學, 淸의 劉逢祿, 그리고 근대의 康有爲·錢玄同(이상 張心澂의 《僞書通考》를 참조할 것) 등은 모두 의심을 버리지 못하였다. 趙匡은 《論語》에서 말한 左丘明은 공자보다 앞선 시대의 현인으로, 《左傳》을 지은 左氏는 公羊이나 穀梁처럼 모두가 공자 문인 이후의 인물로 논어에 보이는 좌구명과는 전혀 다른 인물이라 하였고, 王安石은 11가지를 들어 《左傳》은 左丘明의 작이 아니라 하였다. 또 葉夢得은 《左傳》의 기록에 智伯까지 등장하는 것으로 보아 전국시대에 이루어진 것이라 하였으며, 鄭樵는 8가지를 들어 《左傳》의 작자 左氏는 丘明이 아니고 楚나라의 다른 인물이라 하였다. 그리고 청대에 今文學에 대한 홍기로 劉逢祿은 《左氏春秋考證》을 지었고, 康有爲는 《新學僞經考》를 지어 劉歆이 《國語》를 근거로 僞造한 것이라 주장하였다. 한편 左丘明의 이름에 대해서도 어떤 이는 左丘는 複姓(衛聚賢, 《左傳的硏究》), 복성이 아니다 (兪正燮, 《癸巳類稿》), 혹은 左는 官名이며 丘가 姓씨이고 明이 이름이며 이를 丘氏傳이라 하지 않은 것은 孔子 弟子들이 孔子의 이름(丘)을 휘(諱)하여 한 것(劉師培, 《左傳問答》) 등 다양한 의견이 있다.

### 3. 《左傳》의 出現

이 《좌전》이 언제 나타났는지에 대해서는 확실치 않다. 대체로 세 가지
說이 있다.

① 漢代에 秘府에 소장되었다가 劉歆에 의해 발견되었다는 설
《漢書》劉歆傳에 실려 있는 劉歆의 〈移讓太常博士書〉에 "春秋左氏, 丘明
所修, 皆古文舊書. ……藏於秘府, 伏而未發. 孝成皇帝, 閔學殘文缺, 稍離其眞.
乃陳發秘藏, 校理舊文, 得此三事"라 하였는데 여기서 三事란 《左傳》,《古文
尙書》,《逸禮》를 가리킨다. 또 劉歆本傳에 "歆校秘書, 見古文春秋左氏傳.
……初左氏傳多古字·古言, 學者傳訓故而已. 及歆治左氏, 引傳文以解經,
轉相發明, 由是章句義理備焉"이라 하여 劉歆이 《左傳》을 발견하게 된 경위가
설명되어 있다.

② 漢初에 張蒼이 바쳤다는 설
許愼의 《說文解字》序에 "北平侯張蒼, 獻春秋左氏傳"이라 하였고, 《隋書》
經籍志에는 이 설을 근거로 "左氏, 漢初出於張蒼之家, 本無傳者"라 하였다.

③ 공자의 구택 벽 속에서 발견되었다는 설
王充의 《論衡》案書篇에 "春秋左氏傳者, 蓋藏孔壁中. 孝武皇帝時, 魯恭
王壞孔子敎授堂以爲宮. 得佚春秋三十篇·左氏傳也"라 한 것이 그 근거이다.

그러나 이상의 세 가지 설은 모두 충분한 믿음을 주지 못하며, 더구나
서한 이전의 책에는 기록이 전혀 없어 더욱 알 길이 없다.

## 4. 《左傳》과 《春秋》와의 관계

《좌전》에 대하여 고문학자들은 《春秋經》을 해석한 것이라 하였다. 고래로 '傳'이란 '經'의 다음 단계의 기록으로 《博物志》 文籍考에 "聖人制作曰經, 賢者著述曰傳·曰章句·曰解·曰論·曰讀"이라 하였다. 그러나 금문학자들은 《左傳》을 별개의 史書로 보아 《춘추》를 해석한 것이 아니고 《呂氏春秋》과 같은 계통이라 여겼다. 따라서 《公羊傳》, 《穀梁傳》과 같은 계열로 취급하여 묶어서 三傳이라 하는 것은 부당하다고 주장한다. 이는 《左傳》이 史實에 대한 기록 위주로서 公·穀처럼 訓詁를 위주로 한 經文 해석이 아니기 때문이다. 더구나 三傳과 經과 傳을 비교해 보면 《左傳》과 다른 두 傳의 현격한 차이를 발견할 수 있다.

① 《左傳》과 經文·傳文은 서로 다루고 있는 부분이 다르다. 즉 《左傳》에서는 經文이 魯 哀公 16年, 즉 공자의 卒年까지로 되어 있어, 실제 《春秋》 本經의 魯 哀公 14년보다 2년이 많다. 또 傳文에 있어서도 哀公 27년을 넘어 다음의 悼公 4년까지 이어져 《春秋》 본경에 비하면 무려 17년이나 더 많다.

② 《左傳》과 《春秋》를 비교해 보면 經에서는 다루었으나 傳에서는 다루지 않고 빠진 부분이 있다. 예를 들면 莊公 26년의 經文에는 "春: 公伐戎." "夏: 至自伐戎." "曹殺其大夫." "秋: 公會宋人, 齊人伐徐." "冬: 十有二月癸亥朔, 日有食之"등의 기록이 있으나, 傳에는 전혀 상세한 기록이 없이 다만 간단한 다른 이야기만 나열되어 있다. 이에 대해 杜預는 《集解》에서 "此年經傳各自言其事者, 或經是直文, 或策書雖存, 而簡牘散落, 不究其本末. 故傳下復申解, 但書傳事而已"라 하여 강변을 하고 있지만 어쨌든 公·穀 二傳과는 크게 다르다.

## 5. 《左傳》의 傳授

　　陸德明의 《經典釋文》에 의하면 左丘明은 이를 曾申에게, 申은 衛의
吳起에게, 吳起는 그의 아들 吳期에게, 期는 다시 楚의 鐸椒에게, 鐸椒은
趙의 虞卿에게, 이는 다시 荀況에게, 荀況은 다시 張蒼에게 전수한 것으로
되어 있으며, 이때부터 한인의 《左傳》 연구가 시작되었다고 한다. 그 후에
賈誼, 張禹, 翟方進, 劉歆 등이 계속해서 이어왔으며, 유흠은 이를 동한의
賈逵에게 전하였는데, 가규는 《左傳長義》, 《左氏解詁》 등을 지었다. 그 뒤에
陳元, 鄭衆, 馬融, 服虔 등은 모두 주석을 달았으며 한말의 鄭玄에 이르러
《鍼膏盲》, 《發墨守》, 《起廢疾》을 지어 何休와 대립하였다. 그 후 진에
이르러 杜預는 《左傳》에 심취하여 賈逵, 服虔의 注를 중심으로 하여 《春秋
經傳集解》와 《春秋釋例》를 지어 지금까지 전하고 있다. 청대에도 《左傳》에
대한 연구가 깊었으며, 그 중에 洪亮吉의 《春秋左傳詁》, 李貽德의 《賈服
古注輯述》과 劉文淇의 《春秋左氏傳舊注疏正》, 姚培謙의 《春秋左傳補輯》,
章炳麟의 《春秋左傳讀》, 현대 왕백상의 《春秋左傳讀本》, 楊伯峻의 《春秋
左傳注》 등을 대표로 꼽을 수 있다. 그리고 日本에서도 일찍이 竹添光鴻의
《左傳會箋》이 明治 36년(1903)에 나와 널리 알려져 있다.

## Ⅲ.《春秋左傳集解》


西晉 杜預가 지은 것으로《춘추좌전》에 관한 해석들을 모으고 자신의
의견과 주석을 추가한 것으로 현존《춘추좌전》에 대한 最古의 해석서이다.
두예는 西晉 開國 元勳으로 정치와 군사면에서도 커다란 공훈을 세운 인물
이기도 하다. 그는 三國의 마지막 吳나라를 평정하고 돌아와 그 당시 새로
출토된〈汲冢叢書〉를 참조하여 비로소 이 책을 마쳤다고 하였다(序文을 볼 것).
당시 晉나라 武帝 太康 2년(281)으로부터 5년이 소요된 것이다. 序文에서
그는《춘추》와《좌전》의 성격, 가치,《좌씨》의 經傳 조례를 歸納, 漢代
古文經學에 있어서의「春秋學」에 대한 개괄을 집중적으로 설명하고 있다.
《集解》는 모두 30권이며 馬融, 鄭玄의 '分傳附經'의 방법을 택하여 원래
《춘추》와 분리되어 있던《좌전》을 하나로 묶어 배합하였다고 하였다. 이에
劉歆, 賈逵, 許淑, 穎容 등의 설을 광범위하게 채택하였으며 거기에 더하여
결론과 문자의 훈고, 文意의 해석에 精密함을 다하였으며, 제도와 지리 등에
대해서도 아주 상세하게 주석을 더하여 독창적인 주석서로 탄생시켰다.
이 때문에 唐代〈五經正義〉와 清代〈十三經注疏〉에는 모두 杜預의 이
《집해》를 표준으로 하였던 것이다.
　　이《집해》의 판본은 아주 널리 판각되어 단행본과 孔穎達 疏를 함께
묶은 合刊本 등이 있었다. 단행본으로는 宋代〈巾箱本〉, 嘉定 9년의 興國軍의
〈遞修本〉,〈足利本〉, 송대〈鶴林于氏刊本〉,〈相台岳氏本〉,〈永懷堂本〉등이
있으며, 합간본으로〈注疏本〉, 남송 慶元 연간 吳興의〈沈中賓刊本〉,〈明監本〉,
〈汲古閣本〉, 清 阮元의〈阮刻本〉및〈四庫全書本〉등이 있다.

# Ⅳ. 《春秋釋例》

　　《춘추》와 《좌전》에 대한 依例를 밝힌 현존 最古의 全釋 자료이다. 역시 西晉 杜預가 지은 것이며 《集解》와 함께 저술한 것으로 原書는 모두 40部 15卷이다. 《崇文總目》의 목록에 의하면 모두 「53例」였으나 明나라 때 이미 사라지고 〈永樂大全〉에 30篇이 수록되어 있다. 〈四庫全書〉에는 이를 바탕으로 하고 다른 典籍을 輯佚하여 15권, 47편으로 정리하여 싣고 있다. 그 중 43편은 '例'라 칭하여 〈公卽位例〉, 〈會盟例〉 등이 있으며 나머지 4편은 《釋土地名》, 《世族譜》, 《經傳長曆》, 《會盟圖疏》 등으로 되어 있다. 지금 전하는 것으로 〈四庫全書本〉외에 〈聚珍本〉, 〈葉氏山房本〉, 〈古經解匯函本〉 등이 있다. 《釋例》는 《春秋經》의 '條貫'은 모두 《左傳》에 나타나 있다고 여겼으며 《좌전》의 條貫 依例는 모두 '凡'이라는 표현에 귀속시켰다. 따라서 《左傳》에 '凡'이라 귀납된 글자 50여 조항을 '五十凡'이라 하여 이는 周公의 '正例'에서 나온 것이라 하였다. 이러한 주장은 뒷사람에게 큰 영향을 미쳐 南朝 齊나라 杜乾光은 이를 위해 《引序》를 지었다 하나 지금은 전하지 않는다.

# V. 杜預(222-284)

　《春秋左傳集解》(春秋經傳集解)를 지은 杜預는 西晉 초기 경학가이며 정치가, 군사가로 널리 알려진 인물이다. 자는 元凱, 京兆郡 杜陵(지금의 陝西 西安) 사람이다. 魏末에 한 때 鎭西將軍 鍾會의 副官으로 長史가 되어 蜀을 멸하는 전투에 참가하기도 하였고 법률을 제정하는 작업에 임하기도 하였다. 司馬氏가 西晉을 건국하자 武帝(司馬炎) 太始 연간에는 河南尹을 거쳐 文官黜陟考課法을 만들기도 하였다. 武帝를 도와 吳나라 공격에 나서서 羊祐가 죽자 鎭南大將軍·荊州都督諸軍事가 되어 吳나라 평정에 온힘을 쏟았다. 과연 오나라를 멸하고 실질적인 통일 대업을 이루자 그 공으로 當陽侯에 봉해지기도 하였다. 평소 經學을 좋아하여 스스로 "左傳癖을 가지고 있다"라 할 정도였으며 당시 玄學의 영향도 받은 것으로 알려져 있다. 만년에 《春秋左氏傳經傳集解》,《春秋釋例》,《春秋長曆》등을 지어 '春秋學'을 집대성하였다. 그는 《춘추》에 대하여 '正例'와 '變例'라는 條例를 만들어 正例는 周公으로부터, 變例는 孔子로부터 나왔다는 설을 제창하기도 하였다. 그 중 《經傳集解》는 南朝와 隋, 唐, 宋, 明에 이르도록 장기간 學官에 교재로 채택되었으며 그 공로는 중국 경학에 큰 영향을 미친 것으로 널리 평가받고 있다.

　그의 逸話는 《世說新語》 등 많은 전적에 널리 실려 있으며, 그의 傳記는 《三國志》와 《晉書》에 전하고 있다. 그 중 두 史書의 전을 轉載하여 참고로 삼는다.

## ○ 杜預傳

### 1.《三國志》(16) 魏書 杜畿·杜恕傳(附)

甘露二年, 河東樂詳年九十, 上書訟畿之遺績, 朝廷感焉. 詔封恕子預爲豐樂亭侯, 邑百戶.

(註) 預字元凱, 司馬宣王女壻. 王隱《晉書》稱預智謀淵博, 明於理亂, 常稱「德者非所以企及, 立功立言, 所庶幾也」. 大觀群典, 謂《公羊》·《穀梁》, 詭辨之言. 又非先儒說《左氏》未究丘明意, 而橫以二傳亂之. 乃錯綜微言, 著《春秋左氏傳集解》, 又參考衆家, 謂之〈釋例〉, 又作〈盟會圖〉·〈春秋長曆〉, 備成一家之學, 至老乃成. 尙書郞摯虞甚重之, 曰:「左丘明本爲《春秋》作傳, 而《左傳》遂自孤行;〈釋例〉本爲傳設, 而所發明何但《左傳》, 故亦孤行.」預有大功名於晉室, 位至征南大將軍, 開府, 封當陽侯, 食邑八千戶. 子錫, 字世嘏, 尙書左丞.

### 2.《晉書》(34) 杜預傳

杜預字元凱, 京兆杜陵人也. 祖畿, 爲尙書僕射. 父恕, 幽州子史. 預博學多通, 明於興廢之道, 常言:「德不可以企及, 立功立言, 可庶幾也.」初, 其父與宣帝不相能, 遂以幽死, 故預久不得調.

文帝嗣立, 預尙帝妹高陸公主, 起家拜尙書郞, 襲祖爵豐樂亭侯. 在職四年, 轉參相府軍事. 鍾會伐蜀, 以預爲鎭西長史. 及會反, 僚佐並遇害, 唯預以智獲免, 增邑千一百五十戶.

與車騎將軍賈充等定律令, 旣成, 預爲之注解, 乃奏之曰:「法者, 蓋繩墨之斷例, 非窮理盡性之書也. 故文約而例直, 聽省而禁簡. 例直易見, 禁簡難犯.

易見則人知所避, 難犯則幾於刑厝. 刑之本在於簡直, 故必審名分. 審名分者, 必忍小理. 古之刑書, 銘之鍾鼎, 鑄之金石, 所以遠塞異端, 使無淫巧也. 今所注皆網羅法意, 格之以名分. 使用之者執名例以審趣舍, 伸繩墨之直, 去析薪之理也.」詔班于天下.

泰始中, 守河南尹. 預以京師王化之始, 自近及遠, 凡所施論, 務崇大體. 受詔爲黜陟之課, 其略曰:「臣聞上古之政, 因循自然, 虛己委誠, 而信順之道應, 神感心通, 而天下之理得. 逮至淳樸漸散, 彰美顯惡, 設官分職, 以頒爵祿, 弘宣六典, 以詳考察. 然猶倚明哲之輔, 建忠貞之司, 使名不得越功而獨美, 功不得後名而獨隱, 皆疇咨博詢, 敷納以言. 及至末世, 不能紀遠而求於密微, 疑諸心而信耳目, 疑耳目而信簡書. 簡書愈繁, 官方愈僞, 法令滋章, 巧飾彌多. 昔漢之刺史, 亦歲終奏事, 不制算課, 而清濁粗擧. 魏氏考課, 卽京房之遺意, 其文可謂至密. 然由於累細以違其體, 故歷代不能通也. 豈若申唐堯之舊, 去密就簡, 則簡而易從也. 夫宣盡物理, 神而明之, 存乎其人. 去人而任法, 則以傷理. 今科擧優劣, 莫若委任達官, 各考所統. 在官一年以後, 每歲言優者一人爲上第, 劣者一人爲下第, 因計偕以名聞. 如此六載, 主者總集採案, 其六歲處優擧者超用之, 六歲處劣擧者奏免之, 其優多劣少者敘用之, 劣多優少者左遷之. 今考課之品, 所對不鈞, 誠有難易. 若以難就優, 以易而否, 主者固當準量輕重, 微加降殺, 不足復曲以法盡也. 〈己丑詔書〉以考課難成, 聽通薦例. 薦例之理, 卽亦取於風聲. 六年頓薦, 黜陟無漸, 又非古者三考之意也. 今每歲一考, 則積優以成陟, 累劣以取黜. 以士君子之心相處, 未有官故六年六黜清能, 六進否劣者也. 監司將亦隨而彈之. 若令上下公相容過, 此爲清議大穨, 亦無取於黜陟也.」

司隸校尉石鑒以宿憾奏預, 免職. 時虜寇隴右, 以預爲安西軍司, 給兵三百人, 騎百匹. 到長安, 更除秦州刺史, 領東羌校尉・輕車將軍・假節. 屬虜兵强盛, 石鑒時爲安西將軍, 使預出兵擊之. 預以虜乘勝馬肥, 而官軍懸乏, 宜幷力大運, 須春進討, 陳五不可·四不須. 鑒大怒, 復奏預擅飾城門官舍, 稽乏軍興, 遣御史檻車徵詣廷尉. 以預尙主, 在八議, 以侯贖論. 其後隴右之事卒如預策.

是時朝廷皆以預明於籌略, 會匈奴帥劉猛擧兵反, 自幷州西及河東·平陽, 詔預以散侯定計省闥, 俄拜度支尙書. 預乃奏立藉田, 建安邊, 論處軍國之支要. 又作人排新器, 興常平倉, 定穀價, 較鹽運, 制課調, 乃以利國外以救邊者五十餘條, 皆納焉. 石鑒自軍還, 論功不實, 爲預所糾, 遂相讐恨, 言論諠譁, 並坐免官, 以侯兼本職. 數年, 復拜度支尙書.

元皇后梓宮將薦於峻陽陵. 舊制, 旣葬, 帝及群臣卽吉. 尙書奏, 皇太子亦宜釋服. 預議「皇太子宜復古典, 以諒闇終制」, 從之.

預以時曆差舛, 不應晷度, 奏上〈二元乾度曆〉, 行於世. 預又以孟津渡險, 有覆沒之患, 請建河橋于富平津. 議者以爲殷周所都, 歷聖賢而不作者, 必不可立故也. 預曰:「『造舟爲梁』, 則河橋之謂也.」及橋成, 帝從百僚臨會, 擧觴屬預曰:「非君, 此橋不立也.」對曰:「非陛下之明, 臣亦不得施其微巧」周廟欹器, 至漢東京猶在御坐. 漢末喪亂, 不復存, 形制遂絶. 預創意造成, 奏上之, 帝甚嘉歎焉. 咸寧四年秋, 大霖雨, 蝗蟲起. 預上疏多陳農要, 事在〈食貨志〉. 預在內七年, 損益萬機, 不可勝數, 朝野稱美, 號曰「杜武庫」, 言其無所不有也.

時帝密有滅吳之計, 而朝議多違, 唯預·羊祜·張華與帝意合. 祜病, 擧預自代, 因以本官假節行平東將軍, 領征南軍司. 及祜卒, 拜鎭南大將軍·都督荊州諸軍事, 給追鋒車·第二駟馬. 預旣至鎭, 繕甲兵, 耀威武, 乃簡精銳, 襲吳西陵督張政, 大破之, 以功增封三百六十戶. 政, 吳之名將也, 據要害之地, 恥以無備取敗, 不以所喪之實告于孫晧. 預欲間吳邊將, 乃表還其所獲之衆於晧. 晧果召政, 遣武昌監劉憲代之. 吳大軍臨至, 使其將帥移易, 以成傾蕩之勢.

預處分旣定, 乃啓請伐吳之期. 帝報待明年方欲大擧, 預表陳至計曰:「自閏月以來, 賊但救嚴, 下無兵上. 以理勢推之, 賊之窮計, 力不兩完, 必先護上流, 勤保夏口以東, 以延視息, 無緣多兵西上, 空其國都. 而陛下過聽, 便用委棄大計, 縱敵患生. 此誠國之遠圖, 使擧而有敗, 勿擧可也. 事爲之制, 務從完牢. 若或有成, 則開太平之基, 不成, 不過費損日月之間, 何惜而不一試之! 若當須後年, 天時人事不得如常, 臣恐其更難也. 陛下宿議, 分命臣等隨界分進, 其所禁持, 東西同符, 萬安之擧, 未有傾敗之慮. 臣心實了, 不敢以曖昧之見自取後累. 惟陛下察之.」預旬月之中又上表曰:「羊祜與朝臣多不同, 不先博畫而密與陛下共施此計, 故益令多異. 凡事當以利害相較, 今此擧十有八九利, 其一二止於無功耳. 其言破敗之形亦不可得, 直是計不出己, 功不在身, 各恥其前言, 故守之也. 自頃朝廷事無大小, 異意鋒起, 雖人心不同, 亦由恃恩不慮後難, 故輕相同異也. 昔漢宣帝議趙充國所上事效之後, 詰責諸議者, 皆叩頭而謝, 以塞異端也. 自秋已來, 討賊之形頗露. 若今中止, 孫晧怖而生計, 或徙都武昌, 更完修江南諸城, 遠其居人, 城不可攻, 野無所掠, 積大船於夏口, 則明年之計或無所及.」時帝與中書令張華圍棊, 而預表適至. 華推枰斂手曰:「陛下聲明神武, 朝野清晏, 國富兵强, 號令如一. 吳主荒淫驕虐, 誅殺賢能, 當今討之, 可不勞而定.」帝乃許之.

預以太康元年正月, 陳兵于江陵, 遣參軍樊顯・尹林・鄧圭・襄陽太守周奇等率衆循江西上, 授以節度, 旬日之間, 累克城邑, 皆如預策焉. 又遣牙門管定・周旨・伍巢等率奇兵八百, 泛舟夜渡, 以襲樂鄉, 多張旗幟, 起火巴山, 出於要害之地, 以奪賊心. 吳都督孫歆震恐, 與伍延書曰:「北來諸軍, 乃飛渡江也.」吳之男女降者萬餘口, 旨・巢等伏兵樂鄉城外. 歆遣軍出距王濬, 大敗而還. 旨等發伏兵, 隨歆軍而入, 歆不覺, 直至帳下, 虜歆而還. 故軍中爲之謠曰:「以計代戰一當萬.」於是進逼江陵. 吳督將伍延僞請降而列兵登陴, 預攻克之. 旣平上流,於是沅湘以南, 至于交廣, 吳之州郡皆望風歸命, 奉送印綬, 預仗節稱詔而綏撫之. 凡所斬及生獲吳都督·監軍十四, 牙門·郡守百二十餘人. 又因兵威, 徙將士屯戍之家以實江北, 南郡故地各樹之長吏, 荊土肅然, 吳人赴者如歸矣.

王濬先列上得孫歆頭, 預後生送歆, 洛中以爲大笑. 時衆軍會議, 或曰: 「百年之寇, 未可盡克. 今向暑, 水潦方降, 疾疫將起, 宜俟來冬, 更爲大舉」 預曰: 「昔樂毅藉濟西一戰以幷强齊, 今兵威已振, 譬如破竹, 數節之後, 皆迎刃而解, 無復著手處也」 遂指授群帥, 徑造秣陵. 所過城邑, 莫不束手. 議者乃以書謝之.

孫晧既平, 振旅凱入, 以功進爵當陽縣侯, 增邑幷前九千六百戶, 封子耽爲亭侯, 千戶, 賜絹八千匹.

初, 攻江陵, 吳人知預病瘿, 憚其智計, 以瓠繫狗頸示之. 每大樹似瘿, 輒斫使白, 題曰「杜預頸」. 及城平, 盡捕殺之.

預既還鎮, 累陳家世吏職, 武非其功, 請退. 不許.

預以天下雖安, 忘戰必危, 勤於講武, 修立泮宮, 江漢懷德, 化被萬里. 攻破山夷, 錯置屯營, 分據要害之地, 以固維持之勢. 又修邵信臣遺跡, 激用滍淯諸水以浸原田萬餘頃, 分疆刊石, 使有定分, 公私同利. 衆庶賴之, 號曰「杜父」. 舊水道唯沔漢達江陵千數百里, 北無通路. 又巴丘湖, 沅湘之會, 表裏山川, 實爲險固, 荊蠻之所恃也. 預乃開楊口, 起夏水達巴陵千餘里, 內瀉長江之險, 外通零桂之漕. 南土歌之曰: 「後世無叛由杜翁, 孰識知名與勇功」

預公家之事, 知無不爲. 凡所興造, 必考度始終, 鮮有敗事. 或譏其意碎者, 預曰: 「禹稷之功, 期於濟世, 所庶幾也」

預好爲後世名, 常言「高岸爲谷, 深谷爲陵」, 刻石爲二碑, 紀其勳績, 一沈萬山之下, 一立峴山之上, 曰: 「焉知此後不爲陵谷乎!」

預身不倦, 敏於事而慎於言. 既立功之後, 從容無事, 乃耽思經籍, 爲《春秋左氏經傳集解》. 又參攷衆家譜第, 謂之〈釋例〉. 又作〈盟會圖〉·〈春秋長曆〉, 備成一家之學, 比老乃成. 又撰《女記讚》. 當時論者謂預文義質直, 世人未之重, 唯秘書監摯虞賞之, 曰:「左丘明本爲《春秋》作傳, 而《左傳》遂自孤行. 〈釋例〉本爲傳設, 而所發明何但《左傳》, 故亦孤行.」時王濟解相馬, 又甚愛之, 而和嶠頗聚斂, 預常稱「濟有馬癖, 嶠有錢癖」. 武帝聞之, 謂預曰:「卿有何癖?」對曰:「臣有《左傳》癖.」

預在鎭, 數餉遺洛中貴要. 或問其故, 預曰:「吾但恐爲害, 不求益也.」

預初在荊州, 因宴集, 醉臥齋中. 外人聞嘔吐聲, 竊窺於戶, 止見一大蛇垂頭而吐. 聞者異之. 其後徵爲司隸校尉, 加位特進, 行次鄧縣而卒, 時年六十三. 帝甚嗟悼, 追贈征南大將軍·開府儀同三司, 諡曰成.

預先爲遺令曰:「古不合葬, 明於終始之理, 同於無有也. 中古聖人改而合之, 蓋以別合無在, 更緣生以示敎也. 自此以來, 大人君子或合或否, 未能知生, 安能知死, 故各以己意所欲也. 吾往爲臺郎, 嘗以公事使過密縣之邢山. 山上有冢, 問耕父, 云是鄭大夫祭仲, 或云子産之冢也, 遂率從者祭而觀焉. 其造冢居山之頂, 四望周達, 連山體南北之正而邪東北, 向新鄭城, 意不忘本也. 其隧道唯塞其後而空其前, 不塡之, 示藏無珍寶, 不取於重深也. 山多美石不用, 必集洧水自然之石以爲冢藏, 貴不勞工巧, 而此石不入世用也. 君子尚其有情, 小人無利可動, 歷千載無毀, 儉之致也. 吾去春入朝, 因郭氏喪亡, 緣陪陵舊義, 自表營洛陽城東首陽之南爲將來兆域. 而所得地中有小山, 上無舊冢. 其高顯雖未足比邢山, 然東奉二陵, 西瞻宮闕, 南觀伊洛, 北望夷叔, 曠然遠覽, 情之所安也. 故遂表樹開道, 爲一定之制. 至時皆用洛水圓石, 開隧道南向, 儀制取法於鄭大夫, 欲以儉自完耳. 棺器小斂之事, 皆當稱此.」

子孫一以遵之, 子錫嗣.

# VI.《春秋左傳正義》

　　唐 太宗 貞觀 연간에 孔穎達이 찬술한 〈五經正義〉, 즉《周易正義》,《毛詩正義》,《尙書正義》,《禮記正義》,《春秋左傳正義》의 하나이다. 孔穎達은 谷那律, 楊士勛, 朱長才, 馬嘉運, 王德韶, 蘇德融 등과 함께 당시 전하던 五經을 편찬, 정리하고 趙弘智의 심의를 거쳐 貞觀 16년(642)에 완성하였다. 이에 대해《舊唐書》孔穎達傳에는 "先是, 與顏師古·司馬才章·王恭·王琰等諸儒受詔撰定《五經義訓》, 凡一百八十卷, 名曰《五經正義》. 太宗下詔曰:「卿等博綜古今, 義理該洽, 考前儒之異說, 符聖人之幽旨, 實爲不朽.」"라 하여 처음에는《五經義訓》이었으나 太宗이 정식 이름으로《五經正義》라 한 것이며,《貞觀政要》崇儒學篇에도 "太宗又以文學多門, 章句繁雜, 詔師古與國子祭酒孔穎達等諸儒, 撰定五經疏義, 凡一百八十卷; 名曰《五經正義》, 付國學施行"라 하여 같은 기록이 실려 있다.

　　그 중《春秋左傳正義》는 注文은 杜預의 주를, 疏文은 劉炫의 義疏를 기본으로 하고 沈文何의 주로 보충하되 두 사람 주가 마땅하지 않을 때 자신의 의견을 가하여 밝혔다. 모두 36권이었다. 한편 書名에 대해서는 唐나라 때에는《春秋正義》로 불렸으나 宋 慶元 紹興刻本부터《春秋左傳正義》라 하였으나, 宋 劉叔剛의 〈刻本〉에는 다시《附釋音春秋左傳注疏》로 개명되었으며 권수도 60권으로 재편되었다. 그 뒤 淸 乾隆 英武殿本에는 이름을《春秋左氏傳注疏》로 하여 60권으로 하되 〈正義序〉 1권, 〈左傳序〉 1권, 〈原目〉 1권, 〈傳述人〉 1권이 더 있으며 말미에는 모두 〈校刊記〉가 실려 있다. 그 뒤 阮元 校刊本도 역시 60권으로 편정하였다. 한편 〈四庫繕寫本〉에서는 다시 이름을《春秋左傳正義》(60권)라 하였으며 〈四庫全書總目提要〉에는 "有注疏而後左氏之義明, 左氏之義明而後二百四十二年內善惡之迹——有征"이라 평하였다. 이러한 과정을 거쳐 오늘날 〈十三經注疏本〉에는《春秋左傳正義》로 굳어져 널리 활용되고 있다.

# Ⅶ. 孔穎達(574-638)

　《春秋左傳正義》를 쓴 孔穎達은 당나라 초기 경학가이며 자는 沖元, 冀州 衡水(지금의 河北 衡水) 사람이다. 북조 때 태어난 관료 집안 출신으로 당시 유학자이며 천문학자였던 劉焯에게 배워 隋 煬帝 大業 초(605) 明經科에 급제하여 河內郡博士에 올랐다. 隋末 대란 때에는 虎牢(武牢)로 피신하였다가 秦王 李世民이 王世充을 평정한 뒤 秦王府 文學館學士를 거쳐 高祖(李淵) 武德 9년(626)에 國子博士에 올랐다. 唐 太宗(李世民) 貞觀 초에 曲阜縣男으로 봉해졌다가 곧이어 給事中으로 자리를 옮겼으며 貞觀 6년(632) 國子司業에 올랐다. 그 뒤 太子右庶子를 거쳐 魏徵과 함께 《隋史》를 편찬하였고 그 공으로 散騎常侍에 올랐다. 11년에는 《五禮》를 편찬하였고 책이 완성되자 작위가 子爵으로 승격되었다. 이듬해 국자좨주國子祭酒가 되어 東宮의 侍講을 맡았으며 顏師古, 司馬才, 王恭, 王琰 등과 《五經義訓》을 편찬하여 貞觀 16년(642) 이를 완성하였다. 모두 180권의 방대한 책으로 太宗이 이를 《五經正義》로 명명하여 널리 반포하도록 하였다. 17년 벼슬을 버리고 관직에서 물러났으며 18년 凌煙閣에 그 도상이 걸리는 영광을 얻기도 하였다. 貞觀 22년 생을 마치고 昭陵에 陪葬되었다. 太常卿을 추증받았으며 시호는 憲이다. 그의 일화는 《貞觀政要》 등에 널리 실려 있으며 전기는 《舊唐書》와 《新唐書》에 모두 실려 있다. 이를 전재하여 참고로 삼는다.

## ○ 孔穎達傳

### 1.《舊唐書》(73) 孔穎達傳

孔穎達字沖遠, 冀州衡水人也. 祖碩, 後魏南臺丞. 父安, 齊青州法曹參軍. 穎達八歲就學, 日誦千餘言. 及長, 尤明《左氏傳》·鄭氏《尙書》·王氏《易》·《毛詩》·《禮記》, 兼善算曆, 解屬文. 同郡劉焯名重海內, 穎達造其門, 焯初不之禮, 穎達請質疑滯, 多出其意表, 焯改容敬之. 穎達固辭歸, 焯固留不可, 還家, 以教授爲務. 隋大業初, 舉明經高第, 授河內郡博士. 時煬帝徵諸郡儒官集于東都, 令國子秘書學士與之論難, 穎達爲最. 時穎達少年, 而先輩宿儒恥爲之屈, 潛遣刺客圖之, 禮部尙書楊玄感舍之於家, 由是獲免. 補太學助教. 屬隋亂, 避地於武牢. 太宗平王世充, 引爲秦府文學館學士. 武德九年, 擢授國子博士. 貞觀初, 封曲阜縣男, 轉給事中.

時太宗初卽位, 留心庶政, 穎達數進忠言, 益見親待. 太宗嘗問曰:「《論語》云:『以能問於不能, 以多聞於寡, 有若無, 實若虛.』何謂也?」穎達對曰:「聖人設教, 欲人謙光. 己雖有能, 不自矜大, 仍就不能之人求訪能事; 己之才藝雖多, 猶以爲少, 仍就寡少之人更求所益. 己之雖有, 其狀若無; 己之雖實, 其容若虛. 非唯匹庶, 帝王之德, 亦當如此. 夫帝王內蘊神明, 外須玄默, 使深不可測, 度不可知.《易》稱『以蒙養正』,『以明夷莅衆』, 若其位居尊極, 炫燿聰明, 以才凌人, 飾非拒諫, 則上下情隔, 君臣道乖, 自古滅亡, 莫不由此也.」太宗深善其對.

六年, 累除國子司業. 歲餘, 遷太子右庶子; 仍兼國子司業. 與諸儒議曆及明堂, 皆從穎達之說. 又與魏徵撰成《隋史》, 加位散騎常侍. 十一年, 又與朝賢修定《五禮》, 所有疑滯, 咸諮決之. 書成, 進爵爲子, 賜物三百段. 庶人承乾令撰《孝經義疏》, 穎達因文見意, 更廣規諷之道, 學者稱之. 太宗以穎達在東宮數有匡諫, 與左庶子于志寧各賜黃金一斤, 絹百匹. 十二年, 拜國子祭酒, 仍侍講東宮.

十四年, 太宗幸國學觀釋奠, 命穎達講《孝經》, 旣畢, 穎達上〈釋奠頌〉, 手詔褒美.
後承乾不循法度, 穎達每犯顏進諫. 承乾乳母遂安夫人謂曰:「太子成長, 何宜
屢致面折?」穎達對曰:「蒙國厚恩, 死無所恨.」諫諍逾切, 承乾不能納.

先是, 與顔師古·司馬才章·王恭·王琰等諸儒受詔撰定《五經義訓》, 凡一百
八十卷, 名曰《五經正義》. 太宗下詔曰:「卿等博綜古今, 義理該洽, 考前儒之異說,
符聖人之幽旨, 實爲不朽.」付國子監施行, 賜穎達物三百段. 時又有太學博士馬
嘉運駁穎達所撰《正義》, 詔更令詳定, 功竟未成. 十七年, 以年老致仕. 十八年,
圖形於凌煙閣, 讚曰:「道光列第, 風傳闕里. 精義霞開, 掞辭飆起.」二十二年卒,
陪葬昭陵, 贈太常卿, 諡曰憲.


## 2.《新唐書》(198) 儒學傳(孔穎達)

孔穎達字仲達, 冀州衡水人. 八歲就學, 誦記日千餘言, 闇記《三禮義宗》. 及長,
明服氏《春秋傳》·鄭氏《尙書·詩·禮記》·王氏《易》, 善屬文, 通步曆. 嘗造同郡
劉焯, 焯名重海內, 初不之禮. 及請質所疑, 遂大畏服.

隋大業初, 擧明經高第, 授河內郡博士. 煬帝召天下儒官集東都, 詔國子秘書
學士與論議, 穎達爲冠, 又年最少, 老師宿儒恥出其下, 陰遣客刺之, 匿楊玄感
家得免. 補太學助教. 隋亂, 避地虎牢.

太宗平洛, 授文學館學士, 遷國子博士. 貞觀初, 封曲阜縣男, 轉給事中. 時帝
新卽位, 穎達數以忠言進. 帝問:「孔子稱『以能問於不能, 以多聞於寡, 有若無,
實若虛』. 何謂也?」對曰:「此聖人敎人謙耳. 己雖能, 仍就不能之人以咨所未能;
己雖多, 仍就寡少之人更資其多. 內有道, 外若無; 中雖實, 容若虛. 非特匹夫,

君德亦然. 故《易》稱『蒙以養正』, 『明夷以莅衆』. 若其據尊極之位, 衒聰燿明, 恃才以肆, 則上下不通, 君臣道乖. 自古滅亡, 莫不由此.」帝稱善. 除國子司業, 歲餘, 以太子右庶子兼司業. 與諸儒議曆及明堂事, 多從其說. 以論撰勞, 加散騎常侍, 爵爲子.

皇太子令穎達撰《孝經章句》, 因文以盡箴諷. 帝知數爭太子失, 賜黃金一斤·絹百匹. 久之, 拜祭酒, 侍講東宮. 帝幸太學觀釋菜, 命穎達講經, 畢, 上〈釋奠頌〉, 有詔褒美. 後太子稍不法, 穎達爭不已, 乳夫人曰: 「太子旣長, 不宜數面折之.」對曰: 「蒙國厚恩, 雖死不恨.」劚切愈至. 後致仕, 卒, 陪葬昭陵, 贈太常卿, 諡曰憲.

初, 穎達與顏師古·司馬才章·王恭·王琰受詔撰《五經義訓》, 凡百餘篇, 號《義贊》, 詔改爲《正義》云. 雖包貫異家爲詳博, 然其中不能無謬冗, 博士馬嘉運駁正其失, 至相譏詆. 有詔更令裁定, 功未就. 永徽二年, 詔中書門下與國子三館博士·弘文館學士考正之, 於是尙書左僕射于志寧·右僕射張行成·侍中高季輔就加增損, 書始布下.


### 3.《貞觀政要》

1)「規諫太子」(12)
貞觀中, 太子承乾數虧禮度, 侈縱日甚, 太子左庶子于志寧撰《諫苑》二十卷諷之. 是時太子右庶子孔穎達每犯顏進諫. 承乾乳母遂安夫人謂穎達曰: 「太子長成, 何宜屢得面折?」對曰: 「蒙國厚恩, 死無所恨!」諫諍愈切. 承乾令撰《孝經義疏》, 穎達又因文見意, 愈廣規諫之道. 太宗並嘉納之, 二人各賜帛五百匹, 黃金一斤, 以勵承乾之意.

2) 「謙讓」(19)

貞觀三年, 太宗問給事中孔穎達曰:「《論語》云:『以能問於不能, 以多問於寡; 有若無, 實若虛』. 何謂也?」孔穎達對曰:「聖人設敎, 欲人謙光. 己雖有能, 不自矜大, 仍就不能之人, 求訪能事. 己之才藝雖多, 猶病以爲少, 仍就寡少之人, 更求所益. 己之雖有, 其狀若無; 己之雖實, 其容若虛. 非惟匹庶, 帝王之德, 亦當如此. 夫帝王內蘊神明, 外須玄默, 使深不可知. 故《易》稱『以蒙養正』, 『以明夷莅衆』. 若其位居尊極, 炫耀聰明, 以才陵人, 飾非拒諫, 則上下情隔, 君臣道乖. 自古滅亡, 莫不由此也.」太宗曰:「《易》云:『勞謙, 君子有終, 吉.』誠如卿言.」詔賜物二百段.


3) 「崇儒學」(27)

貞觀四年, 太宗以經籍去聖久遠, 文字訛謬, 詔前中書侍郎顏師古於秘書省考定五經. 及功畢, 復詔尙書左僕射房玄齡集諸儒重加詳議. 時諸儒傳習師說, 舛謬已久, 皆共非之, 異端蜂起. 而師古輒引晉宋已來古本, 隨方曉答, 援據詳明, 皆出其意表, 諸儒莫不歎服. 太宗稱善者久之, 賜帛五百匹, 加授通直散騎常侍, 頒其所定書於天下, 令學者習焉. 太宗又以文學多門, 章句繁雜, 詔師古與國子祭酒孔穎達等諸儒, 撰定五經疏義, 凡一百八十卷; 名曰《五經正義》, 付國學施行.

附釋音春秋左傳注疏卷第二　隱元年　盡二年

春秋經傳集解隱第一

杜氏注　孔穎達疏

杜氏（疏）

傳惠公元妃孟子。

《春秋疏卷二》

《春秋疏卷二》

孟子卒

（疏）

《春秋左傳注疏》（十三經注疏本）臺灣　藝文印書館　覆印本

# 차 례



## 春秋左傳 동

### 9. 襄公 (총 31년)

# 春秋左傳 下

## 1. 隱公 (총 11년)

# 春秋左傳 중

春秋左傳 중

## 7. 宣公(총 18년)

# 春秋左傳 등

# 春秋左傳 등

## 11. 定公(총 15년)

# 9. 〈襄公〉

◎ 魯 襄公 在位期間(31년: B.C.572~542년)

成公의 庶子. 이름은 午. 어머니는 成公의 첩 定姒. B.C.573~542년까지 31년간 재위함. 〈諡法〉에 "因事有功曰襄. 辟土有德曰襄"이라 함.

# 151. 襄公 元年(B.C.572) 己丑

| 周 | 簡王(姬夷) 14년 | 齊 | 靈公(環) 10년 | 晉 | 悼公(周) 2년 | 衛 | 獻公(衎) 5년 |
|---|---|---|---|---|---|---|---|
| 蔡 | 景公(固) 20년 | 鄭 | 成公(睔) 13년 | 曹 | 成公(負芻) 6년 | 陳 | 成公(午) 27년 |
| 杞 | 桓公(姑容) 65년 | 宋 | 平公(成) 4년 | 秦 | 景公(后伯車) 5년 | 楚 | 共王(審) 19년 |
| 吳 | 壽夢 14년 | 許 | 靈公(甯) 20년 | | | | |

## ❀ 1086(襄元-1)

元年春王正月, 公卽位.

원년 봄 주력周曆 정월, 양공襄公이 즉위하였다.

【襄公】成公의 庶子. 이름은 午. 어머니는 成公의 첩 定姒. B.C.573~542년까지 31년간 재위함. 諡法에 "因事有功曰襄. 辟土有德曰襄"이라 함. 4살의 어린 나이에 왕위에 올랐다 함.
＊無傳

## ❀ 1087(襄元-2)

仲孫蔑會晉欒黶·宋華元·衛甯殖·曹人·莒人·邾人·滕人·薛人圍宋彭城.

중손멸仲孫蔑이 진晉나라 난염欒黶·송宋나라 화원華元·위衛나라 영식甯殖·조인曹人·거인莒人·주인邾人·등인滕人·설인薛人과 함께 송宋나라 팽성彭城을 포위하였다.

【仲孫蔑】 孟獻子. 魯나라 대부. 孟文伯(穀)의 아들이며 公孫敖의 손자. 魯나라 門閥.
【欒黶】 晉나라 대부. 欒桓子로도 불림. 欒武子(欒書)의 아들.
【華元】 宋나라 대부 華御事의 아들.
【甯殖】 甯惠子. 衛나라 대부.
【莒】 작위는 子爵. 지금의 山東 莒縣. 己姓이었음.
【邾】 周나라 武王이 祝融 八姓의 하나였던 邾俠(曹俠)을 封하여 부용국으로 삼았었으며 지금의 山東 鄒縣. 이 때문에 전국시대에 이름을 '鄒'로 바꾸었음. 曹姓이며 子爵 작위를 받았으나 魯나라에 예속되어 있었음.
【滕】 周 文王의 아들 叔繡가 받았던 封國. 侯爵이었으며 지금의 山東 滕縣 일대. 戰國시대 齊나라에게 망함.
【薛】 黃帝의 후예 奚仲이 받은 封國. 侯爵이며 군주의 성은 任姓. 지금의 山東 滕縣 동남쪽.
【彭城】 宋나라 지명. 지금의 江蘇 徐州市.

㊫

元年春己亥, 圍宋彭城. 非宋地, 追書也.
於是爲宋討魚石, 故稱宋, 且不登叛人也, 謂之宋志.
彭城降晉, 晉人以宋五大夫在彭城者歸, 寘諸瓠丘.
齊人不會彭城, 晉人以爲討.
二月, 齊大子光爲質於晉.

양공 원년 봄 기해날, 제후들이 송宋나라의 팽성彭城을 포위하였다. 팽성은 당시 송나라 땅은 아니었지만 추기追記한 것이다.

그때 송나라를 위해 어석魚石을 치고 팽성을 송나라 땅이라 칭하였으며 어석을 반역자라 하지도 않았는데 이는 송나라의 뜻을 따른 것이다.

　팽성이 진晉나라에 항복하자 진나라가 팽성에 있던 송나라의 다섯 대부를 데리고 돌아가 그들을 진나라 호구瓠丘로 호송하였다.
　제齊나라가 팽성 싸움에 참가하지 않자 진나라가 이를 성토하였다.
　2월, 제나라 태자 광光이 진나라 인질이 되었다.


【元年春己亥】正月이 생략되었음. 그러나 杜預 注에 "正月無己亥, 日誤"라 하여 '乙亥'(정월 25일)의 오기가 아닌가 함.
【魚石】宋나라 대부. 成公 15년(B.C.576) 楚나라로 도망갔다가 초나라 힘을 빌려 팽성을 차지했던 인물.
【追書】후일에 기록해 넣음. 즉 원래는 成公 15년 彭城은 이미 楚나라가 차지하여 魚石 등에게 주어 송나라 땅이 아니었음. 그러나 魚石은 송나라 사람이므로 이를 '追書'한 것임.
【宋志】宋나라로서는 彭城은 비록 초나라에게 빼앗기기는 하였지만 송나라 사람 魚石이 다스리고 있었으므로 자신들의 영토라고 여론을 편 것.
【不登叛人也】'登'은 '贊同'의 뜻. 반역자로 삼지 않음. 魚石은 조국 宋나라를 배반하고 楚나라로 도망(成公 15년)하였지만 직접 반란을 일으켜 땅을 점령한 것이 아니어서 그를 반역자로 취급하지 않았음.
【彭城降晉】26년 傳 聲子가 "晉降彭城而歸諸宋, 以魚石歸"라 한 것을 말함.
【五大夫】魚石, 向爲人, 鱗朱, 向帶, 魚府를 가리킴. 成公 15년과 18년을 볼 것.
【寘】'置'와 같음. 안치함. 배치함. 장소를 정하여 머물게 시킴.
【瓠丘】壺丘. 晉나라 지명. 陽壺라고도 하였음. 지금의 山西 垣曲縣 동남쪽.
【大子光】'大'는 '太'와 같음. 齊 靈公(環)의 太子. 뒤에 莊公이 되어 B.C.553～548년까지 6년간 재위하고 景公(杵臼)에게 이어짐.


＊ 1088(襄元-3)

　夏, 晉韓厥帥師伐鄭, 仲孫蔑會齊崔杼·曹人·邾人·杞人次于鄫.

여름, 진晉나라 한궐韓厥이 군사를 이끌고 정鄭나라를 치고, 중손멸仲孫蔑이
제齊나라 최저崔杼·조인曹人·주인邾人·기인杞人과 모여 증鄫에 군사를 주둔
시켰다.

【韓厥】晉나라 대부. 韓獻子. 子輿의 아들. 韓萬의 현손. 韓無忌의 아버지. 그
  후손이 뒷날 晉六卿의 하나인 韓氏로 발전하였으며 戰國시대 七雄의 하나인
  韓나라를 일으킴.《公羊傳》에는 ‘韓屈’로 되어 있음.
【仲孫蔑】孟獻子. 魯나라 대부. 孟文伯(穀)의 아들이며 公孫敖의 손자. 魯나라 門閥.
【崔杼】齊나라 대부. 齊 莊公(B.C.553~548)이 그의 아내와 사통하자 崔杼는
  그를 弑害하고 景公을 세워 자신은 宰相이 되는 등 춘추 후기 제나라 역사를
  뒤흔든 인물. 晏子(晏嬰)와 여러 차례 부딪치는 등 많은 일화를 낳았음. 뒤에
  집안 내분을 견디지 못하고 목을 매어 자결하였으며 시호는 武子. 襄公 27년을
  볼 것.
【次】군사가 주둔함을 뜻함. 莊公 3년 傳에 “凡師, 一宿爲舍, 再宿爲信, 過信爲次”
  라 함.
【杞】姒姓, 周 武王이 殷을 멸한 다음 禹의 후손 東樓公을 찾아 봉하였음. 지금의
  河南 杞縣 일대.
【鄫】鄭나라 땅. 杜預 注에 “陳留襄邑縣東南”이라 하였으며 지금의 河南 睢縣
  동남쪽 鄫亭. 그러나《公羊傳》에는 ‘合’으로 되어 있음.


⑭

夏五月, 晉韓厥·荀偃帥諸侯之師伐鄭, 入其郛, 敗其徒兵於洧上.
於是東諸侯之師次于鄫, 以待晉師.
晉師自鄭以鄫之師侵楚焦·夷及陳.
晉侯·衛侯次于戚, 以爲之援.


여름 5월, 진晉나라 한궐韓厥과 순언荀偃이 제후들 군사를 이끌고 정鄭
나라를 쳐 그 외곽으로 들어가 정나라 보병들을 유수洧水 가에서 패배
시켰다.

이때 동쪽 제후들 군사가 정나라의 증鄫에 주둔하여 진나라 군사를 기다리고 있었다.

진나라 군사는 정나라로부터 증에 머물고 있는 군사까지 이끌고 초楚나라 초焦와 이夷 땅 및 진陳나라까지 공격하였다.

그때 진晉 도공悼公과 위衛 헌공獻公은 척戚에 군사를 주둔시키고 원군 요청에 대비하고 있었다.

【荀偃】晉나라 대부. 荀庚의 아들이며 荀林父의 손자. 자는 伯游. 中行佐의 벼슬을 하여 '中行'을 씨로 삼아 '中行偃'으로도 부름. 시호는 獻子. 따라서 '中行獻子'로도 불림. 그 후손이 뒷날 晉六卿의 하나인 中行氏로 발전함.

【洧】강 이름. 河南 登封縣 陽城山에서 발원하여 密縣을 거쳐 溱水와 합쳐 다시 雙洎河로 흘러드는 물.

【焦·夷】원래 陳나라 땅이었으나 뒤에 楚나라가 점유하였음. 僖公 23년 전을 볼 것.

【晉侯】당시 晉나라 군주는 悼公(周) 원년이었음.

【衛侯】衛나라 군주는 獻公(衎) 5년이었음.

【戚】衛나라의 읍. 원래 孫氏의 采邑이었으며 孫林父가 晉나라로 달아나자 그 땅도 함께 가지고 갔던 것으로 보임. 이를 위나라에게 돌려줌. 지금의 河南 濮陽縣 북쪽.


## ✸ 1089(襄元-4)

**秋, 楚公子壬夫帥師侵宋.**

가을, 초楚나라 공자 임부壬夫가 군사를 이끌고 송宋나라를 쳤다.

【壬夫】楚나라 공자. 子反(側)의 아우 子辛. 顔師古와 惠棟 등은 '王夫'의 오기가 아닌가 하였음. 右尹, 令尹 등을 지냈으며 襄公 5년 피살됨.

秋, 楚子辛救鄭, 侵宋呂·留.

鄭子然侵宋, 取犬丘.


가을, 초楚나라 자신子辛이 정鄭나라를 구원하고자 송宋나라 여呂와 유留로 쳐들어갔다.

그러자 정나라 자연子然은 송나라로 침입하여 견구犬丘를 빼앗았다.


【壬夫】 楚나라 공자. 子反(側)의 아우 子辛. 顔師古와 惠棟 등은 '王夫'의 오기가 아닌가 하였음. 右尹, 슈尹 등을 지냈으며 襄公 5년 피살됨.

【呂·留】 모두 宋나라 읍 이름. '呂'는 지금의 江蘇 銅山縣 동쪽. '留'는 江蘇 沛縣 동남쪽.《江南通志》에 "呂, 在今江蘇銅山縣東南五十里; 留, 在江蘇沛縣東南五十里"라 함.

【子然】 鄭 穆公(蘭)의 아들. 成公 10년 傳을 볼 것.

【犬丘】 宋나라 지명. 지금의 河南 永城縣 서북쪽.《一統志》에 "今河南永城縣西北三十里有犬丘集"이라 함.


❋ 1090(襄元-5)

九月辛酉, 天王崩.

9월 신유날, 천왕天王이 붕어하였다.


【辛酉】 9월 15일.

【天王】 周 簡王 姬夷. 定王(姬瑜)의 아들로 B.C.585~572년까지 14년간 재위하고 이때에 생을 마침. 靈王(姬泄心)이 그 뒤를 이어 B.C.571~545년까지 27년간 재위함.

＊無傳

❋ **1091**(襄元-6)

邾子來朝.

주자邾子가 찾아왔다.

【邾】邾 宣公. 邾는 周나라 武王이 祝融 八姓의 하나였던 邾俠(曹俠)을 封하여 부용국으로 삼았었으며 지금의 山東 鄒縣. 이 때문에 전국시대에 이름을 '鄒'로 바꾸었음. 曹姓이며 子爵 작위를 받았으나 魯나라에 예속되어 있었음.

㉭
九月, 邾子來朝, 禮也.

9월, 주邾 선공宣公이 노나라로 찾아왔는데 이는 예에 맞는 일이었다.

【禮】魯 襄公이 즉위하자 이를 예방한 것임.


❋ **1092**(襄元-7)

冬, 衛侯使公孫剽來聘.
晉侯使荀罃來聘.


겨울, 위후衛侯가 공손표公孫剽를 노나라에 보내 예방하게 하였다.
진후晉侯가 순앵荀罃을 노나라에 사신으로 보내 예방하게 하였다.

【衛侯】衛나라 군주는 獻公(衎) 5년이었음.

【公孫剽】衛나라 대부. 子叔剽. 子叔黑背의 아들. 衛 定公(臧)의 조카. 衛 穆公(速)의 손자. 시호는 穆子. 穆叔. 子叔穆子로도 부름. 뒤에 衛 殤公이 되어 B.C.558~547년까지 재위하고 獻公이 복위하여 자리를 물려줌.

【晉侯】당시 晉나라 군주는 悼公(周) 원년이었음.

【荀罃】晉나라 대부. 知罃. 荀首(知莊子)의 아들로 宣公 12년(B.C.597) 邲의 싸움에서 사로잡혔음. 시호는 武子. 知武子로도 부름. 그 후손이 春秋末 晉六卿의 하나인 知氏로 발전함.


㋫

冬, 衛子叔·晉知武子來聘, 禮也.

凡諸侯卽位, 小國朝之, 大國聘焉, 以繼好·結信·謀事·補闕, 禮之大者也.


겨울, 위衛나라 자숙子叔과 진晉나라 지무자知武子가 빙문하러 왔는데 이는 예에 맞는 일이었다.

무릇 제후가 즉위하면 작은 나라는 군주가 직접 찾아가고, 큰 나라의 경우는 군주를 대신하여 사신을 보내어 그동안의 우호관계를 잇고, 신의를 맺으며, 서로의 국사를 의논하고, 잘못된 것을 고치는 것은 제후국 사이에 지켜야 할 예의 가운데 중대한 것이다.


【子叔】公孫剽.

【知武子】荀罃. 知罃. 知伯.

【齊侯卽位】魯 襄公이 즉위한 것을 말함. 실제 당시 天子(簡王)가 죽어 예로써는 제후간의 빙문이 정지되어야 하나 그 소식을 아직 접하지 못하여 魯 襄公의 즉위를 축하한 것임.

【朝】군주가 직접 찾아가 예를 표함.

【聘】사신을 보내어 예를 표함.

## 152. 襄公 2年(B.C.571) 庚寅

| 周 | 靈王(姬泄心) 원년 | 齊 | 靈公(環) 11년 | 晉 | 悼公(周) 3년 | 衛 | 獻公(衍) 6년 |
|---|---|---|---|---|---|---|---|
| 蔡 | 景公(固) 21년 | 鄭 | 成公(睔) 14년 | 曹 | 成公(負芻) 7년 | 陳 | 成公(午) 28년 |
| 杞 | 桓公(姑容) 66년 | 宋 | 平公(成) 5년 | 秦 | 景公(后伯車) 6년 | 楚 | 共王(審) 20년 |
| 吳 | 壽夢 15년 | 許 | 靈公(甯) 21년 | | | | |

**✸ 1093(襄2-1)**

二年春王正月, 葬簡王.

2년 봄 주력 정월, 간왕簡王의 장례를 치렀다.

【簡王】 주나라 천자. 姬夷. 지난해 9월 辛酉에 죽어 이때 장례를 치른 것으로 너무 서두른 것이라 하여 杜預 注에는 "速"이라 하였음.
＊無傳

**✸ 1094(襄2-2)**

鄭師伐宋.

정鄭나라 군사가 송宋나라를 쳤다.

二年春, 鄭師侵宋, 楚令也.

2년 봄, 정鄭나라 군사가 송宋나라를 친 것은 초楚나라의 명령에 따른 것이다.

【楚令】鄭나라는 晉나라를 패자로 여기지 않고 楚나라에 의지하였음.




齊侯伐萊, 萊人使正輿子賂夙沙衛以索馬牛, 皆百匹, 齊師乃還.
君子是以知齊靈公之爲「靈」也.

제齊 영공靈公이 내萊나라를 치자 내나라에서는 정여자正輿子를 숙사위夙沙衛에게 보내어 좋은 말과 소를 골라 모두 1백 필을 주자 제나라 군사가 곧 돌아갔다.
　군자는 이로써 제 영공의 시호를 '영靈'이라 한 이유를 알겠다고 여겼다.

【齊侯】당시 齊나라 군주는 靈公(環)이었음.
【萊】姜姓의 나라. 지금의 山東 平陰縣. 혹 昌邑縣, 黃縣 등이라고 함.《史記》
　齊世家에 "萊侯來伐, 與之爭營丘"라 함.
【正輿子】萊나라의 賢大夫.《荀子》堯問篇에 "萊不用子馬而齊幷之"라 하였고,
　楊倞 注에 "或曰正輿子字子馬"라 함.
【夙沙衛】齊나라 少傅를 지냈던 인물로 齊 靈公의 한때 幸臣으로 보임.
【索】좋은 것으로 고름. '選'과 같음.
【靈】無道하였던 군주가 죽으면 靈자를 시호로 삼았음. 淸 沈惠纕의《諡法考》에
　"不勤成名曰靈, 好祭鬼怪曰靈, 極知鬼神曰靈" 등이라 함. 실제 齊 靈公은 太子
　光을 폐하고 子牙를 세웠으며 夙沙衛를 少傅로 삼아 齊나라를 혼란에 빠뜨림.
　襄公 19년 傳을 볼 것.

## 夏五月庚寅, 夫人姜氏薨.

여름 5월 경인날, 부인 강씨姜氏가 훙거하였다.

【庚寅】 5월 18일.
【姜氏】 齊姜 등으로도 불림. 魯 成公(黑肱)의 부인. 齊나라 출신. 襄公은 成公의
　妾(定姒) 소생으로 親生母가 아님. 成公 14년 참조.


㉮

夏, 齊姜薨.
　初, 穆姜使擇美檟, 以自爲櫬與頌琴, 季文子取以葬.
　君子曰:「非禮也. 禮無所逆. 婦, 養姑者也. 虧姑以成婦, 逆莫大焉.
《詩》曰:『其惟哲人, 告之話言, 順德之行.』季孫於是爲不哲矣. 且
姜氏, 君之姑也.《詩》曰:『爲酒爲醴, 烝畀祖妣, 以洽百禮, 降福孔偕.』」


　여름, 제강齊姜이 훙거薨去하였다.
　당초, 노魯 성공成公의 어머니 목강穆姜이 가檟나무를 골라 구해서 그것
으로 자기의 관과 장사 지낼 때에 함께 묻는 송금頌琴을 만들도록 해 두었
었는데 계문자季文子가 그것으로 양공 어머니 제강의 장례를 치렀다.
　군자는 이를 두고 이렇게 평하였다.
　"이는 예에 어긋난 것이다. 예에는 거꾸로 행하는 법이 없다. 며느리는
시어머니를 받들어 모시는 사람이다. 시어머니에게 쓸 것을 며느리에게
썼으니 이보다 더 큰 거역은 없다.《시》에 '지혜로운 사람은 좋은 말을
하고, 그 말에 따라 덕스러운 일을 행한다'라 하였다. 계손季孫은 이 일에서
지혜롭지 못하였다. 게다가 강씨姜氏는 재위 중인 임금의 어머니였다.《시》에
'술과 단술을 만들어 조상 내외분들께 올리고 모든 예를 갖추면 내리는
복 크고 많으리'라 하였다."

【齊姜】魯 成公의 부인. 시어머니 穆姜보다 먼저 죽음.

【穆姜】魯 宣公(俀)의 부인. 成公(黑肱)의 어머니. 齊나라 출신으로 繆姜으로도 표기
　함. 襄公의 할머니. 成公 9년, 11년, 16년 등을 볼 것. 叔孫僑如와 사통하면서 季氏와
　孟氏를 축출하고자 갖은 애를 썼다가 9년 傳에 의하면 東宮에 폐위되었던 여인임.
　《列女傳》孽嬖篇에도 그의 음행이 실려 있으며 "聰慧而行亂, 故謚曰繆"이라 함.

【櫬】楸木, 목재가 세밀하여 棺材나 樂器의 재료 등으로 널리 쓰임.

【槥】內棺. 몸에 직접 닿는 관.

【頌琴】장례를 치를 때 무덤 속에 함께 묻는 琴.

【季文子】魯나라 대부. 季孫行父. 魯나라 三桓의 하나인 季孫氏 집안.

【取以葬】季文子가 穆姜이 준비해둔 것으로써 齊姜의 장례를 치름.

【其惟哲人】《詩經》大雅 抑篇에 "荏染柔木, 言緡之之絲. 溫溫恭人, 維德之基.
　其維哲人, 告之話言, 順德之行. 其維愚人, 覆謂我僭, 民個有心. 於乎小子, 未知
　臧否. 匪手攜之, 言示之事. 匪面命之, 言提其耳. 借曰未知, 亦旣抱子. 民之靡
　盈, 誰夙知而莫"이라 함.

【話言】좋은 말. 좋은 말을 구실로 삼음.

【且姜氏君之妣也】'또한 부인 강씨는 재위 중인 군주(양공)의 어머니였다'의 뜻.
　'재위 중인 군주의 어머니인데도 이렇게 예의에 맞지 않게 장례를 치렀는가'의
　의미가 들어 있음.

【爲酒爲醴】《詩經》周頌 豐年篇에 "豐年多黍多稌. 亦有高廩, 萬億及秭. 爲酒
　爲醴, 烝畀祖妣, 以洽百禮. 降福孔皆"라 함.

【祖妣】高祖母 이하의 선조.


㉺

齊侯使諸姜·宗婦來送葬, 召萊子.

萊子不會, 故晏弱城東陽以偪之.


　제齊 도공悼公이 동족의 여자와 종씨宗氏 부인들로 하여금 우리 노나라로
와서 강씨 부인의 장례에 참가하도록 하면서 내萊나라 군주에게도 함께
가도록 그를 불렀다.

　그런데 내나라 군주는 부름에 응하지 않아 그 때문에 제나라 대부 안약
晏弱은 동양東陽에 성을 쌓아 내나라를 위협하던 것이다.

【諸姜宗婦】齊나라 군주의 성은 강씨였음. 諸姜은 모든 군주와 동족의 여자들을 말함. 그리고 宗婦는 종씨, 즉 강씨의 부인들을 말함.

【東陽】齊나라 국경의 읍 이름. 지금의 山東 臨朐縣 동쪽.

【萊】姜姓의 나라. 지금의 山東 平陰縣. 혹 昌邑縣, 黃縣 등이라고 함.《史記》齊世家에 "萊侯來伐, 與之爭營丘"라 함.

【晏弱】齊나라 대부. 晏桓子. 유명한 재상 晏子(晏嬰)의 아버지.

【偪之】압박하고 위협함.


㊀

鄭成公疾, 子駟請息肩於晉.

公曰:「楚君以鄭故, 親集矢於其目, 非異人任, 寡人也. 若背之, 是棄力與言, 其誰暱我? 免寡人, 唯二三子.」


정鄭 성공成公이 병이 나자 자사子駟가 진晉나라 편에 가까이하기를 청하였다.

그러자 성공이 말하였다.

"초楚나라 군주는 우리 정나라 일로 친히 전쟁터에 나가 싸우다 자기 눈에 화살을 맞았다. 그것은 다른 사람을 위해서가 아니라 곧 나를 위해서였다. 그런데 초나라를 배반하면 그것은 곧 우리를 돕는 힘과 언약을 버리는 것이 된다. 그렇게 되면 누가 우리를 친히 여겨 주겠는가? 내가 그렇게 하지 않도록 말릴 사람은 오직 그대들 몇 사람뿐이다."


【鄭成公】鄭나라 군주. 이름은 곤(睔). 悼公(費)의 뒤를 이어 B.C.584∼571년까지 14년간 재위하고 僖公(髡頑)이 그 뒤를 이음.

【子駟】鄭나라 公子 騑. 鄭 穆公(蘭)의 아들. 僖公(髡頑)이 무례하게 굴자 그를 시해하고 簡公(嘉)을 세운 인물.

【息肩於晉】지금까지 晉나라와 싸워온 부담을 없앰. 肩은 무거운 짐. 부담.

【集矢於其目】화살을 눈에 모이게 함. 즉 화살이 눈에 맞음. 成公 16년 鄢陵 싸움에서 초나라 共王의 눈이 晉나라 呂錡가 쏜 화살에 맞았던 사건.

【非異人任】타인을 위해서가 아님.

【棄力】 ‘力’은 〈服虔本〉에는 ‘功’으로 되어 있으며 《國語》 晉語(2)에 “務施與力
  而不務德”이라 하였고, 韋昭 注에 “力, 功也”라 함.
【免】 楚나라를 배반하는 책임을 면하게 해 줌.


## ✸ 1096(襄2-4)

六月庚辰, 鄭伯睔卒.

6월 경진날, 정백鄭伯 곤睔이 죽었다.

【庚辰】 실제로는 7월 9일임. 杜預 注에 “庚辰, 七月九日”이라 함.
【鄭伯睔】 鄭 成公. 睔은 成公의 이름.


## ✸ 1097(襄2-5)

晉師·宋師·衛甯殖侵鄭.

진晉·송宋 두 나라의 군사와 위衛나라 영식甯殖이 정鄭나라를 쳤다.

【甯殖】 甯惠子. 衛나라 대부. 卿 벼슬이었음.


## ✸ 1098(襄2-6)

秋七月, 仲孫蔑會晉荀罃·宋華元·衛孫林父·曹人·邾人
于戚.

가을 7월, 중손멸仲孫蔑이 진晉나라 순앵荀罃·송宋나라 화원華元·위衛나라 손림보孫林父·조인曹人·주인邾人이 척戚에서 만났다.


【仲孫蔑】孟獻子. 魯나라 대부. 孟文伯(穀)의 아들이며 公孫敖의 손자. 魯나라 門閥.
【荀罃】晉나라 대부. 知罃. 知伯. 荀首(知莊子)의 아들로 宣公 12년(B.C.597) 邲의 싸움에서 사로잡혔음. 시호는 武子. 知武子로도 부름. 그 후손이 春秋末 晉六卿의 하나인 知氏로 발전함.
【華元】宋나라 대부 華御事의 아들.
【孫林父】衛나라 대부. 孫良夫(孫桓子)의 아들이며 시호는 '文'. 그 때문에 孫文子 로도 부름.
【戚】衛나라의 읍. 원래 孫氏의 采邑이었으며 孫林父가 晉나라로 달아나자 그 땅도 함께 가지고 갔던 것으로 보임. 이를 위나라에게 돌려줌. 지금의 河南 濮陽縣 북쪽.




## ❋ 1099(襄2-7)

### 己丑, 葬我小君齊姜.

기축날, 우리 소군小君 제강齊姜의 장례를 치렀다.


【己丑】7월 18일.
【小君】諸侯 夫人을 부르던 칭호.
【齊姜】魯 成公(黑肱)의 부인. 齊나라 출신. 그러나 杜預 注에는 "齊, 謚也"라 함. 襄公은 成公 妾(定姒)의 소생으로 親生母가 아님. 成公 14년 참조.



傳

秋七月庚辰, 鄭伯睔卒.
　於是子罕當國, 子駟爲政, 子國爲司馬.

晉師侵鄭, 諸大夫欲從晉.

子駟曰:「官命未改.」

會于戚, 謀鄭故也.

孟獻子曰:「請城虎牢以偪鄭.」

知武子曰:「善. 鄫之會, 吾子聞崔子之言, 今不來矣. 滕·薛·小邾之不至, 皆齊故也. 寡君之憂不唯鄭. 罃將復於寡君, 而請於齊. 得請而告, 吾子之功也. 若不得請, 事將在齊. 吾子之請, 諸侯之福也. 豈唯寡君賴之.」


가을 7월 경진날, 정鄭 성공成公 곤論이 죽었다.

이에 자한子罕이 나라를 맡고, 자사子駟가 정치를 하고, 자국子國이 사마司馬가 되었다.

진晉나라 군사가 정나라를 침공하자 정나라 대부들이 진나라를 따르려 하였다.

그러자 자사가 말하였다.

"임금의 명령이 아직 바뀌지 않았소."

척戚에서 모임을 가진 것은 정나라의 일을 상의하기 위해서였다.

그때 노나라 맹헌자孟獻子가 말하였다.

"호뢰虎牢에 성을 쌓아 정나라를 압박하기를 청합니다."

그러자 진나라 지무자知武子가 말하였다.

"훌륭하오. 증鄫에서의 모임 때에 그대께서는 제나라 최씨崔氏(崔杼)가 한 말을 들으셨을 것입니다. 이번에 제나라 사람은 나오지 않았습니다. 등滕·설薛·소주小邾 나라 사람이 오지 않은 것도 모두 제나라 때문입니다. 우리 임금의 근심은 정나라뿐이 아닙니다. 순앵 저는 우리 임금께 보고하여 제나라에 성을 쌓는 일에 참가하도록 요청할 것입니다. 요청이 수락되어 우리 임금께 그 결과를 보고할 수 있게 된다면 그것은 이 문제를 제안하신 그대의 공입니다. 만약 허락을 받지 못한다면 우리가 해야 할 일은 장차 제나라를 치는 것입니다. 그대의 제청은 제후들의 복입니다. 어찌 우리 임금만 그 성에 의지하겠습니까?"

【子罕】鄭 穆公의 아들이며 戴公의 6세손. 公子 喜(樂喜). 司城 벼슬을 하여 흔히 司城子罕으로도 부름. 당시 鄭나라에 어진 인물로 널리 알려짐.

【子駟】鄭나라 公子 騑. 鄭 穆公(蘭)의 아들. 僖公(髡頑)이 무례하게 굴자 그를 시해하고 簡公(嘉)을 세운 인물.

【子國】鄭나라 公子 發(子發). 穆公의 아들. 兵權을 담당함.

【官命未改】鄭 成公을 아직 下葬하지 않아 그의 遺訓을 그대로 지켜야 함을 뜻함.

【戚】衛나라의 읍. 원래 孫氏의 采邑이었으며 孫林父가 晉나라로 달아나자 그 땅도 함께 가지고 갔던 것으로 보임. 이를 위나라에게 돌려줌. 지금의 河南 濮陽縣 북쪽.

【孟獻子】仲孫蔑. 魯나라 대부. 孟文伯(穀)의 아들이며 公孫敖의 손자. 魯나라 門閥.

【知武子】荀罃. 晉나라 대부. 知罃. 知伯. 荀首(知莊子)의 아들로 宣公 12년 (B.C.597) 邲의 싸움에서 사로잡혔음. 시호는 武子. 知武子로도 부름. 그 후손이 春秋末 晉六卿의 하나인 知氏로 발전함.

【虎牢】鄭나라 서북 국경의 險地. 北制. 지금의 河南 氾縣 서쪽.

【鄬】鄭나라 땅. 杜預 注에 "陳留襄邑縣東南"이라 하였으며 지금의 河南 睢縣 동남쪽. 鄬之會는 襄公 원년을 볼 것. 이때 知罃은 참가하지 않았으나 晉나라 에서 韓厥과 荀偃 등이 참가하여 知罃도 그때 일을 알고 있을 것으로 본 것. '崔子之言'은 齊나라 대표 崔杼가 晉나라에게 굴복함을 불만스럽게 여겨 말하였던 것을 가리킴.

【崔子】崔杼. 齊나라 대부. 齊 莊公(B.C.553~548)이 그의 아내와 사통하자 崔杼는 그를 弑害하고 景公을 세워 자신은 宰相이 되는 등 춘추 후기 제나라 역사를 뒤흔든 인물. 晏子(晏嬰)와 여러 차례 부딪치는 등 많은 일화를 낳았음. 뒤에 집안 내분을 견디지 못하고 목을 매어 자결하였으며 시호는 武子.

【滕】周 文王의 아들 叔繡가 받았던 封國. 侯爵이었으며 지금의 山東 滕縣 일대. 戰國시대 齊나라에게 망함.

【薛】黃帝의 후예 奚仲이 받은 封國. 侯爵이며 군주의 성은 任姓. 지금의 山東 滕縣 동남쪽.

【得請而告】虎牢에 성을 쌓는 일에 참가하라는 요청이 받아들여져 그 결과를 晉나라 임금에게 보고하게 됨.

【事將在齊】곧바로 해야 할 일은 앞으로 齊나라를 치는 것에 있음.

【小邾】齊나라 근처에 있던 작은 나라. 이들은 모두 제나라 명령을 듣고 있었음. 諸侯의 分封이었으므로 '小邾'라 부른 것.

✹ 1100(襄2-8)

叔孫豹如宋.

숙손표叔孫豹가 송宋나라에 갔다.

【叔孫豹】魯나라 대부. 叔孫僑如의 아우. 叔孫穆叔.


㊀

穆叔聘于宋, 通嗣君也.

목숙穆叔이 송宋나라를 예방한 것은 양공襄公이 대를 이었다는 것을 알리기 위해서였다.

【穆叔】叔孫豹. 魯나라 대부. 叔孫僑如의 아우. 叔孫穆叔. 叔孫. 叔孫穆子 등으로도 불림.
【嗣君】대를 이은 임금. 여기서는 魯 襄公을 가리킴.


✹ 1101(襄2-9)

冬, 仲孫蔑會晉荀罃·齊崔杼·衛孫林父·曹人·邾人·滕人·薛人·小邾人于戚, 遂城虎牢.

겨울, 중손멸仲孫蔑이 진晉나라 순앵荀罃·齊나라 최저崔杼·송宋나라 화원華元·위衛나라 손림보孫林父·조인曹人·주인邾人·등인滕人·설인薛人·소주인小邾人과 척戚에서 모여 호뢰虎牢에 성을 쌓았다.

【仲孫蔑】孟獻子. 魯나라 대부. 孟文伯(穀)의 아들이며 公孫敖의 손자. 魯나라 門閥.
【荀罃】晉나라 대부. 知罃. 知伯. 荀首(知莊子)의 아들로 宣公 12년(B.C.597) 邲의
  싸움에서 사로잡혔음. 시호는 武子. 知武子로도 부름. 그 후손이 春秋末 晉六卿의
  하나인 知氏로 발전함.
【崔杼】齊나라 대부. 齊 莊公(B.C.553~548)이 그의 아내와 사통하자 崔杼는
  그를 弑害하고 景公을 세워 자신은 宰相이 되는 등 춘추 후기 제나라 역사를
  뒤흔든 인물. 晏子(晏嬰)와 여러 차례 부딪치는 등 많은 일화를 낳았음. 뒤에
  집안 내분을 견디지 못하고 목을 매어 자결하였으며 시호는 武子.
【華元】宋나라 대부 華御事의 아들.
【孫林父】衛나라 대부. 孫良夫(孫桓子)의 아들이며 시호는 ‘文’. 그 때문에 孫文子
  로도 부름.
【戚】衛나라의 읍. 원래 孫氏의 采邑이었으며 孫林父가 晉나라로 달아나자
  그 땅도 함께 가지고 갔던 것으로 보임. 이를 위나라에게 돌려줌. 지금의 河南
  濮陽縣 북쪽.
【虎牢】鄭나라 서북 국경의 險地. 北制. 지금의 河南 汜縣 서쪽.


㉡

冬, 復會于戚, 齊崔武子及滕·薛·小邾之大夫皆會, 知武子之言故也.
遂城虎牢, 鄭人乃成.


겨울, 다시 척戚에서 모였을 때 제齊나라 최무자崔武子와 등滕나라·설薛
나라·소주小邾나라의 대부가 모두 참여하였는데 이는 지무자知武子가
제나라를 치겠다고 말한 것 때문이었다.
드디어 호뢰虎牢에 성을 쌓자 정鄭나라가 이에 화친을 맺어왔다.


【崔武子】崔杼
【小邾】諸侯의 分封이었으므로 ‘小邾’라 칭함.
【知武子】荀罃. 知罃.

✹ 1102(襄2-10)

　楚殺其大夫公子申.

초楚나라가 대부 공자 신申을 죽였다.


【公子申】楚나라 공자. 子申.


㊞

楚公子申爲右司馬, 多受小國之賂, 以偪子重·子辛.
楚人殺之.
故書曰:「楚殺其大夫公子申.」


초楚나라 공자 신申이 우사마右司馬가 되어 작은 나라들로부터 많은 뇌물을 받아 영윤令尹 자중子重과 사마司馬 자신子辛을 핍박하였다.
　그러자 초나라 사람이 그를 죽인 것이다.
　그 때문에 경經에 "초나라가 그 나라의 대부 공자 신을 죽였다"라 기록한 것이다.


【子重】楚나라 공자. 嬰齊. 당시 令尹이었음.
【子辛】壬夫. 楚나라 공자. 子反(側)의 아우 子辛. 顔師古와 惠棟 등은 '王夫'의 오기가 아닌가 하였음. 右尹, 令尹 등을 지냈으며 襄公 5년 피살됨.

# 153. 襄公 3年(B.C.570) 辛卯

| 周 | 靈王(姬泄心) 2년 | 齊 | 靈公(環) 12년 | 晉 | 悼公(周) 4년 | 衛 | 獻公(衎) 7년 |
|---|---|---|---|---|---|---|---|
| 蔡 | 景公(固) 22년 | 鄭 | 僖公(髡頑) 원년 | 曹 | 成公(負芻) 8년 | 陳 | 成公(午) 29년 |
| 杞 | 桓公(姑容) 67년 | 宋 | 平公(成) 6년 | 秦 | 景公(后伯車) 7년 | 楚 | 共王(審) 21년 |
| 吳 | 壽夢 16년 | 許 | 靈公(甯) 22년 | | | | |

✹ **1103(襄3-1)**

三年春, 楚公子嬰齊帥師伐吳.

3년 봄, 초楚나라 공자 영제嬰齊가 군사를 이끌고 오吳나라를 쳤다.

【嬰齊】子重. 楚나라 大夫이며 公子. 이름은 嬰齊. 楚 莊王의 아우. 將軍, 令尹
등으로 고루 거침.
【吳】《彙纂》에 "吳楚爭彊自此始"라 함.

㉔

三年春, 楚子重伐吳, 爲簡之師.
克鳩玆, 至于衡山.
使鄧廖帥組甲三百·被練三千, 以侵吳.
吳人要而擊之, 獲鄧廖.

其能免者, 組甲八十·被練三百而已.
子重歸, 旣飮至三日, 吳人伐楚, 取駕.
駕, 良邑也; 鄧廖, 亦楚之良也.
君子謂「子重於是役也, 所獲不如所亡.」
楚人以是咎子重.
子重病之, 遂遇心疾而卒.


3년 봄, 초楚나라 자중子重이 오吳나라를 치면서 이를 위해 정예군을 선발하였다.

그리하여 구자鳩玆에서의 이기고 형산衡山까지 진격하였다.

자중은 등료鄧蓼로 하여금 조갑組甲을 입은 전차 부대 3백 명과 피련被練을 입은 보병 3천 명을 이끌고 오나라를 치도록 하였다.

그런데 오나라 사람이 도중에서 기다렸다가 습격하여 등료를 잡아서 죽였다.

당시 능히 죽음을 면한 자는 전차부대 80명과 보병부대 3백 명뿐이었다.

자중은 이를 모른 채 먼저 도읍으로 돌아가 이미 술을 사흘이나 마시며 마음을 놓고 있었는데 오나라가 초나라를 쳐서 가읍駕邑을 차지하였다.

가읍은 초나라의 중요한 읍이었으며, 등료도 역시 초나라의 훌륭한 인물이었다.

군자가 말하였다.

"자중이 이 싸움에서 얻은 것은 잃은 것만 못하였다."

초나라 사람이 이 일로 자중을 탓하였다.

자중은 괴로워하다가 드디어 울화병을 만나 세상을 떠나고 말았다.


【子重】楚나라 大夫이며 公子. 이름은 嬰齊. 楚 莊王의 아우. 將軍, 令尹 등으로 고루 거침.

【爲簡之師】吳나라를 치기 위해 정예병을 선발함.

【鳩玆】오나라의 읍 이름. 지금의 安徽 蕪湖縣 동쪽.《一統志》에 "今安徽蕪湖縣東四十里有鳩玆港, 今訛稱勾玆港"이라 함.

【衡山】吳나라의 산 이름. 지금의 安徽 當塗縣 동북쪽.《彙纂》에 "烏程去蕪湖
　甚遠, 今安徽當塗縣東北六十里有橫山, 似爲近之"라 함.
【鄧廖】楚나라 대부. '廖'는 '力彫反'으로 '료'로 읽음.
【組甲】전차부대의 병사가 입는 갑옷.
【被練】보병이 입는 훌륭한 갑옷.
【駕】楚나라 지명. 지금의 安徽 巢縣 근처. 成公 17년을 볼 것.


### ✿ 1104(襄3-2)

公如晉.

공이 진晉나라에 갔다.


㊙

公如晉, 始朝也.

양공이 진晉나라에 간 것은 즉위하고 나서 처음으로 도공悼公에게
인사를 올리러 간 것이다.

【始朝】처음으로 晉 悼公을 찾아가 霸者임을 인정한 것.


### ✿ 1105(襄3-3)

夏四月壬戌, 公及晉侯盟于長樗.

여름 4월 임술날, 양공이 진晉 도공悼公과 장저長樗에서 동맹을 맺었다.

【壬戌】 4월 25일.
【晉侯】 晉 悼公(周).
【長樗】 대략 지금의 山西 汾城縣과 新絳縣 중간.




夏, 盟於長樗, 孟獻子相.
公稽首, 知武子曰:「天子在, 而君欲稽首, 寡君懼矣.」
孟獻子曰:「以敝邑介在東表, 密邇仇讎, 寡君將君是望, 敢不稽首?」


여름, 장저長樗에서 동맹을 맺을 때 노나라 맹헌자孟獻子가 양공을 따라가 그를 도왔다.

양공이 머리를 조아려 진나라 군주에게 예를 올리자 진나라 지무자知武子가 말하였다.

"천자께서 계시는데도 군주께서는 천자께나 드리는 예를 올리려 하시니 우리 임금께서 황송하게 생각합니다."

그러자 맹헌자가 말하였다.

"우리나라는 동방 변두리 나라 사이에 끼인 처지입니다. 진나라의 원수인 나라와 가까이 있어 우리 임금께서는 그대 임금의 도움만을 바라고 계십니다. 그런데 어찌 감히 머리를 땅에 조아리지 않을 수 있겠습니까?"


【孟獻子】 仲孫蔑. 魯나라 대부. 孟文伯(穀)의 아들이며 公孫敖의 손자. 魯나라 門閥.
【知武子】 荀罃. 晉나라 대부. 知罃. 荀首(知莊子)의 아들로 宣公 12년(B.C.597) 邲의 싸움에서 사로잡혔음. 시호는 武子. 知武子로도 부름. 그 후손이 春秋末 晉六卿의 하나인 知氏로 발전함.
【仇讎】 齊·楚와 吳 등은 晉나라에 멀면서 魯나라에게는 늘 위협이 되는 상대라는 뜻.




晉爲鄭服故, 且欲脩吳好.

將合諸侯, 使士匄告于齊曰:「寡君使匄, 以歲之不易, 不虞之不戒, 寡君願與一二兄弟相見, 以謀不協. 請君臨之, 使匄乞盟.」

齊侯欲勿許, 而難爲不協, 乃盟於耏外.


진晉나라는 정鄭나라가 복종하였으므로 장차 오吳나라와 우호관계를 맺고자 하였다.

이에 장차 제후들과 회합을 갖기 위해 사개士匄를 제齊나라에 보내어 이렇게 말을 전하도록 하였다.

"우리 임금께서 저를 보내셨습니다. 한 해를 쉽게 보낼 수 없을 정도여서 뜻밖의 일에 대하여 대비하지 않을 수 없으니 우리 임금께서는 몇몇 형제 나라와 만나 협조하지 않는 나라에 대하여 상의하고자 하십니다. 귀국 임금께서도 참가하시기 바랍니다. 그리하여 저(匄)로 하여금 동맹을 맺도록 일을 맡기셨습니다."

제 영공靈公은 이를 거절하고자 하였지만 뒷날 사이가 좋지 못하게 될 것을 걱정하여 이에 이수耏水 밖에서 진나라와 동맹을 맺었다.


【鄭服】 鄭나라가 楚나라에 의지하였다가 晉나라에 복종한 것은 지난해 일이었음.

【士匄】 晉나라 대부. 范匄. 伯瑕. 士文伯. 范文子(士燮)의 아들. 시호는 宣子. 范宣子로도 불림. '匄'는 '丐'로도 표기하며 음은 '古害反' '개'로 읽음.

【歲之不易】 근년에는 제후들 사이에 분규가 많음.

【不虞之不戒】 불시에 일어나는 일에 대하여 대비하지 않을 수 없음.

【兄弟】 형제 나라의 군주.

【不協】 협조하지 않는 제후들. 齊 悼公을 암시함.

【耏】 齊나라 도읍 臨淄 서북쪽을 흐르는 耏水. 時水라고도 함. 莊公 9년 '乾時'를 볼 것.


**✤ 1106(襄3-4)**

公至自晉.

양공이 진晉나라에서 돌아왔다.


＊無傳


㉆

祁奚請老, 晉侯問嗣焉.
稱解狐, 其讎也, 將立之而卒.
又問焉.
對曰:「午也可.」
於是羊舌職死矣.
晉侯曰:「孰可以代之?」
對曰:「赤也可.」
於是使祁午爲中軍尉, 羊舌赤佐之.
君子謂祁奚「於是能擧善矣. 稱其讎, 不爲諂; 立其子, 不爲比;
擧其偏, 不爲黨.〈商書〉曰:『無偏無黨, 王道蕩蕩.』其祁奚之謂矣.
解狐得擧, 祁午得位, 伯華得官, 建一官而三物成, 能擧善也. 夫唯善,
故能擧其類.《詩》云:『惟其有之, 是以似之.』祁奚有焉.」


진晉나라 기해祁奚가 늙어 물러날 것을 청하자 진晉 도공悼公이 후임자를
물었다.
기해는 해호解狐를 추천하였는데 그는 기해와 원수 사이였지만 그를
추천하였으나 장차 임명하고자 할 때 마침 해호는 죽고 말았다.
이에 다시 다른 사람을 물었다.
기해가 대답하였다.
"기오祁午라면 괜찮을 것입니다."
그때 양설직羊舌職이 죽었다.
도공이 물었다.
"누가 양설직을 이어 그 직무를 대신할 수 있겠소?"

기해가 대답하였다.

"양설적羊舌赤이라면 괜찮을 것입니다."

그리하여 기오를 중군위로, 양설적이 그의 보좌가 되었다.

군자는 이렇게 말하였다.

"기해는 좋은 사람을 능히 천거하였다. 그는 원수를 거론하되 아첨한 것이 아니었고, 그의 아들을 내세웠으되 두둔한 것이 아니었으며, 자신의 부하 아들을 추천하였으되 당파를 이룬 것은 아니었다. 〈상서商書〉에 '편파됨도 없고 당파를 이룸도 없으니 왕도王道는 탕탕蕩蕩하도다'라 하였는데 이는 기해와 같은 경우를 두고 한 말이리라. 해호가 천거되고 기오가 자리를 얻었으며, 백화伯華가 벼슬을 얻었으니 하나의 관직에 관해 논의하여 세 가지 일이 이루어진 것이다. 능히 좋은 사람들을 천거하였도다. 무릇 오직 선하게 생각하였기에 그 때문에 능히 그처럼 좋은 사람들을 천거할 수가 있었던 것이다. 《시》에 '그러한 태도를 가졌으니 이 까닭으로 나라를 이어갈 수 있도다'라 하였으니 기해야말로 그러한 본성을 가진 사람이었다."


【祁奚】 晉나라 대부. 高粱伯의 아들. 자는 黃羊. 祁午의 아버지. '祁'는 원래 읍 이름이며 지금의 山西 祁縣 동남쪽. 당시 中軍尉의 지위에 있었으며 늙어 사임을 청한 것. 본 고사는 《新序》(雜事), 《韓非子》(外儲說), 《呂氏春秋》(去私), 《說苑》(至公), 《韓詩外傳》(9), 《史記》(晉世家), 《國語》(晉語) 등에 아주 널리 실려 있으며 등장인물들이 각기 다름.

【晉侯】 晉 悼公(周).

【解狐】 진나라 대부. 祁奚와 사이가 좋지 않았음.

【午】 祁午. 祁奚의 아들로 아버지를 이어 中軍尉에 오름.

【羊舌職】 晉나라 대부. 祁奚의 보좌였음. 《說苑》(善說篇)에는 '羊殖'으로 되어 있으며 《國語》晉語(7)에 "知羊舌職之聰敏肅給也, 使佐之"라 함.

【赤】 羊舌赤. 羊舌職의 아들이며 자는 伯華. 祁午의 보좌가 됨.

【比】 두둔함. 치우침. 《論語》爲政篇에 "君子周而不比"라 함.

【商書】 《尙書》周書 洪範篇에 "無偏無陂, 遵王之義, 無有作好, 遵王之道, 無有作惡, 遵王之路. 無偏無黨, 王道蕩蕩, 無黨無偏, 王道平平, 無反無側, 王道正直, 會其有極, 歸其有極"이라 함.

【一官】 하나의 벼슬. 尉와 佐는 모두 中軍의 관직이었기에 하나의 벼슬이라 말
　하였음. 혹 벼슬 추천의 한 가지 사안이라는 뜻.
【三物成】 解狐, 祁午, 伯華(羊舌赤)의 세 가지 사안이 이루어짐.
【詩】《詩經》小雅 裳裳者華篇에 "裳裳者華, 其葉湑兮. 我覯之子, 我心寫兮. 我心
　寫兮, 是以有譽處兮. 裳裳者華, 芸其黃矣. 我覯之子, 維其有章矣. 維其有章矣,
　是以有慶矣. 裳裳者華, 或黃或白. 我覯之子, 乘其四駱. 乘其四駱, 六轡沃若. 左之
　左之, 君子宜之. 右之右之, 君子有之. 維其有之, 是以似之"라 함.


## ✻ 1107(襄3-5)

六月, 公會單子·晉侯·宋公·衛侯·鄭伯·莒子·邾子·齊
世子光.

　己未, 同盟于雞澤.


　6월, 양공이 선자單子·진후晉侯·송공宋公·위후衛侯·정백鄭伯·거자莒子·
주자邾子·제齊나라 세자 광光과 만났다.
　기미날, 계택雞澤에서 동맹을 맺었다.


【單子】 周 王室의 경사. 單頃公. 子爵.
【世子光】 齊 靈公(環)의 太子. 뒤에 莊公이 되어 B.C.553~548년까지 6년간 재위
　하고 景公(杵臼)에게 이어짐.
【己未】 6월 23일.
【雞澤】 지금의 河北 邯鄲市 동쪽의 못 이름. 永年縣 서남쪽이며 雞丘의 북쪽.


⑬

六月, 公會單頃公及諸侯.
己未, 同盟于雞澤.
晉侯使荀會逆吳子于淮上, 吳子不至.

6월, 양공이 선경공單頃公 및 제후들과 만났다.

기미날, 계택雞澤에서 동맹을 맺었다.

진晉 도공悼公은 순회荀會를 보내어 오吳나라 군주를 회수淮水 가에서 맞이하도록 하였지만 오나라 군주는 오지 않았다.


【荀會】晉나라 대부. 荀氏의 族人. 成公 18년을 볼 것.

【淮水】지금의 鳳臺縣 淮水 북쪽.

【吳子】당시 吳나라 군주는 壽夢(乘)이었으며 재위 16년째였음.


## ✹ 1108(襄3-6)

### 陳侯使袁僑如會.

진후陳侯가 원교袁僑를 보내어 모임에 참석하도록 하였다.


【陳侯】당시 陳나라 군주는 成公(午)으로 재위 29년째였음.

【袁僑】陳나라 대부. 濤塗의 四世 후손. 시호는 桓子.


## ✹ 1109(襄3-7)

### 戊寅, 叔孫豹及諸侯之大夫及陳袁僑盟.

무인날, 노나라 숙손표叔孫豹와 제후들의 대부 및 진陳나라 원교袁僑가 동맹을 맺었다.


【戊寅】6월에는 戊寅이 없었으며 7월 13일에 해당함.

【叔孫豹】魯나라 대부. 叔孫僑如의 아우. 叔孫穆叔.

㊰

楚子辛爲令尹, 侵欲於小國, 陳成公使袁僑如會求成.
晉侯使和組父告于諸侯.
秋, 叔孫豹及諸侯之大夫及陳袁僑盟, 陳請服也.


초楚나라 자신子辛이 영윤令尹이 되어 주변의 작은 나라들을 침략하려 하자 진陳 성공成公이 원교袁僑로 하여금 제후들의 모임에 나가 화친을 맺도록 한 것이다.

이에 진晉 도공悼公이 화조보和組父를 보내어 이를 제후들에게 알리도록 하였다.

가을, 숙손표叔孫豹와 제후들의 대부들 및 진陳나라 원교가 맹약을 맺었으며 이는 진나라가 복종하겠다고 청해 왔기 때문이었다.


【子辛】 壬夫. 楚나라 공자. 子反(側)의 아우.
【侵欲】 침공하려는 욕심을 부림. 楚나라가 패자가 되고자 주위 정복에 나선 것.
【和組父】 晉나라 대부. 구체적 관직은 알 수 없음.
【請服】 楚나라를 버리고 晉나라의 패권을 인정한 것임.


✹ 1110(襄3-8)

秋, 公至自會.

가을, 양공이 모임에서 돌아왔다.

【會】 雞澤之會를 마치고 귀국함.
＊無傳

㊉

晉侯之弟揚干亂行於曲梁, 魏絳戮其僕.

晉侯怒, 謂羊舌赤曰:「合諸侯, 以爲榮也. 揚干爲戮, 何辱如之? 必殺魏絳, 無失也!」

對曰:「絳無貳志, 事君不辟難, 有罪不逃刑, 其將來辭, 何辱命焉?」

言終, 魏絳至, 授僕人書, 將伏劍.

士魴·張老止之.

公讀其書, 曰:「日君乏使, 使臣斯司馬. 臣聞『師衆以順爲武, 軍事有死無犯爲敬』. 君合諸侯, 臣敢不敬? 君師不武, 執事不敬, 罪莫大焉. 臣懼其死, 以及揚干, 無所逃罪. 不能致訓, 至於用鉞, 臣之罪重, 敢有不從以怒君心? 請歸死於司寇.」

公跣而出, 曰:「寡人之言, 親愛也; 吾子之討, 軍禮也. 寡人有弟, 弗能教訓, 使干大命, 寡人之過也. 子無重寡人之過也, 敢以爲請.」

晉侯以魏絳爲能以刑佐民矣, 反役, 與之禮食, 使佐新軍.

張老爲中軍司馬, 士富爲侯奄.


진晉 도공悼公의 아우 양간揚干이 곡량曲梁에서 군사의 대열을 어지럽히는 짓을 하자 위강魏絳이 그의 시종을 대신 처형하였다.

도공이 노하여 양설적羊舌赤에게 말하였다.

"제후들과 회합을 하는 것은 우리나라의 명예를 위해이다. 이런 자리에서 내 아우 양간을 죽이는 것은 어떤 모욕이 이와 같겠는가? 반드시 위강을 죽여서 놓치지 말도록 하라!"

그러자 양설적이 이렇게 답하였다.

"위강은 두 마음을 품고 있지 않으면서 임금을 섬기되 어려움을 피하지 않았으며, 죄가 있으면 형벌을 피하지 않습니다. 그는 장차 찾아와 말씀을 드릴 것입니다. 그런데 어찌 욕되게 명령을 내리실 필요가 있겠습니까?"

이 말이 막 끝나자 과연 위강이 찾아와 시종에게 글을 주고 칼 위에 엎드려 죽으려 하였다.

이에 사방士魴과 장로張老가 그를 말렸다.

도공이 그 글을 읽어보았더니 이러한 내용이었다.

"지난날 임금께서는 부릴 사람이 모자라 저에게 사마司馬의 관직을 주관하도록 맡기셨습니다. 제가 듣기로 '무리는 윗사람의 명령에 순종하는 것이 무용이며, 군사의 업무에서는 목숨을 버릴지언정 자신이 할 일을 남에게 침범당하지 않는 것이 공경이다'라 하였습니다. 임금께서 제후들을 만나심에 제가 감히 공경을 다하지 않을 수 있겠습니까? 임금의 군사가 무용이 없고 군사의 업무에 집사가 공경스럽지 못하다면 이보다 더 큰 죄는 없습니다. 저는 그러한 죄를 저지를까 두려워 양간을 죽이는 데에 이르렀으니 죄에서 벗어날 수는 없습니다. 평소 군인들을 잘 훈계하지도 못하면서 부월을 사용하는 지경에 이르렀으니 저의 죄가 큽니다. 그런데 어찌 감히 임금의 마음을 노하게 한 죄를 받지 않겠습니까? 청컨대 저의 시신을 사구司寇에게 넘겨주십시오."

경공은 맨발로 달려 나가 위강에게 말하였다.

"과인의 말은 아우를 아끼는 마음에서 나온 것이요, 그대의 처벌은 군법에 따른 것이었소. 과인이 아우를 두고 있으면서 제대로 가르치지 못하여 대명大命을 어기도록 하였으니 이는 과인의 잘못이오. 그대는 과인의 허물을 거듭 더하지 말아주오. 감히 이로써 청을 드리오."

진 도공은 위강이 형벌을 옳게 시행하여 백성들을 잘 다스린다고 여겼다. 그리하여 모임에서 돌아와 위강에게 예를 갖추어 연회를 베풀고 그를 신군新軍의 보좌로 삼았다.

그리고 장로를 중군사마中軍司馬로, 사부士富를 후엄候奄으로 삼았다.

【揚干】 晉 悼公의 아우. 당시 雞澤之會에 참여하고 있었음. 고대 회맹 때 각 제후들은 정해진 수만큼의 호위군사를 대동하였음.
【亂行】 군사 내의 질서를 어지럽힘.
【曲梁】 晉나라의 지명. 지금의 河北 永年縣 동북쪽. 雞澤之會가 이루어지고 있던 장소.
【魏絳】 魏犫의 아들. 魏莊子. 《禮記》 樂記 疏에 "州生莊子絳"이라 하였으며 여기서의 '州'는 '犫', 즉 '魏犫'임. 《國語》 晉語(7)에 "知魏絳之勇而不亂也, 使爲 元司馬"라 함. 당시 中軍司馬로서 군사 내 司法을 처리하였음.
【其僕】 임금의 아우였으므로 직접 그를 죽이지는 못하고 대신 그의 마부를 처단함.

【羊舌赤】羊舌職의 아들. 祁奚에 의해 祁午의 보좌에 오른 인물. 앞 장 참조.
【彘裘】士魴. 士會의 아들. 范魴. 그의 식읍이 彘邑이며 시호가 恭子여서 흔히
　彘季, 彘恭子, 彘裘로도 부름. 彘는 본래 先縠의 식읍이었으나 先縠이 피살되자
　이름을 彘로 바꾸고 士魴의 채읍이 되었음. 宣公 12년을 볼 것.
【張老】張孟. 이름은 老, 자는 孟.《國語》晉語(7)에 "知張老之智而不詐也, 使爲
　元候"라 함.
【斯司馬】'斯'는 '主, 掌'과 같음. 司馬의 직책을 管掌하도록 함.
【無犯】자기가 지켜야 할 직책을 타인에게 침범당하지 않음.
【用鉞】도끼를 써서 처형함. 양간의 시종을 처형한 것을 말함. '鉞'은 고대 군사
　책임자가 현장 지휘에 소지할 수 있는 권위와 처벌의 중요한 기구였음.
【歸死於司寇】자신은 그 자리에서 칼에 엎어져 죽을 것이니 자신의 시신을 사구
　에게 넘겨 처리해 달라는 뜻. 혹 司寇에게 넘겨 죽음을 내려 달라는 뜻으로도 봄.
　司寇는 刑獄을 담당하는 최고의 司法官.
【使干大命】'干'은 '干犯'의 뜻. '大命'은 軍令.
【反役】雞澤之會에서 돌아옴.
【禮食】예를 갖추어 연회를 베풂.
【士富】士會의 族人. 范獻子.《國語》晉語(7)에 "使范獻子爲候奄"이라 하였고,
　韋昭 注에 "獻子, 范文子之族昆弟士富也"라 함.
【侯奄】'侯'는 '候'의 오기. 候奄과 같음. 斥候 업무를 맡은 부대장. 成公 18년을
　볼 것. 晉나라 군 서열은 軍尉, 司馬, 司空, 輿尉, 候奄의 순서로 되어 있음.


㊀

楚司馬公子何忌侵陳, 陳叛故也.


초楚나라 사마司馬 공자 하기何忌가 진陳나라를 침공한 것은 진나라가
초나라를 배반하였기 때문이었다.


【何忌】楚나라 공자.
【陳叛】雞澤之會에 陳나라가 그 모임에 참가하면서 楚나라를 버리고 晉나라에
　귀속할 것임을 청한 일. 襄公 3년의 傳을 볼 것.

# ✹ 1111(襄3-9)

冬, 晉荀罃帥師伐許.

겨울, 진晉나라 순앵荀罃이 군사를 이끌고 허許나라를 쳤다.

【荀罃】 晉나라 대부. 知罃. 知伯. 荀首(知莊子)의 아들로 宣公 12년(B.C.597) 邲의 싸움에서 사로잡혔음. 시호는 武子. 知武子로도 부름. 그 후손이 春秋末 晉六卿의 하나인 知氏로 발전함.
【許】 姜姓. 周 武王이 그 苗裔 文叔을 許에 봉함. 지금의 河南 許昌市 동쪽.


㊟

許靈公事楚, 不會于雞澤.
冬, 晉知武子帥師伐許.

허許 영공靈公이 초楚나라를 섬겨 계택雞澤의 모임에 참가하지 않았다.
겨울, 진晉나라 지무자知武子가 군사를 이끌고 허나라를 쳤다.

【許靈公】 許나라 군주. 당시 재위 22년째였음.
【知武子】 荀罃. 晉나라 대부. 知罃. 荀首(知莊子)의 아들로 宣公 12년(B.C.597) 邲의 싸움에서 사로잡혔음. 시호는 武子. 知武子로도 부름. 그 후손이 春秋末 晉六卿의 하나인 知氏로 발전함.

# 154. 襄公 4年(B.C.569) 壬辰

| 周 | 靈王(姬泄心) 3년 | 齊 | 靈公(環) 13년 | 晉 | 悼公(周) 5년 | 衛 | 獻公(衎) 8년 |
|---|---|---|---|---|---|---|---|
| 蔡 | 景公(固) 23년 | 鄭 | 僖公(髡頑) 2년 | 曹 | 成公(負芻) 9년 | 陳 | 成公(午) 30년 |
| 杞 | 桓公(姑容) 68년 | 宋 | 平公(成) 7년 | 秦 | 景公(后伯車) 8년 | 楚 | 共王(審) 22년 |
| 吳 | 壽夢 17년 | 許 | 靈公(甯) 23년 | | | | | | |

## ✹ 1112(襄4-1)

四年春王三月己酉, 陳侯午卒.

4년 봄 주력 3월 기유날, 진후陳侯 오午가 죽었다.

【己酉】 3월에는 己酉날이 없었음.
【陳侯】 陳 成公. 이름은 午. 靈公(平國)의 뒤를 이어 B.C.598~569년까지 30년간
재위하고 이해에 생을 마침. 哀公(溺)이 그 뒤를 이음.

㊝

四年春, 楚師爲陳叛故, 猶在繁陽.
　韓獻子患之, 言於朝曰:「文王帥殷之叛國以事紂, 唯知時也. 今我
易之, 難哉!」

　4년 봄, 초楚나라 군사가 진陳나라의 배반 때문에 여전히 번양繁陽에 주둔하고 있었다.

　진晉나라 한헌자韓獻子는 이를 걱정하여 조정에서 이렇게 말하였다.

　"주周 문왕文王이 은殷나라를 배반한 나라들을 이끌고 주왕紂王을 섬겼던 것은 그때는 그 시기를 잘 알고 있었기 때문이었다. 그런데 지금 우리가 이를 거꾸로 잘못 판단한다면 어려움에 닥칠 것이다!"


【陳叛】雞澤之會에 陳나라가 그 모임에 참가하면서 楚나라를 버리고 晉나라에 귀속할 것임을 청한 일. 이 때문에 楚나라 公子 何忌가 진나라를 쳐들어감.

【繁陽】초나라 지명. 지금의 河南 新蔡縣 북쪽.

【韓獻子】韓厥. 晉나라 대부. 子輿의 아들. 韓萬의 현손. 韓無忌의 아버지. 그 후손이 뒷날 晉六卿의 하나인 韓氏로 발전하였으며 戰國시대 七雄의 하나인 韓나라를 일으킴.

【文王】周나라 西伯(姬昌). 당시 많은 제후들이 殷나라에 등을 돌렸지만 그래도 이들을 달래어 은나라를 치지 않은 것은 때를 기다리기 위한 것이었음. 《論語》 泰伯篇에 "三分天下有其二, 以服事殷"이라 하였고, 《逸周書》 程典篇에 "文王合六州之侯, 奉勤于商"이라 함.

【紂】殷(商)의 말왕. 武王(姬發)에게 패하여 나라가 망함.

【今我易之】杜預 注에 "晉力未能服楚, 受陳爲非時"라 함.


㊅

三月, 陳成公卒.

楚人將伐陳, 聞喪乃止.

陳人不聽命.

臧武仲聞之, 曰：「陳不服於楚, 必亡. 大國行禮焉, 而不服; 在大猶有咎, 而況小乎?」

夏, 楚彭名侵陳, 陳無禮故也.


　3월, 진陳 성공成公이 세상을 떠났다.

초楚나라가 진陳나라를 치고자 하였다가 상을 당하였다는 소식을 듣고 멈추었다.

그러나 진나라는 여전히 초나라의 명을 듣지 않았다.

이에 장무중臧武仲이 이를 듣고 이렇게 말하였다.

"진나라가 초나라에 복종하지 않으면 틀림없이 망하고 말 것이다. 대국이 예의를 지키는 데도 그에 복종하지 않는다면 큰 나라일지라도 허물을 뒤집어 쓸 것인데 하물며 작은 나라임에랴?"

여름, 초나라 팽명彭名이 진나라를 쳐들어간 것은 진나라가 무례하였기 때문이었다.


【聞喪乃止】 당시의 軍禮로는 상대 나라에 國喪이 났을 때는 싸움을 하지 않았음.
【臧武仲】 魯나라 대부. 臧宣叔(臧孫許)의 아들. 臧孫紇. 臧文仲의 아우.
【彭名】 楚나라 대부. 楚 共王의 마부였음. 成公 2년 등을 볼 것.




**❋ 1113(襄4-2)**

夏, 叔孫豹如晉.


여름, 숙손표叔孫豹가 진晉나라에 갔다.


【叔孫豹】 魯나라 대부. 叔孫僑如의 아우. 叔孫穆叔.




㉖

穆叔如晉, 報知武子之聘也.
晉侯享之, 金奏〈肆夏〉之三, 不拜.
工歌〈文王〉之三, 又不拜.
歌〈鹿鳴〉之三, 三拜.

韓獻子使行人子員問之, 曰:「子以君命辱於敝邑, 先君之禮, 藉之以樂, 以辱吾子. 吾子舍其大, 而重拜其細. 敢問何禮也?」

對曰:「〈三夏〉, 天子所以享元侯也, 使臣弗敢與聞. 〈文王〉, 兩君相見之樂也, 使臣不敢及. 〈鹿鳴〉, 君所以嘉寡君也, 敢不拜嘉? 〈四牡〉, 君所以勞使臣也, 敢不重拜? 〈皇皇者華〉, 君敎使臣, 曰:『必諮於周.』臣聞之:『訪問於善爲咨, 咨親爲詢, 咨禮爲度, 咨事爲諏, 咨難爲謀.』臣獲五善, 敢不重拜?」


노나라 목숙穆叔이 진晉나라에 간 것은 지무자知武子가 예방하였던 일에 답례하기 위해서였다.

진晉 도공悼公이 연회를 베풀고 금속 악기로 〈사하肆夏〉 이하의 세 곡을 연주하게 하였으나 목숙은 절을 올리지 않았다.

또한 악관樂官이 〈문왕文王〉편 이하의 세 편의 시를 읊었지만 그는 역시 답례하지 않았다.

그런데 〈녹명鹿鳴〉편 이하의 세 편의 시를 읊자 그때마다 세 번 절을 하는 것이었다.

한헌자韓獻子가 행인行人 자운子員에게 그 이유를 물어보도록 하자 자운이 목숙에게 물었다.

"그대는 그대 나라 임금의 명을 받들고 이 나라에 오셨기에 우리나라에서는 선군들로부터 내려오던 예로써 대접하여 음악을 연주하여 이로써 즐거움을 삼아 그대를 곤혹스럽게 하였습니다. 그런데 그대는 격식 높은 큰 음악에는 관심이 없고 낮은 격식의 미세한 음악에는 거듭 절을 하셨습니다. 감히 여쭙건대 이는 무슨 예의입니까?"

목숙은 이렇게 대답하였다.

"〈삼하三夏〉의 곡은 천자께서 제후들을 거느리는 패자 원후元侯에게 연회를 베풀 때에 연주하는 곡으로써 사신의 신분으로서는 감히 들을 수 있는 것이 아닙니다. 또 〈문왕〉편은 두 나라의 군주께서 서로 만나실 때에 읊는 것으로 신하로서는 감히 들을 수가 없습니다. 〈녹명〉편은 군주께서 우리 임금을 가상하게 여기시는 뜻을 나타낸 것이니 어찌 그 마음에

감사의 절을 하지 않을 수 있겠습니까? 〈사모편四牡〉편은 군주께서 사신인
저를 위로하시는 뜻을 나타낸 것이니 어찌 감히 거듭 절을 하지 않을 수
있겠습니까? 그리고 〈황황자화皇皇者華〉편은 군주께서 사신을 가르치시는
것으로 내용은 '반드시 두루 자문을 구하라'라는 뜻입니다. 제가 듣기로
'선인善人에게 묻는 것을 자諮라 하고, 친지에게 묻는 것을 순詢이라 하며,
예법을 묻는 것을 도度라 하고, 정치에 대한 질문을 추諏라 하며, 어려운
것을 묻는 것을 모謀라 한다'라 하였습니다. 이제 제가 이 다섯 가지 좋은
상황을 얻었는데 어찌 감히 거듭 절하지 않을 수 있겠습니까?"

【穆叔】叔孫豹. 魯나라 대부. 叔孫僑如의 아우. 叔孫穆叔. 叔孫. 叔孫穆子 등으로도
　불림.
【知武子】荀罃. 晉나라 대부. 知罃. 荀首(知莊子)의 아들로 宣公 12년(B.C.597)
　邲의 싸움에서 사로잡혔음. 시호는 武子. 知武子로도 부름. 그 후손이 春秋末
　晉六卿의 하나인 知氏로 발전함.
【金奏】금속으로 만든 鐘 등의 악기로 음악을 연주함.
【肆夏之三】〈肆夏〉의 곡 이하 세 곡을 말함. 원래 고대 하나라 때의 음악으로
　〈九夏〉에서 둘째는 〈肆夏〉, 셋째는 〈韶夏(樊遏)〉, 넷째는 〈納夏(渠)〉였음. 지금은
　전하지 않음.《周禮》春官 鍾師篇과 《國語》魯語(下)를 볼 것.
【工】樂工으로, 즉 樂人, 樂官.
【文王之三】《詩經》周頌 〈文王〉편 이하 〈大明〉과 〈緜〉 등 세 편의 시.
【鹿鳴之三】《詩經》小雅의 鹿鳴之什에는 13편의 시가 들어있으며 그중 〈녹명〉
　편이 앞에 있음. 그 다음을 이어 〈四牡〉, 〈皇皇者華〉편이 들어 있음.
【韓獻子】韓厥. 晉나라 대부. 子輿의 아들. 韓萬의 현손. 韓無忌의 아버지. 그
　후손이 뒷날 晉六卿의 하나인 韓氏로 발전하였으며 戰國시대 七雄의 하나인
　韓나라를 일으킴.
【行人】외국의 사신을 접대하는 관리. 외교관, 통역관.
【子員】晉나라 行人(외교관)의 이름. 杜預 注에 "員音云"이라 하여 '운'으로 읽도록
　되어 있음.
【元侯】제후 중의 霸者. 杜預 注에 "元侯, 牧伯"이라 함.
【文王】《詩經》大雅 文王篇에 "文王在上, 於昭于天. 周雖舊邦, 其命維新. 有周
　不顯, 帝命不時. 文王陟降, 在帝左右. 亹亹文王, 令聞不已. 陳錫哉周, 侯文王孫子.

文王孫子, 本支百世. 凡周之士, 不顯亦世. 世之不顯, 厥猶翼翼. 思皇多士, 生此
王國. 王國克生, 維周之禎. 濟濟多士, 文王以寧. 穆穆文王, 於緝熙敬止. 假哉天命,
有商孫子. 商之孫子, 其麗不億. 上帝旣命, 侯於周服. 侯服于周, 天命靡常. 殷士
膚敏, 祼將于京. 厥作祼將, 常服黼冔. 王之藎臣, 無念爾祖. 無念爾祖, 聿脩厥德.
永言配命, 自求多福. 殷之未喪師, 克配上帝. 宜鑒于殷, 駿命不易. 命之不易, 無遏
爾躬. 宣昭義問, 有虞殷自天. 上天之載, 無聲無臭. 儀刑文王, 萬邦作孚"라 함.

【鹿鳴】《詩經》小雅 鹿鳴篇에 "呦呦鹿鳴, 食野之苹. 我有嘉賓, 鼓瑟吹笙. 吹笙
鼓簧, 承筐是將. 人之好我, 示我周行. 呦呦鹿鳴, 食野之蒿. 我有嘉賓, 德音孔昭.
視民不恌, 君子是則是傚. 我有旨酒, 嘉賓式燕以敖. 呦呦鹿鳴, 食野之芩. 我有
嘉賓, 鼓瑟鼓琴. 鼓瑟鼓琴, 和樂且湛. 我有旨酒, 以燕樂嘉賓之心"이라 함.

【拜嘉】칭찬하는 내용이므로 이에 감사를 표하여 절을 함.

【四牡】《詩經》小雅 四牡篇에 "四牡騑騑, 周道倭遲. 豈不懷歸, 王事靡盬, 我心
傷悲. 四牡騑騑, 嘽嘽駱馬. 豈不懷歸, 王事靡盬, 不遑啓處. 翩翩者鵻, 載飛載下,
集于苞栩. 王事靡盬, 不遑將父. 翩翩者鵻, 載飛載止, 集于苞杞. 王事靡盬, 不遑
將母. 駕彼四駱, 載驟駸駸. 豈不懷歸, 是用作歌, 將母來諗"이라 하였고,
그 〈序〉에 "四牡, 勞使臣之來也. 有功而見知, 則說矣"라 함.

【皇皇者華】《詩經》小雅 皇皇者華篇에 "皇皇者華, 于彼原隰. 駪駪征夫, 每懷
靡及. 我馬維駒, 六轡如濡. 載馳載驅, 周爰咨諏. 我馬維駱, 六轡沃若. 載馳載驅,
周爰咨謀. 我馬維駰, 六轡旣均. 載馳載驅, 周爰咨詢"이라 함.

【五善】咨, 詢, 度, 諏, 謀 다섯 가지. '咨'는 '諮'와 같음.


## ✸ 1114(襄4-3)

秋七月戊子, 夫人姒氏薨.

가을 7월 무자날, 부인 사씨姒氏가 훙거하였다.


【戊子】7월 28일.
【夫人姒氏】襄公의 생모 定姒. 魯 成公의 첩이며 '姒'는 杞(莒, 鄫)나라 군주의

성씨로 구체적으로는 그중 어느 나라 출신인지 자세하지 않음.《公羊傳》에는
'弋氏'로 되어 있음.




秋, 定姒薨.
不殯于廟, 無櫬, 不虞.
匠慶謂季文子曰:「子爲正卿, 而小君之喪不成, 不終君也. 君長,
誰受其咎?」
初, 季孫爲己樹六檟於蒲圃東門之外, 匠慶請木, 季孫曰:「略.」
匠慶用蒲圃之檟, 季孫不御.
君子曰:「志所謂『多行無禮, 必自及也』, 其是之謂乎!」


가을, 정사定姒가 훙거하였다.

조상의 사당에 안치하지 않고 내관內棺을 쓰지 않으며, 우제虞祭를 지내지
않았다.

그러자 장경匠慶이 계문자季文子에게 말하였다.

"그대는 이 나라의 정경正卿으로서 소군小君의 장례를 제대로 치르지
못한다면 이는 임금의 생모에 대한 장례 도리를 다하지 못하도록 하는
것이 됩니다. 임금께서 성장하신 뒤에 이를 못마땅히 여기신다면 누가 그
허물을 받겠습니까?"

이에 앞서 계손季孫은 자신의 관재로 쓰고자 여섯 그루의 가檟나무를
포포蒲圃 동문 밖에 심었었다. 장경이 계손에게 그 나무를 이번 정사의
관재로 쓰고자 청하였더니 계손이 이렇게 말하는 것이었다.

"간소하게 치르도록 하게."

장경이 포포에 있는 가나무를 베어 썼으나 계손이 막지는 않았다.

군자는 이렇게 말하였다.

"옛 책에 '타인에게 무례한 짓을 많이 하면 반드시 자신도 무례한 일을
당한다'라 하였으니 이런 경우를 두고 말한 것이리라!"

【不殯于廟】殯은 입관하여 안치함. 즉 입관하여 조상의 사당에 안치하지 않음.
　定姒는 成公의 부인이 아니라 첩의 신분이었으므로 사당에 안치할 수 없었음.
【櫬】內棺.
【虞】反哭禮. 葬禮를 치른 다음 돌아와 祠堂에 고하고 곡을 하는 예.
【匠慶】장례를 맡아 관을 짜는 목수 일의 우두머리 관원.
【季文子】魯나라 대부. 季孫行父. 魯나라 三桓의 하나인 季孫氏 집안.
【不終】‘終’은 送終. 자식으로서 부모를 보낼 때 온갖 정성과 애도를 다하는 것.
《論語》學而篇 “愼終追遠, 民德歸厚矣”와 ‘終’과 같은 뜻임. 定姒가 비록 첩의
신분이기는 하나 임금 襄公의 생모이므로 그토록 허술하게 할 수 없음을
말한 것임. 杜預 注에 “不終事君之道”라 하여 季文子가 襄公을 섬기는 도리를
다하지 못한 것으로 보았으나 이는 오류임.
【蒲圃】魯나라 苗圃場. 지금의 山東 曲阜 교외에 있었다 함.
【櫄】楸木, 목재가 세밀하여 棺材나 樂器의 재료 등으로 널리 쓰임.
【略】‘격식을 차리지 말고 간단히 하라’는 뜻. 季孫의 櫄나무 사용을 거부한 것.
【御】제지함. 거부함. 금지함. 杜預 注에 “御, 止也”라 함.
【君長】襄公이 성장하여 자신의 생모에 대한 장례가 허술하였음을 못마땅히
여길 수 있음을 말함. 당시 襄公은 7살이었다 함.
【志】古書를 뜻함.


# ✻ 1115(襄4-4)

葬陳成公.

진陳 성공成公의 장례를 치렀다.


【陳成公】이름은 午. 靈公(平國)의 뒤를 이어 B.C.598~569년까지 30년간 재위
하고 이해에 죽어 5개월 만에 장례를 치름. 哀公(溺)이 그 뒤를 이음.
＊無傳

※ 1116(襄4-5)

八月辛亥, 葬我小君定姒.

8월 신해날, 우리 소군小君 정사定姒의 장례를 치렀다.


【辛亥】8월 22일.
【定姒】定은 시호. 23일 만에 下葬한 것임.
＊無傳


※ 1117(襄4-6)

冬, 公如晉.

겨울, 양공이 진晉나라에 갔다.


㊀傳

冬, 公如晉聽政.
晉侯享公, 公請屬鄫, 晉侯不許.
孟獻子曰：「以寡君之密邇於仇讎, 而願固事君, 無失官命. 鄫無賦於司馬, 爲執事朝夕之命敝邑, 敝邑褊小, 闕而爲罪, 寡君是以願借助焉.」
晉侯許之.


겨울, 양공이 진晉나라에 가서 도공悼公에게 정치에 대한 지시를 받았다.
도공이 양공에게 연회를 열어 대접할 때, 양공이 증鄫나라를 속국으로 삼도록 해 줄 것을 청하였으나 도공은 이를 허락하지 않았다.
그러자 맹헌자孟獻子가 말하였다.

"우리 임금께서는 우리가 원수 나라들과 가까이 닿아 있어도 그대 진나라 군주를 굳게 섬길 것을 원하여 지시하시는 명을 어기지 않았습니다. 그런데 증나라는 진나라의 사마司馬에게 바치는 세금도 없으나 진나라 집사執事는 아침저녁으로 우리 노나라에게 여러 가지를 요구하고 있습니다. 우리나라는 땅이 협소하고 편벽되어 공물을 제대로 바치지 못하여 죄를 짓고 있으니 우리 임금께서는 증나라를 속국으로 삼아 도움을 받고자 원하는 것입니다."

이에 도공은 허락해 주었다.


【鄫】鄫나라를 속국으로 삼음. 鄫은 杜預 注에 "陳留襄邑縣東南"이라 하였으며 지금의 河南 睢縣 동남쪽.
【孟獻子】仲孫蔑. 魯나라 대부. 孟文伯(穀)의 아들이며 公孫敖의 손자. 魯나라 門閥.
【官命】관의 명령. 여기에서는 晉나라의 명령.
【司馬】晉나라 조정의 사마 벼슬은 제후국이 드리는 貢物에 관한 일을 맡았다 함.
【執事】有司와 같음. 여기서는 제후들이 바치는 貢物에 관한 일을 담당하는 관원.
【闕】바치도록 한 공물을 제대로 구비하지 못하고 빠뜨림. 杜預 注에 "闕, 不共也"라 함.


# ✹ 1118(襄4-7)

陳人圍頓.

진陳나라가 돈頓을 포위하였다.


【頓】지금의 河南 商水縣 동남쪽에 있던 姬姓의 작은 제후국. 陳나라에 가까이 있었으며 당시 楚나라에 예속되어 있었음. 僖公 23년, 25년을 볼 것.

⓪

楚人使頓間陳而侵伐之, 故陳人圍頓.

초楚나라가 돈頓나라로 하여금 진陳나라의 틈을 보아 침략하도록 하여 그 때문에 진나라가 돈나라를 포위한 것이다.

【間】 杜預 注에 "間, 伺間缺"이라 함.


⓪

無終子嘉父使孟樂如晉, 因魏莊子納虎豹之皮, 以請和諸戎.
晉侯曰:「戎狄無親而貪, 不如伐之.」
魏絳曰:「諸侯新服, 陳新來和, 將觀於我. 我德, 則睦; 否, 則攜貳. 勞師於戎, 而楚伐陳, 必弗能救, 是棄陳也. 諸華必叛. 戎, 禽獸也. 獲戎·失華, 無乃不可乎! 夏訓有之曰: 『有窮后羿.』」
公曰:「后羿何如?」
對曰:「昔有夏之方衰也, 后羿自鉏遷于窮石, 因夏民以代夏政. 恃其射也, 不脩民事, 而淫于原獸, 棄武羅·伯因·熊髡·尨圉, 而用寒浞. 寒浞, 伯明氏之讒子弟也, 伯明后寒棄之, 夷羿收之, 信而使之, 以爲己相. 浞行媚于內, 而施賂于外, 愚弄其民, 而虞羿于田. 樹之詐慝, 以取其國家, 外內咸服. 羿猶不悛, 將歸自田, 家衆殺而亨之, 以食其子, 其子不忍食諸, 死于窮門. 靡奔有鬲氏. 浞因羿室, 生澆及豷, 恃其讒慝詐僞, 而不德于民, 使澆用師, 滅斟灌及斟尋氏. 處澆于過, 處豷于戈. 靡自有鬲氏, 收二國之燼, 以滅浞而立少康. 少康滅澆于過, 后杼滅豷于戈, 有窮由是遂亡, 失人故也. 昔周辛甲之爲大史也, 命百官, 官箴王闕. 於虞人之箴曰: 『芒芒禹迹, 畫爲九州, 經啓九道. 民有寢·廟, 獸有茂草; 各有攸處, 德用不擾. 在帝夷羿, 冒于原獸, 忘其國恤, 而思其麀牡. 武不可重, 用不恢于夏家. 獸臣司原, 敢告僕夫.』虞箴如是, 可不懲乎?」

於是晉侯好田, 故魏絳及之.

公曰:「然則莫如和戎乎?」

對曰:「和戎有五利焉, 戎狄荐居, 貴貨易土, 土可賈焉, 一也. 邊鄙不聳, 民狎其野, 穡人成功, 二也. 戎狄事晉, 四鄰振動, 諸侯威懷, 三也. 以德綏戎, 師徒不勤, 甲兵不頓, 四也. 鑒于后羿, 而用德度, 遠至·邇安, 五也. 君其圖之!」

公說, 使魏絳盟諸戎; 修民事, 田以時.


무종無終의 임금 가보嘉父가 맹락孟樂을 진晉나라에 사신으로 보내어 위장자魏莊子를 통해 호랑이와 표범 가죽을 바치면서 여러 융족戎族들과 화친을 맺을 것을 청하였다.

그러자 진晉 도공悼公이 말하였다.

"융적戎狄은 친히 할 수가 없고 탐욕만 있으니 차라리 토벌하느니만 못하다."

그러자 위강魏絳이 말하였다.

"제후들이 새롭게 우리에게 복종해 오고 진陳나라도 새롭게 우리에게 화친을 맺어오는 것은 우리나라가 어떻게 하는지를 관망하고 있는 것입니다. 우리가 덕으로 대하면 화목해 올 것이요, 그렇지 않으면 두 마음을 품을 것입니다. 융에게 군사작전을 펴느라 노고롭게 구는 사이 초나라가 진陳나라를 친다면 우리는 능히 진나라를 구원할 수 없습니다. 이는 진나라를 버리는 것입니다. 그렇게 되면 중원中原 여러 제후들은 틀림없이 우리를 배반할 것입니다. 융은 금수와 같은 자들인데 융을 쳐서 손에 넣는 대신 중원 제후들을 잃는다면 이는 불가한 일이 아니겠습니까? 〈하서夏書〉에 유궁有窮의 후예后羿의 이야기가 있습니다만"

도공이 물었다.

"유궁의 후예가 어떻다는 것인가?"

위강이 말을 이었다.

"옛날 하夏나라 국력이 쇠해지자 후예가 서鉏나라에서 궁석窮石으로 옮겨가 하나라의 백성들의 그러한 분위기를 이용하여 하나라의 정권을 대신 잡아 군림하였습니다. 그는 자신의 활 잘 쏘는 것만 믿고 백성들의 농사일 따위는 잘 다스리지 않고 산야의 짐승 사냥에만 정신을 쏟았습니다. 그리고 무라武羅·백인伯因·웅곤熊髡·방어尨圉와 같은 어진 신하들은 버리고 대신 한착寒浞을 기용하였습니다. 한착이라는 자는 한寒나라 군주 백명伯明의 행실 나쁜 아들로서 한나라 군주 백명이 버렸던 자입니다. 그런데 군주 이예夷羿(后羿)가 그를 받아들여 신임하고 등용하여 자신의 재상으로 삼았던 것입니다. 한착은 안으로는 궁중 처첩들에게 예쁨을 사고 밖으로는 뇌물을 뿌려 그 백성들을 우롱하면서 후예로 하여금 사냥에 빠져 정사를 돌보지 못하도록 악을 조장하였습니다. 그렇게 사특詐慝함을 심으면서 나라를 차지하자 내외가 결국 그에게 복종하게 되었습니다. 그런데도 후예는 여전히 잘못을 고칠 줄 모르다가 사냥에서 돌아오자 나라의 무리들이 그를 죽여 삶아서는 그의 아들에게 먹였습니다. 그 아들은 차마 이를 먹지 못하고 궁窮나라 성문으로 가서 죽고 말았습니다. 그 와중에 하나라 유민 미靡라는 사람이 유혁씨有鬲氏에게로 달아나고 말았습니다. 한착은 후예의 처첩을 차지하여 요澆와 희豷를 낳은 다음 자신의 참특讒慝하고 거짓을 잘 꾸며 대는 능력을 믿고 백성들에게 덕은 베풀지 않은 채 아들 요澆에게 군사를 이끌고 짐관斟灌과 짐심斟尋 두 나라를 멸망시키도록 하였습니다. 그리하여 요는 과過나라를 차지하고, 희는 과戈나라에 차지하였습니다. 이에 유혁씨 有鬲氏 부락으로 달아났던 미가 멸망한 짐관과 짐심의 두 나라 유민들을 수습하여 한착을 쳐서 멸하고 하나라 소강少康을 임금으로 세웠습니다. 소강은 요澆를 과過나라에서 무찔러 버렸고, 소강의 아들 후저后杼는 희豷를 과戈나라에서 쳐 없애버렸습니다. 이리하여 유궁이라는 부락은 드디어 사라지게 된 것입니다. 이는 바로 사람 등용에 실패하였기 때문이었습니다. 옛날 주周 무왕武王 때 신갑辛甲은 태사大史로서 백관들에게 명하여 관직 마다 각기 왕의 잘못을 경계하는 〈잠언箴言〉을 지어 올리도록 하였습니다. 당시 우인虞人의 〈잠언〉은 이러하였습니다. '아득하도다. 우禹임금의 발자취여. 천하를 구주九州로 나누어 아홉 길을 개통하도다. 백성들은 살아서 쉴 집과 죽어서 안치할 장소를 얻게 되었고 짐승들은 그들대로 무성한 숲을 누릴 수 있었네. 이렇게 각기 자신이 처할 곳을 얻게 되니 덕은 안정되어 흔들림이 없게 되었네. 그러다가 이예夷羿가 제위를 차지하자 산야의 짐승을 탐내 느라 나라 걱정은 아예 잊은 채 암사슴 수사슴 잡을 생각에만 빠져들었네. 무력까지 동원한 사냥이란 거듭해서는 안 될 일, 이예는 하나라 왕가를 회복하지 못하였네. 사냥 일을 맡은 신하 저는 사냥터를 관리하면서 감히 임금 측근에게 고하나이다' 우인의 〈잠언〉이 이와 같았으니 가히 경계하지 않을 수 있겠습니까?"

당시 도공은 사냥을 좋아하여 그 때문에 위강이 후예의 고사를 언급한 것이다.

도공이 물었다.

"그렇다면 융과 화목하느니만 못하다는 것인가?"

위강이 대답하였다.

"융과 화친하면 다섯 가지의 이로운 점이 있습니다. 융적은 풀을 따라 살아가기에 재화를 귀중히 여기되 토지를 쉽게 여깁니다. 따라서 그들의 토지를 사들일 수 있으니 이것이 첫 번째 이점입니다. 그들과 화친하게 되면 변경에 걱정이 없어져 백성들이 그들의 전야田野를 친히 여겨 농부 들은 많은 수확을 할 수 있으니 이것이 두 번째 이점입니다. 융적이 우리 진나라를 섬기게 되면 사방 이웃들이 두려워하게 될 것이며 제후들이 우리의 위세를 그리워할 것이니 이것이 이것은 세 번째 이점입니다. 우리가 덕으로 융戎을 안정시킨다면 군사들이 수고스럽지 않아도 되고 무기를 더 이상 소모하지 않아도 될 것이니 이것은 네 번째 이점입니다. 옛날 후예의 실패를 거울삼아 덕과 바른 법도를 베푼다면 먼 나라는 찾아 오고 가까운 나라는 안녕을 얻게 될 것이니 이것이 다섯 번째 이점입니다. 임금께서는 잘 헤아려 주십시오!"

이에 도공은 기꺼워하며 위강으로 하여금 여러 융족들과 화친의 맹약을 맺도록 하였으며, 백성들의 농사일을 잘 닦고 사냥도 시기를 잘 살펴 하기로 하였다.


【無終】山戎(北戎) 나라로 지금의 원래 山西 太原 동쪽에 있었으나 晉나라에 병합되자 일부가 지금의 河北 淶源縣 일대로 옮겼다가 다시 薊縣으로 이동,

그 뒤 다시 쫓겨 張家口 북쪽 長城 밖으로 밀려남. 이 당시는 山西에 있을 때로
여겨짐. 江永은 顧炎武의 말을 빌려 "無終之爲玉田, 無可疑者, 然此年無終子
使孟樂如晉, 請和諸戎. 昭公六年, 晉中行穆子敗無終及群狄於太原.《漢書》樊
噲傳, 擊陳豨·跋得綦·母功尹潘軍於無終廣昌. 則去玉田千有餘里. 豈無終之國,
先在雲中代郡之境, 經中行穆子敗後, 遷至右北平歟?"라 함.

【子】春秋시대 이민족의 군주도 '子'를 붙여 불렀음.

【嘉父】無終 나라 군주의 이름.

【孟樂】無終國 군주 嘉父가 보낸 使臣 이름.

【魏莊子】晉나라 대부. 魏絳. 魏犨의 아들.《禮記》樂記 疏에 "州生莊子絳"이라
　　하였으며 여기서의 '州'는 '犨', 즉 '魏犨'임.《國語》晉語(7)에 "知魏絳之勇而不
　　亂也, 使爲元司馬"라 함.

【晉侯】晉 悼公(周).

【攜貳】두 마음을 가짐. 배반함.

【諸華】中原의 여러 제후국들.

【夏訓】〈夏書〉.《尙書》夏書 五子之歌에 "太康尸位以逸豫, 滅厥德. 黎民咸貳,
　　乃盤遊無度, 畋于有洛之表, 十旬弗反. 有窮后羿, 因民弗忍, 距于河. 厥弟五人,
　　御其母以從, 徯于洛之汭, 五子咸怨, 述大禹之戒以作歌"라 함.

【有窮后羿】고대 夏나라 때 有窮氏 부락의 수령. 이름은 羿. 지금의 河南 洛陽
　　일대였다 함. 활의 名手로 널리 알려져 있음.《史記》夏本紀 正義에《帝王世紀》를
　　인용하여 "帝羿有窮氏, 未聞其先何姓. 帝嚳以上, 世掌射正. 至嚳賜以彤弓·素矢,
　　封之於鉏, 爲帝司射. 歷虞夏. 及夏之衰, 自鉏遷于窮石, 因夏民以代夏政"이라 함.
　　한편《一統志》에는 "有窮在安徽省霍丘縣境, 一說在英山縣境"이라 하여 위치가
　　다름.

【鉏】본래 后羿가 살던 나라. 지금의 河南 滑縣 동쪽이었다고 함.《彙纂》에 "今河
　　南滑東十五里有鉏城, 後歸衛"라 함.

【窮石】窮谷. 지금의 洛陽市 남쪽.

【代夏政】夏나라 왕조를 대신하여 정권을 행사함. 杜預 注에 "禹孫大康淫放失國,
　　夏人立其弟仲康. 仲康亦微弱. 仲康卒, 子相立, 羿遂代相, 號曰有窮"이라 함.

【淫于原獸】산야의 짐승을 쫓는 것에만 빠짐.《史記》夏本紀 正義에 "淫于田獸"
　　라 하여 '原獸'는 '田獸'와 같음.

【武羅·伯因·熊髡·尨圉】杜預 注에 "四子皆羿之賢臣"이라 하였고,《史記》夏本紀
　　正義에는 "棄其良臣武羅·伯姻·熊髡·尨圉"라 함. 다른 기록에는 '伯因'은 '伯困',

'𧾷圉'는 '龍圉' 등으로 표기가 다름. '武羅'는 《廣韻》에 "夏時有武羅國, 其後氏焉"
이라 함.

【寒浞】 '寒'은 원래 부락 이름으로 지금의 山東 濰縣에 위치하였다고 함. '浞'은
사람 이름으로 寒 부락 군주 伯明의 아들. 《一統志》에 "寒在今山東濰縣東北
三十里"라 함.

【伯明】 寒나라 군주 이름. 본문 '伯明后寒'은 '寒后伯明'과 같음.

【讒子弟也】 좋지 못한 아들.

【夷羿】 杜預 注에 夷는 羿의 姓氏라 하였음.

【媚于內】 '內'는 宮人. 寒浞의 처첩.

【虞羿于田】 '虞'는 '娛'와 같으며 '田'은 '畋'과 같음. 한착은 자신이 모신 군주
후예로 하여금 사냥에 빠져 정사를 돌보지 않도록 조장하며 대신 자신의
세력을 키움.

【亨之】 '亨'은 '烹'과 같음. 삶아 죽임. 《史記》夏本紀 正義에 "寒浞殺羿於桃梧
而烹之"라 하였고 《淮南子》詮言訓에는 '桃梧'가 '桃棓'로 외어 있음. 한편
《孟子》離婁(下)에는 逢蒙이 羿를 죽인 것으로 되어 있으며, 《楚辭》離騷에는
"羿淫游以佚田兮, 又好射夫封狐. 國亂離其鮮終兮, 浞又貪夫厥家"라 하였고,
〈天問〉에는 "浞娶純狐, 眩妻爰謀. 何羿之射革, 而交吞揆之?"라 함.

【窮門】 有窮氏 부락 도읍의 성문.

【靡】 《史記》에는 '灖'로 되어 있음. 夏나라 유민 이름. 《史記》夏本紀 正義에
"初, 夏之遺臣曰灖, 事羿. 羿死 逃於有鬲氏"라 함.

【有鬲氏】 부락 이름. 지금의 山東 德州市 동남쪽에 있었다고 함. '鬲'은 '鬲音革'
이라 하여 '혁'으로 읽도록 되어 있음. 《山東考古錄》에 "有鬲在今山東德縣東南
二十五里之五甲莊"이라 함.

【羿室】 '室'은 처첩. 寒浞이 羿의 처첩을 모두 빼앗아 자신의 처첩으로 삼음.

【澆】 寒浞과 后羿의 첩 사이에 난 아들. 《論語》憲問篇의 "南宮适問於孔子曰:
「羿善射, 奡盪舟, 俱不得其死然. 禹稷躬稼而有天下.」夫子不答. 南宮适出, 子曰:
「君子哉若人! 尙德哉若人!」"이라 한 奡(오)가 바로 이 사람임.

【豷】 역시 寒浞과 后羿의 첩 사이에 난 아들.

【斟灌·斟尋】 둘 모두 부락 이름. 斟灌은 지금의 山東 范縣 북쪽 觀城鎭. 斟尋은
河南 偃師縣, 혹은 山東 濰縣 근처였다 함. 《續山東考古錄》에 "以觀國故城在
觀城縣, 斟灌故城在壽光縣"이라 함.

【過·戈】 나라 이름. '過'는 지금의 山東 掖縣 북쪽. 《大事表》에 "過, 在今山東掖

縣北"이라 함. '戈'는 河南 杞縣 근방에 위치하였다고 함.

【二國之燼】 '燼'은 杜預 注에 "燼, 遺民"이라 함.

【少康】 夏나라 때 임금. 相의 아들. 《太平御覽》(82)에 《帝王世紀》를 인용하여 "初, 夏之殺帝相也, 妃, 有仍氏女, 曰后緡, 方娠, 逃出自竇, 歸于有仍, 生少康焉. ……靡逃奔有鬲氏, 遂斟尋二國餘燼, 殺寒浞而立少康"이라 함.

【后杼】 임금 杼. 杼는 少康의 아들. 《太平御覽》(82)에 《帝王世紀》를 인용하여 "帝寧, 一號后予, 或曰公孫曼, 能率禹之功. 在位十七年"이라 함.

【辛甲】 周나라 때의 太史. 《史記》 周本紀 集解에 劉向 《別錄》을 인용하여 "辛甲, 古殷之臣, 事紂, 蓋七十五諫, 而不聽. 去至周. 召公與語, 賢之, 告文王. 文王親自迎之, 以爲公卿, 封長子"라 함. 《漢書》 藝文志에 《辛甲》 29편이 저록되어 있으며 淸代 馬國翰의 輯佚本이 있음.

【箴王闕】 王의 過失(闕)을 찾아 이를 경계의 말을 지어 임금에게 알림.

【虞人之箴】 虞人은 사냥에 관한 일을 맡은 官員. 이가 지은 箴言.

【寢廟】 살아서 자고 쉬는 집을 '寢'이라 하며, 죽어서 안치되는 곳을 '廟'라 함. 여기에서는 사람이 거처하는 곳을 말함.

【武不可重】 무력을 동원한 사냥은 자주 해서는 안 됨.

【獸臣】 짐승에 관한 일을 맡은 신하. 이하 8자는 獸臣이 임금에게 올리는 잠언의 끝에 자신의 신분을 밝혀 적은 내용임.

【僕夫】 수레와 말을 부리는 사람. 여기에서는 측근의 사람을 뜻함. 임금을 직접 지칭함을 꺼려하여 측근에게 말해 올린다는 뜻.

【荐居】 '荐'은 '薦'과 같으며 풀(草)을 뜻함. 그들은 유목민으로서 풀을 따라 다니며 생활함을 말함.


⑱

冬十月, 邾人·莒人伐鄫, 臧紇救鄫, 侵邾, 敗於狐駘.

國人逆喪者皆髽, 魯於是乎始髽.

國人誦之曰:

『臧之狐裘, 敗我於狐駘.

我君小子, 朱儒是使.

朱儒朱儒, 使我敗於邾.』

겨울 10월, 주인邾人·거인莒人이 증鄫나라를 치자 장흘臧紇이 증나라를 구원하고자 주나라를 침공하였으나 주나라 호태狐駘에서 패하였다.

노나라 사람들이 전사자의 시신을 맞이하러 나가면서 모두 머리를 삼으로 묶었으며 노나라에서는 이때부터 상을 당하였을 때 머리를 삼끈으로 묶기 시작하였다.

그 당시 노나라 사람은 이런 노래를 지어 불렀다.

"장臧이라는 사나이 여우 외투 입고서,

우리 군사를 끌고 가 호태에서 패전시켰네.

어린 우리 임금께서는 난쟁이를 대장으로 쓰셨네.

난쟁이여, 난쟁이야. 우리 군사를 주나라에 패하게 하였네."


【邾】周나라 武王이 祝融 八姓의 하나였던 邾俠(曹俠)을 封하여 부용국으로
　　삼았었으며 지금의 山東 鄒縣. 이 때문에 전국시대에 이름을 '鄒'로 바꾸었음.
　　曹姓이며 子爵 작위를 받았으나 魯나라에 예속되어 있었음.
【莒】작위는 子爵. 지금의 山東 莒縣. 己姓이었음.
【鄫】鄭나라 땅. 杜預 注에 "陳留襄邑縣東南"이라 하였으며 지금의 河南 睢縣
　　동남쪽. 이미 鄫나라를 魯나라가 附屬國(附庸國)으로 삼았으므로 다른 나라가
　　침범하자 구원에 나선 것임.
【臧紇】臧武仲. 魯나라 대부. 臧宣叔(臧孫許)의 아들. 臧孫紇. 臧文仲의 아우.
【狐駘】邾나라의 지명. 지금의 山東 滕縣 狐駘山.《禮記》檀弓(上)에 "魯婦人之
　　髽而弔也, 自敗於臺駘始也"라 하여 '臺駘'로 되어 있으며 鄭玄 注에 '臺'는 '壺'의
　　오자라 하였음. 따라서 '壺駘'로도 표기함.
【髽】'좌'로 읽으며 머리를 삼끈으로 맴.《禮記》喪服 小記에 의하면 고대 婦人의
　　喪服에는 麻髽, 布髽, 露紒 등 세 종류가 있었으며 이는 모두 삼으로 머리를
　　묶은 것임.
【小子】어린 사람. 임금(襄公)이 아직 어려 아무것도 모른 채 臧武仲을 장군으로
　　삼음. 당시 襄公은 생모 定姒의 상을 당하였고 겨우 7살이었다 함.
【朱儒】'侏儒'와 같음. 난쟁이. 여기서는 식견이 없는 사람을 뜻함. 臧武仲을 비꼰
　　것임. 혹은 臧武仲이 아주 키가 작았을 것이라는 해석도 있음.

# 155. 襄公 5年(B.C.568) 癸巳

| 周 | 靈王(姬泄心) 4년 | 齊 | 靈公(環) 14년 | 晉 | 悼公(周) 6년 | 衛 | 獻公(衎) 9년 |
|---|---|---|---|---|---|---|---|
| 蔡 | 景公(固) 24년 | 鄭 | 僖公(髡頑) 3년 | 曹 | 成公(負芻) 10년 | 陳 | 哀公(溺) 원년 |
| 杞 | 桓公(姑容) 69년 | 宋 | 平公(成) 8년 | 秦 | 景公(后伯車) 9년 | 楚 | 共王(審) 23년 |
| 吳 | 壽夢 18년 | 許 | 靈公(甯) 24년 | | | | |

**✹ 1119(襄5-1)**

五年春, 公至自晉.

5년 봄, 양공이 진晉나라에서 돌아왔다.

㊀

五年春, 公至自晉.

5년 봄, 양공이 진晉나라에서 돌아왔다.

㊀

王使王叔陳生愬戎于晉, 晉人執之.
士魴如京師, 言王叔之貳於戎也.

주周 천자 영왕靈王이 왕숙진생王叔陳生을 진晉나라에 보내어 융戎이
주나라를 침범한다고 호소하도록 하자 진나라에서 왕숙진생을 붙잡았다.
그리고 사방士魴이 경사京師로 가서 왕숙이 융에게 두 마음을 품고
있다고 말하였다.

【王叔陳生】周나라 卿士.
【士魴】士會의 아들. 范魴. 그의 식읍이 彘읍이며 시호가 恭子여서 흔히 彘季,
彘恭子로도 부름. 彘는 본래 先縠의 식읍이었으나 先縠이 피살되자 이름을
彘로 바꾸고 士魴의 채읍이 되었음. 宣公 12년을 볼 것.
【貳於戎】杜預 注에는 "王叔反有二心於戎, 失奉使之義, 故晉執之"라 하여
그 이유가 애매함. 그러나 지난해 晉나라가 戎과 화합하기로 한 이상 戎이
周나라를 괴롭힐 이유가 없는데 이를 왕숙진생이 거짓말을 하였을 것으로 여겨
그를 감금한 것이 아닌가 함. 혹은 晉나라가 王叔을 誣告한 것이라고도 함.


## ✹ 1120(襄5-2)

### 夏, 鄭伯使公子發來聘.

여름, 정백鄭伯이 공자 발發을 노나라에 보내 예방하게 하였다.

【鄭伯】당시 鄭나라 군주는 僖公(髠頑) 재위 3년째였음.
【公子發】鄭나라 대부이며 공자인 子國. 穆公(蘭)의 아들이며 子産의 아버지라고
함. 兵權을 담당함.


### 傳

夏, 鄭子國來聘, 通嗣君也.

여름, 정鄭나라 자국子國이 노나라를 예방한 것은 정나라의 대를 이은 새로운 군주가 즉위하였음을 통고하기 위해서였다.

【子國】鄭나라 公子 發(子發). 대부. 穆公(蘭)의 아들이며 子産의 아버지. 兵權을 담당함.
【嗣君】대를 이어 새로 즉위한 군주. 여기서는 鄭나라 僖公(髡頑)을 가리킴.


### ❂ 1121(襄5-3)

叔孫豹·鄫世子巫如晉.

숙손표叔孫豹와 증鄫나라의 세자 무巫가 진晉나라에 갔다.

【叔孫豹】魯나라 대부. 叔孫僑如의 아우. 叔孫穆叔.
【鄫】鄫은 姒姓의 子爵. 지금의 山東 臨沂縣 서남쪽에 있었음. 노나라의 속국으로 전락함. 襄公 4년을 참조할 것.
【世子巫】鄫나라의 세자. 이름은 巫.


㊀

穆叔覿鄫大子于晉, 以成屬鄫.
書曰:「叔孫豹·鄫大子巫如晉」, 言比諸魯大夫也.

목숙穆叔이 증鄫나라 태자를 진晉나라에 데리고 가 진나라 도공을 뵙도록 하여 노나라가 증나라를 속국으로 삼은 것을 정식으로 알렸다.
경經에 "숙손표와 증나라 태자 무巫가 진나라에 갔다"라 기록한 것은 증나라 태자를 노나라 대부와 같게 취급하였음을 말함이다.

【穆叔】叔孫豹. 魯나라 대부. 叔孫僑如의 아우. 叔孫穆叔. 叔孫. 叔孫穆子 등으로도
불림.
【比諸魯大夫】당시 鄫은 이미 魯나라의 附庸國이었으므로 그 나라 世子라 해도
종주국 魯나라 大夫와 같은 등급으로 여겼음을 말함.


# ✹ 1122(襄 5-4)

## 仲孫蔑·衛孫林父會吳于善道.

중손멸仲孫蔑과 위衛나라 손림보孫林父가 선도善道에서 오吳나라와 만났다.

【仲孫蔑】孟獻子. 魯나라 대부. 孟文伯(穀)의 아들이며 公孫敖의 손자. 魯나라
門閥.
【孫林父】衛나라 대부. 孫良夫(孫桓子)의 아들이며 시호는 '文'. 그 때문에 孫文子
로도 부름.
【善道】《公羊傳》과 《穀梁傳》에는 모두 '善稻'로 되어 있으며 吳나라 지명. 지금의
江蘇 盱眙縣 북쪽.


⒀

吳子使壽越如晉, 辭不會于雞澤之故, 且請聽諸侯之好.
晉人將爲之合諸侯, 使魯·衛先會吳, 且告會期.
故孟獻子·孫文子會吳于善道.


오吳나라 수몽壽夢이 수월壽越을 진晉나라에 보내어 계택雞澤에서 있었던
모임에 참석하지 못하였던 이유를 설명함과 아울러 제후들과 우호관계를
따르겠노라 청하였다.

진나라는 제후들이 만날 수 있도록 하기 위하여 먼저 노魯, 위衛 두 나라를 오나라와 만나게 하고 제후들과 만날 날짜를 알려주도록 하였다.

그 때문에 맹헌자孟獻子와 손문자孫文子가 선도善道에서 오나라와 만났던 것이다.

【吳子】 당시 吳나라 군주는 壽夢. 이름은 乘, 자는 壽夢이라 함. 재위 18년째였음.

【壽越】 吳나라 대부. 《風俗通》과 《通志》(氏族略)에는 '壽'씨는 壽夢의 후예라 하였으나 여기에서처럼 동시에 출현하는 것으로 보아 이미 '壽'씨가 있었던 것으로 보임.

【雞澤之故】 襄公 3년을 볼 것.

【孟獻子】 仲孫蔑. 魯나라 대부. 孟文伯(穀)의 아들이며 公孫敖의 손자. 魯나라 門閥.

【孫文子】 孫林父. 衛나라 대부. 孫良夫(孫桓子)의 아들이며 시호는 '文'. 그 때문에 孫文子로도 부름.


❀ **1123(襄5-5)**

秋, 大雩.

가을, 기우제를 크게 지냈다.


㊀

秋, 大雩, 旱也.

가을, 기우제를 크게 지낸 것은 가뭄이 들었기 때문이었다.

＊ **1124(襄5-6)**

## 楚殺其大夫公子壬夫.

초楚나라가 대부 공자 임부壬夫를 죽였다.

【壬夫】 楚나라 공자. 子反(側)의 아우 子辛. 顔師古와 惠棟 등은 '王夫'의 오기
가 아닌가 하였음. 右尹, 令尹 등을 지냈으며 이해에(襄公 5년) 피살됨.

⟨傳⟩
楚人討陳叛故, 曰:「由令尹子辛實侵欲焉.」
乃殺之.
書曰「楚殺其大夫公子壬夫」, 貪也.
君子謂:「楚共王於是不刑.《詩》曰:『周道挺挺, 我心扃扃. 講事不令,
集人來定』己則無信, 而殺人以逞, 不亦難乎? 〈夏書〉曰:『成允成功』」

초楚나라가 진陳나라가 배반한 이유를 들어 그들을 토벌하자 진나라는
이렇게 말하였다.
"영윤 자신子辛이 실로 우리 진나라에 너무 탐욕을 부렸기 때문이었
습니다."
그러자 초나라에서 자신을 죽였던 것이다.
경經에 "초나라가 대부 공자 임부壬夫를 죽였다"라고 기록한 것은 그가
탐욕스러웠기 때문이었다.
군자는 이렇게 말하였다.
"초 공왕共王은 이때 부당한 처형을 하였다.《시》에 '주周나라의 도道가
곧고도 바르니, 내 마음 훤하게 밝아오도다. 일을 꾀하다 잘 되지 않으면
어진 사람 모아서 상의해 정하네'라 하였다. 자신이 신의가 없으면서 남을
죽여 만족을 삼는다면 남을 이끌기란 역시 어렵지 않겠는가? 〈하서夏書〉
에는 '신의가 이루어져야 공을 이룰 수 있다'라 하였다."

【陳叛】襄公 3년을 볼 것.

【子辛】壬夫. 楚나라 공자. 子反(側)의 아우. 顔師古와 惠棟 등은 '王夫'의 오기가
아닌가 하였음. 右尹, 令尹 등을 지냈음.

【共王】楚 莊王(侶)을 이어 B.C.590~560년까지 31년간 재위하였으며 康王(昭)이
그 뒤를 이음. 杜預 注에 "共王殺子反·公子申及壬夫, 八年之中, 戮殺三卿, 欲以
屬諸侯, 故君子以爲不可"라 함.

【詩】《詩經》에 남아있지 않은 逸詩.

【挺挺】곧고 바름.

【扃扃】밝음.

【夏書】《尙書》夏書 大禹謨篇에 "帝曰:「來禹, 降水儆予, 成允成功, 惟汝賢, 克勤
于邦, 克儉于家, 不自滿假, 惟汝賢, 汝惟不矜, 天下莫與汝爭能, 汝惟不伐, 天下
莫與汝爭功, 予懋乃德, 嘉乃丕績, 天之歷數在汝躬, 汝終陟元后.」"라 함.

【允】杜預 注에 "允, 信也. 言信成然後有成功"이라 함.


## ✹ 1125(襄5-7)

公會晉侯·宋公·陳侯·衛侯·鄭伯·曹伯·莒子·邾子·滕子·
薛伯·齊世子光·吳人·鄫人于戚.


양공이 진후晉侯·송공宋公·진후陳侯·위후衛侯·정백鄭伯·조백曹伯·거자莒子·
주자邾子·등자滕子·설백薛伯·제齊나라 세자 광光·오吳나라 사람·증鄫나라
사람과 척戚에서 모였다.


【世子光】齊 靈公(環)의 太子. 뒤에 莊公이 되어 B.C.553~548년까지 6년간 재위
하고 景公(杵臼)에게 이어짐.

【戚】衛나라의 읍. 원래 孫氏의 采邑이었으며 孫林父가 晉나라로 달아나자
그 땅도 함께 가지고 갔던 것으로 보임. 이를 위나라에게 돌려줌. 지금의 河南
濮陽縣 북쪽.

九月丙午, 盟於戚, 會吳, 且命戍陳也.
穆叔以屬鄫爲不利, 使鄫大夫聽命于會.

　9월 병오날, 척戚에서 맹약을 맺은 것은 오吳나라와 회합하고 또 진晉나라가 제후들에게 진陳나라를 수비하도록 명령하기 위해서였다.
　노나라 목숙穆叔은 증鄫나라가 속국 자격인 것은 노나라에 이롭지 못하다고 여겨 증나라 대부를 모임에 참가하게 하여 함께 명을 받도록 한 것이다.

【穆叔】 叔孫豹. 魯나라 대부. 叔孫僑如의 아우. 叔孫穆叔. 叔孫. 叔孫穆子 등으로도 불림.
【鄫】 姒姓의 子爵. 지금의 山東 臨沂縣 서남쪽에 있었음. 鄫나라가 魯나라 屬國이 된 것은 襄公 4년을 볼 것.


※ **1126(襄5-8)**

公至自會.

　양공이 모임에서 돌아왔다.

【會】 戚之會를 가리킴. 앞장 참조.
＊無傳

❀ **1127(襄5-9)**

冬, 戍陳.

겨울, 진陳나라를 방어하였다.

【戍陳】杜預 注에 "諸侯在戚會, 皆受命戍陳, 各還國遣戍, 不復有告命, 故獨書
魯戍"라 함.


❀ **1128(襄5-10)**

楚公子貞帥師伐陳.

초楚나라 공자 정貞이 군사를 이끌고 진陳나라를 쳤다.

【公子貞】子囊. 楚 莊王(侶)의 아들이며 共王(審)의 아우. 壬夫를 이어 令尹에
오름.


❀ **1129(襄5-11)**

公會晉侯·宋公·衛侯·鄭伯·曹伯·齊世子光救陳.

공이 진후晉侯·송공宋公·위후衛侯·정백鄭伯·조백曹伯·제齊나라 세자
광光과 힘을 모아 진陳나라를 구원하였다.

【世子光】齊 靈公(環)의 太子. 뒤에 莊公이 되어 B.C.553~548년까지 6년간 재위
하고 景公(杵臼)에게 이어짐.

傳

楚子囊爲令尹.

范宣子曰:「我喪陳矣. 楚人討貳而立子囊, 必改行, 而疾討陳. 陳近於楚, 民朝夕急, 能無往乎? 有陳, 非吾事也, 無之而後可.」

冬, 諸侯戍陳, 子囊伐陳.

十一月甲午, 會于城棣以救之.


초楚나라 자낭子囊이 영윤令尹이 되었다.

그러자 진晉나라 범선자范宣子가 말하였다.

"우리는 진陳나라를 잃게 될 것이다. 초나라가 진나라가 배반한 이유를 밝혀 자신子辛을 죽이고 자낭을 새로운 영윤으로 삼았으니 그는 틀림없이 방법을 바꾸어 급히 진나라를 칠 것이다. 진나라는 초나라에 가까이 있어 그 백성들이 아침저녁으로 위급하게 되면 초나라로 가지 않겠는가? 진나라를 차지하는 것은 우리가 할 일이 아니다. 우리는 진나라를 없다고 여기고 나야 무엇인가 해 볼 수 있을 것이다."

겨울, 제후들은 진陳나라를 수비하였지만 자낭이 진陳나라를 쳤다.

11월 갑오날, 제후들이 정鄭나라 성체城棣에서 만나 진나라를 구하러 나섰다.


【子囊】公子貞. 楚 莊王(侶)의 아들이며 共王(審)의 아우. 壬夫(자신)가 살해되고 그 뒤를 이어 令尹 에 오름.

【范宣子】士匄. 晉나라 대부. 伯瑕. 士文伯. 范匄. 范文子(士燮)의 아들. 시호는 宣子. '匄'는 '丐'로도 표기하며 음은 '古害反' '개'로 읽음.

【甲午】11월 12일.

【城棣】鄭나라 지명. 지금의 河南 原陽縣 북쪽.《彙纂》에 "在今河南陽武縣北十里, 有南北二城棣"라 함.

❋ **1130(襄5-12)**

十有二月, 公至自救陳.

12월, 공이 진陳나라를 구원하고 돌아왔다.


* 無傳




❋ **1131(襄5-13)**

辛未, 季孫行父卒.

신미날, 계손행보季孫行父가 죽었다.


【辛未】 12월 20일.
【季孫行父】 季文子. 魯나라 대부. 魯나라 三桓의 하나인 季孫氏 집안.



㉠

季文子卒. 大夫入斂, 公在位.
宰庀家器爲葬備, 無衣帛之妾, 無食粟之馬, 無藏金玉, 無重器備.
君子是以知季文子之忠於公室也:「相三君矣, 而無私積, 可不謂忠乎?」


계문자季文子가 죽어 대부들이 그의 집으로 가서 염을 할 때 양공도 거기에 참석해 있었다.

계문자의 가재家宰가 장례 용품을 갖추어 준비를 하였는데 명주옷을 입은 첩이 없고, 곡식을 먹는 말이 없으며, 금옥의 보배도 없고, 같은 기물이 둘 이상 있는 것도 없었다.

군자는 그로써 계문자가 공실에 충성을 다하였음을 알게 되었다고 여기
면서 이렇게 말하였다.
"세 명의 군주 밑에서 재상 노릇을 하였어도 사사로이 쌓아둔 재화가
없었으니 충성스러웠다고 말하지 않을 수 있으랴?"

【季文子】魯나라 대부. 季孫行父. 魯나라 三桓의 하나인 季孫氏 집안.
【㐭】'具'와 같음. '갖추다'의 뜻.
【三君】魯나라 宣公·成公·襄公 세 임금을 말함.

# 156. 襄公 6年(B.C.567) 甲午

| 周 | 靈王(姬泄心) 5년 | 齊 | 靈公(環) 15년 | 晉 | 悼公(周) 7년 | 衛 | 獻公(衎) 10년 |
|---|---|---|---|---|---|---|---|
| 蔡 | 景公(固) 25년 | 鄭 | 僖公(髡頑) 4년 | 曹 | 成公(負芻) 11년 | 陳 | 哀公(溺) 2년 |
| 杞 | 桓公(姑容) 70년 | 宋 | 平公(成) 9년 | 秦 | 景公(后伯車) 10년 | 楚 | 共王(審) 24년 |
| 吳 | 壽夢 19년 | 許 | 靈公(甯) 25년 | | | | |

❋ **1132(襄6-1)**

六年春王三月, 壬午, 杞伯姑容卒.

6년 봄 주력周歷 3월 임오날, 기백杞伯 고용姑容이 죽었다.

【壬午】3월 2일.
【杞】姒姓, 周 武王이 殷을 멸한 다음 禹의 후손 東樓公을 찾아 봉하였음. 지금의
　河南 杞縣 일대.
【姑容】杞 桓公의 이름.

㊀

六年春, 杞桓公卒.

　始赴以名, 同盟故也.

6년 봄, 기杞 환공桓公이 세상을 떠났다.

　처음으로 이름을 밝혀 부고를 보내어 온 것은 동맹을 맺고 있었기 때문이었다.

【杞桓公】 杞나라 군주. 이름은 姑容. 당시 재위 70년이었으며 이때에 생을 마침. 孝公(句)이 그 뒤를 이음.
【赴以名】 이름(姑容)을 밝혀 부고를 한 것은 두 나라가 동맹관계일 것임을 뜻함.


✹ **1133(襄6-2)**

夏, 宋華弱來奔.

　여름, 송宋나라 화약華弱이 노나라로 망명해왔다.

【華弱】 宋나라 대부. 華椒의 손자. 宋 戴公의 후손. 《公羊傳》에는 '華溺'으로 되어 있음.


⑰

宋華弱與樂轡少相狎, 長相優, 又相謗也.
子蕩怒, 以弓梏華弱于朝.
平公見之, 曰:「司武而梏於朝, 難以勝矣.」
遂逐之.
夏, 宋華弱來奔.
司城子罕曰:「同罪異罰, 非刑也. 專戮於朝, 罪孰大焉?」
亦逐子蕩.
子蕩射子罕之門, 曰:「幾日而不我從?」
子罕善之如初.

송宋나라 화약華弱과 악비樂轡는 어려서부터 친하였다는 관계로 어른이 되어서도 서로 조롱하기도 하고 서로 헐뜯기도 하였다.

어느 날 자탕子蕩(樂轡)이 화를 내며 조정에서 화약의 목에 활을 걸어 씌웠다.

평공平公이 이를 보고 말하였다.

"무력을 담당한 자로서 조정에서 목에 활이 씌워진다면 장차 싸움에서 이기기 어려울 것이다."

그리고는 드디어 화약을 축출해버렸다.

여름, 송나라 화약이 노나라로 달아났다.

그러자 사성자한司城子罕이 말하였다.

"똑같은 죄에 서로 다른 벌을 준다면 이는 올바른 형벌이 아닙니다. 조정에서 함부로 다른 사람에게 모욕을 주었는데 어느 죄가 이보다 더 크겠습니까?"

그리하여 자탕도 역시 축출해버렸다.

자탕은 자한의 집 대문에 활을 쏘면서 말하였다.

"너도 며칠 뒤 나처럼 되지 않을 줄 아느냐?"

그러나 자한은 예전과 똑같이 자탕을 잘 대해주었다.


【樂轡】子蕩. 宋나라 대부.

【優】서로 농담하며 우스갯소리를 함. 조소하기도 함. 杜預 注에 "優, 調戲也"라 함.

【優】장난침.

【謗】욕을 함. 헐뜯음.

【弓梏】梏은 죄인에게 씌우는 수갑. 여기에서는 활을 목에 걸어 씌웠음을 말함.

【平公】이름은 成. 共公(固)의 뒤를 이어 B.C.575~532년까지 44년간 재위하고 元公(佐)이 그 뒤를 이음.

【司武】司馬, 군부장관. 군사를 다스리는 최고의 관직. 華弱을 가리키며 그러한 신분으로서 목에 활을 걸리도록 할 정도라면 잘못이 있다고 여겨 그를 내쫓은 것임.

【司城】다른 나라의 司空과 같음. 토목공사와 營建 등을 관장하는 최고 관직.

【子罕】樂喜. 戴公의 六世孫. '司城'을 지내어 이를 성씨로 삼음. 그 때문에 흔히 '司城子罕'으로도 부름.

【戮】죽임. 모욕을 줌.

❋ **1134(襄6-3)**

秋, 葬杞桓公.

가을, 기杞 환공桓公의 장례를 치렀다.

【杞桓公】杞나라 군주 姑容. '杞'는 姒姓, 周 武王이 殷을 멸한 다음 禹의 후손
東樓公을 찾아 봉하였음. 지금의 河南 杞縣 일대.
＊無傳

❋ **1135(襄6-4)**

滕子來朝.

등자滕子가 내조하였다.

【滕】周 文王의 아들 叔繡가 받았던 封國. 侯爵이었으며 지금의 山東 滕縣 일대.
戰國시대 齊나라에게 망함. 당시 군주는 成公.

㊙

秋, 滕成公來朝, 始朝公也.

가을, 등滕 성공成公이 찾아온 것은 처음으로 양공을 찾아뵌 것이었다.

【滕成公】당시 滕나라 군주.

※ 1136(襄6-5)

莒人滅鄫.

거莒나라가 증鄫나라를 멸망시켰다.

【莒】작위는 子爵. 지금의 山東 莒縣. 己姓이었음.
【鄫】姒姓의 子爵. 지금의 山東 臨沂縣 서남쪽에 있었음.


傳

莒人滅鄫, 鄫恃賂也.

거莒나라 사람이 증鄫나라를 멸망시킨 것은 증나라가 재물을 보냈던 일만 믿고 방비를 게을리 하였기 때문이었다.

【賂】魯, 莒 두 나라 중 어느 나라에 뇌물을 보냈던 것인지 확실치 않음.


※ 1137(襄6-6)

冬, 叔孫豹如邾.

겨울, 숙손표叔孫豹가 주邾나라에 갔다.

【叔孫豹】魯나라 대부. 叔孫僑如의 아우. 叔孫穆叔.
【邾】周나라 武王이 祝融 八姓의 하나였던 邾俠(曹俠)을 封하여 부용국으로 삼았었으며 지금의 山東 鄒縣. 이 때문에 전국시대에 이름을 ‘鄒’로 바꾸었음. 曹姓이며 子爵 작위를 받았으나 魯나라에 예속되어 있었음.

冬, 穆叔如邾, 聘, 且修平.

　겨울, 노나라 목숙穆叔이 주邾나라를 예방하며 아울러 화평을 다지는 일을 의논하였다.

【穆叔】叔孫豹. 魯나라 대부. 叔孫僑如의 아우. 叔孫穆叔. 叔孫. 叔孫穆子 등으로도 불림.


**❋ 1138(襄6-7)**

季孫宿如晉.

　계손숙季孫宿이 진晉나라에 갔다.

【季孫宿】魯나라 대부. 季孫行父의 아들. 季武子. 《國語》에는 '季孫夙'으로 되어 있음.


傳

晉人以鄫故來討, 曰:「何故亡鄫?」
季武子如晉見, 且聽命.

　진晉나라가 증鄫나라의 일을 노나라에 와서 이렇게 성토하였다.
"어찌 증나라를 돕지 않고 망하게 내버려 두었는가?"
　이에 계무자季武子가 진나라에 가서 진나라 군주를 찾아뵙고 명령을 듣기로 하였다.

【季武子】季孫宿.

十有二月, 齊侯滅萊.

12월, 제후齊侯가 내萊나라를 멸망시켰다.

【齊侯】당시 齊나라 군주는 靈公(環)으로 재위 15년째였음.
【萊】姜姓의 나라. 지금의 山東 平陰縣. 혹 昌邑縣, 黃縣 등이라고 함.《史記》
　　齊世家에 "萊侯來伐, 與之爭營丘"라 함.


㊀
十一月, 齊侯滅萊, 萊恃謀也.
於鄭子國之來聘也, 四月, 晏弱城東陽, 而遂圍萊.
甲寅, 堙之環城, 傅於堞.
及杞桓公卒之月, 乙未, 王湫帥師及正輿子·棠人軍齊師, 齊師大
敗之.
丁未, 入萊.
萊共公浮柔奔棠. 正輿子·王湫奔莒, 莒人殺之.
四月, 陳無宇獻萊宗器于襄宮.
晏弱圍棠.
十一月丙辰, 而滅之.
遷萊于郳, 高厚·崔杼定其田.


　　11월, 제齊 영공靈公이 내萊나라를 멸망시켰는데 이는 내나라가 예전에
제나라에게 뇌물을 주어 화를 모면하였던 일만 믿고 방심하였기 때문
이었다.
　　정나라 자국子國이 노나라로 와서 예방하였던 지난해 4월, 안약晏弱이
동양東陽에 성을 쌓고 바로 내나라를 쳐서 포위하였었다.
　　그해 갑인날, 성벽 주위로 쌓아올린 흙이 성벽 위까지 닿았다.

그해 기杞나라 환공이 세상을 떠난 3월 을미날, 내나라로 달아났던 제 나라 대부 왕추王湫가 내나라 군사를 이끌고 내나라 대부 정여자正輿子, 그리고 당棠 사람과 힘을 합쳐 제나라 군사를 크게 패배시켰다.

그리고 그해 정미날, 내나라 도읍 성안으로 쳐들어갔다.

그때 내나라 공공共公 부유浮柔는 당으로 달아나고, 정여자와 왕추는 거莒나라로 달아났으나 거나라가 그들을 죽여버렸다.

그해 4월에 제나라 대부 진무우陳無宇가 내나라 종묘의 기물을 제 양공의 사당에 바쳤다.

안약은 당을 포위하고, 11월 병진날, 내나라를 멸망시켜버렸다.

그리고 내나라 사람들을 예郳로 옮기고, 제나라 고후高厚와 최저崔杼가 그 땅을 제나라 영토로 편입시켜 그 경계를 정하였다.


【萊】 姜姓의 나라. 지금의 山東 平陰縣. 혹 昌邑縣, 黃縣 등이라고 함. 《史記》 齊世家에 "萊侯來伐, 與之爭營丘"라 함.

【特謀】 夙沙衛의 모책을 말함. 襄公 2년을 볼 것. 杜預 注에 "賂夙沙衛之謀也. 事在二年"이라 함.

【子國】 鄭나라 公子 發(子發). 穆公의 아들. 子産의 아버지. 兵權을 담당함. 지난해 4월 魯나라를 聘問하였음.

【晏弱】 齊나라 대부. 晏桓子. 유명한 재상 晏子(晏嬰)의 아버지.

【甲寅】 지난해 4월 丙辰朔.

【堙】 '인'으로 읽으며 敵의 성을 공격할 때 그 곁에 城 높이만큼 土山을 쌓아 같은 높이 이상으로 하는 土壘. 《孫子》 謀攻篇 참조.

【堞】 성가퀴. 陴. 女牆이라고도 함.

【杞桓公】 이해 3월 기 환공이 죽고 1년이나 포위를 당하였음. 杞는 姒姓, 周 武王이 殷을 멸한 다음 禹의 후손 東樓公을 찾아 봉하였음. 지금의 河南 杞縣 일대.

【王湫】 齊나라 國佐의 黨羽. 齊나라가 國佐를 죽이자 王湫가 萊로 달아난 사건은 成公 18년을 볼 것.

【正輿子】 萊나라의 賢大夫. 《荀子》 堯問篇에 "萊不用子馬而齊幷之"라 하였고, 楊倞 注에 "或曰正輿子字子馬"라 함.

【棠】 萊나라 읍 이름. 지금의 山東 卽墨縣 서남쪽, 平度縣 동남쪽.

【共公】萊나라 군주.

【浮柔】萊 共公의 이름.

【陳無宇】齊나라 대부. 陳桓子. 陳完(田完, 敬仲)의 玄孫. 陳文子(陳須無)의 아들.

【襄宮】齊 襄公(諸兒)의 사당. 그러나 이는 惠宮, 즉 惠公(元)의 사당이 아닌가 함.

【郳】《山東黃縣志》에 "縣南十里有歸城, 土人曰恢城, 齊遷萊于郳, 卽此"라 함.

【高厚】齊나라 대부. 高固의 아들. 杜預 注에 "高固子"라 함.

【崔杼】齊나라 대부. 齊 莊公(B.C.553~548)이 그의 아내와 사통하자 崔杼는 그를 弑害하고 景公을 세워 자신은 宰相이 되는 등 춘추 후기 제나라 역사를 뒤흔든 인물. 晏子(晏嬰)와 여러 차례 부딪치는 등 많은 일화를 낳았음. 뒤에 집안 내분을 견디지 못하고 목을 매어 자결하였으며 시호는 武子. 宣公 10년을 볼 것.

# 157. 襄公 7年(B.C.566) 乙未

| 周 | 靈王(姬泄心) 6년 | 齊 | 靈公(環) 16년 | 晉 | 悼公(周) 8년 | 衛 | 獻公(衎) 11년 |
|---|---|---|---|---|---|---|---|
| 蔡 | 景公(固) 26년 | 鄭 | 僖公(髡頑) 5년 | 曹 | 成公(負芻) 12년 | 陳 | 哀公(溺) 3년 |
| 杞 | 孝公(匄) 원년 | 宋 | 平公(成) 10년 | 秦 | 景公(后伯車) 11년 | 楚 | 共王(審) 25년 |
| 吳 | 壽夢 20년 | 許 | 靈公(甯) 26년 | | | | |

❋ 1140(襄7-1)

七年春, 郯子來朝.

7년 봄, 담자郯子가 내조하였다.

【郯子】郯나라 군주. 郯은 己姓, 혹 嬴姓으로 지금의 山東 郯城縣에 있던 작은 나라.

㊒

七年春, 郯子來朝, 始朝公也.

7년 봄, 담나라 군주가 노나라에 와 처음으로 노나라 군주를 만났다.

✹ **1141(襄7-2)**

夏四月, 三卜郊, 不從, 乃免牲.

여름 4월, 교제郊祭를 지내기 위해 점을 쳤으나 불길하였다. 그래서 희생 소를 놓아주었다.

【卜郊】郊祭를 지낼 날짜를 거북점을 쳐서 물어봄.
【不從】不吉함.
【免牲】犧牲으로 선택된 소를 놓아줌.


㉡

夏四月, 三卜郊, 不從, 乃免牲.
孟獻子曰:「吾乃今而後知有卜·筮. 夫郊祀后稷, 以祈農事也. 是故啓蟄而郊, 郊而後耕. 今旣耕而卜郊, 宜其不從也.」

여름 4월, 교제를 올릴 날을 세 번이나 점쳤으나 불길하여 희생으로 정하였던 소를 놓아주었다.

그러자 맹헌자孟獻子가 이렇게 말하였다.

"나는 지금부터 이후로는 복卜과 서筮의 점에 대하여 알 것 같다. 무릇 후직后稷에게 교제를 지내는 것은 농사가 잘 되게 해달라고 비는 것이다. 이 까닭으로 벌레가 땅속에서 움직이기 시작하는 때에 교제를 지내고, 교제를 지낸 다음 경작하는 것이다. 그런데 이처럼 경작을 시작하고 나서 교제 지낼 날을 점친다면 의당 불길할 수밖에 없을 것이다."

【孟獻子】仲孫蔑. 魯나라 대부. 孟文伯(穀)의 아들이며 公孫敖의 손자. 魯나라 門閥.
【卜筮】'卜'은 거북 등으로 치는 점. '筮'는 蓍草로 치는 점.

【后稷】周 왕실의 시조로 이름은 棄(姬棄). 舜임금 시대에 농사일을 담당한 后稷에
있었음. 이에 그를 농사의 神으로 받들었음. 郊祭 때에 천신과 함께 제사를
받았음.《孝經》에 "昔者, 周公郊祀后稷以配天, 宗祀文王於明堂以配上帝"라
하였고,《禮記》郊特牲에 "萬物本乎天, 人本乎祖, 此所以配上帝也. 郊之祭也,
大報本反始也"라 함. 한편《公羊傳》宣公 3년에는 "郊則曷爲必祭稷? 王者必
以其祖配"라 함.
【啓蟄】겨울잠을 자던 동물들이 봄이 되어 땅 위로 올라와 활동을 시작함. 대개
3월 5, 6일 驚蟄을 기준으로 함. 24節氣의 啓蟄은 漢 景帝 劉啓의 이름을 피하여
漢나라 이후에는 '啓'자를 '驚'자로 바꾼 것임.


⑳

南遺爲費宰.
叔仲昭伯爲隧正, 欲善季氏, 而求媚於南遺, 謂遺, 「請城費, 吾多
與而役.」
故季氏城費.


남유南遺가 비費 땅의 읍재邑宰가 되었다.
이때 숙중소백叔仲昭伯이 수정隧正이 되어 계씨季氏와 친해지려고 남유
에게 아첨을 하며 이렇게 말하였다.
"비에 성을 쌓기를 청합니다. 성을 쌓는다면 제가 많은 일꾼을 대어
주겠습니다."
그 때문에 계씨는 비에 성을 쌓았다.


【南遺】魯나라 季氏의 私人.
【費】魯나라 季氏 집안의 私邑. 僖公 元年 傳에 "公賜季友汶陽之田及費"라 함.
  費는 지금의 山東 費縣 서북쪽.
【宰】邑宰. 읍을 다스리는 책임자.
【叔仲昭伯】魯나라 대부 叔仲惠伯의 손자. 이름은 帶.
【隧正】賦役, 徒役, 일꾼 동원 등을 맡은 벼슬.《周禮》의 '遂人'과 같음.

＊ **1142(襄7-3)**

小邾子來朝.

소주자小邾子가 내조하였다.

【小邾子】邾나라 군주. 諸侯의 分封이었으므로 '小邾子'라 부른 것. 여기서는 邾 穆公을 가리킴.

㊀

小邾穆公來朝, 亦始朝公也.

소주小邾의 목공穆公이 노나라에 찾아왔는데 그 역시 노 양공을 처음 찾아뵌 것이다.

【穆公】小邾의 군주.

＊ **1143(襄7-4)**

城費.

비費에 성을 쌓았다.

【費】魯나라 季氏의 私邑. 지금의 山東 費縣.

※ 1144(襄7-5)

秋, 季孫宿如衛.

가을, 계손숙季孫宿이 위衛나라에 갔다.

【季孫宿】魯나라 대부. 季孫行父의 아들. 季武子.《國語》에는 '季孫夙'으로 되어 있음.


傳

秋, 季武子如衛, 報子叔之聘, 且辭緩報, 非貳也.

가을, 계무자季武子가 위衛나라에 간 것은 위나라 자숙子叔이 노나라를 예방하였던 일에 답례하고 또한 답례가 늦게 된 것이 다른 마음을 품었기 때문이 아니라고 말하였다.

【季武子】季孫宿.
【子叔】公孫剽. 衛나라 대부. 子叔剽. 子叔黑背의 아들. 衛 定公(臧)의 조카. 衛 穆公(速)의 손자. 시호는 穆子. 子叔穆子로도 부름. 그가 노나라를 예방한 것은 襄公 元年으로 6년이나 지나 답방을 한 것을 구차하게 설명함.


※ 1145(襄7-6)

八月, 螽.

8월, 메뚜기 떼가 재해를 입혔다.

【螽】杜預 注에 "爲災, 故書"라 함.
＊無傳

冬十月, 晉韓獻子告老, 公族穆子有廢疾, 將立之.

辭曰:「《詩》曰:『豈不夙夜? 謂行多露.』又曰:『弗躬弗親, 庶民弗信.』無忌不才, 讓, 其可乎? 請立起也. 與田蘇游, 而曰『好仁』.《詩》曰:『靖共爾位, 好是正直. 神之聽之, 介爾景福.』恤民爲德, 正直爲正, 正曲爲直, 參和爲仁. 如是, 則神聽之, 介福降之. 立之, 不亦可乎?」

庚戌, 使宣子朝, 遂老.

晉侯謂韓無忌仁, 使掌公族大夫.

겨울 10월, 진晉나라 한헌자韓獻子가 늙어 은퇴를 고하였다. 그의 아들 공족목자穆子(無忌)는 폐질廢疾이 있었지만 임금은 그를 후계자로 삼으려 하였다.

한헌자는 이렇게 사양하였다.

"《시》에 '어찌 아침저녁으로 가 보고 싶지 않겠는가? 그러나 길에 이슬이 많이 내렸다 하네'라 하였습니다. 또 '몸소 하지 않고 친히 하지 않으면 많은 백성들이 그를 믿지 않게 된다'라고도 하였습니다. 저의 아들 무기無忌는 재능이 없으니 양보하는 것이 좋지 않겠습니까? 청컨대 기한韓起(穆子)를 후계자로 세워주십시오. 한기는 전소田蘇와 사귀고 있는데 전소는 한기는 '인仁을 좋아한다'고 평하고 있습니다.《시》에 '너의 자리를 받들어 공손히 하고, 바르고 곧음을 즐겨 행하여라. 신神이 도와주고 네 사정을 들어주어 너에게 큰 복을 내려 주리라'라 하였습니다. 백성을 불쌍히 여기는 것을 덕德이라 하고, 자신을 바르고 곧게 가지는 것을 정正이라 하며, 남의 굽은 것을 바르게 해주는 것을 직直이라 합니다. 그리고 이 세 가지를 모두 고르게 갖추는 것을 인仁이라 합니다. 이와 같이 하면 신령께서 이를 듣고 큰 복을 내려 주시는 것입니다. 그러니 한기를 후계로 삼는 것이 또한 옳지 않겠습니까?"

경술날, 한궐은 선자宣子로 하여금 임금을 뵙도록 하고 자신은 드디어 물러났다.

진 도공은 한무기韓無忌를 어질다 여겨 그를 공족대부公族大夫들을 관장하도록 하였다.

【韓獻子】韓厥. 晉나라 대부. 子興의 아들. 韓萬의 현손. 韓無忌의 아버지. 그 후손이 뒷날 晉六卿의 하나인 韓氏로 발전하였으며 戰國시대 七雄의 하나인 韓나라를 일으킴.

【公族穆子】韓厥의 맏아들 韓無忌. 公族은 公族大夫가 되어 앞에 덧붙인 것이며, 穆子는 그가 죽은 뒤에 주어진 시호.

【廢疾】‘廢’는 ‘癈’와 같음. 殘疾. 障碍를 가지고 있음.

【詩】《詩經》國風 召南 行露篇에 “厭浥行露, 豈不夙夜, 謂行多露. 誰謂雀無角, 何以穿我屋. 誰謂女無家. 何以速我獄. 雖速我獄, 室家不足. 誰謂鼠無牙, 何以穿我墉. 誰謂女無家, 何以速我訟. 雖速我訟, 亦不女從”이라 함. 여기에서는 ‘내 어찌 아침저녁으로 아버지의 뒤를 이어 관직에 나갈 것을 생각하지 않겠습니까만, 병이 있으니 안 됩니다’의 뜻으로 인용한 것.

【又曰】《詩經》小雅 節南山에 “節彼南山, 維石巖巖. 赫赫師尹, 民具爾瞻. 憂心如惔, 不敢戲談. 國旣卒斬, 何用不監. 節彼南山, 有實其猗. 赫赫師尹, 不平維何. 天方薦瘥, 喪亂弘多. 民言無嘉, 憯莫懲嗟. 尹氏大師, 維周之氏. 秉國之均, 司方是維. 天子是毗, 俾民不迷. 不弔昊天, 不宜空我師. 弗躬弗親, 庶民弗信. 弗問弗仕, 勿罔君子. 式夷式已, 無小人殆. 瑣瑣姻亞, 則無膴仕”라 함.

【起】韓起. 韓厥의 아들이며 韓無忌의 아우. 시호는 宣子.

【田蘇】진나라의 현인. 杜預 注에 “田蘇, 晉賢人. 蘇言起好仁”이라 함.

【詩】《詩經》小雅 小明에 “嗟爾君子, 無恆安處. 靖共爾位, 正直是與. 神之聽之, 式穀以女, 嗟爾君子, 無恆安息. 靖共爾位, 好是正直. 神之聽之, 介爾景福”이라 함.

【參和】세 가지가 고르게 갖추어짐. ‘參’은 ‘三’과 같음. 앞의 ‘德, 正, 直’의 세 가지를 말함.

【庚戌】10월 9일.

【掌公族大夫】공족대부들을 관장함. 곧 공족대부의 長.


✹ 1146(襄7-7)

冬十月, 衛侯使孫林父來聘.

壬戌, 及孫林父盟.


겨울 10월, 위후衛侯가 손림보孫林父를 노나라로 보내 예방하게 하였다. 임술날, 손림보와 동맹을 맺었다.

【衛侯】당시 衛나라 군주는 獻公(衎) 재위 11년째였음.
【孫林父】衛나라 대부. 孫良夫(孫桓子)의 아들이며 시호는 '文'. 그 때문에 孫文子
　로도 부름.
【壬戌】10월 21일.


㊇

衛孫文子來聘, 且拜武子之言, 而尋孫桓子之盟.
公登亦登, 叔孫穆子相, 趨進, 曰:「諸侯之會, 寡君未嘗後衛君.
今吾子不後寡君, 寡君未知所過. 吾子其少安!」
孫子無辭, 亦無悛容.
穆叔曰:「孫子必亡. 爲臣而君, 過而不悛, 亡之本也.《詩》曰:『退食
自公, 委蛇委蛇』, 謂從者也. 衡而委蛇, 必折.」


위衛나라 손문자孫文子가 노나라를 찾아와 예방하면서 아울러 계무자
季武子가 위나라에 와서 했던 말에 답례를 하고 지난날 손환자孫桓子와
맺었던 동맹을 더욱 다졌다.

노 양공이 연회 자리에 계단을 올라가자 손문자도 따라 올라가자 숙손
목자叔孫穆子가 양공을 부축하면서 손문자에게 달려가 이렇게 말하였다.

"제후들의 모임에 우리 임금께서는 그대 위나라 임금의 뒷자리에 있었던
적은 없었습니다. 그런데 지금 그대가 우리 임금의 뒤를 따르지 않고 있으니
우리 임금께서 무슨 과오라도 있어서 그러는 것인지 모르겠군요. 그대는
잠깐 그쳤다가 뒤를 따르십시오!"

그러나 손문자는 아무런 말도 하지 않고 그 얼굴 표정을 고칠 기색도
없었다.

목숙穆叔은 이렇게 말하였다.

"손문자는 반드시 망하게 될 것이다. 군주를 모시는 신하이면서도 임금과
나란히 걷더니 자신이 과오를 저지르고도 이를 고칠 생각도 않으니 이는
망하고 마는 근본이다.《시》에 '군주의 앞에서 물러나 밥을 먹으러 갈 때는

발걸음을 침착하게 하네'라 하였으니 이는 예의를 잘 따르는 자를 두고 말한 것이다. 제멋대로 하면서 걸으면서 태연한 척하다가는 틀림없이 꺾이고 말 것이다."

【孫文子】孫林父. 衛나라 대부. 孫良夫(孫桓子)의 아들이며 시호는 '文'. 그 때문에 孫文子로도 부름.

【季武子】季孫宿. 魯나라 대부. 季孫行父의 아들. 季武子.《國語》에는 '季孫夙'으로 되어 있음. 그가 衛나라에 가서 한 말은 襄公 7년을 볼 것.

【孫桓子】孫良夫. 孫文子(孫林父)의 아버지. 그가 魯나라와 맹약을 맺은 것은 成公 3년을 볼 것.

【公登亦登】魯 襄公이 연회를 준비하고 이에 계단을 오르자 衛나라 孫文子도 나란히 걸어 올라감.《儀禮》聘禮에 의하면 군주와 함께 계단을 오를 때에는 군주가 두 계단을 올라가면 사신은 뒤에 서서 한 계단을 올라갔음.

【叔孫穆子】公孫豹. 衛나라 대부. 子叔豹. 子叔黑背의 아들. 衛 定公(臧)의 조카. 衛 穆公(速)의 손자. 시호는 穆子. 穆叔. 子叔穆子로도 부름.

【少安】잠시 그침. 걸음을 멈추었다가 뒤를 따라 걸을 것을 요구함.《韓非子》難四에도 이 사건이 실려 있으며 "今子不後寡人一等"이라 함.

【爲臣而君】신하이면서 남의 나라 임금과 대등한 듯이 행동함.《韓非子》難四에 "孫子君於衛, 而後不臣於魯"라 함.

【詩】《詩經》國風 召南 羔羊篇에 "羔羊之皮, 素絲五紽. 退食自公, 委蛇委蛇. 羔羊之革, 素絲五緎. 委蛇委蛇, 自公退食. 羔羊之縫, 素絲五總. 委蛇委蛇, 退食自公"이라 함. '自公'은 조정의 회의가 끝나고 밥을 먹으러 돌아감을 뜻함.

【委蛇】'위이'로 읽으며 雙聲連綿語. 걸음걸이가 조용하고 안정된 모습. 태연히 걸음. 공손하게 걸음.

【衡】예의를 따르지 않음. '衡'은 '橫'과 같음. '專橫. 맞섬. 제멋대로' 등의 뜻.


✸ **1147(襄7-8)**

楚公子貞帥師圍陳.

초楚나라 공자 정貞이 군사를 이끌고 진陳나라를 포위하였다.

【公子貞】子囊. 楚 莊王(侶)의 아들이며 共王(審)의 아우. 壬夫를 이어 令尹에
오름.


㊀

楚子囊圍陳, 會于鄔以救之.


초楚나라 자낭子囊이 진陳나라를 쳐 포위하자 제후들이 위鄔에서 모여
진陳나라를 구원하러 나섰다.

【子囊】公子貞. 楚 莊王(侶)의 아들이며 共王(審)의 아우. 壬夫를 이어 令尹에
오름.
【鄔】鄭나라 지명. 지금의 河南 偃師縣(혹 魯山縣).


❋ 1148(襄7-9)
十有二月, 公會晉侯·宋公·陳侯·衛侯·曹伯·莒子·邾子
于鄔.
鄭伯髡頑如會, 未見諸侯, 丙戌, 卒于鄵.

12월, 양공이 진후晉侯·송공宋公·진후陳侯·위후衛侯·조백曹伯·거자莒子·
주자邾子와 위鄔에서 만났다.
정백鄭伯 곤완髡頑이 모임에 참석하였으나 제후들을 만나지 못하고
병술날, 조鄵에서 죽었다.

【髡頑】鄭 僖公. ‘髡惲’, ‘髡原’ 등으로도 표기함. 成公(睔)의 뒤를 이어 B.C.570～
  566년까지 재위하고 이해에 죽음. 簡公(嘉)이 그 뒤를 이음.
【鄔】지금의 河南 魯山縣 근처.
【丙戌】12월 16일.
【鄵】鄭나라 지명. 《公羊傳》과 《穀梁傳》에는 ‘操’로 되어 있음. 지금의 河南 密縣
  남쪽.


㉠

鄭僖公之爲大子也, 於成之十六年與子罕適晉, 不禮焉.
又與子豐適楚, 亦不禮焉.
及其元年朝于晉, 子豐欲愬諸晉而廢之, 子罕止之.
及將會于鄔, 子駟相, 又不禮焉.
侍者諫, 不聽; 又諫, 殺之.
及鄵, 子駟使賊夜弑僖公, 而以瘧疾赴于諸侯.
簡公生五年, 奉而立之.


정鄭 희공僖公이 태자였던 성공成公 16년, 그는 자한子罕과 함께 진晉
나라에 가면서 자한을 예로써 대하지 않았다.

또 자풍子豐과 함께 초나라에 갈 때에도 역시 자풍에게 무례하게 굴었다.

그가 희공으로 즉위한 원년, 진晉 도공悼公을 찾아뵈러 갔을 때, 자풍이
그의 무례함을 진나라에 하소연하며 그를 폐위시키려 하였으나 자한이
그를 말려 겨우 모면하게 되었다.

그런데 위鄔에서의 모임에 자사子駟가 보좌가 되어 따라갔을 때 다시
희공은 자사에게 무례하게 굴었다.

희공을 모시는 자가 충간을 하였지만 희공은 듣지 않다가 다시 간언을
하자 그를 죽여버렸다.

조鄵 땅에 이르자 자사는 하수인을 시켜 밤에 희공을 죽이고 학질瘧疾로
죽었다고 제후들에게 알렸다.

정 간공簡公은 당시 겨우 다섯 살이었는데 그를 받들어 임금으로 세웠다.

【鄭僖公】髠頑. 무례하게 굴다가 子駟의 자객에게 鄗에서 시해를 당함.

【成之十六年】魯 成公 16년(B.C.757). 鄭 成公(睔) 10년 때였음.

【子罕】 鄭 穆公의 아들. 公子 喜. 樂喜. '司城'을 지내어 이를 성씨로 삼음.
 그 때문에 司城子罕으로도 부름.

【子豐】鄭나라 대부. 鄭 穆公(蘭)의 아들. 僖公보다 훨씬 연장자였음.

【元年】鄭 僖公이 즉위한 원년. B.C.570년.

【悼公】晉나라 군주. 이름은 周.

【子駟】鄭나라 公子 騑. 鄭 穆公(蘭)의 아들. 僖公(髠頑)이 무례하게 굴자 그를
 시해하고 簡公(嘉)을 세운 인물.

【賊】《史記》鄭世家에 의하면 廚人으로 시켜 毒藥으로 죽이게 하였음. 그러나
 子駟가 僖公을 죽인 것은 단순히 '무례함' 때문이 아니라 국제 관계의 복잡한
 사정이 있었던 것으로 보임. 高士奇의 《左傳紀事本末》에 "僖公之爲此行也,
 棄楚而從晉也, 而子駟執官命未改之說於前此諸大夫聽從晉之日, 則知公欲棄楚,
 非子駟意也. 及楚子囊伐鄭, 子駟・子國・子耳欲從楚, 子孔・子蟜・子展欲待晉,
 而子駟曰「聽從楚, 騑也受其咎」, 然則子駟固未嘗一日忘楚也, 僖公舍楚從晉,
 身卒見弑, 此事勢相倚之必然者"라 함.

【瘧疾】급병. 暴疾과 같음.

【簡公】僖公의 아들. 이름은 嘉. 다섯 살에 임금 자리에 오름. B.C.565~530년까지
 36년간 재위하고 定公(寧)으로 이어짐.


## ✹ 1149(襄7-10)

陳侯逃歸.


진후陳侯가 도망쳐 돌아갔다.


【陳侯】陳 哀公. 이름은 溺. B.C.568~534년까지 35년간 재위함.

陳人患楚.
慶虎·慶寅謂楚人曰:「吾使公子黃往, 而執之.」
楚人從之.
二慶使告陳侯于會, 曰:「楚人執公子黃矣. 君若不來, 羣臣不忍
社稷宗廟, 懼有二圖.」


진陳나라는 초楚나라를 두려워하였다.
그러자 대부 경호慶虎와 경인慶寅이 초나라에게 이렇게 말하였다.
"우리가 공자 황黃을 초나라에 보낼 것이니 그를 잡아두십시오."
이리하여 초나라가 그 말대로 하였다.
그리고 나서 경호·경인 두 사람은 제후들의 모임에 참석중인 자신들의
진陳 애공哀公에게 사람을 보내어 이렇게 말을 전하도록 하였다.
"초나라가 공자 황을 붙잡았습니다. 임금께서 돌아오시지 않으면 신하
들이 차마 사직과 종묘가 없어지는 것을 참지 못해 다른 짓을 꾸밀까
두렵습니다."
그리하여 진 애공이 모임에서 빠져나와 도망쳐 돌아간 것이다.


【患楚】杜預 注에 "楚圍陳故"라 함.
【慶虎】陳나라 執政大夫.
【慶寅】역시 陳나라 대부.


【公子黃】陳 哀公(溺)의 아우.
【二圖】다른 짓. 배반함. 장차 楚나라 조종에 의해 새로운 군주를 세울 수밖에
없을 것이라 겁을 준 것.

# 158. 襄公 8年(B.C.565) 丙申

| 周 | 靈王(姬泄心) 7년 | 齊 | 靈公(環) 17년 | 晉 | 悼公(周) 9년 | 衛 | 獻公(衎) 12년 |
|---|---|---|---|---|---|---|---|
| 蔡 | 景公(固) 27년 | 鄭 | 簡公(嘉) 원년 | 曹 | 成公(負芻) 13년 | 陳 | 哀公(溺) 4년 |
| 杞 | 孝公(匃) 2년 | 宋 | 平公(成) 11년 | 秦 | 景公(后伯車) 12년 | 楚 | 共王(審) 26년 |
| 吳 | 壽夢 21년 | 許 | 靈公(甯) 27년 | | | | |

## ❈ 1150(襄8-1)

八年春王正月, 公如晉.

8년 봄 주력 정월, 양공이 진晉나라에 갔다.

㊟

八年春, 公如晉, 朝, 且聽朝聘之數.

　8년 봄, 양공이 진晉나라에 가 도공悼公을 뵙고 조빙朝聘의 예물의 수량에 대한 지시를 받았다.

【朝聘之數】霸者 悼公을 뵐 때 올릴 물건의 종류와 수량.

# ✸ 1151(襄8-2)

　夏, 葬鄭僖公.

여름, 정鄭 희공僖公의 장례를 치렀다.

【鄭僖公】髡頑. '髡惲', '髡原' 등으로도 표기함. 成公(睔)의 뒤를 이어 B.C.570~
566년까지 재위하고 무례하게 굴다가 子駟의 자객에게 鄡에서 시해를 당함.
＊無傳


㊀

鄭羣公子以僖公之死也, 謀子駟.
子駟先之, 夏四月庚辰, 辟殺子狐·子熙·子侯·子丁.
孫擊·孫惡出奔衛.

　정鄭나라의 여러 공자들이 희공僖公의 죽음을 이유로 자사子駟를 어떻게
처리할 것인지 모책을 세우고 있었다.
　그러자 자사가 먼저 나서서 여름 4월 경진날, 자호子狐·자희子熙·자후子侯·
자정子丁에게 죄를 뒤집어씌워 죽여버렸다.
　이에 손격孫擊과 손악孫惡은 위衛나라로 달아났다.

【子駟】鄭나라 公子 騑. 鄭 穆公(蘭)의 아들. 僖公(髡頑)이 무례하게 굴자 그를
　시해하고 簡公(嘉)을 세운 인물.
【辟殺】죄명을 씌워 죽임.
【子狐·子熙·子侯·子丁】모두 정나라 公族大夫들.
【孫擊·孫惡】杜預는 이들이 子狐의 아들이라고 하였음.

❋ 1152(襄8-3)

## 鄭人侵蔡, 獲蔡公子爕.

정鄭나라 사람이 채蔡나라를 쳐 채나라 공자 섭爕을 붙잡았다.

【蔡】姬姓. 周 文王의 아들 蔡叔(姬度)의 후손 蔡仲이 받았던 봉지. 지금의 河南
上蔡縣.
【公子爕】蔡나라 공자. 당시 蔡나라 司馬를 맡고 있었음.《穀梁傳》에는 '子濕'
으로 되어 있음. 당시 蔡나라 군주는 景公(景侯, 固)이었음.


傳

庚寅, 鄭子國·子耳侵蔡, 獲蔡司馬公子爕.
鄭人皆喜, 唯子產不順, 曰:「小國無文德, 而有武功, 禍莫大焉.
楚人來討, 能勿從乎? 從之, 晉師必至. 晉·楚伐鄭, 自今鄭國不四·
五年弗得寧矣.」
子國怒之曰:「爾何知! 國有大命, 而有正卿, 童子言焉, 將爲戮矣.」


경인날, 정鄭나라 자국子國과 자이子耳가 채蔡나라를 침공하여 채나라
사마司馬 공자 섭爕을 사로잡았다.

그때 정나라 사람들이 모두 기뻐하였지만 오직 자산子産만은 그 일을
순리에 어긋난다고 여기면서 이렇게 말하였다.

"작은 나라가 문덕文德도 없으면서도 무력으로 공을 세웠으니 이보다
더 큰 화는 없을 것입니다. 초楚나라가 와서 꾸짖는다면 우리가 그들을
따르지 않을 수 있겠습니까? 그리고 초나라를 따르게 되면 이번에는
진晉나라 군사가 틀림없이 쳐들어올 것입니다. 진나라와 초나라가 번갈아
정나라를 치게 되면 지금부터 우리 정나라는 4, 5년 안에는 안녕을 얻을
수 없게 될 것입니다."

그러자 그의 아버지 자국이 화를 내며 말하였다.

"네가 무엇을 안단 말이냐! 나라에 대명<sub>大命</sub>이 있고 그 명을 받는 정경正卿이 있다. 어린 아이가 그런 말을 했다가는 장차 죽음을 당할 것이다."

【子國】鄭나라 公子 發(子發). 대부. 穆公(蘭)의 아들이며 子産의 아버지. 兵權을 담당함.
【子耳】鄭나라 公子이며 대부. 子良의 아들. 公孫輒. 伯有(良霄)의 아버지.
【子産】公孫僑. 子國(公孫成)의 아들. 뒤에 鄭나라의 훌륭한 宰相이 되어 孔子가 자주 칭찬한 인물.
【不順】그들의 들뜬 기분이나 분위기에 附和하지 않음.
【文德】학문이나 예절 등으로 닦은 덕.
【大命】전쟁을 하라는 군주의 명령. 杜預 注에 "大命, 起師行軍之命"이라 함.
【正卿】정권을 쥔 卿. 여기에서는 子駟를 지칭함.


# ❋ 1153(襄8-4)

### 季孫宿會晉侯·鄭伯·齊人·宋人·衛人·邾人于邢丘.

계손숙季孫宿이 진후晉侯·정백鄭伯·제인齊人·송인宋人·위인衛人·주인邾人과 형구邢丘에서 만났다.

【季孫宿】魯나라 대부. 季孫行父의 아들. 季武子.《國語》에는 '季孫夙'으로 되어 있음.
【邢丘】晉나라 땅. 지금의 河南 溫縣 동쪽.


(傳)

五月甲辰, 會于邢丘, 以命朝聘之數, 使諸侯之大夫聽命.
季孫宿·齊高厚·宋向戌·衛甯殖·邾大夫會之.

鄭伯獻捷于會, 故親聽命.
「大夫」不書, 尊晉侯也.


5월 갑진날, 형구邢丘에서 만나 조빙朝聘의 물품 종류와 수량에 대하여 지시하여 제후들로 하여금 그 명령을 따르게 하였다.

그리하여 계손숙季孫宿과 제齊나라 고후高厚, 송宋나라 상술向戌, 위衛나라 영식甯殖, 주邾나라 대부들이 모임에 참석하였다.

정鄭 간공簡公이 채蔡나라를 쳐서 얻은 전리품을 바쳤으며 그 기회에 그는 친히 지시를 받게 되었던 것이다.

경經에 대부들의 이름을 쓰지 않은 것은 진나라 군주를 높였기 때문이다.


【朝聘之數】魯 襄公이 晉 悼公을 찾아가 이를 지시 받은 것은 앞에 나왔음.
【高厚】齊나라 대부. 高固의 아들. 杜預 注에 "高固子"라 함.
【向戌】宋나라 대부. '向'은 성씨일 경우 '상'으로 읽음. 左師 벼슬을 하였으며 合邑을 채읍으로 받아 '合左師'로도 부름.
【甯殖】甯惠子. 衛나라 대부.
【鄭伯】당시 鄭 簡公(嘉)은 즉위 원년 다섯 살로 처음 모임에 인정을 받은 것임.
【捷】蔡나라를 쳐서 획득한 전리품. 한편 襄公 8년에 의하면 蔡나라 公子 燮도 포로가 되어 이때 바쳐짐.
【晉侯】晉 悼公. 당시 霸者로 군림하였음.


## ❋ 1154(襄8-5)

公至自晉.


양공이 진晉나라에서 돌아왔다.


＊無傳

※ 1155(襄8-6)

莒人伐我東鄙.

거莒나라가 우리 노나라 동쪽 변방을 쳤다.

【莒】작위는 子爵. 지금의 山東 莒縣. 己姓이었음.


⑱

莒人伐我東鄙, 以疆鄫田.

　거莒나라 사람이 우리 노나라 동쪽 변경을 쳐서 전에 빼앗았던 증鄫나라 땅과의 경계선을 확정지었다.

【鄫】姒姓의 子爵. 지금의 山東 臨沂縣 서남쪽에 있었음.
【鄫田】杜預 注에 "莒既滅鄫, 魯侵其西界, 故伐魯東鄙, 以正其封疆"이라 함.


※ 1156(襄8-7)

秋九月, 大雩.

가을 9월, 기우제를 크게 지냈다.


⑱

秋九月, 大雩, 旱也.

가을 9월에 기우제를 크게 지낸 것은 가뭄이 들어서였다.

● **1157(襄8-8)**

冬, 楚公子貞帥師伐鄭.

겨울, 초楚나라 공자 정貞이 군사를 이끌고 정鄭나라를 쳤다.

【公子貞】子囊. 楚 莊王(侶)의 아들이며 共王(審)의 아우. 壬夫를 이어 令尹에 오름.

㊀傳

冬, 楚子囊伐鄭, 討其侵蔡也.
子駟·子國·子耳欲從楚, 子孔·子蟜·子展欲待晉.
子駟曰:「〈周詩〉有之曰:『俟河之淸, 人壽幾何? 兆云詢多, 職競作羅.』謀之多族, 民之多違, 事滋無成. 民急矣, 姑從楚, 以紓吾民. 晉師至, 吾又從之. 敬共幣帛, 以待來者, 小國之道也. 犧牲玉帛, 待於二竟, 以待彊者而庇民焉. 寇不爲害, 民不罷病, 不亦可乎?」
子展曰:「小所以事大, 信也. 小國無信, 兵亂日至, 亡無日矣. 五會之信, 今將背之, 雖楚救我, 將安用之? 親我無成, 鄙我是欲, 不可從也. 不如待晉. 晉君方明, 四軍無闕, 八卿和睦, 必不棄鄭. 楚師遼遠, 糧食將盡, 必將速歸, 何患焉? 舍之聞之:『杖莫如信.』完守以老楚, 杖信以待晉, 不亦可乎?」
子駟曰:「《詩》云:『謀夫孔多, 是用不集. 發言盈庭, 誰敢執其咎? 如匪行邁謀, 是用不得于道.』請從楚, 騑也受其咎!」
乃及楚平, 使王子伯騈告于晉, 曰:「君命敝邑:『修而車賦, 儆而師徒, 以討亂略.』蔡人不從, 敝邑之人不敢寧處, 悉索敝賦, 以討于蔡, 獲司馬燮, 獻于邢丘. 今楚來討曰:『女何故稱兵于蔡?』焚我郊保, 馮陵我城郭. 敝邑之衆, 夫婦男女, 不遑啓處, 以相救也. 翦焉傾覆, 無所控告. 民死亡者, 非其父兄, 卽其子弟. 夫人愁痛, 不知所庇. 民知窮困, 而受盟于楚. 孤也與其二三臣不能禁止, 不敢不告.」

知武子使行人子員對之曰:「君有楚命, 亦不使一介行李告于寡君, 而卽安于楚. 君之所欲也, 誰敢違君? 寡君將帥諸侯以見于城下. 唯君圖之!」

겨울, 초楚나라 자낭子襄이 정鄭나라를 쳐서 정나라가 채蔡나라를 친 일을 성토하였었다.

정나라 자사子駟·자국子國·자이子耳는 초나라에 복종하려 하였으나 자공子孔·자교子蟜·자전子展은 진나라가 구원하러 오기를 기다리고자 하였다.

이에 자사가 말하였다.

"〈주시周詩〉에 '황하黃河의 물이 맑아지기를 기다린다면 사람이 얼마나 오래 살아야 하는가? 점을 치는 자가 많으면 주장을 다투느라 어지럽기 그지없네'라 하였습니다. 모책을 꾸미는 자가 많으면 백성들이 누구를 따라야 할지 모르게 되어 일이 얽혀 성공을 거둘 수 없습니다. 지금은 백성이 급하니 임시로 초나라에게 복종하여 우리 백성의 곤경을 늦춥시다. 그리고 진晉나라 군사가 오면 그때는 다시 진나라를 따르면 됩니다. 공손히 예물을 갖추어 놓고 우리를 쳐들어오는 자를 기다리는 것이 작은 나라가 할 수 있는 방법입니다. 희생과 옥백玉帛을 준비해 놓고 두 나라의 국경에서 기다리고 있다가 강한 나라가 쳐들어가기를 기다려 백성을 보호해야 할 것입니다. 쳐들어오는 적이 우리를 해롭게 하지 않고 게다가 백성들도 피폐해지지 않는다면 이 역시 옳은 일이 아니겠습니까?"

그러자 자전이 이렇게 말하였다.

"작은 나라가 큰 나라를 섬기는 것은 신의로써 하는 것입니다. 작은 나라가 신의를 지키지 않으면 병란이 날마다 닥쳐 나라는 언제 망할지 모르게 됩니다. 우리는 다섯 번이나 진나라와 맹약을 맺어 신의를 다져 놓고 지금 이를 배반한다면 비록 초나라가 우리를 구원한다 해도 장차 무슨 소용이 있겠습니까? 초나라는 우리를 친히 여기는 것 같지만 뜻을 이루지 못하면 우리를 자신들 변방으로 삼고자 할 것이니 그러한 초나라를 따를 수는 없습니다. 그러니 진나라가 우리를 구원하러 오기를 기다리느니만 못합니다. 진나라 임금은 바야흐로 명석하고 그들 사군四軍은 결점이 없으며 그들을 인솔하는 여덟 명의 경卿들은 모두 서로 화목하여 틀림없이 우리 진나라를 포기하지 않을 것입니다. 그에 비해 초나라 군사는 먼 길을 온 데다가 양식도 떨어져 가니 틀림없이 곧 퇴각할 것입니다. 그런데 무엇을 걱정하십니까? 나 사지駟之가 듣건대 '의지할 것이라곤 신의만한 것이 없다'라 하였습니다. 우리가 견고하게 지켜내어 초나라를 피로하도록 하고, 신의에 의지하여 진나라의 구원을 기다린다면 이 역시 옳지 않겠습니까?"

자사는 말하였다.

"《시》에 '모책을 짜는 자가 너무 많아 도리어 집중이 되지 않는구나. 의견을 내는 자가 조정에 가득하나 누가 감히 그 결과를 책임지겠는가? 저들 길을 나서며 모책을 세운다지만 그런 모책으로는 길을 찾을 수 없도다'라 하였습니다. 그러니 청컨대 초나라에 복종합시다. 나 비騑가 그 허물을 뒤집어쓰겠습니다!"

이에 초나라와 화평을 맺고는 왕자 백변伯騑을 진晉나라에 보내어 이렇게 알리도록 하였다.

"그대 진나라 임금께서 우리에게 '너희 전차와 무기를 잘 손질하고 군사를 잘 다스려서 난을 부리려 침략하는 자들을 토벌하라'라고 명하셨습니다. 이에 채蔡나라가 귀국의 명령을 따르지 않아 우리의 나라 안 사람들이 감히 안심하고 살 수가 없었습니다. 그리하여 우리는 군사를 모두 동원하여 채나라를 쳐서 사마司馬 공자 섭燮을 잡아 형구邢丘 회의에서 바쳤던 것입니다. 그런데 이제 초나라가 와서 '너희는 어찌하여 채나라에게 군사행동을 하였느냐?'라고 추궁하면서 우리 도읍 밖의 민가를 불태우고 우리의 외곽까지 진격하여 능멸하고 있습니다. 이에 우리 백성들은 부부 남녀가 모두 안심할 틈도 없이 서로 붙들며 구하고자 하고 있습니다. 이렇게 찢기고 뒤집히고 있지만 호소할 데도 없습니다. 백성들로서 죽음을 당한 이들이 부형 아니면 바로 그 자제들입니다. 이에 사람마다 슬픔과 고통으로 누구의 보호를 받아야 할지 모릅니다. 이렇게 백성들이 곤궁에 빠진 것을 알고 우리는 초나라에 복종한다는 맹약을 받아들였습니다. 군주 나와 우리 몇몇 신하들은 이를 막을 수 없었습니다. 이에 감히 고하지 않을 수 없습니다."

　　그러자 지무자知武子는 행인行人 자운子員으로 하여금 이렇게 대답을 보내도록 하였다.

　　"임금께서 초나라 명령이 있었다고는 하지만, 단 한 명의 사신을 우리 임금에게 보내어 고한 일도 없이 곧바로 초나라에 복종하여 그것이 안전인 양 일을 결정하셨습니다. 임금께서 하고자 하던 바였는데 누가 감히 그대의 뜻을 거역하였겠습니까? 우리 임금께서 장차 제후들을 거느리고 귀국의 도성 아래에서 보자고 할 것이니 임금께서는 잘 헤아리시기 바랍니다!"


【子囊】 楚나라 公子 貞.

【子駟】 鄭나라 公子 騑. 鄭 穆公(蘭)의 아들. 僖公(髡頑)이 무례하게 굴자 그를 시해하고 簡公(嘉)을 세운 인물. 襄公 7년을 볼 것.

【子國】 鄭나라 公子 發(子發). 대부. 穆公(蘭)의 아들이며 子産의 아버지. 兵權을 담당함.

【子耳】 鄭나라 公子이며 대부. 子良의 아들. 公孫輒.

【子孔】 鄭나라 공자 嘉. 穆公(蘭)의 아들.

【子蟜】 鄭나라 대부. 公孫蠆. 子游의 아들. 시호는 桓子.

【子展】 公孫舍之. 子罕의 아들. 시호는 桓子.

【周詩】 周나라 때의 시. 지금의 《詩經》에는 전하는 않는 逸詩.

【兆云詢多】 '兆'는 卜. '云'은 語中助詞. '詢'은 信과 같음. 점을 치면 서로 자신의 점괘를 믿고 의견이 분분해짐을 뜻함.

【職競作羅】 서로 자신의 꾀가 좋다고 다투어 하나를 결정할 수가 없음.

【二竟】 두 국경. 晉나라와 楚나라의 국경. 이 두 곳에서 먼저 오는 군사를 기다림. 설령 하나는 침략을, 하나는 구원을 위해 오지만 먼저 오는 쪽과 화평을 맺고 그들을 따름.

【五會之信】 진나라와 다섯 번의 만남에서 맺은 신의. 襄公 3년 雞澤, 5년 戚과 城棣, 7년 鄬, 8년 邢丘에서의 만남을 말함.

【四軍】 晉나라 군사의 편제 上中下와 新軍을 합하여 말한 것.

【八卿】 각 군사의 帥와 佐 등 모두 8명의 卿. 荀罃, 士匄, 荀偃, 韓起, 欒黶, 士魴, 趙武, 魏絳을 가리킴.

【舍之】 子展의 이름.

【詩】 《詩經》 小雅 小旻篇에 "我龜旣厭, 不我告猶. 謀夫孔多, 是用不集. 發言盈庭,

誰敢執其咎. 如匪行邁謀, 是用不得于道. 哀哉爲猶, 匪先民是程, 匪大猶是經, 維邇言是聽, 維邇言是爭. 如彼築室于道謀, 是用不潰于成”이라 함.

【伯騈】鄭나라 왕자이며 대부. 혹 伯廖의 아들이라고도 함.

【司馬燮】蔡나라 공자 燮. 당시 蔡나라 司馬를 맡고 있었음. 그가 정나라와의 싸움에서 사로잡힌 것은 襄公 8년을 볼 것 《穀梁傳》에는 ‘子濕’으로 되어 있음. 당시 蔡나라 군주는 景公(景侯, 固)이었음.

【邢丘】晉나라 땅. 지금의 河南 溫縣 동쪽. 邢丘의 회의는 앞 장을 볼 것.

【馮陵】진격하여 들어와 능멸함.

【不遑啓處】집에 안심하고 머무를 수 없음. 《詩經》 小雅 四牡에 “四牡騑騑, 周道倭遲. 豈不懷歸, 王事靡盬, 我心傷悲. 四牡騑騑, 嘽嘽駱馬. 豈不懷歸, 王事靡盬, 不遑啓處”라 함.

【控告】호소함.

【夫人】‘사람마다’의 뜻. 杜預 注에 “夫人, 猶人人也”라 함.

【孤】군주가 자신을 낮추어 부르는 말. 여기서는 鄭 簡公(嘉)이 자신을 지칭한 것.

【行人】외교관. 통역관.

【子員】외교관의 이름. 襄公 4년을 참조할 것. ‘자운’으로 읽음.

【知武子】荀罃. 晉나라 대부. 知罃. 知伯. 荀首(知莊子)의 아들로 宣公 12년(B.C.597) 邲의 싸움에서 사로잡혔음. 시호는 武子. 知武子로도 부름. 그 후손이 春秋末 晉六卿의 하나인 知氏로 발전함.

【一介行李】단 한 사람의 使臣. ‘介’는 〈石經〉, 〈金澤文庫〉, 〈宋本〉 등에는 모두 ‘个’로 되어 있으며 이는 ‘個’, ‘箇’와 같음. ‘行李’는 杜預 注에 “行人也”라 함.


✻ 1158(襄8-9)

晉侯使士匄來聘.


진후晉侯가 사개士匄를 노나라로 보내 예방하게 하였다.


【晉侯】晉 悼公.

【士匄】晉나라 대부. 范匄. 伯瑕. 士文伯. 范文子(士燮)의 아들. 시호는 宣子. 范宣子
　　로도 불림. '匄'는 '丐'로도 표기하며 음은 '古害反' '개'로 읽음.


㊀

晉范宣子來聘, 且拜公之辱, 告將用師于鄭.
公享之.
宣子賦〈摽有梅〉.
季武子曰:「誰敢哉? 今譬於草木, 寡君在君, 君之臭味也. 歡以
承命, 何時之有?」
武子賦〈角弓〉.
賓將出, 武子賦〈彤弓〉.
宣子曰:「城濮之役, 我先君文公獻功于衡雍, 受彤弓于襄王, 以爲
子孫藏. 匄也, 先君守官之嗣也, 敢不承命?」
君子以爲知禮.


진晉나라 범선자范宣子가 노魯나라를 예방하러 와서 양공襄公이 진나라를
방문해 주었던 일에 사례하고 장차 진나라가 군사를 내어 정鄭나라를 칠
것임을 통고하였다.
양공이 그에게 연회를 베풀어주었다.
범선자는 그 자리에서 《시》〈표유매摽有梅〉편의 시를 읊었다.
그러자 노나라의 계무자季武子가 말하였다.
"누가 감히 늦을 수 있겠습니까? 지금 두 나라 사이를 초목에 비유한
다면 우리 임금은 그대 진나라 군주의 향내 역할을 합니다. 기꺼이 귀국의
명령을 받을 것이니 어찌 시간을 지체함이 있겠습니까?"
이에 계무자는 〈각궁角弓〉을 읊었다.
범선자가 자리에서 물러나려 하자 계무자가 다시 〈동궁彤弓〉편을 읊었다.
그러자 범선자는 이렇게 말하였다.

"성복城濮의 싸움 당시 우리 선군 문공文公께서는 그 승리의 공을 형옹衡雍에서 천자이신 양왕襄王에게 고하고 천자로부터 동궁彤弓을 하사받아 이를 자손들을 위한 보물로 삼으셨습니다. 사개士匄 저는 선군을 모시던 관직의 뒤를 이은 자로서 어찌 감히 그 말씀을 받들지 않겠습니까?"

군자는 이로써 그가 예를 아는 사람이라고 여겼다.


【范宣子】 士匄. 伯瑕. 士文伯. 당시 晉나라 中軍佐였음.

【拜公之辱】 魯 襄公이 봄에 晉나라를 예방한 일에 감사를 드림.

【摽有梅】《詩經》國風 召南에 "摽有梅, 其實七兮. 求我庶士, 迨其吉兮. 摽有梅, 其實三兮. 求我庶士, 迨其今兮. 摽有梅, 頃筐塈之. 求我庶士, 迨其謂之"라 하여 이 시는 여자가 婚期를 놓치는 것을 노래한 것으로서 여기에서는 출병 시기에 늦지 않도록 하라는 뜻으로 비유한 것.

【季武子】 季孫宿. 魯나라 대부. 季孫行父의 아들.《國語》에는 '季孫夙'으로 되어 있음.

【角弓】《詩經》小雅의 편명으로 "騂騂角弓, 翩其反矣. 兄弟昏姻, 無胥遠矣. 爾之遠矣, 民胥然矣. 爾之敎矣, 民胥傚矣. 此令兄弟, 綽綽有裕. 不令兄弟, 交相爲瘉. 民之無良, 相怨一方. 受爵不讓, 至于已斯亡. 老馬反爲駒, 不顧其後. 如食宜饇, 如酌孔取. 毋敎猱升木, 如塗塗附. 君子有徽猷, 小人與屬. 雨雪瀌瀌, 見晛曰消. 莫肯下遺, 式居婁驕. 雨雪浮浮, 見晛曰流. 如蠻如髦, 我是用憂"라 함. 이 시는 원래 九族을 친하게 대하지 않고 쓸데없는 사람들과 친하게 대하여 원망한다는 내용지만 여기에서는 魯나라가 晉나라를 좋아하여 그 명에 따른다는 뜻으로 읊은 것임.

【彤弓】《詩經》小雅의 편명으로 "彤弓弨兮, 受言藏之. 我有嘉賓, 中心貺之. 鍾鼓旣設, 一朝饗之. 彤弓弨兮, 受言載之. 我有嘉賓, 中心喜之. 鍾鼓旣設, 一朝右之. 彤弓弨兮, 受言櫜之. 我有嘉賓, 中心好之. 鍾鼓旣設, 一朝醻之"라 함. 이 시는 원래 천자가 공이 있는 제후에게 붉은 칠을 한 활(彤弓)을 상으로 주었음을 찬양한 것임. 여기에서는 晉나라 군주가 霸者로서 공이 크다고 魯나라가 찬양하는 뜻으로 읊은 것임.

【城濮之役】 春秋시대 가장 치열했던 전투로 春秋五霸의 하나였던 晉 文公(重耳)이 楚나라의 北進을 막은 큰 싸움. 僖公 28년을 볼 것.

【衡雍】정나라 땅.《彙纂》에 "今河南廣武縣西北五里有衡雍城"이라 함.
【襄王】晉 文公 시대 종주국 周나라 천자. 이름은 姬鄭. B.C.651~619년까지
  33년간 재위하고 頃王(姬壬臣)이 그 뒤를 이음.
【爲子孫藏】자손을 위하여 보물로 삼음.
【先君守官】선대의 군주를 모시던 관리. 士匄의 가문은 대대로 진나라의 중신
  이었음.《世本》에 의하면 士匄의 증조부는 成伯缺이 缺이 士會를 낳아 成公 때
  卿이 되었다 함. 따라서 자신은 隨武子와 土燮을 이어 진나라 卿이 되었음을
  자랑스럽게 말한 것이라 함.

# 159. 襄公 9年(B.C.564) 丁酉

| 周 | 靈王(姬泄心) 8년 | 齊 | 靈公(環) 18년 | 晉 | 悼公(周) 10년 | 衛 | 獻公(衎) 13년 |
|---|---|---|---|---|---|---|---|
| 蔡 | 景公(固) 28년 | 鄭 | 簡公(嘉) 2년 | 曹 | 成公(負芻) 14년 | 陳 | 哀公(溺) 5년 |
| 杞 | 孝公(匄) 3년 | 宋 | 平公(成) 12년 | 秦 | 景公(后伯車) 13년 | 楚 | 共王(審) 27년 |
| 吳 | 壽夢 22년 | 許 | 靈公(甯) 28년 | | | | |

※ 1159(襄9-1)

九年春, 宋災.

9년 봄, 송宋나라에 화재가 났다.

【災】화재가 난 것임.《公羊傳》에는 '火'로 되어 있음. 원래 '災'는 "天火曰災"라 하여 그 원인을 알 수 없는 경우의 화재를 말함.

㊀

九年春, 宋災, 樂喜爲司城以爲政, 使伯氏司里.
火所未至, 徹小屋, 塗大屋, 陳畚·挶; 具綆·缶, 備水器; 量輕重, 蓄水潦, 積土塗; 巡丈城, 繕守備, 表火道.

使華臣具正徒, 令隧正納郊保, 奔火所.
使華閱討右官, 官庀其司; 向戌討左, 亦如之.
使樂遄庀刑器, 亦如之.
使皇鄖命校正出馬, 工正出車, 備甲兵, 庀武守.
使西鉏吾庀府守, 令司宮·巷伯儆宮.
二師令四鄉正敬享, 祝宗用馬于四墉, 祀盤庚于西門之外.
晉侯問於士弱曰:「吾聞之:『宋災, 於是乎知有天道.』何故?」
對曰:「古之火正, 或食於心, 或食於咮, 以出內火. 是故咮爲鶉火,
心爲大火. 陶唐氏之火正閼伯居商丘, 祀大火, 而火紀時焉. 相土因之,
故商主大火. 商人閱其禍敗之釁, 必始於火, 是以日知其有天道也.」
公曰:「可必乎?」
對曰:「在道. 國亂無象, 不可知也.」


9년 봄, 송宋나라에 화재가 났을 때 당시 악희樂喜가 사성司城이 되어
정치를 하고 있었으며 그는 대부 백씨伯氏에게 마을을 담당하도록 하였
었다.

이에 불이 아직 번져오지 않은 곳은 작은 집은 헐고 큰 집은 흙을 바르
도록 하였으며, 삼태기와 나무 들통 및 두레박줄과 항아리를 진열해 놓고
물을 담을 그릇을 갖추도록 하였다. 그리고 물을 나를 수 있는 경중을
따져 일을 맡기고, 물을 모아 비축하고 바를 흙을 쌓아두고, 성벽을 순찰
하여 수비를 단단히 하고 불길이 가는 쪽을 잘 표시하게 하였다.

그리고 그는 사도司徒 화신華臣에게 정규 일꾼들을 갖추어 화신이 수정
隧正에게 명하여 교외郊外 작은 마을 사람들을 불러들여 불을 끄도록
하였다.

악희는 화열華閱에게도 우사右師가 다스리는 관원들을 지휘하고 독촉
하도록 하여 각기 자신이 맡은 곳을 보호하도록 하였으며 상술向戌에게는
좌사左師가 다스리는 관원들을 지휘하고 독촉하도록 하여 역시 같은
임무를 주었다.

악천樂遄에게는 형구刑具를 보호하도록 하여 역시 맡은 곳을 잘 보호하여 지켜내도록 하였다.

황운皇鄖에게 교정校正에게 명하여 말을 끌어내도록 하며, 공정工正은 전차를 밖으로 끌어내어 불을 피하도록 하고 무기를 정리하여 무기고를 보호하고 지켜내도록 하였다.

서서오西鉏吾에게는 부고府庫를 잘 지키도록 하고 사궁司宮과 항백巷伯에게 궁궐 건물을 잘 경비하도록 하였다.

좌사와 우사는 네 향정鄕正에게 명하여 신에 대한 제사를 공경히 준비하도록 하고 축종祝宗에게는 사방 성벽의 신에게 말을 제물로 바치도록 하였으며 조상 반경盤庚에게 서문 밖에서 제사를 올리도록 하였다.

진晉 도공悼公이 사약士弱에게 물었다.

"내 들건대 '송나라에 불이 나자, 이에 천도天道가 있음을 알았다'라 하였다는데 그것은 무엇 때문인가?"

사약이 대답하였다.

"옛날 화정火正은 심성心星, 또는 주성咮星에게 제사를 올리며 화성火星을 관측하여 백성들에게 화재에 대한 경계를 내렸습니다. 이 까닭으로 주성을 순화鶉火라 하였고, 심성心星을 대화大火라 하였습니다. 도당씨陶唐氏 때의 화정 알백閼伯은 상구商丘에 거하면서 대화에게 제사를 올리고 화성의 출몰을 관측하여 불을 다루어야 할 시기의 기준을 삼았습니다. 그 뒤 상토相土가 알백의 뒤를 이어 역시 그의 방법을 그대로 하였으며 그 때문에 상나라는 대화를 중시하였던 것입니다. 상나라 사람이 그 나라에 일어나는 재앙과 실패의 원인을 열람해 보았더니 그것은 모름지기 화재에서 시작되었다는 것입니다. 이 까닭으로 옛날에는 천도에 따라 화복이 있을 것임을 알게 되었다는 것입니다."

도공이 물었다.

"그렇다면 틀림없이 송나라에 재앙이 있을 것인가?"

사약이 대답하였다.

"그것은 그 나라의 도道가 행해지는지의 여부에 있습니다. 나라가 어지러운데도 아무런 현상이 없다면 그것을 미리 알 수는 없습니다."

【樂喜】子罕. 鄭 穆公의 아들. 公子 喜. 司城 벼슬을 하고 있던 宋나라 대부. 《禮記》檀弓(下) 正義에 《世本》을 인용하여 "傾生東鄉克, 克生西鄉土曹, 土曹 生子罕"이라 하였고, 《通志》氏族略에는 "樂呂孫喜字子罕"이라 함.

【司城】土木, 營建 등을 책임 진 관직. 다른 나라의 司空과 같음. 宋나라는 六卿을 두어 右師·左師·司馬·司徒·司城·司寇이 있어 서열 5위였으나 子罕이 똑똑하고 어질어 국정을 잡고 있었음.

【伯氏】杜預 注에 "伯氏, 宋大夫"라 함.

【司里】'里'는 '里巷'의 뜻. 관직 이름이 아니며 성안의 거리를 정비하고 관리하는 임무를 맡은 자를 뜻함.

【徹】'徹'은 '撤'과 같음. 철거함. 화재의 피해를 입지 않도록 미리 없애버림.

【塗】철거할 수 없거나 철거하기에는 너무 아까운 경우 겉에 젖은 흙을 발라 화재를 견뎌낼 수 있도록 하는 것.

【畚·挶】'畚'은 흙을 퍼 나르는 삼태기. '挶'은 '梮'과 같으며 흙이나 물을 담아 퍼 나를 수 있는 나무통으로 두 사람이 함께 들고 다닐 수 있음.

【綆·缶】'綆'은 새끼줄. 두레박 줄. '缶'는 두레박. 혹은 항아리.

【輕重】사람마다 물을 들어 나를 수 있는 경중.

【水潦】웅덩이 등에 물을 비축함. 물을 모음.

【表火道】불길이 번지는 위치와 방향 따위를 점검하여 피하거나 달아날 수 있도록 조치함.

【華臣】華元의 아들이며 華閱의 아우. 당시 司徒 벼슬을 하고 있었음. 司徒는 서정을 살피는 임무를 맡았음.

【隱正】일꾼을 동원할 수 있는 업무의 우두머리. 《周禮》의 遂人과 같음.

【郊保】'郊'는 郊外. '保'는 작은 城堡. 마을이나 城.

【華閱】華元의 아들. 右師의 관직에 있었음.

【向戌】宋나라 대부. '向'은 성씨일 경우 '상'으로 읽음. 당시 左師의 관직에 있었 으며 合邑을 채읍으로 받아 '合左師'로도 부름.

【樂遄】당시 司寇의 벼슬에 있었음.

【皇鄖】皇父充石의 후손이며 東鄉爲人의 아들. 자는 椒. 당시 司馬 벼슬에 있었음.

【校正】司馬의 속관으로 말을 관리하는 일을 주관함. 《周禮》의 校人과 같음.

【工正】역시 司馬의 속관으로 전투용 수레를 관리하는 일을 주관함.

【西鉏吾】당시 太宰를 맡고 있었음.

【府守】六官의 모든 자료와 문서들을 보관하는 창고.

【司宮·巷伯】 '司宮'은 內侍(奄人)의 우두머리.《周禮》의 內小臣. '巷伯'은 궁중의
   巷寢門戶의 문단속을 책임지고 있던 관직.

【二師】 右師와 左師.

【鄕正】 鄕大夫. 송나라 도읍은 4개의 鄕으로 나누었으며 매향마다 鄕正을 두었던
   것으로 보고 있음.

【敬享】 나라에 천재지변이 일어날 때 제사를 올림.

【祝宗】 神官인 大祝과 제례를 맡은 宗人.

【四埇】 城의 네 방향.

【盤庚】 殷나라 제 10代 임금. 陽甲의 아우. 殷墟로 도읍으로 옮겼으며《尙書》에
   盤庚篇이 있음. 宋나라는 殷(商)나라의 후손이므로 盤庚을 조상으로 여겨
   그에게 제사를 올려 재앙을 피하고자 하였음.

【西門】 盤庚이 정한 殷나라 도읍은 殷墟(지금의 河南 安陽市 安陽河 兩岸)이며
   당시 宋나라 도읍은 商丘市로 殷墟는 그 서북에 있어 그 때문에 그곳에서
   盤庚에게 제사를 올린 것. 혹 서쪽은 少陰에 해당하므로 이로써 불길을 잡을
   수 있다고 여긴 것이라고도 하나 확실치 않음.

【晉侯】 당시 晉나라 군주는 悼公(周)으로 재위 10년째였음.

【士弱】 士莊子. 士渥濁의 아들. 晉나라 대부. 士莊伯으로도 부름.

【火正】 상고시대 불에 대한 행정을 맡은 벼슬. 五行에 각기 그 우두머리 正이
   있었음.

【食】 配食. 配享. 제사를 올림.

【心】 大火. 東方七星의 하나로 칠성 가운데에서 가장 밝아 大火라 하였음. 春耕이
   시작될 때 초저녁에 동쪽에 떠오름.

【咮】 鶉火. 南方七星의 하나로 鶉火 또는 柳星이라고도 하며 남쪽 하늘 正中央에
   뜨는 별.

【陶唐氏】 堯임금 때를 말함.

【閼伯】 高辛氏의 후손으로 堯임금 때 火正을 맡았음.

【商丘】 宋나라 도읍. 지금의 河南 商丘縣에 있음.

【火紀時焉】 火星을 기준으로 하여 時節을 정하여 불을 관장함.

【相土】 殷(商)의 선조.《詩經》商頌 長發 및《世本》을 참조할 것.

【釁】 豫兆. 兆朕. 고대에는 별의 運行을 관찰하여 재앙이 길흉을 예견하였음.

【日】 往日. 옛날. 지난날. 그 당시.

✹ 1160(襄9-2)

夏, 季孫宿如晉.

여름, 계손숙季孫宿이 진晉나라에 갔다.

【季孫宿】魯나라 대부. 季孫行父의 아들. 季武子. 《國語》에는 '季孫夙'으로 되어 있음.


㉩

夏, 季武子如晉, 報宣子之聘也.

여름, 계무자季武子가 진晉나라에 간 것은 범선자范宣子가 예방하러 왔던 일에 답례를 하기 위한 것이었다.

【季武子】季孫宿.
【范宣子】士匄. 晉나라 대부. 伯瑕. 士文伯. 范匄. 范文子(士燮)의 아들. 시호는 宣子. '匄'는 '丐'로도 표기하며 음은 '古害反' '개'로 읽음. 그가 魯나라에 간 것은 襄公 8년이었음.


✹ 1161(襄9-3)

五月辛酉, 夫人姜氏薨.

5월 신유날, 부인夫人 강씨姜氏가 훙거하였다.

【辛酉】5월 29일.
【姜氏】穆姜. 成公(黑肱)의 어머니. 襄公의 할머니. 太子宮에 유폐되었다가 죽음.

傳

穆姜薨於東宮.

始往而筮之, 遇艮之八☶.

史曰:「是謂艮之隨☲. 隨, 其出也. 君必速出!」

姜曰:「亡! 是於周易曰:『隨, 元·亨·利·貞, 無咎』元, 體之長也. 亨, 嘉之會也. 利, 義之和也. 貞, 事之幹也. 體仁足以長人, 嘉德足以合禮, 利物足以和義, 貞固足以幹事. 然, 故不可誣也, 是以雖隨無咎. 今我婦人, 而與於亂. 固在下位, 而有不仁, 不可謂元. 不靖國家, 不可謂亨. 作而害身, 不可謂利. 弃位而姣, 不可謂貞. 有四德者, 隨而無咎. 我皆無之, 豈隨也哉? 我則取惡, 能無咎乎? 必死於此, 弗得出矣.」


목강穆姜이 동궁東宮에서 훙거하였다.

그가 동궁으로 자리를 옮겼을 때 점을 쳤더니 간괘艮卦가 팔패八卦로 변하였다.

이에 사관史官이 말하였다.

"이것은 간괘가 수괘隨卦로 변하는 것입니다. 수괘는 밖으로 나간다는 뜻이니 소군께서는 속히 이 동궁을 빠져나가셔야 합니다!"

그러자 목강이 말하였다.

"그만 두어라! 이는 《주역周易》에 '수괘는 원元, 형亨, 이利, 정貞하니 허물이 없을 것이로다'라 하였다. 원은 본체의 우두머리요, 형은 아름다운 모임이며, 이는 의로움을 조화롭게 하는 것이요, 정은 일을 처리함의 근본이다. 인仁을 몸에 갖추면 족히 남의 우두머리가 될 수 있고, 덕을 아름답게 하면 족히 예에 합당하게 할 수 있고, 만물을 이롭게 하면 족히 의를 조화롭게 할 수 있고, 견고함을 바르게 지켜내면 족히 일을 잘 처리할 수 있는 것이다. 그렇다면 이는 속일 수가 없는 것이다. 이로써 비록 수괘가 나왔다 하나 허물은 없을 것이다. 지금 나는 여인의 몸으로서 난亂에 가담하였고, 진실로 낮은 지위에 있었던 데다가 어질지 못하였으니 원이라 이를 수 없고, 국가를 편안히 하지 못하였으니 형이라 이를 수가 없으며, 나쁜 짓을 저질러 내 몸을 망쳤으니 이라 이를 수가 없고, 군주 부인의 위치를 생각하지 않고 음란한 행동을 하였으니 정이라 이를 수 없다. 이러한 네 가지 덕을 갖춘 자라야 수괘가 나와도 허물이 없는 것이다. 그런데 나는 한 가지도 갖추지 못하였으니 어찌 나에게 수괘가 나오겠는가? 내가 악한 짓을 스스로 취하였는데 어찌 허물이 없겠는가? 나는 틀림없이 이곳에서 죽게 될 것이다. 나는 나갈 수 없다."

【穆姜】魯 宣公(俀)의 부인. 成公(黑肱)의 어머니. 齊나라 출신으로 繆姜으로도 표기함. 襄公의 할머니. 成公 9년, 11년, 16년 등을 볼 것. 叔孫僑如와 사통하면서 季氏와 孟氏를 축출하고자 갖은 애를 썼다가 9년 傳에 의하면 東宮에 폐위되었던 여인임. 《列女傳》孼嬖篇에도 그의 淫行이 실려 있으며 "聰慧而行亂, 故諡曰繆"이라 함.

【隨其出也】《周易》17번째 괘로 澤雷隨(震下兌上)로 구성되어 있으며 "隨: 元亨, 利貞, 无咎. 象曰: 隨, 剛來而下柔, 動而說, 隨. 大亨, 貞无咎, 而天下隨時. 隨時之義, 大矣哉! 象曰: 澤中有雷, 隨; 君子以嚮晦入宴息. 初九, 官有渝, 貞吉; 出門交有功. 象曰:「官有渝」, 從正吉也;「出門交有功」, 不失也. 六二, 係小子, 失丈夫. 象曰:「係小子」, 弗兼與也. 六三, 係丈夫, 失小子, 隨有求得, 利居貞. 象曰:「係丈夫」, 志舍下也. 九四, 隨有獲, 貞凶; 有孚在道, 以明, 何咎? 象曰:「隨有獲」, 其義凶也;「有孚在道」, 明功也. 九五, 孚于嘉, 吉. 象曰:「孚于嘉吉」, 位正中也. 上六, 拘係之, 乃從維之; 王用亨于西山. 象曰:「拘係之」, 上窮也"라 함. 따라서 隨卦는 아래가 震☳, 위가 兌☱로서 震은 발로 움직이는 것, 東方을 뜻하고, 兌는 기뻐한다는 뜻임. 따라서 발을 움직여 밖으로 빠져나가야 즐겁게 된다는 뜻으로 풀이하여 동궁에서 빠져나갈 것을 권한 것임.

【亂】季氏와 孟氏를 축출하고자 하였으며 심지어 魯 成公을 폐위하고자 한 일 등을 말함.

【弃位而姣】임금 부인의 신분을 버리고 예쁘게 꾸며 음란한 짓을 하는 일에만 힘씀. 叔孫僑如와 사통한 일을 말함.

※ **1162(襄9-4)**

秋八月癸未, 葬我小君穆姜.

가을 8월 계미날, 우리 소군小君 목강穆姜의 장례를 치렀다.

【癸未】 8월 23일.
＊無傳


㉑

秦景公使士雁乞師于楚, 將以伐晉, 楚子許之.
子囊曰:「不可; 當今吾不能與晉爭. 晉君類能而使之, 擧不失選,
官不易方. 其卿讓於善, 其大夫不失守, 其士競於敎, 其庶人力於農穡,
商·工·皁·隷不知遷業. 韓厥老矣, 知營稟焉以爲政. 范匄少於中行
偃而上之; 使佐中軍. 韓起少於欒魘, 而欒魘·士魴上之, 使佐上軍.
魏絳多功, 以趙武爲賢, 而爲之佐. 君明·臣忠·上讓·下競. 當是時也,
晉不可敵, 事之而後可. 君其圖之!」
王曰:「吾旣許之矣, 雖不及晉, 必將出師.」
秋, 楚子師于武城, 以爲秦援.
秦人侵晉. 晉饑, 弗能報也.


진秦 경공景公이 사견士雁을 초楚나라로 보내어 군사를 요청, 장차 진晉
나라를 치려 하자 초楚 공왕共王이 이를 허락하였다.
그러자 자낭子囊이 말하였다.
"안 됩니다. 당장 지금 우리는 진나라와 다툴 수가 없습니다. 진 도공
悼公은 능력에 맞게 인재를 쓰고 그들을 등용함에 차질이 없으며, 관원
들은 자신들의 직책을 허술히 하지 않고 있습니다. 그들 경卿들은 선한
사람에게 양보하고 대부들은 직분을 잃지 않고 있으며 사士들은 군주의
가르침을 서로 따르겠다고 다투고 있고, 서민들은 농사일에 온힘을 쏟고

있으며, 상공인이나 천한 일을 하는 사람들조차 자신의 직업을 바꿀 생각을 하지 않고 있습니다. 한궐韓厥은 이미 늙었지만 지앵知罃이 그에게 자문을 거쳐 정치를 하고 있습니다. 범개范匃는 중항언中行偃보다 어리지만 중항언은 그를 자신보다 위에 올려 중군中軍의 보좌로 앉혔으며, 한기韓起는 난염欒黶보다 어리지만 그 난염과 사방士魴을 높여 상군上軍의 보좌로 자리를 주었습니다. 그런가 하면 위강魏絳은 공이 많으면서도 조무趙武를 똑똑하다 여겨 자신은 그의 보좌가 되었습니다. 이렇듯 군주는 밝고 신하들은 충성스러우며, 윗사람은 양보하고 아랫사람들은 명령에 다투어 따르고 있습니다. 지금 당장은 그러한 진나라와 맞설 수가 없습니다. 오히려 진나라를 섬기고 뒷날을 기다리는 것이 옳습니다. 임금께서는 이를 잘 헤아려 주십시오!"

그러자 공왕이 말하였다.

"내 이미 이를 허락하였소. 우리의 국력이 비록 진晉나라에 미치지 못한다 하더라도 반드시 군사를 출동시켜야 하오."

가을, 초 공왕은 무성武城으로 군사를 보내어 진秦나라의 지원군으로 삼도록 하였다.

진秦나라가 진晉나라를 쳐들어갔으나 진晉나라는 마침 흉년이 들어 보복할 수가 없었다.

【秦景公】 당시 秦나라 군주. 이름은 '后伯車', 혹은 '鐘', 혹은 '旣' 등 여러 가지로 불림. B.C.576~537년까지 40년간 재위하고 哀公이 뒤를 이음.
【士雁】 秦나라 대부. '雁'의 음은 '苦田反'으로 '견'으로 읽음.
【楚子】 당시 楚나라 군주는 共王(審). 재위 27년째였음.
【子囊】 公子貞. 楚 莊王(侶)의 아들이며 共王(審)의 아우. 壬夫를 이어 令尹에 오름.
【類能而使之】 재능에 따라 씀. 적재적소에 씀.
【皁隷】 賤役을 담당한 노예들.
【韓厥】 晉나라 대부. 韓獻子. 子輿의 아들. 韓萬의 현손. 韓無忌의 아버지. 그 후손이 뒷날 晉六卿의 하나인 韓氏로 발전하였으며 戰國시대 七雄의 하나인 韓나라를 일으킴.

【知罃】荀罃. 晉나라 대부. 知伯. 荀首(知莊子)의 아들로 宣公 12년(B.C.597) 邲의 싸움에서 사로잡혔음. 시호는 武子. 知武子로도 부름. 그 후손이 春秋末 晉六卿의 하나인 知氏로 발전함.

【范匄】士匄. 范文子(士燮)의 아들. 시호는 宣子. 당시 아주 젊고 활기가 넘쳤음. ‘匄’는 ‘丐’로도 표기하며 음은 ‘古害反’ ‘개’로 읽음.

【中行偃】荀偃. 晉나라 대부. 荀庚의 아들이며 荀林父의 손자. 자는 伯游. 中行佐의 벼슬을 하여 ‘中行’을 씨로 삼아 ‘中行偃’으로도 부름. 시호는 獻子. 따라서 ‘中行獻子’로도 불림. 그 후손이 뒷날 晉六卿의 하나인 中行氏로 발전함.

【韓起】晉나라 대부. 韓宣子. 韓厥의 아들이며 韓無忌의 아우. 시호는 宣子.

【欒黶】晉나라 대부. 欒桓子로도 불림. 欒武子(欒書)의 아들.

【士魴】士會의 아들. 范魴. 그의 식읍이 彘읍이며 시호가 恭子여서 흔히 彘季, 彘恭子로도 부름. 彘는 본래 先縠의 식읍이었으나 先縠이 피살되자 이름을 彘로 바꾸고 士魴의 채읍이 되었음. 宣公 12년을 볼 것.

【魏絳】魏犨의 아들. 魏莊子.《禮記》樂記 疏에 “州生莊子絳”이라 하였으며 여기서의 ‘州’는 ‘犨’, 즉 ‘魏犨’임.《國語》晉語(7)에 “知魏絳之勇而不亂也, 使爲元司馬”라 함.

【趙武】趙朔의 아들. 趙文子. 趙朔과 趙莊姬 사이에 난 아들. 趙氏 집안의 가장 훌륭한 아들로 자라 뒤에 晉六卿으로 자리를 굳힘. 시호는 文子. 그 후손이 戰國시대 邯鄲을 중심으로 七雄의 하나인 趙나라로 크게 발전함.

【武城】楚나라 땅. 지금의 河南 南陽市 북쪽.

【不能報】능히 맞서지 못함. 그대로 침략을 당함. 그러나 이듬해 晉나라는 秦나라에게 보복전을 펼침.


# ❋ 1163(襄9-5)

冬, 公會晉侯·宋公·衛侯·曹伯·莒子·邾子·滕子·薛伯· 杞伯·小邾子·齊世子光伐鄭.

十有二月己亥, 同盟于戲.


겨울, 양공이 진후晉侯·송공宋公·위후衛侯·조백曹伯·거자莒子·주자邾子· 등자滕子·설백薛伯·소주자小邾子·제齊나라 세자 광光과 함께 정鄭나라를 쳤다.
12월 기해날, 희戲에서 동맹을 맺었다.

【杞】姒姓. 周 武王이 殷을 멸한 다음 禹의 후손 東樓公을 찾아 봉하였음. 지금의
  河南 杞縣 일대.
【小邾子】邾나라 군주. 諸侯의 分封이었으므로 '小邾子'라 부른 것.
【世子光】齊 靈公(環)의 太子. 뒤에 莊公이 되어 B.C.553～548년까지 6년간 재위
  하고 景公(杵臼)에게 이어짐.
【伐鄭】이해 6월 鄭나라가 楚나라에 가까이 하여 그 때문에 친 것임.
【十二月己亥】傳에는 '十一月己亥'라 하여(다음 아래의 傳文을 볼 것) 12월에는
  己亥날이 없으며 11월 10일임.
【戲】戲童. 戲童山. 지금의 河南 登封縣 嵩山 북쪽.


㉧

冬十月, 諸侯伐鄭.

庚午, 季武子·齊崔杼·宋皇鄖從荀罃·士匄門于鄟門; 衛北宮括·
曹人·邾人從荀偃·韓起門于師之梁; 滕人·薛人從欒黶·士魴門于
北門; 杞人·郳人從趙武·魏絳斬行栗.

甲戌, 師于氾.

令於諸侯曰:「修器備, 盛餱糧, 歸老幼, 居疾于虎牢, 肆眚, 圍鄭.」

鄭人恐, 乃行成.

中行獻子曰:「遂圍之, 以待楚人之救也, 而與之戰. 不然, 無成.」

知武子曰:「許之盟而還師, 以敝楚人. 吾三分四軍, 與諸侯之銳,
以逆來者, 於我未病, 楚不能矣. 猶愈於戰. 暴骨以逞, 不可以爭. 大勞
未艾. 君子勞心, 小人勞力, 先王之制也.」

諸侯皆不欲戰, 乃許鄭成.

十一月己亥, 同盟于戲, 鄭服也.

將盟, 鄭六卿, 公子騑·公子發·公子嘉·公孫輒·公孫蠆·公孫舍之
及其大夫·門子, 皆從鄭伯.

晉士莊子爲載書, 曰:「自今日旣盟之後, 鄭國而不唯晉命是聽,
而或有異志者, 有如此盟!」

公子騑趨進曰:「天禍鄭國, 使介居二大國之間, 大國不加德音,

而亂以要之, 使其鬼神不獲歆其禋祀, 其民人不獲享其土利, 夫婦
辛苦墊隘, 無所底告. 自今日旣盟之後, 鄭國而不唯有禮與彊可以
庇民者是從, 而敢有異志者, 亦如之!」

　　荀偃曰:「改載書!」

　　公孫舍之曰:「昭大神要言焉. 若可改也, 大國亦可叛也.」

　　知武子謂獻子曰:「我實不德, 而要人以盟, 豈禮也哉? 非禮, 何以
主盟? 姑盟而退, 修德·息師而來, 終必獲鄭, 何必今日? 我之不德,
民將棄我, 豈唯鄭? 若能休和, 遠人將至, 何恃於鄭?」

　　乃盟而還.


겨울 10월, 제후들이 정鄭나라를 쳤다.

경오날, 계무자季武子와 제齊나라 최저崔杼, 송宋나라 황운皇鄖이 순앵
荀罃과 사개士匄를 따라 정나라의 전문鄟門을 공격하고, 위衛나라 북궁괄
北宮括, 조曹나라, 주邾나라는 순언荀偃과 한기韓起를 따라 정나라의 사지
량문師之梁門을 공격하였으며, 등滕나라, 설薛나라는 난염欒黶과 사방士魴을
따라 정나라의 북문을 공격하고, 기杞나라, 예郳나라는 조무趙武과 위강
魏絳을 따라 길가의 밤나무를 베어 없앴다.

갑술날, 제후들의 연합군이 범氾에 모여 주둔하였다.

진晉 도공悼公은 제후들에게 이렇게 명을 내렸다.

"무기를 손질하고 군량을 모아 비축하라. 늙은이와 어린 아이는 돌려
보내고 병든 사람은 호뢰虎牢로 보내어 그곳이 있도록 하라. 실수로 군율을
어긴 자는 용서하여 정나라 도읍을 포위토록 하라."

이에 정나라 사람은 두려워하며 화평을 맺으려 하였다.

그러자 중항헌자中行獻子가 말하였다.

"정나라를 포위하고 나서 초楚나라가 정나라를 구원하러 오는 것을
기다려 그들과 싸웁시다. 그렇게 하지 않았다가는 정나라와의 화평도
이루어질 수 없을 것입니다."

그러자 지무자知武子가 말하였다.

"일단 정나라의 요청대로 동맹을 맺고 제후들의 군사를 돌려보내어

초나라를 지치게 만듭시다. 우리는 우리 사군四軍을 세 부대로 나누어 제후들의 정예부대들과 합해 초나라 군사를 맞아 싸우면 우리는 지치지 않을 수 있으니 초군은 피로하여 싸우지 못할 것입니다. 이는 당장 전투를 벌이는 것보다 낫습니다. 많은 전사들의 시신이 들판에 흩어지고 나서야 만족하는 전투라면 우리는 그들과 싸울 수 없습니다. 정나라를 굴복시킬 큰 수고로운 일은 아직 끝나지 않았습니다. '윗사람은 마음을 쓰고, 아랫사람은 힘을 쓰는 것'은 선왕先王들의 원칙이었습니다."

이에 제후들이 모두 싸우지 않고자 하여 이에 정나라와 화평을 요구를 허락하였다.

11월 기해날, 희戱에서 동맹을 맺은 것은 정나라가 항복해왔기 때문이다.

곧 맹약을 맺고자 정나라 육경六卿 공자 비騑·공자 발發·공자 가嘉·공손첩公孫輒·공손채公孫蠆·공손사지公孫舍之 및 대부들과 그들의 아들들이 모두 정鄭 간공簡公을 따라나섰다.

이에 진晉나라 사장자士莊子가 맹약의 문서를 읽었다.

"오늘 맹약을 맺은 이후로 정나라가 오직 진나라의 명령을 듣지 않고 혹 다른 마음을 품는다면 이 맹약에 규정한대로 할 것이다!"

그러자 공자 비가 달려나가 말하였다.

"하늘이 우리 정나라에 화를 내려 우리를 진·초 두 대국 사이에 끼이도록 하였습니다. 대국이 우리에게 덕스러운 말을 하지 않고 무력으로 복종을 강요하여 우리 조상의 신들로 하여금 제사도 제대로 받지 못하게 하며, 우리 백성들에게는 토지에서 얻는 이익을 제대로 누리지 못하게 하였습니다. 백성들은 부부들이 서로 힘들고 고생스러워도 어디 하소연할 곳조차 없게 되었습니다. 오늘 맹약을 맺은 뒤에라도 우리 정나라는 예의와 강대함을 갖춘 나라로서 우리 정나라 백성을 보호해 주는 나라를 따를 것이며, 그렇게 하지 않고 감히 다른 마음을 품는다면 그때도 역시 이 규정대로 죄를 받겠습니다!"

이에 순언이 말하였다.

"그 맹서문을 고치시오!"

그러자 공손사지가 말하였다.

"우리는 명백히 큰 신께 맹서하였는데 만약 고칠 수 있는 문서라면 대국 역시 규정을 배반할 수 있다는 것이 됩니다."

지무자知武子가 헌자獻子에게 말하였다.

"우리는 실로 덕이 없으면서 남에게 억지를 써서 맹세를 강요하고 있으니 어찌 이를 예禮라 할 수 있겠습니까? 예에 맞지 않는 짓을 하고 어찌 맹주가 될 수 있다는 것입니까? 우선 맹약은 그대로 맺은 채 잠시 물러나 덕을 닦고 군사를 쉬게 한 다음 다시 온다면 끝내 틀림없이 정나라는 우리 편으로 얻을 수 있을 것입니다. 어찌 하필 오늘이어야만 한다는 것입니까? 우리가 덕이 없다면 우리 백성들조차도 우리를 버릴 것인데 어찌 유독 정나라만 우리를 배신하겠습니까? 만약 덕으로써 백성들을 편하게 하고 화평케 한다면 먼 나라의 사람들도 다가올 것인데 어찌 정나라만 우리를 믿을 것이라 여기십니까?"

이에 진나라는 정나라와 동맹을 맺고 귀환하였다.


【庚午】 10월 11일.

【季武子】 季孫宿. 魯나라 대부. 季孫行父의 아들. 《國語》에는 '季孫夙'으로 되어 있음.

【崔杼】 齊나라 대부. 齊 莊公(B.C.553~548)이 그의 아내와 사통하자 崔杼는 그를 弑害하고 景公을 세워 자신은 宰相이 되는 등 춘추 후기 제나라 역사를 뒤흔든 인물. 晏子(晏嬰)와 여러 차례 부딪치는 등 많은 일화를 낳았음. 뒤에 집안 내분을 견디지 못하고 목을 매어 자결하였으며 시호는 武子.

【皇郘】 宋나라 대부. 皇父充石의 후손이며 東鄉爲人의 아들. 자는 椒. 당시 司馬 벼슬에 있었음.

【荀罃】 知武子. 晉나라 대부. 知罃. 荀首(知莊子)의 아들로 宣公 12년(B.C.597) 邲의 싸움에서 사로잡혔음. 시호는 武子. 知武子로도 부름. 그 후손이 春秋末 晉六卿의 하나인 知氏로 발전함.

【士匄】 晉나라 대부. 范匄. 伯瑕. 士文伯. 范文子(士燮)의 아들. 시호는 宣子. 范宣子로도 불림. '匄'는 '丐'로도 표기하며 음은 '古害反' '개'로 읽음.

【郘門】 鄭나라의 도읍의 東門 이름. 정나라는 渠門, 皇門, 郘門, 墓門, 師之梁門, 純門(西門), 時門(南門), 桔秩之門(南門), 閨門(內宮北門) 등이 있었다 함.

【北宮括】衛나라 대부. 北宮은 複姓. 括은 이름. 시호는 懿子. 그 때문에 '北宮
懿子'로도 부름. 衛 成公(鄭)의 증손.《公羊傳》에는 '北宮結'로 되어 있음.

【荀偃】晉나라 대부. 荀庚의 아들이며 荀林父의 손자. 자는 伯游. 中行佐의
벼슬을 하여 '中行'을 씨로 삼아 '中行偃'으로도 부름. 시호는 獻子. 따라서 '中行
獻子'로도 불림. 그 후손이 뒷날 晉六卿의 하나인 中行氏로 발전함.

【韓起】韓起. 韓宣子. 韓厥의 아들이며 韓無忌의 아우. 시호는 宣子.

【師之梁】鄭나라 도읍의 西門 이름.

【欒黶】晉나라 대부. 欒桓子로도 불림. 欒武子(欒書)의 아들.

【士魴】士會의 아들. 范魴. 그의 식읍이 彘邑이며 시호가 恭子여서 흔히 彘季,
彘恭子로도 부름. 彘는 본래 先穀의 식읍이었으나 先穀이 피살되자 이름을
彘로 바꾸고 士魴의 채읍이 되었음. 宣公 12년을 볼 것.

【郲】郲犁. 小邾를 가리킴.

【趙武】趙朔의 아들. 趙文子. 趙朔과 趙莊姬 사이에 난 아들. 趙氏 집안의 가장
훌륭한 아들로 자라 뒤에 晉六卿으로 자리를 굳힘. 시호는 文子. 그 후손이
戰國시대 邯鄲을 중심으로 七雄의 하나인 趙나라로 크게 발전함.

【魏絳】魏犨의 아들. 魏莊子.《禮記》樂記 疏에 "州生莊子絳"이라 하였으며
여기서의 '州'는 '犨', 즉 '魏犨'임.《國語》晉語(7)에 "知魏絳之勇而不亂也, 使爲
元司馬"라 함.

【行栗】도로 양쪽에 심어진 밤나무 가로수.《詩經》鄭風 東門之墠에 "東門之栗,
有踐家室. 豈不爾思, 子不我卽"이라 한 것으로 보아 정나라의 國木이었을
가능성이 있음. 길을 열기 위해, 혹은 군기를 만들기 위해 이를 베었던 것이라 함.

【甲戌】10월 15일.

【氾】東氾水. 지금의 河南 中牟縣 서남쪽.

【餱糧】乾糧.

【虎牢】鄭나라 서북 국경의 險地. 北制. 지금의 河南 氾縣 서쪽.

【肆眚】軍律을 고의가 아닌 실수로 어긴 자를 용서함. '肆'는 '緩'. '眚'은 '過'의
뜻.《尙書》舜典에 "眚災肆赦"라 함.

【行成】화친의 맹약을 요청함.

【中行獻子】荀偃.

【知武子】知罃. 당시 中軍帥였음.

【四軍】晉나라 군사의 편제. 上中下 三軍과 新軍을 합하여 四軍이 됨.

【暴骨以逞】전투로 죽은 시신이 햇볕에 그대로 노출되는 지경에 이르러서야

만족함. '遑'은 '만족하다'의 뜻.

【大勞未艾】 크게 노고로운 일이 아직 끝나지 않았음. '艾'는 '止'와 같음.

【君子勞心, 小人勞力】 군자는 노고로움을 마음(모책을 짜는 일)으로 하고 소인은 육체의 힘으로 함. 이는 《國語》 魯語(下)에도 실려 있으며 《孟子》 滕文公(上)에도 "或勞心, 或勞力"이라 함.

【先王之制也】 《國語》 魯語(下)에는 "先王之訓也"로 되어 있음.

【己亥】 11월 10일.

【公子騑】 子駟. 鄭 穆公(蘭)의 아들. 僖公(髡頑)이 무례하게 굴자 그를 시해하고 簡公(嘉)을 세운 인물. 襄公 7년을 볼 것.

【公子發】 子國. 鄭나라 公子 發(子發). 대부. 穆公(蘭)의 아들이며 子産의 아버지. 兵權을 담당함.

【公子嘉】 子孔. 鄭나라 공자 嘉. 穆公(蘭)의 아들.

【公孫輒】 子耳. 鄭나라 公子이며 대부. 子良의 아들. 이름은 輒.

【公孫蠆】 子蟜. 鄭나라 대부. 子游의 아들. 시호는 桓子.

【公孫舍之】 子展. 鄭나라 대부. 子罕의 아들. 시호는 桓子.

【門子】 卿의 嫡子.

【鄭伯】 鄭 簡公(嘉).

【士莊子】 士弱. 士渥濁의 아들. 晉나라 대부. 士莊伯으로도 부름.

【載書】 맹서문. 周禮 秋官 司盟의 鄭玄이 注에 "載, 盟辭也"라 함. 會盟의 儀式에 희생을 잡아 그 피를 입술에 바르며 載書를 희생과 함께 땅에 묻음.

【德音】 훌륭한 덕. 덕이 있는 말. 남을 안심시키는 말.

【墊隘】 '점애'로 읽으며 委頓과 같음. 萎縮되고 頓折함. 고통을 당함.

【底告】 '지고'로 읽으며 하소연함. '底'는 '致'와 같음. 《尚書》 盤庚에 "凡爾衆其惟致告"의 '致告'와 같음.

【要言】 맹약함.


㉫

晉人不得志於鄭, 以諸侯復伐之.

十二月癸亥, 門其三門.

閏月戊寅, 濟于陰阪, 侵鄭, 次於陽口而還.
子孔曰:「晉師可擊也, 師老而勞, 且有歸志, 必大克之.」
子展曰:「不可.」


진晉나라는 정鄭나라에서 뜻을 얻지 못하자 제후들을 이끌고 다시 정나라를 쳤다.

12월 계해날, 정나라의 삼문三門을 쳤다.

윤달 무인날, 음판陰阪을 건너 정나라를 치고 음구陰口에 주둔하였다가 귀환하였다.

그때 정나라 자공子孔이 말하였다.

"진나라 군사를 공격해도 됩니다. 그들은 피로하여 지쳐 있어 어서 돌아갔으면 하는 마음뿐입니다. 틀림없이 큰 승리를 거둘 수 있습니다."

그러자 자전子展이 말하였다.

"안 됩니다."


【癸亥】12월 5일.
【三門】정나라 도읍의 세 문. [illegible]門(東門), 師之梁門(西門), 北門.
【閏月戊寅】12월이 윤달의 여부를 알 수 없어 '閏月'은 '門五日'의 오기라는 설이 있음. 三門의 한 문을 5일씩 공격하고 난 뒤인 12월 20일로 보기도 함. 杜預 注에 "此年不得有閏月戊寅. 戊寅是十二月二十日. 疑「閏月」當爲「門五日」"이라 함.
【陰阪】洧水의 나루터. 지금의 河南 新鄭縣 서쪽.《一統志》에 "載河南省新鄭縣西"라 함.
【次】군사가 주둔함을 뜻함. 莊公 3년 傳에 "凡師, 一宿爲舍, 再宿爲信, 過信爲次"라 함.
【陰口】洧水의 남쪽 연안.《水經注》에 "陰口者水口也, 參音聲相近, 蓋傳呼之謬耳"라 함.
【子孔】鄭나라 공자 嘉. 穆公(蘭)의 아들.
【子展】公孫舍之. 鄭나라 대부. 子罕의 아들. 시호는 桓子.

傳

公送晉侯, 晉侯以公宴于河上, 問公年.
季武子對曰:「會于沙隨之歲, 寡君以生.」
晉侯曰:「十二年矣, 是謂一終, 一星終也. 國君十五而生子, 冠而生子, 禮也. 君可以冠矣. 大夫盍爲冠具?」
武子對曰:「君冠, 必以祼享之禮行之, 以金石之樂節之, 以先君之祧處之. 今寡君在行, 未可具也, 請及兄弟之國而假備焉.」
晉侯曰:「諾.」
公還, 及衛, 冠于成公之廟.
假鐘磬焉, 禮也.


양공이 회군하는 진晉 도공悼公을 전송하자 도공은 하수河水 가에서 연회를 베풀어주면서 양공에게 나이를 물었다.

그러자 계무자季武子가 대답하였다.

"사수沙隨에서 제후들께서 모임을 가지셨던 그해 우리 임금이 태어나셨습니다."

도공이 말하였다.

"열두 살이군요. 12년을 일종一終이라 하니 이는 세성歲星이 천체를 한 바퀴 도는 것이지요. 나라의 군주는 열다섯 살이면 아들을 낳는 법인데 관례를 올리고 난 뒤에 아들을 낳는 것이 예법이오. 그러니 그대는 관례를 올리셔야 하오. 대부는 어찌 관례에 필요한 것을 갖추지 않고 있소?"

계무자가 대답하였다.

"임금의 관례에는 모름지기 관향祼享의 예로써 행하며 금석金石의 음악을 연주하며 선군의 사당에서 이 의식을 치르지요. 지금 우리 임금께서는 밖에 계시니 아직 준비를 하지 못한 것입니다. 청컨대 형제 나라에게 빌려서라도 갖출 수 있도록 해 주십시오."

도공이 말하였다.

"좋소."

그리하여 양공은 돌아오는 길에 위衛나라에 이르자 위 성공成公의 사당에서 관례를 치렀다.

위나라에게 종鐘과 경磬을 빌려 쓴 일은 예의에 맞는 일이었다.


【晉侯】 晉 悼公(周).

【季武子】 季孫宿. 魯나라 대부. 季孫行父의 아들. 《國語》에는 '季孫夙'으로 되어 있음.

【會于沙隨】 魯 成公 16년(B.C.591). 沙隨에서 제후들과의 회합. 그해에 양공이 태어났음.

【一終】 한 바퀴 돌고 끝냄. 日週期.

【一星】 歲星. 木星을 가리킴. 木星은 주기가 12년으로 고대 이를 기준으로 '歲星紀年法'을 사용하였음. 그러나 실제로는 11.86년으로 정확하게 맞지 않아 이를 漢나라 때 劉歆이 발견하고 그 오류를 바로잡기 위해 144년에 한 번씩 '超辰法'으로 맞추어 東漢 順帝 이후에는 歲星紀年法을 사용하지 않음.

【盍】 '何不'의 合音字.

【十五而生子】 임금은 15살에 아이를 낳아 그 後嗣가 이어지도록 함.

【冠而生子】 冠禮를 치르고 난 다음에 아이를 낳음.《太平御覽》(718)에 인용된 《白虎通》에 "男子幼娶必冠, 女子有嫁必笄"라 함. 그러나 冠禮의 나이에 대해서는 《禮記》에 "男子二十, 弱而冠"이라 하였으나 《儀禮》 士冠禮 등에 각기 달라 일정하지 않았음. 특히 天子, 諸侯 및 大夫에 대해서는 각기 달라 12세, 혹 15세, 19세, 20세 등 여러 사례가 있음. 즉 《淮南子》 氾論訓 高誘 注에는 "國君十二歲而冠, 冠而娶. 十五生子, 重國嗣也"라 하였고, 《尙書》 金滕篇 鄭玄 注에도 "天子·諸侯十二而冠"이라 하였으며 《荀子》 大略篇에는 "天子·諸侯子, 十九而冠"이라 하는 등 각기 다름.

【祼享】 '祼'은 '灌'과 같으며 '관'으로 읽음. 鬱鬯酒를 땅에 부어 신께 고하는 의식이며, '享'은 조상신에게 올리는 제사. 관례에서 치르는 두 가지 儀式임. 士冠禮의 '醴, 醮'와 같음.

【金石】 絲竹과 더불어 악기(음악)를 대신하는 말.

【先君之祧】 선대 군주들의 위패를 모신 사당. '祧'는 원래 始祖廟를 뜻하였으나 여기서는 사당이라는 뜻으로 쓰임.

【在行】외국에 나와 있음. 밖에 있어 제대로 갖출 수가 없음.
【成公之廟】衛 成公(鄭. B.C.634~600년까지 35년간 재위)의 사당을 가리킴. 衛
나라의 시조는 康叔으로 周 武王의 막내아우로써 魯나라 시조 周公(姬旦)과
같은 형제였음. 이 때문에 兄弟之國이라 한 것이며 노나라에 들어가기 전
衛나라에서 관례를 거행한 것임. 한편 이에 대해 李宗侗은 〈中國古代司誨新
硏究〉에서 "按所以冠於成公之廟者, 疑亦因魯襄公與衛成公同昭穆, 以周公康
叔爲文之昭, 則衛成公與魯襄公同屬昭位. 蓋若以成公爲當時衛君之曾祖, 因須
假其祖廟而冠, 何不冠於衛之始祖康叔之廟乎?"라 함.
【鐘磬】編鐘과 編磬 등 관례에 필요한 악기.


※ 1164(襄9-6)

楚子伐鄭.


초자楚子가 정鄭나라를 쳤다.


【楚子】당시 楚나라 군주는 共王(審) 27년째였으며 鄭나라가 晉나라와 맹약을
맺자 패권 다툼을 위해 鄭나라를 친 것임.


㊅

楚子伐鄭, 子駟將及楚平.
子孔·子嬌曰:「與大國盟, 口血未乾而背之, 可乎?」
子駟·子展曰:「吾盟固云『唯彊是從』, 今楚師至, 晉不我救, 則楚
彊矣. 盟誓之言, 豈敢背之? 且要盟無質, 神弗臨也. 所臨唯信, 信者,
言之瑞也, 善之主也. 是故臨之. 明神不蠲要盟, 背之, 可也.」
乃及楚平.
公子罷戎入盟, 同盟于中分.
楚莊夫人卒, 王未能定鄭而歸.

초楚 공왕共王이 정鄭나라를 치자 정나라 자사子駟는 초나라와 화친을 맺으려 하였다.

그러자 자공子孔과 자교子蟜가 말하였다.

"대국 진晉나라와 맹약을 맺을 때 입에 바른 피가 아직 마르지도 않았는데 이를 배반한다면 되겠습니까?"

자사와 자전子展은 이렇게 말하였다.

"우리가 진나라와 맹약할 때 '오직 강한 편에 복종하겠다'라고 했었습니다. 지금 초나라 군사가 쳐들어왔는데도 진나라가 우리를 구원해 주지 않고 있다면 초나라가 강한 나라가 됩니다. 맹약의 말을 우리가 어찌 감히 배반하는 것이 되겠습니까? 게다가 강요에 의해 했던 맹약은 근본이 잘못된 것이며 신神도 임하지 않습니다. 신이 임하는 바는 오직 신의가 있는 곳입니다. 신의라는 것은 말을 실행한다는 부절이며 선善의 기본입니다. 이 까닭으로 신의가 있는 곳에 신이 임하는 것입니다. 밝은 신은 강요에 의해 맺은 맹약은 깨끗하다고 여기지 않을 것이니 그러한 맹약은 배반해도 됩니다."

그리고는 초나라와 화평을 맺었다.

초나라 공자 파융罷戎이 맹약을 맺고자 정나라 도읍으로 들어가 중분中分에서 두 나라가 동맹을 맺었다.

그때 마침 초 장왕莊王의 부인이 세상을 떠나 공왕은 정나라를 완전히 평정하지 못한 채 돌아갔다.

【子駟】鄭나라 公子 騑. 鄭 穆公(蘭)의 아들. 僖公(髡頑)이 무례하게 굴자 그를 시해하고 簡公(嘉)을 세운 인물. 襄公 7년을 볼 것.
【子孔】鄭나라 공자 嘉. 穆公(蘭)의 아들.
【子蟜】鄭나라 대부. 公孫蠆. 子游의 아들. 시호는 桓子.
【口血】맹세할 때 입에 바른 피.
【子展】公孫舍之. 鄭나라 대부. 子罕의 아들. 시호는 桓子.
【唯彊是從】鄭나라 정책은 강한 나라이면서 덕으로 자신을 보호해 줄 수 있는 나라라면 그러한 나라를 霸者로 인정하고 따르겠다고 하였음. 이는 晉나라와 맹약 때 명확히 밝혔음. 襄公 9년을 참조할 것.

【要盟無質】강요에 의해 억지로 맺은 맹약은 진실함이 없음.

【臨】들여다봄. 降臨함.

【言之瑞也】瑞는 符節. 말을 실행한다는 부절(표시).

【不蠲】'蠲'은 '견'으로 읽으며 '潔'과 같은 뜻. '깨끗하다고 인정을 받을 수 없음.'

【罷戎】楚나라 공자. 鄭나라와의 맹약 업무를 담당함.

【中分】鄭나라 도읍 안의 마을 이름. 杜預 注에 "中分, 鄭城中里名"이라 함.

【楚莊夫人】楚 莊王(侶)의 夫人이며 共王의 어머니.


⑳

晉侯歸, 謀所以息民.

魏絳請施舍, 輸積聚以貸, 自公以下, 苟有積者, 盡出之.

國無滯積, 亦無困人; 公無禁利, 亦無貪民.

祈以幣更, 賓以特牲, 器用不作, 車服從給.

行之期年, 國乃有節.

三駕而楚不能與爭.


진晉 도공悼公은 귀국하자 백성들을 편히 쉬게 할 것에 대하여 모책을 짰다.

위강魏絳이 은혜를 베풀고 백성 부리기를 멈출 것을 청하여 미리 모아 두었던 양곡을 내어 백성들에게 빌려주면서 경공 이하 양식을 모아 두었던 이들은 모두가 그 양곡을 내놓았다.

그리하여 나라 안에는 남아 있는 비축 양곡이 없게 되었고, 역시 곤핍한 사람도 없게 되었으며, 경공이 백성들이 이익을 꾀하는 것을 막지는 않았으나 역시 탐욕을 부리는 사람도 사라지게 되었다.

제사를 올릴 때는 종전에 소나 양을 제물로 바쳤던 것을 폐백幣帛으로 바꾸었으며 국빈을 대접할 때는 희생을 한 가지로만 제한하였고, 기구는 새것을 만들어 쓰지 않았으며, 수레나 복장도 필요한 만큼만 쓰고 입도록 하였다.

이렇게 시행한 지 1년, 나라에는 절도가 있게 되었다.

세 차례나 군사를 출동시켰어도 초楚나라는 이러한 진나라를 상대로 싸울 수가 없었다.


【晉侯】晉 悼公.

【魏絳】魏犨의 아들. 魏莊子.《禮記》樂記 疏에 "州生莊子絳"이라 하였으며 여기서의 '州'는 '犨', 즉 '魏犨'임.《國語》晉語(7)에 "知魏絳之勇而不亂也, 使爲元司馬"라 함.

【施舍】은혜를 베풀고, 부림을 멈춤. '施'는 施惠, '舍'는 '捨'와 같으며 노고로운 사역이나 고통 등을 제거해 줌.

【特牲】크기가 큰 소나 양의 한 가지만 사용함. 두 가지 犧牲을 사용하지 않음. '特'은 '크다'의 뜻.

【從給】供給에 따라 아끼고 耐乏함.

【期年】'朞年'과 같음. 만 1년.

【三駕】'駕'는 군사의 출동을 뜻함. 세 차례 출군시킴. 襄公 10년에 牛首로, 11년에 向으로, 같은 해 가을에 鄭나라의 東門에서 열병하였던 일을 말함. 杜預 注에 "三駕, 三興師. 謂十年師於牛首, 十一年師於向, 其秋觀兵於鄭東門. 自後鄭遂服"이라 함.

# 160. 襄公 10年(B.C.563) 戊戌

| 周 | 靈王(姬泄心) 9년 | 齊 | 靈公(環) 19년 | 晉 | 悼公(周) 11년 | 衛 | 獻公(衎) 14년 |
|---|---|---|---|---|---|---|---|
| 蔡 | 景公(固) 29년 | 鄭 | 簡公(嘉) 3년 | 曹 | 成公(負芻) 15년 | 陳 | 哀公(溺) 6년 |
| 杞 | 孝公(匃) 4년 | 宋 | 平公(成) 13년 | 秦 | 景公(后伯車) 14년 | 楚 | 共王(審) 28년 |
| 吳 | 壽夢 23년 | 許 | 靈公(甯) 29년 | | | | |

✹ 1165(襄 10-1)

十年春, 公會晉侯·宋公·衛侯·曹伯·莒子·邾子·滕子·
薛伯·杞伯·小邾子·齊世子光會吳于柤.

10년 봄, 양공이 진후晉侯·송공宋公·위후衛侯·조백曹伯·거자莒子·주자
邾子·등자滕子·설백薛伯·기백杞伯·소주자小邾子·제齊나라 세자 광光, 그리고
오吳나라와 사柤에서 만났다.

【杞】姒姓, 周 武王이 殷을 멸한 다음 禹의 후손 東樓公을 찾아 봉하였음. 지금의
  河南 杞縣 일대.
【小邾】諸侯의 分封이었으므로 '小邾'라 칭함.
【世子光】齊 靈公(環)의 太子. 뒤에 莊公이 되어 B.C.553~548년까지 6년간 재위
  하고 景公(杵臼)에게 이어짐.
【柤】楚나라 땅. 지금의 江蘇 邳縣 서북 伽口.

㊀

十年春, 會于柤, 會吳子壽夢也.

三月癸丑, 齊高厚相大子光, 以先會諸侯于鍾離, 不敬.

士莊子曰:「高子相大子以會諸侯, 將社稷是衛, 而皆不敬, 棄社稷也, 其將不免乎!」

夏四月戊午, 會于柤.

10년 봄에 사柤에서 만난 것은 오吳나라 수몽壽夢과 만나기 위한 것이었다.

그 이전 3월 계축날, 제齊나라 고후高厚가 태자 광光을 보좌하여 제후들과 종리鍾離에서 만남을 가졌을 때 고후가 공경스럽지 못한 태도를 보였었다.

사장자士莊子가 이렇게 말하였다.

"고씨가 태자를 보좌하여 제후들과 만난 것은 자신들의 사직을 지키기 위한 것인데 그는 하는 일 모두 공손하지 못하여 사직을 버리는 짓을 하였으니 장차 화를 면하지 못할 것이다!"

여름 4월 무오날, 제후들이 사에서 만났다.

【壽夢】 당시 吳나라 군주. 이름은 乘, 자는 壽夢이라 함. 재위 23년째였음.

【高厚】 齊나라 대부. 高固의 아들. 杜預 注에 "高固子"라 함.

【大子光】 齊 靈公(環)이 태자였을 때.

【鍾離】 楚나라 지명. 지금의 安徽 鳳賜縣 동쪽.

【士莊子】 士弱. 士渥濁의 아들. 晉나라 대부. 士莊伯으로도 부름.

【其將不免乎】 장차 화를 면하지 못함. 高厚는 襄公 19년에 일어난 난에서 죽음.


※ 1166(襄 10-2)

夏五月甲午, 遂滅偪陽.

여름 5월 갑오날, 드디어 핍양偪陽을 무찔렀다.

【甲午】5월 8일.

【偪陽】妘姓의 작은 나라.《國語》鄭語에 “妘姓鄔·鄶·路·偪陽”이라 함. 지금의 邳縣
　　서북쪽. 즉 山東 嶧城縣에 있음. 柤와는 약 50리 거리라 함.《山東通志》에 “在今
　　山東嶧縣西南五十里有偪陽故城”이라 함.《穀梁傳》에는 ‘傅陽’으로 되어 있음.


㉝

晋荀偃·士匄請伐偪陽, 而封宋向戌焉.
荀罃曰:「城小而固, 勝之不武, 弗勝爲笑.」
固請.
丙寅, 圍之, 弗克.
孟氏之臣秦董父輦重如役.
偪陽人啓門, 諸侯之士門焉. 縣門發, 耶人紇抉之, 以出門者.
狄虒彌建大車之輪, 而蒙之以甲, 以爲櫓. 左執之, 右拔戟, 以成一隊.
孟獻子曰:「《詩》所謂『有力如虎』者也.」
主人縣布, 董父登之, 及堞而絶之.
隊, 則又縣之. 蘇而復上者三, 主人辭焉, 乃退.
帶其斷以徇於軍三日.
諸侯之師久於偪陽, 荀偃·士匄請於荀罃曰:「水潦將降, 懼不能歸,
請班師.」
知伯怒, 投之以机, 出於其間, 曰:「女成二事, 而後告余. 余恐亂命,
以不女違. 女旣勤君而興諸侯, 牽帥老夫以至於此, 旣無武守, 而又
欲易余罪, 曰:『是實班師. 不然, 克矣.』余贏老也, 可重任乎? 七日
不克, 必爾乎取之!」
五月庚寅, 荀偃·士匄帥卒攻偪陽, 親受矢·石, 甲午, 滅之.
書曰:「遂滅偪陽」, 言自會也.
以與向戌, 向戌辭曰:「君若猶辱鎮撫宋國, 而以偪陽光啓寡君,
羣臣安矣, 其何貺如之! 若惠賜臣, 是臣興諸侯以自封也, 其何罪大焉!
敢以死請.」
乃予宋公.

진晉나라 순언荀偃과 사개士匄가 핍양偪陽을 쳐서 그곳을 송나라 상술
向戌에게 봉할 것을 청하였다.

그러자 순앵荀罃이 말하였다.

"핍양은 성이 작으면서도 견고하오. 이긴다 해도 작은 곳이니 무공武功을
세웠다 할 수 없고, 견고하니 이기지 못하면 웃음거리만 될 뿐이오."

그러나 두 사람은 굳이 청하였다.

병인날, 핍양성을 포위하였으나 이기지 못하였다.

그때 노나라 맹씨孟氏의 가신 진근보秦菫父는 손수레를 끌고 군수물자
나르는 일을 하고 있었다.

그런데 핍양 사람이 성문을 열자 제후의 병사들이 문안으로 쳐들어갔다.

그러자 핍양 사람들이 성문을 다시 내려 꽉 닫았다. 그때 진근보의
부하로 있던 추읍鄹邑 사람 흘紇이 성문을 당겨 올려서 들어가 나오지
못하던 제후들 군사를 내보내주었다.

그리고 적사미狄虒彌는 큰 수레의 바퀴 하나를 세워 이를 가죽으로 씌워
방패로 삼았다. 그것을 왼손으로 들고, 오른손에는 창을 빼들고 사람들을
이끌고 한 부대를 이루어 싸웠다.

맹헌자孟獻子가 말하였다.

"저 사람은 《시》에서 말한 '힘이 호랑이 같도다'라 한 그런 사람이로구나."

성안의 사람들이 성벽 위에서 삼베를 늘어뜨리자 진근보가 그 줄을
타고 올라가 성벽 위에 다다를 즈음 성안 사람들은 이를 잘라버리는 것
이었다.

그러자 성 위에서 또 긴 베를 늘어뜨렸다. 땅에 떨어져 정신을 잃었던
진근보가 깨어나 다시 잡고 올라갔다. 그러자 그가 거의 다 올라갔을 때
또다시 그들은 줄을 끊어버렸다. 이렇게 세 차례나 그렇게 되풀이하고
나서야 성안 사람이 그만두자고 하여 진근보도 그만 물러났다.

그는 끊어진 베를 몸에 두르고 무리 속을 사흘을 돌아다니며 자신의
용맹을 자랑하였다.

제후들의 군사가 핍양을 치는 일로 여러 날을 끌자 순언과 사개가
순앵에게 청하였다.

"이제 장맛비가 내리게 되면 돌아갈 수 없을까 걱정됩니다. 청컨대 군사를 되돌리기를 원합니다."

지백知伯이 노하여 궤机를 집어던지자 그것이 두 사람 사이로 날아갔다. 순앵이 말하였다.

"그대들은 핍양을 치고 그것을 빼앗아 송나라 상술에게 주자는 두 가지 일을 미리 작정하고 나서 내게 말하였다. 나는 그때 군령이 어지러워질 것을 걱정하여 그대들의 주장을 거부하지 않았던 것이다. 그대들은 군주에게 권하여 제후들의 군사를 출동토록 해 놓고 이 늙은 나를 끌고 여기까지 왔다. 그런데 무인武人의 도리를 지키지 못할뿐더러 싸움에 이기지 못한 죄를 나에게 뒤집어씌우고 있구나. 돌아가서는 '순앵이 회군시켰다. 그렇게 하지 않았더라면 이겼을 것이다'라고 말할 것이다. 나는 지치고 늙었다. 그런데 두 번이나 겹쳐 책임을 져야 하는가? 7일 안에 이기지 못하면 죄는 그대들이 반드시 지게 될 것이다!"

5월 경인날, 순언과 사개가 군사를 이끌고 핍양을 공격하였다. 그들은 직접 나서서 화살과 돌을 무릅쓰고 싸운 끝에 갑오날, 드디어 핍양을 멸망시켰다.

경經에 '드디어 핍양을 멸하였다'라고 쓴 것은 모임에 이어 바로 쳤다는 것을 말한 것이다.

그리고 그 핍양 땅을 상술에게 봉하자 상술은 이렇게 사양하였다.

"임금께서 황송하게도 우리 송나라를 진무하시고자 핍양 땅을 멸하셔서 이를 우리 임금에게 그 영광을 주신다면 우리 송나라 신하들은 모두 안정될 것이니 그 무엇이 이보다 더 큰 선물이 있겠습니까! 만약 이 땅을 저에게만 주신다면 이는 제가 제후들 군사를 일으켜 이 땅을 내가 차지한 것이 됩니다. 그렇게 되면 이보다 더 큰 죄가 어디 있겠습니까? 저는 감히 죽음으로써 이를 우리 임금에게 주실 것을 청합니다."

이에 그 땅을 송宋 평공平公에게 주었다.


【荀偃】晉나라 대부. 荀庚의 아들이며 荀林父의 손자. 자는 伯游. 中行佐의 벼슬을 하여 '中行'을 씨로 삼아 '中行偃'으로도 부름. 시호는 獻子. 따라서 '中行 獻子'로도 불림. 그 후손이 뒷날 晉六卿의 하나인 中行氏로 발전함.

【土匄】晉나라 대부. 范匄. 伯瑕. 土文伯. 范文子(土燮)의 아들. 시호는 宣子. 범선자
　로도 불림. '匄'는 '丐'로도 표기하며 음은 '古害反' '개'로 읽음.
【封宋向戌焉】픱양은 晉과 吳 두 나라의 교통상의 요지였음. 따라서 이를
　송나라 상술에게 주어 진나라와 제후국이 편의를 누리게 하려 한 것임.
【荀罃】晉나라 대부. 知罃. 知伯. 荀首(知莊子)의 아들로 宣公 12년(B.C.597)
　邲의 싸움에서 사로잡혔음. 시호는 武子. 知武子로도 부름. 그 후손이 春秋末
　晉六卿의 하나인 知氏로 발전함.
【孟氏】孟獻子. 仲孫蔑. 魯나라 대부. 孟文伯(穀)의 아들이며 公孫敖의 손자.
　魯나라 門閥.
【秦堇父】孟獻子(仲孫蔑) 가문의 가신 이름.
【輦】손수레. 이로써 전쟁 물자를 나름.
【門】성문을 공격함.
【縣門發】성안에서 기계장치를 이용하여 성문을 들어 올려 엶. '縣'은 '懸'과 같음.
【郰人紇】추(郰)는 魯나라의 읍 이름. 지금의 山東 曲阜 동남쪽. 紇은 추읍의
　대부로 孔子의 아버지 叔梁紇을 가리키는 것이라 함.
【狄虒彌】魯나라 장사. '虒'는 '사'로 읽음.《漢書》古今人名表에는 '狄斯彌'로
　되어 있음.
【櫓】방패. 大盾.
【有力如虎】《詩經》邶風 簡兮篇에 "簡兮簡兮, 方將萬舞. 日之正中, 在前上處.
　碩人俁俁, 公庭萬舞. 有力如虎, 執轡如組. 左手執籥, 右手秉翟. 赫如渥赭, 公言
　錫爵. 山有榛, 隰有苓. 云誰之思, 西方美人. 彼美人兮, 西方之人兮"라 함.
【主人】偪陽을 지키는 그곳의 장수.
【水潦】큰비의 물. 여기에서는 장맛비를 말함.
【班師】回軍.
【机】'几'와 같음. 憑几. 앉을 때 팔을 올려놓는 작은 案几.
【二事】偪陽을 치는 일과 이를 멸한 다음 向戌에게 주기로 한 일. 杜預 注에
　"二事, 伐偪陽, 封向戌"이라 함.
【羸老】罷羸하고 늙음. '羸'는 '리'로 읽음. 늙어 매우 지치거나 힘이 없이 나약한
　모습.
【易余罪】죄를 나에게 뒤집어씌움.
【重任】邲之戰에서 포로가 되었던 일과 지금의 偪陽에서 패배한 책임.
【親受矢石】선두에 서서 적이 쏘는 화살과 돌을 무릅쓰고 싸움.

【甲午】 4월 8일.
【自會】 柤之會에서 제후들을 부추겨 핍양을 친 일.
【光啓】 영광을 차지함.
【貺】 '황'으로 읽으며 선물, 하사품.
【宋公】 당시 宋나라 군주는 平公(成) 재위 13년째였음.


### ✸ 1167(襄 10-3)

公至自會.

양공이 모임에서 돌아왔다.


【會】 柤之會를 마치고 돌아옴.
＊無傳


㊀

宋公享晉侯於楚丘, 請以〈桑林〉, 荀罃辭.

荀偃・士匄曰:「諸侯宋・魯於是觀禮. 魯有〈禘樂〉, 賓祭用之. 宋以〈桑林〉享君, 不亦可乎?」

舞, 師題以旌夏.

晉侯懼而退入于房. 去旌, 卒享而還.

及著雍, 疾. 卜,〈桑林〉見.

荀偃, 士匄欲奔請禱焉, 荀罃不可, 曰:「我辭禮矣, 彼則以之. 猶有鬼神, 於彼加之.」

晉侯有間, 以偪陽子歸, 獻于武宮, 謂之夷俘.

偪陽, 妘姓也.

使周內史選其族嗣, 納諸霍人, 禮也.

師歸, 孟獻子以秦菫父爲右.
生秦丕玆, 事仲尼.


송宋 평공平公이 초구楚丘에서 진晉 도공悼公을 위해 연회를 열었을 때 송나라가 〈상림桑林〉의 음악을 연주하겠노라 청하자 순앵荀罃이 이를 사양하였다.

그러자 순언荀偃과 사개士匄가 말하였다.

"제후국 가운데에서는 송나라와 노나라에서만 옛날 음악이 전승되어 이를 관람할 수 있습니다. 노나라에는 〈체악禘樂〉이 있어 외국 국빈 대접과 제사를 지낼 때 이를 사용합니다. 그런데 송나라가 자신들의 〈상림〉의 무악을 연주하여 우리 임금의 연회에 보여준다니 역시 좋지 않겠습니까?"

그리하여 무악이 공연되자 송나라 악대의 우두머리가 큰 깃발을 들고 선두에 나타났다. 진 도공은 큰 깃발을 보고 두려워 방으로 들어갔다. 이에 깃발은 치우고 음악을 연주하여 연회를 끝마치고 돌아갔다.

저옹著雍에 이르렀을 때 진 도공이 병이 났다. 점을 쳤더니 〈상림〉의 신 때문이라는 것이었다.

이에 순언과 사개가 송나라로 달려가 상림 신에게 기도를 드리겠다고 청하자 순앵이 이렇게 말렸다.

"우리가 사양하는 예를 보였는데도 저쪽에서 그렇게 연주한 것이오. 만약 귀신이 해코지를 한다면 송나라가 그 재앙을 받을 것이오."

그 사이에 진나라 도공의 병이 나았다. 도공은 핍양偪陽의 군주를 데리고 돌아가 무공武公의 사당에 바치며 그를 이부夷俘라 불렀다.

핍양 군주의 성은 운妘이었다.

주周나라 내사內史에게 의뢰하여 핍양 군주의 종족 중에 후계로 삼을 자를 선발하여 이들을 곽인霍人 땅으로 불러 그곳에 살도록 하였다. 이는 예에 맞는 처사였다.

제후들의 군사가 다 돌아가자 맹헌자孟獻子는 진근보秦菫父를 자신의 전차 오른쪽 보좌로 삼았다. 그는 아들 진비자秦丕玆를 낳았으며 진비자는 중니仲尼를 스승으로 모셨다.

【宋公】 宋 平公(成) 재위 13년째였음.

【晉侯】 晉 悼公(周) 재위 11년째였음.

【楚丘】 지금의 河南 商丘市 동북, 山東 曹縣의 동남쪽. 杜預는 당시 衛나라 땅이었다고 하였음.

【桑林】 원래 桑山之林의 줄인 말. 옛날 殷(商)나라 湯임금이 7년 大旱 끝에 이곳에 祈雨祭를 지내어 신비한 효험이 있었음. 이로부터 은나라에서는 신성한 땅으로 여겼으며 그곳에 사당을 세우고 神을 모셨으며 아울러 이를 음악으로 만들어 조정에서 춤과 함께 舞樂으로 발전시킴. 원래는 天子의 음악이었으나 宋나라는 殷의 후손이므로 이를 전승하고 있었음.《呂氏春秋》誠廉篇에 "世爲長侯, 守殷常祀, 相奉桑林"이라 하였고, 順民篇에는 "湯乃以身禱於桑林"이라 하였으며,《帝王世紀》에는 "大旱七年, 禱於桑林之社"라 함.《莊子》養生主에도 "合於桑林之舞"라 함. 여기서는 天子의 음악이므로 荀罃이 사양한 것임.

【荀罃】 晉나라 대부. 知罃. 知伯. 荀首(知莊子)의 아들로 宣公 12년(B.C.597) 邲의 싸움에서 사로잡혔음. 시호는 武子. 知武子로도 부름. 그 후손이 春秋末 晉六卿의 하나인 知氏로 발전함.

【荀偃】 晉나라 대부. 荀庚의 아들이며 荀林父의 손자. 자는 伯游. 中行佐의 벼슬을 하여 '中行'을 씨로 삼아 '中行偃'으로도 부름. 시호는 獻子. 따라서 '中行獻子'로도 불림. 그 후손이 뒷날 晉六卿의 하나인 中行氏로 발전함.

【士匄】 晉나라 대부. 范匄. 伯瑕. 士文伯. 范文子(士燮)의 아들. 시호는 宣子. 범선자로도 불림. '匄'는 '丐'로도 표기하며 음은 '古害反' '개'로 읽음.

【觀禮】 다른 제후국들에게는 고대 舞樂이 전하지 않고 다만 魯나라 周 天子의 〈禘樂〉과 宋나라 成湯의 王禮 舞樂인 〈桑林〉이 전승되어 다른 제후국들이 이를 늘 관람함.

【禘樂】 외국 국빈의 연회나 큰 제사에 사용하는 舞樂으로 周나라 정통을 이어받은 것임.

【師題以旌夏】 '師'는 樂隊의 우두머리. '題'는 선두에 서는 것. '旌夏'는 큰 깃발. 〈桑林〉의 무악은 殷나라 궁중 무악이었으며 宋나라는 殷나라의 후예였기에 그 무악이 전해 오고 있었음.

【晉侯懼】 진 도공이 갑작스러운 깃발과 음악에 놀라 두려워함. 杜預 注에 "旌夏非常, 卒見之, 人心偶有所畏"라 함.

【著雍】 晉나라 지명. 지금의 河南 沁陽縣.

【偪陽】 妘姓의 작은 나라.《國語》鄭語에 "妘姓鄔·鄶·路·偪陽"이라 함. 지금의 邳縣 서북쪽. 즉 山東 嶧城縣에 있음. 앞 장을 참조할 것.

【武宮】晉 武公의 사당. 晉나라는 武公을 太祖로 여겼음. 그 때문에 大事에는 반드시 武宮에 이를 고하였음.
【夷俘】이민족 오랑캐의 포로.
【內史】주 천자국의 관직 이름. 제후국들에 대한 업무를 담당함.
【霍人】지명. 지금의 山西 繁峙縣 동쪽. 본래 살던 곳으로부터 멀리 두어 반란을 예방한 것.
【禮也】杜預 注에 "善不滅姓, 故曰禮也"라 함.
【孟獻子】仲孫蔑. 魯나라 대부. 孟文伯(穀)의 아들이며 公孫敖의 손자. 魯나라 門閥.
【秦堇父】孟獻子(仲孫蔑) 가문의 가신 이름. 偪陽 전투에서 용맹을 과시함. 그 때문에 그를 오른쪽 보좌로 승격시킨 것. 앞 장을 참조할 것.
【秦丕玆】秦堇父의 아들. 그는 뒤에 孔子(仲尼)의 제자가 됨.《史記》仲尼弟子 列傳의 秦商이 바로 이 사람이라 하며《孔子家語》七十二弟子解에 "秦商, 魯人, 字不玆(丕玆)"라 함.


## ✹ 1168(襄 10-4)

### 楚公子貞·鄭公孫輒帥師伐宋.

초楚나라 공자 정貞과 정鄭나라 공손첩公孫輒이 군사를 이끌고 송宋나라를 쳤다.


【公子貞】子囊. 楚 莊王(侶)의 아들이며 共王(審)의 아우. 壬夫를 이어 令尹에 오름.
【公孫輒】子耳. 鄭나라 公子이며 대부. 子良의 아들. 이름은 輒.


⟨傳⟩

六月, 楚子囊·鄭子耳伐宋, 師于訾母.
庚午, 圍宋, 門于桐門.

6월, 초楚나라 자낭子囊과 정鄭나라 자이子耳가 송宋나라 군사를 자무
訾毋에서 쳤다.
경오날, 송나라 도읍을 포위하여 동문桐門을 공격하였다.


【子囊】公子 貞.
【子耳】鄭나라 公子이며 대부. 子良의 아들. 公孫輒.
【訾毋】宋나라 지명. 지금의 河南 鹿邑縣 남쪽.
【庚午】6월 14일.
【桐門】송나라 도읍의 북문.


# ❋ 1169(襄 10-5)

晉師伐秦.

진晉나라 군사가 진秦나라를 쳤다.


㊝

晉荀罃伐秦, 報其侵也.

진晉나라 순앵荀罃이 진秦나라를 친 것은 진秦나라가 지난해 진晉나라를
쳤던 일에 대한 보복이었다.


【荀罃】晉나라 대부. 知罃. 知伯. 荀首(知莊子)의 아들로 宣公 12년(B.C.597)
邲의 싸움에서 사로잡혔음. 시호는 武子. 知武子로도 부름. 그 후손이 春秋末
晉六卿의 하나인 知氏로 발전함.
【報其侵】襄公 9년 秦이 晉을 쳐들어온 것에 대한 보복.

㉧

衛侯救宋, 師于襄牛.

鄭子展曰:「必伐衛. 不然, 是不與楚也. 得罪於晉, 又得罪於楚,
國將若之何?」

子駟曰:「國病矣.」

子展曰:「得罪於二大國, 必亡. 病, 不猶愈於亡乎?」

諸大夫皆以爲然.

故鄭皇耳帥師侵衛, 楚令也.

孫文子卜追之, 獻兆於定姜.

姜氏問繇, 曰:『兆如山陵, 有夫出征, 而喪其雄.』

姜氏曰:「征者喪雄, 禦寇之利也. 大夫圖之!」

衛人追之, 孫蒯獲鄭皇耳于犬丘.


위衛 헌공獻公이 송宋나라를 구원하고자 양우襄牛에 군사를 배치하고
있었다.

정鄭나라 자전子展이 자사子駟에게 말하였다.

"모름지기 위나라를 쳐야 합니다. 그렇지 않으면 초나라와 우방이 될 수
없습니다. 우리는 진晉나라에 죄를 지고 있는데 다시 초나라에게조차 죄를
짓는다면 이 나라가 장차 어찌 되겠습니까?"

그러자 자사가 말하였다.

"나라가 피폐해지겠지요."

자전이 말하였다.

"두 대국에 죄를 짓는다면 우리는 틀림없이 망하고 맙니다. 피폐해지는
것이 망하는 것보다 낫지 않겠습니까?"

대부들이 모두 그렇다고 여겼다.

그 때문에 정나라 황이皇耳가 군사를 이끌고 위나라를 친 것이니 이는
초나라의 명령에 따른 것이었다.

당시 손문자孫文子는 정나라 군사를 뒤쫓으면서 점을 쳐 보고 이를 정강
定姜에게 보고하였다.

정강이 그 점괘의 뜻을 묻자 복관卜官이 이렇게 설명하였다.

"점괘의 징조는 산릉山陵 모양과 같습니다. 사나이가 출정하면 그 장수를 잃게 된다는 것입니다."

그러자 정강이 말하였다.

"출정하여 장수를 잃는다면 오는 적을 막아내느니만 못하오. 대부께서는 잘 헤아려보시오!"

그리하여 위나라가 정나라 군사를 뒤쫓아 손괴孫蒯가 정나라 황이를 견구犬丘에서 사로잡았다.


【衛侯】 衛 獻公(衎). 당시 재위 14년째였음.

【襄牛】 衛나라 지명. 지금의 山東 蒲縣 동남쪽.

【子展】 公孫舍之. 鄭나라 대부. 子罕의 아들. 시호는 桓子.

【子駟】 鄭나라 公子 騑. 鄭 穆公(蘭)의 아들. 僖公(髡頑)이 무례하게 굴자 그를 시해하고 簡公(嘉)을 세운 인물. 襄公 7년을 볼 것.

【皇耳】 鄭나라 대부. 시호는 成子. 그 때문에 皇成子로도 부름.

【孫文子】 孫林父. 衛나라 대부. 孫良夫(孫桓子)의 아들이며 시호는 '文'. 그 때문에 孫文子로도 부름.

【定姜】 衛 定公(臧)의 아내이며 獻公(衎)의 어머니. 齊나라 출신이었음.

【繇】 繇辭. 거북등으로 친 점괘의 풀이. 그 아래는 繇辭임.

【孫蒯】 衛나라 대부 孫林父의 아들.

【犬丘】 衛나라 지명. 지금의 山東 荷澤 부근.


㊅

秋七月, 楚子囊·鄭子耳伐我西鄙, 還, 圍蕭.

八月丙寅, 克之.

九月, 子耳侵宋北鄙.

孟獻子曰:「鄭其有滅乎! 師競已甚. 周猶不堪競, 況鄭乎! 有災, 其執政之三士乎!」

가을 7월, 초楚나라 자낭子囊과 정鄭나라 자이子耳가 우리의 서쪽 변방을
치고, 돌아가면서 소읍蕭邑을 포위하였다.
　8월 병인날, 그곳을 함락시켰다.
　9월, 자이가 송宋나라의 북쪽 변경을 쳤다.
　맹헌자孟獻子가 말하였다.
　"정나라에는 재난이 있을 것이다! 군사의 출병이 경쟁하듯이 너무 잦다.
주周나라라 해도 그렇게 하다가는 견뎌내지 못할 것인데 하물며 정나라
임에랴! 재난이 생긴다면 정권을 쥐고 있는 세 사람이 이에 해당하리라!"

【子囊】公子貞. 楚 莊王(侶)의 아들이며 共王(審)의 아우. 壬夫를 이어 令尹에
　오름.
【子耳】鄭나라 公子이며 대부. 子良의 아들. 公孫輒.
【蕭】宋나라 읍. 지금의 安徽 蕭縣 북쪽.
【丙寅】8월 11일.
【孟獻子】仲孫蔑. 魯나라 대부. 孟文伯(穀)의 아들이며 公孫敖의 손자. 魯나라
　門閥.
【三士】子駟(騑), 子國(發), 子耳(輒)를 가리킴. 杜預 注에 "鄭簡公幼少, 子駟, 子國
　子耳秉政, 故知三士任其禍也. 爲下盜殺三大夫傳"이라 함. 이들은 결국 도적
　에게 모두 살해됨. 다음 장을 볼 것.


※ 1170(襄 10-6)

秋, 莒人伐我東鄙.

가을, 거莒나라 사람이 우리의 동쪽 변방을 침범하였다.

【莒】작위는 子爵. 지금의 山東 莒縣. 己姓이었음.

傳

莒人間諸侯之有事也, 故伐我東鄙.

거莒나라 사람이 제후들의 출병을 엿보고 있었으며 그 때문에 우리의
동쪽 변방을 침범한 것이다.

【間】제후들이 鄭나라를 칠 것을 엿보아 노나라 방비에 틈이 생긴 것을 이용
하여 침범한 것.


## ❈ 1171(襄 10-7)

公會晉侯·宋公·衛侯·曹伯·莒子·邾子·齊世子光·滕子·
薛伯·杞伯·小邾子伐鄭.

양공이 진후晉侯·송공宋公·위후衛侯·조백曹伯·거자莒子·주자邾子·제齊나라
세자 광光·등자滕子·설백薛伯·기백杞伯·소주자小邾子와 함께 정鄭나라를
쳤다.


【世子光】齊 靈公(環)의 太子. 뒤에 莊公이 되어 B.C.553~548년까지 6년간 재위
하고 景公(杵臼)에게 이어짐. 杜預 注에 "齊世子光先至於師, 爲盟主所尊, 故在
滕上"이라 함.
【滕】周 文王의 아들 叔繡가 받았던 封國. 侯爵이었으며 지금의 山東 滕縣 일대.
戰國시대 齊나라에게 망함. 당시 滕나라 군주는 成公이었음.
【薛】黃帝의 후예 奚仲이 받은 封國. 侯爵이며 군주의 성은 任姓. 지금의 山東
滕縣 동남쪽.
【杞】姒姓, 周 武王이 殷을 멸한 다음 禹의 후손 東樓公을 찾아 봉하였음. 지금의
河南 杞縣 일대.
【小邾子】小邾의 군주. 諸侯의 分封이었으므로 '小邾子'라 부른 것.

傳

諸侯伐鄭, 齊崔杼使大子光先至于師, 故長於滕.
己酉, 師于牛首.


　제후들이 정鄭나라를 치고자 제齊나라의 최저崔杼는 태자 광光에게
제후들 군사가 모인 곳에 미리 가 있도록 하였으며, 그 때문에 경經에는
제나라 태자를 등滕나라 군주 앞에 기록한 것이다.
　기유날, 제후들 군사가 정나라의 우수牛首에 주둔하였다.


【崔杼】 齊나라 대부. 齊 莊公(B.C.553~548)이 그의 아내와 사통하자 崔杼는
　　그를 弑害하고 景公을 세워 자신은 宰相이 되는 등 춘추 후기 제나라 역사를
　　뒤흔든 인물. 晏子(晏嬰)와 여러 차례 부딪치는 등 많은 일화를 낳았음. 뒤에
　　집안 내분을 견디지 못하고 목을 매어 자결하였으며 시호는 武子.
【大子光】 ‘大’는 ‘太’와 같음. 齊 靈公(環)의 太子. 뒤에 莊公이 되어 B.C.553~
　　548년까지 6년간 재위하고 景公(杵臼)에게 이어짐.
【長於滕】 雞澤, 戚, 戲, 柤 등의 회맹에 모두 齊나라 세자 光을 다른 나라보다
　　뒤에 그 이름을 적었으나 이때 비로소 滕나라 앞에 그 이름을 올려주었음을 말함.
【牛首】 鄭나라 땅. 지금의 河南 陳留縣 서남쪽 南通 許縣 북쪽.


✸ **1172(襄 10-8)**

冬, 盜殺鄭公子騑 · 公子發 · 公孫輒.


　겨울, 도적이 정鄭나라 공자 비騑와 공자 발發, 공손첩公孫輒을 죽였다.


【公子騑】 子駟. 鄭나라 公子 騑. 《公羊傳》과 《穀梁傳》에는 ‘斐’로 되어 있음.
　　鄭 穆公(蘭)의 아들. 僖公(髡頑)이 무례하게 굴자 그를 시해하고 簡公(嘉)을 세운
　　인물. 襄公 7년을 볼 것.

【公子發】子國. 鄭나라 公子 發(子發). 穆公의 아들. 兵權을 담당함.
【公孫輒】子耳. 鄭나라 公子이며 대부. 子良의 아들. 이름은 輒.


㊝

初, 子駟與尉止有爭, 將禦諸侯之師, 而黜其車.
尉止獲, 又與之爭.
子駟抑尉止曰:「爾車非禮也.」
遂弗使獻.
初, 子駟爲田洫, 司氏·堵氏·侯氏·子師氏皆喪田焉.
故五族聚羣不逞之人, 因公子之徒以作亂.
於是子駟當國, 子國爲司馬, 子耳爲司空, 子孔爲司徒.
冬十月戊辰, 尉止·司臣·侯晉·堵女父·子師僕帥賊以入, 晨攻執政于西宮之朝, 殺子駟·子國·子耳, 劫鄭伯以如北宮.
子孔知之, 故不死.
書曰「盜」, 言無大夫焉.
子西聞盜, 不儆而出, 尸而追盜.
盜入於北宮, 乃歸, 授甲, 臣妾多逃, 器用多喪.
子産聞盜, 爲門者, 庀羣司, 閉府庫, 愼閉藏, 完守備, 成列而後出, 兵車十七乘.
尸而攻盜於北宮, 子蟜帥國人助之, 殺尉止·子師僕, 盜衆盡死.
侯晉奔晉, 堵女父·司臣·尉翩·司齊奔宋.
子孔當國, 爲載書, 以位序·聽政辟. 大夫·諸司·門子弗順, 將誅之.
子産止之, 請爲之焚書.
子孔不可, 曰:「爲書以定國, 衆怒而焚之, 是衆爲政也, 國不亦難乎?」
子産曰:「衆怒難犯, 專欲難成, 合二難以安國, 危之道也. 不如焚書以安衆, 子得所欲, 衆亦得安, 不亦可乎? 專欲無成, 犯衆興禍, 子必從之!」
乃焚書於倉門之外, 衆而後定.

당초, 정鄭나라 자사子駟와 울지尉止가 다툰 일이 있었다. 이때 정나라가 제후들 연합군을 방어할 때 자사는 울지의 전차 수를 줄여버렸다.

다시 울지가 포로를 잡자 이를 두고 또한 그와 다투었다.

그때 자사는 울지를 억누르며 이렇게 말하였다.

"너의 전차는 예에 맞지 않게 너무 많다."

그리고는 결국 울지가 잡은 포로를 임금에게 바치지 못하게 하였다.

또 그 이전, 자사가 전혁田洫의 업무를 맡았을 때 사씨司氏·도씨堵氏·후씨侯氏·자사씨子師氏 등 네 집안이 모두 그의 판결로 인해 토지 일부를 잃게 되었다.

그 때문에 그들 네 집안에 울지까지 모두 다섯 집안이 자사에게 불만을 품고 불령不逞한 무리들을 모아 지난날 자사에게 억울하게 죽은 공자들의 사건을 빌미로 하여 난을 일으켰다.

당시 자사는 국정을 쥐고 있었고, 자국子國은 사마였으며, 자이子耳는 사공이었고, 자공子孔은 사도였다.

겨울 10월 무진날, 울지·사신司臣·후진侯晉·도여보堵女父·자사복子師僕이 도적들을 이끌고 궁중으로 들어가 이른 아침에 집정대신들을 서궁西宮의 조정에서 공격하여 자사·자국·자이를 죽이고 정 간공을 위협하여 북궁으로 데리고 갔다.

당시 자공은 그 일을 미리 알고 있어 죽음을 당하지 않았다.

경經에 '도적'이라 기록한 것은 그들 속에 대부는 들어있지 않았기 때문이었다.

자서子西가 도적들이 반역을 일으켰다는 말을 듣고 아무런 경계도 없이 곧바로 집을 뛰쳐나가 아버지 시신을 거두고 도적들을 뒤쫓았다.

도적들이 북궁으로 들어가자 그는 집으로 돌아가 집안사람들에게 무장을 시켰다. 그때 그의 가신들과 첩들이 많이 달아났고 가구와 가재가 많이 없어졌다.

한편 자산子産도 도적떼가 일어났다는 소식을 듣고 문을 걸어 잠그고 가신들에게 각기 일을 맡겼다. 창고를 닫아걸고 물건들을 잘 지키도록 주의를 주었으며 수비를 완전하게 하도록 하였다. 그리고 싸울 사람들의 대열을 지은 뒤에야 나섰는데 그가 거느린 전차는 열일곱 대였다.

그는 아버지 시신을 거두고 북궁의 도적들을 공격하였다. 이에 자교子蟜가 나라사람들을 이끌고 와서 도우면서 울지와 자사복을 죽였으며 도적 무리는 거의 이들에게 죽음을 당하고 말았다.

그러자 후진은 진晉나라로 도망가고, 도여보·사신·울편尉翩·사제司齊는 송宋나라로 달아났다.

결국 자공이 실권을 쥐자 대부들과 맹약의 문서를 지어 지위와 서열을 세우고 정치와 재판을 지시대로만 하도록 하였다.

그러자 대부와 여러 유사들, 그리고 대부의 자제들이 그 지시에 순종하지 않아 장차 이들을 처벌할 참이었다.

이에 자산이 말리고는 그 맹약의 문서를 태워 없애기를 청하였다.

자공이 반대하며 말하였다.

"맹약의 문서를 만든 것은 나라를 안정시키려 한 것이오. 많은 사람들이 반대한다고 해서 이를 불태운다면 이는 군중이 정권을 쥐고 있는 것과 같소. 그렇게 되면 나라를 이끌기가 힘들지 않겠소?"

그러자 자산이 말하였다.

"많은 사람들이 화를 낸다면 이를 거부하기 어렵고, 독단으로 욕심을 부리면 일을 성취하기 어렵습니다. 두 가지 어려움을 합해놓고 나라를 다스린다는 것은 위험한 일입니다. 그 문서를 불태워 무리를 안정시키느니만 못합니다. 그대가 하고자 하는 바를 달성하고 민중 역시 안정을 얻는다면 역시 좋지 않겠습니까? 독단으로 부리는 욕심은 성공할 수 없고, 많은 사람들을 거스르면 재앙이 일어납니다. 그대는 모름지기 민중의 뜻을 따르십시오!"

이에 자공이 창문倉門 밖에서 그 문서를 불태우자 무리들이 안정을 되찾게 되었다.


【子駟】鄭나라 公子 駟. 鄭 穆公(蘭)의 아들. 僖公(髡頑)이 무례하게 굴자 그를 시해하고 簡公(嘉)을 세운 인물. 襄公 7년을 볼 것.

【尉止】陳留 尉邑의 대부. '尉'을 성씨로 삼음. 尉氏는 지금의 河南 開封市 남쪽. '尉'는 땅이름과 성씨일 경우 '울'로 읽음.

【御諸侯之師】 제후들이 鄭나라를 공격하여 이를 막아내는 일을 함.
【黜其車】 子駟가 尉止가 통솔하고 있던 전차 수량을 줄여버림.
【田洫】 '洫'은 '혁'으로 읽으며 농토 사이의 溝洫. 농토의 경계를 두고 다툼이
　벌어졌을 때 이를 판결하거나 水利 문제 등을 관장하는 업무를 말함. 《周禮》
　考工器 匠人 부분을 볼 것.
【司氏·侯氏·堵氏·子師氏】 자사의 잘못된 판결로 토지를 잃은 네 집안. 아래의
　司氏(司臣), 堵氏(堵女父), 侯氏(侯晉), 子師氏(子師僕)임. 侯晉은 侯宣多의 아들.
【不逞之人】 일에 만족을 느끼지 못하고 실의에 빠진 자들로 불만에 가득차거나
　불량한 뜻을 품고 있는 무리들.
【公子之徒】 襄公 8년 4월 경진날, 子駟에게 죽음을 당한 子狐·子熙·子侯·子丁
　등을 말함.
【子國】 鄭나라 公子 發(子發). 대부. 穆公(蘭)의 아들이며 子産의 아버지. 兵權을
　담당함.
【子耳】 鄭나라 公子이며 대부. 子良의 아들. 公孫輒.
【子孔】 鄭나라 공자 嘉. 穆公(蘭)의 아들.
【戊辰】 10월 14일.
【司臣·侯晉·堵女父·子師僕】 네 집안의 대표 인물들의 구체적인 이름.
【鄭伯】 당시 鄭나라 군주는 簡公(嘉) 재위 3년째였음.
【子西】 鄭나라 대부. 子駟의 아들. 公孫夏. 杜預 注에 "子西, 公孫夏, 子駟子"라 함.
【不儆】 신변의 儆戒를 제대로 갖추지 않음.
【子産】 公孫僑. 子國(公孫成)의 아들. 뒤에 鄭나라의 훌륭한 宰相이 되어 孔子가
　자주 칭찬한 인물.
【爲門者】 문지기를 정함. 문을 단속함.
【庀群司】 여러 가지 일을 분담시킴.
【子蟜】 鄭나라 대부. 公孫蠆. 子游의 아들. 시호는 桓子.
【尉翩】 尉止의 아들.
【司齊】 司臣의 아들.
【載書】 맹약의 문서.
【聽政辟】 정치나 재판을 주관함.
【諸司】 여러 부서의 각기 맡은 관서.
【門子】 경대부의 적자들.
【專欲】 개인을 위하는 욕심. 독단적으로 하는 일.
【倉門】 궁중의 東南 성문. 杜預 注에 "不於朝內燒, 欲使遠近見所燒"라 함.

戌鄭虎牢.

정鄭나라의 호뢰虎牢 땅을 수비하였다.

【虎牢】鄭나라 서북 국경의 險地. 北制. 지금의 河南 汜縣 서쪽.


⟨傳⟩

諸侯之師城虎牢而戌之, 晉師城梧及制, 士魴·魏絳戌之.
書曰「戌鄭虎牢」, 非鄭地也, 言將歸焉.
鄭及晉平.


제후들 군사는 호뢰虎牢에 성을 쌓아 수비하고, 진晉나라 군사는 정나라 오梧와 제制에 성을 쌓아 사방士魴과 위강魏絳이 수비하였다.
경經에 '정나라가 호뢰를 수비하였다'라 기록한 것은 그 무렵에는 호뢰가 정나라 땅이 아니었지만 장차 정나라에 돌려주려고 하였음을 말한 것이다.
정나라는 진나라와 화평을 맺었다.


【梧·制】모두 鄭나라의 옛 땅. 虎牢 부근. 制는 虎牢의 다른 이름.
【士魴】士會의 아들. 范魴. 그의 식읍이 彘읍이며 시호가 恭子여서 흔히 彘季, 彘恭子로도 부름. 彘는 본래 先穀의 식읍이었으나 先穀이 피살되자 이름을 彘로 바꾸고 士魴의 채읍이 되었음. 宣公 12년을 볼 것.
【魏絳】魏犨의 아들. 魏莊子.《禮記》樂記 疏에 "州生莊子絳"이라 하였으며 여기서의 '州'는 '犨', 즉 '魏犨'임.《國語》晉語(7)에 "知魏絳之勇而不亂也, 使爲元司馬"라 함.
【非鄭地】원래 鄭나라 땅이었지만 제후들의 연합군에게 점령당하여 이미 정나라 땅이 아니었음. 정나라가 굴복하면 돌려주고자 하였음.

✵ **1174**(襄 10-10)

楚公子貞帥師救鄭.

초楚나라 공자 정貞이 군사를 이끌고 정鄭나라를 구원하였다.


【公子貞】子囊.


㋞

楚子囊救鄭.
十一月, 諸侯之師還鄭而南, 至於陽陵, 楚師不退.
知武子欲退, 曰:「今我逃楚, 楚必驕, 驕則可與戰矣.」
欒黶曰:「逃楚, 晉之恥也. 合諸侯以益恥, 不如死. 我將獨進.」
師遂進.
己亥, 與楚師夾潁而軍.
子蟜曰:「諸侯旣有成行, 必不戰矣. 從之將退, 不從亦退. 退, 楚必
圍我. 猶將退也, 不如從楚, 亦以退之.」
宵涉潁, 與楚人盟.
欒黶欲伐鄭師, 荀罃不可, 曰:「我實不能禦楚, 又不能庇鄭, 鄭何罪?
不如致怨焉而還. 今伐其師, 楚必救之. 戰而不克, 爲諸侯笑. 克不
可命, 不如還也.」
丁未, 諸侯之師還, 侵鄭北鄙而歸.
楚人亦還.


초楚나라 자낭子囊이 정鄭나라를 구원하러 나섰다.
11월, 제후들 군사가 정나라를 돌아 남진하여 양릉陽陵에 이르렀으나
초나라 군사는 물러나지 않았다.
이에 지무자知武子가 물러서려 하며 말하였다.

"지금 우리가 초나라 군사를 피해 달아난다면 초나라는 틀림없이 교만해질 것입니다. 그들이 교만해지면 그때는 그들과 싸워볼 만할 것입니다."

그러자 난염欒魘이 반대하고 나섰다.

"초나라를 피해 달아나는 것은 진나라의 수치입니다. 우리는 제후들 군사를 합쳐 이끌고 있으니 더욱 큰 수치입니다. 차라리 죽느니만 못합니다. 나는 혼자서라도 진격할 것입니다."

이에 진나라 군사는 결국 진격에 나섰다.

기해날, 초나라 군사와 영수潁水를 사이에 두고 진을 치게 되었다.

그때 자교子蟜가 이렇게 말하였다.

"제후들 중에는 이미 돌아갈 준비를 다 갖춘 이들도 있으니 틀림없이 싸움은 벌어지지 않을 것입니다. 우리가 진나라에 복종해도 그들은 돌아가게 될 것이요, 복종하지 않더라도 역시 그들은 퇴군할 것입니다. 그들이 물러나면 초나라 군사는 틀림없이 우리를 포위할 것입니다. 그럼에도 제후들 군사는 물러갈 것이니 그럴 바엔 우리는 초나라에 복종하느니만 못하오. 그렇게 해서 초나라 역시 물러가게 합시다."

그리고는 밤에 영수潁水를 건너가서 초나라와 맹약을 맺었다.

이를 알게 된 진나라 난염이 정나라 군사를 치려 하자 순앵이 반대하며 말하였다.

"우리는 사실 초나라 군을 막아내지 못하였고 정나라를 지켜주지도 못하였으니 정나라가 무슨 죄가 있다는 것입니까? 정나라로 하여금 초나라를 원망하도록 버려둔 채 돌아가느니만 못합니다. 지금 우리가 정나라를 치면 초나라는 틀림없이 정나라를 구원하겠다고 나설 것입니다. 싸웠다가 승리하지 못하면 제후들의 웃음거리만 됩니다. 반드시 승리한다고 장담할 수 없으니 돌아가느니만 못합니다."

정미날, 제후들 연합군이 돌아가면서 정나라의 북쪽 변방을 치고 귀환하였다.

초나라도 역시 돌아갔다.


【子囊】公子貞. 楚 莊王(侶)의 아들이며 共王(審)의 아우. 壬夫를 이어 令尹에 오름.

【還鄭】鄭나라 땅을 돌아 감. '還'은 '環'과 같음.

【陽陵】지금의 河南 許昌 부근.

【知武子】荀罃. 晉나라 대부. 知罃. 荀首(知莊子)의 아들로 宣公 12년(B.C.597) 邲의 싸움에서 사로잡혔음. 시호는 武子. 知武子로도 부름. 그 후손이 春秋末 晉六卿의 하나인 知氏로 발전함.

【欒黶】晉나라 대부. 欒桓子로도 불림. 欒武子(欒書)의 아들.

【子蟜】鄭나라 대부. 公孫蠆. 子游의 아들. 시호는 桓子. 원문에는 '子矯'로 잘못 되어 있음.

【潁】강 이름. 許昌의 서쪽을 서북으로부터 동남으로 흐름.

【成行】떠날 준비를 이미 다 갖춤.

【宵】원문에는 '霄'로 잘못 표기되어 있음.

【庇鄭】정나라를 보호함. '庇'는 원문에는 '庀'로 잘못 표기되어 있음.

【致怨】정나라가 초나라에 복종하였다가 초나라가 끝없이 그들을 괴롭혀 원망을 사도록 함.

【北鄙】정나라 군사가 남쪽에 모두 치우쳐 있어 대신 북쪽을 치면서 돌아간 것.


## ※ 1175(襄 10-11)

公至自伐鄭.

양공이 정鄭나라 정벌에서 돌아왔다.


＊無傳


⑲

王叔陳生與伯輿爭政, 王右伯輿.

王叔陳生怒而出奔.

及河, 王復之, 殺史狡以說焉.

不入, 遂處之.

晋侯使士匃平王室, 王叔與伯輿訟焉.

王叔之宰與伯輿之大夫瑕禽坐獄於王庭, 士匃聽之.

王叔之宰曰: 「篳門閨竇之人而皆陵其上, 其難爲上矣.」

瑕禽曰: 「昔平王東遷, 吾七姓從王, 牲用備具, 王賴之, 而賜之騂旄之盟, 曰: 『世世無失職.』 若篳門閨竇, 其能來東底乎? 且王何賴焉? 今自王叔之相也, 政以賄成, 而刑放於寵. 官之師旅, 不勝其富, 吾能無篳門閨竇乎? 唯大國圖之! 下而無直, 則何謂正矣?」

范宣子曰: 「天子所右, 寡君亦右之; 所左, 亦左之.」

使王叔氏與伯輿合要, 王叔氏不能擧其契.

王叔奔晉.

不書, 不告也.

單靖公爲卿士以相王室.


왕숙진생王叔陳生이 백여伯輿와 주周나라 왕실의 정권을 놓고 다투자 천자 영왕靈王이 백여 편을 들어주었다.

왕숙진생은 화를 내며 달아났다.

그가 하수河水 가에 이르렀을 때 영왕은 그를 복귀시키고자 사교史狡를 죽이고 왕숙진생을 설득하였다.

그러나 그는 주나라로 들어가지 않고 계속 그곳에 머물렀다.

이에 진晉 도공悼公이 사개士匃를 보내어 왕실을 안정시키도록 하자 왕숙과 백여가 소송을 제기하였다.

왕숙의 가재家宰와 백여의 대부 하금瑕禽이 대리로 왕궁의 뜰에 앉아 재판을 열어 사개가 이를 담당하였다.

왕숙의 가재가 말하였다.

"필문규두篳門閨竇의 천한 신분이 모두가 윗사람을 능멸한다면 윗사람 노릇하기가 쉽지 않습니다."

그러자 하금이 말하였다.

"옛날 평왕平王께서 낙읍洛邑으로 천도하셨을 때 우리 일곱 성씨姓氏 사람들이 천자를 따라와 희생과 물품을 갖추어 천자께서는 이들을 의지하셨습니다. 그리하여 우리 백여 조상에게 붉은 털의 소를 하사하면서 맹약하시되 '대대손손 관직을 잃지 않게 하리라'라 하셨습니다. 그때 필문규두篳門閨竇의 천한 신분이었다면 능히 이 동쪽까지 올 수 있었겠습니까? 게다가 왕께서 어찌 백여의 조상을 의지하셨겠습니까? 지금 왕숙이 재상이 되고 나서는 정치는 뇌물에 의해 이루어지고, 재판은 총애를 받는 자에게 유리하게 판결이 납니다. 관직에 있는 많은 사람들은 그 부유함을 어찌 처리할 줄 모르고 있으나 뇌물을 받지 않는 우리는 능히 필문규두의 천한 삶을 살지 않을 수 있겠습니까? 오직 대국이신 진나라가 잘 헤아려주시기 바랍니다! 아랫사람이 정직하지 못하다고 한다면 그런 재판이 어찌 바르다고 할 수 있겠습니까?"

이에 범선자范宣子가 말하였다.

"천자께서 오른쪽이 옳다고 하면 우리 임금도 오른쪽 편을 들 것이요, 왼쪽이 옳다 하면 역시 그렇게 할 것이오."

그리고는 왕숙과 백여 각 측에게 문서를 내놓도록 하여 대조해보게 하였다. 왕숙 측은 이를 내놓지 못하였다.

왕숙은 그길로 진晉나라로 달아났다.

경經에 이 사건을 기록하지 않은 것은 주나라가 노나라에 이를 통고해오지 않았기 때문이었다.

선정공單靖公이 주나라 경사卿士가 되어 왕실을 도왔다.


【王叔陳生】周나라 靈王의 경사.
【伯輿】'伯與'로도 표기하며 역시 周나라 卿士. 成公 11년 傳을 볼 것.
【爭政】정치상의 권세를 다툼.
【靈王】당시 주나라 천자. 이름은 姬泄心. 재위 9년째였음.
【史狄】史官 狄. 이 사람으로 인하여 왕숙과 백여가 다투게 되어 왕숙이 원한을 품었던 인물로 보임.
【晉侯】晉 悼公. 당시 패자였으므로 왕실을 안정시킬 권한과 간섭권이 있었음.

【士匄】晉나라 대부. 范匄. 伯瑕. 士文伯. 范文子(士燮)의 아들. 시호는 宣子. ‘匄’는 ‘丐’로도 표기하며 음은 ‘古害反’ ‘개’로 읽음.

【瑕禽】伯輿 측에서 내세운 소송의 대리인.

【篳門閨竇】가난한 집의 사립문. 여기에서는 사립문 집에서 가난하고 천하게 사는 사람을 뜻함. 신분이 천한 상대를 낮추어 표현한 것. 여기서는 백여를 지칭한 것. 杜預 注에 “篳門, 柴門; 閨竇, 小戶. 穿壁爲戶, 上銳下方, 狀如圭也. 言伯輿微賤之家”라 함.

【平王】姬宜臼. 東周의 첫 임금. 洛陽으로 遷都하여 東周의 春秋時代를 맞이함.

【七姓】일곱 성씨의 가문들이 姬宜臼(平王)를 따라 東遷하여 동주 건국에 큰 공헌을 함.

【騂旄】붉은 털이 난 소. 희생용으로 가장 훌륭한 소를 뜻함. 《論語》雍也篇에 “子謂仲弓, 曰:「犂牛之子騂且角, 雖欲勿用, 山川其舍諸?」”라 하였고, 《尙書》 微子篇에 “今殷民乃攘竊神祇之犧牷牲用以容, 將食無災”라 함. 周 王室은 赤色(火)을 숭상하여 중요한 맹약을 할 때에는 붉은 털의 소를 희생으로 사용하였음. 杜預 注에 “平王徙時, 大臣從者有七姓, 伯輿之祖皆在其中, 主爲王備犧牲, 共祭祀. 王恃其用, 故與之盟, 使世守其職. 騂旄, 赤牛也. 擧騂旄者, 言得重盟, 不以犬雞”라 함.

【職】당시 백여의 조상이 맡고 있던 직책. 희생 준비와 제사의 업무.

【東底】‘底’는 〈阮刻本〉에는 ‘底’로 되어 있으나 이는 오기임. ‘이르다, 도착하다’의 뜻.

【天子所右】천자가 옳다고 여기는 곳을 晉 悼公이 따를 것임을 말함. 이는 실제 사개가 자신의 주장을 펴지 않겠다는 의지를 표명한 것임. 杜預 注에 “宣子知伯輿直, 不欲自專, 故推之於王”이라 함.

【合要】약속할 때나 명령을 내릴 때에 준 符節이나 文書 당을 맞추어 봄.

【契】약속이나 명령을 표시하는 물건의 조각.

【單靖公】周나라 왕실의 卿士. 單頃公의 아들.

# 161. 襄公 11年(B.C.562) 己亥

| 周 | 靈王(姬泄心) 10년 | 齊 | 靈公(環) 20년 | 晉 | 悼公(周) 12년 | 衛 | 獻公(衎) 15년 |
|---|---|---|---|---|---|---|---|
| 蔡 | 景公(固) 30년 | 鄭 | 簡公(嘉) 4년 | 曹 | 成公(負芻) 16년 | 陳 | 哀公(溺) 7년 |
| 杞 | 孝公(匄) 5년 | 宋 | 平公(成) 14년 | 秦 | 景公(后伯車) 15년 | 楚 | 共王(審) 29년 |
| 吳 | 壽夢 24년 | 許 | 靈公(甯) 30년 | | | | | | |

---

❋ **1176(襄 11-1)**

十有一年春王正月, 作三軍.

11년 봄 주력 정월, 삼군三軍을 편성하였다.

【三軍】 魯나라 원래 上下 二軍만 있었으나 이때부터 上中下 三軍을 두었음.

㊀

十一年春, 季武子將作三軍, 告叔孫穆子曰:「請爲三軍, 各征其軍.」
穆子曰:「政將及子, 子必不能.」
武子固請之, 穆子曰:「然則盟諸?」
乃盟諸僖閎, 詛諸五父之衢.
正月, 作三軍, 三分公室而各有其一, 三子各毁其乘.

季氏使其乘之人, 以其役邑入者無征, 不入者倍征.
孟氏使半爲臣, 若子若弟.
叔孫氏使盡爲臣, 不然不舍.


　　11년 봄, 계무자季武子가 장차 노나라 군사를 3군으로 편성하고자 이를 숙손목자叔孫穆子에게 알렸다.
　　"청컨대 삼군을 편성하여 우리가 각각 하나씩 거느리도록 합시다."
　　그러자 목자가 말하였다.
　　"정권이 장차 그대에게 맡겨질 것이오. 그렇게 되면 그대는 틀림없이 능히 삼군을 통솔할 수 없게 될 것이오."
　　그래도 계무자가 굳이 청하자 목자가 말하였다.
　　"그렇다면 그 일을 맹세할 수 있겠소?"
　　그리하여 희공僖公의 사당 문에서 맹세하고 다시 오보五父 거리에서 배신할 경우 저주가 내릴 것임을 선언하였다.
　　정월, 삼군을 편성하여 공실에 따라 셋으로 나누고 각기 하나씩 거느리도록 하여 세 공실이 가지고 있던 군사들을 해산시켰다.
　　이리하여 계씨季氏는 자신 관할의 병역 의무를 위해 입대한 자에게는 세금을 면제하고 입대하지 않은 자에게 대해서는 곱절의 세금을 받았다.
　　그리고 맹씨孟氏는 자신 관할 구역의 병사 반을 가신으로 삼았는데 혹 아들도 있었고 혹 아우도 있었다.
　　숙손씨叔孫氏는 관할 구역의 사람을 모두 가신으로 삼으면서 자신의 지시에 따르지 않는 자는 놓아주지 않았다.


【季武子】季孫宿. 魯나라 대부. 季孫行父의 아들. 《國語》에는 '季孫夙'으로 되어 있음.
【叔孫穆子】叔孫豹. 魯나라 대부. 叔孫僑如의 아우. 叔孫穆叔.
【僖閟】魯 僖公(申: B.C.659~627년 재위) 사당의 대문. '閟'은 門을 뜻함.
【政將及子】叔孫穆子가 늙어 정권이 장차 그대에게 넘어갈 것임. 杜預 注에는 '政'을 패자, 즉 晉나라 군주의 政令이라 풀이하여 '만일 노나라가 삼군을 둔다면 진나라가 요구하는 정령이 그대에게 더 많아진다'로 해석하였음.

【五父之衢】五父의 거리. 五父는 거리 이름. 魯나라 도읍 曲阜의 동남쪽에 있었
   으며 가장 번화한 곳이었다 함.《山東通志》에 "今在曲阜縣東南五里"라 함.
【三子】노나라 三桓이었던 季孫氏, 孟孫氏, 叔孫氏.
【毁其乘】종전에 거느리던 각자의 군사를 해산함. 당시의 군사는 전차 부대가
   중추를 이루었기에 乘으로써 군사의 뜻을 나타냄.
【役邑】백성이 領主에게 지는 의무인 兵役과 勞役.
【若子若弟】병역 의무를 수행하는 신분으로 아들이나 아우 누구라도 그 집안
   에서 하나씩 차출되었음을 말함. 그러나 이 구절에 대해서는 여러 설이 있음.
【不然不舍】방침대로 하지 않으면 그대로 내버려두지 않음.


## ✳ 1177(襄 11-2)

夏四月, 四卜郊, 不從, 乃不郊.

　여름 4월, 교제郊祭 날짜를 네 번 점쳤으나 모두 길하지 않아 이에
교제를 지내지 않았다.


　＊無傳


## ✳ 1178(襄 11-3)

鄭公孫舍之帥師侵宋.

　정鄭나라 공손사지公孫舍之가 군사를 이끌고 송宋나라를 쳤다.


【公孫舍之】鄭나라 대부. 자는 子展. 公子 喜의 아들.

㊉

鄭人患晉・楚之故, 諸大夫曰:「不從晉, 國幾亡. 楚弱於晉, 晉不
吾疾也. 晉疾, 楚將辟之. 何爲而使晉師致死於我, 楚弗敢敵, 而後
可固與也.」

子展曰:「與宋爲惡, 諸侯必至, 吾從之盟. 楚師至, 吾又從之, 則晉
怒甚矣. 晉能驟來, 楚將不能, 吾乃固與晉.」

大夫說之, 使疆場之司惡於宋.

宋向戌侵鄭, 大獲.

子展曰:「師而伐宋可矣. 若我伐宋, 諸侯之伐我必疾, 吾乃聽命焉,
且告於楚. 楚師至, 吾又與之盟, 而重賂晉師, 乃免矣.」

夏, 鄭子展侵宋.


정鄭나라는 진晉나라와 초楚나라 사이에서 걱정이 커져 대부들은 이렇게
말하였다.

"진나라에 복종하지 않으면 우리는 거의 망할 것입니다. 초나라는 진나라
보다 약하고, 진나라는 우리를 급히 달려와 치지는 않을 것입니다. 진나라가
급히 쳐들어오면 초나라는 그들을 피하려 할 것입니다. 어떻게 하면 진나라로
하여금 우리를 필사적으로 공격하도록 할 수 있을까요? 그렇게 하여
초나라가 감히 진나라에 대적하지 못하게 되면 우리는 그 다음에는 진
나라와 굳게 맺어질 수가 있을 텐데요."

그러자 자전子展이 말하였다.

"우리가 송나라에게 해를 끼친다면 제후들이 연합하여 틀림없이 우리를
쳐들어올 것이니 그때 우리가 진나라에 복종의 맹약을 맺으면 됩니다.
그렇게 되면 초나라가 달려올 것이니 그때는 다시 초나라에게 복종하게
되면 진나라는 크게 화를 낼 것입니다. 그리하여 진나라가 우리를 빈번하게
쳐들어온다고 해서 초나라는 그때마다 우리를 구하겠다고 달려올 수는
없을 것입니다. 그때 우리는 진나라와 굳게 복종의 관계를 맺으면 됩니다."

대부들은 기꺼워하며 국경을 지키고 있는 관리로 하여금 송나라를 괴롭
히도록 하였다.

그러자 송나라 상술向戍이 정나라를 침공하여 큰 성과를 거두었다.

자전이 말하였다.

"군사를 내어 송나라를 치는 것이 좋습니다. 만약 우리가 송나라를 치면 제후들은 틀림없이 급히 우리를 칠 것입니다. 그때 우리는 바로 진나라에게 복종하고, 초나라에 그 사실을 알리는 겁니다. 그리하여 초나라 군사가 오면 우리는 다시 초나라에 복종한다고 맹약을 맺되 많은 재물을 진나라 군사에 주면 우리는 화를 면할 수 있습니다."

여름, 정나라 자전이 송나라를 쳐들어갔다.

【鄭】鄭나라는 지리적으로 대국의 가운데에 끼어 그들이 패권다툼이 벌어질 때마다 가장 먼저 전쟁에 휩쓸릴 수밖에 없었음. 당시 晉나라와 楚나라 사이에서 그들의 쟁패에 역시 고통을 받아 이를 벗어나기 위한 몸부림이 안타까울 정도로 심각했음을 알 수 있는 내용임.

【子展】公孫舍之. 鄭나라 대부. 子罕의 아들. 시호는 桓子.

【與宋爲惡】宋나라에 해가 되는 일을 함. 차라리 국제 관계를 전쟁으로 유도하여 더 큰 세력을 가진 나라에게 복종하여 안정을 구하고자 하는 정책이었음.

【驟來】자주 쳐들어옴. '驟'는 '屢'와 같음. 頻繁함.

【疆場】국경. '疆場之司'는 국경 수비를 담당한 관리. '場'은 '域'과 같음.

【向戍】宋나라 대부. '向'은 성씨일 경우 '상'으로 읽음. 당시 左師의 관직에 있었으며 合邑을 채읍으로 받아 '合左師'로도 부름. 그가 鄭나라를 친 것은 子展의 계략에 걸려든 것으로 보임.


※ **1179(襄 11-4)**

公會晉侯·宋公·衛侯·曹伯·齊世子光·莒子·邾子·滕子·薛伯·杞伯·小邾子伐鄭.

양공이 진후晉侯·송공宋公·위후衛侯·조백曹伯·제齊나라 세자 광光·거자莒子·주자邾子·등자滕子·설백薛伯·기백杞伯·소주자小邾子와 모여 정鄭나라를 쳤다.

【世子光】齊 靈公(環)의 太子. 뒤에 莊公이 되어 B.C.553~548년까지 6년간 재위
하고 景公(杵臼)에게 이어짐.
【小邾】諸侯의 分封이었으므로 '小邾'라 칭함.


## ✹ 1180(襄 11-5)

秋七月己未, 同盟于亳城北.

가을 7월 기미날, 박성亳城 북쪽에서 동맹을 맺었다.

【己未】7월 10일.
【亳城】鄭나라 지명.《公羊傳》과《穀梁傳》에는 모두 '京城'으로 되어 있음. 江永은
"左傳作亳城, 公穀作京城. 以諸侯圍鄭, 當同盟于京城, 應從公穀"이라 함.


㊝

四月, 諸侯伐鄭.

己亥, 齊大子光·宋向戌先至于鄭, 門于東門; 其莫, 晉荀罃至于
西郊, 東侵舊許; 衛孫林父侵其北鄙.

六月, 諸侯會于北林, 師于向; 右還, 次于瑣. 圍鄭, 觀兵于南門,
西濟于濟隧.

鄭人懼, 乃行成.

秋七月, 同盟于亳.

范宣子曰:「不愼, 必失諸侯. 諸侯道敝而無成, 能無貳乎?」

乃盟, 載書曰:「凡我同盟, 毋蘊年, 毋壅利, 毋保姦, 毋留慝, 救
災患, 恤禍亂, 同好惡, 獎王室. 或間茲命, 司愼·司盟, 名山·名川,
羣神·羣祀, 先王·先公, 七姓·十二國之祖, 明神殛之, 俾失其民,
隊命亡氏, 踣其國家.」

2016 춘추좌전

4월, 제후들이 정鄭나라를 쳤다.

기해날, 제齊나라 태자 광光과 송宋나라 상술向戌이 먼저 정나라 도성에 도착하여 동문東門을 공격하고, 그날 저녁, 진晉나라 순앵荀罃이 서쪽 교외에 도착하여 동쪽으로 옛 허許나라 도읍으로 쳐들어갔으며, 위衛나라 손림보孫林父는 정나라의 북쪽 변경을 쳤다.

6월, 제후들이 북림北林에서 모여 연합군을 상向에 집합시키고, 오른쪽으로 돌아 쇄瑣에서 주둔하였다가 정나라 도읍을 포위한 채 남문에서 열병閱兵하고, 서쪽 제수濟隧의 물을 건넜다.

그러자 정나라가 겁을 먹고 그제야 진나라에 화평을 요청하였다.

가을 7월, 박亳에서 맹약을 맺게 되었다.

범선자范宣子가 말하였다.

"이번의 맹약을 신중히 하지 않았다가는 틀림없이 제후들을 잃게 될 것이다. 제후들은 먼 길을 와서 피폐해졌는데 아무런 성과는 없으니 어찌 두 마음을 품지 않겠는가?"

두 나라는 동맹을 맺으면서 이렇게 맹약의 문서를 작성하였다.

"무릇 우리 동맹국은 자기 나라에만 곡물을 쌓아두지 말고, 이익을 독점하지 말 것이며, 간악한 자를 보호하지 말 것이며, 악의를 품지 말 것이며, 재해와 환난을 서로 구제해줄 것이며, 화란에는 서로 규휼할 것이며, 호오好惡를 함께 하고, 왕실을 도와주어야 한다. 만약 이 맹약을 어기면 사신司愼과 사맹司盟, 명산名山, 명천名川 및 그리고 여러 신들과 제사를 받는 모든 신들, 선왕先王과 선공先公들, 그리고 칠성七姓, 12 국國의 조산들과 명철하신 신들이 어긴 자를 죽여 없애며 그로 하여금 백성들을 잃게 하고 그 씨족이 사라지게 하며 그 국가를 멸절시키실 것이니라."


【己亥】 4월 19일.

【大子光】 '大'는 '太'와 같음. 齊 靈公(環)의 太子. 뒤에 莊公이 되어 B.C.553~ 548년까지 6년간 재위하고 景公(杵臼)에게 이어짐.

【向戌】 宋나라 대부. '向'은 성씨일 경우 '상'으로 읽음. 당시 左師 벼슬을 하였으며 合邑을 采邑으로 받아 '合左師'로도 부름.

【東門】齊나라는 정나라 동북쪽. 宋나라는 정나라 동쪽. 그 때문에 그들 두 나라 군사가 정나라 동쪽을 공격한 것.

【莫】'暮'의 본자.

【荀罃】晉나라 대부. 知罃. 知伯. 荀首(知莊子)의 아들로 宣公 12년(B.C.597) 邲의 싸움에서 사로잡혔음. 시호는 武子. 知武子로도 부름. 그 후손이 春秋末 晉六卿의 하나인 知氏로 발전함.

【舊許】그 당시 정나라 읍이었지만 그 전에는 許나라의 도읍이었음. 지금의 河南 許州. 원래 許나라는 姜姓으로 周 武王이 그 苗裔 文叔을 許에 봉한 곳. 지금의 河南 許昌市 동쪽.

【孫林父】衛나라 대부. 孫良夫(孫桓子)의 아들이며 시호는 '文'. 그 때문에 孫文子로도 부름.

【北林】지금의 河南 新鄭 부근의 桨. 宣公 元年을 볼 것.

【向】지금의 河南 尉氏縣 서남.

【右還】오른쪽으로 돌아감. '還'은 '環'과 같음. 서북쪽으로 돌아 정나라 도읍을 향함.

【次】군사가 주둔함을 뜻함. 莊公 3년 傳에 "凡師, 一宿爲舍, 再宿爲信, 過信爲次"라 함.

【瑣】鄭나라 땅. 지금의 河南 新鄭 북쪽. 《一統志》에 "今河南省新鄭縣東北有鎭侯亭"이라 함.

【濟隧】강 이름. 고대 河水의 分流였으나 지금은 메워져 없어짐. 《彙纂》에 《水經注》를 인용하여 "滎澤在滎陽縣東南, 蓋卽濟水·汴水·滎澤分流處"라 함.

【亳】지금의 滎陽 부근. 亳城.

【范宣子】士匄. 晉나라 대부. 伯瑕. 士文伯. 范匄. 范文子(士燮)의 아들. 시호는 宣子. '匄'는 '丐'로도 표기하며 음은 '古害反' '개'로 읽음.

【不憤】이는 戲之盟에서 맹약의 문서를 만들지 않아 鄭나라가 다시 진나라를 배반한 사건을 근거로 문서로 작성할 것을 주장한 것이라 함.

【蘊年】곡물을 자기 나라에만 쌓아둠. 《呂氏春秋》任地篇 高誘 注에 "年, 穀也"라 함. 곡식을 쌓아놓고 남의 흉년이나 재해를 돕지 않음을 말함.

【壅利】杜預 注에 "專山川之利"라 함.

【慝】사특함.

【獎】杜預 注에 "獎, 助也"라 함.

【或間玆命】'間'은 '犯'. '玆'는 '此'와 같음.

【司愼·司盟】맹약을 주관하는 신.《儀禮》覲禮 疏에 "二司, 天神. 司愼, 察不敬者; 司盟, 察盟者"라 함.
【羣祀】天神 이외 제사를 받는 모든 신들.
【先王·先公】杜預 注에 "先王, 諸侯之大祖. 宋祖乙·鄭祖厲王之比也. 先公, 始封君"이라 함.
【七姓·十二國】晉·魯·衛·鄭·曹·滕 여섯 나라는 姬姓, 邾와 小邾는 曹姓, 宋은 子姓, 齊는 姜姓, 莒는 己姓, 杞는 姒姓, 薛은 任姓이었음. 따라서 칠성은 '姬·曹·子·姜·己·姒·任' 등 일곱 성을 말하며, 12국은 이상 13국 중 霸者 晉을 제외한 열두 나라를 말함.
【隊】'墜'와 같음. 墜落함. 엎어짐.
【踣】'斃'와 같음. 죽음을 당함. 滅絶함. 顚覆하여 사라짐.


# ✽ 1181(襄11-6)

公至自伐鄭.

양공이 정鄭나라 정벌에서 돌아왔다.


＊無傳


# ✽ 1182(襄11-7)

楚子·鄭伯伐宋.

초자楚子·정백鄭伯이 송宋나라를 쳤다.


【楚子】당시 楚나라 군주는 共王(審)으로 재위 29년째였음.
【鄭伯】당시 鄭나라 군주는 簡公(嘉)으로 재위 4년째였음.

㊝

楚子囊乞旅于秦.
秦右大夫詹帥師從楚子, 將以伐鄭, 鄭伯逆之.
丙子, 伐宋.

초楚나라 자낭子囊이 진秦나라에게 출병을 요청하였다.
이에 진秦나라 우대부右大夫 첨詹이 군사를 이끌고, 초 공왕共王을 따라
장차 정鄭나라를 공격하려 하자 정 간공簡公이 그들을 맞이하였다.
병자날, 송宋나라를 쳤다.

【子囊】公子貞. 楚 莊王(侶)의 아들이며 共王(審)의 아우. 壬夫를 이어 令尹에
오름.
【右大夫】秦나라 관직 이름.
【詹】진나라 右大夫를 지낸 인물 이름.
【楚子】楚 共王(審).
【鄭伯】鄭 簡公(嘉).
【逆之】이들을 맞아 싸운 것이 아니라 환영함. 이는 鄭나라 정책에 먼저 자신들
에게 다가오는 큰 세력에게 항복하고 대신 그 기회를 이용하여 宋나라를
치기로 한 子展의 계략에 따른 것임. 앞 장을 참조할 것.


✹ 1183(襄 11-8)

公會晉侯·宋公·衛侯·曹伯·齊世子光·莒子·邾子·滕子·
薛伯·杞伯·小邾子伐鄭, 會于蕭魚.

양공이 진후晉侯·송공宋公·위후衛侯·조백曹伯·제齊나라 세자 광光·거자
莒子·주자邾子·등자滕子·설백薛伯·기백杞伯·소주자小邾子와 함께 정鄭나라를
치고자 소어蕭魚에서 만났다.

【世子光】齊 靈公(環)의 太子. 뒤에 莊公이 되어 B.C.553~548년까지 6년간 재위
하고 景公(杵臼)에게 이어짐.
【蕭魚】鄭나라 지명. 지금의 河南 許昌 서쪽.




九月, 諸侯悉師以復伐鄭, 鄭人使良霄·大宰石㚟如楚.
告將服于晉, 曰：「孤以社稷之故, 不能懷君. 君若能以玉帛綏晉,
不然, 則武震以攝威之, 孤之願也.」
楚人執之.
書曰「行人」, 言使人也.


9월, 제후들이 군사를 모두 모아 다시 정鄭나라를 치자 정나라는 양소
良霄와 태재太宰 석착石㚟을 초楚나라에 보냈다.

그리하여 초나라에게 정나라는 진晉나라에게 항복할 것임을 통고하면서
이렇게 전하였다.

"나는 사직을 지켜야 할 이유 때문에 그대 초나라를 염두에 둘 수가
없습니다. 군주께서 능히 옥백玉帛으로 진나라를 물러나게 해주신다면 좋겠
습니다. 그렇게 할 수 없다면 무력으로 진나라를 눌러 위협해 주십시오.
이것이 제가 바라는 바입니다."

그러자 초나라는 사신 두 사람을 잡아 가두어버렸다.

경經에 '행인行人'이라 기록한 것은 그들이 사신이었음을 말한 것이다.


【諸侯】晉나라를 霸者로 인정하여 이룬 연합군으로 楚나라를 상대하고자 한
것임. 鄭나라가 子展의 계략에 따라 우선 楚나라에 복종하자 이를 징벌하기
위한 것임.
【良霄】伯有. 鄭나라 正使로 楚나라에 파견되었던 行人.
【大宰】관직 이름.
【石㚟】楚나라에 사신으로 갔던 副使.

【孤】鄭 簡公이 楚나라에게 자신을 지칭한 것.
【君若能以玉帛綏晉】이는 미완성 문장으로 끝 부분의 '孤之願也'와 연결됨.
'綏'는 '安, 和好'와 같음. 즉 '많은 예물을 晉나라에게 주어 그들 군사가 우리
鄭나라에서 물러나도록 해 줄 것'을 원한 것.
【執之】앞 장에서 鄭나라가 楚나라에게 복종하기로 하였음에도 다시 그 맹약을
어긴 것이라 여겨 그들을 잡아 가둔 것임.
【行人】외교관. 통역관. 사신. 전쟁 중일지라도 관례상 사신을 잡아 가두는 법은
없었음. 이는 다음 장의 經文을 앞서 정리한 것임.


⑫

諸侯之師觀兵于鄭東門.
鄭人使王子伯駢行成.
甲戌, 晉趙武入盟鄭伯.
冬十月丁亥, 鄭子展出盟晉侯.
十二月戊寅, 會于蕭魚.
庚辰, 赦鄭囚, 皆禮而歸之; 納斥候; 禁侵掠.
晉侯使叔肸告于諸侯.
公使臧孫紇對曰:「凡我同盟, 小國有罪, 大國致討, 苟有以藉手,
鮮不赦宥, 寡君聞命矣.」


제후들 연합군이 정鄭나라 동문 밖에서 열병식을 거행하였다.
정나라는 왕자 백변伯駢으로 하여금 진晉나라와 화평을 주선하도록 하였다.
갑술날, 진나라 대부 조무趙武가 정나라 도읍으로 들어가 정 간공簡公과
맹약을 맺었다.
겨울 10월 정해날, 정나라 자전子展이 나가 진 도공悼公과 맹약을 맺었다.
12월 무인날, 제후들이 소어蕭魚에 모였다.
경진날, 정나라 포로를 풀어주되 그들 모두를 예우하여 돌려보내고,
정나라에 보낸 척후들을 불러들이고는 정나라 영토에서의 약탈 행위를
금하였다.

　그리고 진 도공은 숙힐叔肹로 하여금 제후들에게 이렇게 그 사실을 고하도록 하였다.

　노 양공은 장손흘臧孫紇로 하여금 이렇게 대답토록 하였다.

　"우리 동맹국들은 작은 나라가 죄를 지으면 큰 나라가 치는 것입니다. 그러나 어떤 구실이 있으면 너그럽게 용서해 주지 않은 적이 적더군요. 우리 임금께서는 진나라 군주의 말씀을 잘 받들겠습니다."

【王子伯駢】 원래 楚나라 왕자. 鄭나라에 와서 살고 있었음.
【甲戌】 9월 26일.
【趙武】 趙朔의 아들. 趙文子. 趙朔과 趙莊姬 사이에 난 아들. 趙氏 집안의 가장 훌륭한 아들로 자라 뒤에 晉六卿으로 자리를 굳힘. 시호는 文子. 그 후손이 戰國시대 邯鄲을 중심으로 七雄의 하나인 趙나라로 크게 발전함.
【丁亥】 10월 9일.
【子展】 公孫舍之. 鄭나라 대부. 子罕의 아들. 시호는 桓子.
【戊寅】 12월 1일.
【蕭魚】 鄭나라 땅. 지금의 河南 許昌 서쪽.
【庚辰】 12월 3일.
【叔肹】 晉나라 어진 대부. 叔向. 羊舌肹, 자는 叔肹, 혹 叔譽라고도 부름.
【臧孫紇】 臧武仲. 魯나라 대부. 臧宣叔(臧孫許)의 아들. 臧文仲의 아우. 臧紇로도 부름.
【苟有以藉手】 조금이라도 손을 써서 도움을 줌. 선물을 받고 정나라를 용서해 주는 것을 비꼰 말이라 함. '藉手'는 '藉口'와 같음. 구실. 핑계. 작은 이유.


❋ **1184(襄 11-9)**

# 公至自會.

양공이 모임에서 돌아왔다.

【會】 鄭나라를 친 모임.
＊無傳

## ❋ 1185(襄 11·10)

### 楚執鄭行人良霄.

초楚나라가 정鄭나라 행인行人 양소良霄를 붙잡았다.

【行人】 외교를 담당하는 관직. 譯官, 通譯官. 관례적으로 다른 나라의 行人은
함부로 잡는 것이 아니었음. 이 經文은 앞 장과 관련이 있음.
【良霄】 鄭나라 외교관의 이름. 伯有. 公孫輒의 아들. 杜預 注에 "良霄, 公孫輒子
伯有也"라 함.

### 傳

鄭人賂晉侯以師悝·師觸·師蠲; 廣車·軘車淳十五乘, 甲兵備,
凡兵車百乘, 歌鐘二肆, 及其鎛·磬; 女樂二八.

晉侯以樂之半賜魏絳, 曰:「子敎寡人和諸戎狄, 以正諸華, 八年
之中, 九合諸侯, 如樂之和, 無所不諧, 請與子樂之.」

辭曰:「夫和戎狄, 國之福也; 八年之中, 九合諸侯, 諸侯無慝, 君之
靈也, 二三子之勞也, 臣何力之有焉? 抑臣願君安其樂而思其終也.
《詩》曰:『樂只君子, 殿天子之邦. 樂只君子, 福祿攸同. 便蕃左右,
亦是帥從.』 夫樂以安德, 義以處之, 禮以行之, 信以守之, 仁以厲之,
而後可以殿邦國·同福祿·來遠人, 所謂樂也.《書》曰:『居安思危.』
思則有備, 有備無患. 敢以此規.」

公曰:「子之敎, 敢不承命! 抑微子, 寡人無以待戎, 不能濟河. 夫賞,
國之典也, 藏在盟府, 不可廢也. 子其受之!」

魏絳於是乎始有金石之樂, 禮也.

정鄭나라가 진晉 도공悼公에게 보낸 선물로 사괴師悝·사촉師觸·사견師蠲과
광거廣車와 돈거軘車 한 쌍씩 15대였으며 수레에는 갑옷과 무기도 함께 딸려
있었다. 그리고 전차 100대, 종 두 벌과 그에 딸린 박鎛과 경磬, 여자 악대
16명이었다.

진 도공은 악기와 악공을 반씩을 나누어 위강魏絳에게 주면서 말하였다.

"그대는 나를 가르쳐 여러 융적戎狄들과 평화를 구축하여 중원 제후들을 바로잡게 해주었소. 그리하여 8년 동안 아홉 차례나 제후들과 회합을 열 수 있었으니 그 화목하기가 마치 음악 소리와 같아 화합되지 않은 것이 없었소. 나는 그대와 이 악기들로써 즐거움을 삼으려 하오."

위강은 사양하였다.

"무릇 융적들과 화평하게 된 것은 나라의 복이며, 8년 동안 제후들을 아홉 차례나 모이도록 하고 제후들이 사특한 일을 저지르지 않았던 것은 임금의 영험이요, 다른 몇몇 신하들의 공로였습니다. 제가 한 일이 무엇이 있었겠습니까? 생각건대 저는 임금께서 그 즐거움을 편안히 여기시어 그 끝맺음을 잘 하시기를 원합니다. 《시》에 '즐거워라, 군자여. 천자의 나라를 편안하게 하도다. 즐거워라, 군자여. 복록福祿이 함께 찾아오네. 좌우에 모인 사람들 가득하니 그들 역시 천자를 따르는구나'라 하였습니다. 무릇 음악 이란 덕으로써 편안히 하는 것이요, 의로써 처신하는 것이며, 예로써 실천에 옮기고, 신으로써 지켜내며, 인으로써 단련하는 것입니다. 그러고 나서야 나라를 안정시킬 수 있으며 복록을 함께 누리고 먼 곳 사람들이 찾아오는 것이니 이를 일러 즐거움이라 하는 것입니다. 그리고 《서》에는 '편안히 있을 때 위태로움을 생각하라'라 하였습니다. 염두에 두면 대비할 수 있고, 대비하면 걱정이 없는 것입니다. 감히 이로써 규범을 삼으시기 바랍니다."

도공이 말하였다.

"그대의 가르침을 내 어찌 감히 받아들이지 않을 수 있겠소? 생각건대 그대가 없었다면 나는 융을 어떻게 해 볼 수 없었을 것이며 하수河水를 건너 동쪽으로 진격해 보지도 못하였을 것이오. 무릇 포상이란 나라의 법입니다. 기록으로 남겨 이미 맹부盟府에 비치하였으니 취소할 수가 없소. 그러니 그대는 받아주시오!"

위강은 이에 비로소 금석의 악기를 가지게 되었다. 이는 예에 맞는 일 이었다.

【師悝·師觸·師蠲】악사들. 고대 樂師는 대체로 장님이었으며 이름 앞에 '師'자를 붙여 불렀음. '悝'는 '苦回反'으로 '괴'로 읽음. 그러나 일반적으로 '회'로도 읽음. '蠲'은 '古玄反'으로 '견'으로 읽음.

【廣車】수레의 이름. 폭이 넓은 수레.

【軘車】'軘'은 '徒溫反'으로 '돈'으로 읽음.

【淳】한 쌍씩을 말함. '純'과 같음. 고대 홀수는 奇, 짝수는 純(耦)이라 하였음.

【肆】編鐘과 編磬의 수를 세는 단위.《周禮》小胥에 "凡縣鐘磬, 半爲堵, 全爲肆"라 하였고, 鄭玄 注에 "二八十六枚而在一虡(簴)謂之堵, 鐘一堵·磬一堵謂之肆"라 함.

【鎛】小鐘.

【二八】모두 16명으로 구성된 악대. 고대 樂舞에서 '佾'은 8명이 한 대열을 이루었음.

【魏絳】魏犫의 아들. 魏莊子.《禮記》樂記 疏에 "州生莊子絳"이라 하였으며 여기서의 '州'는 '犫', 즉 '魏犫'임.《國語》晉語(7)에 "知魏絳之勇而不亂也, 使爲元司馬"라 함.

【九合諸侯】제후들과 아홉 번 회맹을 가짐. 戚, 棣, 鄬, 邢丘, 戲, 柤, 虎牢, 亳城, 蕭魚 등의 모임을 말함.

【詩】《詩經》小雅 采菽篇에 "維柞之枝, 其葉蓬蓬. 樂只君子, 殿天子之邦. 樂只君子, 萬福攸同. 平平左右, 亦是率從. 汎汎楊舟, 紼纚維之. 樂只君子, 天子葵之. 樂只君子, 福祿膍之. 優哉游哉, 亦是戾矣"라 함.

【書】《尙書》를 가리킴. 널리 알려진 구절이나 지금의《書經》에는 실려 있지 않음. 다만《逸周書》程典篇에 "於安思危, 於始思終, 於邇思備, 於遠思近, 於老思行. 不備, 無違嚴戒"라 함.《戰國策》楚策(4)에 虞卿도 같은 말을 인용하고 있음.

【始有金石之樂】대부로서 비로소 악기를 갖추어 조상 제사에 사용할 수 있게 되었음을 말함,


## ❋ 1186(襄 11 - 11)

冬, 秦人伐晉.

겨울, 진秦나라가 진晉나라를 쳤다.

【秦】 당시 秦나라 군주는 景公(后伯車) 14년째였음.


㉡

秦庶長鮑·庶長武帥師伐晉以救鄭.
鮑先入晉地, 士魴御之, 少秦師而弗設備.
壬午, 武濟自輔氏, 與鮑交伐晉師.
己丑, 秦·晉戰於櫟, 晉師敗績, 易秦故也.


진秦나라 서장庶長 포鮑와, 서장 무武가 군사를 이끌고 진晉나라를 쳐 정鄭나라를 구원하였다.

포鮑가 먼저 진晉나라 땅으로 쳐들어가자 사방士魴이 막으면서 진군秦軍이 수가 적다고 여겨 설비를 갖추지 않았다.

임오날, 무가 보씨輔氏에서 강을 건너가 포와 번갈아가며 진晉나라를 쳤다.

기축날, 진秦·진晉 양군이 역櫟에서 싸워 진군晉軍이 대패하였으니 이는 진군秦軍을 쉽게 여겼기 때문이었다.


【庶長】 秦나라 벼슬. 그 아래 左庶長, 右庶長, 駟車庶長, 大庶長 등의 명칭이 있었음.
【鮑, 武】 당시 秦나라 庶長의 이름들.
【士魴】 士會의 아들. 范魴. 그의 식읍이 彘읍이며 시호가 恭子여서 흔히 彘季, 彘恭子로도 부름. 彘는 본래 先穀의 식읍이었으나 先穀이 피살되자 이름을 彘로 바꾸고 士魴의 채읍이 되었음. 宣公 12년을 볼 것.
【輔氏】 晉나라 지명. 지금의 陝西 동부의 朝邑 부근.
【櫟】 陝西 중부 臨潼 부근으로 추정함.
【敗績】 全軍이 대패하였을 때 쓰는 말. 莊公 11년 傳에 "凡師, 敵未陳曰敗某師, 皆陳曰戰, 大崩曰敗績"이라 함.
【易】 쉽게 여김. 輕忽이 여김. 얕잡아봄.

## 162. 襄公 12年(B.C.561) 庚子

| | | | | | | | |
|---|---|---|---|---|---|---|---|
| 周 | 靈王(姬泄心) 11년 | 齊 | 靈公(環) 21년 | 晉 | 悼公(周) 13년 | 衛 | 獻公(衎) 16년 |
| 蔡 | 景公(固) 31년 | 鄭 | 簡公(嘉) 5년 | 曹 | 成公(負芻) 17년 | 陳 | 哀公(溺) 8년 |
| 杞 | 孝公(匄) 6년 | 宋 | 平公(成) 15년 | 秦 | 景公(后伯車) 16년 | 楚 | 共王(審) 30년 |
| 吳 | 壽夢 25년 | 許 | 靈公(甯) 31년 | | | | |

❋ **1187(襄 12-1)**

十有二年春王二月, 莒人伐我東鄙, 圍台.

12년 봄 주력 3월, 거莒나라가 우리 동쪽 변경을 쳐서 태台를 포위하였다.

【台】지금의 山東 費縣 동남쪽.《穀梁傳》에는 '邰'로 되어 있음.《山東通志》에
"今山東省費縣南, 有台亭"이라 함.

❋ **1188(襄 12-2)**

季孫宿帥師救台, 遂入鄆.

계손숙季孫宿이 군사를 이끌고 태台를 구하고 운鄆으로 쳐들어갔다.

㉺

十二年春, 莒人伐我東鄙, 圍台.
季武子救台, 遂入鄆, 取其鐘以爲公盤.

12년 봄, 거莒나라가 우리 동쪽 변경을 쳐 태台를 포위하였다.
계무자季武子가 태를 구원하고 드디어 운鄆으로 쳐들어가 그곳의 큰
종鐘을 가져와 양공의 식기로 삼았다.

【季武子】季孫宿. 魯나라 대부. 季孫行父의 아들.《國語》에는 '季孫夙'으로 되어
있음.
【盤】銅盤. 음식을 담는 그릇. 僖公 23년에 '乃饋盤飧'이라 함. 그러나 혹 목욕
기구로 보기도 함.

❈ 1189(襄 12-3)

夏, 晉侯使士魴來聘.

여름, 진후晉侯가 사방士魴을 노나라로 보내 예방하게 하였다.

【晉侯】晉 悼公(周) 5년.
【士魴】士會의 아들. 范魴. 그의 식읍이 彘읍이며 시호가 恭子여서 흔히 彘季,
彘恭子로도 부름. 彘는 본래 先縠의 식읍이었으나 先縠이 피살되자 이름을
彘로 바꾸고 士魴의 채읍이 되었음. 宣公 12년을 볼 것.《公羊傳》과《穀梁傳》
에는 '士彭'으로 되어 있음.

夏, 晉士魴來聘, 且拜師.

여름, 진晉나라 사방士魴이 노나라에 와 예방하고 출병해 준 일에 감사를 드렸다.

【拜師】 지난해 鄭나라를 칠 때 군사를 내어준 일.


## ✸ 1190(襄 12-4)

秋九月, 吳子乘卒.

가을 9월, 오자吳子 승乘이 죽었다.

【吳子乘】 吳나라 군주 壽夢을 가리킴. 이름은 乘, 자는 壽夢이라 함. B.C.585～561년까지 25년간 재위하고 이때에 죽었으며 諸樊(遏)이 그 뒤를 이음.




秋, 吳子壽夢卒, 臨於周廟, 禮也.
凡諸侯之喪, 異姓臨於外, 同姓於宗廟, 同宗於祖廟, 同族於禰廟.
是故魯爲諸姬, 臨於周廟; 爲邢·凡·蔣·茅·胙·祭, 臨於周公之廟.

가을, 오吳나라 군주 수몽壽夢이 세상을 떠나자 양공이 주묘周廟에서 애도의 예를 올렸는데 이는 예에 맞는 일이었다.
무릇 다른 제후의 상喪에 이성異姓일 경우 종묘 밖에서, 동성同姓의 경우에는 종묘에서, 동종同宗일 경우 조묘祖廟에서, 동족同族의 경우 예조禰廟에서 곡례를 올린다.

이 까닭으로 노나라 군주는 모든 희성姬姓에게는 주묘에서 곡례를 올리며, 형邢·범凡·장蔣·모茅·조胙·채祭 등의 군주가 세상을 떠났을 때에는 주공周公의 사당에서 곡례를 올린다.

【壽夢】 吳나라 군주 乘. 吳나라는 姬姓. 周 太王(古公亶父)의 맏이 太伯이 세운 나라. 姬姓. 지금의 江蘇 蘇州市. 孔穎達의 疏에 "至壽夢而稱王. 壽夢以上世數可知而不紀其年. 壽夢元年, 魯成公之六年也. 夫差十五年獲麟之歲也. 二十三年, 魯哀公之二十二年, 而越滅吳"라 함. 뒤에 夫差가 오만을 부리다가 越王 句踐에게 망함.
【臨於周廟】 周廟는 周 文王의 위패를 모신 사당. '臨'은 臨哭, 즉 哭禮를 올려 애도를 표하는 의식. 魯나라는 周公, 吳나라는 泰伯을 시조로 여겼으며 魯나라는 泰伯의 사당이 없으므로 文王의 사당에서 곡례를 한 것.
【同宗】 갈라진 맨 위 조상의 자손들. 노나라로서는 邢·凡·蔣·茅·胙·祭 등의 나라가 동종의 나라로 모두 周公을 宗祖로 모셨음. '祭'는 '채'(側界反)로 읽음.
【同族】 高祖(四世祖)가 같은 친족.
【禰廟】 아버지의 사당.
【邢·凡·蔣·茅·胙·祭】 이들 여섯 나라는 모두 周公의 支子들이 봉을 받았던 작은 나라들임. 그 때문에 周公을 공동시조로 모심.


✸ 1191(襄 12-5)

冬, 楚公子貞帥師侵宋.

겨울, 초楚나라 공자公子 정貞이 군사를 이끌고 송宋나라를 쳤다.

【公子貞】 子囊. 당시 楚나라 令尹.


傳

冬, 楚子囊·秦庶長無地伐宋, 師于楊梁, 以報晉之取鄭也.

겨울, 초楚나라 자낭子囊과 진秦나라 서장庶長 무지無地가 송宋나라를 쳐 양량楊梁에 주둔하여 진晉나라가 정鄭나라를 점령한 일에 보복하였다.


【子囊】 公子貞. 楚 莊王(侶)의 아들이며 共王(審)의 아우. 壬夫를 이어 令尹에 오름.
【無地】 秦나라 庶長 벼슬의 인물.
【楊梁】 宋나라 지명. 지금의 河南 商丘 부근.《一統志》에 "今河南省商丘縣東南
  三十里有陽亭, 卽楊梁"이라 함.



㉙

靈王求后于齊, 齊侯問對於晏桓子.
  桓子對曰:「先王之禮辭有之. 天子求后於諸侯, 諸侯對曰:『夫婦
所生若而人, 妾婦之子若而人.』無女而有姉妹及姑姉妹, 則曰:『先守
某公之遺女若而人.』」
  齊侯許婚, 王使陰里結之.


천자 영왕靈王이 제齊나라에 왕후王后가 될 여인을 찾자 제齊 영공靈公이
안환자晏桓子에게 물었다.
  안환자가 대답하였다.
  "선왕의 예禮에 이러한 말씀이 있습니다. 천자께서 제후에게 왕후 될 자를
찾으시면 제후는 '저희들 부부가 낳은 딸이 이러이러 하고, 첩들이 낳은
딸은 이러이러 합니다'라고 설명합니다. 만약 딸은 없고 자매나 고모 자매가
있다면 '선대 군주인 아무 공公께서 낳아 남긴 딸이 이러이러 합니다'라고
설명합니다."
  이에 제 영공이 천자와의 혼사를 승낙하자 영왕은 음리陰里를 보내어
혼약을 맺도록 하였다.


【靈王】 당시 주나라 천자. 이름은 姬泄心. B.C.571~545년까지 27년간 재위함.
【晏桓子】 晏弱. 齊나라에서 어진 사람으로 유명하였으며 晏子(晏嬰)의 아버지.

【若而人】 이러이러한 사람. 이러이러함.
【姊妹】 임금 자신의 누이와 누이동생.
【姑姊妹】 아버지의 자매. 임금의 고모뻘 되는 여인들.
【陰里】 周나라 靈王의 卿士. 周나라 大夫.

# ✹ 1192(襄 12-6)

公如晉.

양공이 진晉나라에 갔다.

㊙

公如晉朝, 且拜士魴之辱, 禮也.

양공이 진晉나라에 가 군주를 뵙고 사방士魴이 예방하러 온 일에 감사
드렸는데 이는 예의에 맞는 일이었다.

【士魴】 士會의 아들. 그의 식읍이 彘읍이며 시호가 恭子여서 흔히 彘季, 彘恭子
로도 부름. 彘는 본래 先縠의 식읍이었으나 先縠이 피살되자 이름을 彘로
바꾸고 士魴의 채읍이 되었음.

㊙

秦嬴歸于楚.
楚司馬子庚聘于秦, 爲夫人寧, 禮也.

진秦나라 진영秦嬴이 초楚나라로 돌아갔다.

초나라 사마司馬 자경子庚이 진나라를 예방하여 부인이 다녀간 사정을
대신하여 물었는데 이는 예에 맞는 일이었다.


【秦嬴】秦 景公의 누이동생이며 楚 共王의 부인. 그러나 그가 초나라에 시집간
　　것은 오래 전으로 이때는 고국에 돌아와 어머니를 뵙고 되돌아 간 것으로
　　보고 있음. 따라서 '歸'는 '시집가다'가 아니라 '돌아가다'로 보아야 할 듯함.
【司馬子庚】子午. 楚 莊王의 아들. 당시 司馬 벼슬에 있었음.
【爲夫人寧】부인이 고국을 방문하여 서로 즐거웠던 사정을 물은 것. '寧'은 시집간
　　여자가 친정나들이를 하여 省親함을 뜻하는 말임.

# 163. 襄公 13年(B.C.560) 辛丑

| 周 | 靈王(姬泄心) 12년 | 齊 | 靈公(環) 22년 | 晉 | 悼公(周) 14년 | 衛 | 獻公(衎) 17년 |
|---|---|---|---|---|---|---|---|
| 蔡 | 景公(固) 32년 | 鄭 | 簡公(嘉) 6년 | 曹 | 成公(負芻) 18년 | 陳 | 哀公(溺) 9년 |
| 杞 | 孝公(匄) 7년 | 宋 | 平公(成) 16년 | 秦 | 景公(后伯車) 17년 | 楚 | 共王(審) 31년 |
| 吳 | 諸樊(遏) 원년 | 許 | 靈公(甯) 32년 | | | | |

## ✸ 1193(襄 13-1)

十有三年春, 公至自晉.

13년 봄, 양공이 진晉나라에서 돌아왔다.

㊀

十三年春, 公至自晉, 孟獻子書勞于廟, 禮也.

13년 봄, 양공이 진晉나라에서 돌아오자 맹헌자孟獻子가 임금을 따라 공로를 세운 이들을 종묘에 기록하였으며 이는 예에 맞는 일이었다.

【孟獻子】仲孫蔑. 魯나라 대부. 孟文伯(穀)의 아들이며 公孫敖의 손자. 魯나라 門閥.
【書勞于廟】隨行의 공로를 竹簡에 적어 사당에 비치함.

❋ **1194(襄13-2)**

夏, 取邿.

여름에 시邿를 차지하였다.

【邿】妊姓의 작은 나라.《公羊傳》에는 '詩'로 되어 있음.《山東通志》에 "今濟寧市
南五十里"라 함.《山東通志》에 "在今山東濟寧縣東南五十里"라 함.


㊀傳
夏, 邿亂, 分爲三.
師救邿, 遂取之.
凡書「取」, 言易也; 用大師焉曰滅; 弗地曰入.

여름, 시邿나라가 어지러워져 셋으로 분열되었다.
노나라 군사가 시나라를 구원하고 바로 시나라를 차지하였다.
무릇 경經에 '차지하였다'라고 쓴 것은 쉽게 손에 넣었음을 말한다. 큰
군사를 동원하였을 때에는 '멸滅'이라 표현하고 그 땅을 차지하지 않은
경우는 '입入'이라 기록한다.


㊀傳
荀罃·士魴卒, 晉侯蒐于綿上以治兵, 使士匄將中軍, 辭曰:「伯游長.
昔臣習於知伯, 是以佐之, 非能賢也. 請從伯游.」
荀偃將中軍, 士匄佐之.
使韓起將上軍, 辭以趙武.
又使欒黶, 辭曰:「臣不如韓起, 韓起願上趙武, 君其聽之.」
使趙武將上軍, 韓起佐之; 欒黶將下軍, 魏絳佐之.
新軍無帥, 晉侯難其人, 使其什吏率其卒乘官屬, 以從於下軍, 禮也.

晉國之民是以大和, 諸侯遂睦.
　君子曰:「讓, 禮之至也. 范宣子讓, 其下皆讓. 欒黶爲汰, 弗敢違也.
晉國以平, 數世賴之, 刑善也夫! 一人刑善, 百姓休和, 可不務乎!
《書》曰:『一人有慶, 兆民賴之, 其寧惟永.』其是之謂乎! 周之興也,
其《詩》曰:『儀刑文王, 萬邦作孚.』言刑善也. 及其衰也, 其《詩》曰:
『大夫不均, 我從事獨賢.』言不讓也. 世之治也, 君子尚能而讓其下,
小人農力以事其上, 是以上下有禮, 而讒慝黜遠, 由不爭也, 謂之懿德.
及其亂也, 君子稱其功以加小人, 小人伐其技以馮君子, 是以上下
無禮, 亂虐幷生, 由爭善也, 謂之昏德. 國家之敝, 恒必由之.」

　진晉나라 순앵苟罃과 사방士魴이 세상을 떠나고, 진晉 도공悼公이 면緜
땅에서 봄철 사냥을 하여 군사 연습을 할 때 사개士匄를 중군사장으로
삼자 그는 이렇게 사양하였다.

　"백유伯游가 저보다 연장자입니다. 지난날 저는 지백知伯에게 병법을 익혀
이로써 그의 보좌가 된 것일 뿐 저는 현능해서 그렇게 된 것이 아닙니다.
청컨대 백유의 아래에 처하고 싶습니다."

　이리하여 순언苟偃이 중군사장이 되고 사개는 그의 보좌가 되었다.

　그리고 한기韓起를 상군사장으로 삼으려 하자 그도 조무趙武에게 사양
하였다. 이에 다시 난염欒黶을 그 자리에 세우려 하자 그도 이렇게 사양하였다.

　"저는 한기만 못합니다. 지금 한기는 조무를 그 자리로 승급시키기를
원하고 있습니다. 임금께서는 그의 청을 들어주십시오."

　이리하여 조무가 상군사장이 되고 한기가 그의 보좌가 되었으며, 난염이
하군사장이 되고 위강魏絳이 그의 보좌가 되었다.

　그런데 신군新軍을 이끌 장수가 없었다. 도공이 그 자리에 세울 사람을
결정하기가 어려워 신군의 십리什吏들에게 자신들이 이끄는 군졸·전차·
관속을 하군下軍에 소속되도록 하였다. 이는 예에 맞는 일이었다.

　이로써 진나라 백성들은 크게 화합되었고 제후들도 드디어 화목하게
되었다.

　군자가 말하였다.

"겸양은 예의 지극함이다. 범선자范宣子가 겸양을 내세우자 그 아랫사람들이 모두 양보하였다. 난염은 거만하였지만 그도 감히 다른 사람들을 위배하지 못하였다. 진나라가 화평하고 여러 세대를 거쳐 그 힘을 입었으니 이는 선善을 법으로 여긴 것이로다! 한 사람이 선을 본받으면 백성들이 즐겁고 안락한 것이니 어찌 이를 힘쓰지 않으랴! 《서》에 '한 사람에게 경사가 있으니 천하 만민이 그 덕을 입네. 그러한 나라의 안녕은 영원하리라'라 하였으니 이를 두고 이른 말이리라! 주周나라가 한창 흥할 때 그 《시》에 '주 문왕文王을 본받아 천하 만방이 무두 성실하도다'라 하였으니 이는 선을 본받음을 말한 것이다. 그리고 주나라 쇠해갈 때 그 《시》에 '대부들이 고르게 나랏일에 참여하지 못하는데 나는 홀로 나랏일 똑똑하구나'라 하였으니 이는 남에게 양보하지 않음을 말한다. 세상이 다스려질 때라면 군자는 능력을 숭상하여 아랫사람에게 양보하고, 아랫사람은 온힘을 다하여 윗사람을 섬긴다. 이 까닭으로 상하에 예의가 있어 참특한 자는 폐출되어 멀리 사라지게 되는 것이다. 이는 서로 다투지 않음으로써 그렇게 되는 것이니 이를 일러 의덕懿德이라 한다. 그러나 세상이 어지러울 때는 군자라 자처하는 자는 자신의 공을 내세워 소인에게 압력을 가하고, 소인은 소인대로 자신의 재주를 뽐내어 윗사람을 타고 오른다. 이 까닭으로 상하가 예가 없어져 혼란과 포학暴虐함이 한꺼번에 일어는 것이니 이를 일러 혼덕昏德이라 한다. 나라가 피폐해지는 까닭은 항상 여기에서 말미암는 것이다."

【荀罃】晉나라 대부. 知罃. 知伯. 荀首(知莊子)의 아들로 宣公 12년(B.C.597) 邲의 싸움에서 사로잡혔음. 시호는 武子. 知武子로도 부름. 그 후손이 春秋末 晉六卿의 하나인 知氏로 발전함.

【士魴】士會의 아들. 范魴으로도 부름. 그의 식읍이 彘읍이며 시호가 恭子여서 흔히 彘季, 彘恭子로도 부름. 彘는 본래 先穀의 식읍이었으나 先穀이 피살되자 이름을 彘로 바꾸고 士魴의 채읍이 되었음. 宣公 12년을 볼 것.

【蒐】원래 천자의 봄 사냥으로 그 기회에 군사훈련을 겸하는 것. 여기서는 군사훈련을 뜻함.《司馬法》仁本篇에 "故國雖大, 好戰必亡; 天下雖安, 忘戰必危. 天下旣平, 天下大愷, 春蒐秋獮; 諸侯春振旅, 秋治兵, 所以不忘戰也"라 함.

【緜】진나라 지명. 지금의 山西省 서남부의 翼城 부근.

【士匄】晉나라 대부. 范匄. 伯瑕. 士文伯. 范文子(士燮)의 아들. 시호는 宣子.
范宣子로도 불림. ‘匄’는 ‘丐’로도 표기하며 음은 ‘古害反’ ‘개’로 읽음.

【伯游】荀偃의 字. 荀偃은 荀罃 사촌인 荀庚 아들. 晉나라 대부. 荀林父의 손자.
中行佐의 벼슬을 하여 ‘中行’을 씨로 삼아 ‘中行偃’으로도 부름. 시호는 獻子.
따라서 ‘中行獻子’로도 불림. 그 후손이 뒷날 晉六卿의 하나인 中行氏로 발전함.

【知伯】荀罃.

【韓起】韓起. 韓宣子. 韓厥의 아들이며 韓無忌의 아우. 시호는 宣子.

【趙武】趙朔의 아들. 趙文子. 趙朔과 趙莊姬 사이에 난 아들. 趙氏 집안의 가장
훌륭한 아들로 자라 뒤에 晉六卿으로 자리를 굳힘. 시호는 文子. 그 후손이
戰國시대 邯鄲을 중심으로 七雄의 하나인 趙나라로 크게 발전함.

【欒黶】晉나라 대부. 欒桓子로도 불림. 欒武子(欒書)의 아들.

【魏絳】魏犨의 아들. 魏莊子.《禮記》樂記 疏에 “州生莊子絳”이라 하였으며 여기
서의 ‘州’는 ‘犨’, 즉 ‘魏犨’임.《國語》晉語(7)에 “知魏絳之勇而不亂也, 使爲元司馬”
라 함.

【什吏】什은 열 사람의 한 班(小隊)을 말함. 十吏는 열 사람의 소대를 인솔하는
소대장.

【范宣子】士匄. 范匄. 伯瑕. 士文伯.

【爲汰】‘汰’는 원래 ‘汏’로 되어 있으나 〈阮刻本〉에 의해 고침. ‘거칠고 거만하다’
의 뜻.

【休和】안락.

【刑善】‘刑’은 ‘본받다. 표준으로 삼다’의 뜻.

【書】《尙書》周書 呂刑篇에 “王曰:「嗚呼, 念之哉. 伯父伯兄仲叔季弟幼子童孫,
皆聽朕言. 庶有格命. 今爾罔不由慰日勤, 爾罔或戒不勤. 天齊于民, 俾我一日,
非終惟終在人. 爾尙敬逆天命, 以奉我一人. 雖畏勿畏, 雖休勿休, 惟敬五刑, 以成
三德. 一人有慶, 兆民賴之, 其寧惟永.」”이라 함.

【詩】《詩經》大雅 文王篇에 “無念爾祖, 聿脩厥德. 永言配命, 自求多福. 殷之未
喪師, 克配上帝. 宜鑒于殷, 駿命不易. 命之不易, 無遏爾躬. 宣昭義問, 有虞殷自天.
上天之載, 無聲無臭. 儀刑文王, 萬邦作孚”라 함.

【詩】《詩經》小雅 北山篇에 “陟彼北山, 言采其杞. 偕偕士子, 朝夕從事. 王事靡盬,
憂我父母. 溥天之下, 莫非王土. 率土之濱, 莫非王臣. 大夫不均, 我從事獨賢. 四
牡彭彭, 王事傍傍. 嘉我未老, 鮮我方將. 旅力方剛, 經營四方”이라 함.

【農力】努力과 같음. 아랫사람의 생업이 농업이므로 이를 대신하여 쓴 말. 王引之
《述聞》에 “農力, 猶努力. 語之轉耳”라 함.

【懿德】 '懿'는 '美'의 뜻. 아름다운 덕.
【馮】 '憑'과 같음. 기대거나 올라탐. 남을 능멸함.


## ✸ 1195(襄 13-3)

秋九月庚辰, 楚子審卒.

가을 9월 경진날, 초자楚子 심審이 죽었다.


【庚辰】 9월 14일.
【楚子審】 楚 共王. 이름은 審. 그러나 《國語》 楚語(上)에는 이름을 '箴'이라 하였음.
春秋五霸의 하나인 莊王(侶)의 뒤를 이어 B.C.590~560년까지 31년간 재위하고
이해에 죽음. 康王(昭)이 뒤를 이어 B.C.559~545년까지 15년간 재위함. 楚나라는
子爵이었으므로 계속 '楚子'라 표기한 것.


傳

楚子疾, 告大夫曰:「不穀不德, 少主社稷. 生十年而喪先君, 未及
習師保之教訓而應受多福, 是以不德, 而亡師于鄢; 以辱社稷, 爲大
夫憂, 其弘多矣. 若以大夫之靈, 獲保首領以歿於地, 唯是春秋窀穸
之事·所以從先君於禰廟者, 請爲『靈』, 若『厲』. 大夫擇焉.」

莫對, 及五命, 乃許.

秋, 楚共王卒. 子囊謀諡.

大夫曰:「君有命矣.」

子囊曰:「君命以『共』, 若之何毀之? 赫赫楚國, 而君臨之, 撫有
蠻夷, 奄征南海, 以屬諸夏, 而知其過, 可不謂共乎? 請諡之『共』.」

大夫從之.

초楚 공왕共王은 병이 나자 대부들에게 고하였다.

"나는 덕이 없으면서도 어려서부터 사직을 맡았소. 태어난 지 10년 만에 선군을 여의고, 스승의 가르침도 제대로 받지 못하였음에도 복을 받은 임금이 되었소. 그 때문에 덕을 제대로 갖추지 못한 채 언릉鄢陵 싸움에서 군사를 잃어 사직을 욕되게 하였으며 대부들을 근심에 싸이게 한 일이 너무 많았소. 만약 대부들의 덕택으로 죽은 다음 내 몸이 온전히 땅에 묻힐 수 있다면 오직 제사와 안장을 끝내고 나의 영혼을 선군의 사당으로 들여보낼 때 나의 시호를 '영靈'이나 '여厲'로 짓되 이는 그대 대부들이 선택해주시오."

대부들이 아무 대답을 하지 못하자 공왕은 다섯 번이나 명하여 그제야 대부들이 그 말을 따르기를 허락하였다.

가을, 공왕이 세상을 떠나자 자낭이 시호를 정하는 일을 의논하였다.

그러자 다른 대부들이 말하였다.

"임금께서 명하셨던 일이 있습니다."

자낭은 이렇게 말하였다.

"임금의 시호는 '공共'으로 명명합시다. 이처럼 하면 될 것을 어찌 그의 뜻을 훼멸할 필요가 있겠습니까? 그는 우리 초나라를 혁혁하게 하셨으며 임금 자리에 군림하셔서는 만이蠻夷들을 어루만지셨고, 남해南海까지 정벌하셨으며, 중원中原 제후국들까지 복속시켰습니다. 그렇게 하셨음에도 자신의 과실을 알고 계셨으니 '공'으로 시호를 삼지 않을 수가 있겠습니까? 청컨대 시호를 '공共'으로 합시다."

대부들은 모두 자낭의 의견을 따랐다.


【不穀】'孤', '寡人'과 더불어 임금이 자신을 낮추어 부르는 칭호. 《老子》 39장에 "故貴以賤爲本, 高以下爲基. 是以侯王自謂孤·寡·不穀, 此非以賤爲本邪? 非歟?" 라 함.

【喪先君】楚 共王은 열 살 때 아버지 莊王(侶)이 세상을 떠났음.

【師保】師傅와 保傅. 《禮記》 文王世子에 "三王敎世子, 大傅在前, 少傅在後; 入則 有保, 出則有師, 是以敎喩而德成也"라 함.

【應受多福】많은 복을 받음. 군주가 되었음을 말함.

【鄢】鄢陵之戰을 말함. 成公 16년을 볼 것.

【獲保首領】'首領'은 머리와 목. 신체 전체를 말함. 당시의 習語. 탈 없이 죽어 땅에 온전히 묻힘.

【春秋】祭祀를 대신하여 쓴 말. 제후가 죽은 다음 月祭와 四時祭, 그리고 그 뒤에는 春秋의 제사 등이 있었음.

【窀穸之事】'窀穸'은 '둔석'으로 읽으며 관을 내려 安葬함을 뜻함.

【禰廟】조상들의 사당. 자신의 위패를 조상들 사당에 모실 때 廟號를 함께 안치하여 조상신들과 함께 冥界에 있도록 함.

【諡】시호. 죽은 다음 그의 생전 덕이나 언행을 축약하거나 현양하기 위해 부여하는 이름으로 이를 位牌로 사용하여 廟號로 삼음. 이는 西周 중기부터 시작되었다 함.《白虎通》諡篇에 "所以臨葬而諡之何? 因衆會欲顯揚之也"라 하였고,《孔子家語》曲禮子貢問에는 "冉子僕曰:「禮, 凶事不豫, 此何謂也?」夫子曰:「旣死而議諡, 諡定而卜葬, 旣葬而立廟, 皆臣子之事, 非所豫囑也. 況自爲之哉?」"라 함.

【靈·厲】이 두 글자는 무능하거나 포악스러웠던 군주의 시호로 사용됨. 杜預 注에 "欲受惡諡以歸先君也. 亂而不損曰靈, 戮殺不辜曰厲"라 함. 淸 沈蕙纕의《諡法考》에는 "死而志成曰靈, 不勤成名曰靈, 死見神能曰靈, 亂而不損曰靈, 好祭鬼怪曰靈, 極知鬼神曰靈"이라 하여 '靈'에 대해서는 포폄이 엇갈림.

【子囊】公子貞. 楚 莊王(侶)의 아들이며 共王(審)의 아우. 壬夫를 이어 令尹에 오름.

【君命以共】'共'은 '共王'으로 시호를 정할 것을 제의한 것. 이 일은《國語》楚語(上)를 볼 것.

【奄】'널리, 크게, 廣大하게'의 뜻.《詩經》大雅 皇矣篇 "奄有四方"의 毛傳에 "奄, 大也"라 함.

【南海】楚나라 남방 바다.


傳

吳侵楚, 養由基奔命, 子庚以師繼之.

養叔曰:「吳乘我喪, 謂我不能師也, 必易我而不戒. 子爲三覆以待我, 我請誘之.」

子庚從之.

戰于庸浦, 大敗吳師, 獲公子黨.

君子以吳爲不弔,《詩》曰:『不弔昊天, 亂靡有定.』


오<sub>吳</sub>나라가 초<sub>楚</sub>나라를 쳐들어오자 양유기<sub>養由基</sub>가 명을 받고 달려갔고, 자경<sub>子庚</sub>이 군사를 이끌고 그의 뒤를 따랐다.

양숙<sub>養叔</sub>이 말하였다.

"오나라는 우리의 국상을 틈타 우리가 군사를 낼 수 없을 것이라 여기고 있을 것입니다. 그들은 틀림없이 우리를 가볍게 보고 제대로 경비를 하지 않을 것입니다. 그대께서는 세 군데에 복병을 두시고 저를 기다려 주십시오. 청컨대 제가 적을 유인해 오겠습니다."

자경이 그의 말을 따랐다.

용포<sub>庸浦</sub>에서 싸움이 벌어져 오군을 대파하고 오나라 공자 당<sub>黨</sub>을 사로잡았다.

군자는 오나라를 선하지 못한 나라라 여겼다.《시》에 '하늘이 선하지 못하다고 여기게 되면, 나라의 어지러움 안정시킬 수 없도다'라 하였다.


【養由基】역대 이래 최고의 名射手로 이름난 楚나라 弓士. '養叔'으로도 부름. 宣公 12년 및 成公 16년을 볼 것.《戰國策》西周策에 "楚有養由基者, 善射, 去柳葉者百步而射之, 百發百中"이라 함.

【子庚】公子 午. 楚 莊王 아들. 字는 庚, 이름은 午. 당시에 초나라 司馬였음.

【養叔】養由基.

【我喪】楚 共王의 죽음을 틈타 오나라가 침입해 온 것.

【庸浦】楚나라 땅. 지금의 安徽 無爲縣 남쪽 長江 北岸 瀨江의 浦口.

【公子黨】吳나라 공자 이름.

【弔】원래 '淑'자의 古體. '淑'은 '善하다'의 뜻. 그러나 원 글자대로 "남의 상을 애도할 줄 모르다"의 뜻으로도 볼 수 있음.

【詩】《詩經》小雅 節南山篇에 "尹氏大師, 維周之氐. 秉國之均, 司方是維. 天子是毗, 俾民不迷. 不弔昊天, 不宜空我師. 弗躬弗親, 庶民弗信. 弗問弗仕, 勿罔君子. 式夷式已, 無小人殆. 瑣瑣姻亞, 則無膴仕"라 함. 하늘이 선하다는 믿음이 없으면 나라의 난을 평정할 수 없음을 뜻함.

✹ **1196(襄13-4)**

冬, 城防.

겨울, 방防에 성을 쌓았다.


【防】 노나라 지명. 北防을 말함.


㉖

冬, 城防. 書事, 時也.
於是將早城, 臧武仲請俟畢農事, 禮也.


겨울, 방防에 성을 쌓았다는 것은 그 시기에 맞았음을 말한 것이다.
당시 좀 더 일찍이 성을 쌓으려 하였으나 장무중臧武仲이 농사철을
마치고 쌓기를 청한 것으로써 이는 예에 맞는 일이었다.


【臧武仲】 魯나라 대부. 臧宣叔(臧孫許)의 아들. 臧孫紇. 臧文仲의 아우.


㉖

鄭良霄, 大宰石㚟猶在楚.
石㚟言於子囊曰:「先王卜征五年, 而歲習其祥, 祥習則行. 不習,
則增修德而改卜. 今楚實不競, 行人何罪? 止鄭一卿, 以除其偪, 使睦
而疾楚, 以固於晉, 焉用之? 使歸而廢其使, 怨其君以疾其大夫, 而相
牽引也, 不猶愈乎?」
楚人歸之.


정鄭나라 양소良霄와 태재 석착石㚟은 아직 초楚나라에 잡혀 있었다.
석착이 자낭子囊에게 말하였다.

“옛날 선왕先王들은 5년 전쟁에 대한 점을 쳐서 해마다 길조가 나와 거듭 겹쳐지면 전쟁을 하고 길조가 거듭되지 않으면 덕을 닦은 뒤 다시 복점을 쳤습니다. 지금 초나라는 실제 국세도 떨치지 못하면서 행인行人을 잡고 있으니 우리에게 무슨 죄가 있다는 것입니까? 우리 정나라 경卿 하나를 잡아두어 그로 하여금 본국에서 윗사람에게 덤벼드는 일이 없도록 해주고 있으며, 정나라 사람들로 하여금 서로 한마음이 되어 초나라를 미워하며 진晉나라와 굳게 맺어지도록 하고 있으니 어찌 이런 방법을 쓰십니까? 그를 돌려보내어 사신 업무를 그만 두게 하고, 그로 하여금 자신의 임금을 원망하여 대부들로부터 미움을 사서 서로 세력을 다투고 견제하도록 하는 것이 잡아두는 것보다 더 낫지 않겠습니까?”

초나라는 그들을 돌려보내주었다.

【良霄】 鄭나라 正使로 楚나라에 파견되었던 行人.
【大宰】 太宰와 같음. 관직 이름.
【石臭】 초나라에 사신으로 갔던 副使. 이들 두 사람이 楚나라에 간 것은 襄公 11년을 볼 것.
【子囊】 公子貞. 楚 莊王(侶)의 아들이며 共王(審)의 아우. 壬夫를 이어 슈尹에 오름.
【鄭一卿】 良霄를 말함.
【除其偪】 良霄는 성격이 강직하여 鄭나라 임금에게 바른 소리를 하여 틈이 벌어질 것인데 이를 楚나라가 막아주고 있다는 뜻. 뒤에 良霄는 귀국하여 과연 鄭나라에 화근이 됨.
【疾楚】 초나라를 미워함.

# 164. 襄公 14年(B.C.559) 壬寅

| 周 | 靈王(姬泄心) 13년 | 齊 | 靈公(環) 23년 | 晉 | 悼公(周) 15년 | 衛 | 獻公(衎) 18년 |
|---|---|---|---|---|---|---|---|
| 蔡 | 景公(固) 33년 | 鄭 | 簡公(嘉) 7년 | 曹 | 成公(負芻) 19년 | 陳 | 哀公(溺) 10년 |
| 杞 | 孝公(匃) 8년 | 宋 | 平公(成) 17년 | 秦 | 景公(后伯車) 18년 | 楚 | 康王(昭) 원년 |
| 吳 | 諸樊(遏) 2년 | 許 | 靈公(甯) 33년 | | | | | | |

✸ 1197(襄14-1)

　十有四年春王正月, 季孫宿·叔老會晉士匄·齊人·宋人·
衛人·鄭公孫蠆·曹人·莒人·邾人·滕人·薛人·杞人·小邾
人會吳于向.

　14년 봄 주력 정월, 계손숙季孫宿과 숙로叔老가 진晉나라 사개士匄·제인
齊人·송인宋人·위인衛人·정鄭나라 공손채公孫蠆·조인曹人·거인莒人·주인邾人·
등인滕人·설인薛人·기인杞人·소주인小邾人과 만나, 오吳나라와 상向에서 만났다.

【季孫宿】魯나라 대부. 季孫行父의 아들. 季武子.《國語》에는 '季孫夙'으로 되어 있음.
【叔老】魯나라 대부. 子叔齊子. 子叔은 그의 자, 혹은 시호. 嬰齊의 아들.《禮記》
　檀弓(下)에는 子叔敬叔으로 되어 있음. 그 아들은 叔弓임.
【士匄】晉나라 대부. 范匄. 伯瑕. 士文伯. 范文子(士燮)의 아들. 시호는 宣子. 범선자
　로도 불림. '匄'는 '丐'로도 표기하며 음은 '古害反' '개'로 읽음.

【公孫蠆】子蟜. 鄭나라 대부. 子游의 아들. 시호는 桓子.
【小邾】諸侯의 分封이었으므로 ‘小邾’라 칭함.
【向】吳나라 땅. 지금의 安徽 懷遠縣 서쪽과 鄢陵縣 서북쪽.


⑪

十四年春, 吳告敗于晉, 會于向, 爲吳謀楚故也.

范宣子數吳之不德也, 以退吳人.

執莒公子務婁, 以其通楚使也.

將執戎子駒支, 范宣子親數諸朝, 曰:「來! 姜戎氏! 昔秦人迫逐
乃祖吾離於瓜州, 乃祖吾離被苫蓋·蒙荊棘以來歸我先君, 我先君
惠公有不腆之田, 與女剖分而食之. 今諸侯之事我寡君不如昔者,
蓋言語漏洩, 則職女之由. 詰朝之事, 爾無與焉. 與, 將執女.」

對曰:「昔秦人負恃其衆, 貪于土地, 逐我諸戎. 惠公蠲其大德,
謂我諸戎, 是四嶽之裔胄也, 毋是翦棄. 賜我南鄙之田, 狐狸所居,
豺狼所嗥. 我諸戎除翦其荊棘, 驅其狐狸豺狼, 以爲先君不侵不叛
之臣, 至于今不貳. 昔文公與秦伐鄭, 秦人竊與鄭盟, 而舍戍焉, 於是
乎有殽之師. 晉禦其上, 戎亢其下, 秦師不復, 我諸戎實然. 譬如捕鹿,
晉人角之, 諸戎掎之, 與晉踣之. 戎何以不免? 自是以來, 晉之百役,
與我諸戎相繼于時, 以從執政, 猶殽志也, 豈敢離逷? 今官之師旅
無乃實有所闕, 以攜諸侯? 而罪我諸戎! 我諸戎飲食衣服不與華同,
贄幣不通, 言語不達, 何惡之能爲? 不與於會, 亦無瞢焉.」

賦靑蠅而退.

宣子辭焉, 使卽事於會, 成愷悌也.

於是子叔齊子爲季武子介以會, 自是晉人輕魯幣而益敬其使.


14년 봄, 오吳나라가 초楚나라와 싸워 패한 일을 진晉나라에 알려왔으며,
상向에서 만난 것은 오나라를 위해 초나라를 칠 일에 대하여 상의하기
위해서였다.

　범선자范宣子는 오나라가 저지른 부덕한 짓을 다지면서 오나라 사람을 퇴장시키고 거筥나라 공자 무루務婁도 사로잡았다. 그것은 거나라가 초나라에 사신을 보내며 왕래하였기 때문이다. 그리고 융戎의 군주 구지駒支를 잡고자 범선자가 모임에서 그를 이렇게 꾸짖었다.

　"이리 오시오! 강융씨姜戎氏여! 옛날 진秦나라가 그대 할아버지 오리吾離를 핍박하여 과주瓜州로 내쫓자 그대 할아버지 오리는 거적을 걸치고 가시밭길을 걸어 우리 선군께 의지하였었다. 그때 우리 선군 혜공惠公께서는 많지 토지를 가지고 있지 않았으면서도 너희들에게 나누어 주고 먹고살게 하셨다. 그런데 지금 제후들이 우리 군주를 모시는 것이 예전처럼 성실하지 못한데 이는 아마 우리 말이 누설되고 있기 때문일 것이다. 이는 그것은 바로 그대의 나라 때문이리라. 내일 아침 상의하는 자리에 그대는 참석하지 말라. 참석한다면 나는 그대를 붙잡을 것이다."

　이에 구지는 이렇게 대답하였다.

　"옛날 진秦나라가 무리가 많음을 믿고 땅을 탐내어 우리 모든 융족을 몰아냈습니다. 그런데 귀국 혜공께서는 큰 덕을 베푸시어, 우리 융족들이 옛날 사악四嶽의 후손이라 말씀하시면서 이들의 혈통을 끊어버리지 말도록 하시고 우리에게 남쪽 변경의 땅을 하사하셨습니다. 그곳인 호리狐貍같은 들짐승들이 들끓고 시랑豺狼이 울부짖는 곳이었지만 우리는 그 땅의 가시덩굴을 베어 없애고, 호리와 시랑을 몰아내고 그곳에 살면서 귀국 선군에게 침범하지 않고 배반하지 않는 신하가 되어 지금까지도 다른 마음을 품지 않고 살아왔습니다. 지난날 귀국 문공文公께서 진秦나라와 함께 정鄭나라를 칠 때, 진秦나라가 몰래 정나라와 맹약을 맺어 정나라에 수비병을 두었습니다. 이에 효殽에서 전투가 벌어진 것입니다. 그때 진晉나라는 진秦나라의 선두를 방어하였고 우리 융족은 진秦나라의 꼬리와 싸워 주었습니다. 진秦나라가 다시 되돌아가지 못한 것은 사실 우리가 그렇게 해 주었기 때문이었습니다. 이는 비유컨대 사슴을 잡으면서 진晉나라는 그 뿔을 잡고 우리 융족은 다리를 잡아끌어 진晉나라와 함께 이를 거꾸러뜨린 것과 같습니다. 그런데 융족이 어찌하여 문책을 면할 수 없다는 것입니까? 이로부터 진晉나라가 치르는 모든 일은 항상 우리 융족과 함께

하여, 우리는 귀국의 집정자들을 따라 효 땅에서의 전투 때 마음을 그대로
유지하였습니다. 그런데 우리가 어찌 감히 배반하고 있다는 것입니까? 지금
귀국은 사실 많은 관리들이 잘못하는 것이 있어 제후들로부터 멀어지고
있는 것이 아니겠습니까? 그런데 이를 우리 융족에게 덮어씌우시다니요!
우리 융족들은 음식과 의복이 중화中華 사람들과 다르고, 재물로써 다른
나라와 교제하지도 않고 있으며 언어도 서로 통하지 않습니다. 그런데 어찌
나쁜 짓을 할 수가 있겠습니까? 모임에 참석하지 못하더라도 역시 우리
로서는 답답할 것도 없습니다."

　이렇게 말한 그는 〈청승靑蠅〉의 시를 읊고 물러났다.

　범선자는 그에게 사과하고, 그들로 하여금 회의에 참석하도록 하여 그는
화평한 관계를 이루었다.

　이에 자숙제자子叔齊子는 계무자季武子를 보좌하여 모임에 참석하였다.
이로부터 진晉나라는 노나라가 바치는 공물을 경감해주고 노나라 사신을
이전보다 공경스럽게 대해주었다.


【吳告敗】 吳나라가 楚나라 國喪을 틈타 쳐들어갔다가 패한 일. 지난해 傳을 볼 것.
【向】 鄭나라 지명. 지금의 河南 尉氏縣 서남.
【范宣子】 士匄. 晉나라 대부. 范匄. 伯瑕. 士文伯. 范文子(士燮)의 아들. 시호는
　宣子. '匄'는 '丐'로도 표기하며 음은 '古害反' '개'로 읽음.
【數】 잘못을 따지거나 질책함.
【務婁】 莒나라의 公子 이름. 杜預 注에 "莒貳於楚, 故比年伐魯"라 함.
【駒支】 戎族의 군주 이름.
【朝】 朝廷이 아니라 회맹의 모임을 뜻함.
【姜戎氏】 戎族은 秦嶺 남북 두 지파가 있었으며 하나는 姜姓, 하나는 允姓이었음.
【吾離】 戎族의 선조 이름.
【瓜州】 지금의 甘肅 安西縣 西南 瓜州城.
【苫蓋】 거적. 이엉. 짚으로 짠 허술한 덮개나 의복.
【荊棘】 가시덩굴. 매우 열악한 지형인 환경. 길.
【惠公】 晉 惠公(夷吾). 晉 獻公(詭諸)의 아들. 文公(重耳)의 아우. B.C.650～637년
　까지 14년간 재위하고 文公이 뒤를 이음.

【不腆之田】넉넉하지 않은 농토. 농토가 그리 많지 않았음에도 융족에게 땅을
　나누어 주었음을 말함.
【職女】'職'은 '當'과 같으며, '女'는 '汝'와 같음.
【詰朝】내일 아침. 成公 원년의 傳文을 볼 것.
【蠲】'明'과 같음.
【四嶽】《尚書》堯典에 고대에 四嶽의 지방 總督官은 그 자손들이 姜姓이었다 함.
　杜預 注에 "四嶽, 堯時方伯, 姜姓也"라 함.
【文公與秦】晉 文公(重耳)과 秦나라가 함께 鄭나라를 친 일은 僖公 30년을 볼 것.
【殽之師】僖公 33년을 볼 것.
【秦師不復】秦나라 군사가 살아서 되돌아가지 못함. 《公羊傳》에 "匹馬隻輪無
　反者"라 함.
【掎之】뒷발을 잡고 늘어짐.
【踣】'仆', '覆'과 같음. 엎어뜨림. 넘어뜨림.
【師旅】집정자들. 정치와 행정을 맡은 많은 사람들.
【瞢】답답하게 여김.
【靑蠅】《詩經》小雅 靑蠅篇에 "營營靑蠅, 止于樊. 豈弟君子, 無信讒言. 營營靑蠅,
　止于棘. 讒人罔極, 交亂四國. 營營靑蠅, 止于榛. 讒人罔極, 構我二人"이라 함.
　화락한 군자는 남의 모함을 믿어 그릇된 판단을 해서는 안 된다는 뜻이 담겨 있음.
【子叔齊子】叔老. 魯나라 대부. 子叔齊子. 子叔은 그의 자, 혹은 시호. 嬰齊의
　아들. 《禮記》檀弓(下)에는 子叔敬叔으로 되어 있음.
【季武子】季孫宿. 魯나라 대부. 季孫行父의 아들. 《國語》에는 '季孫夙'으로 되어 있음.
【晉人輕魯幣而益敬其使】당시 子叔齊子도 季孫宿과 같이 卿의 지위에 있었음.
　그랬는데도 季孫宿의 보좌역으로 함께 갔고 晉나라는 그 사실을 보고 노나라가
　진나라를 성심으로 섬기고 모임을 중요시한다고 여긴 것임. 그리하여 감사하는
　마음에서 공물의 할당량을 줄이고 노나라 사자를 공경히 대우하였음을 말함.


## ✹ 1198(襄 14-2)

二月乙未朔, 日有食之.

2월 초하루 을미날, 일식이 있었다.

【乙未】2월 초하루. 계산에 의하면 B.C.559년 1월 14일 金環日蝕이 있었으며 중국 북부 일대에 관측되었다 함.


㊉

吳子諸樊旣除喪, 將立季札.

季札辭曰:「曹宣公之卒也, 諸侯與曹人不義曹君, 將立子臧. 子臧去之, 遂弗爲也, 以成曹君. 君子曰『能守節.』君, 義嗣也, 誰敢奸君? 有國, 非吾節也. 札雖不才, 願附於子臧, 以無失節.」

固立之, 棄其室而耕, 乃舍之.


오吳나라 제번諸樊이 아버지 상喪을 마치자 동생 계찰季札을 군주로 세우려 하였다.

그러자 계찰은 사양하며 말하였다.

"조曹 선공宣公이 세상을 떠난 뒤, 제후들과 조나라 사람들이 성공成公을 불의하다 여겨 자장子臧을 임금으로 삼으려 하였습니다. 그러자 자장은 나라를 떠나 결국 성공으로 하여금 임금 자리를 지키도록 해주었습니다. 군자는 그를 '절조를 지켰다'라 평하였습니다. 임금이란 의로운 후계자입니다. 그러니 누가 감히 군주의 자리를 범하겠습니까? 나라를 갖는다는 것은 저의 절조가 아닙니다. 저는 비록 재주가 모자라기는 하나 조나라 자장처럼 그 뒤를 따라 절조를 잃지 않는 자가 되기를 바랄 뿐입니다."

그래도 굳이 그를 임금으로 삼으려 하자 계찰은 그의 집을 모두 버리고 떠나 밭을 갈며 살았다. 그리하여 결국 그만두게 되었다.


【諸樊】吳나라 壽夢(乘)이 襄公 12년 9월에 죽고 諸樊(遏)은 이미 이듬해 정월 즉위하였으며 즉위 후 아버지 상을 마치고 왕위를 季札에게 禪讓하고자 한 것임. 諸樊은 壽夢의 長子였으며 B.C.560~548년까지 13년간 재위하고 餘祭가 그 뒤를 이음.
【季札】延陵季子. 吳나라에 가장 덕 있는 인물로 알려짐. 각 典籍에 많은 故事와 逸話를 남김. 壽夢의 막내아들. 《公羊傳》에 "謁(遏)也, 餘祭也, 夷眜也, 與季札同

母者四. 季子弱而才, 兄弟皆愛之, 同欲立之以爲君. 謁曰:「今若是迣而與季子國,
季子猶不受也. 請無與子而與弟, 弟兄迭爲君而致國乎季子.」皆曰:「諾.」」이라 함.
【曹宣公】이름은 盧. B.C.594~578년까지 재위하고 成公(負芻)이 뒤를 이었으며
그가 죽은 다음 太子를 세우려다 실패한 사건은 成公 13년 傳文을 볼 것.
【不義曹君】조나라 負芻가 태자를 죽이고 자립한 불의를 말함.
【子臧】曹나라 成公(負芻)이 태자를 죽이고 자립하자(成公 13년) 이를 의롭지
못하게 여긴 제후들과 조나라 사람들이 子臧을 세우고자 하였으나 그는 사양
하고 멀리 피함. 成公 15년과 16년의 전문을 볼 것.
【義嗣】옳게 왕위를 이어가야 함. 諸樊(遏)이 壽夢의 장자이므로 당연히 장자가
이어야 한다는 뜻.
【舍之】그만둠. 멈춤. 季札을 왕으로 세우려던 계획을 포기함.


# ※ 1199(襄 14-3)

夏四月, 叔孫豹會晉荀偃·齊人·宋人·衛北宮括·鄭公孫蠆·
曹人·莒人·邾人·滕人·薛人·杞人·小邾人伐秦.


여름 4월, 숙손표叔孫豹가 진晉나라 순언荀偃·제인齊人·송인宋人·위衛나라
북궁괄北宮括·정鄭나라 공손채公孫蠆·조인曹人·거인莒人·주인邾人·등인滕人·
설인薛人·기인杞人·소주인小邾人과 함께 진秦나라를 쳤다.


【叔孫豹】魯나라 대부. 叔孫僑如의 아우. 叔孫穆叔. 叔孫穆子.
【荀偃】晉나라 대부. 荀庚의 아들이며 荀林父의 손자. 자는 伯游. 中行佐의
벼슬을 하여 '中行'을 씨로 삼아 '中行偃'으로도 부름. 시호는 獻子. 따라서 '中行
獻子'로도 불림. 그 후손이 뒷날 晉六卿의 하나인 中行氏로 발전함.
【北宮括】衛나라 대부. 北宮은 複姓. 括은 이름. 시호는 懿子. 그 때문에 '北宮
懿子'로도 부름. 衛 成公(鄭)의 증손.《公羊傳》에는 '北宮結'로 되어 있음.
【公孫蠆】子蟜. 鄭나라 대부. 子游의 아들. 시호는 桓子.

【杞】姒姓, 周 武王이 殷을 멸한 다음 禹의 후손 東樓公을 찾아 봉하였음. 지금의
 河南 杞縣 일대.
【小邾】諸侯의 分封이었으므로 '小邾'라 칭함.


㊙

夏, 諸侯之大夫從晉侯伐秦, 以報櫟之役也.
晉侯待于竟, 使六卿帥諸侯之師以進.
及涇, 不濟.
叔向見叔孫穆子, 穆子賦匏有苦葉, 叔向退而具舟.
魯人·莒人先濟.
鄭子蟜見衛北宮懿子曰:「與人而不固, 取惡莫甚焉, 若社稷何?」
懿子說.
二子見諸侯之師而勸之濟. 濟涇而次.
秦人毒涇上流, 師人多死.
鄭司馬子蟜帥鄭師以進, 師皆從之, 至于棫林, 不獲成焉.
荀偃令曰:「雞鳴而駕, 塞井夷竈, 唯余馬首是瞻.」
欒黶曰:「晉國之命, 未是有也. 余馬首欲東.」
乃歸.
下軍從之.
左史謂魏莊子曰:「不待中行伯乎?」
莊子曰:「夫子命從帥, 欒伯, 吾帥也, 吾將從之. 從帥, 所以待夫子也.」
伯游曰:「吾令實過, 悔之何及? 多遺秦禽.」
乃命大還.
晉人謂之「遷延之役」.
欒鍼曰:「此役也, 報櫟之敗也. 役又無功, 晉之恥也. 吾有二位
於戎路, 敢不恥乎?」
與士鞅馳秦師, 死焉.
士鞅反.

欒魘謂士匃曰:「余弟不欲往, 而子召之. 余弟死, 而子來, 是而子殺余之弟也. 弗逐, 余亦將殺之.」

士鞅奔秦.

於是, 齊崔杼·宋華閱·仲江會伐秦. 不書, 惰也; 向之會亦如之.

衛北宮括不書於向, 書於伐秦, 攝也.

秦伯問於士鞅曰:「晉大夫其誰先亡?」

對曰:「其欒氏乎!」

秦伯曰:「以其汰乎?」

對曰:「然. 欒魘汰虐已甚, 猶可以免, 其在盈乎!」

秦伯曰:「何故?」

對曰:「武子之德在民, 如周人之思召公焉, 愛其甘棠, 況其子乎? 欒魘死, 盈之善未能及人, 武子所施沒矣, 而魘之怨實章, 將於是乎在.」

秦伯以爲知言, 爲之請於晉而復之.


여름, 제후의 대부들이 진晉 도공悼公을 따라 진秦나라를 쳐들어가 지난번 역櫟에서의 싸움을 보복하였다.

진 도공은 국경에서 기다리며 육경六卿들로 하여금 제후의 군사들을 이끌고 진격하도록 하였다.

그런데 그들이 경수涇水 강변에 이르러서는 강을 건너지 않는 것이었다.

숙향叔向이 숙손목자叔孫穆子를 보자 〈포유고엽匏有苦葉〉편을 읊었다. 그러자 숙향은 물러나 강을 건널 배를 준비시키는 것이었다.

이에 노나라와 거莒나라 군사들이 먼저 물을 건넜다.

한편 정鄭나라 자교子蟜가 위衛나라 북궁의좌北宮懿子를 보자 이렇게 말하였다.

"남과 한 무리가 되어놓고 굳게 협력하지 않으면, 미움을 받게 되기가 이보다 더한 경우는 없게 됩니다. 그렇게 했다가는 사직이 어찌 되겠습니까?"

북궁의자는 그 말을 기꺼워하였다.

이에 두 사람은 제후들 군사를 만나고 다니면서 강을 건널 것을 권하였다. 그리하여 제후의 군사들이 경수涇水를 건너 진을 쳤다.

당시 진秦나라가 경수 상류에 독을 뿌려 많은 군사들이 많이 죽었다.

정나라 사마 자교가 정나라 군사를 이끌고 진군하자 다른 군사들도 모두 그 뒤를 따르게 되어 역림棫林에까지 이르렀지만 진秦나라의 화친 요청을 받지 못하였다.

그러자 순언荀偃이 이렇게 명령을 내렸다.

"내일 새벽에 닭이 울면 전차에 말을 매고, 우물을 묻고, 아궁이를 헐어 없애고 내가 타고 있는 말이 어느 쪽으로 머리를 향하고 있는지를 보아라."

그러자 난염欒黶이 말하였다.

"우리 진晉나라에 이런 명령이 내린 적이 없었소. 나의 말 머리는 동쪽을 향하고 있을 것이오."

그리고는 돌아가 버리자 하군下軍이 모두 그를 따라 돌아갔다.

이에 좌사左史가 위장자魏莊子에게 말하였다.

"중항백中行伯의 명령을 기다리지 않으십니까?"

위장자가 말하였다.

"그분께서는 각 군 대장의 명령을 따르라고 하셨소. 난백欒伯은 나의 대장이오. 나는 그분의 명령을 따르겠소. 대장을 따르는 것은 곧 그분의 명령을 기다리는 것이오."

백유伯游(荀偃)가 말하였다.

"나의 명령이 실로 잘못된 것이었다. 뉘우친들 어찌 미칠 수 있겠는가? 계속 싸웠다가는 진秦나라에게 포로만 많이 넘겨줄 뿐이다."

그리고 곧 명을 내려 전군이 모두 회군하도록 하였다.

진晉나라 사람들은 이 전투를 천연遷延의 싸움이라 불렀다.

그러자 난겸欒鍼이 말하였다.

"이번 전투는 역에서 패배하였던 일을 보복하려는 것입니다. 그런데 이 전투에서 아무런 공을 세우지 못한다면 이는 우리 진나라의 수치가 된다. 나는 임금 전차의 두 번째 위치에 있는 자로서 감히 부끄럽게 여기지 않을 수가 있겠는가?"

그리고는 사앙士鞅과 함께 진秦나라 군사들 속으로 달려 들어가 죽음을 당하고 말았다. 그러나 사앙은 살아서 돌아왔다.

그러자 난염이 사개士匄를 이렇게 원망하였다.

"내 아우 사앙은 가지 않으려 하였는데 그대 아들이 불러내었다. 내 아우는 죽고 그대 아들은 살아왔다. 이는 그대 아들이 내 아우를 죽인 것이다. 아들을 축출하지 않으면 내 장차 네 아들을 죽일 것이다."

이에 사앙은 진秦나라로 달아났다.

이때 제齊나라 최저崔杼, 송宋나라 화열華閱과 중강仲江이 진秦나라 정벌에 합세하였지만 경經에 그들 이름을 쓰지 않은 것은 그들이 게을렀었기 때문이었다. 상向에서 오吳나라의 회담 때의 경우도 이와 같다.

위나라 북궁괄에 대해서도 상에서 회담에 그 이름이 기록되지 않았으나 이번 진나라를 치는 일에서는 그의 이름이 기록되었으니 이는 그가 일을 잘 처리하였기 때문이었다.

진秦 경공景公이 망명해온 진晉나라 사앙에게 물었다.

"진나라 대부들 가운데 누가 가장 먼저 망할 것이라 보오?"

사앙이 답하였다.

"난씨欒氏일 것입니다!"

경공이 물었다.

"그것은 거만하기 때문이오?"

사앙이 대답하였다.

"그렇습니다. 난염의 거만하고 포학하기가 아주 심하기는 해도 그 자신은 화를 면할 것입니다. 그의 아들 난영欒盈에 이르러서 망하게 될 것입니다!"

경공이 물었다.

"무슨 이유 때문이오?"

사앙이 대답하였다.

"난염의 아버지 난무자欒武子가 백성에게 베푼 덕은 마치 주周나라 사람들이 소공召公의 덕을 생각하여 그가 쉬었던 감당甘棠나무까지도 사랑하는 것과 같으니 하물며 그 아들이야 더 말할 나위가 있겠습니까? 난염이 죽고 나면 아들 난영이 착하다 해도 그의 착함이 모든 사람들에게 끼치기도 전에 난무자가 베풀었던 덕은 잊게 될 것이며, 난염에 대한 원망은 더욱 확실히 드러날 것이니, 장차 그에게서 망하게 될 것입니다."

경공은 사상의  말이 도리를 아는 것이라 여기고 그를 위해 진나라에 청하여 다시 돌아갈 수 있도록 해 주었다.


【櫟之役】襄公 11년을 볼 것.
【晉侯】당시 晉나라 군주는 悼公(周) 재위 15년째였음.
【次】군사가 주둔함을 뜻함. 莊公 3년 傳에 "凡師, 一宿爲舍, 再宿爲信, 過信爲次" 라 함.
【涇】涇水. 陝西 西彬, 涇陽, 高陵縣을 거쳐 渭水와 합류하는 강.
【叔向】晉나라 대부. 叔肸. 羊舌肸, 자는 叔肸, 혹 叔譽.
【叔孫穆子】魯나라 대부. 叔孫豹. 叔孫僑如의 아우. 叔孫穆叔.
【匏有苦葉】《詩經》邶風 匏有苦葉에 "匏有苦葉, 濟有深涉. 深則厲, 淺則揭. 有瀰 濟盈, 有鷕雉鳴. 濟盈不濡軌, 雉鳴求其牡. 雝雝鳴鴈, 旭日始旦. 士如歸妻, 迨冰 未泮. 招招舟子, 人涉卬否, 人涉卬否, 卬須我友"라 함. 이 시에는 강물을 건너겠 다는 뜻이 들어 있음. 노나라 숙손목자는 배가 있으면 강을 건널 수 있다는 뜻으로 이 시를 읊은 것임. 《國語》魯語(下)에 "晉叔向見叔孫穆子曰: 「諸侯謂 秦不恭而討之, 及涇而止, 於秦何益?」 穆子曰: 「豹之業及匏有苦葉矣, 不知其他.」 叔向退, 召舟虞與司馬, 曰: 「夫苦匏不材於人, 共濟而已. 魯叔孫賦匏有苦葉, 必將涉矣.」라 함.
【子蟜】鄭나라 대부. 公孫蠆. 子游의 아들. 시호는 桓子. 당시 司馬벼슬을 하고 있었음.
【北宮懿子】北宮括. 衛나라 대부. 北宮은 複姓. 括은 이름. 시호는 懿子. 그 때문에 '北宮懿子'로도 부름. 衛 成公(鄭)의 증손. 《公羊傳》에는 '北宮結'로 되어 있음.
【棫林】秦나라 땅. 지금의 涇陽縣 涇水 서남쪽. 그러나 《方輿紀要》에는 "在今 陝西省華縣"이라 함.
【荀偃】晉나라 대부. 荀庚의 아들이며 荀林父의 손자. 자는 伯游. 中行佐의 벼슬을 하여 '中行'을 씨로 삼아 '中行偃'으로도 부름. 시호는 獻子. 따라서 '中行 獻子'로도 불림. 그 후손이 뒷날 晉六卿의 하나인 中行氏로 발전함.
【塞井夷竈】우물을 묻고 부뚜막을 부수어 없앰. 軍陣을 모두 파괴하고 결전하여 승패를 가리기 위해 다시는 그곳에 머물지 않겠다는 뜻을 나타낸 것.
【欒黶】晉나라 대부. 欒桓子로도 불림. 欒武子(欒書)의 아들.
【欲東】동쪽을 향할 것임. 秦나라는 서쪽에 있고 晉나라는 동쪽에 있어 되돌 아갈 것임을 말한 것.

【魏莊子】 魏絳. 魏犨의 아들.《禮記》樂記 疏에 "州生莊子絳"이라 하였으며 여기
  서의 '州'는 '犨', 즉 '魏犨'임.《國語》晉語(7)에 "知魏絳之勇而不亂也, 使爲元司馬"
  라 함.

【中行伯】 荀偃.

【欒伯】 欒黶. 魏絳도 역시 欒黶을 따라 퇴각하여 되돌아가겠다는 뜻을 보인 것.

【伯游】 荀偃. 자신의 강경한 고집을 꺾고 한 발 물러서 다른 사람의 의견을 듣겠
  다고 한 것.

【遷延之役】 이번 전투는 '옮겨 다니고 지연되고 머뭇거리는 등 전혀 성과가 없는
  엉성한 전투'라는 뜻. '役'은 '戰'과 같음. 戰役. '遷延'은 疊韻連綿語.

【欒鍼】 欒黶의 아우. '鍼'은 '겸'으로 읽음.

【二位】 전차의 오른쪽 전사를 말함. 杜預 注에 "二位, 謂黶將下軍, 鍼爲戎右"라 함.

【戎路】 '戎'은 전투, '路'는 '輅'와 같음. '戎輅'는 戰車(兵車)를 뜻함.

【士鞅】 范獻子. 范叔으로도 불림. 시호는 獻子. 士匄(宣子)의 아들이며 士燮
  (范文子)의 손자.

【士匄】 晉나라 대부. 范匄. 伯瑕. 士文伯. 范文子(士燮)의 아들. 시호는 宣子.
  범선자로도 불림. '匄'는 '丐'로도 표기하며 음은 '古害反' '개'로 읽음.

【崔杼】 齊나라 대부. 齊 莊公(B.C.553~548)이 그의 아내와 사통하자 崔杼는
  그를 弑害하고 景公을 세워 자신은 宰相이 되는 등 춘추 후기 제나라 역사를
  뒤흔든 인물. 晏子(晏嬰)와 여러 차례 부딪치는 등 많은 일화를 낳았음. 뒤에
  집안 내분을 견디지 못하고 목을 매어 자결하였으며 시호는 武子.

【華閱】 宋나라 대부. 華元의 아들. 右師의 관직에 있었음.

【仲江】 宋나라 公孫師의 아들.

【向之會】 向에서 개최하였던 회의. 襄公 14년을 참조할 것.

【攝也】 보좌함. 협력함.

【秦伯】 秦 景公(后伯車) 재위 18년째였음.

【汰】 거만함. 교만함.

【武子】 欒武子. 欒黶의 아버지 欒書의 諡號.

【召公】 周나라 周公(姬旦)의 아우. 西伯 昌(文王)의 아들. 姬奭. 燕나라에 봉해짐.
  덕정을 베풀었던 인물로 널리 칭송됨. 그러나《詩經》甘棠篇의 시에서는 召南
  땅을 개척한 召伯을 가리킨다고도 여겼음.

【甘棠】《詩經》甘棠篇에 "蔽芾甘棠, 勿剪勿伐, 召伯所茇. 蔽芾甘棠, 勿剪勿敗,
  召伯所憩. 蔽芾甘棠, 勿剪勿拜, 召伯所說"이라 하여 召伯이 쉬었던 감당나무

조차 베지 말 것을 노래하여 그의 덕을 칭송한 것.

【欒盈】欒懷子. 欒書(武子)의 손자이며 欒黶(桓子)의 아들. 시호는 懷子. 欒氏 집안의 公族大夫.


## ✹ 1200(襄14-4)

己未, 衛侯出奔齊.


기미날, 위후衛侯가 제齊나라로 망명하였다.


【己未】4월 26일.
【衛侯】衛 獻公. 定公(臧)의 아들이며 敬姒 소생으로 이름은 衎. B.C.576~559년 까지 18년간 재위하고 孫林父와 甯殖에게 축출당하여 齊나라에 망명하였다가 殤公(剽)이 뒤를 이었으나 B.C.558~547년까지 12년간 재위하고 獻公이 다시 복위하여 B.C.546~544년까지 3년간 더 재위함.


傳

衛獻公戒孫文子·甯惠子食, 皆服而朝, 日旰不召, 而射鴻於囿.
二子從之, 不釋皮冠而與之言.
二子怒.
孫文子如戚, 孫蒯入使.
公飮之酒, 使大師歌〈巧言〉之卒章.
大師辭. 師曹請爲之.
初, 公有嬖妾, 使師曹誨之琴, 師曹鞭之, 公怒, 鞭師曹三百.
故師曹欲歌之, 以怒孫子, 以報公.
公使歌之, 遂誦之.

蒯懼, 告文子.

文子曰:「君忌我矣, 弗先, 必死.」

并帑於戚而入, 見蘧伯玉, 曰:「君之暴虐, 子所知也. 大懼社稷之傾覆, 將若之何?」

對曰:「君制其國, 臣敢奸之? 雖奸之, 庸知愈乎?」

遂行, 從近關出.

公使子蟜·子伯·子皮與孫子盟于丘宮, 孫子皆殺之.

四月己未, 子展奔齊, 公如鄄.

使子行請於孫子, 孫子又殺之.

公出奔齊, 孫氏追之, 敗公徒于河澤, 鄄人執之.

初, 尹公佗學射於庾公差, 庾公差學射於公孫丁.

二子追公, 公孫丁御公.

子魚曰:「射爲背師, 不射爲戮, 射爲禮乎?」

射兩靷而還.

尹公佗曰:「子爲師, 我則遠矣.」

乃反之.

公孫丁授公轡而射之, 貫臂.

子鮮從公.

及竟, 公使祝宗告亡, 且告無罪.

定姜曰:「無神, 何告? 若有, 不可誣也. 有罪, 若何告無? 舍大臣而與小臣謀, 一罪也. 先君有冢卿以爲師保, 而蔑之, 二罪也. 余以巾櫛事先君, 而暴妾使余, 三罪也. 告亡而已, 無告無罪!」

公使厚成叔弔于衛, 曰:「寡君使瘠, 聞君不撫社稷, 而越在他竟, 若之何不弔? 以同盟之故, 使瘠敢私於執事, 曰:『有君不弔, 有臣不敏; 君不赦宥, 臣亦不帥職, 增淫發洩, 其若之何?』」

衛人使大叔儀對, 曰:「羣臣不佞, 得罪於寡君. 寡君不以卽刑, 而悼棄之, 以爲君憂. 君不忘先君之好, 辱弔羣臣, 又重恤之. 敢拜君命之辱, 重拜大貺.」

厚孫歸, 復命, 語臧武仲曰:「衛君其必歸乎! 有大叔儀以守, 有母弟鱄以出. 或撫其內, 或營其外, 能無歸乎!」

齊人以郲寄衛侯.

及其復也, 以郲糧歸.

右宰穀從而逃歸, 衛人將殺之.

辭曰:「余不說初矣. 余狐裘而羔袖.」

乃赦之.

衛人立公孫剽, 孫林父·甯殖相之, 以聽命於諸侯.

衛侯在郲, 臧紇如齊唁衛侯.

衛侯與之言, 虐.

退而告其人曰:「衛侯其不得入矣. 其言糞土也. 亡而不變, 何以復國?」

子展·子鮮聞之, 見臧紇, 與之言, 道.

臧孫說, 謂其人曰:「衛君必入. 夫二子者, 或輓之, 或推之, 欲無入, 得乎?」

위衛 헌공獻公이 손문자孫文子, 영혜자甯惠子에게 식사를 하기로 약속을 하였다. 이에 이들은 모두가 예복을 갖추어 입고 조정에 들어갔는데 날이 저물도록 그들을 부르지 않은 채 원유苑囿에서 기러기 사냥에만 빠져 있는 것이었다.

두 사람이 그곳으로 갔더니 군주는 가죽 모자를 벗지도 않은 채 그들에게 말을 하는 무례한 행동을 하는 것이었다.

두 사람이 크게 화를 냈다.

손문자가 자신의 채읍 척戚으로 가버리자 아들 손괴孫蒯가 심부름으로 조정에 들어가게 되었다.

헌공은 그에게 술을 대접하면서 태사大師로 하여금 〈교언巧言〉의 마지막 구절을 노래로 연주하도록 하였다.

태사가 이를 사절하자 사조師曹가 자신이 읊겠노라 하였다.

이에 앞서, 헌공에게 폐첩嬖妾이 있어 사조로 하여금 그 여자에게 금琴을 가르쳐주도록 하였었다. 사조가 그를 가르치다가 매질을 하자 헌공은 노하여 사조에게 매 3백 대를 쳤다.

그 까닭으로 사조가 그 자리에서 노래를 부르겠다고 하여 손문자를 노하게 하여 헌공에게 보복할 것을 노린 것이다.

헌공이 사조에게 읊도록 하여 그는 그 시를 암송하였다.

이를 들은 손괴가 두려워하며 손문자에게 알렸다.

손문자가 말하였다.

"임금은 나를 싫어하고 있다. 내가 먼저 수를 쓰지 않았다가는 나는 틀림없이 죽음을 당할 것이다."

그리하여 가족들을 모두 척으로 불러 모으고 도읍으로 들어가 거백옥蘧伯玉을 만나 이렇게 물었다.

"임금이 포악한 것은 그대도 알고 있을 것입니다. 사직이 기울까 큰 걱정입니다. 장차 어찌해야 하겠습니까?"

그러자 거백옥이 대답하였다.

"임금은 나라를 통제하는 자인데 신하가 어찌 감히 군주를 범하겠습니까? 비록 범하여 새로운 임금을 세운다 할지라도 어찌 그보다 나을 수 있을 것이라 알 수 있겠습니까?"

그리고는 거백옥은 바로 그 자리를 떠나 가까운 관문을 거쳐 국외로 가버렸다.

헌공은 자교子蟜·자백子伯·자피子皮로 하여금 손문자와 구궁丘宮에서 화해의 맹약을 맺도록 하였으나 손문자는 이들을 모두 죽여버렸다.

4월 기미날, 자전子展이 제齊나라로 달아나자 헌공은 견鄄으로 갔다.

그리고 그곳에서 자행子行을 손문자에게 보내어 화해를 요청하였지만 손문자는 그마저 죽여버렸다.

헌공이 제나라로 달아나자 손문자는 그 뒤를 쫓아 하택河澤에서 임금을 따르던 무리들을 쳐부수었고, 견鄄 땅 사람들이 헌공의 패잔병들을 붙잡았다.

이에 앞서, 윤공타尹公佗는 유공차庾公差에게서 활쏘기를 배웠고 유공차는 공손정公孫丁에게서 활쏘기를 배워왔다.

이때 윤공타와 유공차는 손문자 편이 되어 헌공을 뒤쫓고 있었고, 공손정은 헌공의 수레를 몰고 있었다.

자어子魚(庾公差)가 말하였다.

"내가 활을 쏜다면 스승을 배반하는 것이 되고, 쏘지 않는다면 내가 죽을 것이다. 활을 쏘되 어떻게 하면 예를 지킬 수 있을까?"

이리하여 헌공 수레의 양쪽 멍에를 맞히고는 돌아갔다.

그러나 윤공타는 이렇게 말하였다.

"그대에게는 스승이겠지만 나에게는 인연이 먼 사람입니다."

그리고 말 머리를 되돌려 헌공을 쫓았다.

그러자 공손정은 잡았던 고삐를 헌공에게 넘기고 윤공타를 향해 활을 쏘아 그의 팔을 관통시켰다.

그 무렵 자선子鮮은 헌공을 따랐다.

국경에 이르자 헌공은 축종祝宗으로 하여금 자신이 망명하고 있음을 신에게 고하고 자신은 죄가 없음도 아울러 고하도록 하였다.

그러자 정강定姜이 이렇게 말하였다.

"신이란 없다면 고한들 무슨 소용이 있겠느냐? 신이 있다면 신을 속일 수가 없다. 죄가 있는데도 어찌 없다고 고한다는 것이냐? 대신들을 버리고 소신들과 국정을 모의한 것이 첫 번째 죄요, 선군께서 총경冢卿을 두어 이를 사보師保로 삼아주셨건만 이를 멸시한 것이 두 번째 죄이며, 나는 선군을 건즐巾櫛로 모셨던 정부인이건만 나를 첩이나 사환 부리듯 포악하게 군 것이 세 번째 죄이다. 망명하고 있음을 고하면 그 뿐, 죄가 없다고 고할 것은 없다!"

노 양공이 후성숙厚成叔을 위나라에 보내어 이렇게 위로의 말을 전하도록 하였다.

"우리 임금께서 저 척瘠을 보내셨습니다. 귀국 임금께서 사직을 돌보지 못하시고 국경을 넘어 다른 나라에 가 계신다는 소식을 듣고 어찌 위로를 하지 않을 수 있겠습니까? 동맹의 인연으로 우리 임금께서는 저를 보내어 귀국의 집사執事에게 감히 사사롭게 이렇게 전하라 하셨습니다. '임금이 되어 신하들을 사랑하지 않고, 신하로서 민첩하지 못하며, 임금으로서 신하들을 너그러이 용서하지 아니하고, 신하 역시 자신의 직분을 다하지 못하여, 안으로 옳지 못한 일이 밖으로 새어 나간다면 이를 장차 어찌 하겠는가?'라고 말입니다."

그러자 위나라는 태숙의大叔儀로 하여금 이렇게 대답하도록 하였다.

"우리 신하들이 똑똑하지 못하여 우리 임금께 죄를 지었습니다. 그럼에도 우리 임금께서는 그들을 형벌로써 처리하지 아니하고 슬퍼하며 나라를 버리시어 귀국 임금께 걱정을 끼쳤습니다. 귀국 임금께서는 선군 때부터의 우호를 잊지 않으시고 이렇게 우리 신하들을 위로하시며 거듭 불쌍히 여겨주시니 감히 귀국 임금 명령에 감사드리며 정중히 큰 혜택에 배례를 올립니다."

후손厚孫(厚成叔)은 돌아와 복명復命하고 나서 장무중臧武仲에게 말하였다.

"위 헌공은 틀림없이 자기 나라로 돌아가게 될 것입니다! 태숙의가 나라를 지키고 있고, 친동생 전鱄이 헌공을 따라다니고 있습니다. 이에 안에서는 백성을 위무하고, 나라 밖에서는 일을 잘 경영하고 있는데 그렇게 하고도 능히 돌아갈 수 없겠습니까?"

제나라가 내邧 땅을 주어 위 헌공이 기거할 수 있도록 해 주었다.

그런데 헌공이 귀국하면서 그 내 땅의 식량을 가지고 갔다.

우재곡右宰穀이 망명을 따라갔다가 달아나 본국으로 돌아오자 위나라 사람들이 그를 죽이려 하였다.

그는 이렇게 말하였다.

"나는 당초 임금께서 망명하고자 하였을 때 이를 좋아하지 않았습니다. 나는 값진 여우 가죽옷에 값싼 염소 가죽 소매를 단 옷을 입은 격입니다."

그리하여 위나라 사람들은 그를 용서하였다.

위나라 사람들이 공손표公孫剽를 세워 임금으로 모시자 손림보·영식이 그를 도와 제후들의 모임에도 참석하여 명령을 듣게 되었다.

위 헌공이 내 땅에 있었을 때 노나라 장흘臧紇(臧孫紇)이 제나라에 갔다가 위나라 군주를 찾아 위로하였다.

그때 헌공은 장흘을 대하면서 말이 매우 포학스러웠다.

장흘은 자리를 물러나와 수행원들에게 이렇게 말하였다.

“헌공은 본국으로 들어갈 수 없을 것이다. 그의 말은 분토糞土와 같다. 망명해 있으면서도 변한 것이 없으니 어찌 나라를 다시 차지할 수 있겠는가?”

자전子展과 자선子鮮이 이를 듣고 장흘을 찾아가 말을 나누었는데 그 두 사람의 말은 도리에 맞았다.

그래서 장손흘은 기꺼워하면서 수행원들에게 이렇게 말하였다.

“헌공은 틀림없이 본국으로 들어가게 될 것이다. 무릇 저 두 공자가 앞에서는 끌어주고 뒤에서는 밀어주니 들어가지 않으려 해도 들어가지 않을 수 있겠는가?”

【衛獻公】衎. 본 장에서처럼 孫林父와 甯殖에게 축출을 당하였다가 뒤에 다시 復位하여 B.C.576~559년까지 18년과 B.C.546~544년까지 3년간 두 차례에 걸쳐 재위하였던 衛나라 군주.

【戒】戒食. 식사할 것을 미리 약속함.

【孫文子】孫林父. 衛나라 대부. 孫良夫(孫桓子)의 아들이며 시호는 ‘文’. 그 때문에 孫文子로도 부름.

【甯惠子】甯殖. 시호는 惠子. 衛나라 대부.

【日旰】날이 저묾. ‘日晏’과 같음.

【囿】苑囿, 園囿. 임금의 사냥터.

【皮冠】사냥할 때 쓰는 모자. 신하가 조복(정복)을 입고 예를 표할 때는 임금일지라도 피관이나 투구를 벗고 인사를 해야 하나 그렇지 않았음을 말함. 《呂氏春秋》愼小篇에도 이 고사가 실려 있으며 “衛獻公戒孫林父·甯殖食, 鴻集于囿, 虞人以告. 公如囿射鴻. 二子待君, 日晏, 公不來至. 來, 不釋皮冠而見二子”라 하여 상황이 달랐음.

【戚】衛나라의 읍. 원래 孫氏의 采邑이었으며 孫林父가 이어 받아 私邑으로 사용하고 있었음. 지금의 河南 濮陽縣 북쪽.

【孫蒯】孫文子(孫林父)의 아들.

【大師】太師. 樂官의 우두머리.

【巧言之卒章】《詩經》小雅 巧言篇에 “悠悠昊天, 日父母且. 無罪無辜, 亂如此憮. 昊天已威, 予愼無罪. 昊天泰憮, 予愼無辜. 亂之初生, 僭始旣涵. 亂之又生, 君子信讒. 君子如怒, 亂庶遄沮. 君子如祉, 亂庶遄已. 君子屢盟, 亂是用長. 君子信盜,

亂是用暴. 盜言孔甘, 亂是用餤. 匪其止共, 維王之邛. 奕奕寢廟, 君子作之. 秩秩大猷, 聖人莫之. 他人有心, 予忖度之. 躍躍毚兔, 遇犬獲之. 荏染柔木, 君子樹之. 往來行言, 心焉數之. 蛇蛇碩言, 出自口矣. 巧言如簧, 顔之厚矣. 彼何人斯, 居河之麋. 無拳無勇, 職爲亂階. 旣微且尰, 爾勇伊何. 爲猶將多, 爾居徒幾何?”라 하였으며 마지막 6장(彼何人斯, 居河之麋. 無拳無勇, 職爲亂階. 旣微且尰, 爾勇伊何. 爲猶將多, 爾居徒幾何?)은 의젓하지 못한 小人이 난동을 부린들 겁낼 것이 없다는 비유를 노래한 것임. 헌공은 이 시를 읊도록 하여 손문자가 戚에서 계략을 꾸민들 겁낼 것이 없다는 자신의 생각을 전달하려 하였던 것임.

【師曹】太師 아래에 소속되어 있던 樂官.

【帑】'孥'와 같음. 妻子眷屬을 함께 지칭하는 말.

【蘧伯玉】衛나라의 賢大夫. 이름은 瑗. 시호는 成子. 蘧無咎(蘧莊子)의 아들. 孔子가 《論語》에서 크게 칭찬했던 인물.

【從近關出】거백옥은 장차 난이 일어날 것임을 예견하고 화를 피하기 위해 가장 가까운 국경관문을 통해 국외로 피신한 것.

【子蟜】衛나라 공자. 鄭나라 子蟜(公孫蠆)와는 동명이인임.

【子伯】衛나라 공자.

【子皮】역시 衛나라 공자.

【丘宮】衛나라 도읍의 궁궐. 孫林父가 머물던 곳. 혹은 孫林父를 불러 화해를 시도하던 곳.

【子展】衛 獻公의 아우. 獻公의 망명을 위해 미리 齊나라로 간 것으로 보임.

【鄄】지금의 山東 鄄城縣 동북쪽. 그러나 衛나라 땅으로 보고 있으며《一統志》에는 “在琴山東省濮縣東二十里之舊城集”이라 함.

【子行】衛나라 公子. 杜預 注에 “子行, 羣公子”라 함.

【公徒】獻公을 따르던 무리들.

【河澤】衛나라 땅. 阿澤, 柯澤 등으로도 표기하며 지금의 山東 陽穀縣 東北 運河가 지나가는 곳.《水經注》에 “河水右歷柯澤, 春秋左傳襄公十四年, 衛孫文子敗公徒于河澤者也”라 함.

【鄄人執之】獻公의 公徒 패잔병들을 鄄 땅 사람들이 잡음.

【尹公佗】활을 잘 쏘던 인물.《孟子》離婁(下)에 “鄭人使子濯孺子侵衛, 衛使庾公之斯追之. 子濯孺子曰:『今日, 我疾作, 不可以執弓, 吾死矣夫!』問其僕曰:『追我者, 誰也?』其僕曰:『庾公之斯也.』曰:『吾生矣.』其僕曰:『庾公之斯, 衛之善射者也, 夫子曰:‘吾生, 何謂也?’』曰:『庾公之斯學射於尹公之他, 尹公之他

學射於我. 夫尹公之他, 端人也, 其取友必端矣』庾公之斯至, 曰: 『夫子何爲不
執弓?』曰: 『今日, 我疾作, 不可以執弓』曰: 『小人學射於尹公之他, 尹公之他
學射於夫子. 我不忍以夫子之道反害夫子. 雖然, 今日之事, 君事也. 我不敢廢』
抽矢扣輪, 去其金, 發乘矢而後反.」"이라 함.

【庾公差】庾公斯. 자는 子魚.

【公孫丁】庾公差에게 弓術을 가르친 스승이며 衛 獻公의 마부였음.

【鞅】네 필 말이 수레를 끌 때 가운데 두 마리 목에 걸어 올린 멍에.

【子鮮】衛 獻公 아우. 이름은 鱄.

【祝宗】祭祀와 祈祝을 담당하던 관직. 이 역시 獻公을 따라나섰으므로 국경에
단을 설치하여 천신과 조상신에게 빌었던 것임.

【定姜】齊나라 출신으로 獻公의 아버지 定公의 嫡夫人이며 獻公에게는 生母는
아니지만 마땅히 공경해야 할 대상이었음. 獻公(衎)은 定公과 敬姒 사이에 태어
났으며 왕위에 오르자 정강을 친어머니가 아니라는 이유로 학대하였음.《列女傳》
母儀傳 참조.

【冢卿】나라 일을 모두 맡아 사는 가장 높은 직위. 孫林父와 甯殖을 지칭함.

【師保】師傅와 保傅.《禮記》文王世子에 "三王敎世子, 大傅在前, 少傅在後; 入則
有保, 出則有師, 是以敎喩而德成也"라 함. 여기서는 孫林父와 甯殖에게 보필을
받도록 되어 있음을 말함.

【以巾櫛事先君】세수하고 나서의 수건과 머리 빗는 빗을 들고 임금을 섬김. 이는
正妻(嫡夫人)가 하는 일이었음. 정부인으로서 선군 정공을 모셨다는 뜻.

【厚成叔】魯나라 대부. 厚瘠. 成叔은 시호. 厚孫이라고도 불림.《禮記》檀弓
(上) 正義에《世本》을 인용하여 "孝公生惠伯革(鞏), 其後爲厚氏"라 하였으며
昭公 25년 傳에는 "郈氏爲之金距"라 하였고,《國語》魯語에는 "文公欲弛郈敬
子之宅"이라 하여 '厚'는 '郈', '后' 등으로도 표기하였음.

【執事】대신들. 杜預 注에 "執事, 衛諸大夫"라 함.

【大叔儀】衛나라 대부이며 獻公의 아우. 시호는 文子. '大'는 '太'와 같음. 襄公
29년에는 '世叔儀'로 되어 있음.

【臧武仲】魯나라 대부. 臧孫紇. 臧紇. 臧孫. 臧宣叔(臧孫許)의 아들. 臧文仲의 아우.

【鱄】子鮮. 獻公의 同母弟. 成公 14년을 볼 것. 獻公을 따라 망명길에 나서서
헌공을 보좌한 인물.

【鄑】지금의 山東 黃縣 근방에 있었던 작은 나라. 齊나라에게 망함. 襄公 6년 참조.

【右宰穀】衛나라 대부. 右宰는 원래 관직 이름이었으나 성씨가 됨.

【狐裘而羔袖】여우 가죽은 염소 가죽보다 값진 것으로, 값진 여우 가죽옷에 값싼 염소 가죽 소매를 달아, 다소 흠이 된다는 뜻. 여기서 자신은 근본적으로는 군주 편이 아닌데 불의에 따라가 흠이 되었다는 것을 나타내어 헌공을 싫어하는 위나라 사람들에게 환심을 사서 용서를 받고자 한 것임.
【公孫剽】衛 穆公(速)의 손자. 헌공을 이어 이듬해 임금 자리에 오름. 이가 殤公이며 B.C.558~547년까지 12년간 재위하고 獻公이 돌아와 복위함.
【聽命於諸侯】제후들과 회맹하여 公孫剽가 임금이 되었음을 인가받고자 한 것.
【臧紇】臧孫紇. 臧武仲.
【糞土】윗부분의 '虐'을 말함.
【衛君必入】子展과 子鮮이 돕고 있는 것으로 보아 獻公은 틀림없이 귀국하게 될 것임을 말함. 결국 獻公은 B.C.547년 귀국하여 이듬해 복위함. 襄公 26년 傳文을 볼 것.

## ❋ 1201(襄14-5)

**莒人侵我東鄙.**

거莒나라 사람이 우리 노나라 동쪽 변방을 침범하였다.

【莒】작위는 子爵. 지금의 山東 莒縣. 己姓이었음.
＊無傳

㉳
師歸自伐秦.
晉侯舍新軍, 禮也.
成國不過半天子之軍.
周爲六軍, 諸侯之大者, 三軍可也.
於是知朔生盈而死, 盈生六年而武子卒, 鱻裘亦幼, 皆未可立也.
新軍無帥, 故舍之.

제후들의 군사가 진秦나라 정벌에서 돌아갔다.

진晉 도공悼公이 신군新軍을 폐지한 것은 예에 맞는 일이었다.

큰 제후국도 천자의 군사 반을 넘지 않는 것이다. 천자 주周나라가 육군六軍을 두고 있으므로 제후국은 큰 나라라 해도 삼군三軍이면 된다.

당시 진나라 지삭知朔이 지영知盈을 낳고 죽었고 지영을 낳은 지 6년 만에 무자武子가 세상을 떠났다. 체구彘裘 역시 어려 그들 둘은 신군의 장수로 세울 수가 없어 그 때문에 신군을 폐지한 것이다.


【成國】 成은 盛과 같음. 盛國은 큰 나라. 춘추시대 제후국은 대국, 차국, 소국으로 분류하였음. 《周禮》 夏官 序에 "凡制軍, 萬有二千五百人爲軍. 王六軍, 大國三軍, 次國二軍, 小國一軍"이라 함.

【新軍無帥】 襄公 13년, 荀罃과 士魴이 죽은 뒤 신군의 장수가 없게 되었다는 것은 이미 나왔음.

【知朔】 晉나라 대부. 知罃의 아들이며 知盈의 아버지. 新軍의 장수였음.

【知盈】 知朔의 아들. 《史記》 趙世家 索隱에 《世本》을 인용하여 "逝遨生莊子首, 首生武子罃, 罃生莊子朔, 朔生悼子盈"이라 함.

【武子】 知罃. 荀罃. 晉나라 대부. 知罃. 荀首(知莊子)의 아들로 宣公 12년(B.C.597) 邲의 싸움에서 사로잡혔음. 시호는 武子. 知武子로도 부름. 그 후손이 春秋末 晉六卿의 하나인 知氏로 발전함.

【彘裘】 士魴의 아들. 士會의 손자. 그의 식읍이 彘읍이며 彘裘로도 부름. 彘는 본래 先縠의 식읍이었으나 先縠이 피살되자 이름을 彘로 바꾸고 士魴의 채읍이 되었음. 宣公 12년을 볼 것.


⑲傳

師曠侍於晉侯.

晉侯曰:「衛人出其君, 不亦甚乎?」

對曰:「或者其君實甚. 良君將賞善而刑淫, 養民如子, 蓋之如天, 容之如地; 民奉其君, 愛之如父母, 仰之如日月, 敬之如神明, 畏之如雷霆, 其可出乎? 夫君, 神之主而民之望也. 若困民之主, 匱神乏祀,百姓絶望, 社稷無主, 將安用之? 弗去何爲? 天生民而立之君, 使司牧之, 勿使失性. 有君而爲之貳, 使師保之, 勿使過度. 是故天子有公, 諸侯有卿, 卿置側室, 大夫有貳宗, 士有朋友, 庶人·工·商·皁·隷·牧·圉皆有親暱, 以相輔佐也. 善則賞之, 過則匡之, 患則救之, 失則革之. 自王以下各有父兄子弟以補察其政. 史爲書, 瞽爲詩, 工誦箴諫, 大夫規誨, 士傳言, 庶人謗, 商旅于市, 百工獻藝. 故〈夏書〉曰:『遒人以木鐸徇於路, 官師相規, 工執藝事以諫.』正月孟春, 於是乎有之, 諫失常也. 天之愛民甚矣, 豈其使一人肆於民上, 以從其淫, 而棄天地之性? 必不然矣.」

악사 사광師曠이 어느 날 진晉 도공悼公을 모시고 있었다.

도공이 물었다.

"위衛나라 사람이 그들의 임금을 축출했다고 하던데 너무 심한 것 아니오?"

사광이 대답하였다.

"어쩌면 그 임금이 실로 심하게 하였을 수도 있습니다. 훌륭한 임금은 선善함에 상주고, 악한 자에게 형을 가하며, 백성 자식같이 기르고, 백성들을 가려 덮어주기를 하늘이 만물을 덮듯이 하며, 백성들을 용납하기를 땅이 만물을 용납하듯이 합니다. 그러면 백성들도 그 임금을 받들기를 부모님 사랑하듯이 하고, 해와 달처럼 우러러보며, 신명을 공경하듯이 하고, 뇌성벽력을 무서워하듯이 합니다. 그런데 어찌 축출할 수가 있겠습니까? 무릇 임금이란 신을 받들어 모시는 주인이며 백성들이 우러러 의지하는 존재입니다. 만약 백성들의 본성을 곤핍하게 하거나 신에 대한 제사를 소홀히 하여 백성들이 절망하고 사직이 주인이 잃게 되면 그런 임금을 어디에 쓰겠습니까? 그러니 내쫓지 않고 어찌하겠습니까? 하늘은 만민을 내리고 임금을 세워 백성을 다스리고 길러 백성들로 하여금 천성을 잃지 않도록 한 것입니다. 임금이 있으면 그를 위한 보좌가 있어 그로 하여금 사보師保가 되도록 하여 임금이 법도를 넘어서지 않도록 해 줍니다. 이 까닭으로 천자에게는 공公이 있고, 제후에게는 경卿이 있으며, 경은 분가한 측실

側室을 두고, 대부大夫는 이종貳宗을 두며, 사士는 벗이 있고, 서인庶人·공工·상商·조皂·예隷·목牧·어御들조차 모두 친하고 가까운 자가 있어서 서로 돕고 사는 것입니다. 선善하면 상을 주고, 잘못이 있으면 바로잡으며, 환난에는 구제해 주고, 실패하면 바꾸어주는 것입니다. 왕王 이하 누구나 모두가 부형과 자제가 있어 서로 하는 일을 살펴 보필해 주는 것입니다. 이에 사관史官은 이를 기록하고, 장님은 시를 외워 읊으며, 악공樂工은 노래로 간언해주며, 대부는 법규로써 깨우쳐주며, 선비는 소문을 퍼뜨려주고, 서인은 잘못을 비방하며, 상인商人들 무리는 시장에서 떠들어대고, 백공百工들은 재능을 다해 만든 물건을 바쳐 올리는 것입니다. 그러므로 〈하서夏書〉에 '주인遒人은 목탁 치며 길거리를 돌며 널리 알리고, 관사官師는 법류로써 바로잡아주며 공인工人은 자신의 재능으로써 잘못을 충간한다'라 한 것입니다. 정월 맹춘孟春이면 이런 일이 있었으니 이는 모든 사람들이 상도를 잃지 않도록 미리 경계하는 것입니다. 하늘이 백성들을 사랑함은 아주 지극합니다. 그런데 어찌 단 한 사람이 백성들의 위에서 제멋대로 행동하며 옳지 못한 짓을 하여 백성들로 하여금 하늘과 땅으로부터 받은 본성을 내팽개치도록 그대로 놓아두겠습니까? 반드시 그렇지 않았을 것입니다."

【師曠】 樂師 曠. 자는 子野. 晉나라의 음악가로 그 무렵 어진 사람으로 유명하였음.

【衛人出其君】 앞 장 참조. 孫林父와 甯殖이 衛 獻公을 축출한 사건.

【困民之主】 '主'는 '生'의 오자이며 '生'은 '性'과 같음.《新序》雜事篇과《說苑》君道篇에는 모두 '困民之性'으로 되어 있으며《國語》周語(上)에도 "匱神乏祀而困民之財"라 하여 같은 뜻으로 되어 있음.

【匱】 匱乏. 귀신으로 하여금 그 주인을 잃게 함.

【爲之貳】 杜預 注에 "貳, 卿佐"라 함.

【師保】 師傅와 保傅.《禮記》文王世子에 "三王敎世子, 大傅在前, 少傅在後; 入則有保, 出則有師, 是以敎喩而德成也"라 함.

【天子有公】 周나라 왕. 즉 천자의 조정에는 太師·太傅·太保의 三公이 있었음.

【側室·貳宗】 둘 모두 分家를 뜻함.

【皂隷牧圉】 皂豫는 노예. 고대 노예들은 머리에 검은 두건을 둘러 '皂'라 하였음. 牧圉는 가축 치는 자와 동물원을 지키는 자. 모두 천한 신분을 뜻함.

【瞽爲詩】고대에는 장님이 악사가 되었으며 나라의 자제에게 시 암송을 가르쳤음.《周禮》春官 序官 鄭玄 注에 "凡樂之歌, 必使瞽矇爲鄈, 命其賢知者以爲 大師·小師"라 함.

【士傳言】杜預 注에 "士卑不得徑達, 聞君過失, 傳告大夫"라 하였고,《國語》周語 (上)에도 "邵公曰:「故天子聽政, 使公卿至於列士獻詩, 瞽獻曲, 史獻書, 師箴, 瞍賦, 矇誦, 百工諫, 庶人傳語, 近臣盡規, 親戚補察, 瞽史敎誨"라 함.

【夏書】《尙書》夏書 胤正篇에 "告于衆曰:「嗟予有衆. 聖有謨訓, 明徵定保. 先王 克謹天戒, 臣人克有常憲, 百官修輔, 厥后惟明明. 每歲孟春, 遒人以木鐸徇于路, 官師相規, 工執藝事以諫. 其或不恭, 邦有常刑.」"이라 함.

【遒人】杜預 注에 "宣令之官"이라 함. 목탁을 치며 정령을 널리 알리는 임무를 맡은 자.

【木鐸】고대 朝廷에서 政令을 정하여 알리고자 할 때 이를 울리며 거리를 다녀 일러줌. 원래는 木鐸과 金鐸으로 구분하였음.

【官師】여러 官司의 우두머리.

【孟春】첫봄. 또는 음력 1월.


## ✹ 1202(襄 14-6)

秋, 楚公子貞帥師伐吳.

가을, 초나라 공자 정貞이 군사를 이끌고 오吳나라를 쳤다.

【公子貞】子囊. 楚 莊王(侶)의 아들이며 共王(審)의 아우. 壬夫를 이어 令尹에 오름.


㊀

秋, 楚子爲庸浦之役故, 子囊師于棠, 以伐吳.
吳人不出而還.

子囊殿, 以吳爲不能而弗儆.
吳人自皐舟之隘要而擊之, 楚人不能相救.
吳人敗之, 獲楚公子宜穀.


가을, 초楚 강왕康王은 용포庸浦에서의 전투를 보복하기 위해 자낭子囊
에게 당棠에 군사를 모아 오吳나라를 치도록 하였다.

그러나 오나라가 싸우러 나오지 않아 그대로 돌아갔다.

그때 자낭은 후방군이었는데 오나라가 덤비지 못할 것이라 여겨 방비를
제대로 하지 않았다.

그러자 오나라 병사들이 고주皐舟의 좁은 골짜기에서부터 공격하여
초나라 사람들은 서로 구할 수도 없었다.

오나라는 초군을 패배시키고 초나라 공자 의곡宜穀을 사로잡았다.


【楚子】楚 康王(昭).
【庸浦】楚나라 땅. 지금의 安徽 無爲縣 남쪽 長江 北岸 瀕江의 浦口. 庸浦之役은
  지난해의 傳을 볼 것.
【子囊】公子貞. 楚 莊王(侶)의 아들이며 共王(審)의 아우. 壬夫를 이어 令尹에 오름.
【棠】吳나라와의 국경 부근에 있었던 楚나라 읍. 지금의 江蘇 六合 부근.
【殿】군사가 후퇴하거나 돌아갈 때 가장 뒤에 쳐져 추격해오는 적군을 막아내는
  것. ‘殿’은 ‘臀’과 같음. 《論語》 雍也篇 “子曰: 「孟之反不伐, 奔而殿, 將入門,
  策其馬, 曰: 『非敢後也, 馬不進也.』」”의 集註에 “軍後曰殿”이라 함. 哀公 11년
  傳을 볼 것.
【皐舟】지금의 江西 湖口 부근. 狹路로 군사 요충지였음.
【宜穀】楚나라 公子 이름.


㉰

王使劉定公賜齊侯命, 曰: 「昔伯舅大公右我先王, 股肱周室, 師保
萬民. 世胙大師, 以表東海. 王室之不壞, 繄伯舅是賴. 今余命女環,
茲率舅氏之典, 纂乃祖考, 無忝乃舊. 敬之哉! 無廢朕命!」

　　주周 영왕靈王이 유정공劉定公으로 하여금 제齊 영공靈公에게 이러한 명을
전달하도록 하였다.

　　"옛날 백구伯舅의 조상 태공大公께서 우리 주나라 선왕을 도와 우리
주실의 고굉股肱이 되어 만민을 보호해 주셨소. 그리하여 대대로 태사太師
지위를 이어 받아 동해東海 지역의 사표師表가 되었소. 우리 왕실이 무너
지지 않은 것은 오로지 그대 백구의 힘을 입었던 것이오. 지금 내가 당신
환環에게 명하노니 이에 당신 나라 선조의 법도를 따르고, 할아버지와
아버지의 공적을 이어 옛 분들의 명예를 더럽히지 마시오. 공경히 하시오!
나의 명을 저버리지 마시오!"


【劉定公】 劉夏. 周 王室의 卿士.
【伯舅太公】 伯舅는 천자가 異姓의 제후를 이르는 칭호. 여기서는 齊나라 임금을
　　가리킴. 太公은 齊나라 군주의 시조인 太公望 呂尙. 姜子牙. 태공망은 周나라
　　文王과 武王을 도와 주나라 창건에 큰 공을 세워 齊 땅을 봉지로 받음.
【師保】 師傅와 保傅.《禮記》文王世子에 "三王敎世子, 大傅在前, 少傅在後; 入則
　　有保, 出則有師, 是以敎喩而德成也"라 함.
【表東海】 동해 지방 제후들의 師表가 됨. 동해 지역, 지금의 산동 일대를 잘
　　이끌어 줌.
【胙】 報酬와 같음. 그 보답을 받음.
【繄】 發語詞로 뜻이 없음.
【環】 姜環. 齊 靈公의 이름. 천자이므로 제후국 군주의 이름을 부른 것.
【纂】 이어감. '繼'와 같음.
【忝】 욕되게 함. 더럽힘.


✖ **1203(襄14-7)**

　　冬, 季孫宿會晉士匄·宋華閱·衛孫林父·鄭公孫蠆·莒人·
邾人于戚.

겨울, 계손숙季孫宿이 진晉나라 사개士匃와 송宋나라 화열華閱, 위衛나라
손림보孫林父, 정鄭나라 공손채公孫蠆 ·거인莒人 ·주인邾人과 척戚에서 만났다.


【季孫宿】魯나라 대부. 季孫行父의 아들. 季武子.《國語》에는 '季孫夙'으로 되어
　있음.
【華閱】誦나라 대부. 華元의 아들. 右師의 관직에 있었음.
【士匃】晉나라 대부. 范匃. 伯瑕. 士文伯. 范文子(士燮)의 아들. 시호는 宣子. 범선자
　로도 불림. '匃'는 '丐'로도 표기하며 음은 '古害反' '개'로 읽음.
【孫林父】衛나라 대부. 孫良夫(孫桓子)의 아들이며 시호는 '文'. 그 때문에 孫文子
　로도 부름.
【公孫蠆】子蟜. 鄭나라 대부. 子游의 아들. 시호는 桓子.
【戚】衛나라의 읍. 원래 孫氏의 采邑이었으며 孫林父가 晉나라로 달아나자 그
　땅도 함께 가지고 갔던 것으로 보임. 이를 衛나라에게 돌려줌. 지금의 河南
　濮陽縣 북쪽.




㉓
晉侯問衛故於中行獻子.
　對曰:「不如因而定之. 衛有君矣, 伐之, 未可以得志, 而勤諸侯.
史佚有言曰:『因重而撫之.』仲虺有言曰:『亡者侮之, 亂者取之.
推亡·固存, 國之道也.』君其定衛以待時乎!」
　冬, 會于戚, 謀定衛也.


진晉 도공悼公이 위衛나라 문제를 중항헌자中行獻子에게 물었다.
　중항헌자가 대답하였다.
　"이 기회에 그들을 안정시키느니만 못합니다. 지금 위나라에 새 군주가
들어섰는데 이를 쳤다가는 뜻을 얻지도 못하면서 제후들만 힘들게 하는
꼴이 됩니다. 사일史佚의 말에 '무겁거든 옮기지 말고 그대로 두어 위무해
주어라'라 하였고, 중훼仲虺는 '망해가는 자는 업신여기고, 어지러운 자는
빼앗아 차지해버려라. 망해 가는 자는 망하도록 밀어붙이고, 존재할 자는

견고하게 해 두는 것이 나라를 다스리는 길이다'라 하였습니다. 군주께서는
위나라를 그대로 안정시키고 때를 기다리십시오!”
　겨울, 척戚에서 회합을 한 것은 위나라 안정시킬 방법을 상의하기 위해서
였다.


【晉侯】晉 悼公(周).
【中行獻子】荀偃. 晉나라 대부. 荀庚의 아들이며 荀林父의 손자. 자는 伯游.
　中行佐의 벼슬을 하여 ‘中行’을 씨로 삼아 ‘中行偃’으로도 부름. 시호는 獻子.
　따라서 ‘中行獻子’로도 불림. 그 후손이 뒷날 晉六卿의 하나인 中行氏로 발전함.
【衛有君】衛 獻公이 쫓겨나고 公孫剽를 세워 殤公이 됨.
【史佚】고대 周나라 史官. 많은 語錄을 남겨 후손들이 늘 인용함.
【因重而撫之】杜預 注에 “重不可移, 就撫安之”라 함.
【仲虺】湯 임금 때의 佐相.


（傳）

范宣子假羽毛於齊而弗歸, 齊人始貳.


　진晉나라 범선자范宣子가 제齊나라에서 우모羽旄를 빌렸다가 돌려주지
않자 제나라 사람이 그때부터 진나라에 두 마음을 품게 되었다.


【范宣子】士匄. 晉나라 대부. 范匄. 范文子(士燮)의 아들. 시호는 宣子. ‘匄’는
　‘丐’로도 표기하며 음은 ‘古害反’ ‘개’로 읽음.
【羽毛】羽旄. 꿩 깃과 소의 꼬리를 단 깃발. 왕의 수레에 장식하였음. 그 무렵
　제나라 사람이 귀중히 여기는 우모를 범선자가 빌려가서는 돌려주지 않음.


（傳）

楚子囊還自伐吳, 卒.
　將死, 遺言謂子庚, 「必城郢!」

君子謂,「子囊忠. 君薨, 不忘增其名; 將死, 不忘衛社稷, 可不謂忠乎? 忠, 民之望也.《詩》曰:『行歸于周, 萬民所望.』忠也.」

초楚나라 자낭子囊이 오吳나라 치는 일에서 돌아와 세상을 떠났다.
그는 죽음에 이르자 자경子庚에게 이렇게 유언하였다.
"모름지기 영郢에 성을 쌓으시오."
이에 군자는 이렇게 말하였다.
"자낭은 충성스러웠다. 그는 군주가 세상을 떴을 때 군주에게 좋은 시호를 정해 드리기를 잊지 않았고, 자신이 죽음에 이르러서는 사직을 보위하기를 잊지 않았으니 충성스러웠다고 이르지 않을 수 있겠는가? 충이란 백성들이 우러러 보는 것이다.《시》에 '모든 행동이 충성스러움으로 귀결되니, 만인이 모두 우러러보도다'라 하였으니 이러한 것이 바로 충성이다."

【子囊】公子貞. 楚 莊王(侶)의 아들이며 共王(審)의 아우. 壬夫를 이어 令尹에 오름.《呂氏春秋》高義篇과《說苑》立節篇에 "荊人與吳人將戰, 荊師寡, 吳師衆, 將軍子囊不復於王而遁, 遂伏劍而死"라 하여 이곳과 다름.
【子庚】子午. 당시 楚나라 司馬였음. 子囊과 함께 楚 莊王의 아들이며 子囊을 이어 令尹에 오름.
【郢】楚나라 도읍. 지금의 江陵. 이미 성을 쌓았었으며 이 때문에《續漢書》郡國志 劉昭 注에 "江陵縣北十餘里有紀南城, 楚王所都. 東南有郢城, 子囊所城"이라 함.
【詩】《詩經》小雅 都人士篇에 "彼都人士, 狐裘黃黃. 其容不改, 出言有章. 行歸于周, 萬民所望. 彼都人士, 臺笠緇撮. 彼君子女, 綢直如髮. 我不見兮, 我心不說"이라 함.

# 165. 襄公 15年(B.C.558) 癸卯

| 周 | 靈王(姬泄心) 14년 | 齊 | 靈公(環) 24년 | 晉 | 悼公(周) 16년 | 衛 | 獻公(衎) 19년<br>殤公(剽) 원년 |
|---|---|---|---|---|---|---|---|
| 蔡 | 景公(固) 34년 | 鄭 | 簡公(嘉) 8년 | 曹 | 成公(負芻) 20년 | 陳 | 哀公(溺) 11년 |
| 杞 | 孝公(匃) 9년 | 宋 | 平公(成) 18년 | 秦 | 景公(后伯車) 19년 | 楚 | 康王(昭) 2년 |
| 吳 | 諸樊(遏) 3년 | 許 | 靈公(甯) 34년 | | | | |

❋ 1204(襄 15-1)

十有五年春, 宋公使向戌來聘.
二月己亥, 及向戌盟于劉.

15년 봄, 송宋 평공平公이 상술向戌을 노나라에 보내 예방하게 하였다.
2월 기해날, 송나라 상술과 유劉에서 동맹을 맺었다.

【宋公】宋 平公(成).
【向戌】宋나라 대부. '向'은 성씨일 경우 '상'으로 읽음. 左師 벼슬을 하였으며 합읍을 채읍으로 받아 '合左師'로도 부름.
【己亥】2월 11일.
【劉】魯나라 도읍 曲阜 근처.

㉑

十五年春, 宋向戌來聘, 且尋盟.
見孟獻子, 尤其室, 曰:「子有令聞而美其室, 非所望也.」
對曰:「我在晉, 吾兄爲之. 毀之重勞, 且不敢間.」

15년 봄, 송宋나라 상술向戌이 노나라로 와 양공을 예방하고 전에 맺은 동맹을 확인하여 더욱 굳게 하였다.

그는 맹헌자孟獻子를 방문하여 그의 집이 훌륭함을 보고 이렇게 나무랐다.

"그대는 좋은 평판을 얻고 있으나 집은 이렇게 화려하게 꾸몄으니 사람들이 우러러 볼 분이 아니군요."

맹헌자는 이렇게 대답하였다.

"내가 진晉나라에 가 있는 동안 저의 형이 이렇게 꾸민 것입니다. 헐자니 다시 수고스러운 일이고, 나의 형에게 감히 잘못된 일이라고 말할 수도 없었답니다."

【孟獻子】仲孫蔑. 魯나라 대부. 孟文伯(穀)의 아들이며 公孫敖의 손자. 魯나라 門閥.
【盟】襄公 2년 '豹之聘'과 11년 '亳之盟'을 가리킴.
【尤】허물을 지적하여 책함. 杜預 注에 "尤, 責過也"라 함.
【且不敢間】그리고 감히 잘못하였다고 말하지 못함.
【間】잘못, 허물, 과실. 그릇됨.


✳ **1205(襄15-2)**

劉夏逆王后于齊.

유하劉夏가 제齊나라에서 왕후王后를 맞이하였다.

【劉夏】劉定公.《公羊傳》에는 "劉夏, 天子之大夫"라 하였고,《穀梁傳》에는 "劉夏,
士也"라 하여 낮은 신분이었음을 말함. 그러나 襄公 14년에는 '劉定公'이라 하여
謚號가 定公이었던 것으로 보아 뒤에 卿士에 오른 것이 아닌가 함.
【王后】周 靈王(姬泄心)의 왕후가 될 여자. 齊나라는 姜氏였음.


㉮

官師從單靖公逆王后于齊.
卿不行, 非禮也.


　주나라 조정의 관사官師가 선정공單靖公을 따라 제齊나라에 가서 왕후를
맞이하였다.
　경卿이 맞이하러 가지 않았으니 이는 예에 맞지 않는 일이었다.


【官師】한 부서의 장. 여기에서는 劉夏, 즉 劉定公을 가리킴. 卿士가 아니었음.
【單靖公】周나라 왕실의 卿士. 單頃公의 아들.


㉮

楚公子午爲令尹, 公子罷戎爲右尹, 蒍子馮爲大司馬, 公子橐師
爲右司馬, 公子成爲左司馬, 屈到爲莫敖, 公子追舒爲箴尹, 屈蕩爲
連尹, 養由基爲宮廄尹, 以靖國人.
　君子謂, 「楚於是乎能官人. 官人, 國之急也. 能官人, 則民無覦心.
《詩》云『嗟我懷人, 寘彼周行』, 能官人也. 王及公·侯·伯·子·男,
甸·采·衛·大夫, 各居其列, 所謂周行也.」


　초楚나라 공자 오午가 영윤令尹이 되고, 공자 피융罷戎은 우윤右尹, 위자빙
蒍子馮은 대사마大司馬, 공자 탁사橐師는 우사마右司馬, 공자 성成은 좌사마左司馬,
굴도屈到는 막오莫敖, 공자 추서追舒는 잠윤箴尹, 굴탕屈蕩은 연윤連尹, 양유기
養由基는 궁구윤宮廄尹이 되어 민심을 안정시켰다.

군자가 말하였다.

"초나라는 이때 관직에 알맞게 사람을 등용하였다. 관직에 사람을 등용하는 일은 국가의 시급한 일이다. 관직에 사람을 알맞게 쓰면 백성들이 요행을 바라는 잘못된 마음을 갖지 않게 된다. 《시》에 '아아, 좋은 사람 그리워하니, 인재를 얻으면 주나라 조정의 반열<sub>班列</sub>에 세우련만' 하였다. 이것은 관직에 사람을 알맞게 등용함을 말한 것이다. 왕과 공작·후작·백작·자작·남작, 그리고 전복<sub>甸服</sub>·채복<sub>采服</sub>·위복<sub>衛服</sub>의 대부들이 각각 그에 맞는 지위에 있으니 이것이 이른바 주항<sub>周行</sub>이라는 것이다."


【公子午】子庚. 楚 莊王의 아들. 당시 子囊(公子 貞)을 이어 令尹에 오름.

【養由基】역대 이래 최고의 名射手로 이름난 楚나라 弓士. '養叔'으로도 부름. 宣公 12년 및 襄公 13년을 볼 것.

【罷戎】초나라 공자 이름. '罷'는 '罷音皮', 혹은 '戶買反'이라 하여 '피', 혹은 '해'로 읽음.

【蔿子馮】'薳子馮'으로도 표기하며 蔿艾獵의 아들. 孫叔敖의 조카. '馮'은 '皮冰反'으로 '빙'으로 읽음. 뒤에 초나라 令尹에 오름.

【橐師】楚나라 공자 이름.

【公子成】역시 楚나라 공자.

【屈到】子夕. 楚나라 경이었던 屈蕩의 아들.

【莫敖】초나라 大將軍의 직위 명칭.

【公子追舒】莊王의 아들 子南.

【箴尹】간언을 맡은 신하의 우두머리.

【屈蕩】楚나라 경. 대부.

【連尹】射官이라 함. 그러나 본장의 여러 관직 이름은 두예도 자세히 알 수 없어 비워둔 것이라 함. 孔穎達 疏에 "官名, 臨時所作. 莫敖之徒, 幷不可解, 故杜皆不解之"라 함.

【宮廐尹】궁궐 마구간을 담당한 관직의 우두머리.

【覦心】요행을 바라며 기회만 엿보는 잘못된 마음 씀씀이.

【詩】《詩經》國風 周南 卷耳篇에 "采采卷耳, 不盈頃筐. 嗟我懷人, 寘彼周行. 陟彼崔嵬, 我馬虺隤. 我姑酌彼金罍, 維以不永懷. 陟彼高崗, 我馬玄黃. 我姑酌彼兕觥, 維以不永傷. 陟彼砠矣, 我馬瘏矣, 我僕痡矣, 云何吁矣"라 함.

【周行】周나라 朝廷의 班列. 모두가 그에 맞는 직책을 맡음을 말함. 杜預 注에 "言自王以下, 諸侯大夫各任其職, 則是詩人周行之志也"라 함.
【公侯伯子男】 고대 작위의 다섯 등급.
【甸·采·衛】 고대 五服을 말함. 천자가 거처하는 곳으로부터 천리까지는 圻(畿)라 하며 그 밖으로 5백 리씩 멀리하여 侯服, 甸服, 男服, 采服, 衛服이라 함.


㉑

鄭尉氏·司氏之亂, 其餘盜在宋.

鄭人以子西·伯有·子産之故, 納賂于宋, 以馬四十乘, 與師茷·師慧.

三月, 公孫黑爲質焉. 司城子罕以堵女父·尉翩·司齊與之, 良司臣而逸之, 託諸季武子, 武子寘諸卞.

鄭人醢之三人也.

師慧過宋朝, 將私焉.

其相曰:「朝也.」

慧曰:「無人焉.」

相曰:「朝也, 何故無人?」

慧曰:「必無人焉. 若猶有人, 豈其以千乘之相易淫樂之矇? 必無人焉故也.」

子罕聞之, 固請而歸之.


정鄭나라 울씨尉氏와 사씨司氏의 (지난 양공 10년의) 난에 그 잔당이 송宋나라로 달아나 있었다.

이에 정나라 사람들은 자서子西·백유伯有·자산子産 등을 위한다는 이유로 송나라에게 선물로 말 40승과 사패師茷·사혜師慧를 보내었다.

3월, 대부 공손흑公孫黑을 인질로 보냈다.

그러자 송나라 사성자한司城子罕은 도여보堵女父·울편尉翩·사제司齊는 돌려보내고, 사신司臣만은 좋게 보아 그를 빼돌려 노나라 계무자季武子에게 맡겼고 계무자는 그를 변卞에 부탁해 살도록 하였다.

정나라에서는 세 사람을 소금에 절여 젓갈로 담갔다.

사혜가 송나라 조정 앞을 지나다가 소변을 보려 하였다.

그의 수행원이 말하였다.

"여기는 조정입니다."

그러자 사혜가 말하였다.

"아무도 없는 곳인데."

수행원이 말하였다.

"조정인데 어찌 사람이 없겠습니까?"

사혜가 말하였다.

"틀림없이 사람이 없을 것이다. 만약 사람이 있다면 어찌 천 승의 나라가 재상을 통해서 음탕한 음악이나 하는 나 같은 장님과 잔당들을 바꾸었 겠는가? 틀림없이 사람 같은 사람이 없기 때문일 것이다."

자한이 듣고는 군주에게 고집스럽게 청하여 사혜를 정나라로 돌려보냈다.


【尉氏·司氏】 이들이 鄭나라에서 난을 일으킨 것은 襄公 10년을 볼 것.

【子西】 子駟의 아들. 公孫夏. 杜預 注에 "子西, 公孫夏, 子駟子"라 함.

【伯有】 良霄. 鄭나라 외교관의 이름. 伯有. 公孫輒(子耳)의 아들. 杜預 注에 "良霄, 公孫輒子伯有也"라 함.

【子産】 公孫僑. 子國(公孫成)의 아들. 뒤에 鄭나라의 훌륭한 宰相이 되어 孔子가 자주 칭찬한 인물. 이상 세 사람의 아버지가 모두 司氏와 尉氏의 난에 죽음을 당하였음.

【四十乘】 모두 160필의 말.

【師茷·師慧】 둘 모두 鄭나라의 악사. 鄭나라 음악은 가장 음탕하여 이들이 스스로 자신들은 '淫樂을 하는 악사'라 자인함. 아울러 《論語》 衛靈公篇에도 "放鄭聲, 遠佞人. 鄭聲淫, 佞人殆"라 함.

【公孫黑】 子駟(公子 騑)의 아들. 자는 子晳.

【司城子罕】 鄭 穆公의 아들. 公子 喜. 樂喜. '司城'을 지내어 이를 성씨로 삼음. 그 때문에 司城子罕으로도 부름. 당시 宋나라 어진 인물로 알려져 있음.

【堵女父·尉翩·司齊】 난을 일으키고 宋나라에 피해 있던 사람들. 襄公 10년을 볼 것. 이들은 정나라로 송치된 뒤 죽음을 당하여 젓갈로 담가짐.

【司臣】 역시 송나라에 피신해 있던 정나라 亂黨의 하나. 司城子罕이 그의 훌륭함을 보고 鄭나라로 돌려보내지 않고 빼돌림.

【季武子】 季孫宿. 魯나라 대부. 季孫行父의 아들. 《國語》에는 '季孫夙'으로 되어 있음.

【卞】 지금의 山東 泗水縣 동쪽.

【私】 사사로운 일. 小便을 뜻함.

【相】 장님을 돕는 자를 뜻함. 장님의 도우미. 論語 衛靈公篇에 "師冕見, 及階, 子曰:「階也.」 及席, 子曰:「席也.」 皆坐, 子告之曰:「某在斯, 某在斯.」 師冕出. 子張問曰:「與師言之道與? 子曰:「然. 固相師之道也.」"라 한 '相'과 같음.

【以千乘之相】 '以'는 '因'과 같음. 千乘(鄭) 나라의 재상을 통해서 협상이 이루어짐. 즉 고국 鄭나라의 재상 중에 子産처럼 덕 있는 자를 말함. 여기서의 문맥은 그러한 사람을 통해 선물과 잔당 교환의 일이 이루어진 것은 아닐 것이라 여긴 것.

【淫樂之矇】 정나라 音樂은 淫樂으로 장님인 자신들이 맡고 있어 자신을 낮추어 본 것.

【無人焉】 子産이라면 이들을 즉시 처단하였을 것이나 宋나라는 이들을 죽이지 않고 있다가 鄭나라의 뇌물을 받은 다음 돌려보낸 것은 송나라 조정의 汚吏들이 한 짓일 것이니 그렇다면 송나라에는 인재가 없는 것과 같다는 뜻. 송나라에는 자산과 같은 훌륭한 재상이 없다는 의미임. 子産은 이미 司氏의 난에 죽어 구체적으로 자산을 지적한 것은 아님. 이에 杜預 注에는 "千乘之相謂子産等也. 言不爲子産殺三盜, 得牢而歸之, 是重淫樂而輕國相"이라 함.


✹ 1206(襄 15-3)

夏, 齊侯伐我北鄙, 圍成.

公救成, 至遇.


여름, 제후齊侯가 우리 노나라 북쪽 변경을 침공하여 성成을 포위하였다. 양공이 성읍成邑을 구하고 우遇에 이르렀다.

【齊侯】齊 靈公(環).
【成】 '郕'으로도 표기하며《山東通志》에 "金山東寧陽縣東北九十里"라 함.
【遇】 魯나라 지명. 曲阜와 寧陽의 중간.


※ 1207(襄 15-4)

季孫宿·叔孫豹帥師城成郛.

계손숙季孫宿과 숙손표叔孫豹가 군사를 이끌고 성成에 외성을 쌓았다.


【季孫宿】魯나라 대부. 季孫行父의 아들. 季武子.《國語》에는 '季孫夙'으로 되어
있음.
【叔孫豹】魯나라 대부. 叔孫僑如의 아우. 叔孫穆叔.
【郛】外城, 外郭을 말함. '郛'는 '郭'과 같음.


㊉ 傳
夏, 齊侯圍成, 貳於晉故也.
於是乎城成郛.


여름, 제齊 영공靈公이 노나라 성成을 포위한 것은 제나라가 진晉나라를
배반하려는 마음을 가지고 있었기 때문이었다.
이에 노나라가 성에 외성을 쌓은 것이다.


【貳於晉故也】齊나라가 范宣子의 羽旄사건으로 晉나라를 배반하려는 마음을
품고 진나라와 동맹국인 魯나라의 성읍을 공격하여 晉나라의 뜻을 알아보고자
한 것임.

✹ 1208(襄 15-5)

秋八月丁巳, 日有食之.

가을 8월 정사날, 일식이 있었다.

【丁巳】 8월에는 丁巳날이 없었음. 杜預 注에 "八月無丁巳, 丁巳七月一日也"라 함.
曆算한 결과 B.C.558년 5월 31일 부분일식이 있었던 것으로 확인됨.
＊無傳


✹ 1209(襄 15-6)

邾人伐我南鄙.

주邾나라 사람이 우리 남쪽 변방을 쳤다.

【邾】 周나라 武王이 祝融 八姓의 하나였던 邾俠(曹俠)을 封하여 부용국으로
삼았었으며 지금의 山東 鄒縣. 이 때문에 전국시대에 이름을 '鄒'로 바꾸었음.
曹姓이며 子爵 작위를 받았으나 魯나라에 예속되어 있었음.


✹ 1210(襄 15-7)

冬十有一月癸亥, 晉侯周卒.

겨울 11월 계해날, 진후晉侯 주周가 죽었다.

【癸亥】 10월 9일.
【晉侯周】 晉 悼公. 이름은 周. 14세에 즉위하여 B.C.572~558년까지 16년간 재위

하고 30세에 죽음. 平公(彪)이 그 뒤를 이음.


傳

秋, 邾人伐我南鄙, 使告于晉.
晉將爲會以討邾·莒, 晉侯有疾, 乃止.
冬, 晉悼公卒, 遂不克會.


가을, 주邾나라 사람이 우리 노나라의 남쪽 변경을 쳐들어오자 진晉나라에 사람을 보내어 이를 알렸다.
진나라는 제후들을 모아 주나라와 거莒나라를 치려고 하였으나 진 도공悼公이 병이 나 중지하였다.
겨울, 진 도공이 세상을 떠났다. 그리하여 결국 제후들의 모임은 이루어지지 못하였다.


傳

鄭公孫夏如晉奔喪, 子蟜送葬.


정鄭나라 공손하公孫夏가 진晉 도공悼公의 상喪에 조문을 위해 진나라로 달려갔고 자교子蟜가 장례에 참여하였다.


【公孫夏】子西. 子駟의 아들. 杜預 注에 "子西, 公孫夏, 子駟子"라 함.
【子蟜】鄭나라 대부. 公孫蠆. 子游의 아들. 시호는 桓子.


傳

宋人或得玉, 獻諸子罕, 子罕弗受.
獻玉者曰:「以示玉人, 玉人以爲寶也, 故敢獻之.」

子罕曰:「我以不貪爲寶, 爾以玉爲寶. 若以與我, 皆喪寶也, 不若人有其寶.」

稽首而告曰:「小人懷璧, 不可以越鄉, 納此以請死也.」

子罕寘諸其里, 使玉人爲之攻之, 富而後使復其所.


송宋나라 어떤 사람이 옥玉을 얻게 되어 이를 자한子罕에게 바쳤으나 자한은 받지 않았다.

옥을 바친 사람이 말하였다.

"옥인玉人에게 보였더니 옥인은 보배라고 하더이다. 그래서 감히 드리는 것입니다."

자한이 대답하였다.

"나는 재화를 탐내지 않는 것을 보배로 삼고, 그대는 옥을 보배로 삼고 있소. 만약 이를 나에게 준다면 나와 그대는 둘 모두 보배를 잃는 것이 되오. 각기 자신의 보배를 그대로 가지고 있느니만 못하오."

그러자 그는 머리를 조아리며 이렇게 말하였다.

"소인이 이 옥을 지니고 있으면 마을 하나도 무사히 넘어갈 수가 없습니다. 제가 이것을 간직하고 있는 것은 죽음을 부르는 것입니다."

이에 자한은 그를 자신의 마을에 머물게 하고 옥인으로 하여금 이를 다듬도록 하였다. 그리고 그것을 팔아 다른 많은 재화와 바꾸어 그를 고향으로 돌려보내주었다.


【子罕】 司城子罕. 鄭 穆公의 아들. 公子 喜. 樂喜. '司城'을 지내어 이를 성씨로 삼음. 그 때문에 司城子罕으로도 부름. 당시 宋나라 어진 인물로 알려져 있음. 이 고사는 《淮南子》(精神訓), 《新序》(節士篇), 《呂氏春秋》(異寶篇), 《韓非子》(喩老篇) 등에 널리 轉載되어 있음.

【玉人】 玉工. 옥을 다듬는 工人.

【不可以越鄉】 杜預 注에 "言必爲盜所害"라 함.

【其里】 子罕이 살고 있는 마을에 안전하게 거처하도록 함.

【富】 '다른 많은 재화와 바꾸다'의 뜻. 服虔은 "賣玉得富"라 함.

㊜ 傳

十二月, 鄭人奪堵狗之妻, 而歸諸范氏.

　12월, 정鄭나라 사람이 도구堵狗의 아내를 빼앗아 친가인 진晉나라 범씨
范氏에게 돌려보냈다.


【堵狗】 司氏의 난으로 宋나라에 가 있다가 송환되어 죽음을 당한 堵女父의 일족.
【歸諸范氏】 堵狗는 처형된 堵女父의 일족으로 그의 부인은 晉나라 范氏의 딸
이었음. 堵狗가 晉나라 범씨의 세력과 결탁하여 보복을 할 것을 두려워하여
그 화근을 없애고자 그의 아내를 빼앗아 진나라 친정으로 돌려보낸 것임. 杜預
注에 "堵狗, 堵女父之族. 狗娶於晉范氏. 鄭人旣誅女父, 畏狗因范氏而作亂, 故奪
其妻歸范氏, 先絶之"라 함.

## 166. 襄公 16年(B.C.557) 甲辰

| 周 | 靈王(姬泄心) 15년 | 齊 | 靈公(環) 25년 | 晉 | 平公(彪) 원년 | 衛 | 獻公(衎) 20년<br>殤公(剽) 2년 |
|---|---|---|---|---|---|---|---|
| 蔡 | 景公(固) 35년 | 鄭 | 簡公(嘉) 9년 | 曹 | 成公(負芻) 21년 | 陳 | 哀公(溺) 12년 |
| 杞 | 孝公(匃) 10년 | 宋 | 平公(成) 19년 | 秦 | 景公(后伯車) 20년 | 楚 | 康王(昭) 3년 |
| 吳 | 諸樊(遏) 4년 | 許 | 靈公(甯) 35년 | | | | |

## ✸ 1211(襄 16-1)

十有六年春王正月, 葬晉悼公.

16년 봄 주력 정월, 진晉 도공悼公의 장례를 치렀다.

【悼公】 晉나라 군주. 이름은 周. 14세에 즉위하여 B.C.572~558년까지 16년간 재위하고 30세에 죽음. 平公(彪)이 그 뒤를 이음.

## ✸ 1212(襄 16-2)

三月, 公會晉侯·宋公·衛侯·鄭伯·曹伯·莒子·邾子·薛伯·杞伯·小邾子, 于溴梁.

戊寅, 大夫盟.

3월, 양공은 진후晉侯·송공宋公·위후衛後·정백鄭伯·조백曹伯·거자莒子·주자邾子·설백薛伯·기백杞伯·소주자小邾子와 격량溴梁에서 만났다.

　무인날, 각 나라의 대부들이 동맹을 맺었다.


【溴梁】지금의 河南 濟源縣 溴水의 隄梁. 溴水는 河南 濟源縣에서 발원하여 동쪽 孟縣을 거쳐 동남으로 흘러 黃河로 들어감.
【小邾】諸侯의 分封이었으므로 '小邾'라 칭함.
【戊寅】3월 26일.


✽ **1213(襄 16-3)**

## 晉人執莒子·邾子以歸.

진晉나라가 거자莒子·주자邾子를 잡아서 돌아갔다.


【莒】작위는 子爵. 지금의 山東 莒縣. 己姓이었음.
【邾】周나라 武王이 祝融 八姓의 하나였던 邾俠(曹俠)을 封하여 부용국으로 삼았었으며 지금의 山東 鄒縣. 이 때문에 전국시대에 이름을 '鄒'로 바꾸었음. 曹姓이며 子爵 작위를 받았으나 魯나라에 예속되어 있었음.


㊟

十六年春, 葬晉悼公.
　平公卽位, 羊舌肸爲傅, 張君臣爲中軍司馬, 祁奚·韓襄·欒盈·士鞅爲公族大夫, 虞丘書爲乘馬御.
　改服, 修官, 烝于曲沃.
　警守而下, 會于溴梁.
　命歸侵田.

以我故, 執邾宣公·莒犁比公, 且曰通齊·楚之使.
晉侯與諸侯宴于溫, 使諸大夫舞, 曰:「歌詩必類.」
齊高厚之詩不類.
荀偃怒, 且曰:「諸侯有異志矣.」
使諸大夫盟高厚, 高厚逃歸.
於是叔孫豹·晉荀偃·宋向戌·衛甯殖·鄭公孫蠆·小邾之大夫盟曰:
「同討不庭.」


16년 봄, 진晉 도공悼公의 장례를 치렀다.

평공平公이 즉위하여 대부 양설힐羊舌肸이 태부太傅가 되고, 장군신張君臣이 중군사마, 기해祁奚·한양韓襄·난영欒盈·사앙士鞅이 공족대부, 우구서虞丘書가 임금 수레를 모는 자가 되었다.

상복喪服을 벗은 뒤 여러 관직을 임명한 다음, 곡옥曲沃의 종묘로 가서 증제烝祭를 지냈다.

그리고 도읍을 엄중히 지키게 하고 배로 하수河水를 따라 내려가 격량湨梁에서 제후들과 만났다.

그 모임에서 평공은 제후들에게 다른 나라를 침략하여 뺏은 땅을 돌려주도록 명령하였다.

우리 노나라를 침공하였던 일로 주邾 선공宣公과 거莒 이비공犁比公을 잡고, 아울러 그들이 제齊나라와 초楚나라가 사신을 보내어 통한 일을 꾸짖었다.

평공은 온溫에서 제후들과 잔치를 열고, 각국의 대부들에게 춤을 추도록 하면서 이렇게 말하였다.

"노래와 시는 모름지기 서로 뜻이 통하는 것으로써 하라."

그런데 제나라 고후高厚가 읊은 시는 춤과 뜻이 같은 것이 아니었다.

진나라 순언荀偃이 화를 내며 말하였다.

"제후 중에 다른 마음을 품은 사람이 있습니다."

그리고 각국 대부들에게 고후와 맹약을 맺도록 하자 고후는 달아나 귀국하고 말았다.

이에 숙손표叔孫豹·진나라 순언·송宋나라 상술向戌·위衛나라 영식甯殖·
정鄭나라 공손채公孫蠆·소주小邾의 대부들이 이렇게 맹약하였다.
"우리는 주 왕실을 공경하지 않는 자를 함께 칠 것이다."


【平公】 새로 임금 자리에 오른 晉나라 군주. 이름은 표. 悼公(周)의 뒤를 이어
　　B.C.557~532년까지 26년간 재위함.
【羊舌肸】 晉나라 上大夫 叔向. 士渥濁을 이어 太傅에 오름. 그러나 《國語》 晉語
　　(7)에 의하면 悼公(周)이 이미 당시 태자였던 豹(平公)를 위해 叔向을 불러
　　태부로 삼았었음.
【張君臣】 張老의 아들. 아버지를 이어 中軍司馬에 오름.
【祁奚】 晉나라 대부. 高梁伯의 아들. 자는 黃羊. 祁午의 아버지. '祁'는 원래 읍
　　이름이며 지금의 山西 祁縣 동남쪽. 당시 中軍尉의 지위에 있었으며 늙어 사임을
　　청할 때의 인물 추천에 관한 고사로 유명함. 襄公 3년을 볼 것.
【韓襄】 韓無忌의 아들. 《通志》 氏族略(5)에 《世本》을 인용하여 "晉韓厥生無忌,
　　無忌生襄, 襄生子魚"라 함.
【欒盈】 欒懷子. 欒書(武子)의 손자이며 欒黶(桓子)의 아들. 시호는 懷子. 欒氏
　　집안의 公族大夫.
【士鞅】 范獻子. 范叔으로도 불림. 시호는 獻子. 士匄(宣子)의 아들이며 士燮
　　(范文子)의 손자.
【虞丘書】 晉나라 대부. 虞丘는 복성. 書는 이름. 虞丘는 원래 읍 이름이며 지명이
　　성씨가 된 것임.
【改服】 喪服을 벗고 吉服을 입음.
【修官】 어질고 능력 있는 이를 관직에 등용함.
【烝】 겨울 제사. 桓公 5년 傳에 "閉蟄而烝"이라 함.
【曲沃】 晉나라의 發祥地. 진나라 종묘가 있었음. 지금의 山西 聞喜縣 동북쪽.
【邾宣公】 당시 邾나라 군주. 莒와 더불어 노나라를 침략한 적이 있음.
【莒犁比公】 莒나라 군주. 犁比는 지명. 거나라는 군주가 거하는 읍 이름을 임금의
　　시호로 사용하였음.
【溫】 지금의 河南 溫縣.
【歌詩必類】 전해지는 詩 가운데에서 골라 읊되 내용과 춤이 맞도록 함. 고대
　　詩는 자신의 의중을 나타내는 것으로 여겨 그 속뜻을 알아보고자 한 것임.
【高厚】 齊나라 대부. 高固의 아들. 杜預 注에 "高固子"라 함.

【荀偃】晉나라 대부. 荀庚의 아들이며 荀林父의 손자. 자는 伯游. 中行佐의
  벼슬을 하여 ‘中行’을 씨로 삼아 ‘中行偃’으로도 부름. 시호는 獻子. 따라서 ‘中行
  獻子’로도 불림. 그 후손이 뒷날 晉六卿의 하나인 中行氏로 발전함.
【叔孫豹】魯나라 대부. 叔孫僑如의 아우. 叔孫穆叔.
【向戌】宋나라 대부. ‘向’은 성씨일 경우 ‘상’으로 읽음. 左師 벼슬을 하였으며
  合邑을 채읍으로 받아 ‘合左師’로도 부름.
【甯殖】甯惠子. 衛나라 대부.
【公孫蠆】子蟜. 鄭나라 대부. 子游의 아들. 시호는 桓子.
【小邾】諸侯의 分封이었으므로 ‘小邾’라 칭함.
【不庭】천자의 王庭으로 찾아가지 않는다는 뜻. 不忠하다의 뜻.


## ✸ 1214(襄 16-4)

### 齊侯伐我北鄙.

제후齊侯가 우리 노나라 북쪽 변방을 쳤다.

【齊侯】齊 靈公(環) 재위 26년째였음.
　＊無傳


## ✸ 1215(襄 16-5)

### 夏, 公至自會.

여름, 양공이 모임에서 돌아왔다.

【會】溟梁에서의 모임을 마치고 귀국함.
　＊無傳

* **1216(襄16-6)**

   五月甲子, 地震.

5월 갑자날, 지진이 일어났다.


【甲子】 5월 13일.
＊無傳


* **1217(襄16-7)**

   叔老會鄭伯·晉荀偃·衛甯殖·宋人伐許.

숙로叔老가 정백鄭伯·진晉나라 순언荀偃·위衛나라 영식甯殖·송宋나라 사람 등과 함께 허許나라를 쳤다.


【叔老】 魯나라 대부. 子叔齊子. 子叔은 그의 자, 혹은 시호. 嬰齊의 아들.《禮記》 檀弓(下)에는 子叔敬叔으로 되어 있음.
【鄭伯】 당시 鄭나라 군주는 簡公(嘉) 재위 9년째였음.
【荀偃】 晉나라 대부. 荀庚의 아들이며 荀林父의 손자. 자는 伯游. 中行佐의 벼슬을 하여 '中行'을 씨로 삼아 '中行偃'으로도 부름. 시호는 獻子. 따라서 '中行獻子'로도 불림. 그 후손이 뒷날 晉六卿의 하나인 中行氏로 발전함.
【甯殖】 甯惠子. 衛나라 대부.
【許】 姜姓. 周 武王이 그 苗裔 文叔을 許에 봉함. 지금의 河南 許昌市 동쪽. 당시 군주는 靈公이었음.


㊀

許男請遷于晉.
諸侯遂遷許, 許大夫不可, 晉人歸諸侯.

鄭子蟜聞將伐許, 遂相鄭伯以從諸侯之師.
穆叔從公, 齊子帥師會晉荀偃.
書曰「會鄭伯」, 爲夷故也.
夏六月, 次于棫林.
庚寅, 伐許, 次于函氏.


허許 영공靈公이 도읍을 옮길 것을 허락해 달라고 진晉나라에 청하였다.

제후들이 함께 허락하여 곧 허나라 도읍을 옮기려 하자 허나라 대부들이 반대하여 진나라 사람이 제후들을 돌려보냈다.

정鄭나라 자교子蟜는 진나라가 곧 허나라를 칠 것이라는 소식을 듣고 정나라 군주를 도와 군사를 이끌고 제후들의 연합군에 참가하였다.

그때 노나라 대부 목숙穆叔은 노 양공을 따라 돌아왔고, 노나라 대부 제자齊子가 군사를 이끌고 진나라 순언과 합세하였다.

경經에 "정나라 군주와 모임을 가졌다"라 한 것은 같은 공평한 서열 때문이었다.

여름 6월, 제후국의 연합군은 역림棫林에 주둔하였다.

경인날, 허나라 도읍을 치고 함씨函氏에 주둔하였다.


【許男請遷于晉】 허나라가 도읍을 옮기고자 한 것은 진나라와 화친 관계로 인해 초나라의 공격이 있을까 두려워 이를 방어할 수 있는 곳으로 천도하고자 한 것임.
【子蟜】 鄭나라 대부. 公孫蠆. 子游의 아들. 시호는 桓子.
【鄭伯】 당시 鄭나라 군주는 簡公(嘉).
【穆叔】 叔孫豹. 魯나라 대부. 叔孫僑如의 아우. 叔孫穆叔. 叔孫. 叔孫穆子 등으로도 불림.
【齊子】 魯나라 대부. 叔老. 子叔齊子.
【夷故】 '夷'는 '平'과 같음. 序列을 공평하게 함. 經文에 "叔老會鄭伯·晉荀偃·衛甯殖·宋人伐許"라 하여 春秋는 魯나라 위주의 史書이므로 당연히 魯나라 대부 叔老를 앞에 쓴 것이며, 다만 회담의 주관을 荀偃이 하였지만 그는 晉나라 신하 신분이므로 일국의 군주인 鄭伯보다는 뒤에 그 이름을 기록하였음을 말함.
【次】 군사가 주둔함을 뜻함. 莊公 3년 傳에 "凡師, 一宿爲舍, 再宿爲信, 過信爲次"라 함.

【棫林】許나라 지명. 지금의 河南 葉縣 동북. 襄公 14년의 ‘棫林’과는 이름은
　같으나 다른 곳임.
【庚寅】6월 9일.
【函氏】許나라 지명. 지금의 河南 葉縣 북쪽.


㊙

晉荀偃·欒黶帥師伐楚, 以報宋楊梁之役.

楚公子格帥師, 及晉師戰于湛阪, 楚師敗績.

晉師遂侵方城之外, 復伐許而還.


　진晉나라 순언荀偃과 난염欒黶이 군사를 이끌고 초楚나라를 쳐서 송宋
나라 양량楊梁 싸움에 보복을 하였다.

　이에 초나라 공자 격格이 군사를 이끌고 진나라 군사와 잠판湛阪에서
전투를 벌였으나 초나라 군사가 크게 졌다.

　진나라 군사는 이어 바로 방성方城 밖까지 침공하고 다시 허許나라
도읍을 치고 돌아왔다.


【荀偃】晉나라 대부. 荀庚의 아들이며 荀林父의 손자. 자는 伯游. 中行佐의
　벼슬을 하여 ‘中行’을 씨로 삼아 ‘中行偃’으로도 부름. 시호는 獻子. 따라서 ‘中行
　獻子’로도 불림. 그 후손이 뒷날 晉六卿의 하나인 中行氏로 발전함.
【欒黶】晉나라 대부. 欒桓子로도 불림. 欒武子(欒書)의 아들.
【楊梁之役】襄公 12년을 볼 것.
【公子格】楚나라 공자.
【湛阪】湛水의 북쪽. 湛水는 河南 寶豐縣에서 발원하여 葉縣을 거쳐 襄城縣에서
　北汝河와 合水함. 따라서 湛阪은 지금의 河南 平頂山市 북쪽.《一統志》에 “在今
　河南省葉縣北三十里”라 함.
【敗績】全軍이 대패하였을 때 쓰는 말. 莊公 11년 傳에 “凡師, 敵未陳曰敗某師,
　皆陳曰戰, 大崩曰敗績”이라 함.
【方城】楚나라 最北端 요새지. 지금의 河南 葉縣 남쪽.

※ **1218(襄16-8)**

秋, 齊侯伐我北鄙, 圍郕.

가을, 제후齊侯가 우리 노나라 북쪽 변방을 쳐서 성郕 지역을 포위하였다.

【齊侯】齊 靈公(環) 재위 26년째였음.
【郕】‘成’으로도 표기하며《山東通志》에 “金山東寧陽縣東北九十里”라 함.


㊟

秋, 齊侯圍成, 孟孺子速徼之.
齊侯曰:「是好勇, 去之以爲之名.」
速遂塞海陘而還.

가을, 제齊 영공靈公이 노나라 성成을 포위하자 맹유자孟孺子 속速이 이를 맞아 싸웠다.
제 영공이 말하였다.
“이는 용맹스러운 자로구나. 이 사람으로부터 도망하여 명성을 얻도록 해 주리라.”
속은 드디어 해형海陘의 좁은 길목을 막아놓고 돌아왔다.

【孟孺子】魯나라 孟獻子의 아들. 이름은 速. 諡號는 莊子. ‘孺子’는 아직 어린 나이라는 뜻. 成(郕)은 孟孫氏의 봉읍이었음.
【徼】맞이하여 맞서 싸움. 길을 막아 차단함.
【海陘】齊나라와 魯나라 사이의 狹道. 요새. 大汶河와 泗水 사이일 것으로 추정함.

※ 1219(襄16-9)

大雩.

기우제를 크게 지냈다.


※ 1220(襄16-10)

冬, 叔孫豹如晉.

겨울, 숙손표叔孫豹가 진晉나라에 갔다.

【叔孫豹】魯나라 대부. 叔孫僑如의 아우. 叔孫穆叔.


㊧

冬, 穆叔如晉聘, 且言齊故.
晉人曰:「以寡君之未禘祀, 與民之未息, 不然, 不敢忘.」
穆叔曰:「以齊人之朝夕釋憾於敝邑之地, 是以大請. 敝邑之急, 朝不及夕, 引領西望曰:『庶幾乎!』比執事之間, 恐無及也.」
見中行獻子, 賦圻父, 獻子曰:「偃之罪矣, 敢不從執事以同恤社稷, 而使魯及此!」
見范宣子, 賦鴻雁之卒章.
宣子曰:「匄在此, 敢使魯無鳩乎?」


겨울, 목숙穆叔이 진晉나라를 빙문하고 다시 제齊나라가 침공한 일을 말하였다.
그러자 진나라 사람이 말하였다.

"우리 임금께서는 아직 체사禘祀도 지내지 못하였으며 백성들에게 휴식을 주지도 못하였습니다. 그렇지만 않다면 감히 노나라 구원을 잊지 못하겠지요."

그러자 목숙이 말하였다.

"제나라가 아침저녁으로 우리 땅에 분풀이를 하고 있습니다. 이 까닭으로 간곡히 요청하는 것입니다. 우리의 위급함은 아침저녁을 따질 수 없습니다. 목을 길게 빼고 서쪽 진나라를 바라보면서 '구해 주시기를 바랍니다'라고 기원하고 있는 것입니다. 집사들 사이의 의논을 기다리다가는 아마도 때가 늦을 것입니다."

목숙이 중항헌자中行獻子를 방문하여 〈기보圻父〉의 시를 읊자 중항헌자가 말하였다.

"저의 죄입니다. 감히 집사들의 의견을 좇아 귀국 사직을 불쌍히 여기지 않았다가 노나라로 하여금 이 지경에 빠지게 하였군요!"

이번에는 범선자范宣子를 만나 〈홍안鴻雁〉의 시 마지막 장을 읊자 선자는 이렇게 말하였다.

"제가 여기 있는데 감히 노나라로 하여금 평안을 누리지 못하도록 두겠습니까?"


【穆叔】 叔孫豹. 魯나라 대부. 叔孫僑如의 아우. 叔孫穆叔. 叔孫. 叔孫穆子 등으로도 불림.

【禘祀】 3년상을 탈상하고 난 뒤 위패를 사당으로 모시는 吉禘의 제사. 여기서는 晉 悼公의 禘祀를 가리킴.

【未息】 杜預 注에 "新伐許及楚"라 함.

【引領西望】 목을 빼고 晉나라가 있는 서쪽을 바라보며 기원함.

【比執事之間】 '比'는 '기다리다'의 뜻. 집사들 사이의 의논을 거쳐 일을 결정하도록 기다림.

【中行獻子】 荀偃. 晉나라 대부. 荀庚의 아들이며 荀林父의 손자. 자는 伯游. 中行佐의 벼슬을 하여 '中行'을 씨로 삼아 '中行偃'으로도 부름. 시호는 獻子. 따라서 '中行獻子'로도 불림. 그 후손이 뒷날 晉六卿의 하나인 中行氏로 발전함.

【圻父】《詩經》小雅의 시편 이름. 기보는 주나라 천자의 직할지의 군사담당관이었다. 이 시는 기보가 무정하고 무능하여, 군졸을 소중히 여기지 않음을

비난한 시. 목숙은 이 시를 읊어 진나라의 무정함을 풍자하였음.

【范宣子】士匄. 晉나라 대부. 范匄. 伯瑕. 士文伯. 范文子(士燮)의 아들. 시호는 宣子. '匄'는 '丐'로도 표기하며 음은 '古害反' '개'로 읽음.

【鴻雁】《詩經》小雅의 시편 이름. 이 시편 마지막 장은 주나라 세력이 쇠퇴하였을 때, 宣王이 국내의 어지러움을 바로잡아 백성들을 안정시켰음을 읊은 것임. 목숙은 이 시를 읊어 진나라의 구원을 바라는 뜻을 나타냈음.

【鳩】백성들이 모여 평화로이 생활함.《國語》晉語(9)의 같은 구절 韋昭 注에 "鳩, 安也"라 함.

| 周 | 靈王(姬泄心) 16년 | 齊 | 靈公(環) 26년 | 晉 | 平公(彪) 2년 | 衛 | 獻公(衎) 21년<br>殤公(剽) 3년 |
|---|---|---|---|---|---|---|---|
| 蔡 | 景公(固) 36년 | 鄭 | 簡公(嘉) 10년 | 曹 | 成公(負芻) 22년 | 陳 | 哀公(溺) 13년 |
| 杞 | 孝公(匄) 11년 | 宋 | 平公(成) 20년 | 秦 | 景公(后伯車) 21년 | 楚 | 康王(昭) 4년 |
| 吳 | 諸樊(遏) 5년 | 許 | 靈公(甯) 36년 | | | | |

## ✹ 1221(襄 17-1)

十有七年春王二月庚午, 邾子牼卒.

17년 봄 주력 2월 경오날, 주자邾子 경牼이 죽었다.

【庚午】2월 23일.
【邾子牼】주나라 군주. 이름은 경. 邾나라는 周 武王이 祝融 八姓의 하나였던 邾俠(曹俠)을 封하여 부용국으로 삼았으며 지금의 山東 鄒縣. 이 때문에 전국 시대에 이름을 '鄒'로 바꾸었음. 曹姓이며 子爵 작위를 받았으나 魯나라에 예속 되어 있었음.

※ 1222(襄17-2)

宋人伐陳.

송宋나라가 진陳나라를 쳤다.

【宋】 당시 宋나라 군주는 平公(成) 20년째였음.
【陳】 당시 陳나라 군주는 哀公(溺) 13년째였음.


㊙
十七年春, 宋莊朝伐陳, 獲司徒卬, 卑宋也.

17년 봄, 송宋나라 장조莊朝가 진陳나라를 쳐 그 사도司徒 앙卬을 사로 잡았는데 이는 진陳나라가 송나라를 얕보았기 때문이었다.

【莊朝】 宋나라 대부.
【司徒卬】 陳나라 司徒이며 대부. 이름은 卬.


※ 1223(襄17-3)

夏, 衛石買帥師伐曹.

여름, 위衛나라 석매石買가 군사를 이끌고 조曹나라를 쳤다.

【石買】 衛나라 대부. 石稷의 아들. 시호는 共子. 그 아들은 石惡(悼子). 그 손자는 石圃. 선조 石碏이 衛나라에 큰 공을 세움. 隱公 4년 傳文을 볼 것.
【曹】 당시 曹나라 군주는 成公(負芻) 22년째였음.

❋ **1224**(襄 17-4)

　　秋, 齊侯伐我北鄙, 圍桃.
　　高厚帥師伐我北鄙, 圍防.


　　가을, 제후齊侯가 우리 북쪽 변방을 쳐서 도桃를 포위하였다.
　　고후高厚가 군사를 이끌고 우리 북쪽 변방을 쳐 방防을 포위하였다.


【齊侯】齊 靈公(環). 재위 26년째였음.
【桃】魯나라 지명. 지금의 山東 汶上縣 북쪽.《公羊傳》에는 '洮'로 되어 있음.
【高厚】齊나라 대부. 高固의 아들. 杜預 注에 "高固子"라 함.
【防】노나라 지명. 北防을 가리킴.


　　㊀

　　衛孫蒯田于曹隧, 飮馬于重丘, 毁其甁.
　　重丘人閉門而詢之, 曰:「親逐而君, 爾父爲厲. 是之不憂, 而何以田爲?」
　　夏, 衛石買・孫蒯伐曹, 取重丘, 曹人愬于晉.


　　위衛나라 손괴孫蒯가 조曹나라 땅 조수曹隧에서 사냥을 하고 중구重丘에서 말에게 물을 먹이다가 우물의 두레박을 부수었다.
　　중구 사람이 성문을 닫고 그에게 이렇게 욕을 하였다.
　　"너는 군주를 몰아냈었고 너희 아버지는 악귀가 되었을 것이다. 그런데 그것은 걱정하지도 않고 어찌 사냥을 하고 다니는가?"
　　여름, 위나라 석매石買와 손괴가 조나라를 쳐 중구를 차지하자 조나라 사람이 진晉나라에 그 일을 하소연하였다.


【曹隧】曹나라 땅. 杜預 注에 "越境而獵"이라 함.
【孫蒯】孫林父의 아들.

【重丘】 원래는 고대 나라 이름. 지금의 山東 茌平縣. 그러나 《山東通志》에는
 “在今山東省荷澤縣東北三十里”라 함.
【瓶】 《玉篇》에 “瓶, 汲水器也”라 함. 두레박 따위를 말함.
【詢】 ‘후’로 읽으며 꾸짖고 욕함.
【而君】 ‘而’는 ‘爾’와 같음. 人稱代名詞 ‘너’(你). 衛 獻公을 축출한 일. 襄公 14년
 傳을 볼 것.
【厲】 악귀.
【愬】 ‘하소연하다, 억울함을 호소하다’의 뜻. 이로써 晉나라가 이듬해 石買를
 잡아들임. 다음 장을 볼 것.


⑲

齊人以其未得志于我故, 秋, 齊侯伐我北鄙, 圍桃.
高厚圍臧紇于防.
師自陽關逆臧孫, 至于旅松.
陬叔紇·臧疇·臧賈帥甲三百, 宵犯齊師, 送之而復.
齊師去之.
齊人獲臧堅, 齊侯使夙沙衛唁之, 且曰「無死」.
堅稽首曰:「拜命之辱. 抑君賜不終, 姑又使其刑臣禮於士.」
以杙抉其傷而死.


제齊나라는 우리에게 뜻을 펴지 못했다는 이유로 가을에 영공靈公이
우리 북쪽 변경을 쳐 도桃를 포위하였다.
 고후高厚가 장흘臧紇을 방防에서 포위하였다.
 이에 우리 노나라 군사는 양관陽關으로부터 장손臧孫(臧紇)을 구하고자
나서서 여송旅松에 이르렀다.
 그리하여 추陬의 숙흘叔紇·장주(臧疇: 臧紇의 형)·장가臧賈가 무장한 병사
3백 명을 이끌고 밤에 제나라 군사들 틈으로 쳐들어가서 장손을 구출하여
방을 지키도록 복귀시켰다.
 그러자 제나라 군사가 물러났다.

제나라가 장견臧堅을 사로잡자 제 영공은 숙사위夙沙衛로 하여금 그를 위로하면서 "죽지 말라"는 말을 전하도록 하였다.

장견은 머리를 조아리며 말하였다.

"황송하신 말씀 잘 받았습니다. 생각건대 임금께서 저의 목숨을 죽지 말라 배려해 주시면서 일부러 그 형신刑臣으로 하여금 사士인 저에게 예를 베푸셨군요."

그리고는 나무막대로 상처를 찢어 벌리고는 죽어버렸다.


【未得志于我】 지난해 成을 포위하였다가 孟孺子의 용맹을 보고 물러난 일을 말함. 襄公 16년을 참조할 것.

【高厚】 齊나라 대부. 高固의 아들. 杜預 注에 "高固子"라 함.

【臧紇】 臧孫紇. 臧武仲. 魯나라 대부. 臧宣叔(臧孫許)의 아들. 臧文仲의 아우. 채읍이 防이었음. 防은 지금의 山東 泗水縣 서쪽.

【陽關·旅松】 防과 가까운 곳으로 지금의 山東 泰安縣.

【郰叔紇】 '鄒'는 '郰'와 같음. 郰邑의 대부였던 叔梁紇을 가리키며 이는 바로 孔子의 아버지였음.

【臧疇】 臧紇(臧孫紇)의 형.

【臧賈】 臧紇의 형제.

【送之而復】 旅松에서 臧紇을 구출하여 防城으로 보내어 그곳을 수비하도록 복귀시킴.

【臧堅】 臧紇의 족인.

【夙沙衛】 齊나라 少傅를 지냈던 인물로 齊 靈公의 한때 幸臣(宦官)으로 보임.

【刑臣】 去勢刑을 받아 군주를 모시는 신하. 즉 내시. 여기서는 夙沙衛를 가리킴.

【士】 臧堅 자신. 士의 신분에게 刑臣(內侍)를 보낸 것은 禮에 맞지 않는다고 분개한 것임.


**✹ 1225(襄 17-5)**

九月, 大雩.

9월, 기우제를 크게 지냈다.

*無傳


### ※ 1226(襄 17-6)

宋華臣出奔陳.

송宋나라 화신華臣이 진陳나라로 달아났다.

【華臣】 華元의 아들이며 華閱의 아우. 당시 司徒 벼슬을 하고 있었음.


⑲

宋華閱卒, 華臣弱皐比之室, 使賊殺其宰華吳, 賊六人以鈹殺諸
盧門合左師之後.
　左師懼, 曰:「老夫無罪.」
　賊曰:「皐比私有討於吳.」
　遂幽其妻, 曰:「畀余而大璧.」
　宋公聞之, 曰:「臣也不唯其宗室是暴, 大亂宋國之政, 必逐之.」
　左師曰:「臣也, 亦卿也. 大臣不順, 國之恥也. 不如蓋之.」
　乃舍之.
　左師爲己短策, 苟過華臣之門, 必騁.
　十一月甲午, 國人逐瘈狗. 瘈狗入於華臣氏, 國人從之.
　華臣懼, 遂奔陳.


송宋나라 화열華閱이 세상을 떠나자 화신華臣은 화열의 아들 고비皐比의
집안을 업신여기고 도적을 시켜 고비의 가신 화오華吳를 죽이도록 하였다.

이에 도적 여섯이 날카로운 창으로 도성 노문盧門에 있던 합좌사合左師의
집 뒤에서 화오를 죽였다.

좌사는 두려움에 떨며 이렇게 말하였다.

"이 늙은이는 아무 죄가 없다오."

그러자 도적들이 말하였다.

"고비가 사사로이 화오를 처형하는 것입니다."

화오를 죽이고 도적들은 죽은 화오의 아내를 잡아 가두고 이렇게 요구
하였다.

"우리에게 큰 벽璧을 달라."

송 평공平公이 이를 듣고 말하였다.

"화신은 자기 종실에 포악한 짓을 하였을 뿐만 아니라 송나라 정치를
크게 어지럽혔다. 반드시 그를 축출하리라."

그러나 좌사가 이렇게 아뢰었다.

"화신 역시 경卿입니다. 나라의 대신이 공순하지 못하였다는 것은 나라의
수치입니다. 차라리 그대로 덮어두느니만 못합니다."

그리하여 그대로 두었다.

그 후 좌사는 짧은 채찍을 가지고 다니며, 화신의 집 앞을 지날 때면
반드시 그 채찍으로 말을 몰아 급히 지나갔다.

11월 갑오날, 나라 사람들이 미친개를 몰았는데 그 미친개가 화신의
집으로 들어가자 사람들은 개의 뒤를 따라 쫓아 들어갔다.

화신은 자신을 죽이러 온 줄로 알고 겁을 먹고는 그만 진陳나라로
달아나버린 것이다.


【華閱】宋나라 대부. 華元의 아들이며 華臣의 형.
【皐比】華閱의 아들이며 華臣의 조카. 華臣이 그 집안을 약화시켜 재산을 빼앗
  고자 한 것임.
【賊】하수인. 華臣에게 고용된 못된 무리들.
【宰】家宰. 華閱 집안의 總管. 華吳가 이 일을 맡고 있었음.
【華吳】《春秋分紀世譜》(7)에 의하면 華督에게는 家와 季老(秀老)라는 두 아들이

있었으며 季老가 華鄭을, 華鄭이 華喜를, 華喜가 華吳를 낳았다 하였음.

【鈹】 날이 선 예리한 창.

【盧門】 도성의 성문.

【合左師】 向戌. 그의 采邑이 '合'이었으며 벼슬이 左師였음. 그 때문에 '合左師'라 부른 것임. '合'은 지금의 山東 棗莊市와 江蘇 沛縣 사이었다 함.

【私有討於吳】 이는 도적들이 거짓말을 꾸며서 한 말임.

【大璧】 마치 자신들은 단순한 도둑으로서 재물을 훔치고자 한 것처럼 위장한 것임.

【宋公】 당시 宋나라 군주는 平公(成) 재위 20년째였음.

【甲午】 11월 22일.

【瘈狗】 미친 개. 狂犬, 瘋狗. 《漢書》 五行志에는 '狾狗'로 되어 있음.

【華臣懼】 杜預 注에 "華臣心不自安, 見逐狗而驚走"라 함.


## ❋ 1227(襄17-7)

冬, 邾人伐我南鄙.

겨울, 주邾나라 사람이 우리 남쪽 변방을 쳤다.

【邾】 周나라 武王이 祝融 八姓의 하나였던 邾俠(曹俠)을 封하여 부용국으로 삼았었으며 지금의 山東 鄒縣. 이 때문에 전국시대에 이름을 '鄒'로 바꾸었음. 曹姓이며 子爵 작위를 받았으나 魯나라에 예속되어 있었음.


傳

冬, 邾人伐我南鄙, 爲齊故也.

겨울, 주邾나라 사람이 우리 남쪽 변방을 친 것은 제齊나라를 위해서 한 짓이었다.

【齊故】杜預 注에 "齊未得志於魯, 故邾助之"라 함. 이 부분은 순서로 보아
華臣의 망명 이전의 일을 이곳에 거론하여 맞지 않은 것으로 논란이 있음.


㊀

宋皇國父爲大宰, 爲平公築臺, 妨於農收.
子罕請俟農功之畢, 公弗許.
築者謳曰: 『澤門之皙, 實興我役. 邑中之黔, 實慰我心.』
子罕聞之, 親執扑, 以行築者, 而抶其不勉者, 曰:「吾儕小人皆有
闔廬以辟燥濕寒暑. 今君爲一臺, 而不速成, 何以爲役?」
謳者乃止.
或問其故, 子罕曰:「宋國區區, 而有詛有祝, 禍之本也.」


송宋나라 황국보皇國父가 태재大宰가 되자 평공平公을 위해 좋은 누대를
건축하느라 농민들의 추수를 방해하고 있었다.
자한子罕이 농사일이 모두 끝난 뒤를 기다릴 것을 요청하였지만 평공은
허락하지 않았다.
건축에 동원된 이들이 이렇게 노래를 불렀다.
"택문澤門 가에 사는 얼굴 흰 사람,
이는 사실은 그가 저지른 것으로 우리를 노역에 내몰았고,
도읍 안에 사는 얼굴 검은 사람,
그는 실제 우리의 마음을 위로해 주네."
자한은 이를 듣자 직접 채찍을 잡고 일꾼들 사이를 다니면서 일을 힘써
하지 않는 자들을 매질하며 이렇게 말하였다.
"우리 소인 같은 무리들도 모두가 집이 있어 조습燥濕과 한서寒暑를
피하며 살고 있다. 그런데 임금께서 지금 까짓것 누대 하나 짓는데 속히
완공해 드리지 못한다면 어찌 이 정도가 일거리가 되겠느냐?"
그러자 불평하던 이들이 노래를 그쳤다.
어떤 이가 그렇게 한 이유를 묻자 자한은 이렇게 답하였다.

“우리 송나라는 보잘 것 없는 작은 나라인데 저주받는 자와 칭찬받는
자가 함께 있다면 이는 곧 재앙의 근본이 된다.”


【皇國父】 宋나라 대부. 당시 太宰의 벼슬에 올라 임금에게 누대를 지어주고자
　한 것임.
【大宰】 太宰. 재상.
【農收】 농사철의 收穫 시기. 原典에는 ‘農功’으로 되어 있음. 그러나 〈宋本〉,
　〈淳熙本〉, 〈石經〉 등에는 모두 ‘農收’로 되어 있음. 杜預 注에는 “周十一月,
　今九月, 收斂時”라 함.
【子罕】 樂喜. 鄭 穆公의 아들. 公子 喜. 司城 벼슬을 하고 있던 宋나라 대부. 司城의
　벼슬을 하여 흔히 司城子罕으로도 부르며 宋나라 어진 대부로 널리 알려짐.
　《禮記》 檀弓(下) 正義에 《世本》을 인용하여 “傾生東鄕克, 克生西鄕土曹, 土曹
　生子罕”이라 하였고, 《通志》 氏族略에는 “樂呂孫喜字子罕”이라 함.
【澤門】 송나라 도읍의 南門. 孟子 盡心(上)의 ‘垤澤之門’을 가리킴.
【皙】 얼굴이 해맑고 흼. 여기서는 皇國父를 가리킴. 그가 일을 저질러 자신들을
　농사철에 노역에 내몰았다고 불평을 한 것임.
【黔】 ‘검다’의 뜻. 여기서는 子罕을 가리킴.
【執扑】 竹鞭을 잡음.
【閭廬】 집을 뜻함.
【區區】 잘고 보잘 것 없음을 뜻함.
【禍之本】 이상 고사는 《晏子春秋》 內篇 諫下와 雜篇에 모두 晏嬰의 일로 실려 있음.




㊀

齊晏桓子卒, 晏嬰麤縗斬, 苴経·帶·杖, 菅屨, 食鬻, 居倚廬, 寢苫·
枕草.
　其老曰:「非大夫之禮也.」
　曰:「唯卿爲大夫.」


　제齊나라 안환자晏桓子가 세상을 떠나자 아들 안영晏嬰은 거친 최참縗斬의
상복에 삼으로 짠 두건, 허리띠, 지팡이, 짚신에 죽을 먹으며 임시 장막에

거하면서 풀로 짠 자리에 풀 베개를 하며 거상居喪하였다.

　그러자 가로家老가 말하였다.

"이는 대부의 예가 아닙니다."

　그러자 안영은 이렇게 말하였다.

"오직 경의 자리에 있는 사람만이 대부가 지킬 상례를 행하는 것입니다."


【晏桓子】齊나라 대부. 晏弱. 晏子(晏嬰)의 아버지. 시호는 桓子.

【晏嬰】齊나라의 유명한 재상. 자는 平仲. 晏弱의 아들이며 그의 언행을 모아
　편찬한 《晏子春秋》가 널리 알려져 있으며 司馬遷은 《史記》 管晏列傳에 그의
　전기를 실어 높이 평가하고 있음.

【麤】粗惡함. '매우 거칠다'의 뜻. '粗'와 같음.

【縗斬】齊縗와 斬縗. '縗'는 '衰'로도 표기함. 고대 아버지 喪에 아들이 입는 3년
　상의 喪服. 《禮記》 雜記 鄭玄 注에 "麤縗斬者, 其縷在齊斬之間, 謂縷如三升半
　而三升不緝也. 斬衰以三升爲正, 微細焉則屬於麤也"라 함.

【苴絰】삼으로 만든 거친 두건. 상복의 일종.

【杖】竹杖. 喪杖.

【菅屨】'菅'은 골풀. '屨'는 신발. 골풀로 만든 草鞋.

【倚廬】居喪 때 임시로 얽어 만든 장막.

【寢苫】나무로 얽어 만든 거친 깔개.

【枕草】풀을 묶어 만든 베개.

【其老】晏子 집안의 家宰.

【非大夫之禮】원래 《禮記》 中庸에 "三年之喪達乎天子, 父母之喪, 無貴賤一也"
　라 하였고, 孟子 滕文公(上)에 "三年之上, 齋疏之服, 飦粥之食, 自天子達於庶人,
　三代共之"라 하였으나 이 당시는 이미 이러한 喪禮를 제대로 지키는 사람이
　적어서 될 수 있으면 간략하게 하게 하거나, 또는 자신의 신분을 뛰어넘어 더욱
　화려하게 하는 등 기준이 없었음. 이에 안영은 정식으로 대부의 신분이 취할
　예를 행하자 집안 노인이 대부 신분에 있는 그대는 卿이 취하는 상례를 행하
　라는 뜻으로 이 말을 한 것임.

【唯卿爲大夫】이 구절은 여러 가지 해석이 있으나 《晏子春秋》 雜篇(上)에 이를
　전재하고 孔子의 평을 인용하여 "晏子可謂能遠害矣, 不以己之是駁人之非, 遜辭
　以避咎, 義也夫!"라 하였고, 《孔子家語》에도 역시 이를 인용하고 있음. 杜預
　注에는 "晏子惡直己以斥時失禮, 故孫辭略答家老"라 함.

# 168. 襄公 18年(B.C.555) 丙午

| 周 | 靈王(姬泄心) 17년 | 齊 | 靈公(環) 27년 | 晉 | 平公(彪) 3년 | 衛 | 獻公(衎) 22년<br>殤公(剽) 4년 |
|---|---|---|---|---|---|---|---|
| 蔡 | 景公(固) 37년 | 鄭 | 簡公(嘉) 11년 | 曹 | 成公(負芻) 23년 | 陳 | 哀公(溺) 14년 |
| 杞 | 孝公(匃) 12년 | 宋 | 平公(成) 21년 | 秦 | 景公(后伯車) 22년 | 楚 | 康王(昭) 5년 |
| 吳 | 諸樊(遏) 6년 | 許 | 靈公(甯) 37년 | | | | |

✮ **1228(襄18-1)**

十有八年春, 白狄來.

18년 봄, 백적白狄이 찾아왔다.

【白狄】狄人의 한 갈래.

㉙

十八年春, 白狄始來.

18년 봄, 백적白狄이 노나라에 처음으로 찾아왔다.

※ 1229(襄18-2)

夏, 晉人執衛行人石買.

여름, 진晉나라가 위衛나라 행인行人 석매石買를 붙잡았다.

【行人】 외교관. 통역관. 그를 본래의 罪目으로 잡지 아니하고 行人의 신분으로써 잡은 것에 대하여 杜預 注에는 "石買卽是伐曹者, 宜卽懲治本罪; 而晉因其爲 行人之使執之, 故書行人以罪晉"이라 함.
【石買】 衛나라 대부. 石稷의 아들. 시호는 共子. 그의 아들은 石惡(悼子). 杜預 注에 "石買卽是伐曹者, 宜卽懲治本罪; 而晉因其爲行人之使執之, 故書行人以 罪晉"이라 함. 晉나라가 石買를 잡은 이유는 襄公 17년을 볼 것.

㊉
夏, 晉人執衛行人石買于長子, 執孫蒯于純留, 爲曹故也.

여름, 진晉나라가 위衛나라 행인行人 석매石買를 장자長子에서 잡고, 또 위나라 손괴孫蒯를 순류純留에서 붙잡았는데 이는 조曹나라를 위해서 한 일이었다.

【長子】 진나라 지명. 지금의 山西 長子縣.
【孫蒯】 衛나라 대부. 孫林父의 아들.
【純留】 晉나라 지명. 지금의 山西 屯留縣. 본래는 留吁國. 宣公 16년 晉나라가 이를 멸하고 純留, 혹 屯留라 불렀음.
【曹故】 이들이 曹나라에 들어와 사냥을 하며 두레박을 부순 일.

※ 1230(襄18-3)

秋, 齊師伐我北鄙.

가을, 제齊나라 군사가 우리 북쪽 변방을 쳤다.

【齊師】《穀梁傳》에는 '齊侯'로 되어 있으나 杜預 注에는 "不書齊侯, 齊侯不入竟"
이라 함.


## ● 1231(襄18-4)

冬十月, 公會晉侯·宋公·衛侯·鄭伯·曹伯·莒子·邾子·
滕子·薛伯·杞伯·小邾子同圍齊.

겨울 10월, 양공이 진후晉侯·송공宋公·위후衛侯·정백鄭伯·조백曹伯·거자
莒子·주자邾子·등자滕子·설백薛伯·기백杞伯·소주자小邾子와 함께 제齊나라를
포위하였다.

【杞】姒姓, 周 武王이 殷을 멸한 다음 禹의 후손 東樓公을 찾아 봉하였음. 지금의
　　河南 杞縣 일대.
【小邾】諸侯의 分封이었으므로 '小邾'라 칭함.
【同圍】이러한 표현은 이곳이 유일하며 杜預 注에는 "齊數行不義, 諸侯同心俱
　　圍之"라 함.


㊀

秋, 齊侯伐我北鄙.
中行獻子將伐齊, 夢與厲公訟, 弗勝.
公以戈擊之, 首隊於前, 跪而戴之, 奉之以走, 見梗陽之巫皐.
他日, 見諸道, 與之言, 同.
巫曰: 「今茲主必死. 若有事於東方, 則可以逞.」
獻子許諾.

晉侯伐齊, 將濟河, 獻子以朱絲係玉二瑴, 而禱曰:「齊環怙恃其險, 負其衆庶, 棄好背盟, 陵虐神主. 曾臣彪將率諸侯以討焉, 其官臣偃實先後之. 苟捷有功, 無作神羞, 官臣偃無敢復濟. 唯爾有神裁之.」

沈玉而濟.

冬十月, 會于魯濟, 尋湨梁之言, 同伐齊.

齊侯禦諸平陰, 塹防門而守之, 廣里.

夙沙衛曰:「不能戰, 莫如守險.」

弗聽.

諸侯之士門焉, 齊人多死.

范宣子告析文子, 曰:「吾知子, 敢匿情乎? 魯人・莒人皆請以車千乘自其鄉入, 旣許之矣. 若入, 君必失國. 子盍圖之?」

子家以告公, 公恐.

晏嬰聞之, 曰:「君固無勇, 而又聞是, 弗能久矣.」

齊侯登巫山以望晉師.

晉人使司馬斥山澤之險, 雖所不至, 必旆而疏陳之.

使乘車者左實右偽, 以旆先, 輿曳柴而從之.

齊侯見之, 畏其衆也, 乃脫歸.

丙寅晦, 齊師夜遁.

師曠告晉侯曰:「鳥烏之聲樂, 齊師其遁.」

邢伯告中行伯曰:「有班馬之聲, 齊師其遁.」

叔向告晉侯曰:「城上有烏, 齊師其遁.」

十一月丁卯朔, 入平陰, 遂從齊師.

夙沙衛連大車以塞隧而殿.

殖綽・郭最曰:「子殿國師, 齊之辱也. 子姑先乎!」

乃代之殿.

衛殺馬於隘以塞道.

晉州綽及之, 射殖綽, 中肩, 兩矢夾脰, 曰:「止, 將爲三軍獲; 不止, 將取其衷.」

顧曰:「爲私誓.」

州綽曰:「有如日!」

乃弛弓而自後縛之.

其右具丙亦舍兵而縛郭最, 皆衿甲面縛, 坐于中軍之鼓下.

晉人欲逐歸者, 魯·衛請攻險.

己卯, 荀偃·士匄以中軍克京茲.

乙酉, 魏絳·欒盈以下軍克邿; 趙武·起以上軍圍盧, 弗克.

十二月戊戌, 及秦周, 伐雍門之萩.

范鞅門于雍門, 其御追喜以戈殺犬于門中; 孟莊子斬其橚以爲公琴.

己亥, 焚雍門及西郭·南郭.

劉難·士弱率諸侯之師焚申池之竹木.

壬寅, 焚東郭·北郭, 范鞅門于揚門.

州綽門于東閭, 左驂迫, 還于門中, 以枚數闔.

齊侯駕, 將走郵棠.

大子與郭榮扣馬, 曰:「師速而疾, 略也. 將退矣, 君何懼焉? 且社稷之主不可以輕, 輕則失衆. 君必待之!」

將犯之. 大子抽劍斷鞅, 乃止.

甲辰, 東侵及濰, 南及沂.


가을, 제齊 영공靈公이 우리 북쪽 변방을 쳤다.

진晉나라 중항헌자中行獻子가 장차 제나라를 치고자 할 때 꿈에 여공厲公과 함께 재판을 받았는데 이기지 못하였다. 여공이 창으로 그를 쳐 목이 그 앞에 떨어지자 그는 무릎을 꿇고 두 손으로 떨어지는 목을 받아 이를 들고 뛰어가 경양梗陽의 무당 고皐를 찾아가는 꿈이었다.

뒷날, 실제로 그 무당을 길에서 만나자 그와 이야기를 나누었더니 그도 똑같은 꿈을 꾸었다는 것이었다.

무당은 이렇게 말하였다.

"금년에 그대는 틀림없이 죽게 될 것입니다. 만약 동방에서 전투가 벌이진다면 당신은 뜻대로 할 수가 있을 것입니다."

중항헌자는 그의 말을 허락하고 전투에 나선 것이었다.

진晉 평공平公이 제나라를 치고자 장차 하수河水를 건너려 할 때 중항 헌자가 붉은 실에 옥 두 쌍을 매어 바치며 이렇게 기도하였다.

"제나라 환環이 자신들 땅의 험준함을 믿고 그 백성의 많음을 자랑하여 우리와의 맹약을 버리고 신령을 모시는 백성들을 괴롭히고 있습니다. 이에 증신曾臣 우리 진나라 군주 표彪는 제후들을 이끌고 이를 토벌하고자 합니다. 그 밑에서 벼슬하고 있는 신하 저 순언荀偃은 실로 그의 앞뒤를 지키며 따르고 있습니다. 만약 싸움에 이겨 공을 세워 신령님을 부끄럽게 하지 못할 것이라면 저는 감히 이 하수를 건너지 않겠습니다. 오직 신령께서 결정해 주시기 바랍니다."

그리고 그 옥을 강물 속에 던지고 물을 건넜다.

겨울 10월, 제후들이 노나라 경내의 제수濟水에서 만나 격량溴梁에서 맹약한 말을 다시 굳게 하고, 모두 함께 제나라를 쳤다.

제 영공은 이들을 평음平陰에서 막으려고 방문防門 밖에 참호塹壕를 파고 수비하였는데 그 너비가 1리나 되었다.

숙사위夙沙衛가 말하였다.

"이렇게 싸워서는 안 됩니다. 험한 곳을 수비하느니만 못합니다."

영공은 듣지 않았다.

제후들 병사들이 방문을 공격하여 제나라 병사들이 많이 전사하였다.

그러자 진나라 범선자范宣子가 제나라 석문자析文子에게 말하였다.

"내가 당신을 잘 알고 있는 터에 감히 사정을 숨길 수 있겠습니까? 노나라와 거나라 사람들이 각기 전차 1천 승씩을 가지고 자기들 나라로 부터 그대 제나라로 쳐들어가겠다고 청하기에 우리는 이미 이를 허락 하였습니다. 만약 그들이 제나라로 쳐들어간다면 제나라 임금은 틀림없이 나라를 잃게 될 것입니다. 그런데 그대는 어찌 대책을 세우지 않습니까?"

자가子家가 이를 영공에게 알리자 영공은 두려움에 떨었다.

안영晏嬰은 이를 듣고 이렇게 말하였다.

"임금께서는 본래 용맹이 없는데 그런 말까지 들었으니 오래 머물러 계실 수 없을 것이다."

제 영공이 무산巫山으로 올라가 진나라 군사를 살펴보았다.

진나라는 사마司馬로 하여금 그곳 산택山澤의 험한 정도를 미리 살펴 비록 군사가 이를 수 없는 곳이라 해도 반드시 깃발을 세워 넓게 진을 치고 있는 것처럼 해 두고 있었다.

그리고 전차의 왼쪽에는 실제로 전사가 타고 오른쪽에는 사람이 탄 것처럼 거짓으로 위장하여 그 전차 앞에는 깃대를 꽂고, 수레 뒤에 섶을 끌고 전차를 뒤따르며 먼지를 일으키도록 하였다.

영공은 이를 보고 그 무리가 많음에 두려워 그곳을 빠져나와 도읍으로 돌아갔다.

그리고 병인날 그믐, 제나라 군사는 밤에 모두 모두 달아나고 말았다.

그때 사광師曠이 진 평공에게 이렇게 말하였다.

"새와 까마귀 우는 소리가 즐겁게 들리고 있으니, 제나라 군사가 달아난 것입니다."

형백邢伯이 중항백中行伯에게 알렸다.

"반마班馬의 울음소리가 나는 것을 보니 제나라 군사가 달아난 것입니다."

그러자 숙향叔向이 평공에게 고하였다.

"성벽 위에 까마귀가 앉는 것을 보니 제나라 군사가 달아난 것입니다."

11월 정묘날 초하루, 진晉나라 군사가 평음으로 쳐들어가 드디어 달아나는 제나라 군사의 뒤를 쫓았다.

숙사위는 큰 수레들을 끌어다가 좁은 골목을 막고는 맨 뒤에서 진나라 군사들을 저지하고 있었다.

식작殖綽과 곽최郭最가 말하였다.

"그대가 군사의 후미에 선다는 것은 우리 제나라의 수치요. 그대는 조금 앞쪽으로 나가시오!"

그리고는 그들이 후미의 방어를 대신하였다.

숙사위는 말을 모두 죽여서 좁은 길을 막아버렸다.

진나라 주작州綽이 그곳에 이르러 식작에게 활을 쏘아 어깨를 맞혔는데 두 화살은 각기 목 아래 양쪽 어깨를 맞춘 것이었다. 주작은 식작에게 이렇게 말하였다.

"서라. 그러면 삼군을 위해 그대를 포로로 삼아 우대할 것이요, 서지 않으면 이번에는 방금 쏜 중간으로 화살을 날릴 것이다.”

식작이 돌아보며 말하였다.

“그렇다면 나를 죽이지 않겠노라 사사로운 약속이라도 하라.”

주작이 말하였다.

“저 해를 두고 맹서하겠다!”

주작은 활시위를 늦추고 뒤에서 식작을 묶었다.

전차 오른쪽 전사 구병具丙도 역시 들고 있던 무기를 내려놓고 곽최를 묶었다. 이들은 모두 무장한 채로 두 손을 뒤로 묶여 진나라 중군의 군고軍鼓 밑으로 끌려가 앉혔다.

진나라는 달아나는 제나라 군사를 뒤쫓으려 하였고, 노나라와 위나라는 험한 곳을 공격할 것을 청하였다.

기묘날, 순언과 사개는 중군中軍을 이끌고 경자京玆를 쳐 점령하였다.

을유날, 위강魏絳과 난영欒盈이 하군下軍을 이끌고 시邿를 쳐서 승리를 거두었고, 조무趙武와 한기韓起는 상군上軍을 이끌고 노읍盧邑을 포위하였으나 이기지 못하였다.

12월 무술날, 진주秦周에 이르러 옹문雍門의 가래나무를 베었다.

범앙范鞅이 옹문을 공격하여 그의 전차를 조종하는 추희追喜가 성문 안에서 창으로 개를 한 마리 죽였고, 노나라 맹장자孟莊子는 참죽나무를 베어 노 양공의 거문고를 만들었다.

기해날, 옹문 및 서쪽 성곽과 남쪽 성곽을 불태웠다.

진나라 유난劉難과 사약士弱은 제후들의 군사를 이끌고 신지申池의 대나무와 나무를 불 질러 태워버렸다.

임인날, 동쪽 성곽과 북쪽 성곽을 불태우고, 범앙은 양문揚門을 공격하였다.

주작은 동려東閭를 공격하면서 전차 왼쪽 말이 맴도는 사이, 성 문짝의 장식을 세어보았다.

제 영공이 수레를 몰아 우당郵棠으로 달아나려 하였다.

태자와 곽영郭榮이 말고삐를 잡아당기며 말렸다.

“진晉나라 군사는 빠르고 당당한 것은 우리의 재물을 약탈하기 위한 것입니다. 곧 물러가게 될 텐데 임금께서는 무엇을 두려워하십니까? 게다가 사직의 주인은 가볍게 행동해서는 안 됩니다. 가벼우면 백성들을 잃게 됩니다.
임금께서는 모름지기 기다리셔야 합니다!”
　그러나 영공이 그대로 달아나려 하였다.
　태자가 칼을 뽑아 말 목의 띠를 끊어버리자 그제야 멈추었다.
　갑진날, 진나라 군사는 동쪽으로 공격하여 유수濰水에 이르고, 남쪽
으로는 의수沂水에까지 이르렀다.


【齊侯】齊 靈公(環) 재위 27년째였음.
【中行獻子】荀偃. 晉나라 대부. 荀庚의 아들이며 荀林父의 손자. 자는 伯游.
　中行佐의 벼슬을 하여 ‘中行’을 씨로 삼아 ‘中行偃’으로도 부름. 시호는 獻子.
　따라서 ‘中行獻子’로도 불림. 그 후손이 뒷날 晉六卿의 하나인 中行氏로 발전함.
【厲公】晉 厲公. 이름은 州蒲. B.C.580~574년까지 7년간 재위하였으며 荀偃
　에게 죽음을 당하고 悼公(周)이 그 뒤를 이음. 成公 17년 및 18년을 볼 것.
【隊】‘墜’와 같음.
【梗陽】晉나라 읍. 지금의 山西 淸徐縣. 그러나 《括地志》에 “梗陽故城, 在淸源縣
　南二百十步, 分晉陽縣置”라 하여 달리 추정하고 있음.
【巫皐】梗陽에 사는 무당. 이름은 皐.
【今玆】금년.
【必死】荀偃는 2년 뒤 2월에 죽게 되나 이는 진나라는 夏正(夏曆)을 사용하여
　이듬해 12월이 되어 예언과 같음.
【晉侯】당시 晉나라 군주는 平公(彪) 3년째였음.
【瑴】‘각’으로 읽으며 ‘珏’과 같음. 雙玉.
【齊環】‘環’은 齊 靈公의 이름.
【負】仗恃. 믿음.
【神主】신을 모시는 주인. 여기에서는 백성들. 杜預 注에 “神主. 民也”라 함.
【曾臣】陪臣과 같음. 여기서는 신을 모시고 있는 신하로서 당연히 제후의 왕,
　즉 晉 平公을 지칭함. 여기에서는 神에 대한 신하.
【彪】‘彪’는 晉 平公의 이름. 자신의 군주를 신 앞에서 이름을 거론한 것.
【偃】荀偃. 中行獻子. 자신의 이름을 지칭한 것.
【魯濟】노나라로 흐르는 濟水 가의 땅.
【溴梁】溴梁의 맹약은 16년을 볼 것. 그때 “同討不庭”이라 하였음.

【平陰】 지금의 山東 平陰縣 동북.《續山東考古錄》에 "以平陰防門故地, 現劃歸肥城, 在肥城西北六十里, 今稱廣里舗"라 함.

【防門】 平陰 동북쪽 부근에 있는 방비용 성벽 문.

【廣里】 杜預 注에 "作塹溝, 行廣一里"라 함. 그러나《水經注》(濟水)에 京相璠의 말을 인용하여 "平陰城南有長城, 東至海, 西至濟, 河道所由, 名防門, 去平陰三里, 齊侯塹防門卽此也. 防門北有光里, 齊人言廣音與光同"이라 하여 '光里'가 바로 이 '廣里'의 지명이라 하였음. 그러나 위치로 보아 이는 사리에 맞지 않은 것으로 보고 있음.

【夙沙衛】 齊나라 少傅를 지냈던 인물로 齊 靈公의 幸臣이며 內侍.

【不能戰】 숙사위는 참호 정도로는 막아낼 수 없으니 태산의 험요함을 이용하자고 제의한 것임.

【范宣子】 士匄. 晉나라 대부. 范匄. 伯瑕. 士文伯. 范文子(士燮)의 아들. 시호는 宣子. 范宣子로도 불림. '匄'는 '丐'로도 표기하며 음은 '古害反' '개'로 읽음.

【析文子】 齊나라 대부. 子家. 杜預 注에 "析文子, 齊大夫子家"라 함.

【盍】 '何不'의 合音字.

【晏嬰】 齊나라의 유명한 재상. 자는 平仲. 晏弱의 아들이며 그의 언행을 모아 편찬한《晏子春秋》가 널리 알려져 있으며 司馬遷은《史記》管晏列傳에 그의 전기를 실어 높이 평가하고 있음.

【不能久】 杜預 注에는 "不能久敵晉"이라 하였으나 '오래 살지 못할 것'으로 보기도 함. 齊 靈公은 이듬해 죽음.

【巫山】 산 이름. 지금의 山東 肥城 부근에 있고 현재는 孝堂山이라 함.《彙纂》에 "今山東肥城縣西北七十五里有孝堂山, 卽齊侯望晉師之巫山"이라 함.

【疏陳】 각 軍陣 사이를 멀리 떼어 광범위한 지역에 걸쳐 진을 침.

【輿】 사람이 끄는 군수품 운반차. 그 수레 뒤에 섶을 달아 끌고 다녀 먼지를 일으켜 많은 군사들이 활동하고 있는 듯이 위장한 것. 혹 그런 일을 하는 잡부들을 가리키는 것이라고도 함.

【丙寅】 10월 29일.

【師曠】 晉 平公 때의 유명한 樂師. 미래를 예견하고 음악과 역사에 밝았음. 장님이었음.

【邢伯】 晉나라 대부 邢侯.

【中行伯】 荀偃. 中行獻子.

【班馬】 머뭇거리는 말들. 혹은 돌아가고 있는 말들.

【叔向】 晉나라 대부. 叔肹. 羊舌肹, 자는 叔肹, 혹 叔譽.

【殿】 군사가 후퇴하거나 돌아갈 때 가장 뒤에 쳐져 추격해오는 적군을 막아내는
것.《論語》雍也篇 “子曰:「孟之反不伐, 奔而殿, 將入門, 策其馬, 曰:『非敢後也,
馬不進也.』」”의 集註에 “軍後曰殿”이라 함. 哀公 11년 傳을 볼 것.

【連】 ‘수레를 끌어오다’의 동사. 큰 수레를 끌어 좁은 길을 막음.

【殖綽】 齊나라 대부.

【郭最】 역시 전투에 참가한 齊나라 대부.

【殺馬塞道】 말을 죽여 좁은 길을 막음.《水經注》와《元和郡縣志》에 의하면
지금의 山東 長淸縣 東南에 그곳이 남아 있으며 ‘隔馬山’이라 부른다 함.

【州綽】 晉나라 대부.

【兩矢夾脰】 楊伯峻의 注에는 “脰音豆, 頸項. 州綽兩射, 一中左肩, 一中右肩, 均近
頸項, 故云夾脰”라 하여 두 번을 쏘아 어깨를 맞추되 하나는 왼쪽 목덜미 아래
어깨, 하나는 오른쪽 목덜미 아래 어깨를 맞힌 것으로 보았음. 그러나 모두
세 발을 쏘아 그중 첫 번째는 어깨에, 그리고 다음 두세 번째는 목 양쪽을 스쳐
지나가도록 한 것이 아닌가 함. 이에 그를 세우고 중간을 쏘겠다고 한 것은
바로 목을 맞히겠다는 뜻으로 보임.

【爲三軍獲】 포로로 잡아 목숨을 살려줄 것이라는 뜻. 아울러 삼군을 위해
그대를 우대해 주겠다는 뜻.

【衷】 중심. 중앙.

【自後】 뒤로. 뒤에서 묶음.

【具丙】 州綽의 전차 오른쪽을 담당한 보좌 병사.

【衿甲】 杜預 注에 “衿甲, 不解甲”이라 함. 투구와 갑옷을 벗지도 못한 채로 묶임.

【面縛】 뒤로 묶임.

【京兹】 齊나라 지명. 지금의 山東 肥城縣 서쪽.《續山東考古錄》에 “在肥城縣
西境”이라 함. 혹은 平陰縣 동남쪽이라고도 함.

【魏絳】 魏犨의 아들. 魏莊子.《禮記》樂記 疏에 “州生莊子絳”이라 하였으며 여기서의
‘州’는 ‘犨’, 즉 ‘魏犨’임.《國語》晉語(7)에 “知魏絳之勇而不亂也, 使爲元司馬”라 함.

【欒盈】 欒懷子. 欒書(武子)의 손자이며 欒黶(桓子)의 아들. 시호는 懷子. 欒氏
집안의 公族大夫.

【邦】 齊나라 지명.《一統志》에 “平陰縣西十二里有邽山, 今名亭山”이라 함.

【趙武】 趙朔의 아들. 趙文子. 趙朔과 趙莊姬 사이에 난 아들. 趙氏 집안의 가장
훌륭한 아들로 자라 뒤에 晉六卿으로 자리를 굳힘. 시호는 文子. 그 후손이
戰國시대 邯鄲을 중심으로 七雄의 하나인 趙나라로 크게 발전함.

【韓起】 韓起. 韓宣子. 韓厥의 아들이며 韓無忌의 아우. 시호는 宣子.

【盧】 지금의 山東 長淸縣 동남.

【秦周】 齊나라 지명. 도읍 臨淄의 雍門 근처.

【雍門之萩】 雍門은 제나라 도성의 西門 이름. 《方輿紀要》에 "古齊城周五十里, 有十三門, 其可考者, 西曰雍門, 南曰稷門, 亦作棘門, 西南曰申門, 門外有申池, 西北曰揚門, 東南曰鹿門, 一作武鹿門, 又有郭關, 則齊郭門也"라 함. 萩는 사철쑥. 혹 가래나무. '楸'와 같음. 일명 '橚'이라고도 함. 晏子春秋 外篇에 "景公登箐室而望, 見人有斷雍門之橚者, 公令吏拘之, 顧謂晏子趣誅之"가 바로 이런 나무라 함. 그러나 '萩草'라 하여 사철쑥으로 보기도 함.

【范鞅】 士鞅. 范獻子. 范叔으로도 불림. 시호는 獻子. 士匄(宣子)의 아들이며 士燮(范文子)의 손자. 范鞅이 欒黶의 핍박을 받아 秦나라로 망명한 사건은 襄公 14년 傳을 볼 것.

【追喜】 范鞅의 마부.

【孟莊子】 孟孺子. 速. 魯나라 孟獻子의 아들. 이름은 速. 諡號는 莊子. 2018을 참조할 것.

【椅】 참죽나무. 琴이나 車轅을 만들 수 있는 좋은 목재라 함. '杶', '櫄' 등으로도 씀.

【劉難】 晉나라 대부.

【士弱】 士莊子. 士渥濁의 아들. 晉나라 대부. 士莊伯으로도 부름.

【申池】 齊나라 도읍 서남문(申門) 밖의 못 이름.

【揚門】 서북문 이름.

【東閭】 지금의 山東 淄博市 臨淄鎭 북쪽.

【左驂迫】 왼쪽 말이 수레끼리 막혀 앞으로 나가지 못함. '迫'은 '窘'과 같음.

【還】 머뭇거림, 멈추어 섬. 還旋과 같음. 제자리를 맴돎.

【以枚數闔】 대문 판자에 박힌 鍾乳 모양의 장식 수를 세어봄. 襄公 21년 傳에 "州綽曰: 「東閭之役, 臣左驂迫, 還於門中, 識其枚數.」"라 하여 '枚'는 대문의 판자에 구리로 박은 鍾乳 모양의 장식. '闔'은 문을 가리킴. 《周禮》 考工記 鳧氏에 "鍾帶謂之篆, 篆間謂之枚"라 하였고, 鄭玄은 "枚, 鍾乳也"라 하였으며 焦循의 《左傳補疏》에 "門闔之上, 以鐵釘布之, 有如鍾乳, 故亦名枚. 「以枚數闔」, 猶云數闔之枚"라 함.

【郵棠】 지금의 山東 卽墨 부근의 甘棠社. 혹은 지금의 山東 平度縣 동남쪽이라고도 함.

【大子】 太子. 齊나라 太子 光을 가리킴. 靈公의 아들로 뒤에 임금 자리에 올라 莊公이 되어 B.C.553~548년까지 6년간 재위하고 景公(杵臼)이 그 뒤를 이음.

【郭榮】 齊나라 대부.

【速而疾】진군이 빠르고 기세가 당당함. 물건을 약탈하고자 하는 모습을 말함.
【斷鞅】말 목에 건 줄을 鞅이라 하며 이를 잘라버림.
【濰】濰水. 지금의 山東 莒縣 서북 濰山에서 발원하여 箕屋山을 거쳐 동쪽
 諸城縣을 거쳐 昌邑에서 바다로 들어가는 물.
【沂】反切로 '魚依反'이라 하여 '의'로 읽도록 되어 있음. 그러나 지금은 음이
 변하여 '기'로도 읽음.


## ✹ 1232(襄 18-5)

## 曹伯負芻卒于師.

조백曹伯 부추負芻가 군중에서 죽었다.

【負芻】曹 成公의 이름. 宣公(盧)의 뒤를 이어 B.C.577~555년까지 23년간 재위
 하고 武公(滕)이 그 뒤를 이음.
【師】曹 成公이 齊나라 치는 遠征 중에 생을 마침.
 ＊無傳


## ✹ 1233(襄 18-6)

## 楚公子午帥師伐鄭.

초楚나라 공자 오午가 군사를 이끌고 정鄭나라를 쳤다.

【公子午】子庚. 楚 莊王의 아들. 당시 子囊(公子 貞)을 이어 슈尹에 오름.

鄭子孔欲去諸大夫, 將叛晉而起楚師以去之.

使告子庚, 子庚弗許.

楚子聞之, 使楊豚尹宜告子庚曰:「國人謂不穀主社稷而不出師, 死不從禮. 不穀卽位, 於今五年, 師徒不出, 人其以不穀爲自逸而忘先君之業矣. 大夫圖之, 其若之何?」

子庚嘆曰:「君王其謂午懷安乎! 吾以利社稷也.」

見使者, 稽首而對曰:「諸侯方睦於晉, 臣請嘗之. 若可, 君而繼之. 不可, 收師而退, 可以無害, 君亦無辱.」

子庚帥師治兵於汾.

於是子蟜·伯有·子張從鄭伯伐齊; 子孔·子展·子西守.

二子知子孔之謀, 完守入保.

子孔不敢會楚師.

楚師伐鄭, 次於魚陵.

右師城上棘, 遂涉潁, 次于旃然.

蒍子馮·公子格率銳師侵費滑·胥靡·獻于·雍梁, 右回梅山, 侵鄭東北, 至于蟲牢而反.

子庚門于純門, 信于城下而還.

涉於魚齒之下, 甚雨及之, 楚師多凍, 役徒幾盡.

晉人聞有楚師, 師曠曰:「不害. 吾驟歌北風, 又歌南風, 南風不競, 多死聲. 楚必無功.」

董叔曰:「天道多在西北. 南師不時, 必無功.」

叔向曰:「在其君之德也.」


정鄭나라 자공子孔이 싫어하는 여러 대부들을 없애고자 하였다. 이에 진晉나라에 반기를 들고 초楚나라 군사를 일으켜 그들을 없앨 참이었다.

그리하여 초나라 영윤 자경子庚에게 자신의 뜻을 알렸으나 자경은 응낙하지 않았다.

초楚 강왕康王이 이를 듣고 양돈楊豚 고을 대부 의宜를 자경에게 보내어 이렇게 말하도록 하였다.

"나라 사람들이 내가 사직의 주인이 되어 출병한 적이 없었으니 죽은 뒤에 선조들과 같은 예우를 받지 못할 것이라고 나를 평하고 있소. 나는 즉위한 지 지금 5년이 되면서 한 번도 출정해 본 적이 없으니, 사람들은 내가 안일하게만 지내며 선군들의 업적을 잊고 있는 것이라고 여기는 것이오. 대부는 이를 잘 헤아려 주시오. 어떻겠소?"

이에 자경은 이렇게 탄식하였다.

"군왕께서 나 오午를 편안함만을 생각하고 있다고 여기시는구나! 나는 사직을 이롭게 하려는 생각으로 그렇게 한 것인데."

그리고는 사신을 만나자 머리를 조아리며 이렇게 대답하였다.

"제후들이 바야흐로 진나라와 친목을 다하고 있습니다. 제가 먼저 이를 시험해 주겠습니다. 만약 잘 되면 임금께서 뒤를 이어 출군하십시오. 그러나 만약 잘 되지 않으면 군사를 거두어 물러서십시오. 그렇게 해도 해가 없을 것이며 임금께도 역시 치욕이 없을 것입니다."

자경은 군사를 이끌고 분汾에서 가다듬고 있었다.

이때 정나라 자교子蟜와 백유伯有, 그리고 자장子張은 정 간공簡公을 따라 제齊나라를 치고 있었고, 자공子孔과 자전子展, 자서子西는 나라를 지키고 있었다.

자전과 자서 두 공자는 자공의 모략을 알고 도읍을 완벽하게 수비하고 궁중으로 들어와 보위하고 있었다.

자공은 감히 초나라 군사와 만나지 못하였다.

초나라 군사는 정나라를 치기 위해 어릉魚陵에 주둔하였다.

우군右軍은 상극上棘에 성을 쌓고 곧이어 영수潁水를 건너 전연旃然에 진을 쳤다.

그리고 위자빙蔿子馮과 공자 격格은 정예부대를 이끌고 비활費滑·서미胥靡·헌우獻于·옹량雍梁을 공략하여 매산梅山을 돌아 정나라의 동북지방을 공격하고 충뢰蟲牢까지 이르렀다가 돌아갔다.

자경은 정나라 순문純門을 공격, 그 성 아래에서 이틀을 머물고 돌아갔다.

그런데 어치산魚齒山 밑을 지날 때 심한 비가 내려 많은 초나라 군사가 동사하였고 종군하였던 잡부들도 거의 모두 죽었다.

진나라가 초나라가 군사를 출동시켰다는 말을 들었을 때 사광師曠은 이렇게 말하였다.

"우리에게는 손해날 것이 없다. 나는 북방의 노래도 여러 차례 불러보았고 남방의 노래도 잘 안다. 남방 노래는 활기가 없고 죽어가는 곡조가 많다. 초나라는 틀림없이 아무런 공도 이루지 못할 것이다."

동숙董叔이 말하였다.

"천도는 서북방에 많이 있는데 남방의 군사가 때가 아닌데도 출병하였으니 틀림없이 아무런 공을 이루지 못할 것이다."

숙향叔向도 이렇게 말하였다.

"국운은 그 나라 임금의 덕에 달려 있는 것이다."


【子孔】 鄭나라 공자 嘉. 穆公(蘭)의 아들.

【子庚】 楚나라 공자 午. 당시 令尹이었음.

【楚子】 楚 康王(昭). 共王(審)을 이어 B.C.559~545년까지 15년간 재위하였으며 그 뒤를 郟敖가 이음. 당시 康王은 재위 5년째였음

【楊豚尹】 楊豚은 고을 이름, 尹은 지방 장관. '楊豚'은 '揚豚'으로도 표기함.

【宜】 양돈 고을의 지방 장관 이름.

【不從禮】 선조 대대가 받는 예를 따라 받지 못함. 훌륭한 업적을 남기지 못하여 평가가 낮게 될 것임을 말함. 杜預 注에 "不能承先君之業, 死將不得從先君之禮"라 함. 業은 敗業. 즉 楚 莊王이 이루었던 패업을 후손이 이어가지 못함을 뜻함.

【汾】 땅 이름. 지금의 河南 襄城縣 동북의 汾丘城.

【子蟜】 鄭나라 대부. 公孫蠆. 子游의 아들. 시호는 桓子.

【伯有】 良霄. 鄭나라 외교관의 이름. 伯有. 公孫輒(子耳)의 아들. 杜預 注에 "良霄, 公孫輒子伯有也"라 함.

【子張】 鄭나라 대부. 公孫黑肱.

【鄭伯】 당시 鄭나라 군주는 簡公(嘉) 재위 11년째였음.

【子展】 公孫舍之. 鄭나라 대부. 子罕의 아들. 시호는 桓子.

【子西】 子駟의 아들. 公孫夏. 杜預 注에 "子西, 公孫夏, 子駟子"라 함.

【二子】 子展과 子西를 가리킴. 子孔과 함께 국내에 남아 지키면서 子孔을 철저히

감시하며 수비함.

【不敢會楚師】子孔이 감히 楚나라 군사를 끌어들이지 못함.

【次】군사가 주둔함을 뜻함. 莊公 3년 傳에 "凡師, 一宿爲舍, 再宿爲信, 過信爲次"라 함.

【魚陵】鄭나라 땅. 지금의 河南 南陽 犨縣 북쪽 魚齒山을 가리킨다 함.

【上棘】지금의 禹縣 땅.《一統志》에 "上棘城在河南禹縣西北"이라 함.

【潁】물이름. 潁水.《水經注》에 "潁水又逕上棘城西, 又屈逕其城南"이라 함.

【旃然】지금의 滎陽 부근. 索水라고도 함.

【蒍子馮】'蓬子馮'으로도 표기하며 蒍艾獵의 아들. 孫叔敖의 조카. '馮'은 '皮冰反'으로 '빙'으로 읽음.

【公子格】楚나라 공자.

【費滑】원래 滑이라는 작은 나라였는데 정나라에 편입되었음. 그 나라의 도읍을 費라고 하였으므로 費滑이라 하였음. 지금의 偃師縣 근방.

【胥靡·獻于·雍梁】모두 지금의 偃師·臨汝·禹와 가까운 곳.《彙纂》에 "胥靡在今河南偃師縣東南四十里, 雍氏城在禹縣東北, 梁縣城在河南臨汝縣西南四十里"라 함.

【梅山】鄭나라 도읍 서남쪽에 있는 산 이름.《一統志》에 "在今河南鄭縣西南三十里, 與密縣新鄭接界"라 함.

【蟲牢】지금의 封丘縣.

【純門】鄭나라 도읍 외곽의 문. 莊公 28년을 볼 것.

【信】군사가 이틀 머무는 것. 莊公 3년 傳에 "凡師, 一宿爲舍, 再宿爲信, 過信爲次"라 함.

【魚齒】지금의 河南 중부 寶豐 근처의 산. 혹 魚陵을 가리키는 것으로도 추정함. 그러나 지금의 平頂山市 서북쪽이라 함. 杜預 注에 "魚齒山下有滶水, 故言涉"이라 함.

【師曠】晉 平公 때의 유명한 樂師. 미래를 예견하고 음악과 역사에 밝았음. 장님이었음.

【驟歌北風】'驟'는 '數, 屢'와 같음. 여러 차례. 風은 곡조.

【董叔】晉나라 대부.

【西北】중국 전체 지리 위치로 보아 晉나라를 가리킴. 당시 晉나라가 霸者의 지위를 그대로 유지함을 뜻함. 그러나 杜預 注에는 "歲在豕韋, 月又建亥, 故曰多在西北"이라 함.

【叔向】晉나라 대부. 叔肸. 羊舌肸, 자는 叔肸, 혹 叔譽.

# 169. 襄公 19年(B.C.554) 丁未

| | | | | | | | |
|---|---|---|---|---|---|---|---|
| 周 | 靈王(姬泄心) 18년 | 齊 | 靈公(環) 28년 | 晉 | 平公(彪) 4년 | 衛 | 獻公(衎) 23년<br>殤公(剽) 5년 |
| 蔡 | 景公(固) 38년 | 鄭 | 簡公(嘉) 12년 | 曹 | 武公(滕) 원년 | 陳 | 哀公(溺) 15년 |
| 杞 | 孝公(匃) 13년 | 宋 | 平公(成) 22년 | 秦 | 景公(后伯車) 23년 | 楚 | 康王(昭) 6년 |
| 吳 | 諸樊(遏) 7년 | 許 | 靈公(甯) 38년 | | | | |

❀ **1234(襄19-1)**

十有九年春王正月, 諸侯盟于祝柯.

晉人執邾子.

19년 봄 주력 정월, 제후들이 축가祝柯에서 동맹을 맺었다.
진晉나라가 주자邾子를 붙잡았다.

【祝柯】《公羊傳》에는 '祝阿'로 되어 있음. 지금의 山東 長淸縣 동북.
【邾】周나라 武王이 祝融 八姓의 하나였던 邾俠(曹俠)을 封하여 부용국으로 삼았
었으며 지금의 山東 鄒縣. 이 때문에 전국시대에 이름을 '鄒'로 바꾸었음. 曹姓
이며 子爵 작위를 받았으나 魯나라에 예속되어 있었음. 당시 邾子는 悼公이었음.

㊀

執邾悼公, 以其伐我故.

遂次于泗上, 疆我田.

取邾田, 自漷水歸之于我.

晉侯先歸.

公享晉六卿于蒲圃, 賜之三命之服; 軍尉·司馬·司空·輿尉·候奄, 皆受一命之服; 賄荀偃束錦, 加璧·乘馬, 先吳壽夢之鼎.

荀偃癉疽, 生瘍於頭.

濟河, 及著雍, 病, 目出.

大夫先歸者皆反.

士匄請見, 弗內.

請後, 曰:「鄭甥可.」

二月甲寅, 卒, 而視, 不可含.

宣子盥而撫之曰:「事吳敢不如事主!」

猶視.

欒懷子曰:「其爲未卒事於齊故也乎?」

乃復撫之曰:「主苟終, 所不嗣事于齊者, 有如河!」

乃瞑, 受含.

宣子出, 曰:「吾淺之爲丈夫也!」


그때 주邾 도공悼公을 붙잡은 것은 그가 우리 노나라를 침벌하였기 때문이었다.

드디어 제후들은 동맹을 맺고 드디어 사수泗水 가에 주둔하여 우리 노나라의 국경을 바로잡았다.

주邾나라 땅을 빼앗아 곽수漷水로부터 이를 우리에게 귀속시켜 주었다.

진晉 평공平公은 먼저 돌아갔다.

양공은 진晉나라 육경六卿을 위하여 포포蒲圃에서 연회를 열고 이들에게 삼명三命의 복服을 하사하고, 군위軍尉·사마司馬·사공司空·여위輿尉·후엄候奄 등 모두에게는 일명一命의 복을 하사하였으며 순언荀偃에게는 비단 묶음과 구슬, 네 마리의 말을 선사하였으며 이전에 오나라 수몽壽夢이 선물하였던 솥까지 주었다.

순언은 단저癉疽의 병에 시달렸는데 머리에 양병瘍病까지 생기고 말았다.

하수河水를 건너 저옹著雍에 이르러서는 병이 심하여 눈이 튀어나왔다.

이리하여 먼저 돌아갔던 대부들이 모두 그곳으로 되돌아왔다.

사개가 그를 만나기를 청하였으나 순언은 자신의 방에 그를 들어오지 못하게 하였다.

사개는 후계자를 지명해 줄 것을 청하자 순언은 "정생鄭甥(荀吳)이 가할 것"이라 하였다.

2월 갑인날, 순언이 세상을 떠나고 보았더니 눈을 그대로 뜨고 있었으며 입은 꽉 다물고 있어 구슬을 넣을 수가 없었다.

범선자范宣子가 손을 씻고 그의 눈을 쓰다듬으며 말하였다.

"순오荀吳를 섬기기를 어찌 감히 그대를 섬기듯 하지 않겠습니까?"

그래도 그의 눈이 감기지 않는 것이었다.

이번에는 난회자欒懷子(欒盈)가 말하였다.

"이는 제齊나라에 대한 일을 아직 끝내지 않았기 때문입니까?"

그리고 다시 눈을 쓰다듬으면서 말하였다.

"그대는 이제 돌아가셨지만 그대가 제나라 일을 이어받지 않는 자가 있다면 그는 하신河神께서 벌을 내릴 것입니다!"

그제야 그는 눈을 감고 구슬을 받아들이는 것이었다.

범선자가 그 자리에서 나와 말하였다.

"나는 그를 얕은 장부인 줄로 여겼도다!"


【悼公】邾나라 군주. 이들이 魯나라를 침벌한 일은 襄公 17년을 볼 것.

【次】군사가 주둔함을 뜻함. 莊公 3년 傳에 "凡師, 一宿爲舍, 再宿爲信, 過信爲次"라 함.

【泗上】曲阜의 동북쪽. 泗水 가.

【自漷水】《一統志》에 "漷水今名南沙河, 源出山東滕縣直北連靑山, 西南流至 三河口, 會於薛河, 又西南流入泗水. 邾因在漷水東, 今山東滕縣東北"이라 함.

【蒲圃】노나라 도읍의 동문 밖의 땅. 蒲澤이라고도 함.

【三命】큰 제후국의 卿으로 최상급관.

【輿尉】輿師의 長.

【候奄】斥候兵 부대의 장.

【一命】가장 낮은 벼슬의 시작 단계.

【荀偃】晉나라 대부. 荀庚의 아들이며 荀林父의 손자. 자는 伯游. 中行佐의 벼슬을
하여 '中行'을 씨로 삼아 '中行偃'으로도 부름. 시호는 獻子. 따라서 '中行獻子'
로도 불림. 그 후손이 뒷날 晉六卿의 하나인 中行氏로 발전함.

【束錦】一束은 다섯 匹의 길이 10묶음. 1필은 4丈으로 춘추시대의 丈은 2.25미터
정도였다 함.

【加璧】비단옷 위에 붙이는 구슬. 璧은 平圓形으로 구멍이 있는 玉.

【壽夢】오나라 군주. 그에게 선물로 주었던 똑같은 솥을 선물함.

【癉疽】고열이 나고 부어오르는 병. 지금의 口疽病.

【瘍】종기의 일종.

【著雍】晉나라 지명. 지금의 河南 북부 修武縣 부근.

【士匄】晉나라 대부. 范匄. 伯瑕. 士文伯. 范文子(士燮)의 아들. 시호는 宣子. 범선자
로도 불림. '匄'는 '丐'로도 표기하며 음은 '古害反' '개'로 읽음.

【鄭甥】荀吳. 荀偃의 조카. 荀吳의 어머니가 鄭나라 출신이어서 鄭甥이라 부른 것.

【不可含】고대 죽은 이의 입에 구슬과 쌀을 넣는 의식이 있었으며 너무 입을
다물고 죽어 이를 넣어줄 수가 없음. 그러나 《論衡》 死僞篇에 "荀偃之病, 卒苦
目出, 目出則口噤, 口噤則不可唅. 宣子撫之早, 故目不瞑, 口不闔. 少久氣衰, 懷子
撫之, 故目瞑口受唅, 此自荀偃之病, 非死精神見恨於口目也"라 함.

【欒懷子】欒盈. 欒書(武子)의 손자이며 欒黶(桓子)의 아들. 시호는 懷子. 欒氏
집안의 公族大夫.

【齊故】齊나라 정벌을 완수하지 못한 일.


※ **1235(襄 19-2)**

## 公至自伐齊.

양공이 제齊나라 정벌에서 돌아왔다.


＊無傳

（傳）

十九年春, 諸侯還自沂上, 盟于督揚, 曰:「大毋侵小.」

　19년 봄, 제후들이 기수沂水 가에서 돌아와 독양督揚에서 맹약을 맺으면서 이렇게 말하였다.
　"큰 나라가 작은 나라를 쳐들어가지 말지어다."

【還自沂上】 이 전해에 제후들의 연합군이 齊나라를 쳐 沂水 가에까지 진격하였음.
【督揚】 齊나라 지명. 祝柯. 지금의 山東 滋陽縣.


❋ **1236(襄 19-3)**

取邾田, 自漷水.

　주邾나라 땅을 곽수漷水로부터 차지하였다.

【漷水】 지금의 滕縣 동북 述山에서 발원하여 滕縣 남쪽을 흐르는 南沙河이며 운하로 흘러들어감. 그러나 杜預 注에 泗水로 흘러든다 하여 이는 古漷水를 뜻하는 것으로 보고 있음.


❋ **1237(襄 19-4)**

季孫叔如晉.

　계손숙季孫宿이 진晉나라에 갔다.

【季孫宿】 魯나라 대부. 季孫行父의 아들. 季武子.《國語》에는 '季孫夙'으로 되어 있음.

季武子如晉拜師, 晉侯享之.

范宣子爲政, 賦〈黍苗〉.

季武子興, 再拜稽首, 曰:「小國之仰大國也, 如百穀之仰膏雨焉. 若常膏之, 其天下輯睦, 豈唯敝邑?」

賦〈六月〉.


계무자季武子가 진晉나라로 가 제齊나라 정벌에 군사를 내어준 것을 감사 드리자 진 평공平公이 그에게 잔치를 열어 대접하였다.

당시 범선자范宣子가 정치를 잡고 있었는데 그는 〈서묘黍苗〉편의 시를 읊었다.

계무자는 자리에서 일어나 재배하고 머리를 조아리며 말하였다.

"작은 나라가 큰 나라를 우러러보는 것은 마치 백곡百穀이 좋은 비를 바라는 것과 같습니다. 만약 항상 이토록 은택을 베풀어주신다면 천하가 모두 화목하게 될 것이니 어찌 우리만 그 혜택을 받겠습니까?"

그리고 그는 〈유월六月〉편의 시를 읊었다.


【季武子】季孫宿. 魯나라 대부. 季孫行父의 아들. 《國語》에는 '季孫夙'으로 되어 있음.

【晉侯】晉 平公(彪).

【范宣子】士匄. 晉나라 대부. 范匄. 伯瑕. 士文伯. 范文子(士燮)의 아들. 시호는 宣子. '匄'는 '丐'로도 표기하며 음은 '古害反' '개'로 읽음.

【黍苗】《詩經》小雅 黍苗篇에 "芃芃黍苗, 陰雨膏之. 悠悠南行, 召伯勞之. 我任我輦, 我車我牛. 我行旣集, 蓋云歸哉! 我徒我御, 我師我旅. 我行旣集, 蓋云歸處. 肅肅謝功, 召伯營之. 烈烈征師, 召伯成之. 原隰旣平, 泉流旣淸. 召伯有成, 王心則寧"이라 함. 이 시에는 비가 곡물을 잘 자라게 하고 召伯이 제후들에게 은혜를 베푼다는 뜻의 구절이 있어 季武子는 이 시를 듣고 진나라가 제후들에게 혜택을 계속 베풀겠다는 뜻을 나타냈다고 여겨 일어나 감사드린 것임.

【膏雨】농사에 아주 좋은 비. 澤雨, 潤雨와 같음.

【六月】《詩經》小雅 六月篇에 "六月棲棲, 戎車旣飭. 四牡騤騤, 載是常服. 玁狁

孔熾, 我是用急. 王于出征, 以匡王國. 比物四驪, 閑之維則. 維此六月, 既成我服.
我服既成, 于三十里. 王于出征, 以佐天子. 四牡脩廣, 其大有顒. 薄伐玁狁, 以奏
膚功. 有嚴有翼, 共武之服. 共武之福, 以定王國. 玁狁匪茹, 整居焦穫. 侵鎬及方,
至于涇陽. 織文鳥章, 白斾央央. 元戎十乘, 以先啓行. 戎車既安, 如輊如軒. 四牡
既佶, 既佶且閑. 薄伐玁狁, 至于大原. 文武吉甫, 萬邦爲憲. 吉甫燕喜, 既多受祉.
來歸自鎬, 我行永久. 飲御諸友, 炰鼈膾鯉. 侯誰在矣, 張仲孝友"라 함. 이는
周 宣王 때 尹吉甫가 이민족의 침략을 격퇴한 내용이 들어있어 계무자는
이 시로 진나라 군사의 위력을 찬양한 것임.


㊧

李武子以所得於齊之兵作林鐘而銘魯功焉.
　臧武仲謂季孫曰:「非禮也. 夫銘, 天子令德, 諸侯言時計功, 大夫
稱伐. 今稱伐, 則下等也; 計功, 則借人也; 言時, 則妨民多矣, 何以
爲銘? 且夫大伐小, 取其所得, 以作彝器, 銘其功烈, 以示子孫, 昭明
德而懲無禮也. 今將借人之力以救其死, 若之何銘之? 小國幸於大國,
而昭所獲焉以怒之, 亡之道也.」


　계무자季武子가 제齊나라와의 싸움에서 얻은 병기들로 임종林鐘을 만들어
거기에 노魯나라의 공을 새겨 넣었다.
　그러자 장무중臧武仲이 계손季孫에게 말하였다.
　"이는 예에 어긋난 일입니다. 무릇 명銘이란 천자의 아름다운 덕이나
제후로서 때에 맞게 좋은 일을 한 것이나, 대부로서 무공을 세웠을 때
새기는 것입니다. 지금 우리 군주를 자랑하는 글을 새겼다면 이는 그
등급을 낮추는 것이 됩니다. 그 무공을 따져보면 남의 힘을 빌려 세운
것이며, 시기를 말한다면 백성들의 생업에 많은 피해를 준 때였습니다.
그런데 어찌 그런 글을 새겼단 말입니까? 게다가 무릇 큰 나라가 작은
나라를 쳐서 그 싸움에서 얻은 것으로써 이기彝器를 만들고 그 공을
새겨 자손들에게 알리는 것은 밝은 덕을 밝히고 무례한 자를 징계하자는
것입니다. 지금 우리는 다른 나라의 힘을 빌려 죽을 고비를 겨우 넘겼는데

어찌 그 일을 글로 칭찬하여 새긴다는 것입니까? 작은 나라가 요행으로 큰 나라를 이겼다 해도 그 싸움에서 얻은 것을 밝혀 그 나라 사람을 노하게 한다면 이는 나라가 망하는 길입니다."

【季武子】季孫宿.
【臧武仲】魯나라 대부. 臧宣叔(臧孫許)의 아들. 臧孫紇. 臧文仲의 아우.
【林鐘】고대 중국의 음악 六律六呂에 林鍾의 音階를 내는 종. 여기서는 악기를 말하며 이러한 銅器 鑄物에 흔히 銘文을 새겨 넣음.
【彝器】종묘에 쓰는 기물.
【大國】齊나라를 가리킴. 齊나라를 이긴 것은 晉나라의 힘이었으며 설령 그렇다 해도 이를 자랑으로 명문으로 새겼다가는 齊나라의 미움을 살 것임을 말함.


## ✸ 1238(襄19-5)

### 葬曹成公.

조曹 성공成公의 장례를 치렀다.

【曹成公】負芻. 宣公(盧)의 뒤를 이어 B.C.577~555년까지 23년간 재위하고 武公(勝)이 그 뒤를 이음. 그는 齊나라 치는 遠征 중에 생을 마침. 앞 장을 참조할 것.
＊無傳


## ✸ 1239(襄19-6)

### 夏, 衛孫林父帥師伐齊.

여름, 위衛나라의 손림보孫林父가 군사를 이끌고 제齊나라를 쳤다.

【孫林父】衛나라 대부. 孫良夫(孫桓子)의 아들이며 시호는 ‘文’. 그 때문에 孫文子
로도 부름.




晉欒魴帥師從衛孫文子伐齊.

진晉나라 난방欒魴이 군사를 이끌고 위衛나라 손문자孫文子(孫林父)를 따라
제齊나라를 쳤다.

【欒魴】晉나라 대부. 欒氏의 족인.
【孫文子】孫林父. 衛나라 대부. 孫良夫(孫桓子)의 아들이며 시호는 ‘文’. 그 때문에
孫文子로도 부름.


### ✸ 1240(襄 19-7)

秋七月辛卯, 齊侯環卒.

가을 7월 신묘날, 제후齊侯 환環이 죽었다.

【辛卯】7월 28일.
【環】齊 靈公. 頃公(無野)의 뒤를 이어 B.C.581~555년까지 28년간 재위하고
이때에 생을 마친 것임. 莊公(光)이 그 뒤를 이음.《公羊傳》에는 ‘瑗’으로 되어 있음.




齊侯娶于魯, 曰顏懿姬, 無子.
其姪鬷聲姬, 生光, 以爲大子.

諸子仲子·戎子, 戎子嬖.

仲子生牙, 屬諸戎子.

戎子請以爲大子, 許之.

仲子曰:「不可. 廢常, 不祥; 間諸侯, 難. 光之立也, 列於諸侯矣.
今無故而廢之, 是專黜諸侯, 而以難犯不祥也. 君必悔之.」

公曰:「在我而已.」

遂東大子光.

使高厚傅牙, 以爲大子, 夙沙衛爲少傅.

齊侯疾, 崔杼微逆光, 疾病而立之.

光殺戎子, 尸諸朝, 非禮也.

婦人無刑. 雖有刑, 不在朝市.

夏五月壬辰晦, 齊靈公卒.

莊公卽位.

執公子牙於句瀆之丘, 以夙沙衛易己.

衛奔高唐以叛.


제齊 영공靈公이 노魯나라에서 맞은 부인이 안의희顏懿姬였는데 그녀는
아들을 낳지 못하였다.

그녀의 질녀 종성희鬷聲姬가 아들 광光을 낳아 그가 태자가 되었다.

그리고 송나라에서 맞이해 온 여러 자씨子氏 여인들 중에 중자仲子와
융자戎子가 있었으며 융자가 군주의 사랑을 받았다.

중자가 아들 아牙를 낳자 임금은 이를 융자에게 키우도록 부탁하였다.

융자가 키워온 아를 태자로 삼을 것을 청하자 임금이 허락하였다.

그러자 중자가 말하였다.

"안 됩니다. 상도를 폐하는 것은 상서롭지 못합니다. 제후들의 뜻을
범하는 것이 될 것이니 어렵습니다. 광光은 태자가 되어 제후들 모임에
참여해 왔습니다. 그런데 지금 아무런 이유도 없이 그를 폐한다면 이는
제후들을 마구 깔보는 것이 됩니다. 이런 상서롭지 일은 범하기가 어렵
습니다. 임금께서는 틀림없이 뉘우치실 것입니다."

영공은 이렇게 말하였다.

"이 문제는 오직 내 마음에 달려 있다."

그리고는 태자 광을 동쪽으로 보내버렸다.

영공은 고후高厚를 아牙의 부傅로 삼고 아를 태자로 세웠으며 숙사위夙沙衛를 소부少傅로 삼았다.

영공이 병이 들자 최저崔杼는 태자 광을 몰래 맞아들여 임금의 병이 중하게 되자 그를 다시 태자로 세웠다.

태자 광은 융자를 죽여 그 시신을 조정에 전시하였는데 이는 예에 맞지 않는 것이었다. 부인을 사형에 처하는 법은 없고, 비록 사형에 처했다 하더라도 그 시신을 조정이나 시장에다 늘어놓지는 않아야 한다.

여름 5월 임진날 그믐, 제나라 영공이 세상을 떠났다.

태자 광이 장공으로 즉위하였다.

장공은 공자 아를 잡아 구독句瀆의 언덕에 가두었다. 숙사위가 자신을 태자 자리에서 몰아냈다고 여겼기 때문이었다.

숙사위는 고당高唐으로 달아나 반란을 일으켰다.


【顔懿姬】 魯나라에서 시집온 齊 靈公의 부인 懿姬. 顔은 어머니 성씨, 姬는 魯나라 성씨.

【鬷聲姬】 聲姬. 역시 어머니는 鬷氏, 魯나라 출신. 顔懿姬의 조카로 媵妾으로 왔을 가능성이 있음.

【光】 齊 靈公(環)과 鬷聲姬 사이에 난 太子. 뒤에 莊公이 되어 B.C.553~548년까지 6년간 재위하고 景公(杵臼)에게 이어짐.

【仲子·戎子】 모두 宋나라 출신. 子는 宋나라 성씨임.

【牙】 齊 靈公과 仲子 사이에 난 공자. 戎子에게 길러짐.

【專黜】 마구 횡포를 부려 제후들을 깔보는 것이 됨. 《玉篇》에 "黜, 下也"라 함.

【高厚】 齊나라 대부. 高固의 아들. 杜預 注에 "高固子"라 함.

【夙沙衛】 齊나라 少傅를 지냈던 인물로 齊 靈公의 幸臣. 내시.

【崔杼】 齊나라 대부. 齊 莊公(B.C.553~548)이 그의 아내와 사통하자 崔杼는 그를 弑害하고 景公을 세워 자신은 宰相이 되는 등 춘추 후기 제나라 역사를 뒤흔든 인물. 晏子(晏嬰)와 여러 차례 부딪치는 등 많은 일화를 낳았음. 뒤에

집안 내분을 견디지 못하고 목을 매어 자결하였으며 시호는 武子. 襄公 27년을
볼 것.

【微】 은밀하게 함.

【句瀆】 지금의 山東 莘鄕 부근이었다 함.

【高唐】 지금의 山東 高唐.《一統志》에 "高唐城在今禹城縣西南, 卽在今高唐縣
東三十五里"라 함.


## ❈ 1241(襄 19-8)

晉士匄帥師侵齊, 至穀, 聞齊侯卒, 乃還.


진晉나라 사개士匄가 군사를 이끌고 제齊나라를 쳐 곡穀 땅에 이르렀다가
제후齊侯가 죽었다는 소식을 듣고 돌아갔다.


【士匄】 晉나라 대부. 范匄. 伯瑕. 士文伯. 范文子(士燮)의 아들. 시호는 宣子. 범선자
로도 불림. '匄'는 '丐'로도 표기하며 음은 '古害反' '개'로 읽음.

【穀】 지금의 山東 東阿縣 남쪽 東阿鎭.

【齊侯】 齊 襄公(環)이 이때에 죽어 되돌아 간 것임.


㊉

晉士匄侵齊, 及穀, 聞喪而還, 禮也.


진晉나라 사개士匄가 齊나라를 침공하여 곡穀까지 쳐들어갔으나 제
나라에 국상國喪이 났다는 소식을 듣고 다시 돌아갔으니 이는 예에 맞는
일이었다.


【禮】《公羊傳》에 "大其不伐喪也"라 함.

於四月丁未, 鄭公孫蠆卒, 赴於晉大夫.
范宣子言於晉侯, 以其善於伐秦也.
六月, 晉侯請於王, 王追賜之大路, 使以行, 禮也.

4월 정미날, 정鄭나라 공손채公孫蠆가 세상을 떠나 진晉나라 대부들에게
부고를 하였다.

진나라 범선자范宣子가 진 평공에게 공손채는 진秦나라를 쳤을 때 잘
협조하였노라 말하였다.

6월, 진나라 군주가 천자에게 포상을 내릴 것을 청하여 천자는 공손채
에게 대로大路를 하사하여 그것으로써 장례를 치르도록 하였다. 이는 예에
맞는 일이었다.

【丁未】4월 13일.
【公孫蠆】子蟜. 鄭나라 대부. 子游의 아들. 시호는 桓子.
【范宣子】士匄. 晉나라 대부. 范匄. 伯瑕. 士文伯. 范文子(士燮)의 아들. 시호는
　宣子. '匄'는 '丐'로도 표기하며 음은 '古害反' '개'로 읽음.
【晉侯】당시 晉나라 군주는 平公(彪). 재위 4년째였으며 霸者로서 天王에게 청한 것.
【伐秦】襄公 14년에 秦나라를 쳤을 때의 일.
【王】당시 周나라 왕은 靈王(姬泄心). 재위 18년째였음.
【大路】천자가 타는 수레. '路'는 '輅'와 같음.

### ✹ 1242(襄19-9)

八月丙辰, 仲孫蔑卒.

8월 병진날, 노나라 중손멸仲孫蔑이 죽었다.

【丙辰】8월 23일.
【仲孫蔑】孟獻子. 魯나라 대부. 孟文伯(穀)의 아들이며 公孫敖의 손자. 魯나라
門閥.
＊無傳




## ✹ 1243(襄19-10)

齊殺其大夫高厚.


제齊나라에서 대부 고후高厚를 죽였다.


【高厚】齊나라 대부. 高固의 아들. 杜預 注에 "高固子"라 함.



㉐
秋八月, 齊崔杼殺高厚於灑藍, 而兼其室.
書曰:「齊殺其大夫」, 從君於昏也.


　가을 8월, 제齊나라 최저崔杼가 고후高厚를 쇄람灑藍에서 죽이고 그의
가산을 모두 차지하였다.
　경經에 '제나라가 그 대부를 죽였다'라고 쓴 것은 고후가 선대 군주의
혼암한 지시에 따랐기 때문이었다.


【崔杼】齊나라 대부. 齊 莊公(B.C.553~548)이 그의 아내와 사통하자 崔杼는
　그를 弑害하고 景公을 세워 자신은 宰相이 되는 등 춘추 후기 제나라 역사를
　뒤흔든 인물. 晏子(晏嬰)와 여러 차례 부딪치는 등 많은 일화를 낳았음. 뒤에 집안
　내분을 견디지 못하고 목을 매어 자결하였으며 시호는 武子. 襄公 27년을 볼 것.
【高厚】齊나라 대부. 高固의 아들. 杜預 注에 "高固子"라 함.

【灑藍】齊나라 도읍 臨淄 郊外의 땅.
【昏】靈公은 태자 光을 폐하고 公子 牙를 세우는 등 혼암한 행동을 함.


# ✹ 1244(襄19-11)

## 鄭殺其大夫公子嘉.

정鄭나라에서 대부 공자公子 가嘉를 죽였다.

【公子嘉】《公羊傳》에는 ‘公子喜’로 되어 있음.


### 傳

鄭子孔之爲政也專, 國人患之, 乃討西宮之難與純門之師.
子孔當罪, 以其甲及子革·子良氏之甲守.
甲辰, 子展·子西率國人伐之, 殺子孔, 而分其室.
書曰:「鄭殺其大夫」, 專也.
子然·子孔·宋子之子也; 士子孔, 圭嬀之子也.
圭嬀之班亞宋子, 而相親也; 二子孔亦相親也.
僖之四年, 子然卒; 簡之元年, 士子孔卒.
司徒孔實相子革·子良之室, 三室如一, 故及於難.
子革·子良出奔楚, 子革爲右尹.
鄭人使子展當國, 子西聽政, 立子産爲卿.

정鄭나라 자공子孔이 정치에 전횡을 부리자 나라 사람들이 걱정하다가
서궁西宮의 사건과 순문純門 전투의 책임을 물어 성토하였다.
　자공은 자신의 죄가 드러나자 자신의 군사와 자혁子革·자량씨子良氏의
군사와 함께 방어하였다.

갑진날, 자전子展과 자서子西가 나라 사람들을 이끌고 그를 토벌하여 자공을 죽이고 그의 가산을 나누어 가졌다.

경經에 '정나라가 그 나라의 대부를 죽였다'고 쓴 것은 대부인 자공이 전횡을 부렸기 때문이었다.

정나라 자연子然과 자공은 송宋나라 출신 자씨子氏가 낳은 아들들이었다. 그리고 사士 벼슬의 또 다른 자공子孔은 규圭나라 출신의 여자 규씨嬀氏가 낳은 아들이었다. 규규圭嬀의 서열은 송나라에서 자씨 다음으로 두 사람은 서로 친하였으며 두 자공도 역시 친하게 지내고 있었다.

정 희공僖公 4년, 자연이 세상을 떠났고, 간공簡公 원년에는 사士 자공이 세상을 떠났다.

사도司徒 자공은 자연子然의 아들 자혁子革과 사士 자공의 아들인 자량子良의 집안을 도와주어 세 집안이 마치 한집처럼 지냈으며 그 때문에 이들이 모두 화를 만나게 되었던 것이었다.

이때 자혁과 자량은 초楚나라로 달아났으며 자혁은 초나라의 우윤右尹이 되었다.

정나라가 자전子展에게 국정을 맡기고 자서子西에게는 정무政務를 맡겼으며 자산子産을 경卿으로 삼았다.


【子孔】鄭나라 공자 嘉. 穆公(蘭)의 아들로 宋子가 낳음.
【西宮之難】魯 襄公 10년에 있었던 반란. 그때 子孔은 사정을 잘 알고 있으면서도 그 반란을 막지 않고 그 사건을 이용하여 실권을 잡았음.
【純門之師】魯 襄公 18년, 자공이 자신이 싫어하는 대부들을 없애기 위해 楚나라 군사를 불러서 초군이 정나라 도읍의 純門까지 쳐들어왔던 일.
【子革】鄭丹. 楚나라로 도망하여 楚나라 右尹에 오름.
【子良氏】鄭나라 대부. 公孫輒의 아버지.
【子展】公孫舍之. 鄭나라 대부. 子罕의 아들. 시호는 桓子.
【子西】子駟의 아들. 公孫夏. 杜預 注에 "子西, 公孫夏, 子駟子"라 함.
【子然】鄭 穆公(蘭)의 아들. 成公 10년 傳을 볼 것.
【士子孔】당시 士벼슬의 또 다른 子孔. 圭嬀가 낳은 穆公의 아들. 이름은 志. 宋子가 낳은 子孔과 구별하기 위하여 士를 더 붙여 말하였음. 《通志》氏族略에 "鄭公子嘉字子孔, 又有公子志, 謂之士子孔, 並穆公之子"라 함.

【宋子】鄭 穆公의 첩. 宋나라 출신. 子는 송나라 公室의 姓. 杜預 注에 "宋子·
　圭嬀皆鄭穆公妾"이라 함.
【圭嬀】圭는 본가인 나라 이름, 嬀는 圭나라 公室의 姓.
【僖之四年】鄭 僖公 4년은 魯 襄公 6년에 해당함.
【簡之元年】鄭 簡公 元年은 魯 襄公 8년에 해당함.
【子産】公孫僑. 子國(公孫成)의 아들. 뒤에 鄭나라의 훌륭한 宰相이 되어 孔子가
　자주 칭찬한 인물.


<h2>❋ 1245(襄 19-12)</h2>

冬, 葬齊靈公.

겨울, 제齊 영공靈公의 장례를 치렀다.

【齊靈公】이름은 環. 頃公(無野)의 뒤를 이어 B.C.581~555년까지 28년간 재위
하고 가을 7월에 생을 마침. 襄公 19년을 참조할 것. 莊公(光)이 그 뒤를 이음.
＊無傳


㊀

齊慶封圍高唐, 弗克.
冬十一月, 齊侯圍之, 見衛在城上, 號之, 乃下.
問守備焉, 以無備告.
揖之, 乃登. 聞師將傳, 食高唐人.
殖綽·工僂會夜縋納師, 醢衛于軍.


제齊나라 대부 경봉慶封은 숙사위夙沙衛가 근거삼아 반란을 일으킨
고당高唐을 포위하였으나 이기지 못하였다.

겨울 11월, 제 장공莊公이 이를 포위하고 숙사위가 성 위에 있는 것을 보고 그를 부르자 숙사위가 성 위에서 내려갔다.

장공이 그에게 수비하는 상황을 물어보자 숙사위는 별로 방비하고 있는 것이 없다고 답하였다.

그리고 읍揖을 하고 다시 성 위로 올라가서는 제나라 군사가 성을 공격할 것임을 듣고는 고당 성안 사람들에게 먹을 것을 내어 배불리 먹였다.

그때 식작殖綽과 공루工僂가 성안에서 만나 밤에 밧줄을 내려 제나라 군사를 끌어 올려 숙사위를 잡아 그를 군중에서 소금에 절여 젓갈로 만들었다.


【慶封】齊나라 대부. 자는 子家.
【高唐】夙沙衛가 도망하여 점거하고 반란을 일으킨 곳.《一統志》에 "今山東省 禹城縣西北四里有古高唐城"이라 함.
【齊侯】당시 莊公(光)은 아직 즉위 원년은 아니었지만 영공이 죽고 제나라 왕이 되었었음.
【衛】夙沙衛. 齊나라 少傅를 지냈던 인물로 齊 靈公의 幸臣. 靈公이 죽고 太子 光이 왕위에 오르자 高唐으로 도망하여 반란을 일으킴.
【師將傅】군사가 공격하려 함. '傅'는 성에 붙어 공격해 올라옴.
【食高唐人】高唐 사람들의 용기를 북돋기 위하여 酒食을 먹임.
【殖綽】齊나라 대부.
【工僂】齊나라 대부. '工婁'로도 표기함.


# ※ 1246(襄 19-13)

城西郛.


서쪽 외곽에 성을 쌓았다.


【郛】外郭의 城을 말함. 魯나라 도읍 曲阜의 서쪽 성곽.

⟨傳⟩

城西郛, 懼齊也.

　노나라가 도읍 서쪽 외곽에 성을 쌓은 것은 제齊나라를 두려워하였기 때문이었다.

【懼齊】晉나라 편을 들어 齊나라를 친 일로 제나라가 보복해올 것을 두려워한 것임.


❋ 1247(襄 19-14)

　叔孫豹會晉士匄于柯.

　노나라 숙손표叔孫豹가 진晉나라 사개士匄를 가柯에서 만났다.

【叔孫豹】魯나라 대부. 叔孫僑如의 아우. 叔孫穆叔.
【士匄】晉나라 대부. 伯瑕. 士文伯. 范匄. 范文子(士燮)의 아들. 시호는 宣子. 범선자로도 불림. ‘匄’는 ‘丐’로도 표기하며 음은 ‘古害反’ ‘개’로 읽음.
【柯】《一統志》에 “柯城在今河南內黃縣東北”이라 하였으며 莊公 13년의 ‘柯’와는 다른 곳임.


❋ 1248(襄 19-15)

　城武城.

　무성武城에 성을 쌓았다.

【武城】魯나라에는 東武城과 南武城이 있으며 여기서는 南武城을 가리킴. 齊나라에 가까운 魯나라 읍으로 지금의 山東 武城縣과 嘉祥縣 경계 지역. 《彙纂》에 "大約在今山東省高唐縣境"이라 함.


㉲

齊及晉平, 盟于大隧.
故穆叔會范宣子于柯.
穆叔見叔向, 賦載馳之四章.
叔向曰:「胖敢不承命!」
穆叔歸, 曰:「齊猶未也, 不可以不懼.」
乃城武城.


제齊나라가 진晉나라와 화친을 맺기로 하여 대수大隧에서 동맹을 맺었다.
그 때문에 목숙穆叔이 가柯에서 진나라 범선자范宣子를 만난 것이다.
목숙이 숙향叔向을 만나 〈재치載馳〉편 제4장을 읊자 숙향이 말하였다.
"제(胖)가 어찌 감히 말씀하신 것을 그대로 받아들이지 않겠습니까?"
목숙은 나라로 돌아와 이렇게 말하였다.
"제나라가 아직 진심으로 화평을 취하려 하지 않으니 두려워하지 않을 수 없다."
이에 무성武城에 성을 쌓은 것이다.


【大隧】齊나라 지명. 高唐 부근.
【穆叔】叔孫豹. 魯나라 대부. 叔孫僑如의 아우. 叔孫穆叔. 叔孫. 叔孫穆子 등으로도 불림.
【范宣子】士匄. 晉나라 대부. 范匄. 伯瑕. 士文伯. 范文子(士燮)의 아들. 시호는 宣子. '匄'는 '丐'로도 표기하며 음은 '古害反' '개'로 읽음.
【叔向】晉나라 대부. 叔肸. 羊舌肸, 자는 叔肸, 혹 叔譽.

【載馳】《詩經》鄘風 載馳篇에 "載馳載驅, 歸唁衛侯. 驅馬悠悠, 言至於漕. 大夫
跋涉, 我心則憂. 旣不我嘉, 不能旋反. 視爾不臧, 我思不遠. 旣不我嘉, 不能旋濟.
視爾不臧, 我思不閟. 陟彼阿丘, 言采其蝱. 女子善懷, 亦各有行. 許人尤之, 衆稚
且狂. 我行其野, 芃芃其麥. 控于大邦, 誰因誰極. 大夫君子, 無我有尤. 百爾所思,
不如我所之"라 하였으며 제4장은 작은 나라가 큰 나라에 의탁하려 해도 중간
에서 매개할 사람이 없음을 탄식하는 내용임. 목숙은 이 시로써 숙향을 매개인
으로 삼아 진나라에게 의탁하겠다는 뜻을 나타낸 것임.
【不敢承命】杜預 注에 "叔向度齊未肯以盟服, 故許救魯"라 함.


㊀

衛石共子卒, 悼子不哀.
孔成子曰:「是謂蹷其本, 必不有其宗.」


위衛나라 석공자石共子가 세상을 떠났을 때 아들 도자悼子는 슬퍼하지
않는 것이었다.
공성자孔成子가 말하였다.
"이를 그 근본을 뽑아버리는 자라고 이른다. 틀림없이 그 가문을 보존
하지 못할 것이다."


【石共子】石買. 衛나라 대부. 石稷의 아들. 시호는 共子. 그의 아들은 石惡(悼子).
【悼子】石買의 아들. 石惡. 시호는 悼子. 그 조카는 石圃. 그 선조 石碏이
    衛나라에 큰 공을 세웠었음. 隱公 4년 傳을 볼 것.
【孔成子】衛나라 卿 孔烝鉏.《禮記》祭統 正義에《世本》을 인용하여 "孔莊叔
    達生得閭叔穀, 穀生成叔烝鉏"라 함.
【蹷其本】杜預 注에 "蹷, 猶拔也"라 하였고 正義에 "蹷者, 倒也. 樹倒必拔根, 故云
    蹷猶拔也"라 함. 뽑아버림. 무너뜨림. 28년 石惡는 과연 죄를 짓고 도망함.

# 170. 襄公 20年(B.C.553) 戊申

| 周 | 靈王(姬泄心) 19년 | 齊 | 莊公(光) 원년 | 晉 | 平公(彪) 5년 | 衛 | 獻公(衎) 24년<br>殤公(剽) 6년 |
|---|---|---|---|---|---|---|---|
| 蔡 | 景公(固) 39년 | 鄭 | 簡公(嘉) 13년 | 曹 | 武公(滕) 2년 | 陳 | 哀公(溺) 16년 |
| 杞 | 孝公(匄) 14년 | 宋 | 平公(成) 23년 | 秦 | 景公(后伯車) 24년 | 楚 | 康王(昭) 7년 |
| 吳 | 諸樊(遏) 8년 | 許 | 靈公(甯) 39년 | | | | |

❈ **1249**(襄20-1)

二十年春王正月辛亥, 仲孫速會莒人盟于向.

20년 봄 주력 정월 신해날, 중손속仲孫速이 거莒나라 사람과 만나 상向에서 동맹을 맺었다.

【辛亥】 정월 21일.
【仲孫速】 魯나라 대부. 孟莊子.《公羊傳》에는 '仲孫遬'으로 되어 있음.
【向】 지금의 山東 莒縣 남쪽.

㊓

二十年春, 及莒平.
孟莊子會莒人盟于向, 督揚之盟故也.

20년 봄, 노나라는 거莒나라와 화친을 맺었다.

맹장자孟莊子가 거나라 사람과 상向에서 만나 동맹을 맺은 것은 독양督揚에서의 맹약에 따른 것이었다.

【向】莒나라 고을 이름. 지금의 山東 莒縣 남쪽 70리.
【孟莊子】仲孫速.
【督揚之盟】督揚은 齊나라 지명. 祝柯. 지금의 山東 滋陽縣. 이 회맹은 襄公 19년을 볼 것.


## ✸ 1250(襄20-2)

夏六月庚申, 公會晉侯·齊侯·宋公·衛侯·鄭伯·曹伯·莒子·邾子·滕子·薛伯·杞伯·小邾子盟于澶淵.

여름 6월 경신날, 양공이 진후晉侯·제후齊侯·송공宋公·위후衛侯·정백鄭伯·조백曹伯·거자莒子·주자邾子·등자滕子·설백薛伯·기백杞伯·소주자小邾子와 모여 전연澶淵에서 동맹을 맺었다.

【庚申】6월 3일.
【杞】姒姓, 周 武王이 殷을 멸한 다음 禹의 후손 東樓公을 찾아 봉하였음. 지금의 河南 杞縣 일대.
【小邾】諸侯의 分封이었으므로 ‘小邾’라 칭함.
【澶淵】지금의 河南 濮陽縣 서북. 원래 衛나라 땅이었으나 당시 晉나라가 차지함. 江永은 “澶淵之地, 當在內黃之南, 河北省濮陽縣西北”이라 함.


傳

夏, 盟于澶淵, 齊成故也.

여름, 전연澶淵에서 맹약한 것은 제齊나라와 화평이 성립되었기 때문이었다.

【齊成】齊나라가 晉나라와 화합하기로 함.


※ **1251**(襄20-3)

秋, 公至自會.

가을, 양공이 모임에서 돌아왔다.

【會】澶淵之盟을 가리킴.
＊無傳


※ **1252**(襄20-4)

仲孫速帥師伐邾.

중손속仲孫速이 군사를 이끌고 주邾나라를 쳤다.

【仲孫速】孟莊子. 魯나라 대부.
【邾】周나라 武王이 祝融 八姓의 하나였던 邾俠(曹俠)을 封하여 부용국으로
삼았었으며 지금의 山東 鄒縣. 이 때문에 전국시대에 이름을 '鄒'로 바꾸었음.
曹姓이며 子爵 작위를 받았으나 魯나라에 예속되어 있었음.


㊀

邾人驟至, 以諸侯之事弗能報也.
秋, 孟莊子伐邾以報之.

주邾나라가 우리를 자주 쳐들어왔지만 제후들과의 맹약으로 보복을
할 수 없었다.
　가을, 맹장자孟莊子가 주나라를 쳐서 보복하였다.


【驟至】'驟'는 '屢'와 같음. '자주, 여러 차례'의 뜻. 15년과 17년 邾나라가 魯나라를
　침범한 사건을 말함.
【孟莊子】仲孫速.




蔡殺其大夫公子燮.
蔡公子履出奔楚.


　채蔡나라가 대부 공자 섭燮을 죽였다.
　채나라 공자 이履가 초楚나라로 달아났다.


【公子燮】蔡나라 공자 이름. 당시 蔡나라 司馬였음. 蔡 莊公의 아들.《穀梁傳》
　에는 '公子濕'으로 되어 있음. '燮'과 '濕'은 음이 비슷하여 혼용한 것.
【公子履】채나라 공자. 공자 燮의 아우.
【奔楚】杜預 注에 "與兄同謀故"라 함. 혐의를 피하기 위해 楚나라로 달아남.


　㊙
蔡公子燮欲以蔡之晉, 蔡人殺之.
公子履, 其母弟也, 故出奔楚.


　채蔡나라 공자 섭燮이 초楚나라 편이었던 채나라를 진晉나라 편으로
바꾸려 하자 채나라가 그를 죽인 것이다.

공자 이履는 그의 같은 어머니의 아우였기 때문에 초나라로 달아난 것이다.

【以蔡之晉】蔡나라 외교를 楚나라 편에서 晉나라 편으로 바꿈.


# ✹ 1254(襄20-6)

陳侯之弟黃出奔楚.

진후陳侯의 아우 황黃이 초楚나라로 달아났다.

【陳侯】당시 陳나라 군주는 哀公(溺) 16년째였음.
【黃】陳 哀公의 아우.《公羊傳》과《穀梁傳》에는 '光'으로 되어 있음.


㊟

陳慶虎·慶寅畏公子黃之偪, 愬諸楚曰:「與蔡司馬同謀.」
楚人以爲討, 公子黃出奔楚.
初, 蔡文侯欲事晉, 曰:「先君與於踐土之盟, 晉不可棄, 且兄弟也.」
畏楚, 不能行而卒.
楚人使蔡無常, 公子燮求從先君以利蔡, 不能而死.
書曰:「蔡殺其大夫公子燮」, 言不與民同欲也;「陳後之弟黃出奔楚」, 言非其罪也.
公子黃將出奔, 呼於國曰:「慶氏無道, 求專陳國, 暴蔑其君, 而去其親, 五年不滅, 是無天也.」


진陳나라 경호慶虎와 경인慶寅은 진陳나라 공자 황黃의 핍박이 두려워 초楚나라에게 이렇게 하소연하였다.

"그들은 채蔡나라 사마司馬 공자 섭變과 초나라를 배반하고 진晉나라 편이 되기로 공모하였습니다."

이에 초나라가 이를 문책거리로 삼자 공자 황이 초나라로 달아난 것이다.

이전에 채蔡 문공文公이 진晉나라를 섬기고자 이렇게 말하였다.

"우리 선군 장공莊公께서 천토踐土의 맹약에 참가하셨으니 진나라를 버릴 수는 없다. 게다가 진나라는 우리와 형제 사이이다."

그러나 초나라를 두려워하여 이를 성사시키지 못한 채 세상을 떠나고 말았다.

과연 초나라가 채나라에게 걷잡을 수 없는 요구들을 해 오자 공자 섭變은 선군 문공의 뜻을 따라 진나라 편이 되어 채나라 국익을 따르고자 하였지만 그 역시 이를 실행하지 못한 채 세상을 떠나고 말았다.

경經에 '채나라가 그 대부 공자 섭을 죽였다'라고 기록한 것은 공자 섭이 채나라 백성들의 뜻과 달리 행동하였음을 말한 것이다. 그리고 '진陳나라 군주의 아우 황이 초나라로 달아났다'라고 기록한 것은 그에게 죄가 없었음을 말한 것이다.

공자 황은 달아나면서 도읍 성내에서 이렇게 소리쳤다.

"경씨慶氏들은 도리에 어긋나 진陳나라를 마구 전횡을 부리면서 임금을 폭력으로 모멸하고 임금 친족을 없애고 있다. 5년 안에 그들이 멸망하지 않는다면 하늘이란 없는 것이다."

【慶虎】陳나라의 卿. 본래 嬀姓이며 慶은 씨족임. 陳 桓公의 五世孫.

【慶寅】慶虎의 族人이며 역시 陳나라 卿.

【公子黃】陳 哀公의 아우. 당시 실권을 쥐고 있던 慶氏들을 압박하여 정권을 탈취하고자 함. 《公羊傳》과 《穀梁傳》에는 '光'으로 되어 있음.

【蔡司馬】蔡나라 司馬 벼슬의 公子 燮(濕).

【奔楚】공자 황이 초나라로 달아난 것은 달려가 사실을 밝히고자 한 것임. 杜預 注에 "奔楚自理"라 함.

【蔡文侯】蔡나라 군주. 이름은 申. 莊侯(莊公)의 아들이며 B.C.611~592년까지 20년간 재위하고 景侯(固)가 그 뒤를 이음.

【先君】蔡 莊侯(莊公)를 가리킴. 文侯의 아버지이며 이름은 甲午. B.C.645~612년까지 34년간 재위함.
【踐土之盟】魯 僖公 28년(B.C.632년)에 있었던 회맹.
【無常】시도 때도 없이 무리한 요구를 하며 부려먹음. 못살게 심한 요구를 함.
【公子燮】蔡나라 司馬.
【與民同欲】蔡나라 대부들은 전쟁에 시달리자 그대로 참고 楚나라를 섬기는 편이 낫다고 여겼음을 말함.
【非其罪】陳侯가 慶虎와 慶寅을 등용한 것이 잘못이며 아우인 黃이 이를 지적한 것은 잘못이 아니라는 뜻. 孔穎達 疏에 "兄而害弟者, 稱弟以章兄罪"라 함.
【無天】하늘이 악한 자를 처벌한다는 진리는 믿을 수 없음. 과연 두 慶氏는 23년 피살되고 말았음.


## ❋ 1255(襄20-7)

叔老如齊.

숙로叔老가 제齊나라에 갔다.

【叔老】魯나라 대부. 齊子.


㊖

齊子初聘于齊, 禮也.

노나라 제자齊子가 처음으로 제齊나라를 예방하였는데 이는 예에 맞는 일이었다.

【齊子】노나라 대부 叔老.
【初聘】이해 齊 莊公(光)이 즉위하여 처음으로 예방한 것임.

❋ **1256(襄20-8)**

冬十月丙辰朔, 日有食之.

겨울 10월 초하루 병진날, 일식이 있었다.

【丙辰】B.C.553년 8월 31일 金環日蝕이 있었음.
＊無傳


❋ **1257(襄20-9)**

季孫宿如宋.

계손숙季孫宿이 송宋나라에 갔다.

【季孫宿】魯나라 대부. 季孫行父의 아들. 季武子.《國語》에는 '季孫夙'으로 되어
있음.


㉐

冬, 季武子如宋, 報向戌之聘也.
褚師段逆之以受享, 賦常棣之七章以卒.
宋人重賄之.
歸, 復命, 公享之.
賦魚麗之卒章; 公賦南山有臺.
武子去所, 曰:「臣不堪也.」


겨울, 계무자季武子가 송宋나라에 가서 지난날 상술向戌이 노나라를
예방해 주었던 일에 보답하였다.

송나라 저사단褚師段이 그를 맞이하여 연회에 참석하게 되어 계무자는
〈상체常棣〉편 제7장과 마지막 장을 읊었다.

이에 송나라가 그에게 많은 선물을 주었다.

그가 귀국하여 양공에게 복명하자 양공이 연회를 베풀어주었다.

계무자가 그 자리에서 〈어리魚麗〉편의 마지막 장을 읊자 양공은 〈남산
유대南山有臺〉편을 읊었다.

계무자는 자리를 물러나면서 이렇게 말하였다.

"저는 감당할 수 없습니다."


【季武子】魯나라 대부. 季孫宿.

【向戌之聘】宋나라 向戌이 襄公 15년 노나라를 예방한 일.

【褚師段】宋나라 子石. 褚師는 원래 관직 이름이었으며 이를 성씨로 삼은 것.

【常棣】《詩經》小雅 常棣篇에 "常棣之華, 鄂不韡韡. 凡今之人, 莫如兄弟. 死喪
  之威, 兄弟孔懷. 原隰裒矣, 兄弟求矣. 脊令在原, 兄弟急難. 每有良朋, 況也永歎.
  兄弟鬩于牆, 外禦其務. 每有良朋, 烝也無戎. 喪亂旣平, 旣安且寧. 雖有兄弟, 不如
  友生. 儐爾籩豆, 飮酒之飫. 兄弟旣具, 和樂且孺. 妻子好合, 如鼓瑟琴. 兄弟旣翕,
  和樂且湛. 宜爾室家, 樂爾妻帑. 是究是圖, 亶其然乎!"라 하였으며 제7장과
  제8장은 가족이 화목함을 말한 내용임.

【魚麗】《詩經》小雅 魚麗篇에 "魚麗于罶, 鱨鯊. 君子有酒, 旨且多. 魚麗于罶, 魴鱧.
  君子有酒, 多且旨. 魚麗于罶, 鰋鯉. 君子有酒, 旨且有. 物其多矣, 維其嘉矣. 物其
  旨矣, 維其偕矣. 物其有矣, 維其時矣"라 하였으며 '麗'는 反切로 '力馳反' '리'로
  읽음. 이 시를 읊어 자신이 사신으로 가서 좋은 결과를 가져 온 것은 자신의
  능력 때문이 아니라 때가 맞은 것이라 겸양을 표한 것임.

【南山有臺】《詩經》小雅 南山有臺篇에 "南山有臺, 北山有萊. 樂只君子, 邦家之基.
  樂只君子, 萬壽無期. 蘭山有桑, 北山有楊. 樂只君子, 邦家之光. 樂只君子, 萬壽
  無疆. 南山有杞, 北山有李. 樂只君子, 民之父母. 樂只君子, 德音不已. 南山有栲,
  北山有杻. 樂只君子, 遐不眉壽. 樂只君子, 德音是茂. 南山有枸, 北山有楰. 樂只
  君子, 遐不黃耇. 樂只君子, 保艾爾後"라 하여 사신으로 다녀온 君子를 위로하고
  그 성과를 축복하는 내용임.

衛甯惠子疾, 召悼子曰:「吾得罪於君, 悔而無及也. 名藏在諸侯
之策, 曰:『孫林父·甯殖出其君』君入, 則掩之. 若能掩之, 則吾子也.
若不能, 猶有鬼神, 吾有餒而已, 不來食矣.」

悼子許諾, 惠子遂卒.


위衛나라 영혜자甯惠子가 병이 들자 아들 도자悼子를 불러 이렇게 말하
였다.

"나는 임금께 죄를 지어 지금 뉘우친들 어쩔 수가 없구나. 내 이름은
제후들의 간책에 '손림보孫林父와 영식甯殖이 그 임금을 축출하였다'라고
기록되어 보관하고 있다. 그러나 임금께서 귀국할 수만 있다면 나의 죄는
덮어질 것이다. 네가 내 죄를 덮을 수 있도록 해 준다면 너는 내 아들이다.
그러나 그렇게 하지 못한다면 내가 죽어 귀신이 되어 굶주린다 해도 네가
차린 제사를 먹으러 오지 못할 것이다."

이 말에 도자가 그렇게 하겠노라 하자 영혜자는 곧 숨을 거두었다.


【甯惠子】衛나라 대부. 甯殖. 襄公 14년, 孫林父와 함께 衛 獻公(衎)을 齊나라로
　나가도록 하였음.
【悼子】甯殖의 아들 甯喜. 시호는 悼子.
【策】각 제후들의 역사 기록. 簡策.
【孫林父】衛나라 대부. 孫良夫(孫桓子)의 아들이며 시호는 '文'. 그 때문에 孫文子
　로도 부름.
【君入】과연 衛 獻公은 26년에 귀국하여 다시 殤公(剽)을 이어 재차 임금 자리에
　올라 B.C.546~544년까지 3년간 더 재위함. 그 뒤를 襄公(惡)이 이음.
【不來食矣】너의 제사를 받지 않을 것임. 아들로 인정하지 않을 것임.

# 171. 襄公 21年(B.C.552) 己酉

| 周 | 靈王(姬泄心) 20년 | 齊 | 莊公(光) 2년 | 晉 | 平公(彪) 6년 | 衛 | 獻公(衎) 25년<br>殤公(剽) 7년 |
| --- | --- | --- | --- | --- | --- | --- | --- |
| 蔡 | 景公(固) 40년 | 鄭 | 簡公(嘉) 14년 | 曹 | 武公(滕) 3년 | 陳 | 哀公(溺) 17년 |
| 杞 | 孝公(匄) 15년 | 宋 | 平公(成) 24년 | 秦 | 景公(后伯車) 25년 | 楚 | 康王(昭) 8년 |
| 吳 | 諸樊(遏) 9년 | 許 | 靈公(甯) 40년 | | | | |

✸ 1258(襄21-1)

二十有一年春王正月, 公如晉.

21년 봄 주력 정월, 양공이 진晉나라에 갔다.

㊀

二十一年春, 公如晉, 拜師及取邾田也.

21년 봄, 양공이 진晉나라에 가서 출병해 주었던 일과 주邾나라 땅을 차지하게 해준 일에 감사를 드렸다.

【邾】周나라 武王이 祝融 八姓의 하나였던 邾俠(曹俠)을 封하여 부용국으로 삼았었으며 지금의 山東 鄒縣. 이 때문에 전국시대에 이름을 '鄒'로 바꾸었음.

曹姓이며 子爵 작위를 받았으나 魯나라에 예속되어 있었음.
【取邾田】邾나라 땅을 진나라 덕분에 다시 찾은 일은 襄公 18년을 볼 것.


## ✸ 1259(襄21-2)

邾庶其以漆, 閭丘來奔.


주邾나라 서기庶其가 칠漆과 여구閭丘 땅을 가지고 망명해 왔다.


【庶其】邾나라 대부.
【漆】邾나라 읍 이름.《一統志》에 "漆在今山東省鄒縣東北有漆鄕"이라 함.
【閭丘】邾나라 읍 이름.《一統志》에 "閭丘在今山東省鄒縣漆鄕東北十里有閭丘亭."
　　이라 함.


㊧

邾庶其以漆・閭丘來奔, 季武子以公姑姊妻之, 皆有賜於其從者.
於是魯多盜.
季孫謂臧武仲曰:「子盍詰盜?」
武仲曰:「不可詰也. 紇又不能.」
季孫曰:「我有四封, 而詰其盜, 何故不可? 子爲司寇, 將盜是務去,
若之何不能?」
武仲曰:「子召外盜而大禮焉, 何以止吾盜? 子爲正卿, 而來外盜;
使紇去之, 將何以能? 庶其竊邑於邾以來, 子以姬氏妻之, 而與之邑.
其從者皆有賜焉. 若大盜禮焉以君之姑姊與其大邑, 其次皐牧輿馬,
其小者衣裳劍帶, 是賞盜也. 賞而去之, 其或難焉. 紇也聞之:『在上
位者洒濯其心, 壹以待人; 軌度其信, 可明徵也, 而後可以治人』夫上
之所爲, 民之歸也. 上所不爲, 而民或爲之, 是以加刑罰焉, 而莫敢

不懲. 若上之所爲, 而民亦爲之, 乃其所也, 又可禁乎? 〈夏書〉曰: 『念茲
在茲, 釋茲在茲, 名言茲在茲, 允出茲在茲, 惟帝念功.』將謂由己壹也.
信由己壹, 而後功可念也.」

　　庶其非卿也, 以地來, 雖賤, 必書, 重地也.


　　주邾나라 서기庶其가 칠漆 땅과 여구閭丘 땅을 가지고 도망쳐 오자, 계무자
季武子는 양공의 고모를 그의 부인으로 삼도록 하고 따라온 자들에게도
재물을 주었다.

　　당시 노나라에는 도둑이 많았다.

　　이에 계손季孫이 장무중臧武仲에게 물었다.

　　"당신은 어찌하여 도둑들을 없애지 않습니까?"

　　장무중이 대답하였다.

　　"다스릴 수가 없습니다. 저에게는 그럴 능력이 없습니다."

　　계손이 말하였다.

　　"우리나라는 사방 국경을 봉하여 도둑을 없애는데 어찌하여 그렇게 할
수 없다는 것입니까? 그대는 사구司寇로서 도둑을 제거할 책임이 있는데
어찌하여 할 수 없다는 것입니까?"

　　장무중이 말하였다.

　　"그대가 외국에서 도둑을 불러들여 극진히 예우하는데 어떻게 우리나라
안의 도둑을 없앨 수 있겠습니까? 그대는 정경正卿으로서 외국의 도둑을
불러들여놓고 나에게 도둑을 없애라 하니 제가 어떻게 능히 그렇게 할
수 있겠습니까? 서기가 주나라 읍邑을 훔쳐 가져왔는데 그대는 그에게
희씨姬氏를 주어 아내로 삼도록 하여 그에게 읍까지 주었으며 그를 따라온
자들에게도 재물을 주었습니다. 이처럼 큰 도둑에게는 임금의 고모를 주어
아내로 삼게 하고 큰 읍을 채읍으로 주어 예우하며, 그 아래 도둑에게는
말과 수레를 주며, 다시 그 아랫것들에게는 의복과 대검帶劍을 주고 있으니
이는 도둑에게 상을 내리는 일입니다. 이렇게 상을 주면서 한편으로는
이들을 없애라 하니 어려운 일이지요. 제가 듣기로 '윗자리에 있는 이는
그 마음을 깨끗이 하여 한결같이 사람을 대하고, 언행에 법도와 믿음이

있어 그것이 밝게 증명이 된 이후에야 남을 다스릴 수가 있다'라 하였습니다. 무릇 윗사람의 하는 일은 백성들이 돌아갈 곳입니다. 윗사람이 하지 않는 일을 혹 백성들이 하여 이로써 형벌을 가한다면 감히 응징되지 않을 것이 없을 것입니다. 그러나 만약 윗사람이 하는 일을 백성들 또한 그 일을 따라서 한다면 당연히 그렇게 할 일이니 다시 금지할 것이 무엇이 있겠습니까? 〈하서夏書〉에 '이것을 하려는 생각도 마음에 있고, 이것을 그만두려는 생각도 마음에 있으며, 이것을 명하려는 것도 마음에 있어, 모든 것이 진실로 마음에 있는 것이니, 천자께서는 공을 이룰 것을 생각하소서'라 하였습니다. 이 역시 자신의 마음을 한결같이 써야 한다는 것을 이른 것입니다. 진실로 자신의 마음을 한결같이 쓴 이후라야 공을 생각할 수 있습니다."

서기는 비록 경卿은 아니었지만 땅을 가지고 왔으므로 비록 천한 신분이라 해도 반드시 이름을 기록하였으니 이는 땅은 중요하게 여겼기 때문이었다.

【季武子】季孫宿. 魯나라 대부. 季孫行父의 아들. 季孫으로도 부름. 《國語》에는 '季孫夙'으로 되어 있음.

【公姑姊】靈公 고모의 딸. 자신의 고종사촌 누나. 그러나 고모로 보고 있음. 선공의 딸이며 성공의 누나. 그러나 나이 차이로 보아 과부가 된 고모이거나 고종 사촌 누나여야 맞음.

【臧武仲】魯나라 대부. 臧宣叔(臧孫許)의 아들. 臧孫紇. 臧文仲의 아우.

【盍詰】'盍'은 '何不'의 合音字. '詰'은 '治, 禁, 去, 止'로 해석함.

【司寇】죄인이나 범법자를 다스리는 임무를 맡은 최고 관직. 刑官.

【皁牧輿馬】'皁'는 皁隸. 노비. '牧'은 말을 키우는 자. '輿馬'는 수레와 말.

【洒濯】'灑濯'과 같음. 깨끗이 씻음.

【夏書】《尙書》禹書 大禹謨에 "禹曰:「朕德罔克, 民不依, 皋陶邁種德, 德乃降, 黎民懷之, 帝念哉, 念玆在玆, 釋玆在玆, 名言玆在玆, 允出玆在玆, 惟帝念功.」"이라 함.

❋ **1260**(襄21-3)

夏, 公至自晉.

여름, 양공이 진晉나라에서 돌아왔다.

【自晉】晉나라의 出兵과 邾田을 돌려준 일에 감사를 표하고 돌아옴.
＊無傳


㊧

齊侯使慶佐爲大夫, 復討公子牙之黨, 執公子買于句瀆之丘.
公子鉏來奔, 叔孫還奔燕.

　제齊 장공莊公은 경좌慶佐를 대부로 삼고 나서 공자 아牙의 무리를 토벌하여 공자 매買를 구독句瀆의 언덕에 잡아 가두었다.
　그러자 공자 서鉏는 우리 노나라로 도망쳐 왔고, 숙손환叔孫還은 연燕나라로 달아났다.

【齊侯】齊 莊公(光). 재위 2년째였음.
【慶佐】齊나라 崔杼의 일당. 慶氏의 족인.
【公子牙】齊 靈公과 仲子 사이에 난 공자. 戎子에게 길러짐. 영공이 융자의 말을 듣고 태자로 삼았었음. 襄公 19년을 참조할 것.
【公子買】齊나라 공족. 공자 光(莊公)을 반대하는 세력에 섰던 인물.
【句瀆之丘】襄公 19년을 볼 것.
【公子鉏】齊나라 公子이며 公族.
【叔孫還】역시 제나라 公族.
【燕】지금의 河北 薊縣(北京)을 중심으로 있던 제후국. 武王의 아우 召公 奭이 봉지로 받은 곳이며 戰國時代 戰國七雄의 반열에 오름.

〇傳

夏, 楚子庚卒. 楚子使蒍子馮爲令尹.
訪於申叔豫, 叔豫曰:「國多寵而王弱, 國不可爲也.」
遂以疾辭.
方暑, 闕地, 下冰而床焉.
重繭, 衣裘, 鮮食而寢.
楚子使醫視之.
復曰:「瘠則甚矣, 而血氣未動.」
乃使子南爲令尹.


여름, 초楚나라 영윤 자경子庚이 세상을 떠나자 강왕康王은 위자빙蒍子馮을
영윤으로 삼았다.

위자빙이 신숙예申叔豫를 방문하였더니 숙예는 이렇게 말하였다.

"나라에는 군주의 총애를 받는 사람이 많은 데다가 왕이 아직 어리시니
그대는 국정을 제대로 처리할 수 없을 것입니다."

이에 위자빙은 병을 핑계로 하여 사퇴하였다.

당시 바야흐로 한창 더위였는데 그는 방안의 땅을 파서 그 속에 얼음을
채우고 그 위에다 침상을 마련하였다.

그리고 속옷 위에 가죽옷을 껴입고 식사도 조금씩만 들며 잠자리에
누워 있었다.

강왕은 그에게 의원을 보어 살펴보도록 하였다.

의원은 돌아가 이렇게 보고하였다.

"아주 수척하기는 하나 혈기는 변동이 없이 정상입니다."

강왕은 이에 자남子南을 영윤으로 삼았다.


【蒍子馮】蔿子馮. '蒍'은 '蔿'와 같음. 蔿艾獵의 아들. 孫叔敖의 조카. '馮'은 '皮
　冰反'으로 '빙'으로 읽음.

【申叔豫】楚나라 대부. 申叔時의 손자.

【重繭】두 겹의 綿袍나 絹布.

【血氣未動】血脈에는 이상이 없음. 병이 없음.
【子南】公子 追舒. 襄公 22년 追舒는 피살됨.


# ✹ 1261(襄21-4)

秋, 晉欒盈出奔楚.

가을, 진晉나라 난영欒盈이 초楚나라로 달아났다.

【欒盈】欒懷子. 欒書(武子)의 손자이며 欒黶(桓子)의 아들. 시호는 懷子. 欒氏 집안의 公族大夫.


⟨傳⟩

欒桓子娶於范宣子, 生懷子.
范鞅以其亡也, 怨欒氏, 故與欒盈爲公族大夫而不相能.
桓子卒, 欒祁與其老州賓通, 幾亡室矣.
懷子患之.
祁懼其討也, 愬諸宣子曰:「盈將爲亂, 以范氏爲死桓主而專政矣,
曰:『吾父逐鞅也, 不怒而以寵報之, 又與吾同官而專之. 吾父死而
益富. 死吾父而專於國, 有死而已, 吾蔑從之矣.』其謀如是, 懼害於主,
吾不敢不言.」
范鞅爲之徵.
懷子好施, 士多歸之.
宣子畏其多士也, 信之.
懷子爲下卿, 宣子使城著而遂逐之.
秋, 欒盈出奔楚.

宣子殺箕遺·黃淵·嘉父·司空靖·邴豫·董叔·邴師·申書·羊舌虎·
叔羆, 囚伯華·叔向·籍偃.

人謂叔向曰:「子離於罪, 其爲不知乎?」

叔向曰:「與其死亡若何?《詩》曰:『優哉游哉, 聊以卒歲.』知也.」

樂王鮒見叔向, 曰:「吾爲子請.」

叔向弗應. 出, 不拜. 其人皆咎叔向.

叔向曰:「必祁大夫.」

室老聞之, 曰:「樂王鮒言於君, 無不行, 求赦吾子, 吾子不許. 祁大夫
所不能也, 而曰必由之, 何也?」

叔向曰:「樂王鮒, 從君者也, 何能行? 祁大夫外舉不棄讎, 內舉
不失親, 其獨遺我乎?《詩》曰:『有覺德行, 四國順之.』夫子覺者也.」

晉侯問叔向之罪於樂王鮒.

對曰:「不棄其親, 其有焉.」

於是祁奚老矣, 聞之, 乘馹而見宣子, 曰:「《詩》曰:『惠我無疆,
子孫保之.』《書》曰:『聖有謨勳, 明徵定保.』夫謀而鮮過·惠訓不倦者,
叔向有焉, 社稷之固也, 猶將十世宥之, 以勸能者. 今壹不免其身,
以棄社稷, 不亦惑乎? 鯀殛而禹興, 伊尹放大甲而相之, 卒無怨色;
管·蔡爲戮, 周公右王. 若之何其以虎也棄社稷? 子爲善, 誰敢不勉?
多殺何爲?」

宣子說, 與之乘, 以言諸公而免之.

不見叔向而歸, 叔向亦不告免焉而朝.

初, 叔向之母妒叔虎之母美而不使, 其子皆諫其母.

其母曰:「深山大澤, 實生龍蛇. 彼美, 余懼其生龍蛇以禍女. 女,
敝族也. 國多大寵, 不仁人閒之, 不亦難乎? 余何愛焉?」

使往視寢, 生叔虎.

美而有勇力, 欒懷子嬖之, 故羊舌氏之族及於難.

欒盈過於周, 周西鄙掠之.

辭於行人曰:「天子陪臣盈, 得罪於王之守臣, 將逃罪. 罪重於郊甸,
無所伏竄, 敢布其死, 昔陪臣書能輸力於王室, 王施惠焉. 其子屬不

能保任其父之勞. 大君若不棄書之力, 亡臣猶有所逃. 若棄書之力,
而思麐之罪, 臣, 戮餘也, 將歸死於尉氏, 不敢還矣. 敢布四體, 唯大
君命焉.」

王曰:「尤而效之, 其又甚焉.」

使司徒禁掠欒氏者, 歸所取焉, 使候出諸轘轅.


진晉나라 난환자欒桓子는 범선자范宣子의 딸을 아내로 맞이하여 회자
懷子(欒盈)를 낳았다. 범앙范鞅은 예전에 난염 때문에 진秦나라로 망명하였던
일로 그를 원망하고 있었으므로 난영欒盈과 더불어 공족대부公族大夫가
되었으나 서로 친해지지 못하였다.

난환자가 세상을 떠나자 그 부인 난기欒祁는 가신인 주빈州賓과 밀통하여
집안이 거의 망해 가고 있었다.

회자는 걱정스러웠다.

난기는 자신이 성토 대상이 될 것을 두려워하여 친정아버지 범선자에게
이렇게 일러바쳤다.

"난영이 난을 일으키려 하고 있습니다. 자신의 아버지 환자가 죽은 뒤
범씨가 정치를 전횡한다고 여겨 '우리 아버지께서는 범앙을 축출하였지만
그에게 노하지도 않았을뿐더러 총애하면서 보답해 주었다. 그리고 나와
같은 벼슬을 주어 마음 놓고 할 수 있도록 해 주었다. 우리 아버지가 죽고
나서 범씨들은 더욱 부자가 되었다. 그런데 우리 아버지가 죽고 없다고
국정을 전횡하고 있으니 나에게는 죽음이 있을 뿐이다. 나는 그를 따를
수 없다'라고 말합니다. 그의 음모가 이와 같으니 저는 그가 아버님께 해를
끼칠까 두렵습니다. 저는 감히 말씀드리지 않을 수 없습니다."

범앙은 이를 증거로 삼았다.

회자는 남에게 베풀기를 잘하여 많은 선비들이 그를 따랐다.

범선자는 평소 난회자를 따르는 선비들이 많음을 두렵게 여겨 딸이
한 말을 믿게 되었다.

난회자는 하경下卿이었다. 범선자는 그에게 저읍著邑에 성을 쌓도록
하고는 곧 그를 축출해버렸다.

가을, 난영이 초楚나라로 달아났다.

범선자는 기유箕遺·황연黃淵·가보嘉父·사공정司空靖·병예邴豫·동숙董叔·
병사邴師·신서申書·양설호羊舌虎·숙비叔羆 등을 죽이고, 백화伯華·숙향叔向·
적언籍偃 등을 잡아들였다.

어떤 이가 숙향에게 말하였다.

"당신이 죄에 걸린 것은 지혜롭지 못하였기 때문이겠지요?"

숙향이 이렇게 말하였다.

"죽는 것보다는 낫지 않겠소? 《시》에 '유유히 놀지어다. 이렇게 세월 보
내리라' 하였으니 이것이 지혜로운 것이오."

악왕부樂王鮒가 숙향을 만나 이렇게 말하였다.

"내 당신을 위하여 용서를 청원하겠소."

그러나 숙향은 대답도 하지 않은 채 악왕부가 돌아갈 때 배웅도 하지
않았다.

집안사람들이 모두 숙향을 탓하자 그는 이렇게 말하였다.

"나를 구할 사람은 반드시 기대부祁大夫일 것이다."

그 늙은 가신이 이를 듣고 말하였다.

"악왕부가 임금께 말씀드리면 되지 않을 일이 없습니다. 그분이 그대를
구해주시겠다고 나섰는데 그대는 허락하시지 않으셨군요. 기대부로서는
할 수 없는 일입니다. 그런데도 꼭 그를 통해서 구제를 받으시겠다니
어째서입니까?"

숙향은 말하였다.

"악왕부는 군주의 뜻에 맹종하는 사람인데 어찌 능히 해낼 수 있겠는가?
기대부는 바깥사람을 추천할 때는 원수라도 버리지 않으며, 집안사람을
추천할 때는 제 자식이라도 놓치지 않았다. 그런데 유독 나만 버리겠는가?
《시》에 '곧은 덕행만 있으면 사방 나라가 모두 순종하리라'라 하였는데
그분이야말로 곧은 분이라네."

진晉 평공平公이 숙향의 죄를 악왕부에게 물었다.

그가 답하였다.

"그는 육친을 버리지 않는 사람이니 그에 연좌된 것입니다."

이때 기해祁奚는 이미 늙어 은퇴하였었지만 숙향의 일을 듣고 역마차를 타고 달려와 범선자를 만나 이렇게 말하였다.

"《시》에 '나에게 베푼 덕 끝이 없으니 그의 자손들 영원히 이어가리라'라 하였습니다. 그리고 《서書》에는 '훌륭하여 나라에 큰 공을 세운 자라면 그 공을 밝혀 그를 안정되게 보호해 주어야 한다'라 하였습니다. 무릇 나라를 위해 모책을 짜면서 과실이 적고, 남에게 은혜와 가르침을 주기에 게으르지 않기로는 바로 숙향이라는 사람입니다. 사직을 견고히 하였으니 십대十代에 이르도록 죄를 용서하여 세상에 권장해야 할 대상입니다. 그런데 지금 그의 아우가 죄를 지었다는 한 가지 일로 연좌되어 사직의 신하를 버리신다니 역시 미혹한 일이 아니겠습니까? 곤鯀은 죽음을 당했지만 아들 우禹는 등용되었고, 이윤伊尹이 태갑太甲을 쫓아내었지만 태갑이 임금이 되자 그를 재상으로 삼아 끝내 원망하는 빛이 없었습니다. 관숙管叔과 채숙蔡叔은 죽음을 당하였지만 주공周公은 왕을 훌륭히 보좌하였습니다. 이와 같건만 어찌 동생 양설호의 일로 사직의 신하를 버린다는 것입니까? 그대가 선한 일을 하시면 누가 감히 선한 일에 힘쓰지 않겠습니까? 많은 사람을 죽여 무엇을 하시겠다는 것입니까?"

범선자는 기꺼워하며 기해와 함께 수레를 타고 평공에게 말하여 숙향을 사면해 주었다.

기해는 숙향을 찾아보지도 않고 돌아갔고, 숙향 또한 사면되었다는 사실을 기해에게 알리지 않고 그대로 조정에 나갔다.

당초, 숙향의 모친은 숙호叔虎의 어머니가 아름다운 것을 질투하여 그녀로 하여금 남편 시중들지 못하게 하였다. 그러자 아들들이 모두 어머니에게 그러지 말 것을 간하였다.

그러자 그녀는 이렇게 말하였다.

"심산과 대택에는 실로 용이 나게 된다. 저 여자가 아름다우니 나는 그녀가 용과 같은 아들을 낳아 너희들에게 화를 끼칠까 두렵다. 너희는 쇠퇴해가는 가문의 아들들이다. 나라에는 임금의 큰 총애를 받는 사람들이 많은데, 어쩌다 어질지 못한 사람이 너희를 이간질한다면 이 역시 화가 되지 않겠느냐? 나라고 어찌 나만을 생각하겠느냐?"

그리고는 그녀에게 남편의 잠자리를 보살피게 하여 숙호를 낳게 된 것이다.

숙호가 얼굴이 수려하고 용력이 있어 난회자가 그를 총애하게 된 것이며 그 때문에 양설씨의 일족이 난회자의 사건에 휘말려들게 되었던 것이다.

난영은 달아나다가 주周나라를 경과할 때 주나라 서쪽 변경의 사람이 그의 물건들을 약탈하였다.

난영은 행인行人을 통해 왕에게 이렇게 말하였다.

"천자의 배신陪臣 저 난영은 천자의 신하 제후에게 죄를 얻어 달아나고 있었습니다. 그런데 천자의 변방에서 거듭 죄를 지었으니 더 이상 엎드려 숨을 곳이 없게 되었습니다. 그러니 감히 죽음을 무릅쓰고 말씀드립니다. 지난날 천자의 신하였던 저의 할아버지 난서欒書께서는 능히 왕실을 위하여 온 힘을 다 쓰셔서 천자께서는 그에게 은혜를 베풀어주셨습니다. 그의 아들인 아버지 난염은 그 아비의 공로를 이어받아 지킬 수가 없었습니다. 천자께서 만약 난서가 바친 공을 잊지 않으신다면 망명길에 있는 신하 저 또한 달아날 곳을 배려해 주십시오. 만약 난서의 공을 버리시고 제 아버지 난염의 죄만을 생각하신다면 저는 죽음을 당하고도 남을 것이니 저를 위관尉官에게 보내어 죽음을 주십시오, 감히 다시는 되돌아오지 않을 것입니다. 감히 저의 온몸을 드러내어 말씀드리니 오직 천자께서는 대명을 내려 주시기 바랍니다."

영왕이 말하였다.

"잘못된 사람을 꾸짖으면서 그의 행동을 따라 하는 것은 더 큰 잘못이다."

그리고는 사도司徒로 하여금 난영의 물건을 약탈한 자를 잡아들이고 이미 빼앗은 것들은 돌려주도록 하였다. 그리고 후候로 하여금 난영을 환원轘轅 땅으로 보내주도록 하였다.

---

【欒桓子】欒黶. 晉나라 대부. 欒武子(欒書)의 아들.

【范宣子】士匄. 晉나라 대부. 范匄. 伯瑕. 士文伯. 范文子(士燮)의 아들. 시호는 宣子. '匄'는 '丐'로도 표기하며 음은 '古害反' '개'로 읽음.

【欒盈】欒懷子. 欒書(武子)의 손자이며 欒黶(桓子)의 아들. 시호는 懷子. 欒氏 집안의 公族大夫. 欒桓子(欒黶)와 士匄의 딸 사이에 난 아들.

【范鞅】 士鞅. 范獻子. 范叔으로도 불림. 시호는 獻子. 士匄(宣子)의 아들이며 士燮 (范文子)의 손자. 范鞅이 欒黶의 핍박을 받아 秦나라로 망명한 사건은 襄公 14년 傳을 볼 것.

【欒祁】 欒黶의 처이며 士匄의 딸. 欒盈의 어머니. 范氏(士)는 堯의 후대로 성을 祁라 하여 그 때문에 欒祁라 부른 것. 즉 '欒'은 남편의 성이며 '祁'는 친정의 本姓.

【州賓】 欒黶 집안의 家臣 이름.

【桓主】 欒桓子(欒黶)를 높여 부른 敬稱.

【不怒】 范鞅이 돌아왔을 때 그에게 화를 내지 않고 도리어 잘 대해줌.

【蔑】 '無, 未, 毋' 등과 같음. 不定詞. 雙聲互訓.

【著】 著邑. 著雍. 지금의 河南 修武縣.

【箕遺】 晉나라 대부. 欒盈의 黨羽. 箕鄭의 후손. 箕는 采邑 이름. 昭公 22년의 '箕遺'와는 다른 인물임.

【黃淵】 晉나라 대부.

【嘉父】 역시 晉나라 대부.

【司空靖】 진나라 대부..

【邴豫】 晉나라 대부. 《通志》 氏族略에 "邴豫, 食邑于邴, 因以爲氏"라 함.

【董叔】 晉나라 대부. 范鞅의 사위.

【邴師】 晉나라 대부. 邴豫의 族人.

【申書】 晉나라 대부.

【羊舌虎】 晉나라 대부. 叔向의 아우.

【叔羆】 晉나라 대부. 叔虎. 이상 杜預 注에 "十子皆晉大夫, 欒盈之黨也"라 함.

【伯華】 진나라 대부.

【叔向】 晉나라 대부. '叔嚮'으로도 표기함. 叔肸. 羊舌肸, 자는 叔肸, 혹 叔譽.

【籍偃】 晉나라 上軍司馬.

【離】 '걸리다'의 뜻. '罹'와 같음. 同音通假.

【知】 '智'와 같음. '지혜롭다'의 뜻.

【詩】 《詩經》에 없는 逸詩. 小雅 采菽篇에 "汎汎楊舟, 緋纚維之. 樂只君子, 天子 葵之. 樂只君子, 福祿膍之. 優哉游哉, 亦是戾矣"라는 구절이 있으나 주제가 다른 것으로 보고 있음.

【樂王鮒】 晉나라 대부 樂桓子.

【祁大夫】 祁奚. 晉나라 대부. 高梁伯의 아들. 자는 黃羊. 祁午의 아버지. '祁'는 원래 읍 이름이며 지금의 山西 祁縣 동남쪽. 당시 中軍尉의 지위에 있었으며 늙어 사임을 청할 때의 인물 추천에 관한 고사로 유명함. 襄公 3년을 볼 것.

【室老】한 家門의 家宰. 여기서는 叔向의 家臣長을 가리킴.

【從君者】임금의 말이라면 자신의 뜻이나 사안의 정당함에 관계없이 맹종하는 신하.

【詩】《詩經》大雅 抑篇에 "抑抑威儀, 維德之隅. 人亦有言, 靡哲不愚. 庶人之愚, 亦職維疾. 哲人之愚, 亦維斯戾. 無競維人, 四方其訓之. 有覺德行, 四國順之. 訏謨 定命, 遠猶辰告. 敬愼威儀, 維民之則"이라 함.

【覺者】'覺'은《毛詩傳》에 "覺, 直也"라 함.

【晉侯】당시 晉나라 군주는 平公(彪).

【其親】叔向(羊舌肹)의 아우 羊舌虎 때문에 叔向이 연좌되어 체포되었음을 말함. 혈친을 중시하는 숙향으로서 당연히 아우의 뜻을 따라 同謀하였을 것이라는 논리를 편 것임.

【馹】역마차.

【詩】《詩經》周頌 烈文篇에 "烈文辟公, 錫玆祉福. 惠我無疆, 子孫保之. 無封靡 于爾邦, 維王其崇之. 念玆戎公, 繼序其皇之. 無競維人, 四方其訓之. 不顯維德, 百辟其刑之. 於乎前王不忘"이라 함.

【書】《尙書》夏書 胤征篇에 "告于衆曰:「嗟予有衆. 聖有謨訓, 明徵定保. 先王 克謹天戒, 臣人克有常憲, 百官修輔, 厥后惟明明. 每歲孟春, 遒人以木鐸徇于路, 官師相規, 工執藝事以諫. 其或不恭, 邦有常刑.」"이라 함.

【謩】'謨'와 같음.

【鯀】禹임금의 아버지. 치수에 공을 이루지 못하자 순이 그를 방축하여 죽이고 대신 그의 아들 우를 등용하여 치수사업을 성공함.《尙書》등을 참고할 것.

【伊尹·太甲】伊尹은 商湯의 재상. 太甲은 湯의 손자로 왕위에 오르자 荒淫하여 나라를 제대로 다스리지 못함. 이에 伊尹이 그를 3년간 桐宮에 유폐시켰다가 잘못을 뉘우치자 다시 불러 왕권을 회복시켜 줌. 그러면서도 서로 전혀 원망 하는 기색을 보이지 않음.《尙書》商書 太甲篇,《史記》殷本紀 등을 참조할 것.

【管·蔡】管叔과 蔡叔. 周公(姬旦)의 아우들로 자신들의 봉지에 가까이 있던 殷나라 유민 武庚을 유혹하여 난을 일으키자 주공이 東征하여 이들을 멸함. 그 뒤 주공은 자신의 조카 成王(姬誦)을 보필하여 周나라 전장제도를 확립 하여 국가의 기반을 다짐.《尙書》周書 大誥篇·康誥篇 및《史記》周本紀 등을 참조할 것.

【不告免焉而朝】자신이 사면되었음을 기해에게 알리지도 않고 떳떳하게 조정에 나감. 이상의 고사는《呂氏春秋》開春論 및《說苑》善說篇 등 널리 실려 있음.

【叔虎】羊舌虎. 羊舌肸(叔向)의 배다른 아우.

【龍蛇】기괴하고 특출한 인물.

【西鄙】천자국 周나라 서쪽 변방.

【行人】외교관. 통역관.《周禮》秋官에 大行人, 小行人의 임무가 적혀 있음.

【陪臣】제후국의 신하가 천자국 왕에게 자신을 칭하는 말. 여기서는 欒盈 자신을
 가리킴.

【守臣】范宣子 士匄를 가리키는 것으로 보았으나 제후로 보는 것이 합당할 듯함.
 《禮記》玉藻에 "諸侯之於天子曰某土之守臣某"라 함.

【郊甸】교외. "郭外曰郊, 郊外曰甸"이라 함.

【尉氏】尉는 형벌을 관장하는 직책. 尉氏는 곧 尉官.《漢書》地理志 應劭의 注에
 "古獄官曰尉氏"라 함.

【四體】杜預 注에 "布四體言無所隱"이라 함.

【尤而效之】杜預 注에 晉나라가 欒盈을 축출한 것은 그릇된 것이라 하면서
 자신의 나라에서 물건을 약탈하도록 버려둔 것은 더욱 잘못된 것이라는
 뜻으로 보았음.

【候】외국의 사절이나 賓客의 접대, 안내, 배웅 등을 맡은 관직.《周禮》夏官에
 "若有方治. 則帥而致于朝. 及歸, 送之于竟"이라 함.

【轘轅】周나라 지명. 지금의 河南 偃師縣과 鞏縣 사이.《一統志》에 "轘轅, 今河
 南鞏縣西南. 偃師東南. 登封縣北, 有轘轅山, 山阪有十二曲道, 將去復還, 故曰
 轘轅"이라 함.


# ✸ 1262(襄21-5)

## 九月庚戌朔, 日有食之.

9월 초하루 경술날, 일식이 있었다.


【庚戌】B.C.552년 8월 22일 金環日蝕이 있었음.
✻無傳

※ **1263(襄21-6)**

冬十月庚辰朔, 日有食之.

겨울 10월 초하루 경진날, 일식이 있었다.

【庚辰】 과학적으로 이날에는 日蝕이 있을 수 없으며 史官이 잘못 기록한 것이라
하였음.
＊無傳


※ **1264(襄21-7)**

曹伯來朝.

조백曹伯이 내조하였다.

【曹伯】 曹 武公(滕). 成公(負芻)을 이어 B.C.554~528년까지 27년간 재위하였으며
平公(須)이 그 뒤를 이음.


㊀傳

冬, 曹武公來朝, 始見也.

겨울, 조曹 무공武公이 찾아왔는데 이는 노나라 양공을 처음으로 뵈러
온 것이었다.

【曹武公】 成公(負芻)의 아들. 재위 3년째 처음으로 魯나라를 예방한 것임.

※ 1265(襄21-8)

公會晉侯·齊侯·宋公·衛侯·鄭伯·曹伯·莒子·邾子于
商任.

양공이 진후晉侯·제후齊侯·송공宋公·위후衛侯·정백鄭伯·조백曹伯·거자莒子·
주자邾子와 상임商任에서 만났다.

【商任】顧祖禹의《方輿紀要》에 지금의 河北 任縣 동남쪽이며 그 근처에 商墟가
있어 商任이라 부른다 하였음. 그러나 顧棟高의〈大事表〉에는 지금의 安陽縣
衛나라 商任이라 하였음.


㊉

會於商任, 錮欒氏也.
齊侯·衛侯不敬.
叔向曰:「二君者必不免. 會朝, 禮之經也; 禮, 政之輿也; 政, 身之
守也. 怠禮, 失政; 失政, 不立, 是以亂也.」

상임商任에서 만난 것은 달아나는 난씨欒氏를 잡아 가두기 위한 것이었다.
그런데 이때 제齊 장공莊公과 위衛 상공殤公의 태도가 불경스러웠다.
숙향叔向이 말하였다.
"저 두 임금은 틀림없이 화를 면하지 못할 것이다. 제후끼리의 회맹會盟
이나 천자를 만나는 조현朝見은 예禮의 근본이며, 예란 정치를 떠받드는
것이며, 정치는 제후가 자신의 몸을 지키는 것이다. 예를 태만히 하면
정치를 잃게 되는 것이요, 정치를 잃으면 바르게 설 수가 없는 것이니
이 까닭으로 나라가 어지러워지는 것이다."

【叔向】晉나라 대부. 叔肸. 羊舌肸, 자는 叔肸, 혹 叔譽.
【欒氏】欒盈이 진나라를 떠나 국외로 망명함.
【錮】망명의 길을 막음. 어느 나라에서도 그를 받아주지 말도록 하기 위한 것임.
　잡아 禁錮시킴.
【齊侯】齊 莊公(光).
【衛侯】衛 殤公(剽).
【會朝】'會'는 제후끼리의 만남. 회합이나 회맹, 회담. '朝'는 천자를 뵙는 것. 朝謁,
　朝見.


　㊀

　知起·中行喜·州綽·邢蒯出奔齊, 皆欒氏之黨也.
　樂王鮒謂范宣子曰:「盍反州綽·邢蒯? 勇士也.」
　宣子曰:「彼欒氏之勇也, 余何獲焉?」
　王鮒曰:「子爲彼欒氏, 乃亦子之勇也.」


　진晉나라 지기知起·중항희中行喜·주작州綽·형괴邢蒯 등이 제齊나라로 달아
났는데 그들은 모두 난씨欒氏의 무리였다.
　악왕부樂王鮒가 범선자范宣子에게 말하였다.
　"어찌 주작과 형괴를 불러들이지 않습니까? 그들은 용사들입니다."
　선자가 말하였다.
　"그들은 난씨를 위한 용사였소. 내가 그들에게서 무슨 이익을 얻겠소?"
　악왕부가 말하였다.
　"그대가 그들을 난씨가 대해준 것 같이 해 준다면 그들 역시 그대의
용사가 될 것입니다."


【知起】晉나라 대부.
【中行喜】역시 晉나라 대부.
【州綽】晉나라 대부. 齊나라로 도망쳐 감.
【邢蒯】晉나라 대부.

【欒氏】欒盈. 欒氏 집안.
【樂王鮒】晉나라 대부 樂桓子.
【范宣子】士匄. 晉나라 대부. 范匄. 伯瑕. 士文伯. 范文子(士燮)의 아들. 시호는
  宣子. 范宣子로도 불림. ‘匄’는 ‘丐’로도 표기하며 음은 ‘古害反’ ‘개’로 읽음.
【勇士】杜預 注에 “言子待之如欒氏, 亦爲子用也”라 함.


(傳)

齊莊公朝, 指殖綽 · 郭最曰:「是寡人之雄也.」
州綽曰:「君以爲雄, 誰敢不雄? 然臣不敏, 平陰之役, 先二子鳴.」
莊公爲勇爵, 殖綽 · 郭最欲與焉.
州綽曰:「東閭之役, 臣左驂迫, 還於門中, 識其枚數, 其可以與於
此乎?」
公曰:「子爲晉君也.」
對曰:「臣爲隸新, 然二子者, 譬於禽獸, 臣食其肉而寢處其皮矣.」


제齊 장공莊公이 조정에 나가 식작殖綽과 곽최郭最를 가리켜 말하였다.
“이들은 나의 영웅들이라오.”
주작州綽이 말하였다.
“임금께서 영웅이라 여기시니 누가 감히 영웅이라 여기지 않겠습니까?
그러나 저는 민첩하지 못하지만 이들보다 먼저 나섰었습니다.”
장공이 그 두 사람에게 용사의 작위를 주기로 하여 식작과 곽최가 곧
그 작위를 받으려 하였다.
그러자 주작이 말하였다.
“동려東閭 싸움에서 저의 전차 왼쪽 말이 길이 막혀 성문을 서성거릴
때 그곳 대문의 판자 장식물을 세어보았습니다. 그런 정도라면 임금께서
주시는 그러한 작위를 저도 받을 수 있겠습니까?”
장공이 말하였다.
“그때 그대는 진晉나라 임금을 위하여 그런 용감한 일을 한 것이오.”

주작은 이렇게 대답하였다.

"저는 노예로 이곳에 와서 새롭게 임금을 모시고자 하는 자입니다. 그러나 이 두 사람을 금수에 비유한다면 저는 저들의 살을 먹고 그 가죽을 깔고 잠을 잤던 셈입니다."


【平陰之役】 襄公 18년을 볼 것. 州綽은 그 싸움에서 齊나라 殖綽과 郭最를 생포하였음. 杜預 注에 "十八年晉伐齊, 及平陰, 注綽獲殖綽·郭最, 故自比於雞鬪勝而先鳴"이라 함.

【勇爵】 杜預 注에 "設爵位以命勇士"라 하였으나 '爵에 술을 따라 용사에게 내려줌'을 뜻하는 것으로도 봄.

【東閭之役】 襄公 18년을 참조할 것. 이 싸움에서 州綽은 東閭의 대문 鍾乳型의 장식물 수를 세어보았음.

【寢處其皮矣】 그 가죽을 깔고 그 위에서 잠. 州綽에 그 싸움에서 殖綽에게 활을 쏘아 항복시켰음. 자신 있게 승리하였음을 말함.《禮記》坊記 鄭玄 注에 "古者殺牲, 食其肉, 坐其皮"라 함.

# 172. 襄公 22年(B.C.551) 庚戌

| | | | | | | | |
|---|---|---|---|---|---|---|---|
| 周 | 靈王(姬泄心) 21년 | 齊 | 莊公(光) 3년 | 晉 | 平公(彪) 7년 | 衛 | 獻公(衎) 26년<br>殤公(剽) 8년 |
| 蔡 | 景公(固) 41년 | 鄭 | 簡公(嘉) 15년 | 曹 | 武公(滕) 4년 | 陳 | 哀公(溺) 18년 |
| 杞 | 孝公(匄) 16년 | 宋 | 平公(成) 25년 | 秦 | 景公(后伯車) 26년 | 楚 | 康王(昭) 9년 |
| 吳 | 諸樊(遏) 10년 | 許 | 靈公(甯) 41년 | | | | |

## ✷ 1266(襄22-1)

二十有二年春王正月, 公至自會.

22년 봄 주력 정월, 양공이 모임에서 돌아왔다.

【會】商任之會를 가리킴.

＊無傳

傳

二十二年春, 臧武仲如晉.

雨, 過御叔.

御叔在其邑, 將飮酒, 曰:「焉用聖人? 我將飮酒, 而己雨行, 何以聖爲?」

穆叔聞之, 曰:「不可使也, 而傲使人, 國之蠹也.」

令倍其賦.

22년 봄, 장무중臧武仲이 진晉나라에 사신으로 가게 되었다.

그는 비를 맞으며 어숙御叔의 집을 지나게 되었다.

어숙은 그때 자기의 채읍 어御에 있었는데 마침 술을 마시려다가 이렇게 말하였다.

"그까짓 것이 뭐 대단한 지혜를 가지고 있다고? 나는 지금 술을 마시려는데 자신은 빗속을 가고 있으니 어찌 지혜로운 사람이라 하겠는가?"

목숙穆叔(叔孫豹)이 그 말을 전해 듣고 말하였다.

"그는 쓸 만한 사람이 아니다. 사신에게 교만을 부렸으니 그는 국가의 좀일 뿐이다."

그러고는 그에게 세稅를 곱절로 납부하도록 명하였다.


【臧武仲】魯나라 대부. 臧宣叔(臧孫許)의 아들. 臧孫紇. 臧文仲의 아우.

【御叔】御 땅을 采邑으로 지니고 있는 叔이라는 사람. 御는 지금의 山東 鄆城縣 부근의 御屯.

【聖】현명하고 지혜로운 사람. 《周禮》大司徒 鄭玄 注에 "聖, 通而先識也"라 하였고, 《論語》憲問篇에 孔子가 "若臧武仲之知"라 함.

【穆叔】叔孫豹. 魯나라 대부. 叔孫僑如의 아우. 叔孫穆叔. 叔孫. 叔孫穆子 등으로도 불림.

【蠹】좀벌레. 나라를 망치는 인물.

【倍】고대 私邑의 경우 所出의 3분의 1을 나라에 납부하였으나 3분의 2를 납부도록 함.


✹ **1267(襄22-2)**

夏四月.


여름 4월.

　

夏, 晉人徵朝于鄭.

　鄭人使少正公孫僑對, 曰:「在晉先君悼公九年, 我寡君於是卽位.
卽位八月, 而我先大夫子駟從寡君以朝于執事, 執事不禮於寡君,
寡君懼. 因是行也, 我二年六月朝于楚, 晉是以有戲之役. 楚人猶競,
而申禮於敝邑. 敝邑欲從執事, 而懼爲大尤, 曰:『晉其謂我不共有禮』,
是以不敢攜貳於楚. 我四年三月, 先大夫子蟜又從寡君以觀釁於楚,
晉於是乎有蕭魚之役. 謂我敝邑:『遍在晉國, 譬諸草木, 吾臭味也,
而何敢差池?』楚亦不競, 寡君盡其土實, 重之以宗器, 以受齊盟.
遂帥羣臣隨于執事, 以會歲終. 貳於楚者, 子侯·石盂, 歸而討之.
溴梁之明年, 子蟜老矣, 公孫夏從寡君以朝于君, 見於嘗酎, 與執燔焉.
間二年, 聞君將靖東夏, 四月, 又朝以聽事期. 不朝之間, 無歲不聘,
無役不從. 以大國政令之無常, 國家罷病, 不虞荐至, 無日不惕, 豈敢
忘職? 大國若安定之, 其朝夕在庭, 何辱命焉? 若不恤其患, 而以爲
口實, 其無乃不堪任命, 而翦爲仇讐? 敝邑是懼, 其敢忘君命? 委諸
執事, 執事實重圖之.」


　여름, 진晉나라가 정鄭나라 군주로 하여금 진나라를 찾아뵙도록 요구
하였다.

　이에 정나라는 소정少正 공손교公孫僑로 하여금 이렇게 답변하도록
하였다.

　"지난날 진晉나라 선군 도공悼公 9년, 우리 군주께서 즉위하셨습니다.
즉위한 지 8개월이 되어 우리의 전 대부 자사子駟가 도공을 따라 귀국
집사를 찾아뵈었는데 그때 집사가 우리 임금을 예로써 대하지 않아 우리
도공께서는 두려워하셨습니다. 그 일로 말미암아 우리는 재위 2년 6월에
초楚나라를 찾아가게 되었고 귀국 진나라는 그 일로 희戲의 전투를 일으
켰던 것입니다. 초나라 또한 우리를 두고 경쟁하고 있던 터라 우리를 극진히
예우해 주었습니다. 우리는 귀국의 말을 따르고 싶었지만 그 일로 더욱

큰 질책을 받을까 두려워 '진나라는 우리가 예를 다하고 있음에도 우리를 예를 지키지 않고 공손하지 못한 나라'라 말하였습니다. 이 까닭으로 우리는 감히 초나라에게 두 마음을 품을 수 없었던 것입니다. 우리 임금 4년 3월에 전 대부 자교子蟜가 다시 도공을 따라 초나라에 가서 틈을 살폈습니다. 그러자 귀국 진나라는 그때 소어蕭魚의 전투를 일으키고 우리에게 '정나라가 진나라와 친함을 초목에 비유한다면 정나라는 초목인 진나라의 냄새요 맛이다. 그런데도 어찌 감히 행동을 어긋나게 하는가?'라고 하셨습니다. 초나라 또한 우리를 두고 다투지 않아 우리 임금께서는 우리의 토산물들을 모두 갖추고 종묘의 기물까지 덧붙여 진나라 군주에게 바치고 엄숙한 맹약을 받아들였던 것입니다. 그리고 드디어 신하들을 거느리고 귀국의 집사를 따라가 그해 연말의 모임에 참가하셨던 것입니다. 그리고 우리 임금께서는 초나라에게 의지하고자 두 마음을 가졌던 자후 子侯와 석우石盂를 귀국한 다음 토벌하셨던 것입니다. 격량溴梁 회맹이 있은 다음해에 자교가 늙어 물러나고, 공손하公孫夏가 우리 임금을 따라 귀국 임금을 예방하여 상주嘗酎의 제사에서 귀국 임금을 만나 뵙고 그 제사에 올린 고기를 잡수셨습니다. 2년 뒤, 귀국 임금께서 동쪽 중원을 평정하신 다는 소식을 듣고 4월에 다시 귀국을 찾아가 그 시기에 대하여 지시를 받으셨습니다. 그리고 우리 임금께서 직접 귀국을 예방하지 못하는 사이 에는 해마다 사신을 보내지 않은 적이 없었고 귀국의 일에 순종하지 않은 적이 없었습니다. 그럼에도 귀국께서는 요구와 명령이 일정치 않아 국가는 피폐하여 병들고 생각지 못한 재해가 연달아 겹쳐 근심 없는 날이 없었 습니다. 그러한 상황에서도 어찌 감히 의무를 잊었겠습니까? 귀국이 만약 우리를 안정시켜 주신다면 우리는 조석으로 귀국의 뜰을 찾아 명령을 대기 하고 있을 것이니 어찌 이렇게 욕되게 명령을 받게 될 경우가 있겠습니까? 그러나 만약 귀국이 우리의 환난을 불쌍히 여기지 않고 말로만 핑계를 대신다면 귀국의 명령을 감당해내지 못한다는 경우가 생기지 않을 수 있겠 습니까? 우리는 이를 두려워하고 있을 뿐이지 감히 귀국 임금의 명령을 망각할 수 있겠습니까? 집사에게 이러한 일을 위임하시어 집사들이 사실 대로 다시 한번 헤아릴 수 있도록 해 주시기 바랍니다."

【少正】執政官인 大政의 보좌역.

【公孫僑】子産. 子國(公孫成)의 아들. 뒤에 鄭나라의 훌륭한 宰相이 되어 孔子가
  자주 칭찬한 인물.

【悼公】晉 도공. 이름은 周. 9년은 襄公 8년(B.C.565)에 해당하며 이해에 鄭 簡公
  (嘉)이 즉위함.

【子駟】鄭나라 公子 騑. 鄭 穆公(蘭)의 아들. 僖公(髡頑)이 무례하게 굴자 그를
  시해하고 簡公(嘉)을 세운 인물.

【執事】晉나라 군주 좌우의 해당 관원. 有司와 같음.

【戲之役】戲 땅에서 동맹을 맺고 秒나라와 싸운 일. 襄公 9년 傳을 볼 것.

【大尤】큰 해악. '尤'는 '訧'와 같음. 죄악. 과실.

【我四年】鄭 簡公 4년, 魯 襄公 11년.

【子蟜】鄭나라 대부. 公孫蠆. 子游의 아들. 시호는 桓子.

【蕭魚之役】襄公 11년 傳을 볼 것.

【土實】토산물.

【齊盟】엄숙한 맹약. '齊'는 '齋'와 같음. 齋戒하고 경건하게 맹약함.

【子侯·石盂】둘 모두 鄭나라 大夫. 杜預 注에 石盂를 石奐이라 하였으나 이는
  오류임. 석착과 良霄는 襄公 11년에 楚나라로 갔다가 그곳에 억류되었으며
  석착이 꾀를 내어 정나라로 돌아온 것은 13년임. 11년에는 아직 초나라에 있었음.

【溴梁】襄公 16년을 참조할 것.

【嘗酎】봄에 세 번 발효시켜 만든 醇酒를 종묘에 바치는 제사.

【荐】'薦'와 같은 뜻임.

【口實】'입으로만 말하다. 구실을 잡다. 핑계를 대다' 뜻.


## ❋ 1268(襄22-3)

秋七月辛酉, 叔老卒.

가을 7월 신유날, 노魯나라 숙로叔老가 죽었다.

【辛酉】7월 16일.

【叔老】魯나라 대부. 子叔齊의 아들. 齊子로도 부름.《禮記》檀弓(下)에는 子叔
　　敬叔으로 되어 있음.
＊無傳


㉝

秋, 欒盈自楚適齊.
　晏平仲言於齊侯曰:「商任之會, 受命於晉. 今納欒氏, 將安用之?
小所以事大, 信也. 失信, 不立. 君其圖之.」
　弗聽.
　退告陳文子曰:「君人執信, 臣人執共. 忠·信·篤·敬, 上下同之,
天之道也. 君自棄也, 弗能久矣.」


　가을, 난영欒盈이 초楚나라에서 제齊나라로 가자 안평중晏平仲이 장공
莊公에게 말하였다.

　"상임商任의 회맹에서 진晉나라로부터 명령을 받았는데 지금 난씨를
받아들인다면 그러한 약속을 어디에 쓰겠습니까? 작은 나라가 큰 나라를
섬김에는 신의가 중요합니다. 신의를 잃으면 설 수 없으니 군주께서는
헤아려 주십시오."

　장공은 이를 듣지 않았다.

　안평중은 물러나와 진문자陳文子에게 이렇게 말하였다.

　"군주는 신의를 지키고, 신하는 공손함을 지키는 것입니다. 충성과 신의,
돈독함과 공경이란 위아래가 함께 하는 하늘의 도리입니다. 그런데 임금이
이를 스스로 버리고 있으니 능히 오래 가지 못할 것입니다."


【晏平仲】齊나라 賢臣이며 세 임금을 거쳐 재상을 지냄. 이름은 嬰, 平仲은 그의
　　字. 그는 晏弱(桓子)의 아들로 晏子라 불림. 그의 言行錄《晏子春秋》가 전함.
【欒盈】欒懷子. 欒書(武子)의 손자이며 欒黶(桓子)의 아들. 시호는 懷子. 欒氏
　　집안의 公族大夫.

【齊侯】齊 莊公(光). 당시 재위 3년째였음.
【商任】顧祖禹의《方輿紀要》에 지금의 河北 任縣 동남쪽이며 그 근처에 商墟가 있어 商任이라 부른다 하였음. 그러나 顧棟高의 〈大事表〉에는 지금의 安陽縣 衛나라 商任이라 하였음. 商任之會는 襄公 21년을 볼 것.
【陳文子】齊나라 豪族으로 이름은 '須無'. 시호는 文子. 陳完(田完, 敬仲)의 曾孫이며 陳無宇(桓子)의 아버지. 田完은 원래 陳나라 출신으로 齊나라로 망명하여 성을 田氏로 바꾸었으며 뒤에 齊나라에서 세력을 키운 다음 그 후손이 春秋 末 姜姓의 齊나라 왕권을 탈취하여 전국시대 田氏齊가 되어 戰國七雄의 大國으로 발전함.
【執共】'共'은 '恭'과 같음.
【弗能久矣】莊公은 재위 6년만인 襄公 25년(B.C.548)에 결국 시해를 당하며 이를 미리 예고하여 기록한 것. 杜預 注에 "爲二十五年齊弑其君光傳"이라 함.


㉑

九月, 鄭公孫黑肱有疾, 歸邑于公, 召室老宗人立段, 而使黜官·薄祭. 祭以特羊, 殷以少牢, 足以共祀, 盡歸其餘邑, 曰:「吾聞之:『生於亂世, 貴而能貧, 民無求焉, 可以後亡.』敬共事君與二三子. 生在敬戒, 不在富也.」

己巳, 伯張卒.

君子曰:「善戒.《詩》曰:『愼爾侯度, 用戒不虞.』鄭子張其有焉.」


9월, 정鄭나라 공손흑굉公孫黑肱이 병이 들자 자신의 채읍采邑을 군주에게 돌려주고, 실종室宗을 불러 아들 단段을 후계자로 삼았으며 가신들의 수를 줄이고 제사를 간소하게 지내도록 하였다.

일반 제사에는 양羊 한 마리만 쓰며 은제殷祭에는 소뢰少牢로 하도록 하고, 제사를 모시는 데에 족할 재산만을 남기고 그 나머지 자신 소유의 읍은 모두 나라에 귀속시키면서 이렇게 말하였다.

"내 듣기로 '난세에 태어나 귀한 신분이면서도 가난하게 산다면 백성들로부터 원망을 사는 일이 없을 것이니 이렇게 하면 남보다 가장 늦게 망하리라'라 하였다. 너는 군주와 몇몇 대신들을 공경스럽게 섬기도록 하라.
살아남는 것은 경계함에 있는 것이지 부유함에 있는 것이 아니다.”

　기사날, 백장伯張이 세상을 떠났다.

　군자는 이렇게 말하였다.

　“훌륭히 훈계로다. 《시》에 '그대는 군주의 법도를 신중히 하여 뜻밖의
일에 경계할지니라'라 하였다. 정나라 자장子張은 이 뜻을 잘 지니고 있었다.”


【公孫黑肱】鄭나라 대부. 子張. 伯張으로도 불림. 팔에 검은 점이 있어 黑肱이라
　이름이 지어짐.

【宗老】家宰. 宗人(가신)의 우두머리.

【段】公孫黑肱의 아들. 《說文》에는 '公孫破'으로 표기되어 있음. 杜氏《世族譜》
　에 印段의 자는 子石(伯石)이며 諡號는 獻子라 하였음. 《廣韻》 '印'자 注에는
　“印段出自穆公子印, 以王父字爲氏”라 함.

【黜官薄祭】집안 가신의 수를 줄이고 제사를 간소하게 지낼 것을 지시함. 출관에
　대하여 杜預 注에는 “黜官, 無多受職”이라 하여 많은 관직을 받지 말도록 하였
　다는 뜻으로 보았으나 沈欽韓의 〈補注〉에는 “黜官者, 減省其家臣, 非謂黜段
　之受職也”라 함.

【特羊】四時의 常祭는 원래 少牢로 지내도록 되어 있으나 이를 줄여 羊 한 마리
　만을 사용하도록 함. '特羊'은 양 한 마리.

【殷】제사 이름. '殷祭', 혹 '祫禘'라고도 함. 《禮記》曾子問에 “服除而後殷祭”라 함.
　大夫의 殷祭에는 大牢로 지내도록 되어 있으나 이를 줄여 少牢로 하여 양,
　돼지만 사용하도록 함.

【足以共祀】선조에게 제사 드리는 데 족한 정도의 재물만 남겨둠. '共'은 '供'과
　같음.

【敬共】'敬恭'과 같음. '共'은 '恭'과 같음.

【敬戒】'敬'은 '儆, 警'과 같음. 警策(儆策)으로 삼아 늘 조심함.

【乙巳】9월 25일.

【詩】《詩經》大雅 抑篇에 “質爾人民, 謹爾侯度, 用戒不虞. 愼爾出話, 敬俺威儀,
　無不柔嘉. 白圭之玷, 尙可磨也. 斯言之玷, 不可爲也”라 하여 '愼'은 '謹'으로 되어
　있음.

【侯度】군주의 법도.

※ **1269**(襄22-4)

冬, 公會晉侯·齊侯·宋公·宋公·衛侯·鄭伯·曹伯·莒子·
邾子·薛伯·杞伯·小邾子于沙隨.

겨울, 양공이 진후晉侯·제후齊侯·송공宋公·위후衛侯·정백鄭伯·조백曹伯·
거자莒子·주자邾子·설백薛伯·기백杞伯·소주자小邾子와 사수沙隨에서 만났다.

【杞】姒姓, 周 武王이 殷을 멸한 다음 禹의 후손 東樓公을 찾아 봉하였음. 지금의
　　河南 杞縣 일대.
【小邾】諸侯의 分封이었으므로 '小邾'라 칭함.
【邾子】《公羊傳》과 《穀梁傳》에는 모두 이 다음에 '滕子'가 더 있음. 左氏가 잘못
　　하여 이를 누락시킨 것이 아닌가 함.
【沙隨】宋나라 땅. 지금의 河南 寧陵縣 서북. 成公 16년을 볼 것.


㉑

冬, 會于沙隨, 復錮欒氏也.
欒盈猶在齊.
晏子曰:「禍將作矣. 齊將伐晉, 不可以不懼.」

겨울, 사수沙隨에서 만난 것은 다시 난씨欒氏의 도주를 막기 위해서였다.
그때 난영欒盈은 아직 제齊나라에 있었다.
안자晏子가 말하였다.
"장차 재앙이 일어날 것이다. 제나라가 곧 진晉나라를 칠 것이니 두려워
하지 않을 수 없구나."

【沙隨】지금의 河南 寧陵 부근.
【欒盈】欒懷子. 欒書(武子)의 손자이며 欒黡(桓子)의 아들. 시호는 懷子. 欒氏
　　집안의 公族大夫. 齊나라로 도망해 있었음.

【晏子】晏平仲. 齊나라의 賢臣이며 재상. 이름은 嬰, 平仲은 그의 字. 그는 晏弱
(桓子)의 아들로 晏子라 불림. 그의 言行錄《晏子春秋》가 전함.


❀ **1270(襄22-5)**

## 公至自會.

양공이 모임에서 돌아왔다.


【會】沙隨之會를 가리킴.
＊無傳


❀ **1271(襄22-6)**

## 楚殺其大夫公子追舒.

초楚나라가 대부 공자 추서追舒를 죽였다.


【追舒】楚 莊王의 아들 子南. 당시 초나라 令尹이었음. 그 후손이 뒤에 子南氏가 됨.


㉐

楚觀起有寵於令尹子南, 未益祿而有馬數十乘.
楚人患之, 王將討焉.
子南之子棄疾爲王御士, 王每見之, 必泣.
棄疾曰:「君三泣臣矣, 敢問誰之罪也?」
王曰:「令尹之不能, 爾所知也. 國將討焉, 爾其居乎?」

對曰:「父戮子居, 君焉用之? 洩命重刑, 臣亦不爲.」

王遂殺子南於朝, 轘觀起於四竟.

子南之臣謂棄疾:「請徙子尸於朝.」

曰:「君臣有禮, 唯二三子.」

三日, 棄疾請尸, 王許之.

旣葬, 其徒曰:「行乎?」

曰:「吾與殺吾父, 行將焉入?」

曰:「然則臣王乎?」

曰:「棄父事讎, 吾弗忍也.」

遂縊而死.

復使薳子馮爲令尹, 公子齮爲司馬, 屈建爲莫敖.

有寵於薳子者八人, 皆無祿而多馬.

他日朝, 與申叔豫言, 弗應而退.

從之, 入於人中. 又從之, 遂歸.

退朝, 見之, 曰:「子三困我於朝, 吾懼, 不敢不見. 吾過, 子姑告我,
何疾我也?」

對曰:「吾不免是懼, 何敢告子?」

曰:「何故?」

對曰:「昔觀起有寵於子南, 子南得罪, 觀起車裂, 何故不懼?」

自御而歸, 不能當道.

至, 謂八人者曰:「吾見申叔, 夫子所謂生死而肉骨也. 知我者如
夫子則可; 不然, 請止.」

辭八人者, 而後王安之.


초楚나라 관기觀起는 영윤 자남子南에게 총애를 받으면서 아직 관록에
오르지 않았는데도 말을 수십 승을 가지고 있었다.

초나라 사람들이 이를 걱정하자 강왕康王은 장차 그를 없애려 하였다.

자남의 아들 기질棄疾이 강왕의 말을 모는 측근이었다. 왕은 그를 볼
때마다 우는 것이었다.

기질이 말하였다.

"임금께서는 저를 보시고 세 번이나 우셨는데, 감히 여쭙건대 누구의 죄 때문입니까?"

왕이 말하였다.

"그대 아버지 영윤의 무능함은 너도 이미 알고 있을 것이다. 나라에서는 그를 죽이려 하는데 그렇게 되면 너는 이대로 남아있을 수 있겠느냐?"

기질이 말하였다.

"아버지가 죽는 마당에 그 자식이 어찌 등용된 채 있을 수 있겠습니까? 그렇다고 임금의 명을 아버지에게 누설하다가는 더욱 무거운 형을 받을 죄이니 저는 그렇게 할 수도 없습니다."

강왕은 마침내 자남을 조정에서 죽이고, 관기는 거열형에 처하여 사방에 돌려 보였다.

자남의 가신이 기질에게 말하였다.

"아버지의 시신을 조정에서 옮겨올 수 있도록 청하십시오."

기질이 말하였다.

"군신 간에는 예법이 있으니 몇몇 대신들의 처리에 맡겨 둘 수밖에요."

그리고 사흘이 지난 뒤 시신을 내어주기를 청하자 강왕이 허락하였다.

이윽고 장례를 마치고 나자 기질의 아랫사람이 물었다.

"국외로 떠나시렵니까?"

기질이 말하였다.

"나는 내 아버지를 죽이는 일에 가담한 셈이다. 떠난다 해도 어디로 가겠는가?"

그가 물었다.

"그렇다면 지금의 임금 밑에서 신하 노릇을 하시렵니까?"

기질이 말하였다.

"아버지를 버리고 원수를 섬기는 것은 내 차마 할 수 없다."

그리고는 목을 매어 죽고 말았다.

강왕은 위자빙薳子馮을 영윤令尹으로, 공자 기騎를 사마司馬로, 굴건屈建을 막오莫敖로 삼았다.

이때 위자빙에게 총애를 받던 여덟 사람이 모두 녹을 받지 않는 신분인데도 많은 말을 가지고 있었다.

그 뒤 어느 날 조정에서 위자빙이 신숙예申叔豫에게 말을 걸었더니 신숙예는 응대도 하지 않고 물러나는 것이었다.

위자빙이 그를 뒤따르자 신숙예는 사람들 속으로 들어가 버렸다. 그래도 계속 따라가자 신숙예는 자기 집으로 들어가 버리는 것이었다.

위자빙은 조정에서 물러난 뒤 신숙예를 찾아가 물었다.

"그대는 조정에서 나를 세 번이나 곤혹스럽게 하셨습니다. 나는 두려워 감히 그대를 찾아오지 않을 수 없었소. 나에게 잘못이 있다면 그대는 나에게 짐짓 일러줄 일이지 어찌 나를 그렇게 미워하오?"

신숙예가 말하였다.

"나는 화를 면하지 못할까 두려워한 것이오. 내 어찌 감히 그대에게 속마음을 털어놓을 수 있겠습니까?"

위자빙이 물었다.

"무슨 뜻이오?"

신숙예가 대답하였다.

"지난날 관기가 자남으로부터 총애를 받았다가 자남은 처형당하였고 관기는 거열형을 당하였습니다. 그런데 어찌 두려워하지 않겠습니까?"

위자빙은 자신이 직접 수레를 몰고 돌아가면서 수레를 제대로 몰지도 못하였다.

집에 이르자 그는 여덟 사람에게 말하였다.

"내 신숙예를 방문하였었네. 그분이야말로 이른바 죽어가는 자를 살피고 뼈에 살을 붙여주는 분일세. 나를 알아주기를 그분처럼 해 준다면 되지만 그렇지 못하다면 이쯤에서 우리는 그만두어야겠네."

그리하여 이들 여덟 명을 사절하자 강왕은 위자빙에 대해 안심하게 되었다.


【觀起】楚나라 庶人 이름. 子南의 총애를 받았으며 그의 아들이 觀從이었음.
【子南】追舒. 楚 莊王의 아들. 당시 楚나라 令尹.

【未益祿】 아직 관직에 올라 녹을 받는 신분이 아님.《荀子》彊國篇에 "大功已立, 士大夫益爵, 官人益秩, 庶人益祿"이라 함.

【有馬數十乘】 서인의 신분으로는 이렇게 많은 말과 수레를 가질 수 없음.《尙書大傳》에 "庶人木車單馬"라 함.

【棄疾】 楚나라 슈尹 子南(追舒)의 아들. 楚 康王의 수레를 모는 일을 맡았었음. 楚 平王의 이름도 棄疾(弃疾)이었으며 왕위에 오른 다음 이름을 熊居로 바꿈. 昭公 13년을 볼 것.

【御士】 원래 왕의 수레를 모는 임무를 맡은 자. 아주 가까운 측근임을 말함.《禮記》緇衣에 祭公之顧命을 인용하여 "毋以嬖御士疾莊士大夫卿士"라 함.

【王】 楚 康王. 共王의 아들 昭. B.C.559~545년까지 15년간 재위하였으며 郟敖 (麇)가 그 뒤를 이음.

【洩命重刑】 임금의 그런 뜻을 아버지에게 누설했다가는 아버지가 반발하여 난을 일으킬 것이요 그렇게 되면 죄가 더욱 무거워질 것이라는 뜻.

【轘】 車裂刑에 처함.

【二三子】 왕의 명령을 수행하는 대부들.

【徒】 기질의 집안사람이나 가까운 사람.

【蔿子馮】 '薳子馮'으로도 표기하며 蔿艾獵의 아들. 孫叔敖의 조카. '馮'은 '皮冰反'으로 '빙'으로 읽음. '위자빙'으로 읽음.

【孔子齮】 康王에 의해 司馬에 오른 楚나라 公子.

【屈建】 屈到의 아들 子木.

【莫敖】 楚나라 관직 이름. 다른 나라의 大將軍과 같음.

【申叔豫】 楚나라 대부. 申叔時의 손자이며 덕으로 널리 알려진 인물.

【不能當道】 杜預 注에 "薳子惶懼, 意不在御"라 함.

【辭】 絶交의 완곡한 표현.


⑬

十二月, 鄭游販將歸晉, 未出竟, 遭逆妻者, 奪之, 以館于邑.

丁巳, 其夫攻子明, 殺之, 以其妻行.

子展廢良而立大叔, 曰:「國卿, 君之貳也, 民之主也, 不可以苟. 請舍子明之類.」

求亡妻者, 使復其所.
使游氏勿怨, 曰:「無昭惡也.」


　　12월, 정鄭나라 유판游販이 진晉나라에 가는 도중에 아직 국경을 넘지 않았을 때, 아내를 맞이하여 가는 자를 만났는데 유판이 그의 아내를 빼앗아 근방의 읍에서 묵게 되었다.

　　정사날, 그 여인의 남편이 자명子明을 공격하여 죽이고 아내를 데리고 달아났다.

　　자전子展은 유판의 아들 자량子良을 폐하고 태숙大叔을 후계로 세우면서 이렇게 말하였다.

　　"나라의 경卿은 임금의 다음이요 백성을 주도하는 자이다. 함부로 행동해서는 안 된다. 청컨대 자명과 같은 짓은 하는 자는 버려야 한다."

　　그리고 아내를 빼앗겼던 자를 원래 집으로 돌아가 살도록 해 주었다.

　　그리고 유씨 집안에게 원망하지 말도록 하면서 이렇게 일렀다.

　　"돌아가신 분의 악행이 세상에 드러나지 않게 하시오."


【游販】宋本〈十三經〉에는 '游販'으로도 표기되어 있음. 子明. 公孫蠆(子蟜)의 아들. 이름은 明. 諡號는 昭子.

【丁巳】12월에는 丁巳가 없으며 11월 14일이 丁巳날임. 따라서 '十二月'은 '十一月'의 오기로 보임.

【子展】公孫舍之. 鄭나라 대부. 子罕의 아들. 시호는 桓子.

【良】子良. 游販의 아들.

【大叔】太叔과 같음. 游販의 아우 游吉. '世叔'으로도 불리며 역시 公孫蠆의 아들. 子大叔으로도 불림.

【苟】苟且의 뜻. 구차한 행동. 허튼 짓. 옳지 못한 행동. 신중하지 못한 일.

【無昭惡也】游販을 죽인 자에게 다시 보복을 가함으로써 도리어 유판의 醜行이 더욱 드러날까 두려워 이렇게 당부한 것.

# 173. 襄公 23年(B.C.550) 辛亥

| 周 | 靈王(姬泄心) 22년 | 齊 | 莊公(光) 4년 | 晉 | 平公(彪) 8년 | 衛 | 獻公(衎) 27년<br>殤公(剽) 9년 |
|---|---|---|---|---|---|---|---|
| 蔡 | 景公(固) 42년 | 鄭 | 簡公(嘉) 16년 | 曹 | 武公(勝) 5년 | 陳 | 哀公(溺) 19년 |
| 杞 | 孝公(匄) 17년 | 宋 | 平公(成) 26년 | 秦 | 景公(后伯車) 27년 | 楚 | 康王(昭) 10년 |
| 吳 | 諸樊(遏) 11년 | 許 | 靈公(甯) 42년 | | | | | |

## ❀ 1272(襄23-1)

二十有三年春王二月癸酉朔, 日有食之.

23년 봄 주력 2월 계유날 초하루, 일식이 있었다.

【日食】B.C.550년 陽曆 1월 5일 金環日蝕이 있었음.
＊無傳

## ❀ 1273(襄23-2)

三月己巳, 杞伯匄卒.

3월 기사날, 기백杞伯 개匄가 죽었다.

【己巳】3월 28일.

【句】杞 孝公. 이름은 姒匄. 혹 晉 悼公 부인의 아버지, 혹 오빠라 함. 杞나라는
　　姒姓, 周 武王이 殷을 멸한 다음 禹의 후손 東樓公을 찾아 봉하였음. 지금의
　　河南 杞縣 일대.


　　㊉

　　二十三年春, 杞孝公卒, 晉悼夫人喪之.

　　平公不徹樂, 非禮也.

　　禮, 爲鄰國闕.


　　23년 봄, 기杞 효공孝公이 세상을 떠나 그의 딸 진晉 도공悼公 부인이
상중에 있었다.

　　그런데도 진 평공平公이 음악을 거두지 않았으니 이는 예에 맞지 않은
일이었다.

　　예에 이웃나라에 궂은 일이 있으면 음악을 연주하지 않는 것이다.


【悼夫人】悼公의 부인. 平公의 어머니이며 杞 孝公의 딸. 그러나 成公 18년에
　　"杞伯於是驟朝于晉而請爲婚"이라 하여 그 당시 杞桓公은 이미 늙었고 晉 悼公은
　　겨우 14살로 悼公 부인은 孝公의 어린 여동생일 것으로 보고 있음. 따라서
　　오빠의 상을 당한 것으로 보임.
【平公】晉 悼公의 아들. 이름은 彪. B.C.557~532년까지 26년간 재위하고 昭公
　　(夷)이 그 뒤를 이음.


✹ **1274(襄23-3)**

　　夏, 邾畀我來奔.

여름, 주邾나라 비아畀我가 노나라로 도망왔다.


【邾】周나라 武王이 祝融 八姓의 하나였던 邾俠(曹俠)을 封하여 부용국으로
삼았었으며 지금의 山東 鄒縣. 이 때문에 전국시대에 이름을 ‘鄒’로 바꾸었음.
曹姓이며 子爵 작위를 받았으나 魯나라에 예속되어 있었음.
【畀我】《公羊傳》에는 ‘鼻我’로 되어 있음.
  ＊無傳




※ 1275(襄23-4)
  葬杞孝公.

기杞 효공孝公의 장례를 치렀다.


【杞孝公】杞伯 姒匄.
  ＊無傳




※ 1276(襄23-5)
  陳殺其大夫慶虎及慶寅.

진陳나라에서 대부 경호慶虎와 경인慶寅을 죽였다.


【慶虎】陳나라의 卿. 본래 嬀姓이며 慶은 씨족임. 陳 桓公의 五世孫.
【慶寅】慶虎의 族人이며 역시 陳나라 卿. 襄公 7년을 볼 것.

※ 1277(襄23-6)

陳侯之弟黃自楚歸于陳.

진후陳侯의 아우 황黃이 초楚나라에서 진陳나라로 돌아갔다.

【公子黃】陳 哀公의 아우. 당시 실권을 쥐고 있던 慶氏들을 압박하여 정권을
탈취하고자 함.《公羊傳》과《穀梁傳》에는 '光'으로 되어 있음. 襄公 7년, 20년,
22년 등을 볼 것.


㊧
陳侯如楚, 公子黃愬二慶於楚.
楚人召之, 使慶樂往, 殺之.
慶氏以陳叛.
夏, 屈建從陳侯圍陳.
陳人城, 版隊而殺人.
役人相命, 各殺其長, 遂殺慶虎·慶寅.
楚人納公子黃.
君子謂慶氏,「不義, 不可肆也. 故書曰:『惟命不于常.』」


진陳 애공哀公이 초楚나라에 갔을 때 두 경씨慶氏 때문에 초나라로 달아
났던 진나라 공자 황黃이 그 경씨들을 초나라에 고소하였다.
　이에 초나라가 두 경씨를 불렀으나 이들은 직접 가지 않은 채 경악慶樂을
대신 보내자 초나라에서 경악을 죽여버렸다.
　경씨들은 진나라를 세력으로 하여 초나라에 반기를 들었다.
　여름, 초나라 굴건屈建이 진陳나라 애공을 앞세우고 따라가 진나라를
포위하였다.
　그때 진나라 사람들은 성을 쌓고 있었는데 널판이 떨어져 사람이
죽었다.

일꾼들이 서로 명하여 각기 자신들의 감독을 죽이고 드디어 경호와
경인마저 죽였다.

이에 초나라에서 공자 황을 진나라로 들여보내주었다.

이에 군자가 말하였다.

"경씨는 의롭지 못하였다. 용서할 수가 없었다. 그 때문에 《서書》에 '천명
天命은 항상 일정하지 않은 것'이라 한 것이다."


【陳侯】 당시 陳나라 군주는 哀公(溺)으로 재위 19년째였음.

【公子黃】 陳 哀公의 아우. 당시 실권을 쥐고 있던 慶氏들을 압박하여 정권을
　　탈취하고자 함. 《公羊傳》과 《穀梁傳》에는 '光'으로 되어 있음. 慶虎와 慶寅이
　　公子 黃을 참소하자 공자 황이 楚나라로 가서 자신의 억울함을 밝힌 사건은
　　襄公 20년을 볼 것.

【慶樂】 두 慶氏의 族人.

【屈建】 屈到의 아들 子木. 당시 楚나라 莫敖(大將軍)이었음.

【版隊】 '版'은 성을 쌓을 때 양쪽에 대어 흙을 다져넣는 나무판자. '隊'는 '墜'와 같음.

【肆】 '赦'로 해석함. 그러나 방종하다의 뜻으로 '그토록 방종하게 굴어서는
　　안 된다'로도 봄.

【書】 《尙書》 周書 康誥篇에 "王曰:「嗚呼! 肆, 汝小子封. 惟命不于常, 汝念哉,
　　無我殄享. 明乃服命, 高乃聽, 用康乂民.」"이라 하였으며 《大學》에서는 이 구절을
　　해석하여 "道善則得之, 不善則失之矣"라 함.


## ❋ 1278(襄23-7)

### 晉欒盈復入于晉, 入于曲沃.

진晉나라의 난영欒盈이 다시 진晉나라를 쳐 곡옥曲沃으로 나아갔다.


【欒盈】 欒懷子. 欒書(武子)의 손자이며 欒黶(桓子)의 아들. 시호는 懷子. 欒氏
　　집안의 公族大夫.

【曲沃】 晉나라의 發祥地. 晉나라 종묘가 있었음. 지금의 山西 聞喜縣 동북쪽.

㊙

晋將嫁女于吳, 齊侯使杞歸父媵之, 以藩載欒盈及其士, 納諸曲沃.
欒盈夜見胥午而告之.
對曰:「不可. 天之所廢, 誰能興之? 子必不免. 吾非愛死也, 知不集也.」
盈曰:「雖然, 因子而死, 吾無悔矣. 我實不天, 子無咎焉.」
許諾.
伏之而觴曲沃人, 樂作, 午言曰:「今也得欒孺子何如?」
對曰:「得主而爲之死, 猶不死也.」
皆歎, 有泣者.
爵行, 又言.
皆曰:「得主, 何貳之有!」
盈出, 徧拜之.
四月, 欒盈帥曲沃之甲, 因魏獻子, 以晝入絳.
初, 欒盈佐魏莊子於下軍, 獻子私焉, 故因之.
趙氏以原·屏之難怨欒氏, 韓·趙方睦.
中行氏以伐秦之役怨欒氏, 而固與范氏和親.
知悼子少, 而聽於中行氏, 程鄭嬖於公.
唯魏氏及七輿大夫與之.
樂王鮒侍坐於范宣子.
或告曰:「欒氏至矣.」
宣子懼, 桓子曰:「奉君以走固宮, 必無害也. 且欒氏多怨, 子爲政; 欒氏自外, 子在位, 其利多矣. 旣有利權, 又執民柄, 將何懼焉? 欒氏所得, 其唯魏氏乎, 而可强取也. 夫克亂在權, 子無懈矣!」
公有姻喪, 王鮒使宣子墨縗·冒·絰, 二婦人輦以如公, 奉公以如固宮.
范鞅逆魏舒, 則成列旣乘, 將逆欒氏矣.
趨進, 曰:「欒氏帥賊以入, 鞅之父與二三子在君所矣, 使鞅逆吾子.
鞅請驂乘.」
持帶, 遂超乘.
右撫劍, 左援帶, 命驅之出.

僕請, 鞅曰:「之公!」

宣子逆諸階, 執其手, 賂之以曲沃.

初, 斐豹, 隸也, 著於丹書.

欒氏之力臣曰督戎, 國人懼之.

斐豹謂宣子曰:「苟焚丹書, 我殺督戎.」

宣子喜, 曰:「而殺之, 所不請於君焚丹書者, 有如日!」

乃出豹而閉之.

督戎從之.

踰隱而待之, 督戎踰入, 豹自後擊而殺之.

范氏之徒在臺後, 欒氏乘公門.

宣子謂鞅曰:「矢及君屋, 死之!」

鞅用劍以帥卒, 欒氏退.

攝車從之, 遇欒樂, 曰:「樂免之. 死, 將訟女于天.」

樂射之, 不中; 又注, 則乘槐本而覆. 或以戟鉤之, 斷肘而死.

欒魴傷. 欒盈奔曲沃. 晉人圍之.


진晉나라가 공녀公女를 오吳나라로 시집보내고자 할 때 제齊 장공莊公이 석귀보析歸父로 하여금 그녀의 잉첩媵妾을 호송하는 일을 맡겼다. 그러면서 번거藩車에 난영欒盈과 그 무리를 태우고 곡옥曲沃으로 들여보냈다.

난영이 밤에 곡옥의 지도자 서오胥午를 찾아가 자신의 생각을 알렸었다.

그러자 서오는 이렇게 대답하였다.

"안 됩니다. 하늘이 버린 자를 누가 능히 다시 흥하게 할 수 있겠습니까? 그대는 틀림없이 죽음을 면하지 못할 것입니다. 나는 죽음을 아깝게 여기는 것이 아니라 일이 성공하지 못할 것임을 알고 있습니다."

난영이 말하였다.

"그렇기는 하나 내 그대를 의지하였다가 죽는다면 나는 후회하지 않을 것이오. 나는 실로 하늘로부터 도움을 얻지 못하는 자이니 그대에게는 아무런 허물이 없을 것이오."

서오가 허락하였다.

그리고 난영을 숨겨 두고는 곡옥 사람들을 불러 술자리를 마련하고 음악이 울려 퍼지자 서오는 이렇게 말하였다.

"우리가 지금 난유자欒孺子를 찾아 세워드리면 어떻겠소?"

사람들이 대답하였다.

"우리가 그분을 맞이하여 그를 위해 죽는다 해도 죽지 않은 것으로 여기겠소."

모두가 탄식을 하였고 우는 자도 있었다.

술잔이 돈 뒤 서오는 다시 똑같은 말을 하였다.

그러자 모두가 말하였다.

"그분을 얻는다면 우리가 어찌 배반하는 일이 있겠소!"

난영이 나타나 그들에게 두로 절을 하였다.

4월, 난영은 곡옥의 병사들을 이끌고 위헌자魏獻子를 의지하여 대낮에 강絳으로 들어갔다.

이에 앞서, 난영은 위장자魏莊子 밑에서 하군下軍의 보좌역을 하였었고 헌자와는 사사롭게 친한 사이였다. 그 때문에 그를 의지한 것이다.

그때 조씨趙氏는 원동原同과 병괄屛括의 사건 때문에 난씨를 원망하고 있었고, 한씨韓氏와 조씨는 매우 절친한 사이였다.

중항씨中行氏는 진秦나라를 쳤을 때의 일로 난씨를 미워하였고 원래 범씨范氏와 화목하고 친한 사이였다.

그런가 하면 지도자知悼子는 어려서 중항씨의 말을 그대로 따랐으며, 정정程鄭은 임금의 총애를 받고 있었다.

그리하여 오직 위씨와 칠여대부七輿大夫만이 난영의 편을 들어주었다.

악왕부樂王鮒가 범선자范宣子 옆에서 모시고 앉아 있었다.

그 때 어떤 사람이 와서 알렸다.

"난씨가 도읍 안으로 쳐들어왔습니다."

범선자가 겁을 내자 환자桓子(樂王鮒)가 말하였다.

"임금을 모시고 고궁固宮으로 달려가 피하시면 틀림없이 해를 입지 않을 것입니다. 게다가 난씨는 원한 산 일이 많고 그대는 정권을 잡고 있으며 난씨는 나라 밖에서 들어온 자입니다. 그리고 그대는 지위를 가지고 있으니 유리한 점이 많습니다. 이미 유리함과 권한을 가지고 있고 게다가 백성들의 상벌 권한도 뒤고 있는데 무슨 걱정을 하십니까? 난씨가 얻은 것은 오직 위씨뿐이며 그들도 역시 우리가 강제로 끌어올 수가 있습니다. 무릇 난을 이겨내는 것은 권력을 가진 자에게 있으니 그대는 태만히 하여서는 안 됩니다!"

당시 진晋 평공平公은 인척의 상을 당하여 상중이었다. 악왕부는 범선자에게 검은 상복과 상건喪巾, 검은 띠를 두르게 하여 두 명의 여인인 것처럼 꾸미고 수레를 타고 평공이 있는 곳으로 가서 평공을 고궁에서 모시도록 하였다.

범앙范鞅이 위서를 맞이하러 갔더니 그는 사람들의 대열을 갖추고 자신은 이미 수레에 올라 막 난씨를 맞이하러 나가려는 참이었다.

범앙이 달려가 말하였다.

"난씨가 역적 떼를 이끌고 들어왔습니다. 제 아버지는 몇 분 대부들과 임금 곁에 가 계신데 저에게 그대를 모셔오라고 하셨습니다. 수레를 함께 타고 그곳으로 가시기를 청합니다."

그리고 바로 허리띠를 잡고 수레에 뛰어 올라탔다.

오른손에는 칼을 쥐고 왼손으로는 위서의 허리띠를 잡은 채 마부에게 출발을 명하였다.

마부가 갈 곳을 묻자 범앙이 말하였다.

"임금 계신 곳으로 가라!"

범선자는 계단까지 나와 위서를 맞이하며 그의 손을 잡고 곡옥 땅을 주겠다고 제의하였다.

이에 앞서, 비표斐豹는 노예로 그 이름이 단서丹書에 올라 있었다.

난씨欒氏 가문의 역사力士로 가신인 독융督戎이라는 자가 있었는데 나라 사람들은 그를 두려워하였다.

비표가 범선자에게 말하였다.

"만일 저의 노비 문서를 태워 없애 주시면 제가 독융을 죽여 없애겠습니다."

범선자는 기꺼워하며 말하였다.

"네가 그를 죽이고 난 뒤 내가 임금께 청하여 그 문서를 불에 태우지 않는다면 저 태양이 나에게 벌을 내릴 것이다!"

그리고 곧 비표를 내보내고 대문을 닫아걸었다.

독융이 비표를 뒤쫓아 가자 비표는 담을 넘어 숨어서 기다리다가 독융도 담을 넘어 들어오자 뒤에서 그를 쳐서 죽였다.

그때 범씨의 무리들은 궁대宮臺 뒤에 있었고, 난씨 쪽은 궁전 대문을 기어오르고 있었다.

범선자가 아들 범앙에게 말하였다.

"적의 화살이 군주 계시는 궁전에 날아들고 있으니, 너는 여기에서 싸우다 죽어라!"

범앙이 칼로써 군졸을 이끌고 나서자 난씨 측은 물러났다.

범앙은 즉시 수레에 올라 그들을 쫓다가 난악欒樂을 만나자 이렇게 말하였다.

"난악, 덤비지 말라. 나는 죽어 하늘에 가서라도 너를 고발할 것이다."

난악이 범앙에게 활을 쏘았으나 맞지 않았다. 난악이 다시 활을 쏘려고 화살을 메기려는 순간 그가 탄 전차가 홰나무 뿌리에 걸려 전차가 엎어지고 말았다. 그러자 한 사람이 창으로 난악을 잡아 당겨 팔을 쳐서 끊어 그는 죽고 말았다.

그 싸움에서 난방欒魴은 부상을 입었고 난영이 곡옥으로 달아나자 진나라 사람들이 곡옥을 포위하였다.


【晉】 당시 晉나라 군주는 平公(彪)으로 재위 8년째였음.

【吳】 당시 吳나라 군주는 諸樊(遏) 11년째였음.

【齊侯】 당시 齊나라 군주는 莊公(光)으로 재위 4년째였음.

【析歸父】 齊나라 대부.

【媵】 고대 시집가는 여자를 따라 가는 여자 노비는 媵妾이라 하였음. 여기서는 析歸父로 하여금 그 잉첩을 호송하는 임무를 맡긴 것.

【藩】 藩車. 수레에 덮개를 씌워 그 안에 여인이 타고 있음을 표시한 것. 사람을 숨기기 위한 것임. 杜預 注에 "藩, 車之有障蔽者, 使若媵妾在其中"이라 함.

【欒盈】欒懷子. 欒書(武子)의 손자이며 欒黶(桓子)의 아들. 시호는 懷子. 欒氏 집안의 公族大夫. 欒氏는 靖侯의 손자인 欒賓의 후손임.

【曲沃】지금의 山西 聞喜縣 동쪽. 晉나라 발상지로 武公을 모신 종묘가 있어 신하의 采邑일 수는 없음. 그러나 곡옥의 일부를 欒氏 가문이 영유한 듯함. 이에 張琦의 《戰國策釋地》에 "桃林之塞一名曲沃"이라 하여 지금의 河南 陝縣 서남 曲沃鎭으로 이름이 같은 다른 곳일 것으로 추정하기도 함.

【胥午】曲沃을 다스리는 대부. 杜預 注에 "胥午, 守曲沃大夫"라 함.

【不集】'集'은 '成'과 같은 뜻. 거사를 한다고 해서 성공할 수 없음을 뜻함. 杜預 注에 "集, 成也"라 함.

【欒孺子】欒盈을 가리킴. 欒黶의 계승자이므로 '孺子'라 부른 것. '孺子'는 어린 아이라는 뜻보다는 후계자를 뜻하는 말로 널리 쓰임.

【徧拜】두루 하나씩 상대하여 절을 함. 杜預 注에 "謝衆之思己"라 함.

【魏獻子】晉나라 대부 魏舒. 魏絳의 아들. 시호는 獻子.

【絳】晉나라 도읍. 지금의 山西 侯馬市.

【魏莊子】魏絳. 魏犨의 아들. 《禮記》 樂記 疏에 "州生莊子絳"이라 하였으며 여기서의 '州'는 '犨', 즉 '魏犨'임. 《國語》 晉語(7)에 "知魏絳之勇而不亂也, 使爲元司馬"라 함.

【原屛之難】趙莊姬가 原同과 屛括을 晉나라 임금에게 참소하였을 때 欒氏와 郤氏가 증인으로 나서 결국 원동과 병괄은 죽음을 당하게 되었던 사건. 成公 8년을 볼 것.

【韓趙方睦】韓起가 일찍이 자신의 지위를 趙武에게 양보한 적이 있어 두 집안은 매우 가까웠음. 杜預 注에 "韓起讓趙武, 故和睦"이라 함.

【中行氏】荀氏의 한 지파로 뒤에 晉 六卿의 하나로 발전함. 知氏와 中行氏는 모두 荀氏에서 분파된 것임.

【伐秦之役】秦나라를 친 전투에서 당시 荀偃이 中軍帥였으나 欒黶이 그의 명령을 거부하여 결국 철수하게 된 사건. 襄公 14년을 볼 것.

【范氏和親】杜預 注에 "范宣子佐中行偃於中軍"이라 함.

【知悼子】荀盈. 知罃의 아들. 당시 17세였음. 知氏와 中行氏는 모두 晉나라 대부 逝遨의 후손으로 그 때문에 知罃은 中行吳의 의견을 따랐음.

【程鄭】晉나라 대부. 平公에게 총애를 입었던 인물. 원래 荀氏의 別族. 成公 18년을 볼 것.

【七輿大夫】下軍의 간부. 僖公 10년을 볼 것.

【與之】이상으로 보아 晉나라는 이 일로 韓, 趙, 荀(知. 中行)씨의 일파와 欒氏, 魏氏 및 七輿大夫 등 두 파로 나뉘게 되었음.

【樂王鮒】晉나라 대부 樂桓子.

【范宣子】士匃. 晉나라 대부. 范匃. 伯瑕. 士文伯. 范文子(士燮)의 아들. 시호는 宣子. 范宣子로도 불림. ‘匃’는 ‘丐’로도 표기하며 음은 ‘古害反’ ‘개’로 읽음.

【范宣子】下軍의 간부.

【固宮】杜預는 궁궐을 견고하게 수비하다의 뜻으로 보았으나 혹 별궁 이름으로 보기도 함.

【自外】밖으로부터 들어오는 자.

【民柄】상벌의 대권을 쥐고 있음. 지휘권을 가지고 있음. 杜預 注에 “賞罰爲民柄”이라 함.

【姻喪】당시 晉 悼公(如匃)은 부인의 아버지(혹, 오빠) 杞 孝公의 상중에 있었음. 앞 장을 볼 것.

【縗, 冒, 絰】상복의 복장. 縗(縗)는 縗服, 冒는 喪巾, 絰은 腰絰. 악왕부가 범선자로 하여금 이러한 복장을 갖추어 悼夫人의 喪을 돕는 여인으로 위장하여 위기를 모면하고자 한 것임.

【輦】사람이 끄는 수레. 주로 여인들을 태우고 다녔음.

【范鞅】士鞅. 范獻子. 范叔으로도 불림. 시호는 獻子. 士匃(宣子)의 아들이며 士燮(范文子)의 손자. 范鞅이 欒黶의 핍박을 받아 秦나라로 망명한 사건은 襄公 14년 傳을 볼 것.

【魏舒】魏獻子. 魏絳의 아들.

【驂乘】같이 탐.

【持帶】위서의 허리띠를 잡고 수레에 오름.

【超乘】펄쩍 뛰어 수레에 오름. 杜預 注에 “跳上獻子車”라 함.

【斐豹】당시 晉나라 노예 이름.

【丹書】붉은 글씨로 쓴 簡牘의 문서. 죄인이나 노예의 신상 관계를 기록한 명부. 杜預 注에 “蓋犯罪沒爲官奴, 以丹書其罪”라 함.

【督戎】欒氏 집안의 신하이며 力士.

【而】‘爾’, ‘你’와 같음. ‘너’.

【有如日】틀림없는 사실. 반드시 약속을 지킴. 혹은 하늘의 해가 대신 벌을 내림.

【臺後】固宮의 누대 뒤쪽. 杜預 注에 “公臺之後”라 함.

【乘】杜預 注에 “乘, 登也”라 함.

【攝車】‘超乘’과 같음. 급히 수레에 오름. 沈欽韓의 〈補注〉에 “范鞅旣步戰以退
  欒氏之攻, 復乘車以追欒氏也. 攝車猶超乘”이라 함. 그러나 杜預 注에는 “鞅攝
  宣子戎車”라 하여 ‘아버지(선자)의 전차를 빌려 타다’의 뜻으로 보았음.
【欒樂】欒盈의 族人.
【免之】‘덤비지 않으면 살려주겠지만 만약 나에게 덤벼 내가 죽는다면 하늘에
  서도 원망하여 소송을 제기할 것’이라는 뜻.
【注】杜預 注에 “注, 屬矢於弦也”라 함. 활을 쏘고자 화살을 시위에 메김.
【欒魴】欒盈의 族人.
【晉人圍之】이상의 사건은 《史記》 晉世家와 齊世家에는 齊 莊公이 欒盈을
  晉나라로 보낸 사건과 다음의 진나라를 친 일을 묶어 하나로 보고 처리하고
  있으며 《國語》 晉語(8)에도 이 사건이 실려 있으나 일부 내용이 다름.


※ **1279(襄23-8)**

秋, 齊侯伐衛, 遂伐晉.

가을, 제후齊侯가 위衛나라를 치고 이어서 진晉나라도 쳤다.


【齊侯】당시 齊나라 군주는 莊公(光)으로 재위 4년째였음.
【衛】당시 衛나라 군주는 殤公(剽)으로 재위 10년째였음.
【晉】당시 晉나라 군주는 平公(彪)으로 재위 8년째였음.


※ **1280(襄23-9)**

八月, 叔孫豹帥師救晉次于雍渝.

8월, 숙손표叔孫豹가 군사를 이끌고 진晉나라를 구원하고 옹유雍渝에
주둔하였다.

【叔孫豹】魯나라 대부. 叔孫僑如의 아우. 叔孫穆叔.
【次】군대가 주둔함을 뜻함. 莊公 3년 傳에 "凡師, 一宿爲舍, 再宿爲信, 過信爲次"
 라 함.
【雍楡】지금의 河南 浚縣 서남쪽과 滑縣 서북쪽.


㉗

秋, 齊侯伐衛.

先驅, 穀榮御王孫揮, 召揚爲右; 申驅, 成秩御莒恒, 申鮮虞之傅
摯爲右.

曹開御戎, 晏父戎爲右.

貳廣, 上之登御邢公, 盧蒲癸爲右; 啓, 牢成御襄罷師, 狼蘧疏爲右;
胠, 商子車御侯朝, 桓跳爲右; 大殿, 商子游御夏之御寇, 崔如爲右;
燭庸之越駟乘.

自衛將遂伐晉.

晏平仲曰:「君恃勇力, 以伐盟主. 若不濟, 國之福也. 不德而有功,
憂必及君.」

崔杼諫曰:「不可. 臣聞之:『小國閒大國之敗而毀焉, 必受其咎.』
君其圖之.」

弗聽.

陳文子見崔武子, 曰:「將如君何?」

武子曰:「吾言於君, 君弗聽也. 以爲盟主, 而利其難. 羣臣若急,
君於何有? 子姑止之.」

文子退, 告其人曰:「崔子將死乎! 謂君甚而又過之, 不得其死.
過君以義, 猶自抑也, 況以惡乎?」

齊侯遂伐晉, 取朝歌.

爲二隊, 入孟門, 登大行.

張武軍於熒庭, 戍郫邵, 封少水, 以報平陽之役, 乃還.

趙勝帥東陽之師以追之, 獲晏氂.

八月, 叔孫豹帥師救晉, 次于雍楡, 禮也.

가을, 제齊 장공莊公이 위衛나라를 쳤다.

선구先驅의 왕손휘王孫揮 수레를 곡영穀榮이 몰았고 소양召揚이 오른쪽을 맡았으며, 신구申驅의 거항莒恒 수레는 성질成秩이 몰았고 신선우申鮮虞의 아들 부지傅摯가 오른쪽을 맡았다.

장공의 수레는 조개曹開가 몰았고 안보융晏父戎이 오른쪽을 맡았다.

경공을 보호하는 전차에는 형공邢公이 맡고 상지등上之登이 조종하였으며 노포계盧蒲癸가 오른쪽을 담당하였다. 좌익左翼의 대장은 양피사襄罷師로 뇌성牢成이 그 수레를 담당하고 낭거소狼蘧疏가 오른쪽을 맡았다. 우익右翼의 대장은 후조侯朝가 맡았으며 상자거商子車가 그 전차를 조종하고 환도桓跳가 오른쪽을 맡았다. 후군後軍 대장은 하지어구夏之御寇가 담당하고 상자유商子游가 그 전차를 몰았으며 최여崔如가 오른쪽을 담당하였으며 촉용지월燭庸之越을 더하여 네 사람이 되었다.

장공은 드디어 위나라로부터 진晉나라 정벌에 나섰다.

그러자 안평중晏平仲이 말하였다.

"임금께서 우리의 용력만 믿으시고 맹주를 치시니 만약 성공하지 못한다면 그것이 나라의 복이 되겠지만 덕이 없으면서 공을 세운다면 환난은 틀림없이 임금께 미치게 될 것입니다."

최저崔杼도 이렇게 간하였다.

"안 됩니다. 제가 듣기로 '작은 나라가 큰 나라의 화를 틈타서 해를 끼치면 반드시 그 벌을 받게 된다'라 하였습니다. 군주께서는 이를 헤아려 주십시오."

그러나 장공은 이를 듣지 않았다.

진문자陳文子가 최무자崔武子(崔杼)를 만나 말하였다.

"장차 임금을 어찌해야 되겠습니까?"

최저가 말하였다.

"내가 임금에게 말을 하였으나 임금은 듣지 않더이다. 진나라를 맹주로 인정하면서도 그 나라의 환난을 이용하려는 것입니다. 신하들이 위급하다고 여긴다면 군주가 있을 이유가 무엇이겠습니까? 그대는 잠시 아무 말도 하지 말고 계십시오."

진문자는 물러나와 자신을 따르는 자에게 말하였다.

"최저는 장차 죽음을 맞게 될 것이다! 임금을 심하다고 하면서 도리어 자신은 그보다 더한 짓을 하려 하니 제대로 된 죽음을 얻지 못할 것이다. 의義가 임금보다 앞세울지라도 오히려 자신은 낮추어야 하는 것이거늘 하물며 악행으로 더하고 있음에랴?"

장공은 드디어 진나라를 쳐서 조가朝歌를 취하였다.

그리고 군사를 두 갈래로 나누어 하나는 맹문孟門으로 들어가고 다른 하나는 태항산大行山에 올랐다.

그리고 형정熒庭에 군사를 펼쳐놓고 비소邶邵를 수비하며 소수少水 근처에 큰 구덩이를 만들어 적을 한꺼번에 묻고 지난날 평음平陰 전투를 보복하고 귀환하였다.

이에 진나라 조승趙勝은 동양東陽의 군사를 이끌고 이들을 추격하여 안리晏氂를 사로잡았다.

8월, 노나라 숙손표叔孫豹가 군사를 이끌고 진나라를 구하고자 옹유雍楡에 주둔하였던 것은 예에 맞는 일이었다.


【齊侯】 齊 莊公(光). B.C. 553~548년까지 6년간 재위하였으며 이때는 재위 4년째였음.

【衛】 당시 衛나라 군주는 殤公(剽)으로 재위 9년째였음.

【先驅】 선봉군. 杜預 注에 "先驅, 前鋒軍"이라 함.

【穀榮】 齊나라 대부. 선봉대장 王孫揮의 수레를 몰았음.

【王孫揮】 齊나라 대부. 先驅(선봉대)의 대장.

【召揚】 역시 齊나라 대부. 선구의 右佐를 맡음.

【申驅】 선봉군 다음의 대열. 第二陣. 杜預 注에 "申驅, 次前軍"이라 함.

【邴恒】 邴恆으로도 표기하며 申驅 대장 成秩의 수레를 몰았음.

【成秩】 齊나라 대부. 申驅 大將.

【申鮮虞】 齊나라 대부.

【傅摯】 申鮮虞의 아들. 邴恒의 右佐가 됨. 杜預 注에 "傅摯, 申鮮虞之子"라 함.

【曹開】 齊나라 대부. 莊公의 戰車를 몰았음.

【晏父戎】 齊 莊公의 戰車 右佐.

【貳廣】임금을 호위하는 임무를 맡은 戰車. 副戰車. 군주가 탄 전차 正車는 戎이라 하였음. 杜預 注에 "貳廣, 公副車"라 함.

【上之登】齊나라 대부. 임금의 貳廣을 몰았음.

【邢公】貳廣을 책임진 장군.

【盧蒲癸】貳廣의 右佐.

【啓】左翼. 왼쪽 날개 역할을 하는 부대. 杜預 注에 "左翼曰啓"라 함. 본장에서 '啓', '胠', '殿' 등은 원래 '啓'는 '脾'(肥腸), '胠'(腋下), '殿'은 '臀'(臀部) 등으로 신체 부위로써 군사 편제 이름을 삼은 것임.

【牢成】左翼軍(啓)의 首長인 襄罷師의 수레를 몰았음.

【襄罷師】左翼軍(啓)의 수장. '罷'는 '罷音皮'라 하여 '피'로 읽음.

【胠】右翼. 오른쪽 날개 역할을 하는 부대. 杜預 注에 "右翼曰胠"라 함.

【商子車】右翼(胠)의 수장 侯朝의 수레를 몰았음.

【侯朝】齊나라 대부. 右翼軍(胠)의 수장.

【桓跳】右翼軍(胠)의 右佐.

【大殿】後軍. '殿'은 군사가 후퇴하거나 돌아갈 때 가장 뒤에 쳐져 추격해오는 적군을 막아내는 것. 《論語》 雍也篇 "子曰:「孟之反不伐, 奔而殿, 將入門, 策其馬, 曰:『非敢後也, 馬不進也.』」"의 集註에 "軍後曰殿"이라 함. 哀公 11년 傳을 볼 것.

【商子游】夏之禦寇의 수레를 몰았음.

【夏之禦寇】齊나라 대부.

【崔如】夏之禦寇의 右佐를 맡았음.

【燭庸之越】역시 齊나라 대부.

【駟乘】杜預 注에 "四人共乘殿車也"라 함.

【晏平仲】齊나라의 賢人. 이름은 嬰, 平仲은 그의 字. 그는 晏弱(桓子)의 아들로 晏子라 불림. 그의 言行錄《晏子春秋》가 전함. 본장의 이야기는 《晏子春秋》 內篇 問上에도 실려 있음.

【盟主】澶淵, 商任, 沙隨의 회맹을 통해 齊나라도 晉나라를 맹주로 인정하였음.

【崔杼】齊나라 대부. 齊 莊公(B.C.553~548)이 그의 아내와 사통하자 崔杼는 그를 弑害하고 景公을 세워 자신은 宰相이 되는 등 춘추 후기 제나라 역사를 뒤흔든 인물. 晏子(晏嬰)와 여러 차례 부딪치는 등 많은 일화를 낳았음. 뒤에 집안 내분을 견디지 못하고 목을 매어 자결하였으며 시호는 武子. 襄公 27년을 볼 것.

【大國之敗】맹주국 晉나라가 欒氏의 變亂으로 어수선함을 뜻함.

【若急】급한 상황에는 임금도 고려할 수 없음. 제거하겠다는 뜻을 말함.

【不得其死】정상적인 죽음을 맞지 못함. 善終을 맞지 못함.
【朝歌】晉나라 땅. 지금의 河南 汲縣 동북 朝歌鎭. 衛나라 땅이었다는 설도 있음.
【孟門】지금의 河南 輝縣 근방에 있던 좁은 通路.
【大行】太行山. 이름. 지금의 山西 晉城 동남.
【熒庭】陘庭. 지금의 山西 翼城 부근.《一統志》에 "在今山西翼城東南七十里"라 함.
【郫邵】晉나라 읍 이름. 지금의 河南 濟源縣 서쪽. 그 서쪽에 邵原關이 있으며
  山西 垣曲縣과 접경을 이루고 있음.
【封少水】少水는 강 이름. 지금의 沁水. 山西 沁源縣 북쪽 綿山에서 발원하여
  남쪽 安澤縣, 沁水縣, 陽城縣을 거쳐 焦作市에서 黃河로 흘러들어감. 그러나
  《彙纂》에는 "少水, 卽山西絳縣之澮水"라 함. '封'은 적군의 시체를 한 구덩이에
  함께 묻어 큰 분묘를 만들어 武功을 자랑함.
【趙勝】晉나라 대부. 邯鄲勝으로도 부르며 趙旃의 아들. 시호는 傾子. 채읍은
  邯鄲. 邯鄲午의 아버지.
【東陽】지금의 河北 邢臺縣과 邯鄲 일대의 땅.
【叔孫豹】魯나라 대부. 叔孫僑如의 아우. 叔孫穆叔.
【晏氂】齊나라 대부.《國語》魯語(下)에는 '晏萊'로 되어 있음. 晏子(晏嬰)의
  두 아들(晏氂, 晏圉) 중 하나.
【雍楡】晉나라 지명. 朝歌 부근.《一統志》에 "雍楡城在今河南省濬縣南四十八里"
  라 함.《國語》魯語(下)에 "子服惠伯見韓宣子曰:「昔欒氏之亂, 齊人間晉之禍,
  伐取朝歌. 我先君懷公不敢寧處, 使叔孫豹悉帥敝賦, 踦跂畢行, 無有處人, 以從
  軍吏, 次於雍楡. 與邯鄲勝擊齊之左, 掎止晏萊焉. 齊師退而後敢還.」"이라 함.


✹ **1281(襄23-10)**

　己卯, 仲孫速卒.


　기묘날, 중손속仲孫速이 죽었다.


【己卯】8월 10일.
【仲孫速】魯나라 대부. 仲孫氏 집안의 노나라 실권자.

冬十月乙亥, 臧孫紇出奔邾.

겨울 10월 을해날, 노나라 장손흘臧孫紇이 주邾나라로 달아났다.

【乙亥】 11월 7일.
【臧孫紇】 臧武仲. 魯나라 대부. 臧宣叔(臧孫許)의 아들. 臧文仲의 아우. 臧紇로도
부름.
【邾】 周나라 武王이 祝融 八姓의 하나였던 邾俠(曹俠)을 封하여 부용국으로
삼았었으며 지금의 山東 鄒縣. 이 때문에 전국시대에 이름을 '鄒'로 바꾸었음.
曹姓이며 子爵 작위를 받았으나 魯나라에 예속되어 있었음.

㋀

季武子無適子, 公彌長, 而愛悼子, 欲立之.
訪於申豐曰:「彌與紇, 吾皆愛之, 欲擇才焉而立之.」
申豐趨退, 歸, 盡室將行.
他日, 又訪焉.
對曰:「其然, 將具敝車而行.」
乃止.
訪於臧紇.
臧紇曰:「飲我酒, 吾爲子立之.」
季氏飲大夫酒, 臧紇爲客. 旣獻, 臧孫命北面重席, 新尊絜之.
召悼子, 降, 逆之.
大夫皆起.
及旅, 而召公鉏, 使與之齒.
季孫失色.
季氏以公鉏爲馬正, 慍而不出.
閔子馬見之, 曰:「子無然. 禍福無門, 唯人所召. 爲人子者, 患不孝,

不患無所. 敬共父命, 何常之有? 若能孝敬, 富倍季氏可也; 姦回不軌,
禍倍下民可也.」

公鉏然之, 敬共朝夕, 恪居官次.

季孫喜, 使飲己酒, 而以具往, 盡舍旃.

故公鉏氏富, 又出爲公左宰.

孟孫惡臧孫, 季孫愛之.

孟氏之御騶豐點好羯也, 曰:「從余言, 必爲孟孫.」

再三云, 羯從之.

孟莊子疾, 豐點謂公鉏,「苟立羯, 請讎臧氏.」

公鉏謂季孫曰:「孺子疾固其所也. 若羯立, 則季氏信有力於臧氏矣.」

弗應.

己卯, 孟孫卒.

公鉏奉羯立于戶側.

季孫至, 入, 哭, 而出, 曰:「秩焉在?」

公鉏曰:「羯在此矣.」

季孫曰:「孺子長.」

公鉏曰:「何長之有? 唯其才也. 且夫子之命也.」

遂立羯.

秩奔邾.

臧孫入哭, 甚哀, 多涕.

出, 其御曰:「孟孫之惡子也, 而哀如是. 季孫若死, 其若之何?」

臧孫曰:「季孫之愛我, 疾疢也; 孟孫之惡我, 藥石也. 美疢不如惡石.
夫石猶生我, 疢之美, 其毒滋多. 孟孫死, 吾亡無日矣.」

孟氏閉門, 告於季孫曰:「臧氏將爲亂, 不使我葬.」

季孫不信.

臧孫聞之, 戒.

冬十月, 孟氏將辟, 藉除於臧氏.

臧孫使正夫助之, 除於東門, 甲從己而視之.

孟氏又告季孫.

季孫怒, 命攻臧氏.

乙亥, 臧紇斬鹿門之關以出, 奔邾.

初, 臧宣叔娶于鑄, 生賈及爲而死.

繼室以其姪, 穆姜之姨子也, 生紇, 長於公宮.

姜氏愛之, 故立之.

臧賈·臧爲出在鑄.

臧武仲自邾使告臧賈, 且致大蔡焉, 曰:「紇不佞, 失守宗祧, 敢告不弔. 紇之罪不及不祀, 子以大蔡納請, 其可.」

賈曰:「是家之禍也, 非子之過也. 賈聞命矣.」

再拜受龜, 使爲以納請, 遂自爲也.

臧孫如防, 使來告曰:「紇非能害也, 知不足也. 非敢私請. 苟守先祀, 無廢二勳, 敢不辟邑!」

乃立臧爲.

臧紇致防而奔齊.

其人曰:「其盟我乎?」

臧孫曰:「無辭.」

將盟臧氏, 季孫召外史掌惡臣而問盟首焉.

對曰:「盟東門氏也, 曰『毋或如東門遂不聽公命, 殺適立庶』. 盟叔孫氏也, 曰『毋或如叔孫僑如欲廢國常, 蕩覆公室』.」

季孫曰:「臧孫之罪皆不及此.」

孟椒曰:「盍以其犯門斬關?」

季孫用之, 乃盟臧氏, 曰:「毋或如臧孫紇干國之紀, 犯門斬關!」

臧孫聞之, 曰:「國有人焉, 誰居? 其孟椒乎!」


계무자季武子에게는 적자適子가 없었으며, 서자로는 공미公彌가 가장 연장자였으나 계무자는 도자悼子를 사랑하여 그를 후계자로 세우고자 하였다.

이에 신풍申豐에게 이 일을 상의하였다.

"나는 미彌와 흘紇 둘 모두를 사랑하기는 하지만 그중에 재주 있는 자를 택하여 후계자로 세우고자 하오."

그러자 신풍은 급히 물러나 자신의 거처로 돌아와 집안을 모두 거두어 당장 떠날 준비를 하였다.

뒷날 계무자가 다시 그를 찾았다.

그러자 신풍은 이렇게 대답하였다.

"그렇게 하시겠다면 저는 이 낡은 수레에 짐을 싣고 떠나겠습니다."

그리하여 계무자는 그 일 중단하였다.

이번에는 장흘臧紇에게 이 일을 상의하였다.

그러자 장흘이 대답하였다.

"저에게 술자리를 마련해 주시오. 그러면 내가 당신을 위해 도자를 세워 주겠소."

이리하여 계무자는 대부들에게 연회를 베풀면서 장흘을 초대하였다. 이윽고 술을 권해 올리고 나서 장손臧孫은 북쪽 위치에 자리를 겹쳐 높이고 새로 술상을 깨끗이 차리도록 하였다.

이어서 도자를 불러 자신이 계단 아래까지 내려가 맞이하였다.

대부들이 모두 일어났다.

참석자들이 서로 자유롭게 술을 마시게 되자 이번에는 공서公鉏를 불러 그들 사이에 함께하도록 하였다.

이를 본 계손季孫은 실색失色하고 말았다.

그 뒤 계손숙이 공서를 마정馬正에 임명하자 공서는 불만을 품고 나가지 않았다.

민자마閔子馬가 공서를 만나 이렇게 말하였다.

"그대는 그렇게 해서는 안 되네. 화와 복은 문이 따로 있는 것이 아니라 오직 사람이 불러들이는 것일세. 사람의 아들이 되어 불효를 걱정할 것이지 지위가 없음을 걱정할 일이 아니라네. 아버지의 명령을 공경을 다한다면 어찌 항상 이런 처지에만 있겠는가? 만약 효성과 공경을 다하기만 한다면 그대는 계씨季氏보다 곱절이나 부유하게 될 것이지만 나쁜 짓을 하여 궤도에서 벗어난다면 저 아래 천한 백성들이 당하는 곱절이나 큰 화를 당할 걸세."

공서는 그렇다고 여기고 아침저녁으로 아버지에게 공경을 다하였으며 자신의 서열에 맞는 태도를 취하며 조심하여 일을 처리하였다.

계손숙은 기꺼워하며 그에게 자신을 위해 술자리를 마련하도록 하고 그 술자리에 필요한 기물을 모두 가지고 갔다. 그리고 잔치를 치른 다음 가지고 간 기물을 모두 그의 집에 두고 돌아왔다.

그 때문에 공서의 집은 부유하게 되었고 게다가 조정에 나가 임금의 좌재左宰 벼슬까지 하게 되었다.

맹손孟孫은 장손臧孫을 미워하였으나 계손季孫은 장손을 좋아하였다.

맹손씨 집안의 말과 수레를 다루는 풍점豊點은 맹손의 아들 갈羯을 좋아하여 이렇게 일러주었다.

"내 말을 들으면 그대는 틀림없이 맹손씨 집안의 후계자가 될 것이오."

그가 재삼 이렇게 말하자 갈은 그의 말을 따르기로 하였다.

맹장자孟莊子가 병이 들자 풍점이 공서에게 말하였다.

"진실로 갈을 후계자로 세울 것이니 청컨대 그대는 장씨臧氏에게 원수를 갚기를 청하오."

공서가 계손씨季孫氏에게 이렇게 말하였다.

"갈보다 어린 질秩이 진실로 계손씨의 후계자가 될 사람입니다. 그러나 만약 갈이 그 집안의 후계자가 된다면 우리 계씨 가문이 진실로 장씨보다 힘 있는 집안이 될 것입니다."

그러나 계손씨는 공서의 이 말에 응답하지 않았다.

기묘날, 맹손이 세상을 떠났다.

공서는 갈을 보호하여 맹손의 시신이 안치되어 있는 방의 문가에 서 있었다.

계손이 이르러 방 안으로 들어가 곡하고 나와 말하였다.

"질은 어디에 있는가?"

그러자 공서가 말하였다.

"갈이 여기에 있습니다."

공손이 말하였다.

"그 어린 아들 질이 연장자이다."

공서가 말하였다.

"어찌 연장자라는 것을 따지십니까? 오직 재능에 따를 뿐입니다. 게다가 돌아가신 어른이 남기신 명령입니다."

그리하여 드디어 갈을 후계자로 삼았다.

질은 주邾나라로 달아났다.

이어서 장손이 조문을 와서 방 안으로 들어가 곡을 하였는데 아주 서럽게 울고 많은 눈물을 흘리는 것이었다.

그가 나오자 그의 마부가 말하였다.

"맹손은 당신을 미워하셨는데도 이렇게 슬퍼하시니, 계손씨께서 돌아가신다면 얼마나 더 슬퍼하시겠습니까?"

그러자 장손이 말하였다.

"계손씨가 나를 사랑한 것은 질진疾疢과 같은 것이었다면 맹손씨가 나를 미워한 것은 약석藥石에 비유할 수 있다. 훌륭한 질진은 악한 약석만 못하다. 무릇 약석은 오히려 나를 살려 주지만, 질진은 훌륭할수록 그 해독이 자꾸 불어나는 것이다. 맹손씨가 죽었으니 내가 망할 날도 멀지 않았다."

맹씨 집안은 대문을 닫고 계손씨에게 이렇게 알렸다.

"장씨가 장차 난을 일으켜 우리가 장례를 치르지 못하게 하려 합니다."

그러나 계손씨는 그 말을 믿지 않았다.

장손은 이를 듣고 경계하였다.

겨울 11월, 맹씨 집안에서 장례 행차의 길을 닦으며 그 일꾼들을 장씨 집안에서 빌리게 되었다.

장손은 정부正夫들을 보내어 그들을 돕도록 하면서 동문東門 공사를 담당한 이들이 있는 곳에 직접 자신이 병사들을 대동하고 감독하였다.

그러자 맹씨 집안에서 다시 계손씨에게 알렸다.

계손씨는 노하여 장씨를 공격하도록 명을 내렸다.

을해날, 장흘臧紇은 녹문鹿門의 빗장을 잘라버리고 나가 주邾나라로 달아났다.

이에 앞서, 장선숙臧宣叔은 주鑄나라 여인을 아내로 맞았는데 그 여자는 가賈와 위爲를 낳고 죽고 말았다.

그는 계실로 그녀의 조카를 맞았는데 그는 성공成公 어머니 목강穆姜의 여동생 딸로써 흘紇(臧紇, 臧孫紇)을 낳았고 흘은 궁궐 안에서 자랐다.

목강은 그를 사랑하여 그 때문에 그를 장씨 가문의 후계자로 삼았던 것이다.

한편 장가臧賈와 장위臧爲는 어머니 나라 주나라에 가 있었다.

장무중臧武仲이 주邾나라로부터 사람을 배다른 형 장가에게 보내어 자신이 망명하게 된 일을 알리고 또한 큰 거북등을 주면서 이렇게 말을 전하게 하였다.

"흘紇 저는 똑똑하지 못하여 조상의 사당을 제대로 지켜내지 못하게 되었습니다. 감히 하늘이 불쌍히 여기지 않고 있음을 알립니다. 그러나 저의 죄는 후계자가 끊겨 조상의 제사를 지내지 못할 정도로 심한 것은 아니었습니다. 그러니 형님께서 이 거북등으로 우리 가문의 후계자를 점을 쳐 결정하시어 그를 들여보내시면 될 것입니다."

장가는 이렇게 말하였다.

"이것은 가문의 화이다. 그대의 잘못은 아니다. 내 그대의 부탁을 듣겠노라."

그는 재배하고 거북등을 받아 장위로 하여금 점을 쳐 들여보낼 자를 알아보도록 하였더니 장위 자신이 가겠다고 나서는 것이었다.

당시 장손은 자신의 채읍 방防으로 가서 조정으로 사람을 보내어 이렇게 알리도록 하였다.

"저는 능히 나라를 해치려는 것은 아니었고 지혜가 모자랐던 것입니다. 감히 사사롭게 청원을 하는 것이 아닙니다. 진실로 조상의 제사를 지켜내어 두 선대의 공훈을 없애지 않으신다면 제가 어찌 감히 채읍을 피해 사라지지 않을 수 있겠습니까!"

이에 조정은 장위를 후계자로 삼았다.

장흘은 자신의 채읍 방을 나라에 바치고 제齊나라로 달아났다.

그의 부하가 장흘에게 말하였다.

"조정이 우리와 맹약을 맺으려 할까요?"

장손이 말하였다.

"맹약 맺을 만한 말을 찾지 못할 것이다."

조정에서 장씨 측과 맹약을 맺고자 계손씨가 외사外史를 불러 악신惡臣과 맹약의 문장에 대한 일을 관장하도록 하였다.

그러자 그는 이렇게 설명하였다.

"지난날 동문씨東門氏와의 맹약 문서에는 '동문수東門遂처럼 임금의 명령을 듣지 않거나, 적자를 죽이고 서자를 세우는 일을 하지 말 것'으로 되어 있습니다. 그리고 숙손씨叔孫氏와의 맹약 문장은 '숙손교여叔孫僑如처럼 나라의 상도常道를 허물어뜨리거나 공실公室을 뒤엎으려는 일은 없도록 할 것'이었습니다."

계손은 이렇게 말하였다.

"장손의 죄는 이 두 가지 어느 죄목에는 해당하지 않는구나."

그러자 맹초孟椒가 말하였다.

"어찌 그가 성문의 빗장을 끊은 달아난 죄를 범하였다고는 하지 않으십니까?"

계손이 이 의견을 받아들여 이에 장씨와 이렇게 맹약의 문장을 썼다.

"장손흘처럼 나라의 기강을 범하여 성문의 빗장을 끊는 일을 하지 말 것!"

장손은 이를 듣고 말하였다.

"노나라에는 인재가 있다면 누구이겠는가? 바로 맹초로다!"


【季武子】季孫宿. 魯나라 대부. 季孫行父의 아들. 季孫으로도 부름. 《國語》에는 '季孫夙'으로 되어 있음.

【適子】嫡子와 같음. 嫡婦人에게서 난 아들.

【公彌】公鉏. 季武子의 서자로 뒷날 己姓이라 불림.

【悼子】季武子의 서자 중 公彌보다는 나이가 어렸음. 이름은 紇.

【申豐】季武子 집안의 家臣.

【趨退】대답을 하지 않고 급히 물러남. 신풍은 이러한 일에 관여하고 싶지 않았던 것임.

【乃止】杜預 注에 "止不立紇"이라 함.

【臧紇】臧武仲. 魯나라 대부. 臧紇, 臧孫 등으로도 불림. 臧宣叔(臧孫許)의 아들. 臧孫紇. 臧文仲의 아우. 魯나라의 季, 孟, 叔, 臧, 邱 등 다섯 大姓은 그 후계자를 모두 '孫'자를 넣어 불렀음.

【飮我酒】술자리를 베풀어 자신을 손님으로 초대해 줄 것을 청한 것.

【北面】悼子로 하여금 북쪽 높은 자리에 앉아 南面하도록 하기 위한 것. 南面은 지도자를 뜻함.

【重席】'再重'과 같음. 자리를 겹쳐 다른 사람보다 더 높이 앉도록 함. 이는 大夫의 지위로 인정하도록 함을 뜻함. 《儀禮》鄕飮酒禮에 "公三重, 大夫再重"이라 함.

【新尊絜之】새 술 단지를 마련하여 정결하게 함. '尊'은 '樽', '絜'은 '潔'과 같음.

【旅】旅酬와 같음. 술자리의 사람들이 자유로이 술을 마심. 《中庸》에 "旅醻下爲上, 所以逮賤也"라 함.

【與之齒】신분이 낮은 아랫사람들과 어울리도록 하여 공서가 후계자가 될 수 없는 신분임을 여러 사람에게 알리고자 한 것임. 沈欽韓의 〈補注〉에 "鄕飮酒禮云, 旣旅則士不入, 士入當旅酬, 節也. 旅而召己姓, 以士禮待之, 明其不得嗣爵"이라 함.

【失色】己姓이 그러한 분위기를 거부하고 난을 일으키지나 않을까하여 놀란 것. 杜預 注에 "恐己姓不從"이라 함.

【馬正】대부 가문의 司馬. 家司馬. 대부 집안의 土地와 軍賦를 담당함.

【閔子馬】閔馬父. 己姓(公鉏)의 친구.

【禍福無門, 唯人所召】당시 널리 쓰이던 격언. 《荀子》大略篇에 "禍與福隣, 莫知其門"이라 하였고, 《淮南子》人間訓에도 "夫禍之來也, 人自生之; 福之來也, 人自成之. 禍與福同門, 利與害爲隣"이라 함. 한편 《文子》微明篇에도 이 구절이 전함.

【敬共】'敬恭'과 같음.

【季氏】季孫宿의 후계자가 될 悼子, 즉 紇을 가리킴. 悼子(紇)는 庶出이지만 후계자가 되었으므로 '季氏'라 부른 것. 孔穎達 疏에 "悼子旣爲適子, 將承季氏之後, 故謂悼子爲季氏"라 함. 자신보다 어리지만 후계자가 된다 해도 자신이 더 부유해질 것이라는 뜻.

【恪】恭敬과 勤愼을 함께 이른 말.

【官次】官職, 職位의 지위에 따른 等級을 뜻함.

【旃】'之焉'의 合音字.

【左宰】魯나라의 관직 이름. 임금의 왼쪽에서 돕는 보좌.

【孟孫】孟莊子. 孟孺子. 速. 魯나라 孟獻子의 아들. 이름은 速. 諡號는 莊子. 2018을 참조할 것. 魯나라 孟孫, 叔孫, 季孫氏는 모두 桓公의 서자들로서 당시 적장자 莊公의 배다른 세 아우였음. 뒤에 慶父가 자신을 共仲이라 하였고 그 후손이 '仲'자를 따서 仲孫氏라 하여 이 네 집안이 세력을 휘두르게 됨.

【季孫】季孫宿. 己姓의 아버지. 연장자 己姓을 제치고 公孫紇(悼子)을 후계자로 삼음.

【御騶】 수레를 조종하고 말을 관리하는 자.

【豐點】 孟莊子 집안의 御騶 직책을 맡았던 자의 이름.

【羯】 孟孝伯. 孟莊子의 庶子 가운데 하나로 秩의 배다른 아우.

【讎臧氏】 己姓이 연장자였음에도 臧紇(臧孫紇)의 계략에 의해 悼子가 季孫宿의 후계자가 된 일을 두고 공서가 장흘을 원수로 여길 것이라 여겨 풍점이 이용한 것.

【秩】 孟莊子의 서출로 羯보다 나이가 앞선 자.

【唯其才】 이 말로 자신의 아버지 계손숙에게 자신을 제치고 도자를 세운 일에 보복을 가한 것임.

【夫子】 孟莊子를 가리킴. 이는 실제 그러한 명령이 있었음을 확인할 수 없어 "矯死人之命"이라 함.

【疢疾】 痰疾과 같음. 겉으로 고통을 드러내지 않은 채 감질나게 하는 병. 더욱 병을 키워 결국 죽음에 이르게 됨. 熱病. 災患의 뜻으로도 쓰임. 孟子 盡心(上)에 "人之有德慧術知者, 恒存乎疢疾"이라 함. 계손한테 사랑을 받으면 그 결과로 타인에게 미움을 받아 재환의 근원이 된다는 뜻으로 말한 것임.

【藥石】 '藥'은 藥草, '石'은 砭石. 약과 돌침. 맹손씨로부터 미움을 받음으로써 자신이 경계를 늦추지 않아 안전을 꾀하게 될 수 있음을 말함.

【辟】 闢通과 같음. 墓道를 開闢함. 장례 행렬의 길을 뚫고 묘혈을 만드는 일.

【藉除】 '藉'는 '借'와 같음. '除'는 除徒. 즉 '길을 만드는 역부'들을 뜻함. '除'는 辟(闢)과 같음. 길을 만들어 소통시키는 작업.

【正夫】 正卒, 正徒. 정식 일꾼.

【鹿門】 노나라 도읍 南城의 동문 이름. 邾나라는 노나라 동남쪽에 위치하였음.

【關】 나무로 만든 빗장(栓). 《說文》에 "關, 以木橫之門戶也"라 함.

【臧宣叔】 노나라 대부. 臧紇(臧孫紇, 臧武仲)과 臧文仲, 臧賈, 臧爲의 아버지.

【鑄】 '祝'으로도 부름. 그 위치는 여러 설이 있어 지금의 山東 泰安 지방, 혹은 肥城縣 남쪽 大汶河 北岸. 또는 寧陽縣 서북 鑄城이라고 함. 고대 黃帝의 후손. 《呂氏春秋》愼大覽에 "武王勝殷, 命封黃帝之後於鑄"라 함.

【臧賈·臧爲】 臧宣叔과 鑄나라 출신 여인에게서 난 嫡子들.

【穆姜】 魯 宣公(倭)의 부인. 成公(黑肱)의 어머니. 齊나라 출신으로 繆姜으로도 표기함. 襄公의 할머니. 成公 9년, 11년, 16년 등을 볼 것. 叔孫僑如와 사통하면서 季氏와 孟氏를 축출하고자 갖은 애를 썼다가 9년 傳에 의하면 東宮에 폐위되었던 여인임. 《列女傳》孽嬖篇에도 그의 음행이 실려 있으며 "聰慧而行亂, 故謚曰繆"이라 함.

【姨子】 자매의 아들. 조카.

【大蔡】 큰 거북. 蔡나라에서는 거북이 많이 나왔음. 그래서 거북을 蔡라고도 하였음. 여기에서는 점을 치는 데 쓴 큰 거북 등껍질.《漢書》食貨志에 “元龜 爲蔡”라 함.《論語》公冶長篇에 “子曰: 「臧文仲居蔡, 山節藻梲, 何如其知也?」”라 하였고 주에 “蔡, 大龜也”라 함. 원래 지명이었으나 그 곳에서 큰 거북이 나서 그렇게 부르게 된 것이라 함.《淮南子》說山訓에 “大蔡神龜, 出於溝壑”이라 하였고, 高誘의 注에 “大蔡, 元龜之所出地名, 因名其龜大蔡, 臧文仲所居蔡是也” 라 하였음. 그러나 이를 ‘契’자의 가차라 보기도 함. 朱駿聲의《說文通訓定聲》 에는 “或曰; 寶龜産于蔡地. 亦求其說不得而爲臆揣之辭. 疑蔡者, 契之假借”라 함.

【納請】 나라로 들어가 후계자가 될 수 있도록 해 줄 것을 조정에 청원함.

【二勳】 臧文仲과 臧宣叔을 말함. 文仲(臧孫辰)은 莊公 때 공신이었으며 臧武仲 (臧孫紇)의 형. 宣叔은 두 사람의 아버지이며 宣公 때 공신이었음.

【外史】 杜預 注에 국가의 기록을 맡은 史官의 일종이라 하였으나《周禮》의 外史는 管掌하는 職責이 이와 달라 관직 이름이 아니라는 설도 있음.

【惡臣】 악한 신하. 흔히 국내에서 악한 짓을 하고 국외로 도망한 신하를 지칭함.

【盟首】 맹약의 문장 내용을 뜻함. 王引之는 ‘盟道’라 하였음.

【盟東門氏】 東門遂(東門襄仲)가 적자 惡을 죽이고 宣公을 세운 일. 이 일을 두고 東門氏와 맹약을 맺었음. 宣公 18년 참조.

【盟叔孫氏】 成公 16년을 볼 것.

【孟椒】 孟獻子의 손자 子服惠伯. 杜預 注에 “孟椒, 孟獻子之孫子服惠伯”이라 하였고《國語》魯語(下) 韋昭 注에 “惠伯, 仲孫他之子子服椒也”라 함.


# ✹ 1283(襄23-12)

## 晉人殺欒盈.

진晉나라가 난영欒盈을 죽였다.


【欒盈】 欒懷子. 欒書(武子)의 손자이며 欒黶(桓子)의 아들. 시호는 懷子. 欒氏 집안의 公族大夫.

傳

晉人克欒盈于曲沃, 盡殺欒氏之族黨.
欒魴出奔宋.
書曰:「晉人殺欒盈」, 不言「大夫」, 言自外也.


진晉나라가 곡옥曲沃에서 난영欒盈을 이기고 난씨 일족을 모두 죽였다.
난방欒魴은 송宋나라로 달아났다.
경經에 '진나라가 난영을 죽였다'라 썼을 뿐 '대부'라고 쓰지 않은 것은
난영이 밖으로부터 국내로 쳐들어왔음을 밝히기 위한 것이다.


【欒盈】欒懷子. 欒書(武子)의 손자이며 欒黡(桓子)의 아들. 시호는 懷子. 欒氏
  집안의 公族大夫.
【自外】杜預 注에 "自外犯君而入, 非復晉大夫"라 함.




※ 1284(襄23-13)

齊侯襲莒.


제후齊侯가 거莒나라를 습격하였다.


【齊侯】齊 莊公(光).
【莒】작위는 子爵. 지금의 山東 莒縣. 己姓이었음.




傳

齊侯還自晉, 不入, 遂襲莒.
門于且于, 傷股而退.
明日, 將復戰, 期于壽舒.

杞殖·華還載甲夜入且于之隧, 宿於莒郊.

明日, 先遇莒子於蒲侯氏.

莒子重賂之, 使無死, 曰:「請有盟.」

華周對曰:「貪貨棄命, 亦君所惡也. 昏而受命, 日未中而棄之, 何以事君?」

莒子親鼓之, 從而伐之, 獲杞梁.

莒人行成.

齊侯歸, 遇杞梁之妻於郊, 使弔之.

辭曰:「殖之有罪, 何辱命焉? 若免於罪, 猶有先人之敝廬在, 下妾不得與郊弔.」

齊侯弔諸其室.


제齊 장공莊公은 진晉나라에서 귀국하면서 나라로 들어가지 않고 바로 거莒나라를 쳤다.

그리하여 저우且于를 공격하다가 그만 다리에 부상을 입고는 물러났다.

다음날 다시 싸우러 나서서 수서壽舒를 치겠노라 미리 정하였다.

이에 기식杞殖과 화환華還이 밤에 무장한 병사들을 전차에 싣고 저우의 좁은 길목으로 들어가 거나라 교외에서 숙영하였다.

이튿날, 그들은 먼저 거나라 군주를 포후씨蒲侯氏의 읍에서 마주치게 되었다.

거나라 군주는 그들에게 많은 뇌물을 주면서 그들로 하여금 전사하지 말 것을 당부하며 이렇게 말하였다.

"그대들이 나와 맹약하기를 바라네."

이에 화주華周(華還)가 말하였다.

"재화를 탐내어 임금의 명령을 저버리는 자라면 임금 역시 그러한 자는 미워하실 것입니다. 저녁에 명령을 받고 다음날 해가 중천에 떠오르기도 전에 이를 저버린다면 그러한 자가 어찌 임금을 섬길 수 있겠습니까?"

그러자 거나라 군주는 친히 북을 울려 이들을 쫓아가 쳐서 기량杞梁(杞殖)을 죽였다.

그리고 나서 거나라가 제나라와 화평을 맺게 되었다.

장공은 귀환하는 길에 기량의 아내를 교외에서 만나자 사람으로 하여금 조문을 하도록 하였다.

그러자 기량의 아내는 이를 거절하고는 말하였다.

"제 남편 기식이 죄가 있었던 것이니 어찌 임금께서 저에게 욕되게 내리시는 위로 명령을 받겠습니까? 그러나 만약 죄가 없는데도 그런 죽음을 당하였다면 그래도 저에게는 선대부터 살아온 낡은 집이 아직 있으니 이 미천한 첩은 감히 교외에서 조문을 받을 수 없습니다."

장공이 그의 집까지 찾아가서 조문을 하였다.


【且于】 莒나라 읍 이름. 지금의 山東 莒縣 경내. 杜預 注에 "且于, 莒邑"이라 함. '且'는 〈十三經本〉 杜預 注에 '于, 子餘反'이라 하였으나 이는 '且, 子餘反'의 오기로 보임.

【壽舒】 杜預 注에 "壽舒, 莒地"라 함.

【杞殖】 字는 杞梁. 齊나라 대부.《說苑》立節篇에 "齊莊公且伐莒, 爲車五乘之賓, 而杞梁華舟獨不與焉, 故歸而不食, 其母曰:「汝生而無義, 死而無名, 則雖非五乘, 孰不汝笑也? 汝生而有義, 死而有名, 則五乘之賓, 盡汝下也.」趣食乃行, 杞梁華舟同車侍於莊公而行至莒, 莒人逆之, 杞梁華舟下鬪, 獲甲首三百, 莊公止之曰:「子止, 與子同齊國.」杞梁華舟曰:「吾爲五乘之賓, 而舟梁不與焉, 是少吾勇也; 臨敵涉難, 止我以利, 是汚吾行也; 深入多殺者, 臣之事也, 齊國之利, 非吾所知也.」遂進鬪, 壞軍陷陣, 三軍弗敢當. 至莒城下, 莒人以炭置地, 二人立有間不能入, 隰侯重爲右曰:「吾聞古之士, 犯患涉難者, 其去遂於物也, 來, 吾踰子.」隰侯重仗楯伏炭, 二子乘而入, 顧而哭之, 華舟後息, 杞梁曰:「汝無勇乎? 何哭之久也?」華舟曰:「吾豈無勇哉! 是其勇與我同也, 而先吾死, 是以哀之.」莒人曰:「子毋死, 與子同莒國.」杞梁華舟曰:「去國歸敵, 非忠臣也; 去長受賜, 非正行也; 且雞鳴而期, 日中而忘之, 非信也. 深入多殺者, 臣之事也, 莒國之利, 非吾所知也.」遂進鬪, 殺二十七人而死, 其妻聞之而哭, 城爲之阤, 而隅爲之崩, 此非所以起也"라 함.

【華還】 華周. 역시 齊나라 대부.《漢書》古今人名表에는 '華州'로,《說苑》立節篇에는 '華舟'로 되어 있음.

【隘】 狹路, 狹道.

【蒲侯氏】 蒲侯氏의 채읍. 지금의 山東 莒縣 서북부 땅. 杜預 注에 "蒲侯氏, 近莒

之邑"이라 하였으며 昭公 14년에 莒대부 玆夫의 호가 蒲餘侯라 하였으며 이가 蒲侯가 아닌가 함.

【獲杞梁】《孟子》告子(下)에는 華還과 杞殖 둘 모두 戰死한 것으로 되어 잇음.

【杞梁之妻】《孟子》告子(下)에 "華周·杞梁之妻, 善哭其夫, 而變國俗, 有諸內, 必是形諸外"라 하였고 그 註에는 "……華周杞梁二人, 皆齊臣, 戰死於莒, 其妻, 哭之哀, 國俗化之皆善哭, 髡, 以此譏孟子仕齊無功, 未足爲賢也"라 함. 한편 《列女傳》(4) 齊杞梁妻에는 "齊杞梁殖之妻也, 莊公襲莒, 殖戰而死. 莊公歸, 遇其妻, 使使者弔二於路, 杞梁妻曰:「今殖有罪, 君何辱命焉, 若令殖免於罪, 則賤妾有先人之弊廬在, 下妾不得與郊弔.」於是莊公乃還車, 詣其室, 成禮然後去. 杞梁之妻無子, 內外皆無五屬之親, 旣無所歸, 乃就其夫之尸於城下而哭之, 內誠動人, 道路過者莫不爲之揮涕, 十日而城爲之崩"이라 함.

【下妾】천한 첩. 첩은 여자가 군주 앞에서 자신을 낮추어 칭하는 말.

【郊弔】《禮記》檀弓(下)에 "哀公使人弔蕢尙, 遇諸道, 辟於路, 畫宮而受弔焉. 曾子曰:「蕢尙不如杞梁之妻之知禮也.」"라 하였고 鄭玄 注에 "行弔禮於野, 非"라 하였음. 그러나 《禮記》檀弓(下)에 다시 "君遇柩於路, 必使人弔之"라 하여 임금일 경우 사람을 보내어 조문하는 것이 古禮에는 맞았음.


傳

齊侯將爲臧紀田.

臧孫聞之, 見齊侯, 與之言伐晉.

對曰:「多則多矣, 抑君似鼠. 夫鼠, 晝伏夜動, 不穴於寢廟, 畏人故也. 今君聞晉之亂而後作焉, 寧將事之, 非鼠如何?」

乃弗與田.

仲尼曰:「知之難也. 有臧武仲之知, 而不容於魯國, 抑有由也. 作不順而施不恕也. 〈夏書〉曰『念茲在茲』, 順事·恕施也.」


제齊 장공莊公이 노나라에서 도망 온 장흘臧紇에게 땅을 주고자 하였다.

장흘이 이를 듣고 장공을 만나자 장공은 그에게 진晉나라를 쳤을 때 자신의 공을 화제로 삼는 것이었다.

장흘은 이렇게 대답하였다.

"그 공이 크기는 하지만 생각건대 임금께서는 쥐와 같습니다. 무릇 쥐란 낮에는 숨어 있다가 밤이면 활동을 하되 사람의 침실이나 사당에는 구멍을 뚫지 않는 것은 사람을 두려워하기 때문입니다. 지금 임금께서는 진나라의 혼란 소식을 듣자마자 군사를 내어 싸움을 일으키셨습니다. 그리고 다시 진나라 사정이 편안해지면 그 때는 진나라를 섬기리라 하십니다. 이것이 쥐가 하는 짓이 아니고 무엇이겠습니까?"

이에 장공은 그에게 땅을 주려던 생각을 바꾸어 버렸다.

중니仲尼가 말하였다.

"지혜는 쓰기가 어려운 것이다. 장무중臧武仲의 지혜로도 노나라에서는 용납되지 못하였던 것은 그럴 만한 이유가 있었다. 순서에 맞추지 않았고, 은혜를 베푼다면서 남을 용서해 주지 않았기 때문이었다. 〈하서夏書〉에 '하려고 생각한 것은 이 마음에 있다'라 하였다. 일은 순서를 지키고 시혜를 베풀되 용서하는 마음을 가져야 함을 말한 것이다."


【臧紇】魯나라 大夫. 臧宣叔(臧孫許)의 아들. 臧孫紇. 臧文仲의 아우. 魯나라에서 季孫氏와 孟孫氏의 공격을 받자 邾나라를 거쳐 齊나라로 피해와 있었음.

【言伐晉】杜預 注에 "齊侯自道伐晉之功"이라 함.

【知之難也】《論語》憲問篇에 "子路問成人. 子曰:「若臧武仲之知, 公綽之不欲, 卞莊子之勇, 冉求之藝, 文之以禮樂, 亦可以爲成人矣.」"라 하였고, 같은 곳에 "子曰:「臧武仲以防求爲後於魯, 雖曰不要君, 吾不信也.」"라 함.

【作不順】臧紇이 季孫宿의 연장자 公鉏를 제쳐놓고 그 아래의 아들 悼子를 후계자로 삼도록 한 일을 말함.

【施不恕也】연장자로서 후계자가 되지 못한 季孫宿의 아들 公鉏에게 제대로 은덕을 베풀지 않았음을 두고 말함.

【夏書】《尙書》禹書 大禹謨에 "禹曰:「朕德罔克, 民不依, 皐陶邁種德, 德乃降, 黎民懷之, 帝念哉, 念玆在玆, 釋玆在玆, 名言玆在玆, 允出玆在玆, 惟帝念功.」"이라 함.

# 174. 襄公 24年(B.C.549) 壬子

| 周 | 靈王(姬泄心) 23년 | 齊 | 莊公(光) 5년 | 晉 | 平公(彪) 9년 | 衛 | 獻公(衍) 28년<br>殤公(剽) 10년 |
| --- | --- | --- | --- | --- | --- | --- | --- |
| 蔡 | 景公(固) 43년 | 鄭 | 簡公(嘉) 17년 | 曹 | 武公(滕) 6년 | 陳 | 哀公(溺) 20년 |
| 杞 | 文公(益姑) 원년 | 宋 | 平公(成) 27년 | 秦 | 景公(后伯車) 28년 | 楚 | 康王(昭) 11년 |
| 吳 | 諸樊(遏) 12년 | 許 | 靈公(甯) 43년 | | | | |

## ◉ 1285(襄24-1)

二十有四年春, 叔孫豹如晉.

24년 봄, 노나라의 숙손표叔孫豹가 진晉나라에 갔다.

【叔孫豹】魯나라 대부. 叔孫僑如의 아우. 叔孫穆叔.

傳

二十四年春, 穆叔如晉, 范宣子逆之, 問焉, 曰:「古人有言曰:『死而不朽』, 何謂也?」

穆叔未對, 宣子曰:「昔匄之祖, 自虞以上爲陶唐氏, 在夏爲御龍氏, 在商爲豕韋氏, 在周爲唐杜氏, 晉主夏盟爲范氏, 其是之謂乎?」

穆叔曰:「以豹所聞, 此之謂世祿, 非不朽也. 魯有先大夫曰臧文仲, 旣沒, 其言立, 其是之謂乎! 豹聞之:『大上有立德, 其次有立功, 其次

有立言』雖久不廢, 此之謂不朽. 若夫保姓受氏, 以守宗祊, 世不絶祀,
無國無之. 祿之大者, 不可謂不朽.」


24년 봄, 목숙穆叔이 진晉나라에 가자 범선자范宣子가 그를 맞이하며 물었다.
"옛사람의 말에 '죽어서도 썩지 않는다'라 하였는데 무엇을 두고 한
말입니까?"

목숙이 아직 대답을 하지 않고 있을 때 범선자가 다시 말하였다.

"옛날 나의 선조는 우순虞舜으로부터 그 이전에는 도당씨陶唐氏라고
하였고, 하夏나라 때는 어룡씨御龍氏라 하였으며, 상商나라 때는 시위씨
豕韋氏라 하였고, 주周나라에 들어서는 당두씨唐杜氏라 하였으며, 우리 진晉
나라가 맹주盟主가 되고부터는 범씨范氏가 되었습니다. 이처럼 오래 이어
지는 것을 두고 말한 것입니까?"

목숙이 답하였다.

"제가 듣기로 그러한 경우는 일러 '세록世祿'이라 하며 '불후不朽'는 아닙
니다. 우리 노魯나라 선대부 중에 장문중臧文仲이라는 분이 있어 이미
세상을 떠났지만 그가 남긴 말씀은 지금도 남아 있습니다. 이런 것을 두고
이르는 것이겠지요! 제가 듣기로 '가장 높은 것은 입덕立德이며 그 다음은
입공立功이며 그 다음은 입언立言'이라 하였습니다. 이러한 것들은 세월이
흘러도 폐기되지 않으니 이를 일러 불후라 하는 것입니다. 그저 성姓을
보존하고 씨氏를 이어받아 조상 사당을 지켜내어 대대로 제사를 끊어지지
않고 지내는 일은 그렇게 하지 않는 나라가 없습니다. 복록이 큰 것을 두고
불후라 말할 수는 없습니다."


【穆叔】叔孫豹. 魯나라 대부. 叔孫僑如의 아우. 叔孫穆叔. 叔孫. 叔孫穆子 등으
로도 불림.
【范宣子】士匃. 晉나라 대부. 范匃. 伯瑕. 士文伯. 范文子(士燮)의 아들. 시호는
宣子. '匃'는 '丐'로도 표기하며 음은 '古害反' '개'로 읽음.
【死而不朽】몸은 죽으나 그가 남긴 것은 썩지 않음.《國語》晉語(8)에 이 고사가
실려 있으며 韋昭 注에 "言身死而名不朽滅"이라 함.

【自虞以上爲陶唐氏】虞는 虞舜. 순임금을 말함. 순임금 이전의 堯는 陶唐氏라 불렀음. 따라서 범선자 자신은 요임금과 동족의 후손임을 말한 것. 昭公 29년 傳에 "及有夏孔甲, 有陶唐氏旣衰"라 하였으며 지금의 山西 淸徐縣 동남쪽에 陶唐城이 있으며 이곳이 그들이 살던 곳이라 함.

【夏】禹임금 시대. 중국 최초의 世襲 王朝가 시작됨.

【魚龍氏】昭公 29년 傳에 "及有夏孔甲, 有陶唐氏旣衰, 其後有劉累, 賜氏曰魚龍"이라 하였으며《一統志》에 지금의 河南 臨潁縣 북쪽 魚龍城이라 하나 신빙성은 없음.

【商】商湯이 夏나라 末王 桀을 없애고 세운 왕조.

【豕韋氏】역시 昭公 29년 傳에 "賜氏曰魚龍, 以更豕韋之後"라 하여 본문과 시기가 다르며 이에 대해 杜預 注에는 "以更豕韋氏之後, 更, 代也. 以劉累代彭姓之豕韋. 累尋遷魯縣, 豕韋復國, 至商而滅. 累之後世復承其國爲豕韋氏"라 하였고,《唐書》宰相世系表에는 "韋氏出自風姓. 顓頊孫大彭爲夏諸侯, 少康封其別孫元哲於豕韋, 其地滑州韋城是也. 豕韋·大彭迭爲商伯. 周王赧時始失國, 徙居彭城, 以國爲氏"라 함. 지금의 河南 滑縣 동쪽 韋鄕이 옛 豕韋國이었다 함.

【唐杜氏】杜預 注에는 "二國名"이라 하여 唐과 杜가 각기 두 나라 이름이라 하였으나 이는 오류이며 지금의 陝西 西岸 동남 杜陵이 고대 唐杜氏의 나라였다 함. 그러나《一統志》에는 "唐在今山西翼城縣西, 杜卽今陝西長安縣東南十五里之杜陵故城"이라 하여 두 개의 나라로 보았음.

【范氏】晉나라 때 이르러 士會(隨季, 隨會, 士季, 范會, 季武子 등 여러 이름으로 불림)는 士蔿의 손자이며 士穀과 형제. 隨땅을 채읍으로 하여 '隨會', 혹 '隨武子'라고도 불렀으며 다시 范땅을 채읍으로 하여 '范武子'로도 불림. 이로부터 范氏가 이어지게 된 것임.

【世祿】'官祿을 世襲하다'의 뜻. 成公 8년 傳에 韓厥이 "三代之令王皆數百年保天之祿"이라 하여 '天祿'과 같음.

【臧文仲】魯나라의 臧孫辰. 莊公 때 공신이었으며 臧武仲(臧孫紇)의 형.

【宗祊】'종팽'으로 읽으며 宗廟와 같은 뜻임.


㊀

范宣子爲政, 諸侯之幣重, 鄭人病之.
二月, 鄭伯如晉, 子産寓書於子西, 以告宣子, 曰:

「子爲晉國, 四鄰諸侯不聞令德, 而聞重幣, 僑也惑之. 僑聞:『君子長國家者, 非無賄之患, 而無令名之難.』夫諸侯之賄聚於公室, 則諸侯貳; 若吾子賴之, 則晉國貳. 諸侯貳, 則晉國壞; 晉國貳, 則子之家壞, 何沒沒也! 將焉用賄? 夫令名, 德之輿也; 德, 國家之基也. 有基無壞, 無亦是務乎! 有德則樂, 樂則能久. 《詩》云『樂只君子, 邦家之基』, 有令德也夫!『上帝臨女, 無貳爾心』, 有令名也夫! 恕思以明德, 則令名載而行之, 是以遠至邇安. 毋寧使人謂子,『子實生我』, 而謂『子浚我以生』乎? 象有齒以焚其身, 賄也.」

宣子說, 乃輕幣.

是行也, 鄭伯朝晉, 爲重幣故, 且請伐陳也.

鄭伯稽首, 宣子辭.

子西相, 曰:「以陳國之介恃大國, 而陵虐於敝邑, 寡君是以請請罪焉, 敢不稽首?」


범선자范宣子가 진晉나라의 정치를 맡고나서 제후들이 바쳐야 할 재물의 부담이 무거워지자 정鄭나라에서 이를 고통스러워하였다.

2월, 정 간공簡公이 진나라에 가게 되자 자산子産은 자서子西에게 편지를 주어 범선자에게 이렇게 전달해 주도록 하였다.

"그대가 진나라의 정권을 잡고 나서 사방의 제후들은 그대의 훌륭한 덕을 전해 듣지는 못하고 많은 재물을 거두어들인다는 평만 듣고 있기에 저는 의혹을 느끼고 있습니다. 제가 듣기로 '군자로서 국가의 장長이 된 자는 재화가 없음을 근심할 것이 아니라 훌륭한 명성이 없음을 걱정한다'라 하였습니다. 무릇 제후들의 재물이 진나라 공실公室로 모이게 되면 제후들은 진나라에 두 마음을 품게 될 것이요, 만약 그대가 재화를 이익으로 여기신다면 진나라가 그대에게 두 마음을 품게 될 것입니다. 제후들이 두 마음을 가지면 진나라가 무너질 것이요, 진나라가 그대에게 두 마음을 가지면 그대의 가문이 무너질 것입니다. 그런데 어찌 재화에 그리도 어리석게 구십니까! 장차 그 재화를 어디에 쓰시려는 것입니까? 무릇 훌륭한 명성이란 덕을 감싸 도는 수레바퀴요, 덕은 국가를 유지하는 기초가 되는 것입니다. 기초가 있으면 무너지지 않으니 바로 이를 힘쓰지 않을 수 있겠습니까? 덕이 있으면 즐겁고 즐거우면 오래가는 것입니다. 《시》에 '즐거워하는 군자여, 나라의 기틀이로다'라 하였으니 아름다운 덕을 노래한 것입니다. 그리고 '천제께서 그대에게 임하셨으니 그대는 두 마음 품지 말라'한 것은 아름다운 명성을 두고 노래한 것입니다. 남을 너그럽게 생각하여 덕을 밝히면 아름다운 명성이 거기에 실려 사방이 따라서 실천하는 것입니다. 이 까닭으로 먼 곳 사람들은 찾아오고 가까이 있는 사람은 안정됩니다. 사람들로 하여금 그대를 평하되 '당신이 우리를 살려주었다'라고 하도록 해야지 '당신이 우리에게서 착취하여 살아간다'라고 말하지는 않도록 해야 하지 않겠습니까? 코끼리는 상아를 가지고 있기에 스스로 제 몸을 죽게 하는 것이니 상아가 바로 보물이기 때문입니다."

범선자는 기꺼워하며 제후들이 바칠 재물을 경감시켜 주었다.

이번에 간공이 진나라를 찾아간 것은 바칠 재물이 많았기 때문이었고, 또한 진陳나라를 칠 것을 청하기 위해서였다.

간공이 머리를 조아리자 범선자가 이를 사양하였다.

이에 자서가 간공을 보좌하면서 이렇게 말하였다.

"진陳나라가 대국 초楚나라만 믿고 우리를 능멸하고 학대하고 있습니다. 우리 임금께서 이 까닭으로 그들의 죄를 다스려 줄 것을 청원하는 것인데 감히 머리를 조아리지 않을 수 있겠습니까?"


【范宣子】士匄. 晉나라 대부. 范匄. 伯瑕. 士文伯. 范文子(士燮)의 아들. 시호는 宣子. '匄'는 '丐'로도 표기하며 음은 '古害反' '개'로 읽음.
【幣重】晉나라는 霸者로서 盟主였으므로 그에게 정해진 供物을 바치게 되어 있었음.
【鄭伯】당시 鄭나라 군주는 簡公(嘉)으로 재위 17년째였음.
【子産】公孫僑. 子國(公孫成)의 아들. 뒤에 鄭나라의 훌륭한 宰相이 되어 孔子가 자주 칭찬한 인물.
【子西】鄭나라 공자. 公孫夏. 公子騑의 아들.
【令德】'令'은 '아름답다'의 뜻. 아름다운 덕.

【賴之】 사사로이 가짐. 사사롭게 이를 이익으로 여김. ‘賴’는 ‘利’와 같음. 雙聲互訓.

【沒沒】 명백하지 못함. 명석하지 못함. 어리석음.

【輿】 수레바퀴의 바퀴살이 모이는 축. 모든 것이 모여드는 중심이라는 뜻.

【樂只君子, 邦家之基】《詩經》小雅 南山有臺篇에 “南山有臺, 北山有萊. 樂只君子, 邦家之基. 樂只君子, 萬壽無期. 蘭山有桑, 北山有楊. 樂只君子, 邦家之光. 樂只君子, 萬壽無疆. 南山有杞, 北山有李. 樂只君子, 民之父母. 樂只君子, 德音不已. 南山有栲, 北山有杻. 樂只君子, 遐不眉壽. 樂只君子, 德音是茂. 南山有枸, 北山有楰. 樂只君子, 遐不黃耇. 樂只君子, 保艾爾後”라 함.

【上帝臨女, 無貳爾心】《詩經》大雅 大明篇에 “殷商之旅, 其會如林. 矢于牧野, 維予侯興. 上帝臨女, 無貳爾心. 牧野洋洋, 檀車煌煌, 駟騵彭彭. 維師尙父, 時維鷹揚, 涼彼武王, 肆伐大商. 會朝淸明”이라 함.

【焚其身】 ‘焚’은 ‘僨’과 같음. 코끼리는 상아 때문에 죽음을 당함.《唐才子傳》에 “象以有齒, 卒焚其身”이라 함.

【介恃】 ‘개’는 ‘因’과 같음.

【大國】 楚나라를 가리킴.

【陵虐】 능멸하고 학대함. 괴롭힘.

【請請罪焉】 원래 ‘請’자는 중첩되지 않으나 〈金澤文庫本〉에 의해 덧붙임. ‘請請罪’는 “請求請罪於陳” 즉, ‘陳나라에게 그 죄를 請하여 물어줄 것을 要請하다’의 뜻.


## ✸ 1286(襄24-2)

### 仲孫羯帥師侵齊.

노나라 중손갈仲孫羯이 군사를 이끌고 제齊나라를 쳤다.

【仲孫羯】 孟孝伯. 孟莊子(仲孫速)의 庶子 가운데 하나로 秩의 배다른 아우. 襄公 24년을 볼 것.

㉮

孟孝伯侵齊, 晉故也.

맹효백孟孝伯이 제齊나라를 친 것은 진晉나라를 위한 것이었다.


【孟孝伯】仲孫羯.



**❈ 1287(襄24-3)**

夏, 楚子伐吳.

여름, 초楚나라가 오吳나라를 쳤다.

【楚】당시 楚나라 군주는 康王(昭)으로 재위 11년째였음.
【吳】당시 吳나라 군주는 諸樊(遏)으로 재위 12년째였음.


㉮

夏, 楚子爲舟師以伐吳, 不爲軍政, 無功而還.

여름, 초楚 강왕康王이 수군水軍을 편성하여 오吳나라를 쳤으나 군정軍政을 제대로 펴지 못하여 공을 이루지 못한 채 귀환하였다.

【舟師】杜預 注에 "舟師, 水軍"이라 함.
【軍政】杜預 注에 "不設賞罰之差"라 함.

※ **1288**(襄24-4)

秋七月甲子朔, 日有食之, 旣.

가을 7월 갑자날 초하루, 개기일식이 있었다.

【旣】皆旣日蝕을 말함. 陽曆 B.C.549년 6월 19일 皆旣日蝕이 있었음.
＊無傳


傳

齊侯旣伐晉而懼, 將欲見楚子.
楚子使薳啓彊如齊聘, 且請期.
齊社, 蒐軍實, 使客觀之.
陳文子曰:「齊將有寇. 吾聞之: 兵不戢, 必取其族.」


　제齊 장공莊公은 진晉나라를 치고 나서 진나라의 보복을 두려워하여
초楚 강왕康王을 만나고자 하였다.
　그러자 초 강왕은 위계강薳啓彊로 하여금 제나라를 예방하여 장차 만날
날짜를 정하도록 하였다.
　그때 제나라에서는 사제社祭를 지내고, 열병을 하면서 기물을 늘여놓고
위계강에게 이를 관람시켰다.
　그러자 진문자陳文子가 말하였다.
　"제나라에는 장차 적군이 닥쳐오게 될 것이다. 내 듣기로 '무기는 잘
갈무리해 두지 않으면 반드시 자신의 족속을 다치게 한다'라 하였다."


【齊侯】齊 莊公(光). 재위 5년째였음.
【薳啓彊】楚나라 대부. '薳'은 '蔿'와 같음. '위'로 읽음. 원본에는 '薳啓彊'으로
　표기되어 있음.
【社】토지신에게 지내는 제사가 아닌 軍社로 여겨짐.《周禮》小宗伯에 "若大師,

則帥有司而立軍社”라 함.

【陳文子】齊나라 豪族으로 이름은 ‘須無’. 시호는 文子. 陳完(田完, 敬仲)의 曾孫이며 陳無宇(桓子)의 아버지. 田完은 원래 陳나라 출신으로 齊나라로 망명하여 성을 田氏로 바꾸었으며 뒤에 齊나라에서 세력을 키운 다음 그 후손이 春秋 말 姜姓의 齊나라 왕권을 탈취하여 전국시대 田氏齊가 되어 戰國七雄의 大國으로 발전함.

【蒐軍實】‘蒐’는 원래 천자의 봄 사냥으로 그 기회에 군사훈련을 겸하는 것. 여기 서는 군사훈련의 열병을 뜻함.《司馬法》仁本篇에 “故國雖大, 好戰必亡; 天下 雖安, 忘戰必危. 天下旣平, 天下大愷, 春蒐秋獮; 諸侯春振旅, 秋治兵, 所以不 忘戰也”라 함. ‘軍實’은 군사용 모든 장비와 병졸들을 통틀어 말함.

【兵不戢, 必取其族】杜預 注에 “戢. 藏也. 族, 類也. 取其族, 還自害也”라 하였고, 隱公 4년 傳에도 “夫兵猶火也, 弗戢, 將自焚也”라 함.


## ✸ 1289(襄24-5)

### 齊崔杼帥師伐莒.

제齊나라 최저崔杼가 군사를 이끌고 거莒나라를 쳤다.


【崔杼】齊나라 대부. 齊 莊公(B.C.553~548)이 그의 아내와 사통하자 崔杼는 그를 弑害하고 景公을 세워 자신은 宰相이 되는 등 춘추 후기 제나라 역사를 뒤흔든 인물. 晏子(晏嬰)와 여러 차례 부딪치는 등 많은 일화를 낳았음. 뒤에 집안 내분을 견디지 못하고 목을 매어 자결하였으며 시호는 武子. 襄公 27년을 볼 것.

【莒】작위는 子爵. 지금의 山東 莒縣. 己姓이었음.


## ✸ 1290(襄24-6)

### 大水.

홍수가 났다.

＊無傳


### ❋ 1291(襄24-7)

八月癸巳朔, 日有食之.

8월 계사날 초하루, 일식이 있었다.

【癸巳】 7월 초하루. 이날 개기일식이 있었다 하였으며 8월에는 과학적으로
일식이 있을 수 없음. 文公 11년 8월 癸巳의 日蝕이 잘못되어 여기에 끼어든
것으로 보고 있음.


### ❋ 1292(襄24-8)

公會晉侯·宋公·衛侯·鄭伯·曹伯·莒子·邾子·滕子·
薛伯·杞伯·小邾子于夷儀.

양공이 진후晉侯·송공宋公·위후衛侯·정백鄭伯·조백曹伯·거자莒子·주자邾子·
등자滕子·설백薛伯·기백杞伯·소주자小邾子와 이의夷儀에서 만났다.

【杞】 姒姓, 周 武王이 殷을 멸한 다음 禹의 후손 東樓公을 찾아 봉하였음. 지금의
河南 杞縣 일대.
【小邾】 諸侯의 分封이었으므로 '小邾'라 칭함.
【夷儀】 원래는 邢나라 땅. 당시는 衛나라 땅이었음. 지금의 山東 連城縣 부근.
《公羊傳》에는 '陳儀'로 되어 있음.

㉐

秋, 齊侯聞將有晉師, 使陳無宇從薳啓彊如楚, 辭, 且乞師.
崔杼帥師送之, 遂伐莒, 侵介根.

　가을, 제齊 장공莊公은 곧 진晉나라 군사가 쳐들어올 것이라는 말을 듣고,
진무우陳無宇로 하여금 위계강薳啓彊을 따라 초楚나라에 가서 사정을 말하고
군사를 요청하도록 하였다.
　최저崔杼는 군사를 이끌고 그들을 호송하고는 그길로 곧바로 거莒나라를
쳐 개근介根을 침공하였다.


【陳無宇】齊나라 대부. 陳桓子. 陳完(田完, 敬仲)의 玄孫. 陳文子(陳須無)의 아들.
【莒】작위는 子爵. 지금의 山東 莒縣. 己姓이었음.
【崔杼】齊나라 대부. 齊 莊公(B.C.553~548)이 그의 아내와 사통하자 崔杼는 그를
　　弑害하고 景公을 세워 자신은 宰相이 되는 등 춘추 후기 제나라 역사를 뒤흔든
　　인물. 晏子(晏嬰)와 여러 차례 부딪치는 등 많은 일화를 낳았음. 뒤에 집안
　　내분을 견디지 못하고 목을 매어 자결하였으며 시호는 武子. 襄公 27년을 볼 것.
【介根】지금의 山東 膠縣.《一統志》에 “介根故城在山東膠縣西南五里之介根城”
　　이라 함.


㉐

會于夷儀, 將以伐齊. 水, 不克.

　이의夷儀에서 제후들이 모인 것은 제齊나라를 치기 위해서였으나 홍수가
나서 뜻을 이루지 못하였다.


【夷儀】원래는 邢나라 땅. 당시는 衛나라 땅이었음. 지금의 山東 連城 부근.

❋ 1293(襄24-9)

冬, 楚子·蔡侯·陳侯·許男伐鄭.

겨울, 초자楚子·채후蔡侯·진후陳侯·허남許男이 정鄭나라를 쳤다.

【許】姜姓. 周 武王이 그 苗裔 文叔을 許에 봉함. 지금의 河南 許昌市 동쪽.


傳

冬, 楚子伐鄭以救齊, 門于東門, 次于棘澤.
諸侯還救鄭.
晉侯使張骼·輔躒致楚師, 求御于鄭.
鄭人卜宛射犬, 吉.
子大叔戒之曰:「大國之人不可與也.」
對曰:「無有衆寡, 其上一也.」
大叔曰:「不然, 部婁無松柏.」
二子在幄, 坐射犬於外; 旣食, 而後食之.
使御廣車而行, 己皆乘乘車.
將及楚師, 而後從之乘, 皆踞轉而鼓琴.
近, 不告而馳之.
皆取冑於槖而冑, 入壘, 皆下, 搏人以投, 收禽挾囚.
弗待而出.
皆超乘, 抽弓而射.
旣免, 復踞轉而鼓琴, 曰:「公孫! 同乘, 兄弟也, 胡再不謀?」
對曰:「曩者志入而已, 今則怵也.」
皆笑, 曰:「公孫之亟也!」


겨울, 초楚 강왕康王이 정鄭나라를 쳐 제齊나라를 구원하여 정나라 동문東門을 공격하고 극택棘澤에 주둔하였다.

그러자 제후들이 발길을 돌려 정나라를 구하고자 나섰다.

진晉 평공平公은 장격張骼과 보력輔躒을 보내어 초나라 군사에게 다가가도록 하면서 그 전차를 몰 사람을 정나라에서 찾아 쓰도록 하였다.

그래서 정나라가 완석견宛射犬이 적임자라 여겨 점을 쳤더니 길吉하였다.

공자 태숙大叔이 완석견을 이렇게 경계시켰다.

"대국 사람과는 같은 입장으로 일을 함께 할 수가 없다."

그러자 완석견이 대답하였다.

"나라의 크고 작음은 말할 것도 없이 윗사람에게 대하는 태도는 같은 것입니다."

태숙이 다시 말하였다.

"그렇지 않다. 작은 언덕에는 큰 송백松柏이 자라나지 않는 법이다."

장격과 보력 두 사람은 막사 안에 있으면서 완석견을 그 밖에 앉히고 자신들이 식사를 마치고 나서야 그에게 밥을 먹이는 것이었다.

그리고 그에게 광거廣車를 조종하도록 하고 자신들은 승거乘車를 타는 것이었다.

곧 초나라 진영에 이르러야 완석견의 전차를 뒤에서 올라타더니 수레 뒤의 횡목에 걸터앉아 거문고를 타는 것이었다.

초나라 진영에 가까이 이르자 완석견은 그들에게 아무런 상의도 없이 전차를 몰아 달려나갔다.

그러자 그들은 모두가 전대에서 투구를 꺼내어 이를 머리에 쓰고 초군의 보루 안으로 들어서자 전차에서 내려 적의 병졸을 잡아 던지고 사로잡고 하여 두 사람이 양쪽에서 붙잡았다.

완석견이 그들을 기다리지 않고 전차를 그대로 몰고 나오자 그들은 펄쩍 뛰어 전차에 올라타더니 그대로 활을 쏘아댔다.

이윽고 적의 공격 거리에서 벗어나자 그들은 다시 두 다리를 뻗고 거문고를 타면서 말하였다.

"정나라 공손公孫이여! 전차에 같이 탄 사람은 형제와도 같은데 어찌하여 두 번이나 우리와 상의하지도 않고 전차를 달린 것이오?"

완석견이 말하였.

“아까는 적진으로 들어갈 생각뿐이었고 지금은 두려워서 그랬던 것입니다.”

그들은 함께 웃으며 이렇게 말하였다.

“공손은 성질도 급하구려!”


【救齊】 杜預 注에 “以齊無宇乞師故也”라 함.

【次】 군사가 주둔함을 뜻함. 莊公 3년 傳에 “凡師, 一宿爲舍, 再宿爲信, 過信爲次”라 함.

【棘澤】 지금의 河南 新鄭縣 동남쪽. 《方輿紀要》에 “在今河南省新鄭縣東南”이라 함.

【諸侯還救鄭】 夷儀의 회맹에 의해 정나라를 구하러 되돌아 섬.

【求御于鄭】 정나라 지리를 잘 몰라 지리에 밝은 정나라 사람을 전차 마부로 구해 쓰도록 한 것.

【張骼】 晉나라 勇士. 《唐書》 宰相世系表(2)에 의하면 周 宣王의 卿士 張仲의 후손이 뒤에 晉나라의 대부가 되어 張侯(張解)가 張老를 낳고 張老가 張趯을, 張趯이 張骼을 낳았다 함.

【輔躒】 역시 晉나라 勇士.

【宛射犬】 인명. 鄭나라 대부. 杜預 注에 “射犬, 鄭公孫”이라 함. ‘射’은 ‘食亦反’으로 ‘석’으로 읽음. 식읍이 宛이었던 대부로 宛는 지금의 河南 許昌市 서북쪽.

【大叔】 鄭나라 공자. 游吉. ‘大’는 ‘太’와 같음. ‘태’로 읽음.

【不可與也】 같은 입장으로 일을 같이 할 수 없음. 杜預 注에 “言不可與等也, 欲使卑下之”라 함.

【無有衆寡】 큰 나라, 작은 나라를 말할 것이 없음. 여기에서의 衆寡는 큰 나라와 작은 나라.

【其上一也】 아랫사람이 윗사람에게 대하는 태도는 누구에게나 같음.

【部婁】 ‘小山’을 뜻함. 《說文》에 “部婁, 小土山也”라 함. 작은 언덕에는 큰 송백이 자라지 않듯이 큰 나라와 작은 나라는 그 인물도 다르다는 뜻.

【廣車】 공격용 전차. 폭이 넓은 수레.

【乘車】 평소에 타고 다니는 수레.

【踞轉】 ‘踞’는 蹲踞. 걸터앉음. ‘轉’은 ‘軫’과 같음. 수레의 뒤에 덧댄 횡목.

【超乘】 펄쩍 뛰어올라 탐.

【公孫】 宛射犬을 가리킴.

【曩者】조금 전, 방금, 아까. '不告而馳'를 말함.
【今】'不待而出'을 말함.
【亟】杜預 注에 "亟. 急也. 言其性急, 不能受屈"이라 함.


## ❀ 1294(襄24-10)

**公至自會.**

양공이 모임에서 돌아왔다.

【會】夷儀之會를 마치고 귀국함.
＊無傳


㉑

**楚子自棘澤還, 使蔿啓彊帥師送陳無宇.**

초楚 강왕康王은 극택棘澤에서 돌아가면서 위계강蔿啓彊에게 군사를 이끌고 진무우陳無宇를 보내주도록 하였다.

【楚子】楚 康王(昭).
【蔿啓彊】楚나라 대부. '蔿'는 '蒍'와 같음.
【陳無宇】齊나라 대부. 陳桓子. 陳完(田完, 敬仲)의 玄孫. 陳文子(陳須無)의 아들.


㉑

**吳人爲楚舟師之役故, 召舒鳩人.**
**舒鳩人叛楚.**

楚子師于荒浦, 使沈尹壽與師祁犁讓之.

舒鳩子敬逆二子, 而告無之, 且請受盟.

二子復命, 王欲伐之.

蒍子曰:「不可. 彼告不叛, 且請受盟, 而又伐之, 伐無罪也. 姑歸息民, 以待其卒. 卒而不貳, 吾又何求? 若猶叛我, 無辭, 有庸.」

乃還.


오吳나라는 초楚나라 수군과의 싸움을 이유로 서구舒鳩 나라를 불렀다. 그리하여 서구는 초나라를 배반하게 되었다.

그러자 초 강왕은 황포荒浦에 군사를 보내어 심윤수沈尹壽와 사기리師祁犁로 하여금 이들을 꾸짖도록 하였다.

서구의 군주는 공손히 두 사람을 맞이하여 그러한 일이 없다고 말하면서 맹약을 받아들이겠노라 청하였다.

두 사람이 돌아가 강왕에게 복명하자 왕은 이들을 정벌하고자 하였다.

이에 위자蒍子가 말하였다.

"안 됩니다. 그들이 배반하지 않았다고 말하였고 게다가 우리의 맹약을 수용하겠노라 청하였는데도 이를 친다면 죄 없는 나라를 치는 것이 됩니다. 그러니 잠시 돌아가 백성들을 쉬게 하여 뒷날 그 결과를 기다려 보십시오. 이후에도 배반하지 않는다면 우리가 다시 무엇을 바라겠습니까? 만일 그들이 우리를 배반한다면 그때는 그들이 할 말이 없을 것이며 우리는 공을 세우게 되는 것입니다."

이에 이들은 귀환하였다.


【舟師之役】襄公 24년을 볼 것.

【舒鳩】楚나라의 屬國. 지금의 安徽 舒城縣 일대에 있었던 나라.

【荒浦】舒鳩나라 지명.《方輿紀要》에 "荒浦, 卽舒城東南十五里之黃陂. 與荒浦一音之轉"이라 함.

【沈尹壽】楚나라 대부.

【師祁犁】역시 楚나라 대부.

【蔿子】蔿子馮. 당시 楚나라 令尹이었음.
【有庸】그렇게 되면 우리가 명분에 맞게 공을 세울 수 있다는 말.


※ 1295(襄24-11)

陳鍼宜咎出奔楚.

진陳나라 겸의구鍼宜咎가 초楚나라로 달아났다.

【鍼宜咎】陳나라 대부. 杜預 注에 "陳鍼子八世孫"이라 함.


傳

陳人復討慶氏之黨, 鍼宜咎出奔楚.

진陳나라가 다시 경씨慶氏 무리를 토벌하자 겸의구鍼宜咎가 초楚나라로
달아난 것이다.

【慶氏】慶虎와 慶寅. 陳나라의 卿. 본래 嬀姓이며 慶은 씨족임. 陳 桓公의 五世孫.
公子 黃(陳 哀公의 아우)이 당시 실권을 쥐고 있던 慶氏들을 압박하여 정권을
탈취하고자 하여 일어났던 내란.


※ 1296(襄24-12)

叔孫豹如京師.

숙손표叔孫豹가 경사京師에 갔다.

【叔孫豹】魯나라 대부. 叔孫僑如의 아우. 叔孫穆叔.
【京師】天子 周나라 왕이 있는 곳. 지금의 河南 洛陽.


⑰

齊人城郟.
穆叔如周聘, 且賀城.
王嘉其有禮也, 賜之大路.


제齊나라가 주周나라 겹郟에 성을 쌓았다.
목숙穆叔이 주나라를 예방하여 성을 쌓았음을 축하하였다.
영왕은 목숙에게 예의가 있음을 가상히 여겨 그에게 큰 수레를 하사
하였다.


【郟】周나라 천자의 직할 지명. 지금의 河南 洛陽 서북부 땅. 郟鄏이라고 부름.
宣公 3년을 볼 것.《國語》周語(下)에 “靈王二十二年, 穀洛鬪, 將毀王宮”이라
하여 지난해 왕궁이 훼멸되었음을 알 수 있음. 杜預 注에 “齊叛晉, 欲求媚於
天子, 故爲王城之”라 함.
【穆叔】叔孫豹. 魯나라 대부. 叔孫僑如의 아우. 叔孫穆叔. 叔孫. 叔孫穆子 등으
로도 불림.
【王】당시 周나라 천자는 靈王(姬泄心)으로 재위 23년째였음.
【大路】큰 수레. 杜預 注에 “大路, 天子所賜車之總名”이라 함.


❋ **1297(襄24-13)**

大饑.


크게 기근이 들었다.

【大饑】《公羊傳》에 "五穀皆無收成爲大饑"라 함.
 ＊無傳


㉐

晉侯嬖程鄭, 使佐下軍.
鄭行人公孫揮如晉聘, 程鄭問焉, 曰:「敢問降階何由?」
子羽不能對, 歸以語然明.
然明曰:「是將死矣. 不然, 將亡. 貴而知懼, 懼而思降, 乃得其階.
下人而已, 又何問焉? 且夫旣登而求降階者, 知人也, 不在程鄭. 其有
亡釁乎! 不然, 其有惑疾, 將死而憂也.」


　진晉 평공平公은 정정程鄭을 총애하여 그를 하군부장下軍副將으로 삼았다.
　정鄭나라 행인行人 공손휘公孫揮가 진晉나라에 예방하러 갔을 때 정정이
그에게 물었다.
　"감히 묻습니다만 계단을 내려서 남에게 자신을 낮추는 것은 어떻게
하면 됩니까?"
　자우子羽(公孫揮)가 미처 대답을 하지 못한 채 귀국하여 연명然明에게 그
일을 말해주었다.
　그러자 연명이 이렇게 말하였다.
　"그는 곧 죽을 것이오. 죽지 않는다면 달아날 것이오. 귀한 신분이 되면
두려워할 줄 알게 되고, 두려움을 알고 나면 자신을 낮출 생각을 하게 되는
것이오. 그리하여 남에게 자신을 낮출 수 있으면 그 뿐인데 다시 무엇을
묻는단 말이오? 게다가 이미 높은 지위에 올라서 자신을 낮추어 겸손
하기를 찾는 것은 지혜로운 사람인데 정정에게는 그런 지혜가 없으니
그것이 장차 망할 징조가 있는 것이오! 그렇지 않다면 그는 미혹한 질병에
걸려 곧 죽게 될 것임을 걱정하고 있는 것이오."

【晉侯】晉 平公(彪).

【程鄭】晉나라 대부. 平公에게 총애를 입었던 인물. 원래 荀氏의 別族. 成公 18년을
 볼 것.

【下軍】杜預 注에 "代欒盈也"라 함.

【行人】외교관. 통역관.

【公孫揮】鄭나라 대부이며 公子. 杜預 注에 "揮, 子羽也"라 함.

【然明】鄭나라 대부. 이름은 鬷蔑.

【亡釁】죽게 될 징조. 과연 程鄭은 이듬해(襄公 25년)에 죽음.

【惑疾】사리 판단을 하지 못하는 미혹한 질병. 다음 해 程鄭은 죽게 됨. 杜預
 注에 "爲明年程鄭卒張本"이라 함.

# 175. 襄公 25年(B.C.548) 癸丑

| 周 | 靈王(姬泄心) 24년 | 齊 | 莊公(光) 6년 | 晉 | 平公(彪) 10년 | 衛 | 獻公(衎) 29년<br>殤公(剽) 11년 |
|---|---|---|---|---|---|---|---|
| 蔡 | 景公(固) 44년 | 鄭 | 簡公(嘉) 18년 | 曹 | 武公(滕) 7년 | 陳 | 哀公(溺) 21년 |
| 杞 | 文公(益姑) 2년 | 宋 | 平公(成) 28년 | 秦 | 景公(后伯車) 29년 | 楚 | 康王(昭) 12년 |
| 吳 | 諸樊(遏) 13년 | 許 | 靈公(甯) 44년 | | | | |

## ※ 1298(襄25-1)

二十有五年春, 齊崔杼帥師伐我北鄙.

25년 봄, 제齊나라 최저崔杼가 군사를 이끌고 우리 북쪽 변방을 쳤다.

【崔杼】 齊나라 대부. 齊 莊公(B.C.553~548)이 그의 아내와 사통하자 崔杼는 그를 弑害하고 景公을 세워 자신은 宰相이 되는 등 춘추 후기 제나라 역사를 뒤흔든 인물. 晏子(晏嬰)와 여러 차례 부딪치는 등 많은 일화를 낳았음. 뒤에 집안 내분을 견디지 못하고 목을 매어 자결하였으며 시호는 武子. 襄公 27년을 볼 것.

㊀

二十五年春, 齊崔杼帥師伐我北鄙, 以報孝伯之師也.
公患之, 使告于晉.

孟公綽曰: 「崔子將有大志, 不在病我, 必速歸, 何患焉? 其來也不寇, 使民不嚴, 異於他日.」
齊師徒歸.


25년 봄, 제齊나라 최저崔杼가 군사를 이끌고 우리 북쪽 변경을 쳐 효백孝伯(孟孝伯)의 군사에게 당하였던 일을 보복하였다.

노 양공은 이 일을 근심하여 사람을 보내어 진晉나라에게 알렸다.

그러자 맹공작孟公綽이 말하였다.

"제나라 최저는 큰 뜻을 지니고 있어 그에게는 우리를 괴롭히려는 마음은 없습니다. 그는 틀림없이 곧 돌아갈 것인데 무슨 걱정을 하십니까? 그는 여기 와서 약탈하지도 않고 백성들 부리는 것도 혹독하지 않아 다른 날과는 같지 않습니다."

제나라 군사는 그냥 돌아갔다.


【孝伯】孟孝伯. 일 년 전 孟孝伯이 군사를 이끌고 齊나라를 쳤었음.
【孟公綽】魯나라 대부.《論語》憲問篇에 "子曰:「孟公綽爲趙魏老則優, 不可以爲滕薛大夫.」"라 함.
【徒歸】그저 돌아감. 아무 피해를 입히지 아니하고 돌아감. 杜預 注에 "徒, 空也"라 함.


# ❋ 1299(襄25-2)

夏五月乙亥, 齊崔杼弑其君光.


여름 5월 을해날, 제齊나라 최저崔杼가 군주 광光을 시해하였다.


【乙亥】5월 17일.
【崔杼】齊나라 대부. 齊 莊公(B.C.553~548)이 그의 아내와 사통하자 崔杼는 그를

弑害하고 景公을 세워 자신은 宰相이 되는 등 춘추 후기 제나라 역사를 뒤흔든 인물. 晏子(晏嬰)와 여러 차례 부딪치는 등 많은 일화를 낳았음. 뒤에 집안 내분을 견디지 못하고 목을 매어 자결하였으며 시호는 武子. 襄公 27년을 볼 것.
【光】齊 莊公. 靈公(環)의 太子. B.C.553~548년까지 6년간 재위하고 崔杼의 아내와 사통하다가 최저에게 시해를 당함. 景公(杵臼)이 그 뒤를 이음.


㉑

齊棠公之妻, 東郭偃之姊也.

東郭偃臣崔武子.

棠公死, 偃御武子以弔焉.

見棠姜而美之, 使偃取之.

偃曰:「男女辨姓, 今君出自丁, 臣出自桓, 不可.」

武子筮之, 遇困䷜之大過䷛.

史皆曰:「吉.」

示陳文子, 文子曰:「夫從風, 風隕妻, 不可娶也. 且其繇曰:『困于石, 據于蒺藜, 入于其宮, 不見其妻, 凶.』困于石, 往不濟也; 據于蒺藜, 所恃傷也; 入于其宮, 不見其妻, 凶, 無所歸也.」

崔子曰:「嫠也, 何害? 先夫當之矣.」

遂取之.

莊公通焉, 驟如崔氏, 以崔子之冠賜人.

侍者曰:「不可.」

公曰:「不爲崔子, 其無冠乎?」

崔子因是, 又以其間伐晉也, 曰:「晉必將報.」

欲弑公以說于晉, 而不獲間.

公鞭侍人賈擧, 而又近之, 乃爲崔子間公.

夏五月, 莒爲且于之役故, 莒子朝于齊.

甲戌, 饗諸北郭. 崔子稱疾, 不視事.

乙亥, 公問崔子, 遂從姜氏. 姜入于室, 與崔子自側戶出.

公拊楹而歌.

侍人賈舉止眾從者而入, 閉門.

甲興, 公登臺而請, 弗許; 請盟, 弗許; 請自刃於廟, 弗許.

皆曰:「君之臣杼疾病, 不能聽命. 近於公宮, 陪臣干掫有淫者, 不知二命.」

公踰牆, 又射之, 中股, 反隊, 遂弒之.

賈舉·州綽·邴師·公孫敖·封具·鐸父·襄伊·僂堙皆死.

祝佗父祭於高唐, 至, 復命, 不說弁而死於崔氏.

申蒯, 侍漁者, 退, 謂其宰曰:「爾以帑免, 我將死.」

其宰曰:「免, 是反子之義也.」

與之皆死.

崔氏殺鬷蔑于平陰.

晏子立於崔氏之門外, 其人曰:「死乎?」

曰:「獨吾君也乎哉! 吾死也?」

曰:「行乎?」

曰:「吾罪也乎哉! 吾亡也?」

曰:「歸乎?」

曰:「君死, 安歸? 君民者, 豈以陵民? 社稷是主. 臣君者, 豈爲其口實? 社稷是養. 故君爲社稷死, 則死之; 爲社稷亡, 則亡之. 若爲己死, 而爲己亡, 非其私暱, 誰敢任之? 且人有君而弒之, 吾焉得死之? 而焉得亡之? 將庸何歸?」

門啓而入, 枕尸股而哭.

興, 三踊而出.

人謂崔子,「必殺之!」

崔子曰:「民之望也, 舍之, 得民.」

盧蒲癸奔晉, 王何奔莒.

叔孫宣伯之在齊也, 叔孫還納其女於靈公, 嬖, 生景公.

丁丑, 崔杼立而相之, 慶封爲左相.

盟國人於大宮, 曰:「所不與崔·慶者……,」晏子仰天歎曰:「嬰所不唯忠於君, 利社稷者是與, 有如上帝.」

乃歠.

辛巳, 公與大夫及莒子盟.

大史書曰:「崔杼弒其君.」

崔子殺之.

其弟嗣書, 而死者二人.

其弟又書, 乃舍之.

南史氏聞大史盡死, 執簡以往.

聞旣書矣, 乃還.

閭丘嬰以帷縛其妻而載之, 與申鮮虞乘而出.

鮮虞推而下之, 曰:「君昏不能匡, 危不能救, 死不能死, 而知匿其暱, 其誰納之?」

行及弇中, 將舍.

嬰曰:「崔·慶其追我.」

鮮虞曰:「一與一, 誰能懼我?」

遂舍, 枕轡而寢, 食馬而食, 駕而行.

出弇中, 謂嬰曰:「速驅之! 崔·慶之衆, 不可當也.」

遂來奔.

崔氏側莊公于北郭.

丁亥, 葬諸士孫之里, 四翣, 不蹕, 下車七乘, 不以兵甲.


제齊나라 당공棠公의 아내는 동곽언東郭偃의 누나였다.

동곽언은 최무자崔武子의 가신이었다.

당공이 죽어 동곽언은 최무자를 수레에 태워 함께 가서 조문하였다.

최무자는 당공의 아내 강씨姜氏를 보고 아름답게 여겨 동곽언을 통해 그를 아내로 맞이하려 하였다.

그러자 동곽언이 이렇게 말하였다.

"남녀는 성을 구분해야 합니다. 그대는 정공丁公의 후손이고 저는 환공桓公의 후손으로서 동성同姓이니 안 됩니다."

최무자가 점을 쳐보도록 하였더니 곤괘困卦가 대과괘大過卦로 변하는 것이었다. 사관史官들은 모두 점괘가 길吉하다고 하였다.

이를 진문자陳文子에게 보였더니 진문자는 이렇게 말하였다.

"남편은 바람風을 따르고 바람은 처妻를 떨어뜨리는 괘입니다. 아내로 맞이할 수 없습니다. 게다가 괘의 풀이에 '돌 때문에 곤액에 처하며 질려蒺藜에 의지한다. 믿는 자가 상처를 준다. 집에 들어가도 아내를 보지 못하니 흉하다'라고 되어 있습니다. 돌로 인해 곤액을 만난다는 것은 앞으로 가도 돌에 막혀 물을 건너지 못한다는 뜻이요, 질려에 의지한다는 것은 믿는 것에 상처를 입는다는 뜻이며, 집에 들어가도 아내를 보지 못하니 흉하다는 것은 돌아갈 곳이 없다는 뜻입니다."

그러나 최무자는 이렇게 말하였다.

"그는 과부인데 무슨 해가 되겠소? 그런 액운은 전 남편이 당하였던 것이오."

그리고는 그 여자를 아내로 맞았다.

그런데 장공莊公은 최저의 아내가 된 그 여인과 사통하며 자주 최씨의 집을 드나들면서 최씨의 관을 다른 사람에게 주기까지 하였다.

그러자 시종이 말하였다.

"그래서는 안 됩니다."

장공이 말하였다.

"최저의 것이 아니라도 줄 것인데 그의 관 정도야 못 주겠느냐?"

최저는 이런 일로 노기를 품게 되었고 나아가 장공이 진晉나라의 혼란한 틈을 타서 그들을 쳤을 때 이렇게 말하였다.

"진나라는 틀림없이 장차 보복할 것이다."

그리하여 장공을 죽여 진나라에 사과를 하려 하였으나 그럴 기회를 잡지 못하고 있었다.

그런데 장공이 자신의 시종 가거賈擧를 매질하고 그 뒤에도 그를 계속 가까이 두고 있었다. 이에 가거는 최저를 위하여 장공의 틈을 엿보게 되었다.

여름 5월, 거莒나라가 저우且于에서의 싸움 때문에 거나라 임금이 제나라를 찾아갔다.

갑술날, 북곽北郭에서 그를 위해 잔치를 열었을 때 최저는 병을 핑계로 조정 일을 처리하지 않고 있었다.

을해날, 장공이 최저를 문병하고서 곧 강씨의 뒤를 따라 들어갔다. 강씨는 방안으로 들어갔다가 최저와 함께 옆문으로 빠져나왔다.

장공은 이를 모른 채 기둥을 두드리며 노래를 부르고 있었다.

시종 가거는 여러 시종들이 따라 들어오지 못하도록 저지한 채 자신만이 들어가 대문을 걸어 잠갔다.

최저의 무장한 병사들이 나타나자 장공은 누대로 올라가 살려 달라고 청하였지만 병사들은 허락하지 않았다. 맹서를 하겠노라 청하였지만 이것조차 허락하지 않았다. 나아가 장공은 사당에 가서 스스로 죽겠노라 청하였지만 이조차 허락해주지 않았다.

무장한 병사들이 모두 이렇게 말하였다.

"임금의 신하 최저는 병이 나서 임금의 명령을 들을 수 없습니다. 그리하여 이곳은 임금의 궁궐과 가까워 저희들이 범법자를 잡아들이는 임무를 맡고 있었는데 음탕한 자가 있었습니다. 저희는 두 사람의 명령을 따로 따를 수는 없습니다."

장공이 담을 넘어 달아나자 다시 그에게 활을 쏘았다. 장공이 다리에 화살을 맞고 굴러 떨어지자 그들은 군주를 시살하였다.

이때 가거賈擧·주작州綽·병사邴師·공손오公孫敖·봉구封具·탁보鐸父·양이襄伊·누인僂堙이 모두 죽음을 당하였다.

축타보祝佗父는 고당高唐에서 제사를 드리고 조정에 이르러 복명하고 모자도 벗지도 않은 채 최저의 집으로 갔다가 죽음을 당하였다.

신괴申蒯는 시어侍漁라는 관직으로 퇴청하여 자신의 가재에게 이렇게 말하였다.

"그대는 가족을 데리고 피하거라. 나는 장차 여기서 죽으리라."

그러자 가재가 말하였다.

"저만 면한다면 이는 그대의 의義에 어긋나는 것입니다."

그리고는 모두 함께 죽었다.

최저는 종멸鬷蔑을 평음平陰에서 죽였다.

안자晏子가 최저의 문 밖에 이르러 멈추어 서자 안자의 부하가 물었다.

"죽으실 것입니까?"

안자가 말하였다.

"나만의 임금인가! 내가 왜 죽겠는가?"

부하가 물었다.

"다른 나라로 망명하실 것입니까?"

안자가 대답하였다.

"내가 죄를 지었나! 내가 왜 망명을 하겠는가?"

부하가 말하였다.

"집으로 돌아가실 것입니까?"

안자가 말하였다.

"임금이 죽었는데 어찌 이대로 집으로 돌아가겠는가? 백성들의 임금이 되어 어찌 백성들을 괴롭히겠는가? 사직을 주관하는 존재일세. 임금의 신하가 된 자가 어찌 자신이 먹을 것을 위해서 일하겠는가? 사직을 살리는 존재일세. 그러므로 임금이 사직을 위해 죽으면 신하도 따라 죽어야 하고, 임금이 사직을 위해서 도망가면 신하도 따라 망명하는 것이지. 그러나 임금이 만약 자신의 일 때문에 죽고 자신만을 위해서 달아난다면 사사롭게 사랑하는 사람이 아니라면 누가 감히 그와 함께 하겠는가? 게다가 신하된 사람이 자신이 모시던 군주를 죽였는데 내 어찌 그를 죽을 수 있겠는가? 또 어찌 망명할 수 있겠는가? 그리고 어찌 집으로 돌아갈 수 있겠는가?"

그리고 문이 열리자 안으로 들어가 장공의 시신을 자신의 다리로 베개를 삼아 눕히고 곡을 하였다.

그런 다음 일어나 세 번 펄쩍펄쩍 뛰고는 나왔다.

어떤 사람이 최저에게 말하였다.

"저자는 반드시 죽여야 합니다!"

그러자 최저는 이렇게 말하였다.

"저 사람은 백성들로부터 신망을 얻고 있다. 그를 놓아주어 백성들의 지지를 얻어야 한다."

이때 노포계盧蒲癸는 진晉나라로, 왕하王何는 거莒나라로 달아났다.

노나라 숙손선백叔孫宣伯이 제나라에 가 있을 때 숙손환叔孫還이 그의 딸을 제 영공靈公에게 보냈다. 그녀는 영공에게 사랑받아 경공景公을 낳았다.

정축날, 최저는 경공을 군주로 세워 자신은 승상이 되고 경봉慶封은 좌상左相으로 삼았다.

이에 나라 안의 사람들이 태궁大宮에서 맹약을 하면서 "최씨와 경씨에 동조하지 않는 자는……"이라고 말을 시작하자 안자는 하늘을 우러러 탄식하며 말하였다.

"나, 영嬰은 오직 군주에게 충성을 다하고 사직을 이롭게 하는 자와 함께 하지 않으면 하늘의 상제께서 지켜보리라."

그리고는 삽혈의 의식을 행하였다.

신사날, 경공과 대부들이 거나라 군주와 동맹을 맺었다.

그러나 태사大史는 "최저가 그의 임금을 시해하였다'라 기록하였다.

최저가 그를 죽였다.

태사의 아우 두 명이 계속 그렇게 기록하자 이들도 모두 죽였다.

그들의 또 다른 아우가 또 그렇게 쓰자 할 수 없이 내버려두었다.

남사씨南史氏가 태사의 형제들이 모두 죽었다는 말을 듣고 죽간竹簡을 가지고 갔다.

그런데 이미 그렇게 기록되었다는 말을 듣고 그제야 돌아갔다.

여구영閭丘嬰이 아내를 휘장으로 가리고 수레에 싣고 신선우申鮮虞와 함께 달아나고 있었다.

그러자 신선우가 여구영의 아내를 수레 아래로 밀어 내려놓고는 이렇게 말하였다.

"임금이 어리석어도 바로잡아 주지 못하고, 임금이 위험에 처하여도 구제해 주지 못하며, 임금이 죽었음에도 따라 죽지 못한 주제에 사랑하는 사람을 숨길 줄은 알고 있다니 누가 그런 자를 받아주겠는가?"

그들이 엄중弇中에 이르자 신전우는 그곳에서 묵으려 하였다.

그러자 여구영이 말하였다.

"최씨와 경씨의 무리가 우리를 추격해 올 텐데."

신선우가 말하였다.

"여기는 좁아 일대일로 싸워야 하는 곳인데 누가 우리에게 겁을 줄 수 있겠는가?"

그리하여 그들은 그곳에서 묵으면서 말고삐를 베개로 삼아 잠을 자고, 말을 먹이고 나서 자신들도 먹은 다음 수레에 매어 달아났다.

좁은 골목을 벗어나자 신선우가 여구영에게 말하였다.

"빨리 달리게! 최씨와 경씨의 많은 무리들을 우리로서는 당해 낼 수가 없네."

그들은 드디어 노나라로 도망쳐 왔다.

최저는 장공의 묘지를 북곽에 마련하였다.

정해날, 사손土孫이라는 마을에서 장례를 치르면서 큰 부채는 네 개만 썼고, 경필警蹕도 없이 하였으며 부장품으로 수레는 일곱 대만 묻고 무기와 갑옷 따위는 생략하였다.


【棠公】 齊나라 棠邑의 대부. 堂은 지금의 山東 平度縣 堂邑鎭.

【東郭偃】 崔杼를 섬기고 있던 堂公의 처남.

【崔武子】 崔杼. 齊나라 대부이며 莊公을 죽이고 여러 차례 晏子와 부딪쳤던 인물.

【棠姜】 棠公의 아내이며 東郭偃의 누나. 《列女傳》 孽嬖傳에 東郭姜傳이 있음. 齊나라 姜氏의 성에 棠公의 棠을 넣어 여자의 칭호를 삼은 것.

【辨姓】 남녀간 부부가 될 때 '同姓不婚'의 원칙을 말함.

【丁】 齊 丁公. 齊나라 시조 太公(姜尙)의 아들이며 그 아들이 乙公, 癸公으로 이어지며 그 후손이 崔杼였음. 따라서 崔杼는 성이 姜氏였음.

【桓】 齊 桓公(小白). 春秋五霸의 首長. B.C.685~643년까지 43년간 재위함. 東郭偃은 桓公의 支孫으로 역시 姜氏 성이었음.

【困】 《周易》 제 47번째 괘. 澤水困(坎下兌上)으로 구성되어 있으며 "困; 亨; 貞, 大人吉, 无咎, 有言不信. 彖曰:「困」, 剛揜也. 險以說, 困而不失其所, 亨, 其唯君子乎!「貞, 大人吉」, 以剛中也;「有言不信」, 尙口乃窮也. 象曰: 澤无水, 困; 君子以致命遂志. 初六, 臀困于株木, 入于幽谷, 三歲不覿, 象曰:「入于幽谷」, 幽不明也. 九二, 困于酒食, 朱紱方來, 利用享祀; 征凶, 无咎. 象曰:「困于酒食」, 中有慶也. 六三, 困于石, 據于蒺藜; 入于其宮, 不見其妻, 凶. 象曰:「據于蒺藜」, 乘剛也;

「入于其宮, 不見其妻」, 不祥也. 九四, 來徐徐, 困于金車, 吝, 有終. 象曰:「來徐徐」, 志在下也; 雖不當位, 有與也. 九五, 劓刖, 困于赤紱; 乃徐有說, 利用祭祀. 象曰: 「劓刖」, 志未得也;「來徐有說」, 以中直也;「利用祭祀」, 受福也. 上六, 困于葛藟, 于臲卼; 曰動悔有悔, 征吉. 象曰:「困于葛藟」, 未當也;「動悔有悔」, 吉行也"라 함.

【大過】《周易》 제 28번째 괘. 澤風大過(巽下兌上)으로 구성되어 있으며 "大過: 棟橈; 利有攸往. 象曰:「大過」, 大者過也;「棟撓」, 本末弱也. 剛過而中, 巽而說, 行, 利有攸往, 乃亨.「大過」之時大矣哉! 象曰: 澤滅木, 大過; 君子以獨立不懼, 遯世无悶. 初六, 藉用白茅, 无咎. 象曰:「藉用白茅」, 茅在下也. 九二, 枯楊生稊, 老夫得其女妻; 无不利. 象曰:「老夫女妻」, 過以相與也. 九三, 棟橈, 凶. 象曰: 「棟橈之凶」, 不可以有輔也. 九四, 棟隆, 吉; 有它, 吝. 象曰:「棟隆之吉」, 不橈乎 下也. 九五, 枯楊生華, 老婦得其士夫; 无咎无譽. 象曰:「枯楊生華」, 何可久也? 「老婦士夫」, 亦可醜也. 上六, 過涉滅頂, 凶, 无咎. 象曰:「過涉之凶」, 不可咎也" 라 함.

【史】점을 풀이하는 자.

【吉】困괘만을 보고 풀이한 것. 兌는 少女이며 坎은 中男. 少女가 中男을 만나 配匹이 되므로 길하다고 여긴 것.

【陳文子】齊나라 豪族으로 이름은 '須無'. 시호는 文子. 陳完(田完, 敬仲)의 曾孫 이며 陳無宇(桓子)의 아버지. 田完은 원래 陳나라 출신으로 齊나라로 망명하여 성을 田氏로 바꾸었으며 뒤에 齊나라에서 세력을 키운 다음 그 후손이 春秋 말 姜姓의 齊나라 왕권을 탈취하여 전국시대 田氏齊가 되어 戰國七雄의 大國으로 발전함.

【夫從風】坎은 中男(夫). 이것이 변하여 巽이 되며 巽은 風을 상징함. 그 때문에 '從風'이라 한 것.

【風隕妻】兌는 少女(妻)로써 그대로 위에 있어 바람이 그를 떨어뜨린다는 뜻.

【繇】《周易》의 爻辭를 가리킴.

【蒺黎】'蒺藜'와 같음. 連綿語. 이 말이 변하여 우리의 '찔레'가 되었음.

【嫠】寡婦.

【先夫】그녀의 전남편. 즉 堂公이 이미 그러한 재앙을 입어 죽은 것이라 여긴 것.

【莊公】齊 莊公(光). B.C.553~548년까지 6년간 재위하고 이해에 최저에게 시해를 당함. 景公(杵臼)이 그 뒤를 이음.

【無冠乎】沈欽韓의 〈補注〉에 "言堂姜總不爲崔子之妻, 何患於無冠賜人? 今在 崔子之宮, 適可費崔子之冠"이라 함.

【因是】杜預 注에 “因是怒公”이라 함. 미완성의 문장임.

【其間伐晉】杜預 注에 “間晉之難而伐晉”이라 하였으며 이 일은 襄公 23년 傳을 볼 것.

【賈擧】莊公의 근신으로 두 명의 賈擧가 있음. 하나는 여기의 侍從 賈擧이며 하나는 莊公이 시해를 당할 때 함께 죽은 賈擧임.

【莒】작위는 子爵. 지금의 山東 莒縣. 己姓이었음.

【且于之役】襄公 23년 傳을 볼 것.

【甲戌】5월 16일.

【北郭】齊나라 도읍 臨淄의 북쪽 외곽.

【不視事】고의로 국정을 보지 않아 莊公이 돌아오기를 기다린 것. 杜預 注에 “欲使公來”라 함.

【拊楹而歌】莊公이 기둥을 두드리며 노래한 것에 대해《史記》齊太公世家의 같은 내용에 服虔은 “公以爲姜氏不知己在外, 故歌以命之也. 一曰, 公自知見欺, 公不得出, 故歌以自悔”라 함.

【甲興】무장한 병사들이 莊公을 공격함.《韓非子》姦劫弑臣篇에는 “崔子之徒 賈擧率崔子之徒而攻公”이라 함.

【登臺而請】《史記》齊世家에는 ‘登臺而請解’라 하여 ‘解’자가 더 있음.

【陪臣】최저의 신하들이 莊公을 모신 신하가 됨.

【干掫】‘간추’로 읽으며 야간 순찰을 돌면서 범법자를 체포함.

【二命】莊公의 명령과 崔杼의 지시.

【反隊】굴러 넘어져 담장 안으로 떨어짐. ‘隊’는 ‘墜’와 같음.

【賈擧】앞에 최저를 도왔던 賈擧와는 다른 인물로 보고 있음.

【州綽】齊나라 勇士. 襄公 18년 및 21년을 볼 것.

【賈擧~僂堙】杜預 注에 “八子皆齊勇力之臣爲公所嬖者, 與公共死於崔子之宮”이라 함.

【祝佗父】祭祀를 맡았던 齊나라 대부.

【高唐】지금의 山東 高唐縣 동쪽. 齊나라의 別廟가 있었음. 杜預 注에 “高唐有 齊別廟也”라 함.

【不說弁】‘說’은 ‘脫’과 같음. 弁은 爵弁. 제사를 올릴 때 쓰는 모자.

【申蒯】齊나라 魚鹽에 대한 관리를 맡았던 신하.

【侍漁】‘侍魚’와 같음. 梁履繩의 〈補釋〉에 “齊擅魚鹽之利, 侍魚之官, 蓋監收魚稅者.《初學記》人部上引劉向《新序》云「申蒯漁於海」是也, 今《新序》無此文”이라 함.

【帑】'孥'와 같음. 妻子眷屬을 가리킴.

【鬷蔑】齊나라 대부. 莊公의 어머니가 鬷聲姬였으며 鬷蔑은 그 어머니의 일족이 아닌가 함.

【平陰】鬷蔑이 다스리던 읍. 지금의 臨淄 밖으로 도읍 臨淄를 보위하는 역할을 하던 곳. 襄公 18년을 볼 것. 이상의 고사는 《史記》齊世家,《韓詩外傳》,《晏子春秋》,《新序》,《說苑》,《韓非子》 등에 널리 전재되어 있으며 그때 죽은 사람 수가 이보다 훨씬 많은 것으로 되어 있음.

【晏子】晏嬰. 齊나라의 賢人이며 여러 차례 재상을 지냄. 이름은 嬰, 자는 平仲. 晏弱(桓子)의 아들로 晏子라 불림. 그의 言行錄《晏子春秋》가 전함.《史記》管晏列傳 참조. 본장의 내용은《晏子春秋》內篇 雜上에도 실려 있음.

【門外】晏子가 莊公이 시해를 당했다는 소식을 듣고 직접 찾아온 것. 杜預 注에 "聞難而來"라 함.

【三踊】고대 슬픔을 표하는 예로 세 번을 펄쩍 뛰어 오름.

【盧蒲癸】莊公의 신하.

【王何】역시 莊公의 逸脫을 助長했던 인물. 杜預 注에 "二子, 莊公黨. 爲二十八年 殺慶舍張本"이라 함.

【叔孫宣伯】叔孫僑如. 魯나라 대부로 당시 齊나라에 망명해 와 있었음. 杜預 注에 "宣伯, 魯叔孫僑如, 成十六年奔齊"라 함. 成公 16년을 볼 것.

【叔孫還】인명. 杜預 注에 "還, 齊群公子"라 함. 그러나 '還'은 인명이 아니며 '숙손교여가 노나라로 돌아가다'의 뜻으로도 봄.

【納其女於靈公】叔孫僑如가 돌아와 자신의 딸을 齊 靈公(環)에게 바쳤으며 여인이 穆孟姬로 齊 景公(杵臼)을 낳음.

【景公】齊 景公. 이름은 杵臼. 靈公과 穆孟姬 사이에 난 莊公의 배다른 아우. 莊公이 시해를 당하고 崔杼에 의해 임금 자리에 올라 B.C.547∼490년까지 58년간 재위하였으며 晏子(晏嬰)를 재상으로 훌륭한 보필을 받음. 晏孺子(荼)가 그 뒤를 이었으나 1년이 되지 않아 悼公(陽生)으로 이어짐.

【慶封】齊나라 대부. 자는 子家. 慶氏 집안의 일족.

【大宮】齊나라 시조 太公望(呂尙, 姜子牙)을 모신 사당.

【所不與崔·慶者……】이는 盟約文의 시작으로 더 이상 읽어나가기 전에 晏子가 나서자 事端이 일어난 것임. '與'는 '동조하다, 함께하다, 인정하다'의 뜻.

【歃】歃血. 맹약을 맺을 때 입에 희생의 피를 바름. 그러나 《淮南子》精神訓에 "晏子與崔杼盟, 臨死地而不易其義. ……故晏子可迫以仁, 而不可劫以兵"이라

하였고 高誘 注에 “晏子不從崔杼之盟, 將見殺. 晏子曰: 「句戟何不句? 直矛何
不摧?」”라 함. 《晏子春秋》에 실린 내용도 이와 비슷함. 따라서 여기서의 歃血은
자신 스스로의 맹세를 두고 한 것으로 봄.

【莒子盟】 杜預 注에 “莒子朝齊, 遇崔杼作亂未去, 故復與景公盟”이라 함.

【大史】 太史. 역사를 정확하게 기록하는 임무를 맡은 史官.

【南史氏】 도읍 남쪽에 사는 또 다른 史官. 뒤에 姓氏가 됨. 태사 가족이 죽어
더 이상 바르게 기록할 수 없으면 자신이 나서서 죽음을 무릅쓰고 기록하겠
다고 나선 것.

【閭丘嬰】 閭丘는 복성. 지명이 성씨가 된 것. 嬰은 이름. 齊 莊公의 신하.

【申鮮虞】 역시 齊 莊公의 신하이며 둘 모두 崔杼와 慶封을 반대하던 사람.

【弇中】 지명이며 협곡. 《方輿紀要》에 臨淄 서남쪽에 弇中峪이 있으며 萊蕪縣
으로 통하는 좁은 통로라 하였음.

【推而下之】 杜預 注에 “下嬰妻也”라 함.

【匿其暱】 ‘匿’은 ‘숨기다’. ‘暱’은 ‘사랑하다’의 뜻. 杜預 注에 “匿, 藏也. 暱, 親也”
라 함.

【一與一】 一對一과 같음. 통로가 좁음을 뜻함.

【枕轡而寢】 杜預 注에 “恐失馬也”라 함.

【不可當】 杜預 注에 “道廣, 衆得用, 故不可當”이라 함.

【側】 ‘塱’과 같음. 벽돌을 구워 묘지를 조성함. 《禮記》 檀弓(上)에 “夏后氏塱周”라 함.

【丁亥葬】 정해날은 장공이 죽은 지 13일 만이었음. 諸侯가 죽으면 5월장을 치러야
함에도 그 예법을 무시한 것임. 杜預 注에 “死十三日便葬, 不待五月”이라 함.

【士孫】 마을 이름. 원래 사람 이름이었으나 지명이 되었다 함.

【四翣】 삽(翣)은 깃으로 만든 큰 부채. 諸侯의 영구차에는 깃으로 장식한 자루가
긴 삽을 여섯 개 달아야 함에도 넷 만 사용하여 대부의 직급으로 낮춘 것.
《禮記》 禮器에 天子는 八翣. 諸侯는 六翣. 大夫는 四翣이라 하였음.

【躍】 警躍. 귀한 사람이 출입할 때, 또는 귀인의 영구차가 나갈 때, 길가 사람들
에게 통행을 금하고 물러서도록 경계하여 소리침을 말함. 《周禮》 大司寇 및
士師篇을 참조할 것.

【下車七乘】 두 가지 해석이 있음. 遣車, 즉 장례 奠祭의 물건을 나르는 수레라는
풀이와 부장품으로 묻는 나무로 만들어 장식한 수레라는 풀이도 있음. 한편
그 당시 제후의 장례식에는 아홉 대의 수레를 함께 묻는 것이 예였으나 장공의
무덤에는 일곱 대만 묻었다는 설이 훨씬 타당성이 있음.

※ 1300(襄25-3)

公會晉侯·宋公·鄭伯·曹伯·莒子·邾子·滕子·薛伯·
杞伯·小邾子于夷儀.

양공이 진후晉侯·송공宋公·위후衛侯·정백鄭伯·조백曹伯·거자莒子·주자邾子·
등자滕子·설백薛伯·기백杞伯·소주자小邾子와 이의夷儀에서 만났다.

【滕】周 文王의 아들 叔繡가 받았던 封國. 侯爵이었으며 지금의 山東 滕縣 일대.
　戰國시대 齊나라에게 망함.
【杞】姒姓, 周 武王이 殷을 멸한 다음 禹의 후손 東樓公을 찾아 봉하였음. 지금의
　河南 杞縣 일대.
【小邾】諸侯의 分封이었으므로 '小邾'라 칭함.
【夷儀】원래는 邢나라 땅. 당시는 衛나라 땅이었음. 지금의 山東 連城 부근.
　《公羊傳》에는 '陳儀로 되어 있음. 前年의 전을 볼 것.

㉕

晉侯濟自泮, 會于夷儀, 伐齊, 以報朝歌之役.
齊人以莊公說, 使隰鉏請成, 慶封如師.
男女以班, 賂晉侯以宗器·樂器.
自六正·五吏·三十帥·三軍之大夫·百官之正長·師旅及處守者皆有賂.
晉侯許之, 使叔向告於諸侯.
公使子服惠伯對曰:「君舍有罪, 以靖小國, 君之惠也. 寡君聞命矣.」

진晉 평공平公이 반수泮水를 건너 이의夷儀에서 제후들과 만나 제齊나라를
쳐서 조가朝歌 싸움을 보복하였다.

　그러자 제나라는 장공莊公의 사건을 들어 설득하면서 습서隰鉏를 보내어
화평 맺기를 요청하고 경봉慶封을 진나라 군진으로 보냈다.

　그리하여 남녀가 따로 줄을 지어 항복을 표시하고 평공에게 자신들
종묘의 기물과 악기를 바쳤다.

그리고 육경六卿으로부터 오부五部 장관, 30명의 장수, 삼군三軍의 대부
大夫, 백관百官의 정장正長, 속관屬官들 및 각 지방을 다스리는 자들이 모두가
저마다 재물을 내주었다.

　이에 평공이 허락하고 숙향叔向을 제후들에게 보내어 이를 통고하도록
하였다.

　그러자 양공襄公은 자복혜백子服惠伯으로 하여금 이렇게 답하도록 하였다.
　"임금께서는 죄 있는 자를 용서하시어 작은 나라를 안정시켜 주시니
이는 임금의 은혜입니다. 우리 임금께서는 명령대로 듣겠습니다."


【泮】江 이름. 지금의 山東 聊城 서북쪽을 흐르는 물.
【朝歌之役】襄公 23년에 있었던 싸움.
【隰鉏】杜預 注에 "隰鉏, 隰朋之曾孫"이라 함. 隰朋은 齊 桓公 때의 신하.
【宗器·樂器】杜預 注에 "宗器, 祭祀之器; 樂器, 鐘磬之屬"이라 함.
【叔向】晉나라 대부. 叔肸. 羊舌肸, 자는 叔肸, 혹 叔譽.
【子服惠伯】노나라 孟椒. 孟獻子의 손자 子服惠伯. 杜預 注에 "孟椒, 孟獻子之
　孫子服惠伯"이라 하였고 《國語》魯語(下) 韋昭 注에 "惠伯, 仲孫他之子子服椒也"
　라 함.



㊙

晉侯使魏舒·宛沒逆衛侯, 將使衛與之夷儀.
崔子止其帑, 以求五鹿.


　진晉 평공平公은 위서魏舒와 완몰宛沒에게 제齊나라로 달아난 위衛 헌공
獻公을 맞이하여 그에게 이의夷儀 땅을 주도록 하였다.
　그러자 제나라 최저崔杼는 그들 가족을 저지하여 붙잡아 두고 오록
五鹿 땅을 요구하였다.


【衛侯】양공 14년에 齊나라로 달아났던 위나라 獻公(衎).
【夷儀】지금의 山東 聊城縣 서남 20리.

【帑】'孥'와 같음. 처자. 杜預 注에 "崔杼欲得五鹿, 故留衛侯妻子於齊以質之"라 함.
【五鹿】지금의 河南 濮陽縣 남쪽.


## ✹ 1301(襄25-4)

六月壬子, 鄭公孫舍之帥師入陳.

6월 임자날, 정鄭나라 공손사지公孫舍之가 군사를 이끌고 진陳나라로 들어갔다.


【壬子】6월 24일.
【子展】鄭나라 대부. 公孫舍之. 子罕의 아들. 시호는 桓子.


⑫

初, 陳侯會楚子伐鄭, 當陳隧者, 井堙·木刊, 鄭人怨之.
六月, 鄭子展·子産帥車七百乘伐陳, 宵突陳城, 遂入之.
陳侯扶其大子偃師奔墓, 遇司馬桓子, 曰:「載余!」
曰:「將巡城.」
遇賈獲, 載其母妻, 下之, 而授公車.
公曰:「舍而母.」
辭曰:「不祥.」
與其妻扶其母以奔墓, 亦免.
子展命師無入公宮, 與子産親御諸門.
陳侯使司馬桓子賂以宗器.
陳侯免, 擁社, 使其衆男女別而纍, 以待於朝.
子展執縶而見, 再拜稽首, 承飲而進獻.
子美入, 數俘而出. 祝祓社, 司徒致民, 司馬致節, 司空致地, 乃還.

당초, 진陳 애공哀公이 초楚 강왕康王과 모여 정鄭나라를 치면서 진나라 군사들은 자기들이 지나는 길에 우물을 묻고 나무를 다 베어버려 정나라 사람들이 원망하였다.

6월, 정나라 자전子展과 자산子産이 전차 7백 대를 이끌고 진나라를 쳐 밤에 진나라 도성을 습격하여 드디어 들어갔다.

당시 진 애공은 태자 언사偃師의 부축을 받으며 묘지로 달아나다가 사마司馬 환자桓子를 만나자 이렇게 말하였다.

"수레에 나를 태워라!"

그러자 환자는 말하였다.

"장차 성을 순시해야 합니다."

애공은 이번에는 가획賈獲을 만났는데 그는 어머니와 아내를 수레에 태우고 가는 것이었다. 그는 어머니와 아내를 수레에서 내리게 하고 수레를 애공에게 주었다.

애공이 말하였다.

"어머니는 그대로 두시게나."

가획은 사양하며 말하였다.

"그렇게 되면 상서롭지 못합니다."

그리고는 아내와 어머니를 부축하여 묘지로 달아나 그들도 화를 면하였다.

자전은 군사들에게 임금의 궁궐로 들어가지 말도록 명령을 내리고 자산과 함께 친히 궁궐의 대문들을 지켰다.

애공은 사마 환자로 하여금 종묘의 기물을 그들에게 내어 주도록 하였다.

그리고 자신은 상복을 입고 사직 신주를 안은 채 여러 남자와 여자들을 죄인처럼 묶어 조정에서 대령하게 하였다.

자전은 말고삐를 손에 쥐고 앞으로 나아가 애공을 뵙자 재배하고 머리를 조아리며 잔에 술을 따라 올렸다.

이에 자미子美는 들어가 포로의 수를 헤아리고 나갔다.

축사祝史가 사묘社廟에서 불제祓祭를 올리고, 사도司徒가 백성들을 안정시키며, 사마는 군사의 기강을 바로잡고, 사공司空이 국토를 관리하고 나자 정나라 군사는 돌아갔다.

【陳侯】陳 哀公(溺)으로 재위 21년째였음.

【伐鄭】襄公 24년의 일.

【隧】좁은 도로. 굴. 여기에서는 군사의 進路.

【子展】公孫舍之. 鄭나라 대부. 子罕의 아들. 시호는 桓子.

【子産】公孫僑. 子國(公孫成)의 아들. 子美. 뒤에 鄭나라의 훌륭한 宰相이 되어 孔子가 자주 칭찬한 인물.

【偃師】陳나라 태자.

【桓子】당시 진나라 사마 벼슬을 하던 자. 혹 襄公 3년의 袁僑가 아닌가 함.

【賈獲】杜預 注에 "賈獲, 陳大夫"라 함.

【舍而母】'舍'는 '안치하다. 그대로 두다'의 뜻이며 '而'는 '爾'. 너.

【不祥】杜預 注에 "雖急, 猶不欲男女無別"이라 함.

【免】초상 때 관을 벗고 白布로 머리를 묶음. 상복 차림을 함을 뜻함.

【擁社】사당의 신주를 안고 나옴. 나라가 망하였음을 상징적으로 표현한 것.

【執縶】말고삐를 손에 쥐었음은 臣僕임을 나타내는 겸손한 태도.

【子美入, 數俘】자미는 子産. 포로를 세기만 하고 돌려보내지는 않음. 진나라 복구에 필요한 일꾼으로 쓰고자 한 것. 杜預 注에 "子美, 子産也. 但數其所獲人數, 不將以歸"라 함.

【祝】제사를 맡은 祝官. 祝史.

【祓】제사의 이름. 재앙을 제거하고 새로운 출발을 기원할 때 올리는 제사.

【乃還】정나라 세 관직, 즉 司馬. 司徒, 司空으로 하여금 진나라를 복구시키도록 하여 덕을 베푼 다음 귀환하였음을 말함.


## ✸ 1302(襄25-5)

秋八月己巳, 諸侯同盟于重丘.

가을 8월 기사날, 제후들이 중구重丘에서 동맹을 맺었다.


【重丘】齊나라 땅. 《方輿紀要》에는 지금의 山東 聊城縣 동남쪽이라 하였고, 《一統志》에는 지금의 山東 德州市 동북이라 하였으며, 혹 河北 吳橋縣, 또는

山東 巨野縣이라 하는 등 여러 설이 있음. 한편《方輿紀要》에는 "在山東聊城縣
東南五十里, 爲曹衛齊之邊邑"이라 함.


㉧

秋七月己巳, 同盟于重丘, 齊成故也.

가을 7월 기사날, 중구重丘에서 동맹을 맺은 것은 제齊나라가 화평을
요청하였기 때문이었다.

【己巳】 7월 12일.


❋ 1303(襄25-6)

公至自會.

양공이 모임에서 돌아왔다.

【會】夷儀의 회담을 마치고 귀국함.
＊無傳


㉧

趙文子爲政, 令薄諸侯之幣, 而重其禮.
　穆叔見之, 謂穆叔曰: 「自今以往, 兵其少弭矣. 齊崔·慶新得政,
將求善於諸侯. 武也知楚令尹. 若敬行其禮, 道之以文辭, 以靖諸侯,
兵可以弭.」

진晉나라 조문자趙文子가 국정을 맡아 제후들이 바치는 재물의 양을 줄여주고 예를 중시하였다.

노나라 목숙穆叔이 그를 방문하자 조문자는 그에게 이렇게 말하였다.

"지금으로부터는 전쟁은 잠시 없을 것이오. 제齊나라 최씨崔氏와 경씨慶氏가 새로 정권을 잡았으니 그들은 장차 제후들과 우호적으로 지내기고자 할 것이오. 나는 초楚나라 영윤을 잘 알고 있소. 만약 공손히 예의를 지켜 그를 대하고 좋은 글과 말로 인도하여 제후들을 안정시키면 전쟁은 가히 막을 수 있을 것이오."


【趙文子】趙武. 趙朔의 아들. 趙文子. 趙朔과 趙莊姬 사이에 난 아들. 趙氏 집 안의 가장 훌륭한 아들로 자라 뒤에 晉六卿으로 자리를 굳힘. 시호는 文子. 그 후손이 戰國시대 邯鄲을 중심으로 七雄의 하나인 趙나라로 크게 발전함.

【穆叔】叔孫豹. 魯나라 대부. 叔孫僑如의 아우. 叔孫穆叔. 叔孫. 叔孫穆子 등으 로도 불림.

【穆叔】齊나라 지명. 지금의 山東 聊城 부근.

【弭】'쉬다. 중지되다. 막다'의 뜻.

【崔·慶】莊公을 弑害한 崔杼와 그들이 정권을 잡았을 때 중심에 섰던 慶封 등을 말함.




## 衛侯入于夷儀.

위후衛侯가 이의夷儀로 들어갔다.


【衛侯】衛 獻公(衎). 孫林父와 甯殖에게 축출당하였다가 뒤에 다시 復位하여 B.C.576~559년까지 18년과 B.C.546~544년까지 3년간 두 차례에 걸쳐 재위 하였던 衛나라 군주.

⟨傳⟩

衛獻公入于夷儀.

위衛 헌공獻公이 이의夷儀 땅으로 들어갔다.


### ✹ 1305(襄25-8)

楚屈建帥師滅舒鳩.

초楚나라 굴건屈建이 군사를 이끌고 서구舒鳩를 멸망시켰다.

【屈建】楚나라 대부. 屈到의 아들 子木. 당시 楚나라 莫敖(大將軍)이었음.
【舒鳩】초나라의 속국. 이들이 오나라의 압박에 못 견뎌 초나라를 배반하였다가
초나라가 질책을 하자 '배반하지 않았으며 맹약을 받아들이겠노라'라 하였던
사건은 襄公 24년을 볼 것. 한편 본 장에 대하여 杜預 注에는 "傳在衛侯入夷
儀上, 經在下, 從告"라 함.


⟨傳⟩

楚蒍子馮卒, 屈建爲令尹, 屈蕩爲莫敖.
舒鳩人卒叛楚, 令尹子木伐之, 及離城, 吳人救之.
子木遽以右師先, 子彊·息桓·子捷·子騈·子盂帥左師以退.
吳人居其間七日.
子彊曰:「久將墊隘, 隘乃禽也, 不如速戰. 請以其私卒誘之, 簡師,
陳以待我. 我克則進, 奔則亦視之, 乃可以免. 不然, 必爲吳禽.」
　從之.
　五人以其私卒先擊吳師, 吳師奔, 登山以望, 見楚師不繼, 復逐之,
傅諸其軍, 簡師會之.

吳師大敗. 遂圍舒鳩, 舒鳩潰.

八月, 楚滅舒鳩.


초楚나라 위자빙蔿子馮이 세상을 떠나자 굴건屈建이 영윤이 되고, 굴탕屈蕩이 막오莫敖가 되었다.

서구舒鳩 나라 사람들이 결국 초나라를 배반하여 영윤 자목子木이 이를 쳐서 이성離城에 이르자 오吳나라가 서구를 구원하러 나섰다.

자목은 급히 우익군右翼軍을 이끌고 나아갔고 자강子彊·식환息桓·자첩子捷·자변子駢·자우子盂는 좌익군을 거느리고서 뒤로 물러났다.

그리하여 오나라 군사는 이들 사이에 7일간이나 갇히게 되었다.

자강이 말하였다.

"우리가 이렇게 오래 나약하게 있다가는 막힌 자리에서 사로잡히게 됩니다. 어서 전투를 벌이느니만 못합니다. 청컨대 우리 사졸로써 몰래 적을 유인해 냅시다. 그리고 정예병을 뽑아 진을 치게 해놓고 저들로 하여금 우리의 거동을 기다리게 하십시오. 우리가 승리하면 그 부대도 나아가고, 우리가 달아나야 할 경우라도 역시 잘 지켜보고 있으면 가히 패배를 면할 수 있습니다. 그렇게 하지 않았다가는 우리가 틀림없이 오나라에게 사로잡히게 될 것입니다."

모두 그의 의견을 따랐다.

그래서 다섯 사람은 각기 휘하 부대를 이끌고 우선 오나라 군사를 공격하였다.

그러자 오나라 군사는 달아나 산으로 올라가서 우리를 지켜보았다. 그들은 초나라 군사를 계속 뒤따르지 않는 것을 보고는 다시 초나라 군사를 쫓아 그 군사에게 바짝 따라붙었다. 그러자 초나라의 정예부대가 이들과 맞닥뜨려 싸움을 벌였다.

오나라 군사가 대패하였다.

초나라 군사는 드디어 서구를 포위하였고 서구는 무너지고 말았다.

8월, 초나라가 서구를 멸망시켰다.

【蔿子馮】'遠子馮'으로도 표기하며 蔿艾獵의 아들. 孫叔敖의 조카. '馮'은 '皮冰反'으로 '빙'으로 읽음. 초나라 令尹을 지내고 죽었음.

【屈建】屈到의 아들 子木.

【屈蕩】楚나라 대부. 杜預 注에 "代屈建. 宣十二年邲之役, 楚有屈蕩, 爲左廣之右. 《世本》: 「屈蕩, 屈建之祖父.」今此屈蕩與之同姓名"이라 하여 같은 이름이 두 사람이 있었음.

【莫敖】楚나라 관직 이름. 다른 나라의 大將軍과 같음.

【離城】舒鳩 나라의 성. 지금의 安徽 舒城縣 동쪽.

【子彊·息桓·子捷·子駢·子盂】모두 楚나라 장수. 左師를 맡고 있었음.

【墊隘】'墊'은 '점'으로 읽으며 '羸弱'과 같음. 成公 6년 傳을 볼 것. 그러나 '비가 오고 날씨가 좋지 않은 때가 오다'의 뜻으로도 보고 있음.

【簡師】선발된 날랜 군사. 정예부대. 簡選된 精兵.

【亦視之】우리 군사가 도망해 올지라도 이를 잘 살펴보고 있다가 형세에 맞추어 구조에 나섬. 杜預 注에 "視其形勢, 而救助之"라 함.

【傅諸】'傅'는 가까이 붙음. '諸'는 '之於'의 合音字.

【滅舒鳩】杜預 注에 "五子旣敗吳師, 遂前及子木, 共圍滅舒鳩"라 함.


# ✹ 1306(襄25-9)

冬, 鄭公孫夏帥師伐陳.


겨울, 정鄭나라 공손하公孫夏가 군사를 이끌고 진陳나라를 쳤다.


【公孫夏】鄭나라 대부. 子西. 子駟의 아들. 杜預 注에 "子西, 公孫夏, 子駟子"라 함. 《公羊傳》에는 '公孫蠆'라 하였으나 이것은 오기임. 襄公 19년 傳에 "十九年四月丁未, 鄭公孫蠆卒"이라 하여 이미 죽고 없었음.


傳

鄭子産獻捷于晉, 戎服將事.

晉人問陳之罪.

對曰:「昔虞閼父爲周陶正, 以服事我先王. 我先王賴其利器用也, 與其神明之後也, 庸以元女大姬配胡公, 而封諸陳, 以備三恪. 則我周之自出, 至于今是賴. 桓公之亂, 蔡人欲立其出, 我先君莊公奉五父而立之, 蔡人殺之. 我又與蔡人奉戴厲公. 至於莊·宣, 皆我之自立. 夏氏之亂, 成公播蕩, 又我之自入, 君所知也. 今陳忘周之大德, 蔑我大惠, 棄我姻親, 介恃楚衆, 以馮陵我敝邑, 不可億逞, 我是以有往年之告. 未獲成命, 則有我東門之役. 當陳隧者, 井堙·木刊. 敝邑大懼不競而恥大姬, 天誘其衷, 啓敝邑之心. 陳知其罪, 授手于我. 用敢獻功.」

晉人曰:「何故侵小?」

對曰:「先王之命:『唯罪所在, 各致其辟.』且昔天子之地一圻, 列國一同, 自是以衰. 今大國多數圻矣, 若無侵小, 何以至焉?」

晉人曰:「何故戎服?」

對曰:「我先君武·莊爲平·桓卿士. 城濮之役, 文公布命, 曰:『各復舊職.』命我文公戎服輔王, 以授楚捷, 不敢廢王命故也.」

士莊伯不能詰, 復於趙文子.

文子曰:「其辭順. 犯順, 不祥.」

乃受之.

冬十月, 子展相鄭伯如晉, 拜陳之功.

子西復伐陳, 陳及鄭平.

仲尼曰:「志有之:『言以足志, 文以足言.』不言, 誰知其志? 言之無文, 行而不遠. 晉爲伯, 鄭入陳, 非文辭不爲功. 愼辭也.」


정鄭나라 자산子産이 진陳나라와의 전투에서 얻은 전리품을 진晉나라에 바치면서 전투의 복장을 한 채 그 일을 하고 있었다.

진晉나라가 진陳나라에 무슨 죄가 있었느냐고 물었다.

자산은 이렇게 말하였다.

"옛날 우순虞舜의 자손 알보閼父가 주周나라 도정陶正이 되어 우리 주나라 선왕을 섬겼습니다. 우리 선왕들께서는 그가 만든 기물이 이롭고 또한 그가

신명스러운 순임금의 후손이라 여겨 큰 딸 대희大姬를 호공胡公의 배필로
삼아 진陳 땅에 봉하여 어진 세 임금의 후손 나라로 갖추어 주셨습니다.
진나라는 우리 주나라로부터 나와 지금까지 주나라의 힘을 입어 왔습니다.
환공桓公 때의 난리에 채蔡나라가 진나라 출신의 딸이 낳은 공자를 임금
으로 삼으려 하였으나, 우리 정나라 선군 장공莊公께서는 오보五父를 받들어
그를 임금으로 세워주었더니 채나라가 그를 죽여버렸습니다. 이에 우리
정나라는 다시 채나라 사람들과 함께 여공厲公을 받들어 추대하였습니다.
그 뒤 장공莊公과 선공宣公에 이르면서 모두 우리 정나라에 의해서 군주가
세워졌던 것입니다. 그리고 하씨夏氏의 난에 진 성공成公이 사방을 떠돌다가
또다시 우리 정나라의 힘으로 귀국할 수 있었던 것은 귀국 임금께서도
잘 알고 계실 것입니다. 그런데 지금 진나라는 주나라의 큰 은덕을 잊고
게다가 우리 정나라의 큰 은혜도 무시한 채, 우리와의 인척관계조차 버리고
초楚나라가 강한 줄로 믿고 우리나라를 짓밟기에 우리는 진나라가 제멋
대로 행동하도록 둘 수가 없어 지난해 귀국에게 이를 알렸던 것입니다.
그러나 진陳나라 토벌에 대한 허락을 받지 못하자 저들은 우리 동문東門을
공격하는 일이 벌어지게 되었던 것입니다. 그들은 자신들이 지나갈 길이라
하여 우물을 메워버리고 나무를 모두 베어버렸습니다. 우리는 우리가
강하지 못하여 옛 천자의 큰딸 대희에게 치욕을 드릴까 크게 두려워하였
으나 하늘이 우리의 충정을 유도해 주시고 우리의 마음을 열어 용기를
주셨습니다. 그리하여 진陳나라는 자신들의 죄를 깨닫고 우리에게 항복
하는 손을 내밀었습니다. 그리하여 감히 전리품을 바치는 것입니다."

　진나라 사람이 물었다.

"어찌하여 작은 나라를 쳐들어갔던 것입니까?

　자산이 대답하였다.

"선왕의 명령에 '오직 죄 있는 자에게는 각각 그에게 맞는 형벌을 행하라'
라 하셨습니다. 게다가 옛날에 천자의 나라는 사방 천 리이며, 제후들 나라는
사방 백 리였으며 그 아래로는 점점 더 작게 되어 있었습니다. 그러나
지금은 큰 제후국은 사방 몇천 리를 차지하고 있습니다. 만약 그런 작은
나라를 쳐들어가지 않았다면 어떻게 그러한 땅을 차치할 수 있었겠습니까?"

진나라가 물었다.

"당신은 어찌하여 전투의 복장을 하고 계십니까?"

자산이 대답하였다.

"우리의 선군 무공武公과 장공莊公께서는 평왕平王과 환왕桓王의 경사卿士였습니다. 성복城濮 싸움 때에 귀국 문공文公께서 제후들에게 '각자 옛 본직으로 돌아가시오'라 명하시면서 우리 정나라 문공에게 군복을 입은 차림으로 천자를 보필하여 초나라에서 취한 전리품을 천자께 드리도록 하셨습니다. 저로서는 감히 왕명을 어길 수가 없기 때문입니다."

사장백士莊伯은 더 이상 힐문할 수가 없어 조문자趙文子에게 이를 알렸다. 그러자 조문자가 말하였다.

"그의 말은 순리에 맞습니다. 순리에 맞는 것을 범하면 상서롭지 못합니다."

그리고 그 전리품을 받아들였다.

겨울 10월, 자전子展이 정鄭 간공簡公을 도와 진晉나라에 가서 진陳나라를 쳐서 세운 공을 승인해준 데에 감사를 드렸다.

자서子西가 다시 진나라를 치자 진나라는 결국 정나라와 화평을 맺었다.

중니는 이렇게 말하였다.

"옛 기록에 '말로 뜻을 족하게 하고, 문장으로 말을 족하게 한다'라 하였다. 사람이 말하지 않으면 누가 그 뜻을 알겠는가? 그리고 말만 있고 문장이 없다면 그 말이 멀리 펼쳐나가지 못한다. 진晉나라가 패자임에도 정나라는 허락도 없이 진陳나라로 쳐들어갔다. 자산의 말이 아니었더라면 정나라가 한 일은 정당한 공功으로 인정을 받지 못했을 것이다. 그러니 말은 신중히 해야 하는 것이다."


【子産】公孫僑. 子國(公孫成)의 아들. 뒤에 鄭나라의 훌륭한 宰相이 되어 孔子가 자주 칭찬한 인물.

【捷】전쟁에서 얻은 전리품. 노획물. 이를 天子나 盟主에게 바치는 것이 당시 常禮였음.

【戎服】杜預 注에 "戎服, 軍旅之衣, 異於朝服"이라 함.

【虞】虞舜. 舜임금 시대.

【關父】虞舜 때의 陶正. ‘遏父’로도 표기함.

【陶正】도자기를 굽는 일을 맡은 최고 책임자. 宋 王應麟의 《困學紀聞》(4)에 “舜陶河濱, 器不苦窳, 周陶正猶以虞關父爲之”라 하였음.

【先王】周 武王을 가리킴.

【元女】장녀를 가리킴.

【大姬】周 武王의 큰 딸. 周나라는 姬姓이었음.

【胡公】姬滿. 舜임금의 후손으로 周 武王의 총애를 받아 大姬를 아내로 맞았으며 陳나라 시조가 됨. 梁玉繩의 《史記志疑》(19)에 “胡公是遏父之子, 《唐書》世系表謂武王以元女妻遏父, 生胡公, 妄也”라 함.

【三恪】周 武王이 은을 치고 나서 黃帝, 堯, 舜의 후손들을 찾아 봉하여 세위준 것을 말함. 《禮記》樂記에 “武王克殷, 反商, 未及下車, 而封黃帝之後於薊, 封帝堯之後於祝, 封帝舜之後於陳”이라 하였고, 〈郊特牲〉의 孔穎達 疏에 “周封黃帝, 堯, 舜之後, 謂之三恪”이라 함.

【桓公之亂, 蔡人欲立其出】杜預 注에 “陳桓公鮑卒, 於是陳亂, 事在魯桓五年. 蔡出, 桓公之子厲公也”라 함.

【五父】陳 桓公의 아우. 五父佗. 杜預 注에 “五父佗, 桓公弟. 殺大子免而代之, 鄭莊公因就定其位”라 함.

【厲公】陳 厲公(躍). B.C.706~700년까지 7년간 재위하였으며 莊公(突)이 그 뒤를 이음.

【莊】陳 莊公(突). B.C.699~693년까지 7년간 재위하고 宣公(杵臼)이 그 뒤를 이음.

【宣】陳 宣公(杵臼). B.C.692~648년까지 45년간 재위하고 穆公(款)이 그 뒤를 이음. 杜預 注에 “陳莊公·宣公, 皆厲公子”라 함.

【夏氏之亂】宣公 10년 夏徵舒가 陳 靈公(平國)을 죽인 사건. 陳 成公(午)이 이듬해 임금 자리에 올랐음.

【播蕩】播遷하여 流蕩함. 쫓겨나 유랑하면서 갈 곳이 없음.

【蔑】滅과 같음. 雙聲互訓.

【億逞】滿足하는 모습. 하고 싶은 대로 마음껏 함.

【東門之役】지난해 陳나라가 楚나라를 따라 鄭나라 東門을 쳐들어와 전투를 벌인 일.

【不競】不彊(不强)과 같음. 스스로 강하지 못하여 陳나라의 침입을 초래함.

【一圻】‘圻’는 ‘畿’와 같음. 천자의 영토는 사방 천리였음. 《詩經》商頌 玄鳥에 “邦畿千里”라 함.

【一同】 사방 백 리. 제후의 영토 크기를 말함. 《白虎通》封公侯에 "諸侯封不過百里"라 하였음. 그러나 《周禮》地官 大司徒에는 "諸公之地, 封疆方五百里. 諸侯方四百里"라 하여 이와 다르며 다만 《孟子》萬章(下)에는 "天子之制, 地方千里, 公侯皆方百里, 伯七十里, 子男五十里, 凡四等"이라 하여 훨씬 구체적으로 적시되어 있음.

【以衰】 차례대로 그 넓이가 낮아짐. 杜預 注에 "衰, 差降也"라 함.

【武·莊】 鄭나라 武公과 莊公. 隱公 3년 傳에 "鄭武公·莊公爲平王卿士"라 함.

【桓】 鄭 桓公. 周 桓王 때 卿士에 오름.

【城濮之役】 春秋시대 가장 컸던 전투. 晉 文公(重耳)이 城濮에서 楚나라와 싸워 대승을 거둔 전투. 僖公 28년을 볼 것.

【文公】 晉 文公. 重耳. 春秋五霸의 하나. B.C.636∼628년까지 9년간 재위함.

【不感廢王名】 옛날 鄭 文公이 戎服을 입고 城濮之役이 전리품을 天子에게 바쳤듯이 자신도 그 명령에 의해 지금 융복을 입고 있다는 뜻.

【士莊伯】 士弱. 士莊子. 士渥濁의 아들. 晉나라 대부.

【趙文子】 趙武. 趙朔의 아들. 趙朔과 趙莊姬 사이에 난 아들. 趙氏 집안의 가장 훌륭한 아들로 자라 뒤에 晉六卿으로 자리를 굳힘. 시호는 文子. 그 후손이 戰國시대 邯鄲을 중심으로 七雄의 하나인 趙나라로 크게 발전함.

【子展】 公孫舍之. 鄭나라 대부. 子罕의 아들. 시호는 桓子.

【鄭伯】 鄭 簡公(嘉).

【子西】 子駟의 아들. 公孫夏. 杜預 注에 "子西, 公孫夏, 子駟子"라 함.


㊌

楚蒍掩爲司馬, 子木使庀賦, 數甲兵.

甲午, 蒍掩書土·田, 度山林, 鳩藪澤, 辨京陵, 表淳鹵, 數疆潦, 規偃豬, 町原防, 牧隰皋, 井衍沃, 量入脩賦, 賦車·籍馬, 賦車兵·徒兵·甲楯之數.

旣成, 以授子木, 禮也.


초楚나라 위엄蒍掩이 사마司馬가 되자 영윤 자목子木이 그에게 부세賦稅를 조사하고 갑병의 수를 알아보도록 하였다.

갑오날, 위엄은 토지와 전답을 기록하고 산림을 측량하고 수택藪澤을 조사하고 고지와 구릉을 구분하며, 습지와 불모지를 표시하며, 경역의 하천을 세어보고, 물이 고이는 못의 수와 크기를 알아보고, 저수지 사이의 좁은 경작지의 경계를 정하고, 언덕 지형은 목지로 하고 비옥한 땅은 정전법井田法을 시행하며, 수입을 헤아려 세稅를 부과하며, 나라에 바칠 전차의 수를 할당하고 군마에 대해서는 기록 장부를 만들고, 전차부대와 보병, 갑옷과 방패 등에 대한 공납貢納할 할당량을 부과하였다.

이윽고 이러한 일이 완성되자 이를 자목에게 넘겨주었다. 이는 예에 맞는 일이었다.

【蔿掩】《漢書》古今人表에는 '蘧奄'으로 되어 있음. 蔿子馮(蘧子馮)의 아들. 楚나라 司馬에 오름.

【子木】屈建. 屈到의 아들. 楚나라 莫敖(大將軍)를 거쳐 令尹에 오름.

【庀賦】稅에 관한 일을 조사함. '庀'는 '治'와 같음.

【度山林】杜預 注에 "度量山林之材, 以共國用"이라 함.

【鳩藪澤】'鳩'는 '勾'와 같음. '모으다'의 뜻. '藪'는 물이 적으며 풀이 무성하게 자란 늪지대. '澤'은 못.

【辨京陵】杜預 注에 "辨, 別也. 絶高曰京, 大阜曰陵"이라 함.

【淳鹵】淳은 습지, 鹵는 염분이 많은 곳. 鹽地.

【疆潦】'疆'은 疆域. '潦'는 물이 흐르는 沿岸. 혹 '疆'은 '彊'으로 보아 토질이 강하고 척박하여 비가 오면 즉시 흙과 모래가 씻겨 내려가는 地質이라고도 함.

【偃豬】堰瀦와 같음. 물이 고이는 못. 물을 모아 두었다가 농사에 사용할 수 있는 저수지. '偃'은 '堰'과 같으며 堤防의 뜻. '豬'는 '瀦'와 같음. 《尙書》孔傳에 "水所停曰瀦"라 함.

【町原防】'町'은 한계선을 지음. 《急就篇》注에 "町, 一曰治田處也"라 하였고, 倉頡篇에는 "町, 田區也"라 함. '原'은 爾雅 釋地에 "可食者曰原"이라 하여 좁은 제방 사이의 경작지를 말함. '防' 역시 저수지 가의 좁은 경작지 땅.

【隰皐】구릉 지대이면서 물이 있는 곳. 《爾雅》釋地에 "下濕曰隰"이라 하였고, 《漢書》賈山傳 注에 "皐, 水邊淤地也"라 함.

【井衍沃】井은 井田法. 총 9개의 구역으로 나누어 가운데 부분은 공동 경작하여 그 所出을 나라에 바치는 제도. '衍沃'은 평지의 가장 좋은 농지. 杜預 注에

"衍沃, 平美之地. 則如《周禮》制以爲井田. 六尺爲步, 步百爲畝, 畝百爲夫, 九夫
爲井"이라 함.
【徒兵】步兵, 다른 판본에는 '徒卒'로 되어 있으나 〈石經〉과 〈宋本〉을 따름.
【禮】子木(屈建)이 令尹이었으므로 그 아래 부서인 司馬가 이러한 행정 처리를
매우 잘 하였음을 말함.


## ✹ 1307(襄25-10)

十有二月, 吳子遏伐楚, 門于巢, 卒.

12월, 오자吳子 알遏이 초楚나라로 쳐들어가 소巢 땅을 치다가 죽었다.

【遏】吳나라 군주 諸樊. 이름은 遏.《公羊傳》과 《穀梁傳》에는 '謁'로 되어 있음.
【巢】지금의 安徽 巢縣 동북에 居巢 故城이 있으며 이곳이 고대 巢國이 있던
곳이라 함.


⑫

十二月, 吳子諸樊伐楚, 以報舟師之役.
門于巢, 巢牛臣曰:「吳王勇而輕, 若啓之, 將親門. 我獲射之, 必殪.
是君也死, 疆其少安.」
從之.
吳子門焉, 牛臣隱於短牆以射之, 卒.


12월, 오吳나라 제번諸樊이 초楚나라를 쳐 지난날 수군水軍과의 싸움을
보복하였다.
오나라가 소巢를 공격하자 소의 우신牛臣이 말하였다.
"제번은 용감하나 경솔합니다. 만약 성문을 열어 놓으면 그가 직접

공격하러 올 것입니다. 그때 우리가 그를 쏜다면 틀림없이 죽일 수 있습니다. 그 군주가 죽기만 하면 우리나라의 변방은 조금이나마 편안하게 될 것입니다."

그리하여 초나라가 그의 의견을 따랐다.

오나라 제번이 공격해 오자 우신은 낮은 담에 숨어 있다가 그에게 활을 쏘았다. 제번은 죽고 말았다.


【吳子】吳나라 군주 諸樊. 이름은 遏(謁). B.C.560~548년까지 13년간 재위하고 이 전투에서 죽음. 餘祭가 그 뒤를 이음.
【舟師之役】襄公 24년을 볼 것.
【門】성문이나 대문 등에 이르러 공격하여 접전이 벌어짐을 뜻함.
【巢】지금의 安徽 巢縣 동북.
【牛臣】巢邑을 지키던 大夫.
【殪】杜預 注에 "殪, 死也"라 함.


⑫
楚子以滅舒鳩賞子木.
辭曰:「先大夫蔿子之功也.」
以與蔿掩.


초楚 강왕康王이 서구舒鳩나라를 무찌른 공로로 자목子木에게 상을 내렸다.

그러자 그는 이렇게 사양하였다.

"이는 선대부 위자빙蔿子馮의 공입니다."

그리하여 위엄蔿掩에게 그 상을 주었다.


【楚子】楚 康王(昭).
【舒鳩】楚나라의 屬國. 지금의 安徽 舒城縣 일대에 있었던 나라.
【子木】屈建. 당시 蔿子馮을 이어 令尹이었다가 세상을 떠났음.

【蔿子】蔿子馮(蒍子馮). 蔿掩(蒍奄)의 아버지. 子木(屈建)에 앞서 令尹이었음. 그 때문에 ‘先大夫’라 부른 것. 한편 ‘先’은 이미 돌아가신 분의 칭호 앞에 붙이기도 함.

【蔿掩】蒍奄. 蔿子馮의 아들. 아버지가 돌아가시고 없자 그 아들에게 상을 내린 것. 杜預 注에 “往年楚子將伐舒鳩, 蔿子馮請退師以須其叛, 楚子從之, 卒獲舒鳩. 故子木辭賞, 以與其子”라 함.

㊮

晉程鄭卒, 子産始知然明, 問爲政焉.

對曰:「視民如子. 見不仁者, 誅之, 如鷹鸇之逐鳥雀也.」

子産喜, 以語子大叔, 且曰:「他日吾見蔑之面而已, 今吾見其心矣.」

子大叔問政於子産.

子産曰:「政如農功, 日夜思之. 思其始而成其終, 朝夕而行之. 行無越思, 如農之有畔, 其過鮮矣.」


진晉나라 정정程鄭이 세상을 떠나자 정鄭나라 자산子産이 그제야 비로소 연명然明이 현명하였음을 알고 그에게 정치에 대해 물었다.

연명이 대답하였다.

“백성들을 자식같이 여기고, 어질지 못한 자를 보면 주벌을 내리되 마치 새매가 참새를 몰듯 해야 합니다.”

자산은 기꺼워하며 자태숙子大叔에게 이 말을 전하면서 이렇게 말하였다.

“지난날 나는 멸蔑(然明)의 얼굴만 보았을 뿐이었으나 지금은 그의 마음을 보게 되었소.”

자태숙이 자산에게 정치에 대해 물었다.

자산은 이렇게 말하였다.

“정치는 농사일과 같은 것이오. 낮이나 밤이나 생각하되 처음을 잘 생각하여 그 끝을 잘 성취해야 하는 것이오. 조석으로 이를 실행하되 그 실행에는 미리 생각했던 것을 넘어서지 않도록 해야 하오. 마치 농사에서 밭두둑이 있어 이를 넘지 않듯이 하면 과실이 적을 것이오.”

【程鄭】晉나라 대부. 平公에게 총애를 입었던 인물. 원래 荀氏의 別族. 成公
    18년을 볼 것.
【子産】公孫僑. 子國(公孫成)의 아들. 뒤에 鄭나라의 훌륭한 宰相이 되어 孔子가
    자주 칭찬한 인물.
【然明】鄭나라 대부. 이름은 鬷蔑. 얼굴이 못생겼었다 함. 然明이 程鄭이 죽을
    것이라는 예측을 한 것은 지난 해(襄公 24년)를 볼 것.
【鷹鸇】새매. 猛禽類.
【子大叔】鄭나라 대부. 游吉. '大叔'은 '太叔'과 같음. 游販의 아우. '世叔'으로도
    불리며 公孫蠆의 아들.


㋶

衛獻公自夷儀使與甯喜言, 甯喜許之.

大叔文子聞之, 曰:「烏呼!《詩》所謂『我躬不說, 皇恤我後』者, 甯子
可謂不恤其後矣. 將可乎哉? 殆必不可. 君子之行, 思其終也, 思其
復也.《書》曰:『愼始而敬終, 終以不困.』《詩》曰:『夙夜匪解, 以事
一人』今甯子視君不如弈棋, 其何以免乎? 弈者擧棋不定, 不勝其耦;
而況置君而弗定乎? 必不免矣. 九世之卿族, 一擧而滅之, 可哀也哉!」


위衛 헌공獻公이 이의夷儀에서 영희甯喜에게 사자를 보내어 자신이 귀국할
수 있도록 해 줄 것을 청하자 영희가 이를 허락하였다.

그러자 태숙문자大叔文子가 이를 듣고 이렇게 말하였다.

"아!《시》에 '내 한 몸도 용납되지 못하는데 뒷날을 걱정할 겨를이
있으랴'라 한 것과 같구나. 영희께서는 뒷일을 걱정하지 못하고 있다고 말할
수 있구나. 장차 괜찮을까? 아마도 틀림없이 좋지 못하리라. 군자의 행동
에는 그 끝을 생각해야 하며 그대로 행하여도 좋을지를 다시 생각해
보아야 한다.《서》에 '처음을 신중히 하고 그 마지막을 경계하면 마침내
곤궁함에 빠지지 않는다'라 하였다. 그리고《시》에는 '조석으로 게을리
하지 않고 오직 한 분만을 섬기네'라 하였다. 지금 영희는 임금 보기를 바둑
두는 일만큼도 여기지 않으니 어찌 화를 면할 수 있겠는가? 바둑 두는

일도 올바르게 두지 않으면 상대를 이기지 못하거늘 하물며 임금 모시는 일을 바르게 하지 않음에랴? 틀림없이 화를 면하지 못할 것이다. 구대九代나 이어진 경卿의 가문이 단번에 망하게 되었으니 가히 슬픈 일이로다!”

【衛獻公】衎. 襄公 14년 孫林父와 甯殖에게 축출당하였다가 뒤에 다시 復位하여 B.C.576~559년까지 18년과 B.C.546~544년까지 3년간 두 차례에 걸쳐 재위하였던 衛나라 군주. 襄公(惡)이 그 뒤를 이음.

【夷儀】원래는 邢나라 땅. 당시는 衛나라 땅이었음. 지금의 山東 連城 부근. 《公羊傳》에는 ‘陳儀’로 되어 있음. 衛 獻公이 임시로 이곳에 있었던 일은 앞 장을 볼 것.

【甯喜】衛나라 대부. 甯殖(惠子)의 아들. 시호는 悼子. 甯殖이 襄公 14년 孫林父와 함께 衛 獻公(衎)을 齊나라로 나가도록 하였음. 이에 獻公이 그 아들 甯喜에게 자신의 귀국을 허락해 줄 것을 부탁한 것. 甯喜는 뒤에 殤公(公孫剽)을 시해하고 獻公을 맞아들임.

【大叔文子】大叔儀. 衛나라 대부. 시호는 文子. ‘大’는 ‘太’와 같음. 襄公 29년에는 ‘世叔儀’로 되어 있음. 公孫蠆의 아들.

【詩】《詩經》邶風 谷風篇에 “涇以渭濁, 湜湜其沚. 宴爾新昏, 不我屑以. 毋逝我梁, 毋發我笱. 我躬不閱, 遑恤我後. 就其深矣, 方之舟之. 就其淺矣, 泳之游之. 何有何亡, 黽勉求之. 凡民有喪, 匍匐救之. 不我能慉, 反以我爲讎. 旣阻我德, 賈用不售. 昔育恐育鞫, 及爾顚覆. 旣生旣育, 比予于毒. 我有旨蓄, 亦以御冬. 宴爾新昏, 以我御冬. 有洸有潰, 旣詒我肄. 不念昔者, 伊余來墍”라 함. ‘說’은 ‘閱’로 되어 있음.

【書】《尚書》周書 蔡仲之命篇에 “愼厥初, 惟厥終, 終以不困, 不惟厥終, 終以困窮”이라 하였으며 이는 《逸周書》常訓篇의 “愼微以始而敬終, 乃不困”을 바꾸어 표현한 것이며 徐幹의 《中論》法象篇에는 “愼始而敬, 終以不困”이라 함.

【詩】《詩經》大雅 烝民篇에 “天生烝民, 有物有則. 民之秉彝, 好是懿德. 天監有周, 昭假于下, 保玆天子, 生仲山甫. 仲山甫之德, 柔嘉維則. 令儀令色, 小心翼翼. 古訓是式, 威儀是力. 天子是若, 明命使賦. 王命仲山甫, 式是百辟. 纘戎祖考, 王躬是保. 出納王命, 王之喉舌. 賦政于外, 四方爰發. 肅肅王命, 仲山甫將之. 邦國若否, 仲山甫明之. 旣明且哲, 以保其身. 夙夜匪解, 以事一人”이라 함. ‘解’는 ‘懈’와 같음.

【九世】衛 武公의 아들 季子가 甯 땅을 채읍으로 받아 가문을 이루었고 그 9세
동안 대대로 卿의 지위를 이어왔음. 杜預 注에 "甯氏出自衛武公, 及喜九世也"
라 함.


㊙

會于夷儀之歲, 齊人城郟.
其五月, 秦·晉爲成, 晉韓起如秦涖盟, 秦伯車如晉涖盟.
成而不結.


제후들이 이의夷儀에서 만났던 해에 제齊나라가 겹郟에 성을 쌓았다.
그해 5월, 진秦나라와 진晉나라가 화평을 맺을 때 진나라는 한기韓起가
진秦나라에 가서 맹약에 참석하였고, 진秦나라는 백거伯車가 진晉나라에 가
맹약에 참석하였다.
그리하여 화평은 성립되었으나 그 맹약이 굳건하지는 못하였다.


【會于夷儀之歲】夷儀에서 제후들이 모인 것은 襄公 24년과 25년이었는데
여기에서는 24년의 모임을 말함. 이해에 齊나라가 郟에 성을 쌓아 주나라의
환심을 사고자 하였음. 杜預 注에 "在二十四年. 不直言會夷儀者, 別二十五年
夷儀會"라 함.
【其五月】襄公 24년 5월.
【韓起】韓起. 韓宣子. 韓厥의 아들이며 韓無忌의 아우. 시호는 宣子.
【伯車】秦 景公(鐘)의 아우 嬴鍼. 杜預 注에 "伯車, 秦伯之弟鍼也"라 함.
【成而不結】이는 마땅히 26년 봄에 기록되어야 할 내용이라 하였음. 杜預 注에
"不結固也. 傳爲後年修成起本, 當繼前年之末, 而特跳此者, 傳寫失之"라 하였고,
俞樾의 《左傳古本分年考》에는 "此傳實當在「二十六年春」之上. 蓋左氏作傳,
本未嘗分每年爲一篇, 後之編次者, 因每年必欲以年冠首年上, 不容更着一字,
於是割置前年之末, 而文義之不安者多矣. 今以經文隔之, 遂若孤懸卷首, 無所
繫屬, 杜氏因以爲傳寫跳此"라 함.

# 176. 襄公 26年(B.C.547) 甲寅

| 周 | 靈王(姬泄心) 25년 | 齊 | 景公(杵臼) 원년 | 晉 | 平公(彪) 11년 | 衛 | 獻公(衎) 30년<br>殤公(剽) 12년 |
|---|---|---|---|---|---|---|---|
| 蔡 | 景公(固) 45년 | 鄭 | 簡公(嘉) 19년 | 曹 | 武公(滕) 8년 | 陳 | 哀公(溺) 22년 |
| 杞 | 文公(益姑) 3년 | 宋 | 平公(成) 29년 | 秦 | 景公(后伯車) 30년 | 楚 | 康王(昭) 13년 |
| 吳 | 餘祭 원년 | 許 | 靈公(甯) 45년 | | | | |

※ 衛 獻供 30년은 後元 元年에 해당함.

⑫

二十六年春, 秦伯之弟鍼如晉脩成, 叔向命召行人子員.

行人子朱曰:「朱也當御.」

三云, 叔向不應.

子朱怒, 曰:「班爵同, 何以黜朱於朝?」

撫劍從之.

叔向曰:「秦‧晉不和久矣. 今日之事, 幸而集, 晉國賴之. 不集, 三軍暴骨. 子員道二國之言無私, 子常易之. 姦以事君者, 吾所能御也.」

拂衣從之.

人救之.

平公曰:「晉其庶乎! 吾臣之所爭者大.」

師曠曰:「公室懼卑. 臣不心競而力爭, 不務德而爭善, 私欲已侈, 能無卑乎!」

26년 봄, 진秦 경공景公의 아우 겸鍼이 진晉나라에 화평을 맺으러 갔을 때 숙향叔向이 행인行人 자운子員을 부르도록 명하였다.

그러자 같은 행인 업무를 맡은 자주子朱가 말하였다.

"제가 나설 차례에 해당합니다."

그가 이렇게 세 번을 말하였으나 숙향은 응답을 하지 않았다.

자주는 화를 내며 말하였다.

"저는 그와 지위가 같은데 어찌 저를 조정에서 배척하는 것입니까?"

그리고는 칼을 어루만지며 숙향을 향하자 숙향이 말하였다.

"진秦과 진晉은 오랫동안 불화를 겪고 있다. 오늘의 일이 요행히도 성공하면 우리 진나라는 이 일로 이롭겠지만 성공하지 못하면 우리 삼군은 죽어 그 해골이 햇볕 아래 나뒹굴게 될 것이다. 자운은 두 나라를 설득하는 말에 사사로움이 없지만 너는 늘 말을 바꾸어 응대하곤 한다. 간사한 짓을 하여 임금을 섬기는 자는 내 능히 막아버릴 수 있지."

그리고 옷을 걷어붙이고 그와 맞섰다.

사람들이 말려 겨우 구해내었다.

평공이 말하였다.

"우리 진晉나라는 희망이 있도다! 나의 신하들이 다투는 바는 정대하다."

그러나 사광師曠은 이렇게 말하였다.

"우리 공실이 비천해질까 두렵도다. 신하들이 마음으로 다투지 않고 힘으로 다투다며, 덕 닦기를 힘쓰지 않고 잘난 것만 두고 다투고 있다. 사사로운 욕심이 이미 많아지고 있으니 어찌 능히 비천해지지 않을 수 있겠는가?"


【鍼】秦 景公(鐘)의 아우이며 秦나라 대부.
【脩成】'修成'으로도 표기하며 夷儀之會를 다시 확인하여 調印하고 확정짓고자 함.
【叔向】晉나라 대부. 叔肹. 羊舌肹, 자는 叔肹, 혹 叔譽.
【子員】晉나라 行人. 杜預 注에 "員音云"이라 하여 '운'으로 읽도록 되어 있음.
【行人】통역과 외빈 접대, 안내 등을 맡은 직책.
【子朱】역시 晉나라 行人.
【當御】杜預 注에 "御, 進也. 言次當行"이라 함. 차례가 됨. 《國語》晉語(8)에는 "朱也在此"라 함.

【從之】叔向을 향하여 위협함.
【集】杜預 注에 "集, 成也"라 함.
【暴骨】전사한 병사들의 시신을 수습해 주지 않아 그 해골이 들판에 뒹굴며
햇볕에 드러남.
【易之】《國語》晉語(8) 韋昭 注에 "易, 變也"라 함.
【庶乎】희망적인 예측을 하거나 기대할 때 쓰는 말.
【侈】'多'와 같음.


## ✸ 1308(襄26-1)

二十有六年春王二月辛卯, 衛甯喜弑其君剽.

26년 봄 주력 2월 신묘날, 위衛나라 영희甯喜가 군주 표剽를 시해하였다.


【辛卯】2월 7일.
【甯喜】衛나라 대부. 甯殖(惠子)의 아들. 시호는 悼子. 甯殖이 襄公 14년 孫林父와
함께 衛 獻公(衎)을 齊나라로 축출하였음. 이에 獻公이 그 아들 甯喜에게
자신의 귀국을 허락해 줄 것을 부탁하여 불러들이기로 한 것임. 그러나 子大叔이
이를 두고 심히 실망을 하고 그의 앞날에 화를 당할 것이라 하였음.
【剽】衛 殤公의 이름. 獻公(衎)을 내쫓고 임금 자리에 올라 B.C.558∼547년까지
12년간 재위하다가 이때 甯喜에게 시해를 당함. 그 뒤를 다시 獻公이 복위함.


## ✸ 1309(襄26-2)

衛孫林父入于戚以叛.

위衛나라 손림보孫林父가 척戚으로 들어가 반란을 일으켰다.

【孫林父】衛나라 대부. 孫良夫(孫桓子)의 아들이며 시호는 '文'. 그 때문에 孫文子
　　로도 부름.
【戚】衛나라의 읍. 원래 孫氏의 采邑이었으며 孫林父가 晉나라로 달아나자
　　그 땅도 함께 가지고 갔던 것으로 보임. 이를 위나라에게 돌려줌. 지금의 河南
　　濮陽縣 북쪽.


## ※ 1310(襄26-3)

### 甲午, 衛侯衎復歸于衛.

갑오날, 위후衛侯 간衎이 위나라로 복귀復歸하였다.


【甲午】2월 10일.
【復歸】오랫동안 나라 밖으로 쫓겨났다가 다시 귀국하여 임금 자리에 오름.
　　成公 18년 傳에 "凡去其國, 復其位曰復歸"라 함.


⑰傳

衛獻公使子鮮爲復, 辭. 敬姒强命之.
對曰:「君無信, 臣懼不免.」
敬姒曰:「雖然, 以吾故也.」
許諾.
初, 獻公使與甯喜言, 甯喜曰:「必子鮮在. 不然, 必敗.」
故公使子鮮.
子鮮不獲命於敬姒, 以公命與甯喜言, 曰:「苟反, 政由甯氏, 祭則
寡人.」
甯喜告蘧伯玉.
伯玉曰:「瑗不得聞君之出, 敢聞其入?」
遂行, 從近關出.

告右宰穀.

右宰穀曰:「不可. 獲罪於兩君, 天下誰畜之?」

悼子曰:「吾受命於先人, 不可以貳.」

穀曰:「我請使焉而觀之.」

遂見公於夷儀.

反, 曰:「君淹恤在外十二年矣, 而無憂色, 亦無寬言, 猶夫人也. 若不已, 死無日矣.」

悼子曰:「子鮮在.」

右宰穀曰:「子鮮在, 何益? 多而能亡, 於我何爲?」

悼子曰:「雖然, 不可以已.」

孫文子在戚, 孫嘉聘於齊, 孫襄居守.

二月庚寅, 甯喜·右宰穀伐孫氏, 不克, 伯國傷.

甯子出舍於郊.

伯國死, 孫氏夜哭.

國人召甯子, 甯子復攻孫氏, 克之.

辛卯, 殺子叔及大子角.

書曰「甯喜弒其君剽」, 言罪之在甯氏也.

孫林父以戚如晉.

書曰「入于戚以叛」, 罪孫氏也.

臣之祿, 君實有之. 義則進, 否則奉身而退. 專祿以周旋, 戮也.

甲午, 衛侯入. 書曰「復歸」, 國納之也.

大夫逆於竟者, 執其手而與之言; 道逆者, 自車揖之; 逆於門者, 頷之而已.

公至, 使讓大叔文子曰:「寡人淹恤在外, 二三子皆使寡人朝夕聞衛國之言, 吾子獨不在寡人. 古人有言曰:『非所怨, 勿怨.』寡人怨矣.」

對曰:「臣知罪矣. 臣不佞, 不能負羈絏以從扞牧圉, 臣之罪一也. 有出者, 有居者, 臣不能貳, 通外內之言以事君, 臣之罪二也. 有二罪, 敢忘其死?」

乃行, 從近關出. 公使止之.

위衛 헌공獻公이 아우 자선子鮮에게 자신이 귀국할 수 있도록 해 줄 것을 부탁하였으나 자선은 이를 거부하였다.

어머니 경사敬姒가 강제로 명령을 내렸다.

자선은 이렇게 대꾸하였다.

"군주인 형님은 신의가 없으시니 들어오게 한 뒤에 제가 화를 면하지 못할까 두렵습니다."

경사가 말하였다.

"비록 그렇기는 해도 이 어미를 위해서 그렇게 하도록 하라."

자선은 할 수 없이 승낙하였다.

이에 앞서 헌공은 사람을 시켜 영희甯喜에게 부탁하였더니 영희는 이렇게 말하였었다.

"반드시 자선을 이 일에 관련시키십시오. 그렇게 하지 않으면 실패합니다."

이리하여 헌공이 자선에게 부탁을 하게 되었던 것이다.

자선은 어머니 경사에게 명령을 받지 못하자 헌공의 명이라 하면서 영희에게 이렇게 말하였다.

"군주께서는 복귀하시면 정치는 그대 영씨가 맡기고, 제사에 관한 일은 나에게 맡기겠다고 하셨소."

영희는 이를 거백옥蘧伯玉에게 상의하였다.

그러자 거백옥은 이렇게 말하였다.

"나 원瑗은 옛날 그 임금께서 국외로 나간다는 소문도 듣지 못하였었는데 지금 어찌 감히 복위하는 일을 들을 수 있겠습니까?"

그리고는 곧 나라를 떠나기로 하고 가장 가까운 관문을 통하여 사라져 버렸다.

영희는 이번에는 우재곡右宰穀과 상의하였다.

우재곡이 말하였다.

"안 됩니다. 그렇게 되면 그대 집안은 두 임금을 걸쳐 죄를 짓는 것이 됩니다. 그러면 천하에 누가 당신을 받아주겠습니까?"

그러자 도자悼子(甯喜)가 말하였다.

"나는 돌아가신 내 아버지로부터 헌공을 복귀시키라는 명을 받았으니 그 명을 어길 수 없습니다.”

우재곡이 말하였다.

“그럼 나를 헌공이 계신 곳으로 보내 사정을 살필 수 있도록 해 주시오.”

그리하여 드디어 우재곡은 이의夷儀로 헌공을 찾아갔다.

그리고 돌아와서는 도자에게 이렇게 말하였다.

“임금께서는 국외에서 12년이나 고생을 하셨음에도 그 얼굴에는 근심하는 빛이 없고 또 너그러운 말씀도 없더이다. 예전 그대로입디다. 만약 이 일을 중지하지 않았다가는 우리 죽을 날도 얼마 남지 않게 될 것이오.”

도자가 말하였다.

“자선을 연관시켜야 합니다.”

우재곡이 말하였다.

“자선을 연관시킨다고 무슨 이익이 됩니까? 그가 우리를 위한다고 해야 겨우 우리의 망명을 도와줄 정도겠지요. 그 밖에 우리에게 무엇을 더 해 줄 것을 기대하십니까?”

도자가 말하였다.

“그렇다 해서 여기에서 그만둘 수는 없습니다.”

당시 손문자孫文子는 척戚에 있었고 그의 아들 손가孫嘉는 제齊나라를 예방하러 갔으며 손양孫襄이 도읍에 있는 손씨의 집을 지키고 있었다.

2월 경인날, 영희와 우재곡이 손씨 집을 공격하였으나 이기지는 못하고 백국伯國에게 부상을 입혔다.

영희는 일단 교외로 나가 머물렀다.

이윽고 백국이 죽어 손씨 집에서 밤에 곡소리가 났다.

나라 사람들이 영희를 불러들이자 영희는 다시 손씨 집을 공격하여 쳐부수었다.

신묘날, 자숙子叔과 태자 각角을 죽였다.

경經에 ‘영희가 그 군주 표를 죽였다’라 기록한 것은 영씨에게 죄가 있었음을 말한 것이다.

손림보는 척戚 땅을 가지고 진晉나라로 달아났다.

경에 ‘척으로 들어가 반란을 일으켰다’라다 기록한 것은 손씨에게 죄를 돌린 것이다. 신하가 지니는 녹祿은 군주가 지는 것이다.

신하가 봉록이란 임금이 있음으로 해서 주어지는 것이다. 의를 지키면 나아가는 것이요 그렇지 않으면 제 몸을 위해 물러나야 하는 것이다. 나라의 녹을 받으면서 제멋대로 한다면 이는 죽여 없애야 할 대상이다.

갑오날, 위 헌공이 도읍으로 들어갔다.

경經에 '복귀하였다'라 기록한 것은 나라에서 그를 받아 주었음을 말한 것이다.

대부들로써 국경에 나와 맞이한 자들에게 헌공은 일일이 손을 잡고 말을 나누었으며 중도까지 마중 나온 이들에게는 수레에 탄 채 읍을 하였으며, 도읍의 궁문에서 맞이하는 자들에게는 고개를 끄덕거릴 뿐이었다.

헌공은 이르러 사람을 시켜 태숙문자大叔文子를 이렇게 꾸짖도록 하였다.

"과인이 국외에서 오랫동안 고생하고 있는 동안 조정의 대신 두세 명은 조석으로 나에게 위나라의 소식을 알려 주었는데 오직 그대만은 나를 안중에 두지 않았소. 옛사람이 한 말에 '원망할 일이 아니면 원망하지 말라' 하였소. 그러나 과인은 그대에게 정말 섭섭하오."

태숙문자는 이렇게 대답하였다.

"저는 죄를 알고 있습니다. 저는 똑똑하지 못하여 군주의 수레를 끄는 말고삐를 잡고서 말을 돌보는 일도 할 수가 없었으니 이것은 저의 첫 번째 죄입니다. 그리고 군주를 모시고 국외로 나갔던 자들도 있고 국내에 남아 있었던 자들도 있었는데, 저는 능히 양다리를 걸쳐 안팎으로 말을 전하는 그러한 인물이 되지 못하였으니 이것이 두 번째 죄입니다. 이 두 가지 죄가 있으니 어찌 감히 죽음을 잊은 채로 있을 수 있겠습니까?"

그리고는 국외로 떠나려고 가까운 관문을 통하여 나섰다. 그때 헌공이 사람을 보내어 그만두게 하였다.


【子鮮】獻公의 아우. 定公의 아들. 이름은 鱄, 鮮은 字. 獻公의 망명을 따라 나서서 보필했던 인물.

【敬姒】衛 定公의 첩. 敬은 죽은 뒤에 주어진 이름이고, 姒는 출신 나라 친정의 성임. 獻公(衎)과 子鮮의 생모.

【甯喜】衛나라 대부. 甯殖(惠子)의 아들. 시호는 悼子. 甯殖이 襄公 14년 孫林父와
　함께 衛 獻公(衎)을 齊나라로 축출하였음. 이에 獻公이 그 아들 甯喜에게 자신의
　귀국을 허락해 줄 것을 부탁하여 불러들이기로 한 것임. 그러나 子大叔이 이를
　두고 심히 실망을 하고 그의 앞날에 화를 당할 것이라 하였음.

【不獲命於敬姒】어머니 경사가 억지로라도 헌공을 불러들일 것만 명하고 그
　외의 것은 명령을 내리지 않음.

【蘧伯玉】衛나라의 賢大夫. 이름은 瑗. 시호는 成子. 蘧無咎(蘧莊子)의 아들. 孔子가
　《論語》에서 크게 칭찬했던 인물. 그가 헌공의 축출에 관여하지 않았다 한 것은
　襄公 14년 “孫氏欲逐獻公, 瑗走, 從近關出”이라 한 것을 말함.

【從近關出】거백옥은 이처럼 두 번이나 나라를 피해 떠났으며 이를 두고 《論語》
　衛靈公篇에 公子가 “君子哉! 蘧伯玉. 邦有道, 則仕; 邦無道, 則可卷而懷之”라
　하였음.

【右宰穀】衛나라 대부. 右宰는 衛나라의 관직 이름. 원래 穀의 할아버지가 右宰를
　역임하였으며 그 뒤로부터 이를 성씨로 삼음.

【孫文子】孫林父. 衛나라 대부. 孫良夫(孫桓子)의 아들이며 시호는 ‘文’. 그 때문에
　孫文子로도 부름.

【兩君】甯喜의 아버지 甯殖은 獻公(衎)을 축출하였고, 甯喜는 殤公(剽)을 시해함.

【畜之】杜預 注에 “畜, 容也”라 하여 ‘받아주다, 용납하다’의 뜻.

【淹恤】淹留와 같음. 오랫동안 피난 생활로 고생함.

【猶夫人也】‘전혀 변함이 없이 그대로인 그런 사람’이라는 뜻.

【能亡】‘우리를 죽이지 않고 망명을 허락할 정도의 은혜를 베풀 사람’이라는 뜻.

【孫文子】孫林父. 衛나라 대부. 孫良夫(孫桓子)의 아들이며 시호는 ‘文’. 그 때문에
　孫文子로도 부름.

【戚】지금의 河南 濮陽 부근. 당시 孫氏의 채읍이었음.

【孫嘉】孫林父의 맏아들.

【孫襄】孫林父의 둘째 아들. 자는 伯國.

【庚寅】2월 6일.

【子叔】衛 穆公의 손자이며 子叔黑背의 아들. 이름은 剽. 獻公(衎)을 몰아내고
　군주에 오름. 殤公이라 불리며 甯喜에게 시해를 당하여 이때 죽음.

【太子角】殤公(剽)의 아들로 그 무렵 태자였음.

【祿】俸祿. 여기에서는 대부에게 대한 봉록으로 주는 采邑을 말함.

【周旋】제멋대로 마구 행동함.

【頷之】머리를 낮춤. 그러나 고개만 끄덕이는 정도의 표시를 함을 뜻함.

【大叔文子】衛나라 重臣. 獻公이 외국으로 나간 뒤 殤公을 도와 정치를 하였음. 大叔儀 또는 世叔儀라고도 하였음. 헌공이 그의 망명을 만류한 것은 두 마음을 갖지 않은 것을 높이 산 것임.


⑳

衛人侵戚東鄙, 孫氏愬于晉, 晉戍茅氏.
殖綽伐茅氏, 殺晉戍三百人.
孫蒯追之, 弗敢擊.
文子曰:「厲之不如.」
遂從衛師, 敗之圉, 雍鉏獲殖綽.
復愬于晉.


위衛나라가 손림보孫林父의 땅 척戚의 동쪽 변두리를 치자 손씨孫氏가 이를 진晉나라에 이를 호소하여 진나라가 모씨茅氏 땅을 수비하였다.
위나라 식작殖綽이 모씨 땅을 쳐 진나라의 수비병 3백 명을 죽였다.
손괴孫蒯가 위나라 군사를 뒤쫓았으나 감히 공격하지는 못하였다.
그러자 문자文子가 말하였다.
"너는 죽은 사람들의 영혼만도 못하구나."
드디어 손괴는 위나라 군사를 쫓아가 어圉에서 패배시키고 이때 옹서雍鉏가 식작을 사로잡았다.
그리고 다시 이를 진나라에 호소하였다.


【戚】衛나라의 읍. 원래 孫氏의 采邑이었으며 孫林父가 晉나라로 달아나자 그 땅도 함께 가지고 갔던 것으로 보임. 이를 위나라에게 돌려줌. 지금의 河南 濮陽縣 북쪽.
【茅氏】땅 이름. 戚의 동쪽. 衛나라 땅. 지금의 河南 濮陽縣 북쪽.
【殖綽】원래 齊나라의 勇士. 그 무렵에는 晉나라에 있었음.
【孫蒯】孫林父의 아들. 孫林父에는 孫嘉, 孫襄과 이 孫蒯가 있었음.
【文子】孫林父. 衛나라 대부. 孫良夫(孫桓子)의 아들이며 시호는 '文'. 그 때문에 孫文子로도 부름.

【厲】 원한을 가지고 죽은 사람의 악귀.
【圉】 戚 동쪽 지명. 衛나라 땅이었음. 지금의 河南 濮陽縣 동쪽 圉城.
【雍鉏】 孫林父의 가신.




鄭伯賞入陳之功, 三月甲寅朔, 享子展, 賜之先路三命之服, 先八邑;
賜子産次路再命之服, 先六邑.

子産辭邑, 曰:「自上以下, 降殺以兩, 禮也. 臣之位在四, 且子展之
功也, 臣不敢及賞禮, 請辭邑.」

公固予之, 乃受三邑.

公孫揮曰:「子産其將知政矣. 讓不失禮.」


정鄭 간공簡公은 진陳나라에 쳐들어갔던 공을 포상하여 3월 갑인날 초
하루에 자전子展을 위해 잔치를 열어, 그에게 선로先路와 삼명三命의 옷을
하사하고 이에 앞서 여덟 읍邑을 내려주었다. 그리고 자산子産에게는 차로
次路와 재명再命의 복장을 하사하고 이에 앞서 여섯 읍을 주었다.

자산은 그 읍을 사양하며 이렇게 말하였다.

"맨 윗자리에서 한 단 계씩 아래로 상으로 주는 읍은 둘을 덜어내는
것이 예법입니다. 그런데 신은 지금 넷째 자리에 있고 게다가 이는 모두
자전의 공입니다. 저는 감히 상을 받는 예에 참여할 수 없습니다. 청컨대
읍을 사양하겠습니다."

그러나 군주가 굳이 내려주자 그는 세 읍만 받았다.

공손휘公孫揮가 말하였다.

"자산은 장차 정치를 맡게 될 것이다. 그는 사양하면서도 예를 잃지 않았다."


【鄭伯】 鄭 簡公(嘉).
【子展】 公孫舍之. 鄭나라 대부. 子罕의 아들. 시호는 桓子.
【先路】 제후가 신하에게 내리는 最上級 수레.

【子産】公孫僑. 子國(公孫成)의 아들. 뒤에 鄭나라의 훌륭한 宰相이 되어 孔子가
  자주 칭찬한 인물.
【次路】제후가 신하에게 내리는 次上級 수레.
【降殺】원본에는 '隆殺'로 되어 있으나 〈石經〉, 〈宋本〉 등을 따름. '殺'는 '쇄'로
  읽음. '減殺'의 뜻.
【位在四】子産 자신의 지위는 네 번째에 해당함. 즉 子展, 伯有(良霄), 子西
  다음이 子産이었음.
【公孫揮】鄭나라 대부이며 공자 子羽. 杜預 注에 "揮, 子羽也"라 함.


## ✸ 1311(襄26-4)

> 夏, 晉侯使荀吳來聘.

여름, 진후晉侯가 순오荀吳를 보내어 예방해 왔다.

【晉侯】당시 晉나라 군주는 平公(彪)으로 재위 11년째였음.
【荀吳】晉나라 대부. 荀偃의 아들. 中行穆子. 中行伯.


㊉

> 晉人爲孫氏故, 召諸侯, 將以討衛也.
> 夏, 中行穆子來聘, 召公也.

진晉나라 사람이 손씨孫氏를 위해 제후들을 소집하여 장차 위衛나라를
칠 참이었다.

여름, 중항목자中行穆子가 노나라를 예방한 것은 노나라 양공을 회의에
부르기 위한 것이었다.

【孫氏】孫林父.

【中行穆子】荀吳. 荀偃의 아들. 中行伯으로도 불림.
【召公】杜預 注에 "召公爲澶淵會"라 함.


㊀

楚子·秦人侵吳.

及雩婁, 聞吳有備而還, 遂侵鄭.

五月, 至于城麇. 鄭皇頡戍之, 出, 與楚師戰, 敗. 穿封戌囚皇頡,
公子圍與之爭之, 正於伯州犁.

伯州犁曰:「請問於囚.」

乃立囚, 伯州犁曰:「所爭, 君子也, 其何不知?」

上其手, 曰:「夫子爲王子圍, 寡君之貴介弟也.」

下其手, 曰:「此子爲穿封戌, 方城外之縣尹也. 誰獲子?」

囚曰:「頡遇王子, 弱焉.」

戌怒, 抽戈逐王子圍, 弗及.

楚人以皇頡歸.

印堇父與皇頡戍城麇, 楚人囚之, 以獻於秦.

鄭人取貨於印氏以請之, 子大叔爲令正, 以爲請.

子産曰:「不獲. 受楚之功, 而取貨於鄭, 不可謂國, 秦不其然. 若曰
『拜君之勤鄭國. 微君之惠, 楚師其猶在敝邑之城下.』其可.」

弗從, 遂行.

秦人不予. 更幣, 從子産, 而後獲之.


초楚 강왕康王과 진秦나라가 오吳나라를 쳐들어갔다가 우루雩婁에 이르렀다.
그때 오나라가 방비하고 있다는 소식을 듣고 귀환하면서 대신 정나라를 쳤다.
5월, 성균城麇에 이르렀다. 마침 정나라 황힐皇頡이 성균을 지키고 있다가
밖으로 나와 초나라 군사와 싸워 패하고 말았다.
초나라 천봉술穿封戌이 황힐을 사로잡자 공자 위圍가 자신이 잡았노라
하여 다툼이 벌어지고 말았다. 이에 백주리伯州犁에게 판결해 달라고 하였다.

백주리가 말하였다.

"잡힌 사람에게 물어보도록 합시다."

그리하여 황힐을 그 자리에 세우고 백주리가 물었다.

"다투는 대상인 그대는 군자일 것이다. 어찌 알지 못하겠는가?"

그리고 손을 들고 말하였다.

"저 어른은 왕자 위라는 어르신으로 우리 군주의 귀하신 큰 동생이시다."

그는 다시 손을 내리면서 말하였다.

"이 어른은 천봉술이라는 분으로 방성方城의 현윤縣尹이시다. 어느 분이 그대를 잡으셨는가?"

황힐이 말하였다.

"나는 왕자를 만나 패하였소이다."

그러자 천봉술은 노하여 창을 빼들고 왕자 위를 쫓았으나 따라잡지 못하였다.

초나라 사람은 황힐을 데리고 돌아갔다.

인근보印董父는 황힐과 함께 성균을 지키고 있다가 초나라 사람에게 붙잡혀 진秦나라에 넘겨졌다.

정나라는 인씨의 집에서 재화를 받아 진나라에 주고 인근보를 돌려주기를 청하고자 하였다. 당시 자태숙子大叔이 외교 문서를 관장하는 임무를 맡고 있어 진나라에 이를 요청하려 하였다.

그러자 자산子産이 말하였다.

"성공하지 못할 것이오. 초나라에게는 포로를 넘겨받고, 정나라로부터 재물을 받는다면 그러한 나라는 나라라고 할 수는 없습니다. 진나라는 그렇게 하지 않을 것입니다. 만약 국교 문서에 '군주께서 정나라를 위해 힘써 주신 일에 대하여 감사드립니다. 군주의 은혜가 아니었더라면 초나라 군사는 아직도 우리 도읍의 성 밑에 주둔하고 있을 것입니다'라고 써서 청하면 아마 될 수 있을 것이오."

그러나 그는 자산의 말을 듣지 않고 곧바로 청하러 떠났다.

진나라가 인근보를 돌려주지 않자 자태숙은 다시 예물을 갖추고 자산의 말대로 요청하고서야 인씨를 돌려받을 수 있었다.

【楚子】楚 康王(昭).
【雩婁】楚나라 지명. 지금의 河南 商城縣 동남쪽과 安徽 金寨縣 북쪽 경계.
【城麇】지금의 河南 西華 부근.《左傳釋地》에 "在今河南西華縣西境, 爲陳鄭境
 上邑, 故云戌也"라 함.
【皇頡】鄭나라 대부. 城麇을 지키고 있었음.
【穿封戌】楚나라 장수. 方城의 縣尹.
【公子圍】楚 共王의 아들이며 康王의 아우. 이름은 熊虔. 뒤에 靈王이 됨.
【伯州犁】晉나라 伯宗의 아들. 成公 15년에 楚나라로 망명하여 楚나라에서 실력을
 키움.
【所爭, 君子也】'그대는 군자이다'와 '다투고 있는 두 분 모두 군자이다'의
 두 가지 뜻의 해석이 있음. 그러나 미리 그에게 군자라 칭해줌으로써 자신의
 판결 의도, 즉 손을 올리고 내리는 이유를 알아차리도록 암시한 것이므로
 황힐을 군자로 여긴 것이 타당함.
【貴介】고귀한 지위.
【方城】楚나라 지명. 지금의 河南 서쪽의 方城.
【弱】'덤벼들었으나 약하여 패하고 말았다'는 뜻.
【印菫父】鄭나라 대부.
【子大叔】鄭나라 대부. 游吉. '大叔'은 '太叔'과 같음. 游販의 아우. '世叔'으로도
 불리며 公孫蠆의 아들.
【令正】辭令(외교문서)을 맡은 관직의 우두머리.
【子産】公孫僑. 子國(公孫成)의 아들. 뒤에 鄭나라의 훌륭한 宰相이 되어 孔子가
 자주 칭찬한 인물.


## ❈ 1312(襄 26-5)

公會晉人·鄭良霄·宋人·曹人于澶淵.

양공이 진晉나라 사람·정鄭나라 양소良霄·송나라 사람·조曹나라 사람과
전연澶淵에서 만났다.

【良霄】鄭나라 외교관의 이름. 伯有. 公孫輒의 아들. 杜預 注에 "良霄, 公孫輒子伯
    有也"라 함.
【澶淵】衛나라 지명. 지금의 河南 濮陽 부근.




六月, 公會晉趙武·宋向戌·鄭良霄·曹人于澶淵, 以討衛, 疆戚田.
取衛西鄙懿氏六十以與孫氏.
趙武不書, 尊公也; 向戌不書, 後也; 鄭先宋, 不失所也.
於是衛侯會之, 晉人執甯喜·北宮遺, 使女齊以先歸.
衛侯如晉, 晉人執而囚之於士弱氏.
秋七月, 齊侯·鄭伯爲衛侯故如晉, 晉侯兼享之.
晉侯賦〈嘉樂〉.
國景子相齊侯, 賦〈蓼蕭〉.
子展相鄭伯, 賦〈緇衣〉.
叔向命晉侯拜二君, 曰:「寡君敢拜齊君之安我先君之宗祧也, 敢拜
鄭君之不貳也.」
國子使晏平仲私於叔向, 曰:「晉君宣其明德於諸侯, 恤其患而補
其闕, 正其違而治其煩, 所以爲盟主也. 今爲臣執君, 若之何?」
叔向告趙文子, 文子以告晉侯.
晉侯言衛侯之罪, 使叔向告二君.
國子賦〈轡之柔矣〉, 子展賦〈將仲子兮〉, 晉侯乃許歸衛侯.
叔向曰:「鄭七穆, 罕氏其後亡者也, 子展儉而壹.」


6월, 양공이 진晉나라 조무趙武·송나라 상술向戌·정나라 양소良霄·조曹
나라 사람 등과 전연澶淵에서 만나 위衛나라를 쳐서 척戚 땅의 경계를
확정하였다.
그리고 위나라 서쪽 변경의 의씨懿氏 땅의 60정井을 빼앗아 손씨孫氏에게
주었다.

경經에 조무趙武의 이름을 쓰지 않은 것은 양공을 높였기 때문이고, 상술의 이름을 쓰지 않은 것은 그가 늦게 도착하였기 때문이며, 정나라를 송나라 앞에 쓴 것은 실수 없이 임무를 하였기 때문이다.

이때 위衛 헌공獻公도 그 모임에 참가하였으나 진晉나라가 위나라 영희甯喜와 북궁유北宮遺를 잡아 여제女齊로 하여금 그들을 데리고 먼저 돌아가도록 하였다.

위 헌공이 진나라에 가자 진나라가 그를 잡아 사약士弱의 집에 가두었다.

가을 7월, 제齊 경공景公과 정鄭 간공簡公이 위 헌공의 일로 진나라에 가자 진 평공平公이 두 임금을 위하여 연회를 열었다.

그 자리에서 평공이 〈가락嘉樂〉편을 읊었다.

그러자 제나라 대부 국경자國景子가 경공을 보좌하며 〈육소蓼蕭〉편을 읊었다.

이에 정나라 자전子展은 간공을 보좌하며 〈치의緇衣〉편을 읊었다.

이에 진나라 숙향叔向은 평공에게 제나라와 정나라의 두 임금에게 절을 하도록 하고는 이렇게 설명하였다.

"우리 임금께서는 제나라 임금께서 우리 선군들의 종묘가 편안할 것을 빌어 주신 데에 절을 하신 것이며, 또 정나라 임금께서 두 마음을 갖지 않겠다고 말씀하신 데에 절하신 것입니다."

국경자는 안평중晏平仲을 숙향에게 보내어 사사로이 이렇게 말하도록 하였다.

"진나라 임금께서는 밝은 덕을 제후들에게 넓히시고, 그들을 걱정해 주시며, 그들의 결점을 보충해 주시며, 그들의 잘못은 바로잡아 주시고, 번거로운 일을 처리해 주셔야 합니다. 이것이 맹주로서 할 일입니다. 그런데 지금 신하 하나를 위하여 나라 임금을 잡아두고 계시니 어찌된 일입니까?"

숙향이 이를 조문자趙文子에게 알리자, 조문자는 다시 평공에게 알렸다.

그러자 평공은 위 헌공의 죄를 말하면서 이를 숙향으로 하여금 제나라와 정나라의 두 임금에게 설명해 주도록 하였다.

그러자 국경자가 〈비지유의轡之柔矣〉편을 읊고, 자전이 〈장중자혜將仲子兮〉편을 읊었다. 그제야 평공은 헌공을 허락하여 보내주었다.

숙향이 말하였다.

"정鄭 목공穆公의 후손 일곱 가문 중에서 한씨罕氏가 제일 마지막에 망할 것이다. 자전은 검소하면서도 마음 씀씀이가 한결같다."


【趙武】 趙朔의 아들. 趙文子. 趙朔과 趙莊姬 사이에 난 아들. 趙氏 집안의 가장 훌륭한 아들로 자라 뒤에 晉六卿으로 자리를 굳힘. 시호는 文子. 그 후손이 戰國시대 邯鄲을 중심으로 七雄의 하나인 趙나라로 크게 발전함.

【向戌】 宋나라 대부. 그의 采邑이 '合'이었으며 벼슬이 左師였음. 그 때문에 '合左師'라고도 부름.

【良霄】 鄭나라 외교관. 伯有. 公孫輒의 아들. 杜預注에 "良霄, 公孫輒子伯有也"라 함.

【澶淵】 衛나라 지명. 지금의 河南 濮陽 부근.

【戚】 衛나라의 읍. 원래 孫氏의 采邑이었으며 孫林父가 차지하고 있었음.

【懿氏】 懿氏는 땅 이름.《一統志》에 "在今河北濮陽縣北五十七里"라 하였음.

【六十】 60井. 혹은 60邑. 4井이 1邑이었음.

【衛侯】 前年에 殤公(剽)이 甯喜에게 시해되고 獻公(衎)이 복위하여 後元 元年이었음.

【甯喜】 衛나라 대부. 甯殖(惠子)의 아들. 시호는 悼子. 甯殖이 襄公 14년 孫林父와 함께 衛 獻公(衎)을 齊나라로 나가도록 하였음. 이에 獻公이 그 아들 甯喜에게 자신의 귀국을 허락해 줄 것을 부탁한 것. 甯喜는 뒤에 殤公(公孫剽)을 시해하고 獻公을 맞아들임.

【北宮遺】 衛나라 대부. 北宮括의 아들. 시호는 成子.

【女齊】 晉나라 대부. 女叔侯, 司馬侯.

【士弱】 士莊子. 士渥濁의 아들. 晉나라 대부. 士莊伯으로도 부름. 衛 獻公을 그의 집에 가둠. 두예 주에 "士弱, 晉主獄大夫"라 함.

【齊侯】 당시 齊나라 군주는 景公(杵臼)으로 即位 원년이었음.

【鄭伯】 簡公(嘉). 재위 19년째였음.

【晉侯】 平公(彪). 盟主(霸者)로써 재위 11년째였음.

【嘉樂】《詩經》大雅의 편명. '假樂'이라고도 하며 "假樂君子, 顯顯令德. 宜民宜人, 受祿于天. 保右命之, 自天申之. 干祿百福, 子孫千億. 穆穆皇皇, 宜君宜王. 不愆 不忘, 率由舊章. 威儀抑抑, 德音秩秩. 無怨無惡, 率由群匹. 受福無疆, 四方之綱. 之綱之紀, 燕及朋友. 百辟卿士, 媚于天子. 不解于位, 民之攸墍"라 하였으며 이는 군주와 백성이 서로 화락하여 하늘의 복을 받는다는 뜻을 노래한 것으로, 여

기에서 晉 平公이 齊·鄭나라 두 군주의 덕을 의례적으로 칭송하는 의미로 이 시를 읊은 것임.

【國景子】齊나라 卿. 國弱. 시호는 景子.

【蓼蕭】《詩經》蓼蕭篇에 "蓼彼蕭斯, 零露湑兮. 旣見君子, 我心寫兮. 燕笑語兮, 是以有譽處兮. 蓼彼蕭斯, 零露瀼瀼. 旣見君子, 爲龍爲光. 其德不爽, 壽考不忘. 蓼彼蕭斯, 零露泥泥. 旣見君子, 孔燕豈弟. 宜兄宜弟, 令德壽豈. 蓼彼蕭斯, 零露濃濃. 旣見君子, 儵革沖沖. 和鸞雝雝, 萬福攸同"이라 함. '蓼'는 '륙'으로 읽음. 이 시는 쑥이 이슬의 덕으로 자라듯이 臣民이 군주의 덕으로 행복하다는 뜻. 이로써 진나라가 평안함을 찬양하고, 진나라 군주의 은혜로 여러 나라가 안락함을 감사한 것임. 동시에 위 헌공도 그러한 혜택을 받게 해달라는 뜻으로 읊은 것임.

【子展】公孫舍之. 鄭나라 대부. 子罕의 아들. 시호는 桓子.

【緇衣】《詩經》鄭風 緇衣篇에 "緇衣之宜兮, 敝, 予又改爲兮. 適子之館兮, 還, 予授子之粲兮. 緇衣之好兮, 敝, 予又改造兮. 適子之館兮, 還, 予授子之粲兮. 緇衣之蓆兮, 敝, 予又改作兮. 適子之館兮, 還, 予授子之粲兮"라 하였음. 이는 齊 桓公과 아들 武公이 대를 이어 周나라 경사卿士가 되어 공을 세웠음을 찬양한 시. 鄭 簡公이 이 시로 晉 平公이 패자로서 천자를 잘 도와 나라와 백성들을 편안케 하고 있음을 찬양하고, 옛날의 환공과 무공이 천자를 도운 것처럼 자신도 평공을 돕겠다는 뜻을 나타낸 것임.

【叔向】晉나라 대부. 叔肸. 羊舌肸, 자는 叔肸, 혹 叔譽.

【晏平仲】齊나라의 賢人. 이름은 嬰, 平仲은 그의 字. 그는 晏弱(桓子)의 아들로 晏子라 불림. 그의 言行錄《晏子春秋》가 전함.

【衛侯之罪】衛나라가 진나라 수비병 3백 명을 죽인 것을 말함.

【轡之柔矣】逸詩. 지금의 《詩經》에 들어 있지 않으나 《逸周書》大子晉篇에 "馬之剛矣, 轡之柔矣. 馬亦不剛, 轡亦不柔. 志氣麃麃, 取予不疑"라 인용되어 있음. 한편 杜預 注에는 "逸詩. 見《周書》, 義取寬政以安諸侯, 若柔轡之御剛馬"라 함. 즉 부드러운 고삐일수록 강한 말을 잘 다룰 수 있듯이 평공이 제후들을 어루만져 줄 것을 기대한다는 뜻으로 국경자가 읊은 것임.

【將仲子兮】《詩經》鄭風 將仲子篇에 "將仲子兮, 無踰我里, 無折我樹杞. 豈敢愛之, 畏我父母. 仲可懷也, 父母之言, 亦可畏也. 將仲子兮, 無踰我牆, 無折我樹桑. 豈敢愛之, 畏我諸兄. 仲可懷也, 諸兄之言, 亦可畏也. 將仲子兮, 無踰我園, 無折我樹檀. 豈敢愛之, 畏人之多言. 仲可懷也, 人之多言, 亦可畏也"라 하였음. 이 시는 세상 사람들의 평판을 무시할 수 없으니, 사람들에게 언급되는 것을

주의해야 한다는 내용이 들어 있음. 子展은 이 시를 읊어 晉 平公이 孫林父 하나를 위하여 위 헌공을 잡아두고 있다는 나쁜 평을 받지 않도록 해야 함을 충고한 것. 杜預 注에 "將仲子, 詩鄭風. 義取衆言可畏, 衛侯雖別有罪, 而衆人 猶謂晉爲臣執君"이라 함.

【七穆】杜預 注와 孔穎達 疏에 의하면 穆公에게는 11명의 아들이 있었으며 그중 자연, 자공, 사자공은 이미 망하고, 자우는 경이 되지 못하였으며 나머지 7명의 아들이 후손을 이루어 당시까지 이어오고 있다고 하였음. 이에 따라 子展(公孫 舍之)은 罕氏, 子西(公孫夏)는 駟氏, 子産(公孫僑)은 國氏, 伯有(良霄)는 良氏, 子大叔(游吉)은 游氏, 伯石公(孫段)은 豐氏, 子石(印段)은 印氏가 되어 이들을 칠목이라 불렀다 함.

【壹】마음 씀씀이가 한결같음. 杜預 注에 "子展, 鄭子罕之子. 居身儉而用心壹" 이라 함.


## ❋ 1313(襄26-6)

秋, 宋公殺其世子痤.

가을, 송공宋公이 그의 세자 좌痤를 죽였다.

【宋公】당시 宋나라 군주는 平公(成)으로 재위 29년째였음.
【痤】宋 平公의 아들. 당시 宋나라 世子. 자세한 내용은 傳을 볼 것.《穀梁傳》 에는 '座'로 되어 있음.


⑱

初, 宋芮司徒生女子, 赤而毛, 棄諸堤下, 共姬之妾取以入, 名之曰棄.
長而美, 平公入夕, 共姬與之食.
公見棄也, 而視之, 尤.
姬納諸御, 嬖, 生佐, 惡而婉.

大子痤美而很, 合左師畏而惡之.

寺人惠牆伊戾爲大子內師而無寵.

秋, 楚客聘於晉, 過宋.

大子知之, 請野享之, 公使往.

伊戾請從之.

公曰:「夫不惡女乎?」

對曰:「小人之事君子也, 惡之不敢遠, 好之不敢近, 敬以待命, 敢有貳心乎? 縱有共其外, 莫共其內, 臣請往也.」

遣之.

至, 則欿, 用牲, 加書, 徵之, 而騁告公, 曰:「大子將爲亂, 旣與楚客盟矣.」

公曰:「爲我子, 又何求?」

對曰:「欲速.」

公使視之, 則信有焉.

問諸夫人與左師, 則皆曰:「固聞之.」

公囚大子.

大子曰:「唯佐也能免我.」

召而使請, 曰:「日中不來, 吾知死矣.」

左師聞之, 聒而與之語.

過期, 乃縊而死.

佐爲大子.

公徐聞其無罪也, 乃亨伊戾.

左師見夫人之步馬者, 問之.

對曰:「君夫人氏也.」

左師曰:「誰爲君夫人? 余胡弗知?」

圉人歸, 以告夫人.

夫人使饋之錦與馬, 先之以玉, 曰:「君之妾棄使某獻.」

左師改命曰:「君夫人.」

而後再拜稽首受之.

당초, 송宋나라 예사도芮司徒가 딸을 낳았는데 붉은 몸에 털이 많아 불길하다 여겨 제방 아래에 버렸다. 그런데 공공共公 부인 공희共姬의 시녀가 그 아이를 주워 궁중으로 데려와 기르면서 이름을 기棄라 하였다.

그 아이는 자라나면서 아름다워졌다.

어느 날 평공平公이 어머니 공희에게 저녁 인사를 드리면서 들어가 함께 식사를 하게 되었다.

그때 평공은 기를 보고 눈여겨보면서 아름답다 여겼다.

공희는 기를 들여보내어 평공의 시중을 들도록 하여 총애를 받아 좌佐를 낳았는데 좌는 얼굴은 못생겼지만 마음씨는 고왔다.

한편 태자 좌痤는 잘생겼으나 성격이 포악하여 합合 땅의 좌사左師는 태자를 두려워하면서도 미워하였다.

그리고 시인寺人 혜장이려惠將伊戾는 내사內師였으나 태자의 총애를 받지는 못하고 있었다.

가을, 초楚나라 사신이 진晉나라를 예방하러 가는 길에 송나라를 통과하게 되었다.

태자는 그 사신을 전부터 알고 있었으므로 그를 교외에서 맞이하여 잔치를 열어 대접하겠노라 청하자 평공이 이를 허락하여 가서 그렇게 하도록 하였다.

내시 이려伊戾가 태자를 따라가기를 청하자 평공이 말하였다.

"태자는 너를 싫어하지 않느냐?"

그러자 이려가 대답하였다.

"소인의 군자 섬김에 있어서는 미움을 받더라도 감히 멀리해서는 안 되며, 총애를 받더라도 감히 지나치게 가까이 해서는 안 되는 것입니다. 그저 공경하여 명령을 기다리는 것이니 어찌 감히 두 마음을 가질 수 있겠습니까? 비록 밖에서 그를 받들 사람들이야 있겠지만 안에서 받들 사람은 없으니 제가 따라가기를 청합니다."

이리하여 평공은 그를 보내주었다.

이에 이려는 교외로 나가자 구덩이를 파고 희생물을 묻은 다음 그 위에 맹약의 문서를 올려놓고 증거를 꾸며놓았다. 그리고는 수레를 몰아 달려가 평공에게 이렇게 고하였다.

"태자가 난을 일으키려 합니다. 이미 초나라에서 온 사람과 맹약을 맺었습니다."

평공이 말하였다.

"나의 태자가 되었는데 다시 무엇을 더 바라기에 그렇게 하였다는 것이냐?"

이려가 말하였다.

"빨리 임금이 되고 싶어서 그러는 것입니다."

평공이 사람을 보내어 살펴보게 하였더니 과연 그 증거가 있었다.

이를 부인夫人과 좌사에게 물었더니 모두가 이렇게 말하는 것이었다.

"진실로 그러한 소문을 들은 적이 있습니다."

평공은 태자를 잡아 가두었다.

태자가 말하였다.

"오직 좌만이 나를 능히 풀려나게 해 줄 수 있을 것이다."

그리고는 좌를 불러 임금께 청원해 줄 것을 부탁하며 이렇게 말하였다.

"정오가 될 때까지 네가 오지 않으면 나는 살아남지 못한다는 것을 알겠노라."

좌사가 이를 듣고 공자 좌를 만나 온갖 이야기로 시간을 끌었다.

결국 정오를 넘기게 되자 태자는 목을 매어 자결하고 말았다.

좌가 태자가 되었다.

평공은 차츰 죽은 태자에게는 죄가 없다는 사실을 소문으로 듣고 이에 이려를 삶아 죽여버렸다.

좌사가 부인의 말을 끌고 걸어가는 자를 보고는 물었다.

그가 대답하였다.

"군주 부인의 말입니다."

좌사가 물었다.

"누가 군주 부인이냐? 군주의 부인이라면 내가 어찌 모르겠는가?"

그자가 돌아가 부인에게 알렸다.

부인은 사람을 시켜 비단과 말을 보내고 이에 앞서 옥을 선물하면서 이렇게 말을 전하도록 하였다.

"군주의 첩인 기棄는 아무개를 시켜 이를 바칩니다."

그제야 좌사는 '군주의 부인이십니다'라 고쳐 말하고는 재배하고 머리를 땅에 조아리며 이를 받았다.


【芮司徒】 宋나라 대부. 원래 芮는 작은 나라 이름으로 뒤에 성씨가 됨. 《通志》 氏族略(2)에 "芮氏, 周同姓國, 以國爲氏. 其後有芮伯萬, 齊世家載齊景公妾有芮姬"라 함.

【共姬】 宋 共公(固)의 夫人. 伯姬. 平公의 어머니.

【棄】 고대 棄兒 전설에 다시 주워 기른 아이는 대체로 이름을 '棄'로 삼았음. 周나라 시조 后稷 역시 이름이 棄(姬棄)였음. 본문에는 뒤에 平公의 총애를 입어 佐(뒤에 元公이 됨)를 낳아 '夫人'이라 칭해진 여인.

【平公】 宋 平公(成). 共公(固)와 伯姬 사이에 난 아들로 共公을 이어 B.C.575∼532년까지 44년간 재위하고 棄가 낳은 아들 佐가 그 뒤를 이어 元公이 됨.

【入夕】 저녁 때 어머니께 들어가 문안을 드리고 식사에 배석함.

【尤】 특이한 美物. 지극히 아름다운 여자를 가리키는 말. 《莊子》 徐無鬼篇에 "夫子, 物之尤也"라 하였고, 昭公 28년 傳에 "夫有尤物, 足以移人"이라 함.

【佐】 平公과 棄 사이에 난 아들. 뒤에 宋 元公이 되어 B.C.531∼517년까지 15년간 재위하고 景公(欒)으로 이어짐.

【大子痤】 宋 平公의 태자. 大子는 太子와 같음. 合左師(向戌)와 환관 惠牆伊戾의 모함을 받아 자결함.

【合左師】 向戌. 그의 采邑이 '合'이었으며 벼슬이 左師였음. 그 때문에 '合左師'라 부른 것임. '合'은 지금의 山東 棗莊市와 江蘇 沛縣 사이였다 함. 左師는 벼슬 이름으로 右師와 함께 宋나라 최고 관직이었음.

【寺人】 '시인'으로 읽으며 奄人. 즉 內侍, 宦官. 태자를 모시던 내시.

【惠牆伊戾】 내시관 우두머리의 이름. 惠牆은 氏. 伊戾는 이름.

【內師】 내시의 우두머리.

【夫不惡女乎】 '夫'는 인칭대면사로 그(彼), 태자를 가리킴. '女'는 '汝'와 같음.

【有共其外】 '共'은 '供'과 같음. '모시다'의 뜻.

【欲速】 杜預 注에 "言欲速得公位"라 함.

【夫人】 棄를 가리킴. 杜預 注에 "夫人, 佐母棄也"라 함. '夫人'은 궁중 비빈의 칭호.

【聒】 끝없이 말을 이어감. 시간을 지체하기 위하여 그를 붙잡고 말을 끊지 않음.

【亨】烹(팽)과 같음. 烹刑에 처함.

【步馬】말을 운동시키기 위한 것. '溜馬'라고도 함.《漢書》貢禹傳에 "廐馬食粟, 苦其肥大, 氣盛怒至, 乃日步作之"라 함.

【誰爲君夫人】向戌은 첩의 신분에 佐를 낳아 득세한 棄를 '군부인'이라 부를 정도가 아니며 비천한 출신임을 비꼰 것. 자신이 조종하여 태자(痤)를 죽이고 그의 아들 佐가 태자가 되도록 해 주었으므로 자신을 높이 보고 아울러 뇌물을 바칠 것을 은근히 기대하고 있던 터라 마부가 '군부인'이라고 부른 것을 빌미로 모욕을 준 것.

【圉人】말을 다루는 자. 步馬(溜馬)를 행하고 있던 자.


傳

鄭伯歸自晉, 使子西如晉聘.
辭曰:「寡君來煩執事, 懼不免於戾, 使夏謝不敏.」
君子曰:「善事大國.」


　정鄭 간공簡公은 진晉나라로에서 본국으로 돌아가자 자서子西로 하여금 진나라를 예방하도록 하였다.

　자서는 이렇게 사례하였다.

　"지난번에 우리 임금께서 오셔서 집사執事들을 번거롭게 하였습니다. 그 허물을 면할 수 없음을 두려워하시어 저로 하여금 불민不敏함을 사과하도록 하셨습니다."

　군자는 이렇게 말하였다.

　"큰 나라를 훌륭히 잘 섬겼다."


【鄭伯】鄭 簡公(嘉). 재위 19년째였음.

【子西】鄭나라 대부. 이름은 夏. 子夏라고도 부름.

【戾】잘못, 허물. 죄. 杜預 注에 "言自懼失敬於大國而得罪"라 함.

傳

初, 楚伍參與蔡大師子朝友, 其子伍舉與聲子相善也.

伍舉娶於王子牟, 王子牟爲申公而亡, 楚人曰:「伍舉實送之.」

伍舉奔鄭, 將遂奔晉.

聲子將如晉, 遇之於鄭郊, 班荊相與食, 而言復故.

聲子曰:「子行也, 吾必復子.」

及宋向戌將平晉・楚, 聲子通使於晉, 還如楚.

令尹子木與之語, 問晉故焉, 且曰:「晉大夫與楚孰賢?」

對曰:「晉卿不如楚, 其大夫則賢, 皆卿材也. 如杞梓・皮革, 自楚往也. 雖楚有材, 晉實用之.」

子木曰:「夫獨無族・姻乎?」

對曰:「雖有, 而用楚材實多. 歸生聞之:『善爲國者, 賞不僭而刑不濫.』賞僭, 則懼及淫人; 刑濫, 則懼及善人. 若不幸而過, 寧僭, 無濫. 與其失善, 寧其利淫. 無善人, 則國從之.《詩》曰『人之云亡, 邦國殄瘁』, 無善人之謂也. 故〈夏書〉曰『與其殺不辜, 寧失不經』, 懼失善也. 〈商頌〉有之曰:『不僭不濫, 不敢怠皇. 命于下國, 封建厥福』, 此湯所以獲天福也. 古之治民者, 勸賞而畏刑, 恤民不倦. 賞以春夏, 刑以秋冬. 是以將賞, 爲之加膳, 加膳則飫賜, 此以知其勸賞也. 將刑, 爲之不舉, 不舉則徹樂, 此以知其畏刑也. 夙興夜寐, 朝夕臨政, 此以知其恤民也. 三者, 禮之大節也. 有禮, 無敗. 今楚多淫刑, 其大夫逃死於四方, 而爲之謀主, 以害楚國, 不可救療, 所謂不能也. 子儀之亂, 析公奔晉, 晉人寘諸戎車之殿, 以爲謀主. 繞角之役, 晉將遁矣, 析公曰:『楚師輕窕, 易震蕩也. 若多鼓鈞聲, 以夜軍之, 楚師必遁.』晉人從之, 楚師宵潰. 晉遂侵蔡, 襲沈, 獲其君, 敗申・息之師於桑隧, 獲申麗而還. 鄭於是不敢南面. 楚失華夏, 則析公之爲也. 雍子之父兄譖雍子, 君與大夫不善是也, 雍子奔晉, 晉人與之鄐, 以爲謀主. 彭城之役, 晉・楚遇於靡角之谷. 晉將遁矣, 雍子發命於軍曰:『歸老幼, 反孤疾, 二人役, 歸一人. 簡兵蒐乘, 秣馬蓐食, 師陳焚次, 明日將戰.』行歸者, 而逸楚囚. 楚師宵潰. 晉降彭城而歸諸宋, 以魚石歸. 楚失東夷, 子辛死之, 則雍子之爲也. 子反與子靈爭夏姬, 而雍害其事, 子靈奔晉, 晉人與之邢, 以爲謀主, 扞禦北狄, 通吳於晉, 敎吳叛楚, 敎之乘車, 射御·驅侵, 使其子狐庸爲吳行人焉. 吳於是伐巢·取駕· 克棘·入州來. 楚罷於奔命, 至今爲患, 則子靈之爲也. 若敖之亂, 伯賁 之子賁皇奔晉, 晉人與之苗, 以爲謀主. 鄢陵之役, 楚晨壓晉軍而陳. 晉將遁矣, 苗賁皇曰:『楚師之良在其中軍王族而已, 若塞井夷竈, 成陳以當之, 欒·范易行以誘之, 中行·二郤必克二穆, 吾乃四萃於 其王族, 必大敗之.』晉人從之, 楚師大敗, 王夷·師熠, 子反死之. 鄭叛·吳興, 楚失諸侯, 則苗賁皇之爲也.」

　　子木曰:「是皆然矣.」

　　聲子曰:「今又有甚於此者. 椒擧娶於申公子牟, 子牟得戾而亡, 君大夫謂椒擧:『女實遣之.』懼而奔鄭, 引領南望, 曰:『庶幾赦余.』 亦弗圖也. 今在晉矣. 晉人將與之縣, 以比叔向. 彼若謀害楚國, 豈不 爲患?」

　　子木懼, 言諸王, 益其祿爵而復之.

　　聲子使椒鳴逆之.


　　이에 앞서, 초楚나라 오삼伍參은 채蔡나라 태사太師 자조子朝와 친구였고, 그 아들 오거伍擧는 자조의 아들 성자聲子와 가까운 사이였다.

　　오거는 초나라 왕자 모牟의 딸을 부인으로 맞이하였는데, 왕자 모가 신공申公이 되었으나 죄를 짓고 국외로 망명하자 초나라 사람들은 이렇게 수군거렸다.

　　"오거가 왕자 모를 무사히 망명시킨 것이다."

　　이리하여 오거는 정鄭나라로 달아났다가 다시 진晉나라로 달아나려 하였다.

　　채나라 성자가 진나라에 갔다가 오거를 정나라 교외에서 만나자 형초荊草를 깔고 앉아 함께 식사를 하면서 그의 복귀에 대하여 상의하였다.

　　성자가 말하였다.

　　"그대는 진나라에 가 있게. 내가 반드시 그대를 초나라로 돌아갈 수 있도록 해 주겠네."

송나라 상술向戌이 장차 진晉나라와 초楚나라의 화평을 꾀하고 있었다. 성자는 그 일의 사신이 되어 진나라에 갔다가 다시 초나라로 가게 되었다.

초나라 영윤인 자목子木이 성자에게 진나라의 사정을 묻고 나서 다시 이렇게 물었다.

"진나라 대부들과 초나라 대부들을 비교하면 어느 쪽이 더 낫습니까?"

성자가 대답하였다.

"진나라 경卿들은 초나라만 못하지요. 그 대부들이라면 현명하여 모두 경이 될 인재들입니다. 마치 기杞나무나 재梓나무, 또는 피혁 등이 초나라에서 진나라로 들어가는 것처럼 초나라 인재들이 진나라로 가고 있습니다. 초나라에 비록 인재가 있다 하더라도 사실 이들을 쓰고 있는 곳은 진나라입니다."

그러자 자목이 다시 물었다.

"그럼 진나라에는 공족公族이나 인척이 없단 말인가요?"

성자가 대답하였다.

"비록 있다 해도 초나라 출신의 인재를 등용하는 일이 실로 많습니다. 제(歸生)가 듣기로 '나라의 정치를 잘하는 자는 포상을 마구 넘나들지 않으며 형벌을 함부로 쓰지 않는다'라 하였습니다. 포상이 마구 넘나들면 엉뚱한 자가 상을 받게 될 것이며, 형벌이 함부로 쓰이면 착한 사람까지 그렇게 될까 두렵지요. 만약 불행히도 지나친 경우가 있더라도 차라리 포상을 불공정하게 할지언정 형벌은 마구 내리지 말아야 할 것입니다. 그리고 착한 사람을 잃느니 차라리 옳지 못한 사람이 이익을 받는 것이 낫겠지요. 나라에 착한 사람이 없게 되면 나라의 운수도 그에 따라 망하게 됩니다. 《시》에 '사람이 망하게 되면 나라도 지쳐 망하게 된다'라 하였으니 이는 나라에 착한 사람이 없음을 말한 것입니다. 그 때문에 〈하서夏書〉에 '무고한 사람을 죽이느니 차라리 법을 제대로 쓰지 못하는 편이 낫다'라 하였습니다. 이는 착한 사람을 잃게 됨을 걱정한 것입니다. 〈상송商頌〉에 '포상을 공정히 내리고 형벌을 함부로 쓰지 않으며, 정치에 감히 게으름이 없도다. 하늘이 이 작은 나라에 명하시되 천자가 되어 제후를 세워 큰 복 누리도록 하라 하셨네'라 하였습니다. 이는 상商나라 탕湯임금이 천복天福을 얻게 된 까닭입니다. 옛날 백성을 다스리는 자는 상 받을 일을 권하고 형벌 내리기를 두려워하였으며, 백성들을 불쌍히 여겨 돌보기를 게을리 하지 않았습니다. 포상은 봄여름에 행하고 형벌은 가을 겨울에 행하였습니다. 이로써 장차 포상을 내리게 되면 푸짐하게 음식을 더하여 차렸으니 이렇게 더하여 차리게 되면 남은 것을 남에게 나누어 줄 수가 있습니다. 이로써 상 받을 일을 권장하였음을 알 수 있습니다. 그리고 장차 형벌을 가할 때는 임금 자신이 먹는 음식을 제대로 차리지 않았습니다. 음식을 제대로 차리지 않았으니 음악도 그치게 되었습니다. 이로써 형벌을 가하는 것을 두려워 하였음을 알 수 있습니다. 아침 일찍 일어나고 저녁 늦게 잠자리에 들면서 조석으로 정치에 힘썼으니 이로써 그 백성을 잘 불쌍히 여겨 돌보았음을 알 수 있습니다. 이 세 가지는 예禮의 큰 근본입니다. 예의가 있으면 실패가 없습니다. 지금 초나라에는 부당한 형벌이 많아 대부들이 죽음을 피해 사방으로 달아나 그 망명해 있는 나라 임금을 위해 모책을 짜면서 조국 초나라를 해치고 있어 가히 구제하거나 치료할 수가 없습니다. 이 때문에 초나라가 인재를 능히 쓰지 못한다고 말하는 것입니다.

자의子儀의 난에 석공析公이 진晉나라로 달아나자 진나라에서는 그를 군주의 전차 뒤에 태우고 그 임금을 위해 모책을 짜도록 하였습니다. 그리 하여 요각繞角 전투에서 진나라가 장차 물러나려 하자 석공이 '초나라 군사는 경솔하여 쉽게 겁을 먹고 갈팡질팡하는 이들입니다. 만약 많은 북을 울려 소리를 요란하게 내면서 밤에 공격을 가하면, 초군은 틀림없이 물러날 것입니다'라고 일러주었지요. 진나라가 그의 말을 따르자 과연 초나라 군사는 그날 밤에 무너지고 말았습니다. 그 덕분에 진나라 군사는 드디어 채나라를 치고 심沈나라를 습격하여 그 군주를 사로잡을 수 있었고, 신申과 식息 군사를 상桑의 좁은 길목에서 쳐서 초나라 대부 신리申麗를 붙잡아 돌아갔던 것입니다. 이에 정나라는 감히 남쪽의 초나라를 바라보지 않게 되었고 초나라는 중원을 잃게 된 것이니 이는 석공이 그렇게 한 것 이었습니다.

옹자雍子 부형들이 옹자를 모함하였을 때, 임금과 대부들은 옹자를 잘 대해주지 않았습니다. 그러자 옹자가 진晉나라로 달아났고, 진나라에서는

그에게 축郕 땅을 주어 모책을 짜는 주동으로 삼았습니다. 이에 팽성彭城의
전투에서 진나라와 초나라 군사들이 미각靡角의 협곡에서 마주치자 진나라
군사들이 달아나려 하였습니다. 그때 옹자는 진군에게 '늙은 군졸과 어린
군졸은 돌려보내고, 아버지가 없는 자와 병든 자를 돌려보내며, 한 집에서
두 사람이 징병된 경우는 그 가운데 한 사람은 돌려보낸다. 무기를 각자
선택하고, 전차를 잘 손질하며, 말에게 먹이를 먹이고, 병사들은 잠자리에서
식사를 들고, 진열을 잘 정동하고 머물렀던 자리의 모든 것은 불에 태워
없애라. 내일은 전투가 벌어질 것이다'라고 명령을 내렸습니다. 그리고 그는
돌아가야 할 사람들을 다 보내놓고 초나라 포로들도 알아서 도망가도록
하였습니다. 초나라 군사들은 과연 그날 밤에 무너지고 말았습니다. 이에
진나라 군사들은 팽성의 항복을 받아 그 땅을 송나라에게 돌려주고
그곳을 점거하고 있던 어석魚石을 잡아 데리고 돌아갔습니다. 이로써
초나라는 동이東夷를 잃게 되었으며 자신子辛이 죽고 말았으니 이는 옹자가
그렇게 한 것이었습니다.

　자반子反과 자령子靈이 하희夏姬를 두고 다투어 자반이 그 일을 막아
방해하자 자령은 진나라로 달아났습니다. 진나라에서는 그에게 형邢 땅을
주어 계략의 모책을 꾸미는 주도자로 삼았습니다. 그리하여 그는 북적北狄을
막아내고 오나라를 진나라와 통하게 하여 오나라로 하여금 초나라를
배반하도록 하였습니다. 그리고 그들에게 전차 타기와 활쏘기를 가르쳐
초나라를 침공하도록 하고, 자신의 아들 호용狐庸을 오나라의 행인이
되도록 하였습니다. 이리하여 오나라는 소巢를 치고, 가駕를 쳐서 빼앗았
으며, 극棘을 쳐 이기고, 주래州來로 쳐들어갔습니다. 초나라 군사들은
명령을 받고 사방으로 적을 막기에 바빠 피로에 지쳐 지금까지도 환난이
되고 있으니 이는 자령이 그렇게 한 것입니다.

　약오若敖의 난에 백분伯賁의 아들 분황賁皇이 진나라로 달아나자 진나라
에서는 그에게 묘苗 땅을 주어 모책을 짜는 주도자로 삼았습니다. 그리하여
언릉鄢陵의 전투에서 초나라가 새벽에 군사를 출동시켜 진을 치자 진나라
군사들이 달아나려 하였습니다. 그러자 묘분황苗賁皇이 '초나라 군사들 중에
정예부대는 중군에 있는 왕족들뿐이다. 만약 군진의 우물을 모두 묻어

버리고 부뚜막을 모두 덮어버리고 나서 진열을 이루어 맞선면서 난씨欒氏와 범씨范氏가 대열을 바꾸어가며 적을 유인한다면 중항씨中行氏와 이극二郤은 틀림없이 초나라 이목二穆을 쳐 이길 수 있을 것이며, 그때 우리가 네 방향에서 왕족을 공격한다면 틀림없기 그들을 패배시킬 수 있다'라고 하였습니다. 진나라가 그의 말대로 하자 초군은 대패하였고 초나라 왕은 부상을 입었고 군사들은 불태워지고 말았으며, 자반子反이 전사하였습니다. 그러자 정나라는 초나라에게 등을 돌리게 되었고 오나라는 흥기하여, 초나라는 제후들을 잃게 되었습니다. 이는 바로 묘분황이 그렇게 한 것이었습니다.”

자목이 말하였다.

“그것은 모두 그렇군요.”

성자가 말하였다.

“지금은 이보다 더 심한 경우가 있습니다. 초거椒擧는 신공申公 모牟의 딸을 아내로 맞았고, 공자 모는 죄를 짓고 국외로 망명하였습니다. 그러자 임금과 대부들이 초거에게 ‘그대가 그를 내보냈다’라고 하자 초거는 두려워 정나라로 도망하여 목을 빼고 남쪽 고국을 바라보며 ‘제발 나를 용서해 주기를’하고 있지만 초나라에서는 그를 위한 아무런 계책은 세우지도 않고 있습니다. 그는 지금 진나라에 있습니다. 진나라에서 장차 그에게 읍을 하나 주어 숙향叔向과 짝을 삼으려 하고 있습니다. 만약 그가 모책을 세워 초나라에게 해코지를 하고자 한다면 이 어찌 큰 근심거리가 되지 않겠습니까?”

자목이 두려워하며 이를 왕에게 알리자 왕은 오거의 봉록과 관작을 더 높여주면서 그를 복귀시켰다.

이에 성자는 오거 아들 초명椒鳴으로 하여금 아버지 오거를 맞이하도록 하였다.


【伍參】楚나라 대부. 伍擧(椒擧)의 아버지이며 伍子胥의 증조할아버지.

【子朝】蔡나라 태사. 蔡 文公의 아들이며 蔡 景公의 아우.

【伍擧】伍氏의 채읍이 椒 땅이어서 椒擧로도 부르며 伍參의 아들. 伍子胥의 할아버지.

【聲子】蔡나라 太師 子朝의 아들 子家. 公孫歸生. 시호는 聲子.

【王子牟】楚나라 왕자. 뒤에 申 땅을 받아 申公, 申公子牟라고도 부름. 申은 지금의 河南 汜水縣.

【班荊】형은 풀이름. 풀을 꺾어 자리를 마련함. 班은 布(佈, 鋪)와 같음.

【向戌】宋나라 대부. 그의 采邑이 '合'이었으며 벼슬이 左師였음. 그 때문에 '合左師'라고도 부름. '合'은 지금의 山東 棗莊市와 江蘇 沛縣 사이였다 함.

【子木】屈建. 屈到의 아들. 楚나라 莫敖(大將軍)를 거쳐 令尹에 오름.

【杞梓】杞와 梓는 나무 이름. 기구나 가구를 만드는 데 쓰는 훌륭한 목재.

【淫】邪惡한 자. 《禮記》 坊記에 "刑以防淫"이라 하였고, 《呂氏春秋》 古樂篇에 "有正有淫矣"라 함.

【夫獨無族姻乎】진나라에는 공족과 인척이 많은데 그 가운데에 인재가 없느냐는 뜻이 있음.

【寧僭, 無濫】이는 《荀子》 致士篇에 인용되어 있음.

【詩】《詩經》 大雅 瞻仰篇에 "天何以刺, 何神不富. 舍爾介狄, 維予胥忌. 不弔不祥, 威儀不類. 人之云亡, 邦國殄瘁. 天之降罔, 維其優矣. 人之云亡, 心之憂矣. 天之降罔, 維其幾矣. 人之聞亡, 心之悲矣"라 함.

【夏書】《尙書》 大禹謨篇에 "皐陶曰:「帝德罔愆, 臨下以簡, 御衆以寬, 罰弗及嗣, 賞延于世, 宥過無大, 刑故無小, 罪疑惟輕, 功疑惟重, 與其殺不辜, 寧失不經, 好生之德, 洽于民心, 玆用不犯于有司.」"라 함. 《說苑》 貴德篇에도 전재되어 있음.

【商頌】《詩經》 商頌 殷武篇에 "天命多辟, 設都于禹之績. 歲事來辟, 勿予禍適, 稼穡匪解. 天命降監, 下民有嚴. 不僭不濫, 不敢怠遑. 命于下國, 封建厥福. 商邑翼翼, 四方之極. 赫赫厥聲, 濯濯厥靈. 壽考且寧, 以保我後生. 陟彼景山, 松柏丸丸. 是斷是遷, 方斲是虔. 松桷有梴, 旅楹有閑, 寢成孔安"이라 함.

【子儀之亂】文公 14년을 볼 것.

【析公】析 고을의 통치자. 이름은 알 수 없음. 析은 지금의 河南 西部 內鄕 부근.

【繞角之役】成公 6년을 볼 것.

【沈】子儀之亂에 晉나라 沈을 습격하여 그곳 수령 沈子揖初를 사로잡음. 沈子에 대해서는 成公 8년 傳을 볼 것.

【雍子】楚나라 대부.

【鄐】지금의 河南 修武縣과 溫縣 사이. 昭公 14년 傳에 "邢侯與雍子爭鄐田"이라 함.

【彭城之役】成公 18년을 볼 것. 彭城은 宋나라 지명. 지금의 江蘇 徐州市.

【魚石】宋나라 대부. 成公 15년(B.C.576) 楚나라로 도망갔다가 楚나라 힘을 빌려 彭城을 점거했던 인물. 襄公 元年 傳을 볼 것.

【子辛】이름은 壬夫. 楚나라 공자. 子反(側)의 아우. 그러나 子辛은 이 전투에서 죽은 것이 아니라 襄公 5년 초나라에게 살해된 것임.

【子反】子反과 子靈이 夏姬를 두고 다툰 일은 成公 2년을 볼 것. 子反은 鄢陵之戰에서 전사함.

【子靈】巫臣. 한때 申尹을 지내어 申公巫臣으로도 부름. 屈氏로써 屈巫로도 부름.

【雍害】'壅害'와 같음. 가로막아 해를 입힘.

【狐庸】屈狐庸. 子靈(屈巫)의 아들. 아버지가 吳나라 行人으로 삼아주었음. 成公 7년을 볼 것.

【駕】지금의 安徽 無爲縣. 成公 17년과 襄公 3년을 볼 것.

【州來】지금의 安徽 鳳臺縣. 성공 7년을 볼 것.

【棘】지금의 河南 永城縣.

【若敖之亂】宣公 4년을 볼 것.

【伯賁】宣公 4년에는 '伯棼'으로 표기하였음.

【苗】지금의 河南 濟源縣 서쪽.

【苗賁皇】伯賁(伯棼)의 아들. 苗 땅을 받아 苗賁皇이라 부른 것.

【鄢陵之役】成公 16년을 참고할 것.

【欒·范】당시 晉나라 中軍將이었던 欒書와 中軍佐였던 士燮.

【中行】당시 上軍佐였던 荀偃.

【二郤】당시 上軍將이었던 郤錡와 新軍佐였던 郤至.

【二穆】초나라 子重과 子辛. 子重은 楚나라 大夫이며 公子. 이름은 嬰齊. 楚 莊王의 아우. 將軍, 令尹 등으로 고루 거침. 이들은 모두 초나라 穆王의 후손이어서 '二穆'이라 한 것.

【四萃】사방에서 집중 공격을 함.

【夷】'痍', '傷'과 같음. 이 전투에서 楚 共王(審)이 郤錡가 쏜 화살에 눈을 맞아 부상을 입음.

【椒擧】伍擧.

【叔向】晉나라 대부. 叔肸. 羊舌肸, 자는 叔肸, 혹 叔譽. 당시 진나라 賢大夫로 널리 알려짐.

【椒鳴】伍擧의 아들이며 伍奢의 아우. 《國語》 楚語(上)에도 이상의 이야기가 실려 있으나 일부 내용이 다름.

🌑 **1314(襄26-7)**

晉人執衛甯喜.

진晉나라가 위衛나라 영희甯喜를 붙잡았다.

【甯喜】衛나라 대부. 甯殖(惠子)의 아들. 시호는 悼子. 甯殖이 襄公 14년 孫林父와
함께 衛 獻公(衎)을 齊나라로 나가도록 하였음. 이에 獻公이 그 아들 甯喜에게
자신의 귀국을 허락해 줄 것을 부탁한 것. 甯喜는 뒤에 殤公(公孫剽)을 시해하고
獻公을 맞아들임.


🌑 **1315(襄26-8)**

八月壬午, 許男甯卒于楚.

8월 임오날, 허남許男 영甯이 초楚나라에서 죽었다.

【壬午】8월 초하루.
【許】姜姓. 周 武王이 그 苗裔 文叔을 許에 봉함. 지금의 河南 許昌市 동쪽.
【甯】許나라 군주의 이름.


🌑 **1316(襄26-9)**

冬, 楚子·蔡侯·陳侯伐鄭.

겨울, 초자楚子·채후蔡侯·진후陳侯가 정鄭나라를 쳤다.

【楚子】당시 楚나라 군주는 康王(昭), 재위 13년째였음.

【蔡侯】당시 蔡나라 군주는 景侯(景公, 固), 재위 45년째였음.
【陳侯】당시 陳나라 군주는 哀公(溺), 재위 22년째였음.


## ❈ 1317(襄26-10)

葬許靈公.

허許나라 영공靈公의 장례를 치렀다.

【許】楚나라에 갔다가 죽은 許男 靈公 寗의 장례를 치름.


㊙

許靈公如楚, 請伐鄭, 曰:「師不興, 孤不歸矣.」
八月, 卒于楚.
楚子曰:「不伐鄭, 何以求諸侯?」
冬十月, 楚子伐鄭, 鄭人將禦之.
子産曰:「晉·楚將平, 諸侯將和, 楚王是故昧於一來. 不如使逞而歸,
乃易成也. 夫小人之性, 釁於勇·嗇於禍·以足其性·而求名焉者,
非國家之利也, 若何從之?」
子展說, 不禦寇.
十二月乙酉, 入南里, 墮其城. 涉於樂氏, 門于師之梁.
縣門發, 獲九人焉. 涉于氾而歸.
而後葬許靈公.


허許 영공靈公이 초楚나라에 가서 정鄭나라 칠 것을 청하며 말하였다.
"정나라를 칠 군사를 출동시키지 않으면 나는 돌아가지 않겠소."
8월, 허 영공이 초나라에서 세상을 떠났다.

초 강왕康王이 말하였다.

"정나라를 치지 않고서 어찌 우리 제후들의 인심을 얻겠는가?"

겨울 10월, 초 강왕이 정나라를 치자 정나라가 이를 맞아 싸우고자 하였다.

그러자 자산子産이 말하였다.

"진나라와 초나라가 곧 화친을 맺게 될 것이고, 제후들도 초나라와 평화롭게 지내고자 합니다. 초왕은 이 까닭으로 한결같이 우매한 짓을 하는 것일 뿐입니다. 그러니 그가 하고 싶은 대로 하고 돌아가게 두느니만 못합니다. 그렇게 하면 앞으로 초나라와 화평을 맺기도 쉽습니다. 무릇 소인의 성품은 용맹 때문에 화를 당하고, 재앙을 입으면 인색해지며, 자신의 본성을 만족시키고 명예를 구하는 것이니 이는 모두가 나라의 이익을 위한 짓이 아닙니다. 어찌 그런 짓에 이용을 당하겠습니까?"

자전子展이 기꺼워하며 쳐들어온 적을 막지 않았다.

12월 을유날, 초군은 남리南里로 쳐들어가 그 성을 파괴하고 악씨樂氏 나루터를 건너 정나라 도성 문門 사지량師之梁을 공격하였다.

그때 성문을 급히 닫는 바람에 정나라 사람 아홉이 들어오지 못하여 초나라는 이들을 사로잡아 범氾에서 물을 건너 되돌아갔다.

그리고 나서야 허許 영공靈公의 장례를 치르게 된 것이다.


【伐鄭】許나라와 鄭나라는 숙원이 있어 襄公 16년에 정백이 군사를 이끌고 진나라를 따라 허나라를 친 적이 있어 이에 許 靈公이 초나라 힘을 빌려 이를 보복하고자 한 것임.

【子産】公孫僑. 子國(公孫成)의 아들. 뒤에 鄭나라의 훌륭한 宰相이 되어 孔子가 자주 칭찬한 인물.

【昧於一來】우매하여 한번 쳐들어와 보는 것. 혹은 한결같이 우매한 짓을 하고 있음.

【小人】초나라 군과 맞서 싸우려고 하는 정나라 사람을 두고 한 말.

【南里】鄭나라 도읍 남쪽 읍. 지금의 河南 新鄭縣 남쪽.

【樂氏】洧水를 건너는 나루터의 이름.

【師之梁】鄭나라 도읍 성문 이름.

【縣門】 내리닫이로 만든 성문.
【氾】 南氾. 汝水 가의 지명. 지금의 河南 襄城 부근.




衛人歸衛姬于晉, 乃釋衛侯.
君子"是以知平公之失政也."


위衛나라가 위희衛姬를 진晉나라 평공平公에게 시집보내자 진나라는
그제야 위 헌공을 풀어주었다.
군자는 이런 일로 "진 평공平公이 정치에 실패한 이유를 알겠다"라고
하였다.


【君子是以知平公之失政也】 晉 平公이 衛 獻公을 억류하고 있다가 위나라
공녀를 취하고서 풀어주었음. 그러나 진나라 군주와 위나라 군주는 同姓이므로
동성끼리 결혼한 것은 예의에 맞지 않음. 이런 일로 보아 장차 실정할 것을
짐작할 수 있다는 뜻.
【衛喜】 晉 平公의 희첩 중에 姬姓은 네 명이나 되었다 함.




晉韓宣子聘于周, 王使請事.
對曰:「晉士起將歸時事於宰旅, 無他事矣.」
王聞之, 曰:「韓氏其昌阜於晉乎! 辭不失舊.」


진晉나라 한선자韓宣子가 주周나라 천자를 예방하자 영왕靈王은 사람을
보내어 요청할 일이 무엇인지 물어보게 하였다.
한선자는 이렇게 대답하였다.
"진나라 사士인 저 기起는 때에 맞추어 올리는 공물을 천자의 재상 신하
들에게 드리려는 것일 뿐, 다른 일은 없습니다."

왕이 듣고 이렇게 말하였다.

"한씨韓氏는 진나라에서 번창할 것이로다! 말하는 것이 옛날의 법도에서 벗어나지 않는다."


【韓宣子】 晉나라 대부. 韓起. 韓厥의 아들이며 韓無忌의 아우. 시호는 宣子.
【王】 당시 천자국 주나라 왕은 靈王(姬泄心)으로 재위 25년째였음.
【士起】 ‘士’는 자신이 晉나라 大夫이지만 천자 앞에서는 제후국의 대부이므로 한 단계 낮은 ‘士’라 겸칭한 것. ‘起’는 韓起의 이름.
【歸時事於宰旅】 때에 따른 공물을 천자의 재상 부하들에게 바침. ‘時事’는 시절에 따라 일정한 공물을 바치는 제후의 의무. ‘宰旅’는 천자를 돕는 재상의 여러 신하들.
【昌阜】 크게 창성하고 부유해짐. ‘阜’는 ‘茂’, ‘盛’과 같은 뜻임.


⑱

齊人城郟之歲, 其夏, 齊烏餘以廩丘奔晉, 襲衛羊角, 取之; 遂襲我高魚.

有大雨, 自其竇入, 介于其庫, 以登其城, 克而取之.

又取邑于宋.

於是范宣子卒, 諸侯弗能治也.

及趙文子爲政, 乃卒治之.

文子言於晉侯曰:「晉爲盟主, 諸侯或相侵也, 則討而使歸其地. 今烏餘之邑, 皆討類也, 而貪之, 是無以爲盟主也. 請歸之!」

公曰:「諾. 孰可使也?」

對曰:「胥梁帶能無用師.」

晉侯使往.


제齊나라가 겹郟에 성을 쌓았던 그해 여름, 제나라 대부 오여烏餘가 늠구廩丘 땅을 가지고 진晉나라로 달아나 위衛나라의 양각羊角을 쳐 이를 차지하고 곧이어 우리 노나라의 고어高魚를 습격하였다.

그때 큰비가 내렸는데 그 군사들이 물이 나가는 구멍을 통해서 성안으로 들어와서 무기고에 들어가 무장하여 성으로 올라가 고어를 차지하였다.

그리고 이들은 다시 송宋나라의 읍邑도 차지하였다.

이때 범선자范宣子가 세상을 떠나 진나라는 제후들을 통솔할 수가 없었다.

조문자趙文子가 정권을 맡게 되자 마침내 제후들을 다스릴 수가 있었다.

조문자는 평공에게 이렇게 말하였다.

"우리 진나라는 맹주盟主가 되어 있으니 제후들 끼리 혹 서로 침범하는 일이 있으며 이를 꾸짖고 나서 그 차지한 땅을 돌려주도록 해야 하는 것입니다. 지금 오여가 빼앗은 읍들은 모두 꾸짖어야 할 일들입니다. 이러한 땅에 대하여 탐심을 부린다면 이는 맹주가 될 수 없습니다. 그러니 이를 돌려주실 것을 청합니다!"

평공이 말하였다.

"허락하오. 그런데 누구에게 그 일을 시키면 좋겠소?"

조문자가 대답하였다.

"서량대胥梁帶라면 능히 군사를 쓰지 않고도 그 일을 해낼 수 있을 것입니다."

그리하여 평공이 그를 보내도록 하였다.


【城郲】周나라 郲에 齊나라가 성을 쌓아준 일은 襄公 24년을 볼 것.

【烏餘】烏는 姓氏, 餘는 이름. 齊나라 대부.

【廩丘】《淸一統志》에 옛 范縣 동남쪽이라 하였으며, 《范縣志》에는 "在縣東南 七十里義東堡. 廩丘本衛邑, 或齊取之以與烏餘, 故烏餘得以之奔晉"이라 함.

【羊角】《山東通志》에 "羊角城在鄆城縣西北而與范縣接界, 故《范縣志》亦在此城"이라 함.

【高魚】지금의 山東 鄆城縣 북쪽, 羊角城의 동쪽, 鄆城縣의 동북쪽.

【竇】'瀆'과 같음. 비가 오면 물이 빠져 나가도록 만든 물길 구멍.

【取邑于宋】이는 襄公 24년을 볼 것.

【范宣子】士匄. 晉나라 대부. 范匄. 伯瑕. 士文伯. 范文子(士燮)의 아들. 시호는
宣子. '匄'는 '丐'로도 표기하며 음은 '古害反' '개'로 읽음. 襄公 25년에 죽음.

【趙文子】趙武. 趙朔의 아들. 趙朔과 趙莊姬 사이에 난 아들. 趙氏 집안의 가장
훌륭한 아들로 자라 뒤에 晉六卿으로 자리를 굳힘. 시호는 文子. 그 후손이
戰國시대 邯鄲을 중심으로 七雄의 하나인 趙나라로 크게 발전함.

【胥梁帶】晉나라 대부. 胥甲父의 손자이며 胥午의 아들. 程公說의《春秋分紀
世譜》에 "胥甲父生胥午, 午生胥梁帶"라 함.

# 177. 襄公 27年(B.C.546) 乙卯

| | | | | | | | |
|---|---|---|---|---|---|---|---|
| 周 | 靈王(姬泄心) 26년 | 齊 | 景公(杵臼) 2년 | 晉 | 平公(彪) 12년 | 衛 | 獻公(衎) 31년 |
| 蔡 | 景公(固) 46년 | 鄭 | 簡公(嘉) 20년 | 曹 | 武公(滕) 9년 | 陳 | 哀公(溺) 23년 |
| 杞 | 文公(益姑) 4년 | 宋 | 平公(成) 30년 | 秦 | 景公(后伯車) 31년 | 楚 | 康王(昭) 14년 |
| 吳 | 餘祭 2년 | 許 | 悼公(買) 원년 | | | | |

㊉

二十七年春, 胥梁帶使諸喪邑者具車徒以受地, 必周.

使烏餘具車徒以受封.

烏餘以其衆出, 使諸侯僞效烏餘之封者, 而遂執之, 盡獲之.

皆取其邑, 而歸諸侯.

諸侯是以睦於晉.

27년 봄, 진晉나라 서량대胥梁帶가 여러 읍을 잃은 나라에 통보하여 약간의 전차와 군졸을 이끌고 와서 잃은 땅을 돌려받아 가도록 하였다. 그러면서 이를 반드시 비밀에 부치게 하였다.

그리고 오여烏餘에게 약간의 전차와 군졸을 이끌고 와 봉토封土를 정식으로 받도록 하라고 하였다.

오여가 그의 부하들을 이끌고 출두하자 서량대는 제후들로 하여금 오여가 차지할 땅을 양도하러 온 사람들처럼 위장하게 하고는 그가 오자 오여를 사로잡고 그 무리들까지 모두 사로잡았다.

오여가 점령한 읍을 모두 거두어 제후들에게 돌려주었다.
제후들은 이 일로 진나라와 화목하게 되었다.


【必周】반드시 비밀로 부침.《管子》樞言篇에 "周者, 不出於口, 不見於色"이라
  하였고,《說文》에 "周, 密也"라 함.
【效烏餘之封者】烏餘가 차지할 봉토를 양도해 줄 사람. 杜預 注에 "出受封也"라 함.
【僞效】杜預 注에 "效, 致也. 使齊·魯·宋僞若致邑封烏餘者"라 함.
【歸諸侯】廩丘는 齊, 羊角은 衛, 高魚는 魯나라에게 각기 돌려 줌.


# ✹ 1318(襄27-1)

二十有七年春, 齊侯使慶封來聘.

27년 봄, 제후齊侯가 경봉慶封을 노나라로 보내 예방하게 하였다.

【齊侯】당시 齊나라 군주는 景公(杵臼)으로 재위 2년째였음.
【慶封】자는 子家. '慶季'로도 부르며 齊 景公이 즉위하면서 左相에 임명하였던 인물.


㉥
齊慶封來聘, 其車美.
孟孫謂叔孫曰:「慶季之車, 不亦美乎!」
叔孫曰:「豹聞之:『服美不稱, 必以惡終.』美車何爲?」
叔孫與慶封食, 不敬.
爲賦〈相鼠〉, 亦不知也.


제齊나라 경봉慶封이 노나라에 예방하였는데 그가 타고 온 수레가
아름다웠다.

그러자 맹손孟孫이 숙손叔孫에게 말하였다.

"경계慶季의 수레가 역시 아름답지 않습니까!"

숙손이 답하였다.

"내 듣기로 '옷이 그의 신분에 맞지 않게 아름다우면 반드시 그 마지막이 좋지 않다'라 하였습니다. 수레가 아름다워서 무엇에 쓰겠습니까?"

숙손이 경봉과 함께 식사를 하였는데 경봉의 태도가 공손하지 못하였다.

그래서 숙손이 〈상서相鼠〉편을 읊어주었지만 그는 그 뜻도 알아차리지 못하였다.


【孟孫】魯나라 대부 仲孫羯. 孟孝伯.

【叔孫】叔孫豹. 魯나라 대부. 叔孫僑如의 아우. 叔孫穆叔.

【相鼠】《詩經》廊風에 "相鼠有皮, 人而無儀. 人而無儀, 不死何爲? 相鼠有齒, 人而無止. 人而無止, 不死何俟? 相鼠有體, 人而無禮. 人而無禮, 胡不遄死?"라 하였으며 이는 예를 가리지 못하는 사람을 풍자하는 내용임.


❋ **1319(襄27-2)**

夏, 叔孫豹會晉趙武·楚屈建·蔡公孫歸生·衛石惡·陳孔奐·鄭良霄·許人·曹人于宋.

여름, 숙손표叔孫豹가 진晉나라 조무趙武·초楚나라 굴건屈建·채蔡나라 공손귀생公孫歸生·위衛나라 석오石惡·진陳나라 공환孔奐·정鄭나라 양소良霄·허許나라 사람·조曹나라 사람과 송宋나라에서 만났다.


【叔孫豹】魯나라 대부. 叔孫僑如의 아우. 叔孫穆叔.

【趙武】趙朔의 아들. 趙文子. 趙朔과 趙莊姬 사이에 난 아들. 趙氏 집안의 가장 훌륭한 아들로 자라 뒤에 晉六卿으로 자리를 굳힘. 시호는 文子. 그 후손이 戰國시대 邯鄲을 중심으로 七雄의 하나인 趙나라로 크게 발전함.

【屈建】子木. 屈到의 아들. 楚나라 莫敖(大將軍)를 거쳐 令尹에 오름.
【公孫歸生】蔡나라 太師 子朝의 아들. 시호는 聲子.
【石惡】石買의 아들. 衛나라 대부. 시호는 悼子. 그의 조카는 石圃. 그 선조
    石碏이 衛나라에 큰 공을 세웠었음. 隱公 4년 傳을 볼 것.
【孔奐】陳나라 대부.《公羊傳》에는 '孔瑗'으로 되어 있음.
【良霄】鄭나라 외교관의 이름. 伯有. 公孫輒의 아들. 杜預 注에 "良霄, 公孫輒子
    伯有也"라 함.
【許】姜姓. 周 武王이 그 苗裔 文叔을 許에 봉함. 지금의 河南 許昌市 동쪽.
【于宋】한편 본 장에 대하여 杜預 注에는 "案傳, 會者十四國, 齊·晉不交相見,
    邾·滕爲私屬, 皆不與盟. 宋爲主人, 地於宋, 則與盟可知. 故經唯序九國大夫.
    楚先晉歃, 而書先晉, 貴信也. 陳于晉會, 常在衛上, 孔奐非上卿, 故在石惡下"라 함.


＊ 1320(襄27-3)

## 衛殺其大夫甯喜.

위衛나라가 대부 영희甯喜를 죽였다.

【甯喜】衛나라 대부. 甯殖(惠子)의 아들. 시호는 悼子. 甯殖이 襄公 14년 孫林父와
함께 衛 獻公(衎)을 齊나라로 나가도록 하였음. 이에 獻公이 그 아들 甯喜에게
자신의 귀국을 허락해 줄 것을 부탁한 것. 甯喜는 뒤에 殤公(公孫剽)을 시해하고
獻公을 맞아들임.


＊ 1321(襄27-4)

## 衛侯之弟鱄出奔晉.

위후衛侯의 아우 전鱄이 진晉나라로 달아났다.

【鱄】衛나라 공자이며 衛獻公(衎)의 아우. 子鮮.《穀梁傳》에는 '專'으로 되어 있음.


㊀

衛甯喜專, 公患之, 公孫免餘請殺之.
公曰:「微甯子, 不及此. 吾與之言矣. 事未可知, 祇成惡名, 止也.」
對曰:「臣殺之, 君勿與知.」
乃與公孫無地‧公孫臣謀, 使攻甯氏, 弗克, 皆死.
公曰:「臣也無罪, 父子死余矣!」
夏, 免餘復攻甯氏, 殺甯喜及右宰穀, 尸諸朝.
石惡將會宋之盟, 受命而出, 衣其尸, 枕之股而哭之.
欲斂以亡, 懼不免, 且曰:「受命矣.」
乃行.
子鮮曰:「逐我者出, 納我者死. 賞罰無章, 何以沮勸? 君失其信, 而國無刑, 不亦難乎? 且鱄實使之.」
遂出奔晉.
公使止之, 不可.
及河, 又使止之, 止使者而盟於河.
託於木門, 不鄉衛國而坐.
木門大夫勸之仕, 不可, 曰:「仕而廢其事, 罪也; 從之, 昭吾所以出也. 將誰愬乎? 吾不可以立於人之朝矣.」
終身不仕.
公喪之如稅服終身.
公與免餘邑六十, 辭曰:「唯卿備百邑, 臣六十矣. 下有上祿, 亂也. 臣弗敢聞. 且甯子唯多邑, 故死, 臣懼死之速及也.」
公固與之, 受其半.
以爲少師.
公使爲卿, 辭曰:「大叔儀不貳, 能贊大事, 君其命之.」
乃使文子爲卿.

위衛나라 영희甯喜가 국사를 전횡하여 헌공獻公이 근심하자 공손면여公孫免餘가 그를 죽이도록 허락해 달라고 청하였다.

그러자 헌공이 말하였다.

"영희가 아니었더라면 내가 지금 이 자리에 있지 못하였을 것이다. 내 그에게 모든 것을 맡긴다고 말하였었다. 또 잘 할 수 있을지도 모를 일이다. 단지 나의 악명만 높이는 것이니 그만두어라."

공손면여가 말하였다.

"제가 그를 죽일 것이니 임금께서는 이 일에 관여하여 알려고 하시지 마십시오."

그리고는 공손무지公孫無地, 공손신公孫臣과 모의하여 그들로 하여금 영씨를 공격하도록 하였으나 이기지 못하고 둘 모두 죽음을 당하고 말았다.

헌공은 이렇게 탄식하였다.

"공손신은 아무런 죄도 없는데 그 부자가 나를 위해 죽었구나!"

여름, 공손면여는 다시 영씨를 공격하여 영희와 우재곡右宰穀을 죽이고 그들 시신을 조정에 늘어놓았다.

당시 석오石惡는 송宋나라에서 있을 맹약에 참가하고자 임금의 명을 받고 나가려던 참이었는데, 그들이 죽었다는 소식을 듣고 달려가 시신에 옷을 입히고 자신의 다리 위에 시신의 머리를 올려놓고 곡하였다. 그들의 염斂을 마치고 나서 국외로 망명하려고 하였으나 죄에서 벗어나지 못할 것이 두려워 이렇게 말하였다.

"나는 맹약 맺으러 가라는 명을 받았다."

그리고는 송나라로 떠났다.

위나라 자선子鮮이 말하였다.

"나를 내쫓았던 자는 외국으로 나가 무사하고, 나를 맞아들인 자들은 죽음을 당하였구나. 상벌에 법도가 없으니 어떻게 악을 막고 선을 권장할 수 있겠는가? 임금은 믿음을 잃고 나라에는 법이 없으니 역시 어렵지 않겠는가? 게다가 이번 일은 실로 내가 그렇게 만든 것이다."

그리고는 드디어 바로 진晉나라로 달아났다.

헌공은 그에게 가지 말라고 사람을 보내 말렸지만 그는 듣지 않았다.

하수河水 가에 이르렀을 때 다시 사람을 보내어 말리자 그는 심부름 온 사람을 멈추게 하고 하수를 두고 다시는 돌아가지 않겠노라 맹서하였다.

그는 진나라로 가서 목문木門 땅에 몸을 의탁하고 위나라 쪽을 향하여는 앉지도 않았다.

목문 땅의 대부가 그에게 조정에 나가 벼슬할 것을 권하자 그는 그럴 수 없다고 하면서 이렇게 말하였다.

"벼슬을 하면서 맡은 일을 잘못하면 죄가 되고, 벼슬에 충실하려면 내가 본국을 버리고 나오게 된 이유를 밝혀야 할 텐데 이를 누구에게 호소하겠습니까? 나는 남의 나라 조정에서 일을 할 수가 없습니다."

그는 종신토록 벼슬하지 않았다.

위 헌공은 그가 죽은 뒤에 그를 위해 상복을 입고 종신토록 그러한 옷차림으로 지냈다.

헌공이 공손면여에게 60읍을 주자 그는 이렇게 사양하였다.

"오직 경卿만이 백읍百邑을 갖출 수 있는데 저는 이미 60읍을 지니고 있습니다. 신분이 아랫니면서 윗자리 신분의 녹을 받는다는 것은 질서를 어지럽히는 일입니다. 저는 감히 그런 말을 들을 수 없습니다. 게다가 영희는 읍을 많이 가지고 있었기에 죽음을 당한 것입니다. 저는 죽음이 빨리 다가올까 두렵습니다."

그래도 헌공이 굳이 내려주자 그는 반만 받았다. 헌공은 그를 소사少師에 임명하였다.

그리고 다시 헌공이 그를 경으로 삼자 그는 이렇게 사양하였다.

"태숙의大叔儀는 두 마음을 지니지 않고, 나라의 큰 일을 도울 수 있으니 임금께서는 그를 경으로 임명하십시오."

그리하여 문자文子를 경으로 삼았다.

【專】 정권을 마구 마음대로 휘저음. 甯喜는 獻公을 복위시킨 공로를 믿고 임금도 아랑곳하지 않은 채 전횡을 부림.
【公孫免餘】 衛나라 대부.
【與之言】 獻公이 자신을 復位시켜주면 "政由甯氏, 祭則寡人"이라 약속했던 말을 가리킴.

【公孫無地·公孫臣】公孫免與와 뜻을 같이했던 衛나라 대부들.

【父子死余矣】公孫臣의 아버지도 이전에 獻公을 위해 나섰다가 孫林父에게 죽음을 당하였음. 杜預 注에 "獻公出時, 公孫臣之父爲孫氏所殺"이라 함.

【右宰穀】衛나라 대부. 右宰는 衛나라의 관직 이름. 원래 穀의 할아버지가 右宰를 역임하였으며 그 뒤로부터 이를 성씨로 삼음. 襄公 14년을 볼 것.

【石惡】石買의 아들. 衛나라 대부. 시호는 悼子. 그의 조카는 石圃. 그 선조 石碏이 衛나라에 큰 공을 세웠었음. 隱公 4년 傳을 볼 것.

【斂】小斂과 大斂이 있으며 小斂은 옷을 입혀주는 것. 大斂은 入官을 뜻함.

【子鮮】衛나라 공자 鱄. 獻公의 아우. 衛 定公과 敬姒사이에 난 아들이며 獻公의 同母弟. 헌공의 망명에 따라 나서서 보필했었음.

【逐我者】자신과 헌공을 축출했던 孫林父를 가리킴.

【實使之】子鮮이 獻公의 복귀를 위하여 甯喜에게 중개 역할을 하였기에 자책감으로 이번 일은 실로 자기가 이렇게 만든 것이라고 말한 것임.

【木門】晉나라 읍 이름. 지금의 河北 河間 부근. 혹 지금의 河北 滄州市라고도 하나 분명치 않음. 《穀梁傳》에는 "出奔晉, 織絇邯鄲"이라 하였음.

【不鄕衛國而坐】衛나라를 향하여 앉지 않았다는 것은 자기 나라를 그리워하지 않았고 또한 돌아갈 의사도 없음을 나타낸 것임. '鄕'은 '嚮(向)'과 같음. 《公羊傳》에는 "鱄與妻子盟, 不履衛地, 不食衛粟"이라 하였고, 《穀梁傳》에는 "終身不言衛"라 함.

【昭吾所以出】자신이 형 獻公의 죄악을 드러내는 일이 되므로 벼슬을 할 수 없다는 뜻.

【稅服】'稅'는 '퇴' 혹 '세'로 읽음. 검은 상복. 세복(繐服). 상복의 일종. 가는 포로 성글게 짠 것. 小功의 상복과 같음. 獻公은 襄公 29년 여름에 죽었고 子鮮은 그보다 조금 앞서 죽어 실제 그 기간은 매우 짧았음.

【百邑】고대 마을마다 토성보가 있어 이를 읍이라 함. 따라서 읍은 지금의 마을 정도의 크기였음. 《論語》公冶長篇에 "十室之邑"이 그러한 예임.

【下有上祿】公孫免餘는 大夫의 신분이었으므로 卿의 신분이 가질 수 있는 읍을 가질 수 없다는 뜻.

【少師】太師 아래의 직급.

【大叔儀】大叔儀, 또는 世叔儀라고도 부름. 公孫蠆의 아들. 獻公이 외국으로 나간 뒤 殤公을 도와 정치를 하였음. 시호는 文子. 두 마음을 갖지 않았다 한 것은 襄公 26년을 볼 것.

【贊】'佐', '助'와 같음.

※ **1322(襄27-5)**

秋七月辛巳, 豹及諸侯之大夫盟于宋.

가을 7월 신사날, 숙손표<sub>叔孫豹</sub>가 제후들의 대부들과 송<sub>宋</sub>나라에서
동맹을 맺었다.

【辛巳】 7월 5일.
【叔孫豹】 穆叔. 叔孫豹. 魯나라 대부. 叔孫僑如의 아우. 叔孫穆叔. 叔孫. 叔孫穆子
등으로도 불림.


㊧

宋向戌善於趙文子, 又善於令尹子木, 欲弭諸侯之兵以爲名.
　如晉, 告趙孟. 趙孟謀於諸大夫.
　韓宣子曰:「兵, 民之殘也, 財用之蠹, 小國之大菑也. 將或弭之,
雖曰不可, 必將許之. 弗許, 楚將許之, 以召諸侯, 則我失爲盟主矣.」
　晉人許之.
　如楚, 楚亦許之.
　如齊, 齊人難之.
　陳文子曰:「晉·楚許之, 我焉得已? 且人曰'弭兵', 而我弗許, 則固
攜吾民矣, 將焉用之?」
　齊人許之.
　告於秦, 秦亦許之.
　皆告於小國, 爲會於宋.
　五月甲辰, 晉趙武至於宋.
　丙午, 鄭良霄至.
　六月丁未朔, 宋人享趙文子, 叔向爲介.
　司馬置折俎, 禮也.
　仲尼使擧是禮也, 以爲多文辭.

戊申, 叔孫豹·齊慶封·陳須無·衛石惡至.

甲寅, 晉荀盈從趙武至.

丙辰, 邾悼公至.

壬戌, 楚公子黑肱先至, 成言於晉.

丁卯, 宋向戌如陳, 從子木成言於楚.

戊辰, 滕成公至.

子木謂向戌, 請晉·楚之從交相見也.

庚午, 向戌復於趙孟.

趙孟曰:「晉·楚·齊·秦, 匹也, 晉之不能於齊, 猶楚之不能於秦也. 楚君若能使秦君辱於敝邑, 寡君敢不固請於齊?」

壬申, 左師復言於子木, 子木使馹謁諸王.

王曰:「釋齊·秦, 他國請相見也.」

秋七月戊寅, 左師至.

是夜也, 趙孟及子晳盟, 以齊言.

庚辰, 子木至自陳.

陳孔奐·蔡公孫歸生至.

曹·許之大夫皆至.

以藩爲軍.

晉·楚各處其偏.

伯夙謂趙孟曰:「楚氛甚惡, 懼難.」

趙孟曰:「吾左還, 入於宋, 若我何?」

辛巳, 將盟於宋西門之外.

楚人衷甲.

伯州犁曰:「合諸侯之師, 以爲不信, 無乃不可乎? 夫諸侯望信於楚, 是以來服. 若不信, 是棄其所以服諸侯也.」

固請釋甲.

子木曰:「晉·楚無信久矣, 事利而已. 苟得志焉, 焉用有信?」

大宰退, 告人曰:「令尹將死矣, 不及三年. 求逞志而棄信, 志將逞乎? 志以發言, 言以出信, 信以立志. 參以定之. 信亡, 何以及三?」

趙孟患楚衷甲, 以告叔向.

叔向曰:「何害也? 匹夫一爲不信, 猶不可, 單斃其死. 若合諸侯之卿, 以爲不信, 必不捷矣. 食言者不病, 非子之患也. 夫以信召人, 而以僭濟之, 必莫之與也, 安能害我? 且吾因宋以守病, 則夫能致死. 與宋致死, 雖倍楚可也, 子何懼焉? 又不及是. 日弭兵以召諸侯, 而稱兵以害我, 吾庸多矣, 非所患也.」

季武子使謂叔孫以公命曰:「視邾·滕.」

旣而齊人請邾, 宋人請滕, 皆不與盟.

叔孫曰:「邾·滕, 人之私也; 我, 列國也, 何故視之? 宋·衛, 吾匹也.」

乃盟.

故不書其族, 言違命也.

晉·楚爭先.

晉人曰:「晉固爲諸侯盟主, 未有先晉者也.」

楚人曰:「子言晉·楚匹也, 若晉常先, 是楚弱也. 且晉·楚狎主諸侯之盟也久矣, 豈專在晉?」

叔向謂趙孟曰:「諸侯歸晉之德只, 非歸其尸盟也. 子務德, 無爭先. 且諸侯盟, 小國固必有尸盟者, 楚爲晉細, 不亦可乎?」

乃先楚人.

書先晉, 晉有信也.

壬午, 宋公兼享晉, 楚之大夫, 趙盟爲客, 子木與之言, 弗能對; 使叔向侍言焉, 子木亦不能對也.

乙酉, 宋公及諸侯之大夫盟于蒙門之外.

子木問於趙孟曰:「范武子之德何如?」

對曰:「夫子之家事治, 言於晉國無隱情, 其祝史陳信於鬼神無愧辭.」

子木歸以語王.

王曰:「尚矣哉! 能歆神·人, 宜其光輔五君以爲盟主也.」

子木又語王曰:「宜晉之伯也, 有叔向以佐其卿, 楚無以當之, 不可與爭.」

晉荀盈遂如楚涖盟.

송宋나라 상술向成은 진晉나라 조문자趙文子와 친하였고, 또 초楚나라 영윤 자목子木과도 친하여 제후들 사이 전쟁을 막는 일로써 이름을 날리고자 하였다.

그리하여 진나라에 가서 조맹趙孟에게 그러한 뜻을 말하자 조맹은 여러 대부들과 이를 논의하게 되었다.

그때 한선자韓宣子가 말하였다.

"전쟁은 백성을 해치며, 나라의 재물을 좀먹게 하며, 작은 나라들에게는 큰 재앙이 됩니다. 장차 혹 전쟁을 없애려 한다면 비록 그렇게 할 수 없다 해도 반드시 상술의 뜻을 허락해야 합니다. 우리가 제의를 허락하지 않았다가는 초나라가 그의 제의를 허락하고 제후들을 소집할 것이니, 그렇게 되면 우리가 맹주의 지위를 잃게 될 것입니다."

그리하여 진나라가 그의 제의를 허락하였다.

상술이 초나라에 갔더니 초나라 역시 허락하였다.

이번에는 제齊나라에 갔더니 제나라에서는 그런 일은 어려울 것이라 하였다.

그러자 제나라 진문자陳文子가 말하였다.

"진나라와 초나라가 허락하였는데 우리가 어찌 그만둘 수 있겠습니까? 게다가 다른 나라 사람이 '전쟁을 멈추게 하자'라고 하는데 우리가 허락하지 않는다면 우리나라 백성들부터 우리를 멀리할 것입니다. 그렇게 되면 장차 그들을 어떻게 부릴 수 있겠습니까?"

그리하여 제나라도 허락하게 되었다.

다시 진秦나라에 갔더니 진나라 또한 그의 제의를 허락하였다.

모든 작은 나라들에게도 이를 알리고 송나라에서 만나기로 하였다.

5월 갑진날, 진晉나라 조무자가 송나라에 도착하였다.

병오날, 정鄭나라 양소良霄가 도착하였다.

6월 정미날 초하루, 송나라가 조문자를 위해 향연을 베풀었는데 숙향叔向이 조문자의 부사가 되었다.

송나라 사마司馬는 고기를 잘라 그릇에 담아 대접하는 일을 맡았는데 이는 예에 맞는 일이었다.

뒷날 중니仲尼는 그 일을 기록하도록 하고 많은 문사文辭로 삼았다.

무신날, 노나라 숙손표叔孫豹, 제나라 경봉慶封과 진수무陳須無, 위衛나라 석오石惡가 도착하였다.

갑인날, 진나라 순영荀盈이 조무를 뒤따라 도착하였다.

병진날, 주邾 도공悼公이 도착하였다.

임술날, 초나라 공자 흑굉黑肱이 먼저 도착하여 맹약의 내용을 진나라 측과 상의하였다.

정묘날, 송나라 상술이 진陳나라로 가서 자목을 만나 맹약의 내용을 초나라와 상의하였다.

무진날, 등滕 성공成公이 도착하였다.

그때 자목이 상술에게 말하였다.

"청컨대 진晉나라와 초나라를 따르는 제후들이 서로 상대의 임금들을 만나볼 수 있도록 해 주십시오."

경오날, 상술이 자목의 요구를 조맹趙孟에게 보고하자 조맹은 이렇게 말하였다.

"진晉·초楚·제齊·진秦 네 나라는 서로 대등한 나라입니다. 우리 진晉나라가 제나라에게 초나라 임금을 찾아뵈라는 말을 할 수 없는 것은 마치 초나라가 우리 진秦나라에게 우리 진晉나라 임금을 뵙도록 하라고 할 없는 것과 같습니다. 그대 초나라 임금이 진秦나라 임금에게 능히 우리 진晉나라를 찾아가도록 할 수 있다면, 우리 임금이 감히 제나라 임금으로 하여금 그대 초나라 임금을 찾아뵙도록 하라고 요청하지 않겠습니까?"

임신날, 좌사左師(向戌)가 이를 자목에게 보고하자 자목은 사람을 보내 역마驛馬를 타고 급히 초나라 강왕에게 이를 알리도록 하였다.

그러자 강왕이 말하였다.

"제나라와 진秦나라는 그대로 두고 그 밖의 다른 나라들은 서로의 군주를 찾아뵙도록 요구하라."

가을 7월 무인날, 송나라 좌사 상술이 자목을 만나고 송나라로 돌아왔다.

그날 밤, 조맹趙孟과 자석子晳(黑肱)이 맹약을 맺고 의견일치를 보았다.

경진날, 자목이 진陳나라로부터 도착하였다.

진陳나라 대부 공환孔奐, 채蔡나라 대부 공손귀생公孫歸生도 도착하였다.

조나라와 허나라의 대부들도 모두 도착하였다.

참가한 나라마다 울타리를 쳐 이를 경계로 군진軍陣을 쳤다.

진晉나라와 초나라는 각각 맨 끝에 자리를 잡았다.

그때 백숙伯夙(荀盈)이 조맹에게 이렇게 말하였다.

"초나라 진영의 분위기가 매우 심상치 않으니 무슨 곤란한 일이 생길까 두렵습니다."

그러자 조맹이 대답하였다.

"우리가 왼쪽으로 돌아 송나라로 들어간다면 그들이 우리에게 어찌할 수 있겠는가?"

신사날, 곧 송나라 서문 밖에서 맹약을 맺고자 하였다.

그때 초나라 사람들은 옷 속에 갑옷을 입고 있었다.

그러자 백주리伯州犁가 말하였다.

"제후들의 군사를 모아놓고 신의를 저버리는 짓을 하다니 그래서는 안 되는 것 아닙니까? 무릇 제후들은 우리 초나라가 신의를 지키기를 바라기에 그 때문에 여기까지 와서 우리에게 복종하고 있는 것입니다. 그런데 만약 믿음을 저버리는 짓을 한다면 이는 제후들을 복종시킬 근본을 버리는 것이 됩니다."

그리고 굳이 갑옷을 벗기를 청하였다.

그러나 자목이 말하였다.

"진晉나라와 초나라 사이의 신의는 없어진 지 오래입니다. 일에는 이익만 있으면 그 뿐입니다. 진실로 우리의 뜻만 이루면 그만이지 신의가 무슨 소용이 있겠습니까?"

태재大宰 백주리가 물러나 다른 사람에게 이렇게 말하였다.

"영윤은 곧 죽을 것이며 3년을 넘기지 못할 것이다. 뜻을 마음대로 이루고자 하면서 신의를 저버리면 그 뜻이 펼쳐지겠는가? 뜻은 말로써 나타내고, 말은 신의를 나타내며, 신의로써 뜻을 세우는 것이다. 이 세 가지로써 결정을 하는 것이다. 신의가 없는데 어찌 3년까지 가겠는가?"

진晉나라 조맹이 초나라 사람들이 옷 속에 갑옷을 입고 있는 것이 걱정되어 숙향에게 알렸다.

숙향은 이렇게 말하였다.

"그것이 무슨 해가 되겠습니까? 필부라도 한번 신의가 없으면 안 되는 법이며 거꾸러져 죽게 됩니다. 만약 제후들의 경을 모아놓고 믿음이 없는 일을 한다면 틀림없이 성공하지 못할 것입니다. 식언을 하는 자는 남을 곤경에 넣을 수 없습니다. 그대가 걱정할 것이 아닙니다. 무릇 믿음으로써 사람을 불렀지만 참람한 짓으로 일을 이루려 한다 해도 틀림없이 동조해 주지 않을 텐데 어찌 능히 우리를 해칠 수 있겠습니까? 게다가 우리가 송나라를 통해 곤경을 당하게 된다면 우리 진나라는 능히 죽음으로써 맞설 수 있습니다. 우리가 송나라와 더불어 죽음으로써 싸운다면 비록 초나라가 두 배로 덤빈다 해도 이겨낼 수 있을 것인데 그대는 무엇을 두려워하십니까? 또한 그런 일은 생기지도 않을 것입니다. 전쟁을 멈추게 한다고 말하여 제후들을 불러놓고 군사를 동원하여 우리를 해친다면 우리의 공이 많아질 것이니 이는 걱정할 일이 아닙니다."

계무자季武子가 숙손표에게 사람을 보내어 노나라 양공의 명령이라 하면서 이렇게 전하도록 하였다.

"맹약을 맺을 때 주邾나라와 등滕나라에게 하는 것을 살펴보라."

이윽고 맹약을 맺을 때가 되자 제나라는 주邾나라는 자신들의 속국이니 맹약에서 제외시킬 것을 청하였고, 송나라 역시 등滕나라는 신들의 속국이니 맹약에서 제외시켜 줄 것을 청하여 두 나라는 모두 맹약 맺는 일에 참여하지 않았다.

그러자 숙손표가 말하였다.

"주邾·등滕 두 나라는 다른 나라의 속국이지만 우리는 독립 제후국이다. 그런데 어찌 우리를 그들처럼 대하는가? 송나라와 위나라도 우리나라와 동등한 나라이다."

그리고 맹약에 참가하였다.

그 때문에 경經에 그의 족명族名 숙손을 쓰지 않았으니 이는 그가 군주의 명을 위배하였음을 말한 것이다.

진晉나라와 초나라는 맹약할 때 순서를 다투었다.

진나라가 말하였다.

"진나라는 실로 제후국의 맹주이니 우리 진나라보다 먼저 맹약에 앞선 나라는 없었소."

그러자 초나라가 말하였다.

"그대는 진나라와 초나라가 동등하다고 말씀하셨소. 만약 진나라가 언제나 먼저라면 이는 우리 초나라가 그보다 약한 나라라는 뜻이오. 게다가 진과 초는 서로 바꾸어가며 제후들과 맹약을 주관한 지 오래 되었소. 그런데 유독 어찌 진나라만이 그런 지위를 독차지한다는 것이오?"

숙향이 조맹에게 말하였다.

"제후들은 진나라의 덕을 의탁하는 것이지 맹약을 주관하는 쪽을 따르는 것이 아닙니다. 그러니 그대는 덕을 힘쓸 일이지 순서를 다툴 일이 아닙니다. 게다가 제후들의 맹약에서 작은 나라가 실로 맹약을 주도할 경우도 있습니다. 초나라가 작은 나라처럼 이를 먼저 주도하도록 한다고 해도 역시 좋지 않겠습니까?"

그리하여 초나라 사람이 첫 순서로 맹약하였다.

그럼에도 경에 진나라를 맨 먼저 기록한 것은 진나라에 믿음이 있었기 때문이었다.

임오날, 송 평공이 진·초 두 나라 대부들에게 함께 향연을 베풀어 조맹이 주빈이 되었다. 초나라 자목이 그와 함께 이야기를 나누면서 조맹이 대답을 제대로 하지 못하였다. 그리하여 숙향으로 하여금 곁에서 말을 거들게 하였더니 이번에는 자목 역시 제대로 답변을 하지 못하는 것이었다.

을유날, 송 평공이 제후의 대부들과 몽문蒙門 밖에서 맹약을 가졌다.

자목이 조맹에게 물었다.

"진나라 범무자의 덕은 어떻습니까?"

조맹이 대답하였다.

"그분은 집안을 잘 다스렸고, 진나라 조정에서 국정을 조금도 숨김이 없이 말을 합니다. 그리고 축사祝史가 귀신에게 진정하는 제문도 신에게 사실대로 말하여 부끄러움이 없도록 합니다."

자목이 초나라로 돌아가 강왕에게 그런 사실을 보고해 일러주었다.

그러자 강왕은 이렇게 말하였다.

"훌륭한 사람이구려! 능히 신과 사람들이 모두 좋아할 사람이었군요. 그가 다섯 임금을 훌륭히 보필하여 맹주가 되도록 한 일은 마땅히 그럴 만하였소."

자목이 다시 강왕에게 말하였다.

"진나라가 패자가 된 것은 마땅한 일입니다. 숙향이라는 사람이 그 나라 경卿을 훌륭히 보좌하더이다. 우리 초나라에는 그를 당할 사람이 없으니 그러한 나라와는 다툴 수가 없습니다."

진나라 순영이 드디어 초나라로 가서 맹약에 임하였다.


【向戌】 宋나라 대부. 그의 采邑이 '合'이었으며 벼슬이 左師였음. 그 때문에 '合左師'라고도 부름.

【趙文子】 趙武. 晉나라 대부. 趙孟으로도 부름. 趙朔의 아들. 趙朔과 趙莊姬 사이에 난 아들. 趙氏 집안의 가장 훌륭한 아들로 자라 뒤에 晉六卿으로 자리를 굳힘. 시호는 文子. 그 후손이 戰國시대 邯鄲을 중심으로 七雄의 하나인 趙나라로 크게 발전함.

【子木】 屈建. 屈到의 아들. 楚나라 莫敖(大將軍)를 거쳐 令尹에 오름.

【弭】 '막다. 그치게 하다'의 뜻.

【韓宣子】 晉나라 대부. 韓起. 韓起. 韓厥의 아들이며 韓無忌의 아우. 시호는 宣子.

【蠹】 좀 벌레. 일을 그르치게 하는 해충.

【菑】 '災(灾)'와 같음. 재앙. 앙화.

【陳文子】 齊나라 豪族으로 이름은 '須無'. 시호는 文子. 陳完(田完, 敬仲)의 曾孫이며 陳無宇(桓子)의 아버지. 田完은 원래 陳나라 출신으로 齊나라로 망명하여 성을 田氏로 바꾸었으며 뒤에 齊나라에서 세력을 키운 다음 그 후손이 春秋 말 姜姓의 齊나라 왕권을 탈취하여 전국시대 田氏齊가 되어 戰國七雄의 大國으로 발전함.

【攜】 攜貳. 두 마음을 가짐. 백성이 위정자로부터 멀어짐.

【五月甲辰】 5월 27일.

【丙午】 이틀 뒤인 5월 29일.

【良霄】 鄭나라 외교관의 이름. 伯有. 公孫輒의 아들. 杜預 注에 "良霄, 公孫輒子

伯有也”라 함.

【叔向】晉나라 대부. 叔肸. 羊舌肸, 자는 叔肸, 혹 叔譽.

【介】副官.

【司馬】《周禮》大司馬에 의하면 제후들의 모임에 薦羞(饈)의 일을 주관함.

【折俎】犧牲을 解體하여 이를 俎豆에 차림.

【仲尼使擧是禮也, 以爲多文辭】杜預 注에 “宋向戌自美弭兵之意, 敬逆趙武, 趙武·叔向因享宴之會, 展賓主之辭, 故仲尼以爲多文辭”라 함.

【甲戌】6월 2일.

【穆叔】叔孫豹. 魯나라 대부. 叔孫僑如의 아우. 叔孫穆叔. 叔孫. 叔孫穆子 등으로도 불림.

【慶封】‘慶季’로도 부르며 齊 景公이 즉위하면서 左相에 임명하였던 인물. 자는 子家.

【陳須無】齊나라 陳文子.

【石惡】石買의 아들. 衛나라 대부. 시호는 悼子. 그 조카는 石圃. 그 선조 石碏이 衛나라에 큰 공을 세웠었음. 隱公 4년 전을 볼 것.

【甲寅】6월 8일.

【荀盈】晉나라 대부. 知悼子. 知罃의 아들. 趙武를 모시고 회당 장에 도착함.

【丙辰】6월 10일.

【邾悼公】당시 邾나라 군주. 이들이 襄公 17년을 볼 것.

【壬戌】6월 16일.

【黑肱】楚나라 공자 子晳. 公子 圍의 아우이며 康王의 아들. 令尹 子木에 앞서 도착함. 당시 黑肱이란 이름은 宋(公孫黑肱), 魯(成公) 등 여러 나라 公子가 있어 일반적이고 유행했던 이름으로 보임.

【丁卯】6월 21일.

【向戌如陳】당시 楚나라 令尹 子木이 陳나라에 있어 向戌이 그곳으로 가서 자목을 만난 것임.

【戊辰】6월 22일.

【滕成公】당시 滕나라 군주. 滕은 周 文王의 아들 叔繡가 받았던 封國. 侯爵이었으며 지금의 山東 滕縣 일대. 戰國시대 齊나라에게 망함.

【晉楚之從】당시 晉나라와 楚나라가 서로 자신들이 盟主(霸者)라 하여 각기 따르는 나라가 달랐음. 이에 이들끼리 그 군주가 서로 반대편 맹주를 찾아 보도록 제안한 것.

【庚午】6월 24일.

【壬申】 6월 26일.

【左師】 向戌을 가리킴.

【馹謁】 ‘馹’은 급한 명령이나 연락을 위해 사용하는 빠른 수레. ‘謁’은 ‘告’와 같음.

【無人】 7월 2일.

【子晳】 楚나라 공자 黑肱.

【齊言】 의견의 일치를 도출함. 杜預 注에 “以齊言者, 統一盟辭, 至盟時不得復 訟爭也”라 함.

【庚辰】 7월 4일.

【孔奐】 陳나라 대부.

【公孫歸生】 蔡나라 太師 子朝의 아들. 시호는 聲子.

【以藩爲軍】 나무로 울타리를 쳐 각 나라의 경계로 삼고 군진을 침. 평화를 위하는 회담이었으므로 서로 적대감이 없음을 보이기 위하여 보루를 쌓거나 참호를 파는 일은 하지 않았음.

【各處其偏】 杜預 注에 “晉處北, 楚處南”이라 함.

【伯夙】 杜預 注에 “荀盈”이라 하였으나 孔穎達 疏에는 服虔의 의견을 인용하여 “伯夙, 晉大夫”라고만 하여 荀盈이 아님.

【楚氛甚惡, 懼難】《國語》晉語(8)에 “諸侯之大夫盟於宋, 楚令尹子木欲襲晉軍, 曰:「若盡晉師而殺趙武, 則晉可弱也.」”라 함.

【辛巳】 7월 5일.

【衷甲】 옷 속에 무기를 감춤.

【伯州犁】 당시 楚나라 太宰.

【參以定之】 ‘參’은 言, 信. 志 세 가지를 가리킴.

【單斃其死】 ‘單’은 ‘殫’과 같음. ‘盡’의 뜻. ‘斃’는 ‘踣(仆)’와 같음. 고꾸라짐.

【食言者不病】 ‘不病’은 문장이 생략된 것. ‘남을 곤경에 빠뜨릴 수 없다’의 뜻.

【季武子】 季孫宿. 魯나라 대부. 季孫行父의 아들. 季孫으로도 부름.《國語》에는 ‘季孫夙’으로 되어 있음.

【視邾·滕】 邾나라와 滕나라에게 어떻게 하는지를 잘 살펴볼 것을 명함. 독립국 으로 행세하였다가는 진나라와 초나라에 공물을 많이 바쳐야 하기에 맹약에 관여하지 않기를 원하여 이렇게 말한 것임. ‘邾’는 周나라 武王이 祝融 八姓의 하나였던 邾俠(曹俠)을 封하여 부용국으로 삼았었으며 지금의 山東 鄒縣. 이 때문에 전국시대에 이름을 ‘鄒’로 바꾸었음. 曹姓이며 子爵 작위를 받았으나 魯나라에 예속되어 있었음.

【人之私】 ‘私’는 屬國(附庸國)을 뜻함.

【不書其族】經에 ‘豹及諸侯之大夫’라 하여 ‘叔孫豹’에서 ‘叔孫’의 族名을 쓰지 않은 것을 말함.

【狎主】杜預 注에 “狎, 更也”라 하여 작은 나라들이 상황에 따라 진나라, 혹 초나라를 맹주로 여겨 수시로 바꾸어 인정함을 말함. 孔穎達 疏에 “陳·蔡·鄭·許乍南乍北, 成二年楚公子嬰齊爲蜀之盟, 諸夏之國大夫皆在, 是晉楚更代主諸侯之盟實久也”라 함.

【尸盟】‘尸’는 제사나 맹약에서 제사 대상의 주인이 됨을 말함. 杜預 注에 “尸, 主也”라 함.

【乃先楚人】이에 楚나라로 하여금 歃血의 의식을 제일 먼저 하도록 양보함. 그러나 《國語》晉語(8)에는 이와 약간 다름.

【壬午】7월 6일.

【乙酉】7월 9일.

【蒙門】宋나라 도성 동북의 문. 그 문밖에 蒙城이 있었음.

【范武子】晉나라 대부. 士會, 隨季, 隨會, 土季, 范會, 季武子 등 여러 이름으로 불림. 士蔿의 손자이며 士穀과 형제. 隨땅을 채읍으로 하여 ‘隨會’, 혹 ‘隨武子’라고도 불렀으며 다시 范땅을 채읍으로 하여 ‘范武子’로도 불림. 한때 秦나라로 망명하는 등 우여곡절을 겪기도 함. 그 후손이 뒤에 晉나라 六卿의 하나인 范氏로 발전함.

【其祝史陳信於鬼神, 無愧辭】신에게 祭文에 글을 쓸 때는 좋은 말로만 꾸몄기에 제관이 그 제문을 읽고 부끄럽게 여겼지만, 범무자가 정치를 하였을 때에는 제문에 사실만 쓰게 하여 제관이 읽어도 조금도 부끄럽게 여기지 않았다는 뜻.

【歆】‘좋아하다, 기꺼워하다’의 뜻.

【光輔五君】光輔는 훌륭히 빛나도록 도움. 五君은 晉나라 文公·襄公·靈公·成公·景公을 가리키며. 士會는(范武子) 이 다섯 군주를 보필하였음.《國語》晉語(8)에 “世及武子, 佐文·襄爲諸侯, 諸侯無二心. 及爲卿以輔成·景, 軍無敗政. 及爲成帥居太傅”라 함.


㉀

鄭伯享趙孟于垂隴, 子展·伯有·子西·子産·子大叔·二子石從. 趙孟曰:「七子從君, 以寵武也. 請皆賦, 以卒君貺, 武亦以觀七子志.」 子展賦草蟲.

趙孟曰:「善哉, 民之主也! 抑武也, 不足以當之.」

伯有賦鶉之賁賁.

趙孟曰:「牀第之言不踰閾, 況在野乎? 非使人之所得聞也.」

子西賦〈黍苗〉之四章.

趙孟曰:「寡君在, 武何能焉?」

子産賦〈隰桑〉.

趙孟曰:「武請受其卒章.」

子大叔賦〈野有蔓草〉.

趙孟曰:「吾子之惠也.」

印段賦〈蟋蟀〉.

趙孟曰:「善哉, 保家之主也! 吾有望矣.」

公孫段賦〈桑扈〉.

趙孟曰:「『匪交匪敖』, 福將焉往? 若保是言也, 欲辭福祿, 得乎?」

卒享, 文子告叔向曰:「伯有將爲戮矣. 詩以言志, 志誣其上而公怨之, 以爲賓榮, 其能久乎? 幸而後亡.」

叔向曰:「然, 已侈, 所謂不及五稔者, 夫子之謂矣.」

文子曰:「其餘皆數世之主也. 子展其後亡者也, 在上不忘降. 印氏其次也, 樂而不荒. 樂以安民, 不淫以使之, 後亡, 不亦可乎!」


정鄭 간공簡公이 조맹趙孟을 위해 수롱垂隴에서 향연을 베풀어, 자전子展·백유伯有·자서子西·자산子産·자태숙子大叔·두 공자 석石이 간공을 따라 참석하였다.

조맹이 말하였다.

"일곱 분이 군주를 모시고 이 자리에 와서 저 조무趙武를 환대해 주시는군요. 청컨대 모두가 각각 시를 읊어 임금께서 내려주신 이 연회를 마치면서 제가 일곱 분의 뜻을 살펴볼 수 있도록 해주십시오."

이리하여 자전이 〈초충草蟲〉편을 읊자 조맹이 말하였다.

"좋습니다. 백성들의 주인이 되실 분이시여! 생각건대 저는 그 시에서 말한 훌륭한 사람이라 할 수 없습니다."

다음에는 백유가 〈순지분분鶉之賁賁〉편을 읊었다. 그러자 조맹이 말하였다.

"상자牀第의 사사로운 말은 문지방 밖으로 나가지 않게 하는 것인데 하물며 이 교외에까지라니요? 외국 사신에게는 들려줄 수 없는 내용입니다."

다음으로 자서가 〈서묘黍苗〉편 제4장을 읊자 조맹이 말하였다.

"우리 임금께서 계시는데 제가 어찌 능히 그럴 수 있겠습니까?"

이번에는 자산이 〈습상隰桑〉편을 읊자 조맹이 말하였다.

"저는 그 시의 마지막 장처럼 늘 친하게 대해주시기를 청합니다."

자태숙은 〈야유만초野有蔓草〉편을 읊었다. 조맹이 말하였다.

"그대가 이렇게 환대해 주시는 덕택입니다."

인단印段은 〈실솔蟋蟀〉편을 읊자 조맹이 말하였다.

"훌륭합니다. 가문을 잘 지키실 분이군요! 저는 기대하고 있겠습니다."

공손단公孫段이 〈상호桑扈〉편을 읊자 조맹이 말하였다.

"'사귐에 오만하지 않다'라 하였으니 그 복이 어디로 가겠습니까? 만약 이 구절의 말을 지켜낸다면 복록을 사양한들 그렇게 되겠습니까?"

그 향연을 마치자 문자文子가 숙향叔向에게 말하였다.

"백유는 곧 죽게 될 것이오. 시는 자신의 속마음을 나타내는 것인데, 그의 속마음은 윗사람들을 헐뜯고 공공연히 원망하여 그것으로써 빈객을 추켜올리는 것이었소. 그래서야 오래 살 수 있겠소? 기껏해야 외국으로 망명하게 될 것이오."

그러자 숙향이 말하였다.

"그렇습니다. 그는 이미 너무 떠벌렸습니다. 소위 '5년을 넘기지 못한다'라 한 것은 그런 사람을 두고 하는 말일 것입니다."

문자가 말하였다.

"그 밖의 사람들은 다 여러 세대를 갈 것이오. 자전의 가문이 가장 마지막에 망할 것이오. 그는 윗자리에 있으나 자산을 낮추기를 잊지 않고 있소. 그리고 인씨印氏가 그 다음이오. 그는 즐거워하면서도 지나치지 않고, 즐거움으로써 백성을 편안케 하며, 정도를 벗어나지 않게 하여 백성을 부릴 것이니, 다른 사람들보다 늦게 망하는 것이 옳지 않겠소!"

【鄭伯】鄭 簡公(嘉). 당시 趙武 등이 宋나라로부터 귀국하는 길에 鄭나라 국경을 지나게 되자 간공이 그들에게 감사의 표시로 잔치를 열어준 것.

【趙孟】趙武. 晉나라 대부. 趙朔의 아들. 趙文子. 趙朔과 趙莊姬 사이에 난 아들. 趙氏 집안의 가장 훌륭한 아들로 자라 뒤에 晉六卿으로 자리를 굳힘. 시호는 文子. 그 후손이 戰國시대 邯鄲을 중심으로 七雄의 하나인 趙나라로 크게 발전함.

【垂隴】鄭나라 지명. 지금의 河南 滎陽縣 동북.

【子展】公孫舍之. 鄭나라 대부. 子罕의 아들. 시호는 桓子.

【伯有】良霄. 鄭나라 외교관의 이름. 公孫輒의 아들. 杜預 注에 "良霄, 公孫輒子 伯有也"라 함.

【子西】鄭나라 대부. 子駟의 아들. 公孫夏. 杜預 注에 "子西, 公孫夏, 子駟子"라 함.

【子産】公孫僑. 子國(公孫成)의 아들. 뒤에 鄭나라의 훌륭한 宰相이 되어 孔子가 자주 칭찬한 인물.

【子大叔】鄭나라 대부. 游吉. '大叔'은 '太叔'과 같음. 游販의 아우. '世叔'으로도 불리며 公孫蠆의 아들.

【二子石】杜預 注에 "二子石, 印段·公孫段"이라 함. 印段은 자는 子石이며 諡號는 獻子. 公孫段은 역시 정나라 대부로 子豐. 역시 자가 子石이었던 것으로 보임.

【貺】'황'으로 읽으며 '賜'와 같음.

【寵武】자신 趙武를 특별 대우함. 환대함.

【草蟲】《詩經》國風 召南의 편명. "喓喓草蟲, 趯趯阜螽. 未見君子, 憂心忡忡. 亦旣 見止, 亦旣覯止, 我心則降. 陟彼南山, 言采其蕨. 未見君子, 憂心惙惙. 亦旣見止, 亦旣覯止, 我心則說. 陟彼南山, 言采其薇. 未見君子, 我心傷悲, 亦旣見止, 亦旣 覯止, 我今則夷"라 하였으며 이 시를 통해 자전은 조무와 같은 군자를 만나 기쁘다는 뜻을 나타낸 것임. 이에 조무는 자신이 시중의 군자가 될 수 없다는 겸손의 말을 하였음.

【鶉之賁賁】《詩經》鄘風의 편명으로 〈鶉之奔奔〉으로 되어 있음. "鶉之奔奔, 鵲之彊彊. 人之無良, 我以爲兄. 鵲之彊彊, 鶉之奔奔. 人之無良, 我以爲君"이라 함. 이는 衛나라 公室의 醜聞을 풍자한 것임. 伯有는 이 시를 읊어 鄭나라 조정에 불화가 있고 자신의 지위가 불리하다는 것을 조무에게 호소한 것임.

【牀第】남녀 사이 잠자리에서 하는 말. 비밀 이야기.

【黍苗】《詩經》小雅의 편명. "芃芃黍苗, 陰雨膏之. 悠悠南行, 召伯勞之. 我任我輦, 我車我牛. 我行旣集, 蓋云歸哉. 我徒我御, 我師我旅. 我行旣集, 蓋云歸處. 肅肅謝功, 召伯營之. 烈烈征師, 召伯成之. 原隰旣平, 泉流旣淸. 召伯有成, 王心則寧"이라 함. 이 시는 周나라 召伯의 공로를 찬양하는 내용임. 子西는 이 시로 조무의 공로가 큼을 찬양하였지만 조무는 그 찬양은 진나라 군주가 받을 것이지 자기가 받을 수 없다고 한 것임.

【隰桑】《詩經》小雅의 편명. "隰桑有阿, 其葉有難. 旣見君子, 其樂如何. 隰桑有阿, 其葉有沃. 旣見君子, 云何不樂. 隰桑有阿, 其葉有幽. 旣見君子, 德音孔膠. 心乎愛矣, 遐不謂矣. 中心藏之, 何日忘之"라 함. 이는 군자를 만나 기쁘다는 뜻을 나타낸 것으로 그 4장에 '군자를 잊지 않고 언제나 존경한다'는 뜻이 들어 있음. 조무는 자신을 군자라고는 할 수 없지만 제4장의 시에서 말하였듯이 자신을 언제나 잊지 않아 주기를 청한 것임.

【野有蔓草】《詩經》鄭風의 편명. "野有蔓草, 零露漙兮. 有美一人, 淸揚婉兮. 邂逅相遇, 適我願兮. 野有蔓草, 零露瀼瀼. 有美一人, 婉如淸揚. 邂逅相遇, 與子偕臧"이라 하여 군자를 만나 기쁘다는 뜻을 담고 있음.

【蟋蟀】《詩經》唐風의 편명. "蟋蟀在堂, 歲聿其莫. 今我不樂, 日月其除. 無已大康, 職思其居. 好樂無荒, 良士瞿瞿. 蟋蟀在堂, 歲聿其逝. 今我不樂, 日月其邁. 無已大康, 職思其外. 好樂無荒, 良士蹶蹶. 蟋蟀在堂, 役車其休. 今我不樂, 日月其慆. 無已大康, 職思其憂, 好樂無荒, 良士休休"라 하였으며 이는 무슨 일이든지 경계를 게을리 하지 말라는 뜻이 들어 있음. 印段은 초나라에 대해서 늘 경계해야 한다는 뜻을 나타낸 것임. 이에 조무는 국가를 지키는 자는 늘 그 마음이 있어야 하니 당신도 그 마음으로 나라를 지킬 것을 기대하겠다고 한 것임.

【桑扈】《詩經》小雅의 편명. "交交桑扈, 有鶯其羽. 君子樂胥, 受天之祜. 交交桑扈, 有鶯其領. 君子樂胥, 萬邦之屛. 之屛之翰, 百辟爲憲. 不戢不難, 受福不那. 兕觥有餗, 旨酒思柔. 彼交匪敖, 萬福來求"라 함. 군자는 예를 갖추고 있음으로써 하늘로부터 복을 받는다는 내용임.

【匪交匪敖】본문은 '彼交匪敖'로 되어 있음.

【叔向】晉나라 대부. 叔肸. 羊舌肸, 자는 叔肸, 혹 叔譽.

【賓榮】손님을 추켜세움.

【五稔】稔(임)은 곡식이 한 번씩 익음을 말하여 '年'의 뜻으로 쓰임.

㊀

宋左師請賞, 曰:「請免死之邑.」

公與之邑六十, 以示子罕.

子罕曰:「凡諸侯小國, 晉·楚所以兵威之, 畏而後上下慈和, 慈和而後能安靖其國家, 以事大國, 所以存也. 無威則驕, 驕則亂生, 亂生必滅, 所以亡也. 天生五材, 民並用之, 廢一不可, 誰能去兵? 兵之設久矣, 所以威不軌而昭文德也. 聖人以興, 亂人以廢. 廢興·存亡·昏明之術, 皆兵之由也. 而子求去之, 不亦誣乎! 以誣道蔽諸侯, 罪莫大焉. 縱無大討, 而又求賞, 無厭之甚也.」

削而投之.

左師辭邑.

向氏欲攻司城.

左師曰:「我將亡, 夫子存我, 德莫大焉. 又可攻乎?」

君子曰:「『彼己之子, 邦之司直』, 樂喜之謂乎!『何以恤我, 我其收之』, 向戌之謂乎!」


송宋나라 좌사左師 상술向戌은 송宋 평공平公에게 자신에게 상을 내릴 것을 청하며 이렇게 말하였다.

"청컨대 죽음을 면하게 해준 공에 대하여 상으로 읍을 내려주십시오."

평공은 그에게 60읍을 주기로 하고 그 문서를 자한子罕에게 보여주었다.

자한은 이렇게 말하였다.

"무릇 제후들 중에 작은 나라는 진晉나라와 초楚나라가 무력으로 위협하여 맹약을 맺은 것이며 그러한 큰 나라를 두려워하고 나서야 상하가 자애로워지고 친하게 되는 것이며, 자애와 친함이 있은 연후에야 국가를 안정시킬 수 있으니 대국을 섬김으로써 나라가 보존되는 것입니다. 위협을 받지 않으면 교만해지고, 교만해지면 난이 생기며, 난이 생기면 반드시 멸망하는 것이니 그것이 곧 망하는 이유입니다. 하늘은 오재五材를 만들어주고 백성들은 이를 사용하니 그중 한 가지라도 없앨 수가 없는 것입니다. 그런데 그 누가 병기를 없앨 수가 있겠습니까? 병기를 만들어 온 지는 오래인데 이는 법을 지키지 않는 자에게 위협을 주어 문적文德을 밝히기 위한 것이었습니다. 성인聖人은 이로써 흥하고, 난인亂人은 이로써 망하는 것입니다. 폐흥廢興, 존망存亡, 혼명昏明은 모두가 병기에서 말미암는 것입니다. 그런데 이것을 없애고자 하였으니 역시 거짓이 아니겠습니까! 거짓 도로써 제후들을 은폐하였으니 그보다 더 큰 죄는 없습니다. 비록 큰 성토를 받지 않은 것만으로도 다행인데 거기에 상을 요구하고 있으니 만족할 줄 모르기가 아주 심하군요.”

그리고 그 내용을 모두 깎아 지우고 이를 던져버렸다.

그래서 좌사는 읍을 상으로 받는 일을 사양하였다.

상씨向氏 가문의 사람들이 사성司城 자한을 공격하려 하였다.

그러자 좌사는 이렇게 말하였다.

“우리 가문이 장차 망하려 할 때 그분이 우리를 보존해 주었다. 이보다 더 큰 덕이 있겠는가? 그런데 어찌 다시 공격을 할 수 있겠는가?”

군자는 이렇게 말하였다.

“‘저 사람이야말로 나라의 정의를 바르게 세워 주실 분’이라 하였으니 이는 악희樂喜 같은 이를 두고 한 말이로다! 또한 ‘어떻게 나를 구해 주실지, 나는 그대 뜻을 받아들이리’라 하였으니 이것은 상술 같은 이를 두고 한 말이로다!”

【左師】向戌. 그의 采邑이 ‘合’이었으며 벼슬이 左師였음. 그 때문에 ‘合左師’라 부른 것임. ‘合’은 지금의 山東 棗莊市와 江蘇 沛縣 사이였다 함.
【免死之邑】생사를 걸고 성공하여 죽음을 면하게 한 공로에 상으로 내리는 읍. 杜預 注에는 “謙言免死之邑也”라 하였으나 《左傳會箋》에는 “此盟事體甚大, 及將歃. 嘖有煩言. 若事破, 向戌之罪不容於死. 今也幸而成矣, 故曰免死之邑”이라 함. 한편 沈欽韓의 《左傳補注》에는 “若後世封功臣有鐵券, 身免三死, 子孫免一死也”라 함.
【子罕】鄭 穆公의 아들이며 戴公의 6세손. 公子 喜(樂喜). 司城 벼슬을 하여 흔히 司城子罕으로도 부름. 당시 鄭나라에 어진 인물로 널리 알려짐.
【五材】五行. 여기서는 金木水火土의 구체적인 재료들.
【聖人】成湯이나 周 文武의 경우를 가리킴.
【亂人】夏나라 桀王, 殷나라 紂王과 같은 경우를 가리킴.
【削而投之】그 문서를 무효로 만들기 위하여 竹簡(木簡, 簡札)의 기록을 깎아 버리고 내던짐.

【彼己之子, 邦之司直】《詩經》鄭風 羔裘篇에 "羔裘如濡, 洵直且侯. 彼其之子,
舍命不渝. 羔裘豹飾, 孔武有力. 彼其之子, 邦之司直. 羔裘晏兮, 三英粲兮. 彼其
之子, 邦之彦兮"라 함.
【何以恤我, 我其收之】杜預 注에 逸詩라 하였으나 이는《詩經》周頌 維天之命
"維天之命, 於穆不已. 於忽不顯, 文王之德之純. 假以溢我, 我其受之. 駿惠我文王,
曾孫篤之"의 "假以溢我, 我其受之"의 변형된 표현임.


㉯

齊崔杼生成及彊而寡, 娶東郭姜, 生明.

東郭姜以孤入, 曰棠無咎, 與東郭偃相崔氏.

崔成有病而廢之, 而立明.

成請老于崔, 崔子許之, 偃與無咎弗予, 曰:「崔, 宗邑也, 必在宗主.」

成與彊怒, 將殺之, 告慶封曰:「夫子之身, 亦子所知也, 唯無咎
與偃是從, 父兄莫得進矣. 大恐害夫子, 敢以告.」

慶封曰:「子姑退. 吾圖之.」

告盧蒲嫳.

盧蒲嫳曰:「彼, 君之讎也. 天或者將棄彼矣. 彼實家亂, 子何病
焉? 崔之薄, 慶之厚也.」

他日又告.

慶封曰:「苟利夫子, 必去之. 難, 吾助女.」

九月庚辰, 崔成·崔彊殺東郭偃·棠無咎於崔氏之朝.

崔子怒而出, 其衆皆逃, 求人使駕, 不得.

使圉人駕, 寺人御而出, 且曰:「崔氏有福, 止余猶可.」

遂見慶封.

慶封曰:「崔·慶一也. 是何敢然? 請爲子討之.」

使盧蒲嫳帥甲以攻崔氏.

崔氏堞其宮而守之.

弗克, 使國人助之, 遂滅崔氏, 殺成與彊, 而盡俘其家, 其妻縊.

嫳復命於崔子, 且御而歸之.

至, 則無歸矣. 乃縊.
崔明夜辟諸大墓.
辛巳, 崔明來奔.
慶封當國.


　제齊나라 최저崔杼는 성成과 강彊을 낳고서 홀몸이 되었다가 다시 동곽강
東郭姜을 아내로 맞아 명明을 낳았다.
　동곽강은 아버지 없는 아들 하나를 데리고 최저에게 시집갔었는데
그 아들의 이름은 당무구棠無咎였으며 그는 외숙 동곽언東郭偃과 함께 최씨
집안의 일을 돕고 있었다.
　최저의 큰아들 최성이 병을 앓자 최저는 그를 후계자 자리에서 폐하고,
명明을 세웠다.
　최성이 채읍 최읍崔邑에서 노후를 보내겠노라 하자 최저는 이를 허락
하였다. 그러자 동곽언과 당무구는 최읍을 내주지 않고 이렇게 말하였다.
　"최읍은 최씨 가문의 종묘가 있는 곳입니다. 반드시 종주로 정해진
명에게 주어져야 합니다."
　최성과 최강은 노하여 장차 동곽언과 당무구를 죽이려고 경봉慶封에게
이를 상의하였다.
　"우리 아버지의 신상은 당신도 잘 아실 것입니다. 그는 오직 당무구와
동곽언의 말만 따를 뿐, 집안의 다른 어르신들은 다가가지도 못합니다.
그들이 아버지를 해치게 될까 크게 걱정되어 감히 말씀드립니다."
　경봉이 말하였다.
　"그대들은 잠시 물러가 있게. 내가 계책을 세우도록 하겠네."
　그리고는 이 일을 노포별盧浦嫳에게 고하였다.
　노포별은 이렇게 말하였다.
　"최저는 임금을 죽인 원수입니다. 하늘이 혹 장차 그를 버리려는 것이겠
지요. 사실로 그 집안이 난에 빠지고 있는데 그대는 무엇을 걱정하십니까?
최씨의 박복함은 경씨 가문에 큰 복이 되는 것입니다."
　다른 날 최저의 아들들이 다시 경봉을 찾아갔다.

그러자 경봉이 말하였다.

"진실로 그렇게 하는 것이 그대 부친에게 이롭다면 반드시 그들을 없애 버리게. 어려운 일이 있으면 내가 자네들을 돕겠네."

9월 경진날, 최성과 최강은 최씨 가문의 조정에서 동곽언과 당무구를 죽여버렸다.

최저가 노하여 뛰어나갔더니 집안 무리들은 모두 달아나고 없었다. 수레에 말을 매고자 사람을 찾았으나 아무도 없었다.

이에 어인圉人에게 수레에 말을 매어 나가면서 이렇게 말하였다.

"최씨 가문에 아직 복이 남아 있다면 내 한 몸에서 화가 그쳤으면 좋으련만."

곧 경봉을 찾아갔더니 경봉은 이렇게 말하는 것이었다.

"그대 최씨와 우리 경씨 가문은 하나입니다. 이 어찌 감히 그런 일이 벌어졌단 말입니까? 청컨대 그대를 위해 내가 그들을 토벌해 주겠습니다."

그리하여 노포별로 하여금 무장병을 이끌고 최씨 가문을 공격하도록 하였다.

최씨네들은 집 주위에 담을 쌓고 수비를 하고 있었다.

노포별이 이들을 이기지 못하자 경봉은 나라 사람들에게 그를 돕도록 하여 드디어 최씨 가문을 무너뜨리고 최성과 최강을 죽였으며, 가문의 사람들을 모두 붙잡았다. 이에 최저의 아내는 목을 매어 자결하였다.

노포별이 최저에게 결과를 보고하고 최저를 수레에 모셔 그의 집으로 바래다주었다.

최저가 집에 와 보았더니 몸을 의지할 데가 없었다. 그리하여 그는 목을 매어 죽고 말았다.

최명은 밤중에 큰 묘를 만들어 묻었다.

신사날, 최명은 우리 노나라로 도망쳐 왔다.

그리하여 경봉이 제나라의 국정을 맡게 되었던 것이다.

【崔杼】齊나라 대부. 齊 莊公(B.C.553~548)이 그의 아내와 사통하자 崔杼는 그를 弑害하고 景公을 세워 자신은 宰相이 되는 등 춘추 후기 제나라 역사를

뒤흔든 인물. 晏子(晏嬰)와 여러 차례 부딪치는 등 많은 일화를 낳았음. 본 장에서
처럼 집안 내분을 견디지 못하고 목을 매어 자결하였으며 시호는 武子.

【成】崔杼의 前妻 所生의 맏아들.

【彊】최저의 둘째 아들.

【東郭姜】'棠姜'으로도 부름. 棠公의 아내이며 東郭偃의 누나. 棠公이 죽어 과부로
있다가 남동생 東郭偃이 모시고 있던 崔杼에게 재가함.《列女傳》孽嬖傳에
東郭姜傳이 있음. 齊나라 姜氏의 성에 棠公의 棠을 넣어 여자의 칭호를 삼은 것.
그러나 莊公이 그의 미모를 탐내어 사통하자 최저가 莊公을 죽이게 됨. 襄公
25년을 볼 것.

【明】최저와 동곽언 사이에 난 아들. 崔成이 폐위되고 崔明이 최씨 후계자가 됨.
뒤에 魯나라로 망명하여 崔良을 낳음.

【以孤入】東郭姜의 남편 棠公이 죽자 그에게선 난 아들을 데리고 최저에게
시집을 간 것임. 이가 棠無咎이며 東郭偃이 재가해 오기 전부터 崔氏 집안의
가신이었음.

【崔】崔杼의 采邑. 崔杼는 채읍의 이름을 성으로 삼은 것임. 지금의 山東 濟陽縣
동쪽.

【宗主】杜預 注에 "宗邑, 宗廟所在. 宗主謂崔明"이라 함.

【慶封】자는 子家. '慶季'로도 부르며 齊 莊公이 崔杼에게 시해당하고 齊 景公이
즉위하자 左相에 임명하였던 인물.

【盧蒲嫳】慶封에게 속하였던 대부.

【君之讎】崔杼가 莊公을 시해하였음을 가리킨 것. 襄公 25년을 볼 것.

【庚辰】9월 5일.

【止余猶可】杜預 注에 "恐滅家, 禍不止其身"이라 함.

【辛巳】9월 6일.


㊉

楚蔿罷如晉涖盟, 晉侯享之.

將出, 賦〈旣醉〉.

叔向曰:「蔿氏之有後於楚國也, 宜哉! 承君命, 不忘敏. 子蕩將
知政矣. 敏以事君, 必能養民, 政其焉往?」

초楚나라의 위피蔿罷가 진晉나라에 가 맹약에 참석하자 평공平公이 그를 위해 향연을 베풀었다.

위피는 향연 자리에 나가면서 〈기취旣醉〉편을 읊었다.

그러자 숙향叔向이 이렇게 말하였다.

"위씨 가문이 뒤에 초나라에서 오래도록 이어갈 것임은 마땅하도다! 그는 군주의 명을 받들어 민첩하게 해야 함을 잊지 않고 있다. 자탕子蕩은 장차 정치를 맡게 될 것이다. 민첩하게 임금을 섬기고 있으니 틀림없이 백성들도 잘 다스릴 것이다. 그러니 정권이 어디로 가겠는가?"

【蔿罷】 '위피'로 읽음. '蔿'는 '蒍'와 같음. 子蕩. 뒤에 楚나라 令尹에 오름.
【旣醉】《詩經》大雅 旣醉篇. "旣醉以酒, 旣飽以德. 君子萬年, 介爾景福. 旣醉以酒, 爾殽旣將. 君子萬年, 介爾昭明. 昭明有融, 高朗令終. 令終有俶, 公尸嘉告. 其告維何, 籩豆靜嘉. 朋友攸攝, 攝以威儀. 威儀孔時, 君子有孝子. 孝子不匱, 永錫爾類. 其類維何, 室家之壼. 君子萬年, 永錫祚胤. 其胤維何, 天被爾祿. 君子萬年, 景命有僕. 其僕維何, 釐爾女士. 釐爾女士, 從以孫子"라 함. 이는 '酒宴도 훌륭하나 주인의 덕은 더욱 훌륭하다'는 뜻이 있음. 그는 이 시로써 진나라 군주의 덕이 훌륭함을 찬양한 것임.
【叔向】 晉나라 대부. 叔肹. 羊舌肹, 자는 叔肹, 혹 叔譽.


㉓

崔氏之亂, 申鮮虞來奔, 僕賃於野, 以喪莊公.
冬, 楚人召之, 遂如楚, 爲右尹.


제나라 최씨의 난 때 신선우申鮮虞가 우리 노나라로 도망쳐 와서 들에서 삯일을 하며 제 장공莊公의 상을 지켰다.

겨울, 초楚나라가 그를 불러 드디어 초나라로 갔으며 그곳에서 우윤右尹이 되었다.


【崔氏之亂】 崔杼가 齊 莊公을 시해한 사건을 말함. 襄公 25년을 볼 것.

【申鮮虞】齊 莊公의 신하이며 崔杼와 慶封을 반대하던 사람. 그 아들 傅摯 역시
　莊公을 도와 衛나라 정벌에 나서기도 하였음.
【僕賃】남의 고용살이를 함.
【右尹】楚나라 관직 이름. 令尹 밑에 右尹과 左尹이 있어 令尹을 보필하였음.


## ✹ 1323(襄27-6)

冬十有二月乙亥朔, 日有食之.

겨울 12월 을해날 초하루, 일식이 있었다.

【乙亥】원문에는 '乙卯'로 되어 있으나 阮元〈校勘記〉에 의해 바로잡음.


㉑

十一月乙亥朔, 日有食之.
辰在申, 司曆過也, 再失閏矣.

11월 을해날 초하루에 일식이 있었다.
　당시 북두칠성이 신방申方에 있었으니 사력司曆이 잘못 기록한 것이며
노나라는 두 번이나 윤달을 빠뜨렸다.

【辰】北斗七星. 혹 北極星, 北斗七星의 자루에 해당하는 부분이라고도 함.
【申】周曆으로 9월에 북두성이 위치하는 별자리. 따라서 11월에 일식이 있었다고
　한 것은 두 달이나 착오를 일으킨 것으로 이는 두 번의 윤달을 뛰어넘은 것이라
　하였음.
【司曆過也】司曆의 잘못. 司曆은 曆官. 12월에 일식이 있었다고 한 것은 실제
　윤달 11월인데 12월로 잘못 기록한 것임. 그러나 江永의《左傳補義》에는 「辰在申,
　司曆過, 再失閏矣.」此左氏之妄也"라 함.

# 178. 襄公 28年<sub>(B.C.545)</sub> 丙辰

| 周 | 靈王(姬泄心) 27년 | 齊 | 景公(杵臼) 3년 | 晉 | 平公(彪) 13년 | 衛 | 獻公(衎) 32년 |
|---|---|---|---|---|---|---|---|
| 蔡 | 景公(固) 47년 | 鄭 | 簡公(嘉) 21년 | 曹 | 武公(滕) 10년 | 陳 | 哀公(溺) 24년 |
| 杞 | 文公(益姑) 5년 | 宋 | 平公(成) 31년 | 秦 | 景公(后伯車) 32년 | 楚 | 康王(昭) 15년 |
| 吳 | 餘祭 3년 | 許 | 悼公(買) 2년 | | | | |

❋ **1324(襄28-1)**

二十有八年春, 無冰.

28년 봄, 얼음이 얼지 않았다.

㊟

二十八年春, 無冰.

梓愼曰:「今玆宋·鄭其饑乎! 歲在星紀, 而淫於玄枵. 以有時菑, 陰不堪陽. 蛇乘龍, 龍, 宋·鄭之星也. 宋·鄭必饑. 玄枵, 虛中也. 枵, 耗名也. 土虛而民耗, 不饑何爲?」

28년 봄, 얼음이 얼지 않았다.

대부 자신<sub>梓愼</sub>이 말하였다.

"올해는 송<sub>宋</sub>나라와 정<sub>鄭</sub>나라에 기근이 들겠구나! 올해의 세성<sub>歲星</sub>은 성기星紀에 있어야 하는데, 움직임이 지나쳐 이미 현효玄枵에 와 있다. 분명 시절의 재변이 일어날 것이니 이것은 음기가 양기를 감당하지 못하고 있기 때문이다. 뱀이 용龍을 타고 있는 형상이다. 용은 송나라와 정나라를 상징하는 별이다. 송나라와 정나라는 틀림없이 흉년이 들 것이다. 현효는 그 가운데가 허수虛宿이다. 효枵는 물건이 소모되어 줄어든다는 뜻이다. 토지가 텅 비고 백성의 생산은 줄어들 것이니 기근이 들지 않고 어쩌겠는가?"

【春, 無冰】 봄은 당시 음력 11, 12, 1월 석 달로 마땅히 얼음이 얼어야 하나 얼음이 얼지 않아 정상적인 날씨가 아니었음. 전해에 윤달을 두었어야 함에도 두지 않았기 때문에 曆에 착오가 생긴 듯함.

【梓愼】 魯나라 대부. '梓'는 '梓音子'라 하여 '자'로 읽음.

【歲】 歲는 歲星. 세성은 木星을 말함. 목성은 公轉週期가 11.86년임. 그러나 고대 이를 정확히 계산하지 못하여 대체로 12년으로 보아 이를 歲星이라 불렀음. 이에 12년 동안 해마다 그 위치에 따라 次序를 정하여 그에 해당하는 방위와 별자리를 降婁, 大梁, 實沈, 鶉首, 鶉火, 鶉尾, 壽星, 大火, 析木, 星紀, 玄枵, 娵訾에 맞추었음. 따라서 이해는 歲星이 星紀에 있어야 함에도 이미 앞서나가 玄枵 자리에 있음을 말한 것. 그러나 목성 주기는 매년 0.14년 차이가 나므로 7周 (84년) 후에는 무려 0.98년, 즉 약 1년의 차이가 나게 되어 歲星으로 기년을 삼는 것은 맞지 않다고 여겨 東漢 順帝 때 이를 폐지하고 그 이후로는 사용하지 않음.

【星紀】 木星은 丑方으로 北北東의 위치임. 黃道 12宮에서 摩羯宮의 위치이며 28수(宿)로는 두수(斗宿)와 우수(牛宿)의 중간 자리라 함.

【淫】 지나침. '過'의 뜻.

【玄枵】 12洗車의 11번째. 子方. 正北. 黃道 12宮에서 寶瓶宮의 위치이며 28수(宿)로는 여수(女宿), 허수(虛宿), 위수(危牛宿)에 해당한다 함.

【菑】 災(灾)와 같음.

【蛇乘龍】 玄枵는 북방(水). 북방은 상징 동물이 玄武이며 歲星은 동방(木)에 위치하여 靑龍을 그 상징 동물로 삼고 있음. 따라서 세성이 현효로 바뀌어 뱀이 용을 타고 있는 격이 된 것이라 한 것임.

【龍, 宋·鄭之星】 이는 分野로 풀이한 것. 하늘의 별자리와 땅의 州域을 대응시켜 위치를 정한 것. 《史記》 天官書에 "天則有列宿, 地則有州域. ……宋·鄭之疆, 候在歲星"이라 하여 宋·鄭 일대는 歲星, 즉 龍의 分野에 해당함.

【玄枵虛中也】玄枵에는 28宿의 女·處·危의 3宿가 있고, 虛宿가 그 중앙에 자리함.
【枵, 秏名也】'秏'는 '耗'와 같음. 俗體字. '枵의 뜻은 秏와 같다'의 의미로 聲訓
 (音訓)으로 풀이한 것. 한편《正字通》에는 "凡物虛耗曰枵, 人飢曰枵腹"이라 함.


㉝

　夏, 齊侯·陳侯·蔡侯·北燕伯·杞伯·胡子·沈子·白狄朝于晉,
宋之盟故也.
　齊侯將行, 慶封曰:「我不與盟, 何爲於晉?」
　陳文子曰:「先事後賄, 禮也. 小事大, 未獲事焉, 從之如志, 禮也.
雖不與盟, 敢叛晉乎? 重丘之盟, 未可忘也. 子其勤行!」


　여름, 제후齊侯·진후陳侯·채후蔡侯·북연백北燕伯·기백杞伯·호자胡子·심자沈子·
백적白狄이 진晉나라를 예방한 것은 송宋나라에서의 맹약에 따른 것이다.
　제齊 경공景公이 진나라로 가려 하자 경봉慶封이 말하였다.
　"우리는 맹약에 참석하지 않았는데 무엇 때문에 진나라를 위해야 한다는
것입니까?"
　이에 진문자陳文子가 말하였다.
　"우선 먼저 섬기고 바칠 재화는 나중에 따지는 것이 예의에 맞는 일입
니다. 작은 나라가 큰 나라를 섬길 때는 성과를 얻지 못하더라도 그 큰
나라의 뜻에 따르는 것이 예의에 맞는 일입니다. 비록 맹약에 참여하지는
않았다 해도 어찌 감히 진나라를 배반할 수 있겠습니까? 중구重丘에서
맺은 맹약을 잊어서는 안 됩니다. 그러니 그대는 임금께서 진나라에 가도록
권하십시오!"


【齊侯】당시 齊나라 군주는 景公(杵臼) 재위 3년째였음.
【陳侯】陳 哀公(溺) 재위 24년째.
【蔡侯】蔡 景侯(固) 재위 47년째.
【北燕伯】姬姓의 제후국으로 召公(姬奭)이 받은 봉지. 지금의 北京 일대이며

당시 도읍은 薊라 불렀음. 《史記》燕召公世家에 의하면 이때 군주는 燕 懿公
이었음. 戰國시대 七雄으로 발전함.

【杞】姒姓, 周 武王이 殷을 멸한 다음 禹의 후손 東樓公을 찾아 봉하였음. 지금의
河南 杞縣 일대.

【胡子】원래 胡나라는 둘이었음. 하나는 姬姓으로 哀公 8년 傳에 실린 "齊侯殺
胡姬"의 胡나라이며 鄭 武公에 의해 망함. 지금의 河南 漯河市 일대. 하나는
歸姓으로 31년에 실린 胡女 敬歸의 나라임. 지금의 安徽 阜陽縣 일대로 定公
15년 楚나라에게 망함. 여기서는 歸姓의 胡나라를 가리킴. 당시 楚나라의
속국이었으며 襄公 27년 宋之盟에서 "晉楚之從交相見"의 약속에 따라 이들
군주도 盟主(霸者)로 인정한 晉나라를 예방하러 나선 것임.

【沈子】역시 楚나라의 속국. 沈나라에 대해서는 成公 8년 傳을 볼 것.

【宋之盟】宋나라 向戌이 '弭兵'을 위해 晉나라 趙文子와 楚나라 令尹 子木을
중심으로 각 나라를 불러 宋나라 蒙門 밖에서 맺은 맹약. 襄公 27년을 볼 것.

【慶封】'慶季'로도 부르며 齊 莊公이 崔杼에게 시해당하고 齊 景公이 즉위하자
左相에 임명하였던 인물. 자는 子家.

【不與盟】宋之盟에 齊나라와 秦나라는 참가하지 않았음.

【陳文子】齊나라 豪族으로 이름은 '須無'. 시호는 文子. 陳完(田完, 敬仲)의 曾孫이며
陳無宇(桓子)의 아버지. 田完은 원래 陳나라 출신으로 齊나라로 망명하여 성을
田氏로 바꾸었으며 뒤에 齊나라에서 세력을 키운 다음 그 후손이 春秋 말 姜姓의
齊나라 왕권을 탈취하여 전국시대 田氏齊가 되어 戰國七雄의 大國으로 발전함.

【先事後賂】'賂'는 패자로 인정된 나라에 바치는 공물. 여기서 陳文子는 慶封이
晉나라를 예방함에는 반드시 재물을 바쳐야 하며 그것을 아까워하여 景公을
가지 못하도록 한 것으로 여겨 이렇게 말한 것임.

【重丘之盟】重丘에서의 맹약은 襄公 25년을 볼 것.


※ **1325(襄28-2)**

夏, 衛石惡出奔晉.

여름, 위衛나라 석오石惡가 진晉나라로 달아났다.

【石惡】衛나라 대부. 石買(共子)의 아들이며 石稷의 손자. 그 조카는 石圃. 시호는
悼子. 그 선조 石碏이 衛나라에 큰 공을 세웠었음. 隱公 4년 傳을 볼 것.


㊉

衛人討甯氏之黨, 故石惡出奔晉.
衛人立其從子圃, 以守石氏之祀, 禮也.


위衛나라가 영씨甯氏의 무리를 토벌하였다. 그 때문에 석오石惡가 진晉
나라로 달아난 것이다.
　위나라는 석오의 조카 석포石圃를 그의 후계자로 삼아 석씨石氏 가문에
제사가 끊어지지 않도록 하였다. 이는 예에 맞는 일이었다.


【甯氏之黨】甯喜의 무리를 말함. 襄公 27년을 볼 것.
【從子】조카를 가리킴. 형제끼리의 아들.《禮記》檀弓(上)에 “兄弟之子, 猶子也”라
　하여 흔히 ‘친아들과 같다’는 뜻의 ‘猶子’로도 부름. 지금의 ‘姪’은 원래 從姑
　사이의 姨從조카를 뜻하였음.
【石圃】石惡의 조카.
【禮】杜預 州에 “石惡之先石碏有大功於衛國, 惡之罪不及不祀, 故曰禮”라 하였음.
　石碏은 隱公 4년 傳을 볼 것.


❀ **1326(襄28-3)**

邾子來朝.


주자邾子가 내조해 왔다.


【邾子】邾 悼公. 邾나라는 周나라 武王이 祝融 八姓의 하나였던 邾俠(曹俠)을

封하여 부용국으로 삼았었으며 지금의 山東 鄒縣. 이 때문에 전국시대에 이름을
'鄒'로 바꾸었음. 曹姓이며 子爵 작위를 받았으나 魯나라에 예속되어 있었음.


㉐

邾悼公來朝, 時事也.


주邾 도공悼公이 우리 노나라를 찾아온 것은 시절에 따라 방문하는
의례였다.


【時事】 宋之盟에 관계없이 의례적으로 四時朝聘의 예에 의해 방문하였음을
말한 것임. 宋之盟에는 晉나라와 楚나라는 의무적으로 방문하도록 되어 있었음.


❈ 1327(襄28-4)

秋八月, 大雩.

가을 8월, 기우제를 크게 지냈다.


㉐

秋八月, 大雩, 旱也.

가을 8월에 큰 기우제를 지낸 것은 가뭄이 들었기 때문이었다.


【旱】 가뭄이 듦. 旱魃의 횡포가 심함. '旱魃'은 고대 전설 속에 가뭄을 일으키는
괴수.《神異經》에 "旱魃, 身長二三尺, 袒身而目在頂上, 走行如風, 所到之國大旱,
赤地千里"라 하였으며《幼學瓊林》에 "乾旱之鬼曰旱魃"이라 함.

傳

蔡侯歸自晉, 入于鄭.

鄭伯享之, 不敬.

子産曰:「蔡侯其不免乎! 日其過此也, 君使子展迋勞於東門之外,
而傲. 吾曰猶將更之. 今還, 受享而惰, 乃其心也. 君小國, 事大國,
而惰傲以爲己心, 將得死乎? 若不免, 必由其子. 其爲君也, 淫而不父.
僑聞之, 如是者, 恒有子禍.」


채蔡 경후景侯가 진晉나라에서 돌아가는 길에 정鄭나라 도읍에 들렀다.

정鄭 간공簡公이 그를 위해 연회를 베풀었는데 경후의 태도가 공경스럽지
못하였다.

정나라 자산子産이 말하였다.

"채나라 군주는 화를 면하지 못할 것이다! 지난날 그는 진晉나라로 가기
위해 우리를 지난 적이 있었다. 그때 우리 임금께서 자전子展으로 하여금
동문 밖에서 그를 위로하게 하였을 그때도 오만하였다. 그래서 나는 앞으로
고쳐질 것이라 말하였었다. 그런데 지금 돌아가는 길에도 우리 군주의
향연을 받으면서 예를 지키기를 게을리하였으니 그것이 그의 본심이다.
작은 나라의 군주가 되어 큰 나라를 섬김에 예의 지키기를 게을리하고
오만하여 이로써 자신의 본심으로 삼고 있으니 장차 제대로 된 죽음을
맞을 수가 있겠는가? 그가 만일 화를 면하지 못할 것이라면 그는 틀림없이
그 아들로부터 말미암을 것이다. 그는 임금이면서도 음탕하여 아버지답지
못한 행동을 저지르고 있다. 내(僑) 듣기로 이러한 사람이라면 항상 그 아들이
끼치는 화를 당하게 된다고 하였다."


【景侯】蔡나라 군주. 景公으로도 부름. 이름은 固. B.C.591~543년까지 49년간
　　재위하고 태자 般에게 시해를 당하여 생을 마쳤으며 靈侯(般)가 그 뒤를 이음.
【入于鄭】蔡 景侯가 晉(지금의 山西 侯馬市)에서 자신의 蔡(지금의 河南 上蔡縣)
　　나라로 귀국하려면 鄭(지금의 河南 新鄭)나라를 거쳐야 함. 鄭은 정나라 도읍에
　　들렀음을 말함.

【子産】公孫僑. 子國(公孫成)의 아들. 뒤에 鄭나라의 훌륭한 宰相이 되어 孔子가
 자주 칭찬한 인물.
【子展】公孫舍之. 鄭나라 대부. 子罕의 아들. 시호는 桓子.
【迋】'往'과 같음.
【淫而不父】蔡 景侯는 태자 般(뒤의 靈侯)의 아내와 사통하여 결국 아들 반에게
 시해를 당해 죽었음.
【子禍】杜預 注에 "爲三十年蔡世子般弑其君傳"이라 함.


* **1328(襄28-5)**

**仲孫羯如晉.**

중손갈仲孫羯이 진晉나라로 갔다.

【仲孫羯】孟孝伯. 孟莊子(仲孫速)의 庶子 가운데 하나로 秩의 배다른 아우. 襄公
 24년을 볼 것.


⑳

**孟孝伯如晉, 告將爲宋之盟故如楚也.**

　노나라 맹효백孟孝伯이 진晉나라에 가서, 송宋나라에서의 맹약을 이유로
노나라 군주가 초楚나라에 간다는 것을 보고하였다.


【孟孝伯】仲孫羯.
【將告】宋之盟(襄公 27년)에서 晉과 楚를 각기 달리하여 霸者로 인정하는 제후
 들이 '弭兵'을 위해 각기 교차하여 다른 패자를 예방하기로 되어 있었으며
 魯나라는 晉나라를 霸者로 인정하여 晉나라를 섬겼으므로 楚나라에 갈 경우
 반드시 晉나라에 이를 통고하고 알려야 하였음.

蔡侯之如晉也, 鄭伯使游吉如楚.

及漢, 楚人還之, 曰:「宋之盟, 君實親辱. 今吾子來, 寡君謂:『吾子姑還, 吾將使駟奔問諸晉而以告.』」

子大叔曰:「宋之盟, 君命將利小國, 而亦使安定其社稷, 鎮撫其民人, 以禮承天之休, 此君之憲令, 而小國之望也. 寡君是故使吉奉其皮幣, 以歲之不易, 聘於下執事. 今執事有命曰:『女何與政令之有? 必使而君棄而封守, 跋涉山川, 蒙犯霜露, 以逞君心.』小國將君是望, 敢不唯命是聽? 無乃非盟載之言, 以闕君德, 而執事有不利焉? 小國是懼. 不然, 其何勞之敢憚?」

子大叔歸, 復命. 告子展曰:「楚子將死矣. 不修其政德, 而貪昧於諸侯, 以逞其願, 欲久, 得乎?《周易》有之: 在復☷之頤☷, 曰:『迷復, 凶』, 其楚子之謂乎! 欲復其願, 而棄其本, 復歸無所, 是謂迷復, 能無凶乎? 君其往也, 送葬而歸, 以快楚心. 楚不幾十年, 未能恤諸侯也, 吾乃休吾民矣.」

裨竈曰:「今茲周王及楚子皆將死. 歲棄其次, 而旅於明年之次, 以害鳥·帑, 周·楚惡之.」


채蔡 경후景侯가 진晉나라에 갔을 때, 정鄭 간공簡公은 유길游吉을 초楚나라로 보냈다.

유길이 한수漢水에 이르자 초나라가 그를 돌아가라 하며 이렇게 말하였다.

"송나라에서 맺은 맹약에는 그대의 군주께서 직접 오시기로 하였는데 지금 그대가 오자 우리 임금께서 '그대는 잠시 그대의 나라로 돌아가 있도록 하시오. 내가 빠른 말을 보내어 진나라에 물어보고 그 결과를 알려주겠소'라고 하셨습니다"

그러자 자태숙子大叔(游吉)이 말하였다.

"송나라에서의 맹약에 그대 초나라 임금께서 앞으로 작은 나라들을 이롭게 하고, 각 나라의 사직을 안정시키며, 그 백성들을 위로하고, 예의를 지키면서 하늘의 복을 받게 할 것이라고 명하였습니다. 이것이 귀국 임금 께서 밝히신 명령이며, 작은 나라들 바라던 바였습니다. 우리 군주께서는 이러한 이유로 저로 하여금 가죽 등의 예물을 받들고 바치도록 한 것이며 이는 지금 마침 우리는 흉년을 만나 친히 오시지 못하고 대신 저에게 귀국의 집사를 예방하라 하셨습니다. 그런데 지금 집사께서 귀국 임금의 명이 있었다면서 '그대 정도가 어찌 정령에 참여함이 있겠는가? 반드시 너의 임금이 너의 나라 지키는 일을 버리고 산천을 건너 서리와 이슬을 맞으면서 찾아와 우리 초나라 임금의 마음을 만족케 하라'하십니다. 우리 처럼 작은 나라로서는 장차 그대 초나라 임금만 바라보고 있는 처지에 어찌 감히 그 명을 듣지 않겠습니까? 그러나 이는 맹약의 문서와 달라 그대 임금의 덕을 깎아내리며 집사들에게 불리한 것이 아니겠습니까? 우리 작은 나라는 이를 근심하는 것입니다. 그렇지 않다면 우리 임금께서 초나라에 가시는 노고를 어찌 꺼려하시겠습니까?"

자태숙은 돌아와 복명하고 나서 자전子展에게 말하였다.

"초왕은 곧 죽게 될 것입니다. 그는 정치와 덕 닦기에는 힘쓰지 않고 제후 들을 지배할 욕심만 내어 그 소원을 신나게 이루고자 하니, 오래 살려고 한들 그럴 수가 있겠습니까? 《주역周易》에 복괘復卦가 이괘頤卦로 변하니 '되돌아갈 길을 잃으니 흉하다'라 하였는데 이는 초나라 임금 같은 경우를 두고 이른 말일 것입니다! 그는 패자의 자리를 다시 찾고 싶어 하면서 그 근본을 버리고 있으니 돌아갈 곳이 없습니다. 이를 일러 되돌아갈 길을 잃는다라는 것이니 능히 흉함이 없겠습니까? 그러니 우리 임금께서는 가셨다가 그의 장례까지 치르고 돌아오셔서 초나라 사람들의 기분을 좋게 해주십시오. 초나라는 앞으로 10년 안에는 제후들을 이끌 수 없을 것이니 우리는 그 동안에 우리 백성들이 편안히 쉬게 할 수 있습니다."

대부 비조裨竈가 말하였다.

"올해 안에 주왕周王과 초나라 임금이 모두 죽게 될 것입니다. 세성歲星이 원래의 자리를 버리고 명년의 세성 자리에 자리 잡고 있으니 주작과 그 꼬리에 해당하는 주나라와 초나라가 악운惡運을 당할 것입니다."

【鄭伯】鄭 簡公(嘉). 鄭나라는 楚나라를 종주로 모셨으며 宋之盟에 참여하여 그 맹약의 실천을 위해 초나라에 簡公이 직접 가지 못하고 대신 游吉을 보낸 것임.

【游吉】子大叔. 鄭나라 대부. '大叔'은 '太叔'과 같음. 游販의 아우. '世叔'으로도 불리며 公孫蠆의 아들.

【皮幣】나라 사이의 예물을 뜻함. 당시 繒帛과 狐貉의 가죽은 중요한 예물이었음.

【歲之不易】杜預 注에 "歲有饑荒之難"이라 함.

【聘於下執事】하부 담당관을 예방함. 자신의 예방을 낮추어 말한 것. 신분상 감히 대등하게 왕을 만날 수는 없음을 비유한 것.

【子展】公孫舍之. 鄭나라 대부. 子罕의 아들. 시호는 桓子.

【復卦】《周易》제 24괘. 地雷復(震下坤上)로 구성되어 있으며 "復: 亨. 出入无疾, 明來无咎; 反復其道, 七日來復. 利有有往. 象曰:「復, 亨」, 剛反; 動而以順行, 是以「出入无疾, 朋來无咎」.「反復其道, 七日來復」, 天行也.「利有攸往」, 剛長也. 復, 其見天地之心乎? 象曰: 雷在地中, 復; 先王以至日閉關, 商旅不行, 后不省方. 初九, 不遠復, 无祗悔, 元吉. 象曰:「不遠之復」, 以脩身也. 六二, 休復, 吉. 象曰:「休復之吉」, 以下仁也. 六三, 頻復, 厲无咎. 象曰:「頻復之厲」, 義无咎也. 六四, 中行獨復. 象曰:「中行獨復」, 以從道也. 六五, 敦復, 无悔. 象曰: 敦復无悔, 中以自考也. 上六, 迷復, 凶, 有災眚. 用行師, 終有大敗; 以其國, 君凶, 至于十年不克征. 象曰:「迷復之凶」, 反君道也"라 함.

【頤卦】《周易》제 27번째 괘로 山雷頤(震下艮上)로 구성되어 있으며 "頤: 貞吉; 觀頤, 自求口實. 象曰: 頤: 貞吉, 養正則吉也. 觀頤, 觀其所養也; 自求口實, 觀其自養也. 天地養萬物, 聖人養賢以及萬民, 頤之時大矣哉! 象曰: 山下有雷, 頤; 君子以愼言語, 節飲食. 初九, 舍爾靈龜, 觀我朵頤, 凶. 象曰:「觀我朵頤」, 亦不足貴也. 六二, 顚頤, 拂經, 于丘頤, 征凶. 象曰: 六二「征凶」, 行失類也. 六三, 拂頤貞凶, 十年勿用, 无攸利. 象曰:「十年勿用」, 道大悖也. 六四, 顚頤, 吉; 虎視眈眈, 其欲逐逐, 无咎. 象曰: 顚頤之吉, 上施光也. 六五, 拂經, 居貞吉, 不可涉大川. 象曰:「居貞之吉」, 順以從上也. 上九, 由頤, 厲吉, 利涉大川. 象曰:「由頤厲吉」, 大有慶也"라 함.

【裨竈】鄭나라 대부.

【周王·楚子】周 靈王(姬泄心)이 이해에 죽고 楚 康王(昭) 역시 이해에 죽음.

【歲棄其次】歲星(木星)이 그 次序를 잃음. 이는 금년 맨 앞 梓愼의 예언을 볼 것.

【以害鳥帑】당시의 점성술에서는 歲星이 있는 반대 방위에 재앙이 있다고 여겼음. 이 경우에는 玄枵(水, 北方, 玄武)에 대하는 남방(朱鳥, 朱雀, 火)의 지역에 재앙이

있을 것이라 보았음. 따라서 남방(楚)나라와 그 꼬리에 해당하는 周나라에 재앙이 있게 됨을 말함. 朱雀에는 鶉首星(南南西)·鶉火星(南)·鶉尾星(南南東)의 세 星宿가 포함되고, 鶉火는 周나라와 대응되며, 鶉尾는 楚나라에 대응됨.

【鳥帑】 '鳥'는 남방을 대표하는 朱鳥(朱雀). '帑'은 朱雀의 꼬리. 南方 井, 鬼. 柳, 星, 張, 翼, 軫 7수(宿)가 이를 대표하며 鶉火는 28宿 중 柳, 星, 張 3수(宿)에 해당하고, 鶉尾는 翼. 軫 2수(宿)가 이에 해당함. 杜預 注에 "歲星所在, 其國有福. 失次於北, 禍衝在南. 南爲朱鳥, 鳥尾曰帑. 鶉火·鶉尾, 周·楚之分, 故周王·楚子受其咎. 俱論歲星過次, 梓愼則曰宋·鄭饑, 裨竈則曰周·楚王死, 傳故備擧以示卜占唯人所在"라 함.


㊀

九月, 鄭游吉如晉, 告將朝于楚以從宋之盟.

子産相鄭伯以如楚.

舍不爲壇.

外僕言曰:「昔先大夫相先君適四國, 未嘗不爲壇. 自是至今亦皆循之. 今子草舍, 無乃不可乎?」

子産曰:「大適小, 則爲壇; 小適大, 苟舍而已, 焉用壇? 僑聞之: 大適小有五美, 宥其罪戾, 赦其過失, 救其菑患, 賞其德刑, 敎其不及. 小國不困, 懷服如歸, 是故作壇以昭其功, 宣告後人, 無怠於德. 小適大有五惡, 說其罪戾, 請其不足, 行其政事, 共其職貢, 從其時命. 不然, 則重其幣帛, 以賀其福而弔其凶, 皆小國之禍也, 焉用作壇以昭其禍? 所以告子孫, 無昭禍焉可也.」


9월, 정鄭나라 유길游吉이 진晉나라에 가서 정鄭 간공簡公이 송宋나라에서의 맹약을 따라 초楚나라를 찾아갈 것임을 알렸다.

이때 자산子産이 간공을 보좌하여 초나라로 가게 되었다.

가는 길에 야외에 숙소를 정하면서 단壇은 쌓지 않았다.

외복外僕이 물었다.

"옛날 선대부가 선군을 보좌하여 사방 제후국으로 갈 때는 단을 쌓지 않은 일이 없었습니다. 그래서 지금까지도 모두 그러한 예를 따르고 있습니다. 지금 그대는 풀로 잠자리를 만드시니 이는 잘못된 것이 아닌지요?”
  자산이 말하였다.
“대국이 소국을 찾아갈 때는 단을 만들지만 소국이 대국을 찾아갈 때는 그냥 잠자리만 만들면 그뿐이오. 단은 무엇하러 쌓겠소? 내(僑) 듣기로 대국이 소국을 찾아갈 때는 다섯 가지 좋은 일이 있으니, 바로 소국의 죄를 너그럽게 풀어 주는 것, 작은 나라의 과실을 용서해주는 것, 작은 나라의 재앙을 구제해주는 것, 덕으로써 다스린 형벌을 칭찬해 주는 것, 모자라는 바를 가르쳐 주는 것이라 하였소. 그리하여 소국은 곤궁에 빠지지 않으며 큰 나라를 그리워하고 복종하기를 자신의 집에 들어가는 듯이 편안히 여기는 것이오. 그 때문에 단을 쌓아 그 공을 밝히고 후세 사람에게 널리 고하며 덕을 닦기에 태만하지 않도록 하는 것입니다. 한편 소국이 대국을 찾아갈 때는 다섯 가지 힘든 일이 있으니, 바로 자신의 잘못을 설득해야 하는 것, 공물을 그에 맞추어 헌납해야 하는 것, 그때마다 벌어진 일로 인한 명령을 따라야 하는 것 등입니다. 그렇게 하지 않았다가는 나중에 더 큰 폐백으로 축복할 일이나 흉한 일에 축하와 조문을 해야 하니 이 모든 것이 작은 나라로서는 재앙입니다. 그런데 어찌 단을 쌓아 그 재앙을 밝히겠습니까? 그 때문에 자손에게 고하는 것은 재앙을 밝히는 일은 없는 것이 좋습니다.”


【游吉】子大叔. 鄭나라 대부. ‘大叔’은 ‘太叔’과 같음. 游販의 아우. ‘世叔’으로도 불리며 公孫蠆의 아들.
【外僕】관직 이름. 군주가 밖으로 나갈 때 따라가 군주의 숙소에 관한 일을 맡은 관원의 長.
【子産】公孫僑. 子國(公孫成)의 아들. 뒤에 鄭나라의 훌륭한 宰相이 되어 孔子가 자주 칭찬한 인물.

* **1329(襄28-6)**

冬, 齊慶封來奔.

겨울, 제齊나라 경봉慶封이 노나라로 도망쳐 왔다.

【慶封】齊나라 대부. 자는 子家. '慶季'로도 부르며 齊 莊公이 崔杼에게 시해 당하고 齊 景公이 즉위하자 左相에 임명하였던 인물.

㊧

齊慶封好田而耆酒, 與慶舍政, 則以其內實遷于盧蒲嫳氏, 易內而飲酒.
數日, 國遷朝焉.
使諸亡人得賊者, 以告而反之, 故反盧蒲癸.
癸臣子之, 有寵, 妻之.
慶舍之士謂盧蒲癸曰:「男女辨姓, 子不辟宗, 何也?」
曰:「宗不余辟, 余獨焉辟之? 賦詩斷章, 余取所求焉, 惡識宗?」
癸言王何而反之, 二人皆嬖, 使執寢戈而先後之.
公膳日雙雞, 饔人竊更之以鶩.
御者知之, 則去其肉, 而以其洎饋.
子雅·子尾怒.
慶封告盧蒲嫳.
盧蒲嫳曰:「譬之如禽獸, 吾寢處之矣.」
使析歸父告晏平仲.
平仲曰:「嬰之眾不足用也, 知無能謀也. 言弗敢出, 有盟可也.」
子家曰:「子之言云, 又焉用盟?」
告北郭子車.
子車曰:「人各有以事君, 非佐之所能也.」
陳文子謂桓子曰:「禍將作矣, 吾其何得?」

對曰:「得慶氏之木百車於莊.」

文子曰:「可慎守也已.」

盧蒲癸·王何卜攻慶氏, 示子之兆, 曰:「或卜攻讎, 敢獻其兆.」

子之曰:「克, 見血.」

冬十月, 慶封田于萊, 陳無宇從.

丙辰, 文子使召之, 請曰:「無宇之母疾病, 請歸.」

慶季卜之, 示之兆, 曰:「死.」

奉龜而泣, 乃使歸.

慶嗣聞之, 曰:「禍將作矣.」

謂子家,「速歸, 禍作必於嘗, 歸猶可及也.」

子家弗聽, 亦無悛志.

子息曰:「亡矣! 幸而獲在吳·越.」

陳無宇濟水, 而戕舟發梁.

盧蒲姜謂癸曰:「有事而不告我, 必不捷矣.」

癸告之.

姜曰:「夫子愎, 莫之止, 將不出. 我請止之.」

癸曰:「諾.」

十一月乙亥, 嘗于大公之廟, 慶舍涖事.

盧蒲癸告之, 且止之, 弗聽, 曰:「誰敢者?」

遂如公.

麻嬰爲尸, 慶奊爲上獻.

盧蒲癸·王何執寢戈, 慶氏以其甲環公宮.

陳氏·鮑氏之圉人爲優.

慶氏之馬善驚, 士皆釋甲·束馬, 而飲酒, 且觀優, 至於魚里.

欒·高·陳·鮑之徒介慶氏之甲.

子尾抽桷, 擊扉三, 盧蒲癸自後刺子之, 王何以戈擊之, 解其左肩.

猶援廟桷, 動於甍; 以俎·壺投, 殺人而後死.

遂殺慶繩·麻嬰.

公懼, 鮑國曰:「羣臣爲君故也.」

陳須無以公歸, 稅服而如內宮.

慶封歸, 遇告亂者.

丁亥, 伐西門, 弗克; 還伐北門, 克之.

入, 伐內宮, 弗克.

反, 陳于嶽, 請戰, 弗許, 遂來奔.

獻車於季武子, 美澤可以鑑.

展莊叔見之, 曰:「車甚澤, 人必瘁, 宜其亡也.」

叔孫穆子食慶封, 慶封汜祭.

穆子不說, 使工爲之誦茅鴟, 亦不知.

旣而齊人來讓, 奔吳.

吳句餘予之朱方, 聚其族焉而居之, 富於其舊.

子服惠伯謂叔孫曰:「天殆富淫人, 慶封又富矣.」

穆子曰:「善人富謂之賞, 淫人富謂之殃. 天其殃之也, 其將聚而殲旃.」


제齊나라 경봉慶封은 사냥을 좋아하고 술을 즐기느라 정치는 아들 경사慶舍에게 맡기고, 집안의 값나가는 재물이나 처첩을 노포별盧蒲嫳의 집에 옮겨놓고는 여자를 바꾸어 가며 술을 마셨다.

며칠이 지나자 나라를 옮겨놓은 듯 그 집에 사람들이 모여들여 조정과 같았다.

그는 다른 나라로 망명한 사람으로 나라의 도적이라 지명된 자로서 붙잡힌 사람이라면 자신에게 알리도록 하여 자신의 권한으로 귀국시켰으며 그 때문에 노포계盧蒲癸는 귀국할 수 있었던 것이다.

노포계는 귀국하여 경봉의 아들 자지子之(慶舍)의 신하가 되어 총애를 받아 경사는 그에게 딸을 주어 사위로 삼기까지 하였다.

경사의 문객이 노포계에게 말하였다.

"부부는 성이 달라야 하는데 그대는 종가를 피하지 않았으니 어찌 그럴 수 있습니까?"

노포계가 말하였다.

"종가에서 나를 피하지 않는데 나만 유독 피하겠는가? 시를 읊을 때에 구절만 끊어 읊으니, 나도 필요한 것만 취하는 것일세. 내 어찌 종가를 인식할 필요가 있겠는가?"

노포계는 경사에게 왕하王何를 부탁하여 귀국시킨 다음 두 사람 모두 경사의 사랑을 받아 이들은 경사가 자신의 잠자리를 지킬 때의 창을 잡고 앞뒤에서 호위하여 지키는 임무를 맡게 되었다.

조정 공가의 식사에는 매일 닭 두 마리가 올라오게 되어 있었는데 어느 날 옹인饔人이 이를 몰래 오리로 바꾸어 올렸다.

그런데 식사를 올리는 자가 이를 알고 그 살점은 제하고 국물만 올렸다.

이에 자아子雅와 자미子尾가 화를 냈다.

경봉이 이를 노포별에게 알렸다.

그러자 노포별이 말하였다.

"비유하자면 저들은 금수와 같이 될 것이요, 우리는 그들의 가죽을 깔고 잠이나 자면 될 것입니다."

경봉은 석귀보析歸父를 안평중晏平仲에게 보내어 자아와 자미를 칠 것임을 알렸다.

안평중이 말하였다.

"저(嬰: 晏平仲)의 부하들은 쓰기에 부족하고 저의 지혜는 그런 일을 꾀하기에 무능합니다. 이 말은 감히 밖으로 발설하지 않을 것이니 맹서를 하겠습니다."

그러자 자가子家(慶封)가 말하였다.

"그대가 그렇게 말하였는데 다시 어찌 맹서까지 필요가 있겠습니까?"

그리고는 북곽北郭의 자거子車에게로 가서 알렸다.

자거가 말하였다.

"사람들은 저마다의 방식으로 임금을 섬기고 있으니 이는 제(佐)가 할 수 있는 일은 아니오."

이때 진문자陳文子가 아들 환자桓子에게 말하였다.

"곧 화가 일어날 것이다. 그렇게 되면 우리는 무엇을 얻을 수 있겠는가?"

환자가 대답하였다.

"경씨의 나무 1백 수레를 장莊에서 얻을 수 있습니다."

문자가 말하였다.

"그 정도라면 삼가 가문을 지킬 수 있을 것이다."

노포계와 왕하는 경씨를 칠 일을 점을 쳐서 그 징조를 경사에게 보이며 말하였다.

"어떤 자가 원수를 갚겠다고 점을 쳤답니다. 감히 그 징조를 보여드립니다."

경사가 이를 보고 말하였다.

"승리하기는 할 것이나 피를 볼 걸세."

겨울 10월, 경봉이 내萊에서 사냥할 때 진무우陳無宇가 그를 따라갔다.

병진날, 진문자가 사람을 보내어 아들 진무우를 돌아오도록 하자 진무우가 경봉에게 이렇게 청하였다.

"제(無宇) 어머니께서 병이 위독하다 하니 돌아가기를 바랍니다."

경계慶季(慶封)가 이를 점을 쳐서 그 징조를 보여주면서 말하였다.

"자네의 어머니는 죽을 것이다."

그러자 진무우는 그 점을 쳤던 거북등을 손에 받치고 통곡하여 이에 경봉은 그를 돌아가게 허락하였다.

경봉의 족인 경사慶嗣가 이를 듣고 말하였다.

"곧 화가 일어나겠구나."

그리고는 자가子家(慶封)에게 말하였다.

"속히 돌아가십시오, 화가 일어나는 것은 틀림없이 상제甞祭를 지내는 날일 것이니 그나마 오히려 아직 해결할 수 있을 것입니다."

그러나 자가는 그 말을 듣지도 않았고 뉘우치는 뜻도 없었다.

그러자 자식子息(慶嗣)이 말하였다.

"망하게 될 것입니다! 요행이라면 오吳나라나 월越나라로 망명하는 것 정도일 것입니다."

진무우는 돌아가는 길에 강을 건너고 나서는 배를 부수고 다리를 파괴하라고 하였다.

노포계의 아내 강씨姜氏가 말하였다.

"일이 있으면서도 나에게 일러주지 않았다가는 틀림없이 성공하지 못할 것입니다."

노포계는 아내에게 일러 주었다.

그러자 아내가 말하였다.

"우리 아버지는 성질이 괴팍하여 말릴 수 없습니다. 장차 나가지 못하도록 해야 합니다. 내가 가서 말리겠습니다."

노포계가 말하였다.

"좋소."

11월 을해날, 태공太公의 사당에서 상제를 지내게 되어 경사가 참석하려 하였다.

노포계가 아내에게 일러주자 아내는 아버지를 말렸으나 그는 듣지 않고 이렇게 말하였다.

"누가 감히 그런 짓을 하겠느냐?"

그리하여 드디어 임금이 있는 곳으로 갔다.

그 제사에 마영屍嬰이 시尸를 맡고 경혈慶庚은 헌작獻爵의 일을 맡았다.

노포계와 왕하는 경사의 잠자리를 지킬 때에 들었던 창을 들고, 경씨는 그의 무장한 군사들에게 궁전을 에워싸 지키도록 하였다.

이때 진씨陳氏·포씨鮑氏 집안의 말 먹이는 이들이 광대놀이를 하였다.

그러자 경씨네 말들이 놀라 날뛰자 경씨 군졸들은 모두 갑옷을 벗고 말을 매어 놓고는 술을 마시며 광대놀이를 구경하러 어리魚里까지 가게 되었다.

이 틈에 난씨欒氏·고씨高氏·진씨·포씨 집안의 무리들이 경씨네 군졸들이 벗어놓은 갑옷을 얼른 갈아입었다.

자미子尾가 몽둥이를 빼어들고 대문을 세 번 두드리자 이를 신호 삼아 노포계는 뒤에서 자지(慶嗣)를 찌르고 왕하는 그를 창으로 내리쳐 그의 왼쪽 어깨를 잘랐다.

그러나 경사는 사당의 서까래를 잡아당겨 용마루를 흔들고, 제기와 술병 따위를 던져 사람들을 죽이고 나서 자신도 죽었다.

노포계의 무리는 드디어 경승慶繩과 마영도 죽였다.

경공이 두려움에 떨자 포국鮑國이 말하였다.

"여러 신하들이 임금을 위해 그렇게 한 것입니다."

그리고 진수무는 군주를 모시고 조정으로 돌아가 제복祭服을 벗고 내전으로 들어갔다.

경봉이 사냥에서 돌아오던 중에 난이 일어났다고 알리는 자를 만났다.

정해날, 경봉은 서문을 공격하였으나 이기지 못하자 다시 북문을 공격하여 이겼다.

성 안으로 들어가 내궁을 공격하였으나 승리하지 못하였다.

다시 그는 돌아와 악嶽에 진을 치고 난을 일으킨 이들에게 전투를 청하였으나 그들은 받아들이지 않자 곧바로 우리 노나라로 도망쳐 온 것이다.

그는 타고 온 수레를 계무자季武子에게 바쳤는데 아름답고 광택이 나서 거울로 쓸 수 있을 정도였다.

대부 전장숙展莊叔이 이를 보고 이렇게 말하였다.

"수레가 매우 광택이 나니 많은 사람들이 고행을 하였을 것이다. 경봉이 망한 것은 마땅한 일이다."

숙손목자叔孫穆子가 경봉에게 식사 대접을 하였더니 범제氾祭의 예를 행하는 것이었다.

목자는 이를 불쾌히 여겨 악공樂工으로 하여금 이를 풍자한 〈모치茅鴟〉 편을 읊게 하였으나 경봉은 그것도 알아채지 못하였다.

이윽고 제나라가 와서 경봉을 보호하고 있음을 꾸짖자 그는 오나라로 달아나고 말았다.

오나라 군주 구여句餘가 그에게 주방朱方 땅을 주어 그는 씨족들과 그곳에 모여 살았는데 부유하기기 옛날보다 더한 것이었다.

그러자 자복혜백子服惠伯이 목자에게 이렇게 말하였다.

"하늘은 아마 도리에 어긋난 자를 더 부유하게 해 주나 봅니다. 경봉이 또 부유하게 되었답니다."

그러자 목자가 말하였다.

"착한 사람이 부유하게 되는 것을 하늘이 상이라 하며 도리에 어긋난 사람이 부유하게 되는 것을 일러 재앙이라 합니다. 하늘은 지금 그에게 재앙을 내리고 있는 것입니다. 장차 이를 모았다가 모두 섬멸하고자 하는 것일 겁니다."

【慶舍】慶封의 아들. 杜預 注에 "舍, 慶封子. 慶封當國, 不自爲政, 以付舍"라 함. 자는 子之.

【盧蒲嫳】慶封이 총애하던 근신.

【內實】家財 가운데에서 실속 있는 것. 여기에서는 좋은 물건과 처첩을 말함. 杜預 注에 "內實, 寶物妻妾也, 移而居嫳家"라 함.

【易內】첩들을 서로 바꿈.

【以告而反之】崔杼의 난을 피하여 도망했던 자로서 나라의 賊이라고 낙인찍힌 자라도 이를 慶舍에게 말하여 그 죄를 면해주고 귀국시켜 자신의 수하로 만들었으며 그러한 과정 중에 盧蒲癸도 돌아오게 되었음을 말함.

【盧蒲癸】盧蒲癸와 兄弟이거나 族人으로 보임. 그러나 뒤에 慶氏 무리를 제거하고자 속에 다른 마음을 품고 있었음.

【男女辨姓】부부의 성이 다름. 慶氏와 盧蒲氏는 모두 公室에서 갈려 나온 姜姓이었음.

【賦時斷章】춘추시대 시를 인용할 때 비유되는 구절만 끊어 사용하는 풍조가 있었음. 不顧本義, 斷章取義를 뜻함. 盧鮑癸는 뜻을 이루기 위해 경사의 딸을 아내로 맞아 총애를 얻은 다음 성사시키고자 한 것임.

【王何】최저의 난을 피해 齊나라에 나가 있던 자로 盧蒲癸가 慶舍에게 부탁하여 귀국시킨 자. 시해당한 莊公의 원수를 갚기 위해 틈을 엿보고 있었음.

【寢戈】창을 들고 침실을 지킬 정도의 가까운 신하. 杜預 注에 "寢戈, 親近兵杖"이라 함.

【公膳】조정 公家의 식사. 규정상 朝廷의 公人들에게 제공되는 饌物, 六朝시대에는 이를 '客食'이라 하였고 唐나라 때는 '堂饌'이라 하였음.

【饔人】요리사.

【鶩】'목'으로 읽으며 식용 집오리. 들오리는 '鳧'라 함.

【御者】음식을 올리는 임무를 맡은 자. 進食之人.

【泊饋】국물만 마실 수 있도록 함. 그가 국물만 올린 것은 닭고기인 줄로 알도록 속인 것임.

【子雅·子尾】모두 齊 惠公의 손자. 子雅는 公孫竈이며 公子 欒堅의 아들. 子尾는 公孫蠆로 公子 高祈(祈高)의 아들.《呂氏春秋》愼行篇 高誘 注에 "公孫竈, 惠公之孫, 公子欒堅之子子雅也. 蠆, 惠公之孫, 公子高祈之子子尾也"라 함. 子雅와 子尾가 닭고기를 주지 않은 것이 慶封의 짓이라 여겨 그에게 불만을 품은 것임. 한편 鄭나라에도 公孫蠆(子蟜)가 있으며 同名異人임.

【譬之如禽獸, 吾寢處之矣】楊伯峻 注에 "古者殺獸, 食其肉而寢其皮"라 함. 子雅와 子尾는 금수처럼 죽음을 당할 것이며 자신들은 그 가죽을 깔고 편히 잠을 자게 될 것임을 뜻함.

【析歸父】齊나라 대부.

【晏平仲】齊나라의 賢人. 이름은 嬰, 平仲은 그의 字. 그는 晏弱(桓子)의 아들로 晏子라 불림. 그의 言行錄《晏子春秋》가 전함.

【子家】杜預는 子家를 析歸父로 보았으나 그 아래 다시 子家가 있어 이는 慶封으로 보아야 함.

【北郭子車】齊나라 대부. 北郭에 살고 있었음. 이름은 佐.

【陳文子】齊나라 豪族으로 이름은 '須無'. 시호는 文子. 陳完(田完, 敬仲)의 曾孫이며 陳無宇(桓子)의 아버지. 田完은 원래 陳나라 출신으로 齊나라로 망명하여 성을 田氏로 바꾸었으며 뒤에 齊나라에서 세력을 키운 다음 그 후손이 春秋 말 姜姓의 齊나라 왕권을 탈취하여 전국시대 田氏齊가 되어 戰國七雄의 大國으로 발전함.

【桓子】陳桓子. 陳須無의 아들 陳無宇. 시호는 桓子.

【得慶氏之木百車於莊】木은 집을 짓는 재료. 이를 큰 거리에서 얻는다는 것은 경씨가 틀림없이 패하고 우리 陳氏가 정권을 잡게 됨을 비유한 것. 莊은 齊나라 도읍 臨淄의 큰 길.《孟子》滕文公(下)에 "一齊人傅之, 衆楚人咻之, 雖日撻而求其齊也, 不可得矣; 引而置之莊嶽之閒數年, 雖日撻而求其楚, 亦不可得矣"라 한 곳임. 顧炎武의《日知錄》에 邵國寶의 말을 인용하여 "此陳氏夫子爲隱語以相喩也"라 함.

【見血】慶舍는 이들이 자신을 칠 것임을 몰랐던 것임.

【萊】원래는 姜姓의 나라. 지금의 山東 平陰縣. 혹 昌邑縣, 黃縣 등이라고 함.《史記》齊世家에 "萊侯來伐, 與之爭營丘"라 함.

【丙辰】10월 17일.

【慶季】杜預 注에 "季, 慶封"이라 함.

【慶嗣】杜預 注에 "嗣, 慶封之族"이라 함. 자는 子息.

【嘗】杜預 注에 "嘗, 秋祭"라 하였으나 齊나라는 夏正을 썼으며 이는 魯나라 겨울에 해당함.

【濟水】萊에서 臨淄까지는 濰水, 瀰水, 淄水 등 세 물을 건너야 함.

【戕舟發梁】'戕'은 '파괴하다', '發'은 '철거하다'의 뜻.

【盧蒲姜】慶舍의 딸로 盧蒲癸에게 시집간 여인. 아버지 성씨가 '姜'이어서 '姜' 자를 붙인 것임. 杜預 注에 "姜, 癸妻, 慶舍女"라 함.

【乙亥】11월 7일.

【大公】太公. 姜太公, 子牙, 姜尙. 齊나라 시조. 그의 사당에서 嘗祭를 지냄.

【麻嬰】인명.

【尸】제사 지낼 때 임시로 神 노릇을 하는 자를 말함.

【慶娎】'娎'은 '戶結反' '혈'로 읽음. 인명.

【上獻】獻爵의 제관. 제사에서 盞을 올리는 일을 말함. '賓長'이라고도 함.

【善驚】말이 그 모습을 보고 놀라 뛰어 오르거나 내닫고자 함. '善'은 '喜'와 같음.

【魚里】읍 이름. 杜預 注에 "魚里, 里名. 優在魚里, 就觀之"라 함. 顧棟高의 〈大事表〉에는 "魚里當近在宮門之外"라 함.

【欒·高·陳·鮑】杜預 注에 "欒, 子雅; 高, 子尾; 陳, 陳須無; 鮑, 鮑國"이라 함.

【介】그들의 갑옷을 갈아입음.

【甍】'맹'으로 읽으며 용마루. 棟梁.

【慶繩】慶娎과 더불어 모두 慶氏의 일당. 그러나 杜預 注에는 "慶繩, 慶娎"이라 하여 慶繩이 곧 慶娎이라 하였음.

【爲君】杜預 注에 "偃欲尊公室, 非爲亂"이라 함.

【稅服】'稅'은 '탈'로 읽으며 '脫'과 같음. '服'은 祭服.

【丁亥】11월 19일.

【陳於嶽】'陳'은 '陣'과 같음. 齊나라 도읍 臨淄의 큰 거리.《孟子》滕文公(下)의 '莊嶽'을 가리킴.

【季武子】季孫宿. 魯나라 대부. 季孫行父의 아들.《國語》에는 '季孫夙'으로 되어 있음.

【展莊叔】魯나라 대부.

【叔孫穆子】叔孫豹. 魯나라 대부. 叔孫僑如의 아우. 叔孫穆叔. 叔孫. 叔孫穆子 등으로도 불림.

【氾祭】음식을 먹기 전에 그 음식을 조금씩 떠 조상에게 감사드리는 예. 이는 원래 大祝이 하는 것인데 慶封이 마음대로 행하여 예를 모르는 것으로 여긴 것.

【茅鴟】지금의《詩經》에 실려 있지 않은 逸詩. 杜預 注에 "茅鴟, 逸詩, 刺不敬"이라 함.

【句餘】吳나라 군주. 夷末. 杜預 注에 "句餘, 吳子夷末也"라 하였으나 服虔은 餘祭여야 한다고 보았음. 그러나 孔穎達 疏에 "杜以爲夷末者, 以慶封此年之末始來奔魯, 齊人來讓, 方更奔吳. 明年五月而闔弑餘祭, 計其間未得賜慶封以邑, 故以句餘爲夷末也"라 하여 杜預의 주장을 인정하고 있음.

【朱方】吳나라 읍 이름. 지금의 江蘇 丹徒 지방.

【子服惠伯】노나라 대부. 孟椒. 孟獻子의 손자. 杜預 注에 "孟椒, 孟獻子之孫子服
　惠伯"이라 하였고《國語》魯語(下) 韋昭 注에 "惠伯, 仲孫他之子子服椒也"라 함.
【旃】'之焉'의 합음자.




癸巳, 天王崩. 未來赴, 亦未書, 禮也.


계사날, 주나라 천자가 붕어하였다.
그러나 정식 부고가 오지 않았으므로 經에도 역시 이를 기록하지 않은
것이다. 이는 예에 맞는 일이다.


【癸巳】周 靈王이 세상을 뜬 것은 11월 25일 癸巳날이었으나 그 사실을 정식
　으로 노나라에 알려온 것은 12월 甲寅날이었음.
【天王】周 靈王(姬泄心). 簡王(姬夷)의 아들로 B.C.571~545년까지 27년간 재위
　하고 이때에 생을 마쳤으며 景王(姬貴)이 그 뒤를 이음.




崔氏之亂, 喪羣公子, 故公鉏在魯, 叔孫還在燕, 賈在句瀆之丘.
及慶氏亡, 皆召之, 具其器用, 而反其邑焉.
與晏子邶殿其鄙六十, 弗受.
子尾曰:「富, 人之所欲也, 何獨弗欲?」
對曰:「慶氏之邑足欲, 故亡. 吾邑不足欲也, 益之以邶殿, 乃足欲.
足欲, 亡無日矣. 在外, 不得宰吾一邑. 不受邶殿, 非惡富也, 恐失富也.
且夫富, 如布帛之有幅焉. 爲之制度, 使無遷也. 夫民, 生厚而用利,
於是乎正德以幅之, 使無黜嫚, 謂之幅利. 利過則爲敗. 吾不敢貪多,
所謂幅也.」
與北郭佐邑六十, 受之.

與子雅邑, 辭多受少.
與子尾邑, 受而稍致之.
公以爲忠, 故有寵.
釋盧蒲嫳于北竟.
求崔杼之尸, 將戮之, 不得.
叔孫穆子曰:「必得之. 武王有亂臣十人, 崔杼其有乎? 不十人,
不足以葬.」
旣, 崔氏之臣曰:「與我其拱璧, 吾獻其柩.」
於是得之.
十二月乙亥朔, 齊人遷莊公, 殯于大寢.
以其棺尸崔杼於市.
國人猶知之, 皆曰:「崔子也.」


최저崔杼의 난 때 제齊나라의 여러 공자들이 달아나 그 때문에 공서
公鉏는 노魯나라에 와 있고, 숙손환叔孫還은 연燕나라로 갔으며, 가賈는
구독句瀆의 언덕에 몸을 피해 있었다.

경씨가 망하자 그들을 모두 불러들여 가재를 갖추어 주고 예전의
채읍을 돌려주었다.

안자晏子에게는 패전邶殿에 예속된 60곳의 토지를 주었으나 그는 받지
않았다.

그러자 자미子尾가 말하였다.

"부富는 사람들이라면 바라는 것인데 어찌하여 그대는 홀로 욕심을
내지 않습니까?"

안자는 이렇게 대답하였다.

"경씨는 읍을 욕심대로 다 채웠기에 그 때문에 국외로 도망가게 된 것
입니다. 나는 내 욕심에 족하지는 않지만 패전 땅을 더하면 욕심대로
채우는 것이 됩니다. 욕심을 다 채우면 망명해야 할 날이 얼마 남지 않게
됩니다. 국외에 망명하게 되면 나는 읍 하나도 내 마음대로 할 수 없게
됩니다. 내가 패전 땅을 받지 않는 것은 부가 싫어서가 아니라 지금 지니고

있는 부조차 잃을까 두려워서 그런 것입니다. 게다가 부라는 것은 마치 베나 비단에 폭이 있는 것과 같습니다. 일정한 제도가 있어 이를 마음대로 좁히거나 넓힐 수 없는 것입니다. 그리고 백성들이란 생활이 풍부해지고 쓰는 것이 편리해지기를 바랍니다. 이에 덕을 바르게 함에는 일정한 폭이 있어 그들로 하여금 제멋대로 할 수 없도록 하여야 합니다. 이를 일러 이익을 제한하는 것이라 합니다. 이익이 지나치면 패하게 됩니다. 내가 감히 많은 것을 탐하지 않는 것이니 이를 일러 폭이라 하는 것입니다."

북곽좌北郭佐에게 60읍을 주었더니 그가 받았다.

자아子雅에게 읍을 주었더니 많은 것을 사양하고 조금만 받았다.

그리고 자미에게 읍을 주었더니 그것을 받은 조금 후에 도로 내놓았다. 이에 경공은 그를 충성스럽다 여겨 그 때문에 총애를 받게 되었다.

노포별盧蒲嫳은 북쪽 국경에서 쫓아냈다.

그리고 최저의 시신을 찾아내어 육시戮屍하려 하였으나 찾지 못하고 있었다.

그러자 숙손목자叔孫穆子가 말하였다.

"틀림없이 찾아내게 될 것이다. 무왕武王에게는 훌륭한 신하 열 사람이 있었지만, 최저에게 그러한 신하가 있겠는가? 그런 사람이 열 명이 되지 않았다면 그의 장례를 치러주지 못하였을 것이다."

이윽고 최씨의 가신이었던 사람이 나서서 말하였다.

"최씨의 관 속에 있는 벽옥璧玉을 나에게 준다면 그의 관을 바치겠습니다."

그리하여 그의 시신을 찾아내었다.

12월 을해날 초하루, 제나라는 장공莊公의 시신을 옮겨 대침大寢에 빈소를 차렸다. 그리고 관 속의 최저의 시신을 시중에 놓아두었다.

나라 사람들은 그를 알아보고 모두가 이렇게 말하였다.

"바로 이자가 최저다."


【崔氏之亂】襄公 21년에 莊公이 崔杼와 慶封으로 인해 公子牙를 토벌하면서 여러 공자를 출출하였던 일. 그 뒤 25년에 崔杼가 莊公을 시해한 것까지 함께 지칭한 것.

【句瀆之丘】襄公 21년을 볼 것.

【邶殿之鄙】邶殿은 지금의 山東省 東部의 昌邑 부근. ‘鄙’는 그 주위의 시골. 《一統志》에 “都昌在今山東昌邑縣西二里”라 하여 都昌(창읍)에 가까운 곳에 있었음.

【子尾】齊 惠公의 손자. 公孫蠆. 公子 高祈(祈高)의 아들. 公孫蠆는 鄭나라 公孫蠆(子蟜)와 同名異人이었음.

【黜嫚】黜은 약삭빠름. 嫚은 낭비함.

【幅利】利益의 幅을 제한함.

【北郭佐】北郭子車. 齊나라 대부. 北郭에 살고 있었음. 이름은 佐.

【子雅】齊 惠公의 손자. 公孫竈. 公子 欒堅의 아들.

【盧蒲嫳】본래 경봉의 일당이었으나 죽이지는 않고 국경에서 멀리 사라지도록 北燕으로 추방함.

【叔孫穆子】叔孫豹. 魯나라 대부. 叔孫僑如의 아우. 叔孫穆叔. 叔孫. 叔孫穆子 등으로도 불림.

【亂臣】세상을 잘 다스리는 신하. 《論語》泰伯篇에 “武王曰:「予有亂臣十人.」”이라 하였고 鄭玄의 注에 “十人謂文母, 周公, 太公, 畢公, 榮公, 大顚, 閎夭, 散宜生, 南宮括”이라 함.

【乙亥】己亥의 오기. 11월에 乙亥와 丁亥가 있어 12월에는 乙亥가 있을 수 없음.

【遷莊公】莊公을 임시로 北郭에 묻은 것은 襄公 25년을 볼 것.

【大寢】正寢. 궁궐 왕의 正堂. 襄公을 정식으로 장례를 치르기 위해 正寢에 빈소를 차림.


※ 1330(襄28-7)

十有一月, 公如楚.

11월, 양공이 초(楚)나라에 갔다.

【如楚】宋之盟에 의해 魯 襄公이 楚나라를 예방한 것.

㉲

王人來告喪, 問崩日, 以甲寅告, 故書之, 以徵過也.

　주周나라 왕실 사람이 와서 천자의 상을 알렸다. 붕어한 날짜를 물었더니 갑인날이었다고 말하였다. 그 때문에 경經에 그대로 기록하여 그가 잘못 전달해 주었음을 지적한 것이다.

【喪】 주 천자 靈王의 죽음을 말함.
【徵過】 잘못을 밝힘. 잘못을 지적함. 원래 11월 25일 癸巳날에 붕어하였으나 사신이 甲寅날로 잘못 말한 것을 지적함.


＊ **1331(襄28-8)**

　**十有二月甲寅, 天王崩.**

　12월 갑인날, 천자가 붕어하였다.

【甲寅】 12월 16일. 靈王의 죽음은 11월 25일 癸巳날이었으나 사신이 甲寅날로 일러주어 三七(21)의 차이가 나지만 그대로 기록한 것.
【天王】 周 靈王 姬泄心.


＊ **1332(襄28-9)**

　**乙未, 楚子昭卒.**

　을미날, 초자楚子 소昭가 죽었다.

【乙未】杜預 注에 "十二月無乙未, 日誤"라 하였으며 孔穎達 疏에는 "甲寅之後四十
二日始得乙未, 則甲寅·乙未不得同月. 經有十一月·十二月, 月不容有誤, 知日
誤也"라 하였고, 王韜는 "或云當在閏月, 然以曆法推之, 此年歲終不得有閏"이라 함.
【昭】楚 康王(昭). B.C.559～545년까지 15년간 재위하고 郟敖(麇)가 그 뒤를 이음.


㉝

爲宋之盟故, 公及宋公·陳侯·鄭伯·許男如楚.

公過鄭, 鄭伯不在, 伯有迋勞於黃崖, 不敬.

穆叔曰:「伯有無戾於鄭, 鄭必有大咎. 敬, 民之主也, 而棄之, 何以
承守? 鄭人不討, 必受其辜. 濟澤之阿, 行潦之蘋·藻, 寘諸宗室, 季蘭
尸之, 敬也. 敬可棄乎?」

及漢, 楚康王卒.

公欲反. 叔仲昭伯曰:「我楚國之爲, 豈爲一人? 行也!」

子服惠伯曰:「君子有遠慮, 小人從邇. 飢寒之不恤, 誰遑其後?
不如姑歸也.」

叔孫穆子曰:「叔仲子專之矣, 子服子, 始學者也.」

榮成伯曰:「遠圖者, 忠也.」

公遂行.

宋向戌曰:「我一人之爲, 非爲楚也. 飢寒之不恤, 誰能恤楚? 姑歸
而息民, 待其立君而爲之備.」

宋公遂反.


송宋나라에서의 맹약에 의해 노魯 양공襄公 및 송宋 평공平公, 진陳 애공
哀公, 정鄭 간공簡公, 허許 도공悼公이 초楚나라에 갔다.

양공이 정나라를 지나갈 때 정나라 임금이 부재중이어서 백유伯有가
황애黃崖에 나가 위로하였는데 그의 태도가 공경스럽지 못하였다.

이에 목숙穆叔이 말하였다.

"백유가 정나라에서 벌을 받지 않는다면 정나라에는 틀림없이 큰 재앙이 있게 될 것이다. 공경이란 백성들의 윗자리에 있는 자가 지켜야 할 근본이다. 그런데 이를 버렸으니 어찌 그 가문과 자신을 지킬 수 있겠는가? 정나라 사람이 그를 치지 않는다면 그 나라가 반드시 화를 입게 될 것이다. 개천이나 연못가, 길가의 물웅덩이에 나 있는 마름 풀, 물풀도 뜯어 종묘에 비치하며, 어린 계집애가 그것을 들어 제사상에 올려도 괜찮은 것은 공경하는 마음으로 하기 때문이다. 그런데 공경을 어찌 버릴 수 있겠는가?"

양공이 한수漢水에 이르렀을 때 초 강왕康王이 세상을 떠났다.

양공이 돌아오려 하자 숙중소백叔仲昭伯이 말하였다.

"우리는 초나라를 위해 온 것입니다. 어찌 초나라의 임금 한 분만을 위해 왔겠습니까? 계속 가십시오!"

그러자 자복혜백子服惠伯이 말하였다.

"군자는 먼 훗날을 생각하고 소인은 가까운 것만을 따릅니다. 우리는 배고픔과 추위도 제대로 구휼하지 못하는데 어찌 먼 훗날의 걱정을 하겠습니까? 잠시 돌아가 계시느니만 못합니다."

숙손목자가 말하였다.

"숙중자는 전담시킬만하고 자복은 막 배움에 들어선 자입니다."

그러자 영성백榮成伯이 말하였다.

"먼 날을 도모하는 것이 충성입니다."

양공은 결국 초나라로 갔다.

그때 송나라 상술向戌이 송 평공에게 말하였다.

"우리는 초나라 임금 한 분을 보고 가는 것이지 초나라 전체를 위하려는 것이 아닙니다. 우리는 굶주림과 추위도 제대로 구휼하지 못하고 있는데 어찌 초나라를 걱정할 수 있겠습니까? 잠시 돌아가셔서 백성들을 쉬게 하고 초나라의 새 임금이 들어서기를 기다리셨다가 초나라를 대비를 하십시오."

이에 송 평공은 되돌아갔다.

【宋之盟】襄公 27년 宋之盟에서 “晉楚之從交相見”의 약속에 따라 이들 군주도 상대의 盟主(霸者)인 楚나라를 예방하러 나선 것임.

【伯有】良霄. 鄭나라 외교관의 이름. 公孫輒의 아들. 杜預 注에 “良霄, 公孫輒子 伯有也”라 함.

【迋】‘往’과 같음.

【黃崖】黃水 가. 황수는 지금의 河南 新鄭 동쪽 20리.

【穆叔】叔孫豹. 魯나라 대부. 叔孫僑如의 아우. 叔孫穆叔. 叔孫. 叔孫穆子 등으로도 불림.

【戾】죄, 벌줌.

【承守】杜預 注에 “言無以承先祖, 守其家”라 함. 杜預 注에 “爲三十年鄭殺良霄傳”이라 하여 과연 良霄는 襄公 30년 鄭나라에서 죽음을 당함.

【濟澤之阿】내와 못 구석.

【行潦】길가에 일시적으로 물이 고인 물웅덩이.

【蘋藻】물풀. 네가래나 마름풀. 천한 水菜지만 恭敬을 다해 宗廟에 祭需用으로 바칠 수 있음.《詩經》召南 采蘋篇에 “于以采蘋, 南澗之濱. 于以采藻, 于彼行潦. 于以盛之, 維筐及筥. 于以湘之, 維錡及釜. 于以奠之, 宗室牖下. 誰其尸之, 有齊季女”를 원용한 것.

【季蘭尸之】‘季蘭’은 나이 어린 계집아이. ‘季’는《詩經》采蘋篇의 ‘季女’이며 ‘蘭’《詩經》小雅 車舝篇 첫 구절 “間關車之舝兮, 思孌季女逝兮. 匪飢匪渴, 德音來括. 雖無好友, 式燕且喜” ‘孌季女’의 ‘孌’자가 변한 것. ‘尸之’는 ‘이 일을 주관하여 하다’의 뜻.

【康王】楚 康王(昭). 이때에 죽음.

【叔仲昭伯】魯나라 대부. 叔仲帶.《國語》魯語(下)에도 본 장의 내용이 실려 있으며 그곳에는 소백의 말이 매우 상세함.

【子服惠伯】노나라 대부. 孟椒. 孟獻子의 손자. 杜預 注에 “孟椒, 孟獻子之孫子服 惠伯”이라 하였고《國語》魯語(下) 韋昭 注에 “惠伯, 仲孫他之子子服椒也”라 함.

【專之矣】노련함. 그에게 전담하도록 할 수 있음. 杜預 注에 “言族專用”이라 함.

【始學者】신진, 초보자. 杜預 注에 “言未識遠”이라 함.

【榮成伯】노나라 대부. 榮駕鵝. 宣公의 아우 叔肸의 曾孫.

【向戌】송나라 대부. 그의 采邑이 ‘合’이었으며 벼슬이 左師였음. 그 때문에 ‘合左師’라 부른 것임. ‘合’은 지금의 山東 棗莊市와 江蘇 沛縣 사이였다 함.

楚屈建卒, 趙文子喪之如同盟, 禮也.


초楚나라 굴건屈建이 세상을 떠나자 진晉나라 조문자趙文子가 그를 위해 동맹국의 재상이 죽었을 경우와 같이 상복을 입었다. 이는 예에 맞는 일이었다.


【屈建】 子木. 屈到의 아들. 楚나라 莫敖(大將軍)를 거쳐 令尹에 올랐던 인물.
【趙文子】 趙武. 趙朔의 아들. 趙文子. 趙朔과 趙莊姬 사이에 난 아들. 趙氏 집 안의 가장 훌륭한 아들로 자라 뒤에 晉六卿으로 자리를 굳힘. 시호는 文子. 그 후손이 戰國시대 邯鄲을 중심으로 七雄의 하나인 趙나라로 크게 발전함.
【同盟】 楚나라는 晉나라의 동맹국이 아니라 경쟁국(적국)이었지만 宋之盟 때 晉나라는 趙武가, 楚나라는 子木이 대표를 맡아 주관하였으므로 그를 위해 동맹국 재상의 상에 입는 예에 맞추어 弔喪한 것임.

# 179. 襄公 29年(B.C.544) 丁巳

| 周 | 景王(姬貴) 원년 | 齊 | 景公(杵臼) 4년 | 晉 | 平公(彪) 14년 | 衛 | 獻公(衎) 33년 |
|---|---|---|---|---|---|---|---|
| 蔡 | 景公(固) 48년 | 鄭 | 簡公(嘉) 22년 | 曹 | 武公(勝) 11년 | 陳 | 哀公(溺) 25년 |
| 杞 | 文公(益姑) 6년 | 宋 | 平公(成) 32년 | 秦 | 景公(后伯車) 33년 | 楚 | 郟敖(麇) 원년 |
| 吳 | 餘祭 4년 | 許 | 悼公(買) 3년 | | | | |

## ❋ 1333(襄29-1)

二十有九年春王正月, 公在楚.

29년 봄 주력 정월, 양공이 초楚나라에 있었다.


㊝

二十九年春王正月, 「公在楚」, 釋不朝正于廟也.
楚人使公親襛, 公患之.
穆叔曰:「祓殯而襛, 則布幣也.」
乃使巫以桃·茢先祓殯.
楚人弗禁, 旣而悔之.

29년 봄 주력 정월, "양공이 초楚나라에 머물러 있었다"라 쓴 것은 양공이 종묘에 정월 참배를 하지 못하였음을 설명한 것이다.

초나라가 양공에게 직접 초나라 임금의 염을 하도록 하자 양공은 걱정스러웠다.

그러자 목숙穆叔이 말하였다.

"빈소에 불제祓祭를 올리고서 염을 하면 포폐布幣의 예를 올리는 것과 같습니다."

그리하여 무당을 불러 복숭아 나뭇가지로써 빗자루를 삼아 먼저 푸닥거리 불제를 치렀다.

초나라 사람은 이를 막지 않았으나 다 끝나고 나서는 후회스럽게 여겼다.


【朝正】 정월에 종묘에 참배하는 것. 매월 초하루 종묘에 양을 잡아 제사를 올리는 것을 곡삭(告朔), 視朔, 聽朔이라 하며 제사가 끝난 뒤 조정에 돌아와 조회를 하는 것을 朝正, 朝廟, 혹 朝享이라 함.《論語》八佾篇에 "子貢欲去告朔之餼羊. 子曰:「賜也! 爾愛其羊, 我愛其禮.」"라 함.

【襘】 '襲'이라고도 하며 죽은 이에게 옷을 입히는 것. 小殮(小斂)의 의식. 그러나 襄公이 지난해 11월에 초나라에 갈 때 莊公이 죽어 상당 기간이 흐른 뒤이므로 이미 大斂을 마치고 棺柩를 갖춘 상태였을 것으로 보아 여러 설이 있음.《禮記》檀弓(下)에도 이 내용이 실려 있으며 "襄公朝于荊, 康王卒. 荊人曰:「必請襲.」"이라 하였음.

【穆叔】 叔孫豹. 魯나라 대부. 叔孫僑如의 아우. 叔孫穆叔. 叔孫. 叔孫穆子 등으로도 불림.

【祓】 不祥의 기운을 제거하기 위해 무당을 불러 푸닥거리를 하는 祭祀나 儀式의 일종.

【布幣】 朝聘에서 禮物(先物)을 陳列하여 보여주는 것.

【桃·茢】 복숭아 나뭇가지로 만든 빗자루. 복숭아나무는 나쁜 기운을 쫓는다는 미신이 있어 이것으로 빈소를 쓸어내는 의식을 치름. '茢'은 빗자루를 삼아 쓸어냄.《禮記》檀弓(下)에 "君臨臣喪, 以巫祝桃茢執戈, 惡之也"라 하여 임금이 신하의 상에 임할 때의 예라 함.

【悔之】 楚나라는 魯 襄公으로 하여금 康王의 신하처럼 행동할 것을 요구한 것인데 도리어 襄公이 임금이 신하의 喪에서 하는 桃茢의 祓祭를 행하자 후회한 것임.

二月癸卯, 齊人葬莊公於北郭.

2월 계묘날, 제齊나라가 장공莊公의 장례를 북곽北郭에서 치렀다.

【北郭】 제나라 도읍의 북쪽. 원래 襄公 25년 齊 莊公(光)이 시해를 당하였을 때 崔杼가 그곳에 장공을 급히 묻었었음. 원래 정당한 죽음이 아닐 경우 조상의 墓域에 들어갈 수 없었으므로 北郭에 묻은 것임. 杜預 注에 "兵死不入兆域, 故葬北郭"이라 함.


## ❈ 1334(襄29-2)

夏五月, 公至自楚.

여름 5월, 양공이 초楚나라에서 돌아왔다.

【自楚】 지난해 11월 楚나라에 갔다가 7개월 만인 이때에 귀국한 것임.




夏四月, 葬楚康王, 公及陳侯·鄭伯·許男送葬, 至於西門之外, 諸侯之大夫皆至于墓.
　　楚郟敖卽位, 王子圍爲令尹.
　　鄭行人子羽曰:「是謂不宜, 必代之昌. 松柏之下, 其草不殖.」

여름 4월, 초楚나라가 강왕康王의 장례를 치렀다.
　　양공은 진陳 애공哀公·정鄭 간공簡公·허許 도공悼公과 함께 장례 행렬을 서문西門 밖까지 전송하였고, 제후들의 대부들은 모두 묘지까지 따라갔다.

초나라 겹오鄀敖가 왕위에 오르고 왕자 위圍가 영윤令尹이 되었다.

그러자 정나라 행인行人 자우子羽가 말하였다.

"이런 경우를 두고 마땅치 않다고 하는 것이다. 반드시 왕자 위圍가 대를 이어야 창성할 것이다. 송백 아래에는 풀이 제대로 자라지 못한다."

【郟敖】康王의 아들 熊麇. 康王(熊昭)의 뒤를 이어 B.C.544～541년까지 4년간 재위하고 靈王(熊虔)이 그 뒤를 이음.

【王子圍】康王의 아우. 杜預 注에 "爲昭元年圍弑郟敖起本"이라 함.

【必代之昌】반드시 圍가 郟敖 대신 왕이 되어 창성할 것임. 郟敖는 나약하고 公子 圍가 강한 성격이었다 함.

【松柏之下, 其草不殖】송백처럼 강인한 나무 밑에서는 풀이 제대로 자라지 못함. 이 말은 강한 자 옆의 약한 자는 그와 경쟁하기 힘들다는 비유를 한 것임.《國語》 晉語(9)에 土苗도 역시 "松柏之地, 其土不肥"라 함.


㉮

公還, 及方城.

季武子取卞, 使公冶問, 璽書追而與之, 曰:「聞守卞者將叛, 臣帥徒以討之, 旣得之矣. 敢告.」

公冶致使而退, 及舍, 而後聞取卞.

公曰:「欲之而言叛, 祗見疏也.」

公謂公冶曰:「吾可以入乎?」

對曰:「君實有國, 誰敢違君?」

公與公冶冕服. 固辭, 强之而後受. 公欲無入.

榮成伯賦式微, 乃歸.

五月, 公至自楚.

公冶致其邑於季氏, 而終不入焉.

曰:「欺其君, 何必使余?」

季孫見之, 則言季氏如他日 ; 不見, 則終不言季氏.

及疾, 聚其臣, 曰:「我死, 必無以冕服斂, 非德賞也. 且無使季氏葬我.」

양공이 돌아오는 길에 방성方城에 들렀을 때였다.

노나라에서는 계무자季武子가 변읍卞邑을 취하고는 공야公冶로 하여금 양공을 위문하게 하였다. 그리고 다시 서신을 써서 서명으로 봉한 다음 이미 떠난 공야를 뒤쫓아 가서 전해 주도록 하였는데 그 글은 이러한 내용이었다.

"변읍을 지키고 있는 자가 장차 반란을 일으키려 한다는 말을 듣고 제가 무리를 이끌고 토벌하여 이미 차지하고 있습니다. 그리하여 감히 고합니다."

공야는 임금을 만나 심부름을 다한 다음 물러나 숙소에 이른 다음에야 계무자가 변읍을 차지하였음을 듣게 되었다.

양공이 말하였다.

"자신이 욕심을 내고는 다른 사람이 반란을 일으키려 한다고 하니 단지 나는 무시당하고 있구나."

양공은 공야에게 이렇게 물었다.

"내가 도읍으로 들어갈 수 있겠는가?"

공야가 대답하였다.

"군주께서 나라를 가지고 계시는데 누가 감히 임금을 위배하겠습니까?"

양공은 공야에게 면복冕服을 하사하였다. 공야는 굳이 사양하였으나 강하게 주어 할 수 없이 받았다. 양공은 도읍으로 들어가지 않으려 하였다.

영성백榮成伯이 〈식미式微〉편을 읊자 그제야 양공은 귀국하였다.

5월, 양공이 초나라에서 돌아왔다.

공야는 자신의 읍을 계씨季氏에게 돌려주고, 끝내 그의 집에는 찾아가지 않았다.

그리고 이렇게 말하였다.

"임금을 속이는 일에 하필 나를 시켰단 말인가?"

계손季孫이 그를 불러 만나게 되면 그는 계씨에 대하여 전과 같이 말을 하였으나 그를 만나지 않을 경우에는 평생토록 계씨에 대한 언급을 하지 않았다.

공야가 병이 들자 가신들을 모아놓고 이렇게 말하였다.

"내 죽으면 모름지기 면복으로 염을 하지는 말라. 이는 나의 덕으로 받은 상이 아니다. 그리고 계손씨로 하여금 내 장례에 관여하지 못하도록 하라."

【方城】지금의 河南 方城縣 동북. 方城山 아래.
【季武子】季孫宿. 魯나라 대부. 季孫行父의 아들. 季孫, 季氏 등으로도 부름.
  《國語》에는 ‘季孫夙’으로 되어 있음.
【卞】지금의 山東 泗水縣 동쪽. 원래 魯나라 公室의 읍이었음.
【公冶】季孫宿의 일족으로 그의 신하이기도 하였음.《國語》魯語(下)에는 “使季
  冶逆”이라 하였고 韋昭 注에는 “季也, 魯大夫, 季氏之族子冶也”라 함.
【璽書】서명을 하여 도장을 찍고 봉함. 公冶로 하여금 내용을 알 수 없도록 한 것.
【後聞取卞】公冶는 季武子가 卞邑을 취한 것을 미처 몰랐으며 편지 내용도
  모르고 있었음.
【冕服】卿의 신분이 입는 검은색 禮服. 공야는 대부였으므로 이러한 복장을
  상으로 받아 경으로 대우를 받은 것. 杜預 注에 “以卿服玄冕賞之”라 함.
【榮成伯】魯나라 대부. 榮駕鵝. 宣公의 아우 叔肸의 曾孫.
【式微篇】《詩經》邶風의 式微篇에 “式微式微, 胡不歸. 微君之故, 胡爲乎中露.
  式微式微, 胡不歸. 微君之躬, 胡爲乎泥中”이라 하여 외지에서 방랑하는 자에게
  곧 집으로 돌아가야 함을 노래한 것임. 영성백은 이 시를 읊어 양공이 반드시
  돌아가야 함을 권한 것임.

## ✹ 1335(襄29-3)

庚午, 衛侯衎卒.

경오날, 위후衛侯 간衎이 죽었다.

【庚午】6월 5일. 날짜를 쓰지 않은 것은 史官의 오류임.
【衎】衛 獻公. 孫林父와 甯殖에게 축출을 당하였다가 뒤에 다시 復位하여
  B.C.576~559년까지 18년과 B.C.546~544년까지 3년간 두 차례에 걸쳐 재위
  하였던 衛나라 군주.
＊無傳

㉂

葬靈王, 鄭上卿有事.

子展使印段往.

伯有曰:「弱, 不可.」

子展曰:「與其莫往, 弱, 不猶愈乎?《詩》云:『王事靡盬, 不遑啓處.』
東西南北, 誰敢寧處? 堅事晉‧楚, 以蕃王室也. 王事無曠, 何常之有?」

遂使印段如周.


주周 영왕靈王의 장례를 치를 때 정鄭나라 상경上卿 자전子展은 일이
있었다.

이에 그는 인단印段을 대신 가도록 하였다.

그러자 백유伯有가 말하였다.

"그는 나이가 어려 안 됩니다."

자전이 말하였다.

"아무도 가지 않느니보다 어려도 가는 것이 좋지 않습니까?《시》에 '군주
위한 일이라 편히 쉬거나 멈출 수도 없구나'라 하였소. 동서남북 그 누가
감히 편안히 거처할 수가 있겠습니까? 우리가 진晉나라와 초나라를 견고
하게 섬기는 것은 왕실을 지키려는 것입니다. 왕의 일이란 소홀히 할 수
없는데 어찌 일정한 법도만 있을 수 있겠습니까?"

드디어 인단으로 하여금 주나라로 가도록 하였다.


【子展】公孫舍之. 鄭나라 대부. 子罕의 아들. 시호는 桓子. 당시 정나라 伯有가
　　楚나라에 있어 上卿 子展은 나라를 떠날 수가 없었음.

【印段】鄭나라 公孫黑肱의 아들.《說文》에는 '公孫䃂'으로 표기되어 있음. 杜氏
　　《世族譜》에 印段의 자는 子石(伯石)이며 諡號는 獻子라 하였음.《廣韻》 '印'자
　　注에는 "印段出自穆公子印, 以王父字爲氏"라 함.

【伯有】良霄. 鄭나라 외교관의 이름. 公孫輒의 아들. 杜預 注에 "良霄, 公孫輒子
　　伯有也"라 함.

【詩】《詩經》小雅 四牡篇에 "四牡騑騑, 周道倭遲. 豈不懷歸, 王事靡盬, 我心傷悲.
四牡騑騑, 嘽嘽駱馬. 豈不懷歸, 王事靡盬, 不遑啓處. 翩翩者鵻, 載飛載下, 集于
苞栩. 王事靡盬, 不遑將父. 翩翩者鵻, 載飛載止, 集于苞杞. 王事靡盬, 不遑將母.
駕彼四駱, 載驟駸駸. 豈不懷歸, 是用作歌, 將母來諗"이라 하였음.
【何常之有】 그 무렵의 예법으로는 천자의 장례식에는 상경이 참석해야 하였음.
그러나 상경인 자전은 국사 때문에 가지 못하였음.


# ❋ 1336(襄29-4)

## 閽弑吳子餘祭.

혼閽이 오자吳子 여제餘祭를 시해하였다.


【閽】 문지기. 발목을 끊는 형을 받은 죄수. 흔히 그가 움직이기 어려움을 감안
하여 문지기를 시켰음.
【餘祭】 吳나라 군주. 이름은 戴吳. 諸樊(遏)의 뒤를 이어 B.C.547~544년까지
4년간 재위하고 문지기에게 시해를 당해 죽음. 餘昧(夷末)가 그 뒤를 이음.


### 傳

吳人伐越, 獲俘焉, 以爲閽, 使守舟.
吳子餘祭觀舟, 閽以刀弑之.


오吳나라가 월越나라를 침공하여 포로를 잡아 그의 발목을 끊고 문지기로
삼아 배를 지키는 일을 맡겼다.
오나라 군주 여제餘祭가 배를 살펴보러 갔을 때 그 문지기가 칼로
군주를 찔러 죽였다.

㊝

鄭子展卒, 子皮卽位.

於是鄭饑, 而未及麥, 民病.

子皮以子展之命餼國人粟, 戶一鍾, 是以得鄭國之民, 故罕氏常掌國政, 以爲上卿.

宋司城子罕聞之, 曰:「鄰於善, 民之望也.」

宋亦饑, 請於平公, 出公粟以貸; 使大夫皆貸.

司城氏貸而不書; 爲大夫之無者貸, 宋無飢人.

叔向聞之, 曰:「鄭之罕, 宋之樂, 其後亡者也, 二者其皆得國乎! 民之歸也. 施而不德, 樂氏加焉, 其以宋升降乎!」


정鄭나라 자전子展이 세상을 떠나자 그의 아들 자피子皮가 관직을 이어받아 상경이 되었다.

그때 정나라에 기근이 들어 보리를 수확할 때까지 아직 멀어 백성들이 고통을 겪고 있었다.

자피는 아버지 자전이 생전에 명하였던 것을 실천하여 나라 사람들에게 먹을 것을 대어주어 집집마다 한 종鍾의 곡식을 나누어주었다. 이로써 그는 정나라 백성들의 민심을 얻게 되었다. 그리하여 한씨罕氏는 늘 국정을 관장하여 상경이 되었다.

송宋나라 사성司城 자한子罕은 이 소식을 듣고 이렇게 말하였다.

"선한 사람이 이웃하고 있기를 백성들은 소망하는 법이다."

송나라 역시 기근이 들자 자한은 평공平公에게 나라의 곡식을 내어 백성들에게 빌려 주고, 대부들에게도 가지고 있는 양곡을 내어놓아 모두 백성들에게 빌려 주도록 하기를 청하였다.

사성씨 집안에서는 곡식을 빌려주고도 빌려간 자의 이름도 기록하지 않았으며 대부들 중에 곡식이 없는 이들에게도 빌려 주어 송나라에는 굶는 자가 없었다.

숙향叔向이 이를 듣고 말하였다.

"정나라 자전과 송나라 자한(樂氏)은 길이 이어져 가장 늦게 망하는 집안이 될 것이다. 두 사람은 각기 그 나라의 정권을 잡게 될 것이다! 백성들이 그들에게 귀의하고 있기 때문이다. 베풀고도 은덕으로 생각지 않았으니 송나라 악씨는 더욱 훌륭하다. 그는 송나라와 운명을 함께 할 것이다!"

【子展】公孫舍之. 鄭나라 대부. 子罕의 아들. 시호는 桓子.
【子皮】子展의 아들. 罕虎. 아버지를 이어 상경이 됨. 杜預 注에 "子皮代父爲上卿" 이라 함. 子産(公孫僑)을 도와 나라를 잘 다스림.
【叔向】晉나라 대부. 叔肸. 羊舌肸, 자는 叔肸, 혹 叔譽.
【一鍾】6石 4斗의 들이.
【罕氏】鄭나라 子展의 姓氏. 그 아들 이름이 罕虎(子皮)였음.
【司城子罕】宋나라 대부. 어진 인물로 널리 알려짐. 姓은 樂氏.
【施而不德】은덕을 베풀고도 은덕으로 치지 않음. 자한이 양곡을 빌려주고서도 꾸어간 사람의 이름을 적지 않았기에 이렇게 말한 것.
【升降】宋나라의 興衰와 오르내림을 같이 함. 송나라가 있는 한 망하지 않음.


## ❈ 1337(襄29-5)

仲孫羯會晉荀盈·齊高止·宋華定·衛世叔儀·鄭公孫段· 曹人·莒人·滕人·薛人·小邾人城杞.

노나라 중손갈仲孫羯이 진晉나라 순영荀盈·제齊나라 고지高止·송宋나라 화정華定·위衛나라 세숙의世叔儀·정鄭나라 공손단公孫段·조인曹人·거인莒人· 등인滕人·설인薛人·소주인小邾人과 모여 기杞나라에 성을 쌓았다.


【仲孫羯】魯나라 대부. 孟孝伯. 孟莊子(仲孫速)의 庶子 가운데 하나로 秩의 배 다른 아우. 襄公 24년을 볼 것.
【荀盈】晉나라 대부. 知悼子. 知罃의 아들. 知伯으로도 부름.
【高止】齊나라 대부. 高子容.

【華定】宋나라 司徒.
【世叔儀】衛나라 대부. 大叔儀. 大叔文子.《公羊傳》에는 '世叔周'로 되어 있음.
【公孫段】鄭나라 대부. 子豐.
【滕】周 文王의 아들 叔繡가 받았던 封國. 侯爵이었으며 지금의 山東 滕縣 일대.
　戰國시대 齊나라에게 망함.
【小邾】諸侯의 分封이었으므로 '小邾'라 칭함.
【杞】姒姓, 周 武王이 殷을 멸한 다음 禹의 후손 東樓公을 찾아 봉하였음. 지금의
　河南 杞縣 일대.


㊙

晉平公, 杞出也, 故治杞.
六月, 知悼子合諸侯之大夫以城杞, 孟孝伯會之, 鄭子大叔與伯石往.
子大叔見大叔文子, 與之語.
文子曰:「甚乎其城杞也!」
子大叔曰:「若之何哉! 晉國不恤周宗之闕, 而夏肄是屛, 其棄諸姬,
亦可知也已. 諸姬是棄, 其誰歸之? 吉也聞之:『棄同·卽異, 是謂離德』
《詩》曰:『協比其鄰, 昏姻孔云.』晉不鄰矣, 其誰云之?」


　진晉 평공平公은 기杞나라 공녀公女의 소생이었으므로 그 때문에 기나라에
성을 쌓은 것이다.
　6월, 진나라의 지도자知悼子가 제후국의 대부들을 모아 기나라에 성을
쌓을 그때 맹효백孟孝伯이 참가하였고, 정鄭나라에서는 자태숙子大叔과
백석伯石이 갔다.
　자태숙이 태숙문자大叔文子를 만나 이야기를 나누게 되었다.
　태숙문자가 말하였다.
　"기나라를 위해 성을 쌓아주는 것은 너무한 일입니다!"
　그러자 자태숙이 말하였다.
　"그렇다고 어찌하겠습니까! 진晉나라는 종주국 주周나라의 모자람은
돕지 않고, 하夏나라 후손을 울타리로 삼으면서 여러 희성姬姓의 나라들은

버리고 있으니 가히 알 만합니다. 같은 희성들을 버린다면 누가 진나라에 귀의하겠습니까? 제(吉)가 듣기로 '동성同姓을 버리고 이성異姓을 친히 하는 것은 덕을 배반하는 것'이라 하였습니다. 《시》에 '가까운 동성들과 잘 지내니 그런 집안과 인척이 되어도 좋으리라'라 하였습니다. 진나라가 동성을 이웃으로 여기지 않는데 그 누가 사이좋게 지내겠습니까?"

【平公】晉 平公(彪). B.C.557~532년까지 26년간 재위하고 昭公(夷)이 그 뒤를 이음. 悼公(周)의 부인은 杞國 출신이었으며 평공의 생모였음. 따라서 杞나라는 平公에게는 외갓집 나라였음.
【杞】姒姓, 周 武王이 殷을 멸한 다음 夏禹의 후손 東樓公을 찾아 봉하였음. 지금의 河南 杞縣 일대.
【知悼子】晉나라 대부. 知盈. 荀盈. 知罃의 아들. 知伯으로도 부름.
【孟孝伯】魯나라 대부. 仲孫羯.
【子大叔】鄭나라 대부. 游吉. 大叔은 太叔과 같음. 游販의 아우. '世叔'으로도 불리며 公孫蠆의 아들.
【伯石】鄭나라 대부. 印段. 자는 子石(伯石). 諡號는 獻子.
【大叔文子】世叔儀. 衛나라 대부. 大叔儀. 《公羊傳》에는 '世叔周'로 되어 있음.
【夏肄】夏나라 禹의 후예. '肄'는 '餘'와 같음.
【屛】蕃屛. 울타리나 보호막으로 여김.
【姬姓】종주국 周나라의 姬姓을 근원으로 봉을 받은 제후국들. 晉, 魯, 鄭, 衛 등.
【詩】《詩經》小雅 正月篇에 "彼有旨酒, 又有嘉殽. 洽比其鄰, 昏姻孔云. 念我獨兮, 憂心慇慇. 佌佌彼有屋, 蔌蔌方有穀. 民今之無祿, 天夭是椓. 哿矣富人, 哀此惸獨"이라 하여 '協比'는 '洽比'로 되어 있음.

⑫

齊高子容與宋司徒見知伯, 女齊相禮.

賓出, 司馬侯言於知伯曰:「二子皆將不免. 子容專, 司徒侈, 皆亡家之主也.」

知伯曰:「何如?」

對曰:「專則速及, 侈將以其力斃, 專則人實斃之, 將及矣.」

제齊나라 고자용高子容과 송宋나라의 사도司徒가 진晉나라 지백知伯을 만날 때, 여제女齊가 지백을 보좌하였다.

손님이 나간 뒤에 사마司馬 후侯가 지백에게 말하였다.

"저들 두 사람은 장차 화를 면하지 못할 것입니다. 고자용은 제멋대로이고 사도는 지나친 행동을 하더군요. 그들은 모두 가문을 망칠 자들입니다."

지백이 물었다.

"어찌 그렇다는 것인가?"

여제가 대답하였다.

"제멋대로 하게 되면 재앙이 급히 찾아오고, 지나친 행동을 하게 되면 장차 자신의 힘에 의해 쓰러지고 맙니다. 제멋대로 하면 남이 그를 망하게 할 것이니 장차 그런 일이 다가올 것입니다."

【高子容】 齊나라 대부 高止.

【司徒】 宋나라 司徒 華定.

【知伯】 晉나라 대부. 知悼子. 知盈. 荀盈. 知罃의 아들. 知伯으로도 부름.

【女齊】 晉나라 司馬. 女叔侯. 이름은 侯. 杜預 注에 "子容, 高止也. 司徒, 華定也. 知伯, 荀盈也. 女齊, 司馬侯也"라 함.

【專】 제멋대로 함. 전횡함.

【侈】 사치함. 도를 넘어선 행동을 함. 말과 행동이 過度함.

【將及矣】 장차 그러한 일이 닥쳐옴. 杜預 注에 "爲此秋高止出奔燕, 昭二十年華定出奔陳傳"이라 함.


❀ **1338(襄29-6)**

晉侯使士鞅來聘.

진후晉侯가 사앙士鞅을 우리 노나라로 보내 예방하게 하였다.

【晉侯】晉 平公(彪).
【士鞅】范獻子. 范叔으로도 불림. 시호는 獻子. 士匄(宣子)의 아들이며 士燮
  (范文子)의 손자.


㉧

范獻子來聘, 拜城杞也.
公享之, 展莊叔執幣.
射者三耦.
公臣不足, 取於家臣.
家臣, 展瑕・展玉父爲一耦; 公臣, 公巫召伯・仲顔莊叔爲一耦,
鄫鼓父・黨叔爲一耦.


범헌자范獻子가 노나라를 예방한 것은 기杞나라 성을 쌓는 일에 협력해
준 것에 사례하기 위해서였다.
  양공이 범헌자를 위해 향연을 베풀어 대부 전장숙展莊叔이 그에게
선물을 전하였다.
  그리고 활쏘기를 하여 세 편으로 짝을 지었다.
  공신들로는 모자라 대부의 가신家臣들 가운데에서 사람을 뽑았다.
  이리하여 가신으로는 전하展瑕와 전옥보展玉父가 한 짝이 되고 공신
으로는 양공의 무당 소백召伯과 중안장숙仲顔莊叔이 한편, 증고보鄫鼓父와
당숙黨叔이 한편이 되었다.


【范獻子】晉나라 士鞅. 范叔으로도 불림. 시호는 獻子. 士匄(宣子)의 아들이며
  士燮(范文子)의 손자.
【展莊叔】晉나라 宰夫가 아닌가 함.
【三耦】활쏘기에서 두 명씩 셋으로 나눔.
【展瑕・展玉父】진나라 公卿의 가신 이름. 구체적으로는 알 수 없음.
【公巫召伯】公巫는 원래 임금의 푸닥거리를 담당하는 무당. 이를 성씨로 삼은 것.

무당은 사람을 치료하는 임무를 맡았으며 약을 조제하여 치료하는 醫員과
함께 '巫醫'라 불렀음. 召伯은 이름인 듯함.
【仲顔莊叔】역시 무의. 仲顔은 複姓. 莊叔은 자나 이름. 혹 앞뒤의 글자 배열을
달리하여 公巫召伯仲, 顔莊叔 등으로 나누기도 함. 兪正燮의 《癸巳存稿》(1)에
"公巫, 官也; 召伯, 氏也; 仲, 字也, 一人也. 顔. 氏也; 莊叔, 諡字也, 一人也"라 함.
【鄙皷父·黨叔】역시 公卿의 家臣 두 사람 이름.


㊉

晉侯使司馬女叔侯來治杞田, 弗盡歸也.
晉悼夫人愠曰:「齊也取貨, 先君若有知也, 不尙取之.」
公告叔侯.
叔侯曰:「虞·虢·焦·滑·霍·楊·韓·魏, 皆姬姓也, 晉是以大. 若非
侵小, 將何所取? 武·獻以下, 兼國多矣, 誰得治之? 杞, 夏餘也, 而卽
東夷. 魯, 周公之後也, 而睦於晉. 以杞封魯猶可, 而何有焉? 魯之
於晉也, 職貢不乏, 玩好時至, 公卿大夫相繼於朝, 史不絶書, 府無
虛月. 如是可矣, 何必瘠魯以肥杞? 且先君而有知也, 毋寧夫人, 而焉
用老臣?」


　　진晉 평공平公이 사마司馬 여숙후女叔侯를 우리나라로 보내어 기杞나라
에서 빼앗은 토지를 돌려주도록 했으나 노나라는 모두 다 돌려주지는
않았다.
　　이에 평공의 어머니 도공부인悼公夫人이 불쾌히 여기며 말하였다.
　　"여제女齊는 노나라의 재물을 받았을 것이다. 선군의 영혼이 아는 것이
있다면 일을 이렇게 처리하지는 않을 것이다."
　　평공이 여숙후에게 이를 고하자 여숙후는 이렇게 말하였다.
　　"우虞·괵虢·초焦·활滑·곽霍·양揚·한韓·위魏나라는 모두 같은 희성姬姓
으로 우리 진나라는 그들을 합하여 이렇게 큰 나라가 된 것입니다. 작은
나라를 침략하지 않았다면 어디에서 이런 땅을 취할 수 있었겠습니까?

우리는 무공武公과 헌공獻公 이후로 다른 나라를 쳐서 병합한 일이 많았는데 누가 그 일을 다시 되돌릴 수 있겠습니까? 기나라는 하夏나라 왕실의 후손으로 동이東夷와 가까이 지내고 있습니다. 노나라는 주공周公의 후손으로 우리 진나라와 친합니다. 그러니 기나라 국토를 노나라에 봉해주어도 될 텐데 어찌 기나라 소유로 해야 하는 것입니까? 노나라가 진나라에 있어서 바치는 공물도 적지 않고, 진귀한 것들을 시절마다 보내고 있습니다. 그리고 공경과 대부가 서로 이어가며 찾아오고 있고 사관史官이 그 사실을 끊임없이 기록하고 있으며, 창고에는 매달 노나라 물건이 들어오지 않은 적이 없습니다. 이렇게 노나라가 잘 하고 있으면 되었지 하필 노나라를 여위게 하고 기나라를 살찌게 할 이유가 있습니까? 게다가 선군의 영혼이 앎이 있다면 오히려 부인을 꾸짖지 어찌 이 늙은 저를 꾸짖겠습니까?”

【晉侯】晉 平公(彪). 어머니를 위해 땅을 돌려줄 것을 魯나라에 청함.

【司馬女叔侯】晉나라 대부. 女齊. 司馬는 관직 이름. 女는 성씨. 叔侯는 字. 이름은 齊.

【治杞田】기나라 땅을 뺏은 일이 잘못임을 밝히고 돌려줌. 杞는 姒姓, 周 武王이 殷을 멸한 다음 禹의 후손 東樓公을 찾아 봉하였음. 지금의 河南 杞縣 일대. 晉 平公의 어머니이며 悼公의 夫人은 이 杞나라 출신이었음.

【悼公夫人】晉 悼公의 부인. 平公의 어머니. 杞나라 출신.

【焦】神農氏 후손으로 지금의 河南 三門峽市 동쪽이라 하여 周 武王 때 봉해져 姬氏가 아닐 수도 있음.

【揚】〈石經〉에는 ‘楊’으로 되어 있으며 고대 흔히 혼용하여 썼음. 그 때문에 揚雄, 楊雄의 표기가 함께 이어오고 있는 것임. 楊나라는 周 宣王의 아들 尙父가 幽王 때 楊侯로 봉을 받은 곳. 혹은 唐叔虞의 후손이 받은 봉지라고도 함. 진나라가 멸한 뒤 羊舌氏의 읍이 됨. 지금의 山西 洪洞縣 동남 楊城.

【武·獻】晉 武公과 獻公. 나라가 흥성하기 시작할 때의 군주. 杜預 注에 “武公·獻公, 晉始盛之君”이라 함.

【何有焉】‘어찌 기나라 소유가 되어야 하는가?’의 뜻.

【毋寧夫人】‘오히려 부인(어머니)은 꾸짖지 않을 것인가?’의 뜻.

* **1339(襄29-7)**

杞子來盟.

기자杞子가 노나라에 와서 동맹을 맺었다.

【杞子】 당시 杞나라 文公. 원래 '杞伯'으로 표기해야 함.


⑨

杞文公來盟, 書曰「子」, 賤之也.

기杞 문공文公이 노나라로 와 맹약을 맺었다. 經經에 그를 '子'라 쓴 것은
그를 천히 여겼기 때문이다.

【杞文公】 杞伯. 杜預 注에 "魯歸其田, 故來盟"이라 함.
【書曰子】 杞나라 군주는 원래 伯爵이지만 經에는 子爵으로 여겨 '子'로 표기함.
【賤之也】 이들이 동방의 옹이와 친하여 그 풍속을 따르므로 천하게 여겼음.
   윗글 "杞, 夏餘也, 而卽東夷"를 뜻함. 杜預 注에 "賤其用夷禮"라 함.


* **1340(襄29-8)**

吳子使札來聘.

오자吳子가 찰札을 노나라로 보내 예방하게 하였다.

【札】 延陵季子. 季札. 吳나라 王子이며 賢人. 壽夢의 막내아들.《公羊傳》에 "謁
   (遏)也, 餘祭也, 夷昧也, 與季札同母者四. 季子弱而才, 兄弟皆愛之, 同欲立之以
   爲君. 謁曰:「今若是迮而與季子國, 季子猶不受也. 請無與子而與弟, 弟兄迭爲

君而致國乎季子.」皆曰:「諾.」"이라 하여 왕위를 사양하고 덕을 닦는 일에 힘을 써서 많은 典籍에 그의 逸話와 故事가 전함.


傳

吳公子札來聘, 見叔孫穆子, 說之.
謂穆子曰:「子其不得死乎! 好善而不能擇人. 吾聞君子務在擇人. 吾子爲魯宗卿, 而任其大政, 不愼擧, 何以堪之? 禍必及子!」
請觀於周樂.
使工爲之歌〈周南〉·〈召南〉. 曰:「美哉! 始基之矣, 猶未也, 然勤而不怨矣.」
爲之歌〈邶〉·〈鄘〉·〈衛〉. 曰:「美哉淵乎! 憂而不困者也. 吾聞衛康叔·武公之德如是, 是其衛風乎!」
爲之歌〈王〉, 曰:「美哉! 思而不懼, 其周之東乎!」
爲之歌〈鄭〉, 曰:「美哉! 其細已甚, 民弗堪也. 是其先亡乎!」
爲之歌〈齊〉, 曰:「美哉, 泱泱乎! 大風也哉! 表東海者, 其大公乎! 國未可量也.」
爲之歌〈豳〉, 曰:「美哉, 蕩乎! 樂而不淫, 其周公之東乎!」
爲之歌〈秦〉, 曰:「此之謂夏聲. 夫能夏則大, 大之至也, 其周之舊乎!」
爲之歌〈魏〉, 曰:「美哉, 渢渢乎! 大而婉, 險而易行, 以德輔此, 則明主也.」
爲之歌〈唐〉, 曰:「思深哉! 其有陶唐氏之遺民乎! 不然, 何憂之遠也? 非令德之後, 誰能若是?」
爲之歌〈陳〉, 曰:「國無主, 其能久乎!」
自〈鄶〉以下無譏焉.
爲之歌〈小雅〉, 曰:「美哉! 思而不貳, 怨而不言, 其周德之衰乎? 猶有先王之遺民焉.」
爲之歌〈大雅〉, 曰:「廣哉, 熙熙乎! 曲而有直體, 其文王之德乎!」

爲之歌〈頌〉, 曰:「至矣哉! 直而不倨, 曲而不屈, 邇而不偪, 遠而不攜, 遷而不淫, 復而不厭, 哀而不愁, 樂而不荒, 用而不匱, 廣而不宣, 施而不費, 取而不貪, 處而不底, 行而不流. 五聲和, 八風平. 節有度, 守有序, 盛德之所同也.」

見舞象箾·南籥者, 曰:「美哉! 猶有憾.」

見舞大武者, 曰:「美哉! 周之盛也, 其若此乎!」

見舞韶濩者, 曰:「聖人之弘也, 而猶有慙德, 聖人之難也.」

見舞大夏者, 曰:「美哉! 勤而不德, 非禹, 其誰能修之?」

見舞韶箾者, 曰:「德至矣哉, 大矣! 如天之無不燾也, 如地之無不載也. 雖甚盛德, 其蔑以加於此矣, 觀止矣. 若有他樂, 吾不敢請已.」

其出聘也, 通嗣君也.

故遂聘于齊, 說晏平仲, 謂之曰:「子速納邑與政. 無邑無政, 乃免於難. 齊國之政將有所歸, 未獲所歸, 難未歇也.」

故晏子因陳桓子以納政與邑, 是以免於欒·高之難.

聘於鄭, 見子產, 如舊相識.

與之縞帶, 子產獻紵衣焉.

謂子產曰:「鄭之執政侈, 難將至矣, 政必及子. 子爲政, 愼之以禮. 不然, 鄭國將敗.」

適衛, 說蘧瑗·史狗·史鰌·公子荊·公叔發·公子朝, 曰:「衛多君子, 未有患也.」

自衛如晉, 將宿於戚, 聞鐘聲焉, 曰:「異哉! 吾聞之也, 辯而不德, 必加於戮. 夫子獲罪於君以在此, 懼猶不足, 而又何樂? 夫子之在此也, 猶燕之巢于幕上. 君又在殯, 而可以樂乎?」

遂去之.

文子聞之, 終身不聽琴瑟.

適晉, 說趙文子·韓宣子·魏獻子, 曰:「晉國其萃於三族乎!」

說叔向. 將行, 謂叔向曰:「吾子勉之! 君侈而多良, 大夫皆富, 政將在家. 吾子好直, 必思自免於難.」

오吳나라의 공자 찰札이 노나라를 예방하여 숙손목자叔孫穆子를 만나자 기뻐하였다.

공자 찰이 숙손목자에게 말하였다.

"그대는 제대로 죽지 못할 것입니다! 선을 좋아하면서도 사람을 제대로 고르지 못하는군요. 내가 듣기로 군자는 사람을 잘 고르는 데에 힘써야 한다'라 하였습니다. 그대는 노나라의 종경宗卿이 되어 나라의 큰 정치를 맡고 있으면서 인재 등용에 신중하지 못하니 어찌 그 자리를 감당하겠습니까? 재앙이 틀림없이 그대에게 미칠 것입니다!"

공자 찰은 주周나라 음악을 구경시켜 줄 것을 청하였다.

이에 양공이 악공樂工에게 《시》의 〈주남周南〉과 〈소남召南〉의 시를 읊도록 하였더니 계찰은 이렇게 말하는 것이었다.

"아름답습니다! 이는 주나라가 처음 터전을 잡을 때 노래군요. 백성들이 아직은 완전히 안정되지 못하였지만 열심히 일하면서 윗사람을 원망하지 않았음이 나타나 있군요!"

이어서 〈패풍邶風〉·〈용풍鄘風〉·〈위풍衛風〉을 읊도록 하였더니 그는 이렇게 말하였다.

"아름답고도 깊도다! 근심하되 곤궁함은 없군요. 내 듣기로는 위衛나라 강숙康叔과 무공武公의 덕이 이와 같았다 합니다. 이것은 위나라 민요겠군요!"

〈왕풍王風〉을 읊게 하였더니 그는 말하였다.

"아름답습니다! 생각하되 두려워하지 않으니 이는 주나라가 도읍을 동쪽으로 옮긴 뒤의 노래이겠지요!"

〈정풍鄭風〉을 읊게 하였더니 그는 말하였다.

"아름답습니다! 그 섬세함이 너무 너무 심하군요. 백성들은 감당해내기 어렵겠군요. 이런 나라는 누구보다 먼저 망할 것입니다!"

〈제풍齊風〉을 읊게 하였더니 그가 말하였다.

"아름답습니다. 넓고 넓군요! 큰 풍도가 나타나 있군요! 동해 가에 있는 자로서 강태공姜太公 후손이겠군요! 그 나라의 운수는 헤아릴 수가 없습니다."

〈빈풍豳風〉을 읊게 하자 그가 말하였다.

"아름답습니다. 시원하군요! 즐거워하면서도 음탕하지 않은 마음이 나타나 있으니, 주공周公이 동방을 평정하였을 때의 노래일 것입니다!"

〈진풍秦風〉을 읊게 하자 그가 말하였다.

"이는 서방의 음악이라 하는 것이겠지요. 무릇 능히 서방은 그렇게 클 수 있었고, 크기가 지극하군요. 주나라 옛 고장의 노래이로군요!"

〈위풍魏風〉을 읊게 하자 그가 말하였다.

"아름답습니다. 둥둥 떠 있는 것 같군요! 크면서도 고우며 험하면서도 쉽게 행할 수 있으니 덕으로 이를 보필한다면 현명한 군주의 나라가 될 것입니다."

〈당풍唐風〉을 읊게 하자 그가 말하였다.

"생각이 깊습니다! 도당씨陶唐氏 후손의 나라 노래겠군요! 그렇지 않고서는 어찌 이렇게 심원한 근심을 하였겠습니까? 훌륭한 덕을 지녔던 분의 후손들이 아니고서 누가 이런 노래를 지었겠습니까?"

〈진풍陳風〉을 읊게 하자 그가 말하였다.

"나라에 임금이 없게 될 것입니다. 어찌 능히 오래갈 수 있겠습니까?"

〈회풍鄶風〉 이하의 시도 읊게 하였으나 그는 아무런 비평을 하지 않았다.

그를 위해 〈소아小雅〉를 읊게 하였더니 그는 이렇게 말하였다.

"아름답습니다! 생각이 있으나 두 마음을 갖지 아니하고, 원망하면서도 말로 드러내지 않으니, 주나라의 덕이 쇠퇴해져 갈 때의 노래였겠군요! 그러나 그래도 여전히 옛 어진 임금의 가르침이 남아있습니다."

〈대아大雅〉를 읊게 하였더니 그가 말하였다.

"드넓군요. 환한 빛이 나는군요! 완곡하면서도 강직한 본심을 가지고 있으니 주周 문왕文王의 덕을 노래한 것이겠지요!"

〈송頌〉을 읊게 하였더니 그가 말하였다.

"지극하군요! 강직하면서도 거만하지 않고, 완곡하면서도 비굴하지 않으며, 가까이하면서도 핍절하지 않고, 먼 듯하면서도 어그러지지 않으며, 옮겨가는 듯하면서도 도를 벗어나지 않고, 되풀이해도 싫증이 나지 않으며, 애처로우면서도 근심이 없으며, 즐거우면서도 황량하지 않으며, 써도 닳지 않으며, 넓어도 퍼지지 않으며, 베풀어도 헛되이 쓰는 것이 아니며, 취하면서도 탐욕을 부리지 않으며, 편안히 있어도 막히지 않으며, 움직여도 마구 흘러가지 않는군요. 오성五聲이 조화를 이루고 팔풍八風이 평안하군요. 가락에 절도가 있고 지킴에 순서가 있어 풍성한 덕이 부합되는군요.”

그는 〈상소象箾〉와 〈남약南籥〉의 무악舞樂을 보고는 이렇게 말하였다.

“아름답습니다! 어떤 유감을 지녔던 것 같군요.”

〈태무大武〉의 무악을 보고 그가 말하였다.

“아름답습니다! 주周나라가 흥성하였었을 때가 이와 같았군요!”

〈소호韶濩〉의 무악를 보고 말하였다.

“성인의 크신 덕이 나타나 있으나 덕에 부끄러움이 있으니 성인이 되기는 어려울 것입니다”

〈대하大夏〉의 무악을 보고 말하였다.

“아름답습니다! 백성들을 위해 힘을 쓰고도 그것을 덕으로 여기지 않았으니 우禹 임금이 아니고서 그 누가 그런 덕을 닦겠습니까?”

〈소소韶箾〉의 무악을 보고 말하였다.

“덕의 지극함이여, 위대합니다! 마치 하늘이 덮어주지 않음이 없는 것과 같고, 땅이 그 위에 실어주지 않음이 없는 것과 같습니다. 비록 아무리 풍성한 덕이라 해도 이보다 더 할 수는 없을 것입니다. 볼 만큼 보았습니다. 만약 다른 음악이 또 있다 해도 저는 더 이상 감히 요청하지 못하겠습니다”

그가 예방하러 온 것은 오나라에 새 군주가 즉위하였음을 통고해주기 위한 것이었다.

그 때문에 그는 곧 제齊나라를 예방하여 안평중晏平仲을 만나 즐거워하면서 이렇게 말하였다.

“그대는 가지고 있는 읍과 권력을 내어 놓으십시오. 읍도 없고 벼슬도 없어야 환난을 면할 수 있습니다. 제나라 정권은 장차 다른 이에게로 돌아갈 것이며 그에게 돌아가기 전까지는 환난이 쉬지 않을 것입니다”

그 때문에 안평중은 진환자陳桓子를 통해 자신의 관직과 채읍을 반납하였고 이로써 난씨欒氏와 고씨高氏의 난에서 화를 면할 수 있었던 것이다.

그가 이번에는 정鄭나라를 예방하여 자산子産을 만나자 마치 전부터 잘 아는 사이였던 것처럼 대하였다.

그가 자산에게 비단 띠를 선사하였고 자산은 그에게 모시옷을 선사하였다.

그가 자산에게 말하였다.

"정나라 정권을 쥐고 있는 분은 거만하니 곧 환난이 다가올 것이며 정권은 틀림없이 그대에게 주어질 것입니다. 그대가 정권을 잡게 되면 삼가 예로써 정치를 펴십시오. 그렇지 않으면 정나라는 장차 무너질 것이오."

그가 이번에는 위衛나라에 방문하여 거원蘧援·사구史狗·사추史鰌·공자 형荊·공숙발公叔發·공자 조朝를 만나 즐거워하면서 이렇게 말하였다.

"위나라에는 좋은 분들이 많으니 아직 걱정이 없을 것입니다."

그는 위나라에서 진晉나라로 가면서 척戚에서 유숙하려 할 때 음악 소리를 듣고 이렇게 말하였다.

"이상하도다! 내 듣기로 말솜씨만 뛰어나고 덕이 없으면 반드시 형벌을 받는다 하였다. 이 고을 주인(孫林父)은 임금에게 죄를 짓고 여기에 와 있어 두려움에 떨고 있는 것만으로도 모자랄 텐데 어찌 이런 음악이 들린단 말인가? 그가 이곳에 있는 것은 제비가 군사 막사 위에 집을 짓고 있는 것과 같은 처지다. 임금의 시신이 아직 빈소에 있는데도 음악을 즐길 수 있단 말인가?"

그리고는 바로 떠나버렸다.

그 뒤에 문자文子가 이를 듣고는 종신토록 음악을 듣지 않았다.

그가 진晉나라에 이르러 조문자趙文子·한선자韓宣子·위헌자魏獻子를 만나 즐거워하며 이렇게 말하였다.

"진나라의 정권은 이 세 씨족에게 모여들 것입니다."

그리고 숙향叔向을 만나 즐거워하고 장차 떠나려 할 때 이렇게 말하였다.

"그대는 힘쓰시오! 임금은 거만하고 훌륭한 대부가 많습니다. 대부들은 모두가 부유하여 정권은 장차 그들 집에서 이루어질 것이오. 그대는 정직함을 좋아하니 반드시 스스로 환난을 면할 방법을 잘 생각해 두시오."


【叔孫穆子】叔孫豹. 魯나라 대부. 叔孫僑如의 아우. 叔孫穆叔. 叔孫. 叔孫穆子 등으로도 불림.

【禍必及子】叔孫穆子는 魯나라의 현인이었지만 결국 서자 竪牛에게 죽음을

당하였음. 昭公 4년을 볼 것. 杜預 注에 "爲昭四年竪牛作亂起本"이라 함.

【周樂】魯나라는 周公의 후손으로 虞, 夏, 商, 周 四代의 음악을 받아 이어가고 있었음.

【周南·召南】《詩經》國風 첫 번째와 두 번째 노래.

【邶·鄘·衛】원래 고대 세 나라 이름. 이들 나라 민요를 모은 것. 邶는 지금의 河南 湯陰縣 동남. 鄘은 河南 新鄕市 서남. 衛는 河南 淇縣(殷나라 때의 朝歌), 원래 殷나라 紂王의 王畿였음. 周公 때 三監이라 불렀으며 周公이 東征한 뒤 衛나라에 합쳐짐.

【康叔】文王의 아들이며 周公의 아우. 처음 康(지금의 河南 禹縣)에 봉해졌다가 뒤에 衛(淇縣)로 봉지가 바뀜.

【王風】王은 東周 洛邑 王城에서 불리던 민요.

【思而不懼】杜預 注에 "宗周隕滅, 故憂思. 猶有先王之遺風, 故不懼"라 함.

【周之東】周나라가 동쪽 洛邑으로 옮겨온 平王 이후. 東周시대를 뜻함.

【先亡】정나라는 B.C.376년(周 安王 36)에 망하였으며 韓 哀侯 元年에 정나라를 멸하고 그 자리에 韓나라 도읍이 들어섬.

【大公】太公. 齊나라는 姜太公(呂尙, 姜子牙)이 봉을 받은 나라로 지금의 山東 臨淄를 중심으로 발전하였음.

【豳風】'豳'은 '邠'으로도 표기하며 周나라 公劉가 도읍으로 삼았던 곳. 太王이 狄人을 피하여 岐山으로 옮기기 전. 지금의 陝西 彬縣. 孟子 梁惠王(下)에 "昔者, 太王居邠, 邑于岐山之下居焉"이라 함.

【周之東】周公의 東征을 뜻함. 三監을 東征하고 나서의 노래라는 뜻. 杜預 注에 "樂而不淫, 言有節也. 周公遭管蔡之變, 東征三年, 爲成王陳后稷先公不敢荒淫, 以成王業, 故言其周公之東乎"라 함.

【秦風】원래 周나라가 차지하고 있던 땅을 뒤에 秦나라가 가까이 들어와 雍에 도읍을 정하였다가 咸陽으로 옮김.

【夏聲】이를 '夏聲'이라 한 것은 西方의 음악임을 뜻한 것. 고대 漢民族이 생활 근거지로 삼았던 지대를 夏라 하였으며 周나라는 원래 西安(漢·唐의 長安) 부근을 도읍으로 삼았고 그 부근을 夏라 하였음. 뒤에 周나라가 동쪽 洛邑 으로 도읍을 옮기자 그곳을 중심으로 秦나라가 세워졌음. 이 때문에 季札은 秦나라 땅을 주나라의 옛 땅이라 한 것임.

【夏則大】《方言》에 "夏, 大也. 自關而西, 凡物之莊大者而愛偉之, 謂之夏"라 함.

【唐風】唐叔虞가 처음 봉을 받은 땅. 지금의 山西 太原市. 원래 堯가 陶에서

이곳으로 옮겨 堯의 都邑이었던 곳임. 그 때문에 "陶唐氏之遺民"이라 한 것임.

【陳風】陳나라는 지금의 河南 開封市 동쪽부터 安徽 亳縣 북쪽이었음. 도읍은 宛丘. 지금의 河南 淮陽縣.

【國無主】陳나라는 哀公 17년 傳에 "七月己卯, 楚公孫朝帥師滅陳"이라 하여 이로부터 65년 뒤에 망함.

【自鄶以下】'鄶'는 '檜'로도 표기하며 祝融의 후손으로 周初 河南 鄭州 남쪽에 봉해졌다가 鄭 武公에 의해 망함. 鄶風 다음에는 曹風이 있음. 지금의 《詩經》에는 15國風이 있으며, 본문에서는 季札은 13國風에 대해서만 평하였음을 알 수 있음.

【小雅·大雅】모두 《詩經》의 구분. 小雅는 燕禮에, 大雅는 향례 때 사용하던 음악의 가사. 그러나 이에 대한 季札이 평은 훨씬 뒤였음. 이 대목은 後人이 넣은 것으로 주장하기도 함.

【施而不費】《論語》堯曰篇에 "因民之所利而利之, 斯不亦惠而不費乎"라 함.

【五聲】宮·商·角·徵·羽의 다섯 음조.

【八風】여덟 가지 악기 소리. 여덟 가지 악기는 金(鐘)·石(磬)·系·竹·匏(笙)·土·革(鼓)·木의 종류.

【守有序】杜預 注에 "八音克諧, 節有度也. 無相奪倫, 守有序也"라 함.

【象箾】周 文王(姬昌)의 덕을 칭송하는 舞樂. '箾'는 '簫'와 같으며 管과도 같음. 따라서 管樂器로 절조를 맞추어 추는 춤. 《詩經》邶風 簡兮篇에 "左手執籥, 右手秉翟"이라 함.

【南籥】역시 周 文王의 덕을 칭송하는 무악. 翟(꿩의 깃)으로 장식하여 추는 남악의 춤.

【有憾】杜預 注에 "美哉, 美其容也. 文王恨不及已致太平"이라 함.

【大武】周 武王(姬發)의 덕을 칭송한 舞樂. '太武'와 같음.

【韶濩】'太濩', '韶護'로도 부름. 殷나라 湯王의 덕을 칭송한 舞樂.

【慙德】湯은 夏의 桀王을 쳐서 멸한 만큼 下剋上이므로 덕에 일부 손상이 있음을 안타깝게 여긴 것.

【大夏】夏나라 禹임금의 음악. '夏籥'과 같음. 《呂氏春秋》古樂篇에 "禹立, 勤勞天下, 日夜不懈. 命皐陶作爲夏籥九成, 以昭其功"이라 함.

【不德】자신의 덕이라 여기지 않음.

【韶箾】'簫韶', '韶簫'와 같음. 虞舜의 음악. 《尙書》益稷篇에 "簫韶九成"이라 함.

【幬】큰 천으로 널리 덮어줌. '도'로 읽음.

【觀止】 보는 것을 그만둠. 볼만큼 보았음. 그 정도 보았으면 충분함. 보는 것을 이 정도에서 그침.

【嗣君】 다음 대를 이은 군주. 杜預는 餘祭로 보았으나 賈逵와 服虔은 夷昧여야 한다고 여겼음. 餘祭는 재위 4년 만에 계찰이 출발하기 전, 이미 문지기(閽)에게 피살되고 夷昧가 새로 들어섰음.

【晏平仲】 齊나라의 賢人. 이름은 嬰, 平仲은 그의 字. 그는 晏弱(桓子)의 아들로 晏子라 불림. 그의 言行錄《晏子春秋》가 전함.

【陳桓子】 陳無宇. 齊나라 대부. 陳完(田完, 敬仲)의 玄孫. 陳文子(陳須無)의 아들.

【欒·高之難】 昭公 8년, 10년 傳을 볼 것.

【子産】 公孫僑. 子國(公孫成)의 아들. 뒤에 鄭나라의 훌륭한 宰相이 되어 孔子가 자주 칭찬한 인물.

【縞帶】 흰색의 비단으로 짠 허리띠.

【紵衣】 麻로 짠 옷. 삼베 옷.

【執政】 여기서는 鄭나라 伯有(良霄)를 가리킴.

【蘧瑗】 蘧伯玉. 衛나라의 현인. 孔子가 많은 칭찬을 했던 인물.《論語》憲問篇에 "欲寡其過而未能"이라 하였고, 衛靈公篇에는 "君子哉蘧伯玉! 邦有道, 則仕; 邦無道, 則可卷而懷之"라 함. 한편《淮南子》原道訓에 "年五十而知四十九年非"라 함.

【史狗】 衛나라 대부. 史朝의 아들 文子. 昭公 7년을 볼 것.

【史鰌】 史鰍로도 표기하며 자는 史魚.《論語》衛靈公篇에 "子曰:「直哉史魚! 邦有道, 如矢; 邦無道, 如矢.」"라 하였으며 蘧伯玉을 추천하지 못하고 彌子瑕를 퇴진시키지 못하자 죽음에 이르러 그 아들로 하여금 正堂에서 治喪하지 못하도록 함. 衛 靈公이 問喪을 왔을 때 그 아들이 "臣下의 道理를 다 하지 못하여 正堂에서 治喪하지 못하게 하였다"라고 하는 말을 듣고, 蘧伯玉을 들어 쓰고 彌子瑕는 퇴진시켰다 하여 이를 흔히 '尸諫'이라 함.《韓詩外傳》(7)·《新序》(雜事)·《韓非子》(說難)·《孔子家語》(困誓)·《說苑》(雜言)·《史記》韓非子列傳·《文選》·《後漢書》·《藝文類聚》·《太平御覽》·《大戴禮記》(保傅篇) 등에 아주 널리 실려 있음.

【公子荊】 衛나라 공자.《論語》子路篇에 "子謂衛公子荊,「善居室. 始有, 曰: 『苟合矣』少有, 曰: 『苟完矣』富有, 曰: 『苟美矣』」"라 함.

【公叔發】 公叔文子. 公孫拔로도 표기함. 시호는 貞惠文子.《論語》憲問篇에 "子問公叔文子於公明賈曰:「信乎, 夫子不言, 不笑, 不取乎?」公明賈對曰:「以告

者過也. 夫子時然後言, 人不厭其言; 樂然後笑, 人不厭其笑; 義然後取, 人不厭
其取.」子曰:「其然? 豈其然乎?」라 하였고,《禮記》檀弓(上)에 "公叔文子升於
瑕丘, 蘧伯玉從. 文子曰:「樂哉斯丘也, 死則我欲葬焉.」蘧伯玉曰:「吾子樂之,
則瑗請前.」"이라 함.

【公子朝】衛나라 공자. 그러나 昭公 20년에 보이는 公子朝는 아닌 것으로 봄.
梁玉繩은 '公孫朝'의 오기로 보았음.

【戚】孫文子(孫林父)의 채읍. 지금의 河南 濮陽縣 북쪽. 季札은 吳(지금의 江蘇
蘇州)나라를 떠나 魯(曲阜), 齊(臨淄), 鄭(新鄭), 衛(帝丘)를 거쳐 이곳 戚을 거쳐
晉(侯馬)로 일정을 잡고 있었음.

【夫子】衛 獻公에게 죄를 짓고 자신의 채읍에 와 있던 孫文子(孫林父)를 가리킴.

【君又在殯】衛 獻公이 죽고 아직 장례를 치르지 않은 상태였음.

【琴瑟】'琴瑟'은 작은 규모의 음악. '鐘鼓'는 큰 규모의 음악 연주라 함.

【趙文子】晉나라 대부. 趙武. 趙朔의 아들. 趙朔과 趙莊姬 사이에 난 아들. 趙氏
집안의 가장 훌륭한 아들로 자라 뒤에 晉六卿으로 자리를 굳힘. 시호는 文子.
그 후손이 戰國시대 邯鄲을 중심으로 七雄의 하나인 趙나라로 크게 발전함.

【韓宣子】晉나라 대부. 韓起. 韓宣子. 韓厥의 아들이며 韓無忌의 아우. 시호는 宣子.

【魏獻子】晉나라 대부. 魏舒. 魏絳의 아들. 시호는 獻子.

【叔向】晉나라 대부. 叔肸. 羊舌肸, 자는 叔肸, 혹 叔譽.

## ❋ 1341(襄29-9)

秋九月, 葬衛獻公.

가을 9월, 위衛나라 헌공의 장례를 치렀다.

【衛獻公】衎. 襄公 14년 孫林父와 甯殖에게 축출당하였다가 뒤에 다시 復位하여
B.C.576~559년까지 18년과 B.C.546~544년까지 3년간 두 차례에 걸쳐 재위
하였던 衛나라 군주. 襄公(惡)이 그 뒤를 이음.
＊無傳

※ 1342(襄29-10)

## 齊高止出奔北燕.

제齊나라 고지高止가 북연北燕으로 달아났다.

【高止】齊나라 대부. 高子容.
【北燕】姬姓의 제후국으로 召公(姬奭)이 받은 봉지. 지금의 北京 일대이며 당시
도읍은 薊라 불렀음. 《史記》 燕召公世家에 의하면 이때 군주는 燕 懿公이었음.
戰國시대 七雄으로 발전함. '北燕'은 經文에 이곳에 처음 보임.


㊀

秋九月, 齊公孫蠆·公孫竈放其大夫高止於北燕.
乙未, 出.
書曰: 「出奔」, 罪高止也.
高止好以事自爲功, 且專, 故難及之.

가을 9월, 제齊나라 공손채公孫蠆와 공손조公孫竈가 대부 고지高止를 북연
北燕으로 축출하였다.
을미날, 그는 나라를 떠났다.
경經에 '달아났다'고 기록한 것은 고지에게 그 죄를 돌린 것이다.
고지는 일을 벌여 자신의 공으로 돌리기를 좋아하였고 게다가 제멋대로
처리하여 그 때문에 환난을 당한 것이다.

【公孫蠆】齊나라 대부. 子尾. 公孫蠆는 鄭나라 公孫蠆(子蟜)와 同名異人이었음.
【公孫竈】齊나라 대부 子雅.
【乙未】9월 2일.

冬, 仲孫羯如晉.

겨울, 중손갈仲孫羯이 진晉나라로 갔다.

【仲孫羯】孟孝伯. 孟莊子(仲孫速)의 庶子 가운데 하나로 秩의 배다른 아우. 襄公 24년을 볼 것.

㉠

冬, 孟孝伯如晉, 報范叔也.

겨울, 맹효백孟孝伯이 진晉나라에 간 것은 범숙范叔이 노나라를 예방하였던 일에 대한 답례를 하기 위해서였다.

【孟孝伯】仲孫羯.
【范叔】士鞅. 范獻子. 시호는 獻子. 士匄(宣子)의 아들이며 士燮(范文子)의 손자. 이해 여름 노나라를 방문했었음.

㉠

爲高氏之難故, 高豎以盧叛.
十月庚寅, 閭丘嬰帥師圍盧.
高豎曰:「苟使高氏有後, 請致邑.」
齊人立敬仲之曾孫酀, 良敬仲也.
十一月乙卯, 高豎致盧而出奔晉, 晉人城緜而寘旃.

제나라의 고씨高氏가 환난을 당하자 그의 아들 고수高豎가 노盧를 근거로 반란을 일으켰다.

10월 경인날, 여구영閭丘嬰이 군사를 이끌고 노읍을 포위하였다.

고수가 말하였다.

"만약 우리 고씨의 대를 이을 수 있게 해준다면 청컨대 채읍을 내놓겠습니다."

제나라에서 경중敬仲의 증손 연酀을 후계자로 세웠다. 이는 경중을 훌륭한 사람으로 여겼기 때문이었다.

11월 을묘날, 고수가 노읍을 내놓고 진晉나라로 달아나자 진나라에서는 면緜에 성을 쌓아 그를 그곳에서 살도록 하였다.


【高豎】 '高竪'로도 표기하며 高止의 아들.

【盧】 지금의 山東 長淸縣 서남과 平陰縣 동북 지역. 高氏의 채읍.

【庚寅】 10월 27일.

【閭丘嬰】 齊나라 대부. 襄公 25년 魯나라로 도망갔다가 28년 慶氏에 의해 귀국했던 자.

【敬仲】 高傒의 諡號. 齊나라의 卿이었으며 고지의 선대.

【酀】 인명. 高酀. 高偃. 高傒의 曾孫(玄孫).

【良】 杜預 注에 "良猶賢也"라 함.

【乙卯】 11월 23일.

【緜】 지금의 山西 介休市 동남쪽. 介子推의 전설이 있던 곳.

【旃】 '之焉'의 合音字.


㋀

鄭伯有使公孫黑如楚, 辭曰:「楚·鄭方惡, 而使余往, 是殺余也.」

伯有曰:「世行也.」

子晳曰:「可則往, 難則已, 何世之有?」

伯有將强使之.

子晳怒, 將伐伯有氏, 大夫和之.

十二月己巳, 鄭大夫盟於伯有氏.

裨諶曰:「是盟也, 其與幾何?《詩》曰:『君子屢盟, 亂是用長.』今是長亂之道也, 禍未歇也, 必三年而後能紓.」

然明曰:「政將焉往?」

裨諶曰:「善之代不善, 天命也, 其焉辟子産? 擧不踰等, 則位班也. 擇善而擧, 則世隆也. 天又除之, 奪伯有魄, 子西卽世, 將焉辟之? 天禍鄭久矣, 其必使子産息之, 乃猶可以戾. 不然, 將亡矣.」


정鄭나라 백유伯有가 공손흑公孫黑을 초楚나라에 사신으로 보내려 하였더니 그는 이렇게 사양하는 것이었다.

"초나라와 정나라는 지금 한창 사이가 나쁩니다. 그런데도 저를 초나라에 보내는 것은 나를 죽이는 일입니다."

그러자 백유가 말하였다.

"당신 집안이 대대로 가기로 되어 있습니다."

공손흑이 말하였다.

"갈 수 있으면 가겠지만 가기 어려우면 그만두는 것입니다. 어찌 대대로 가야 한다는 것입니까?"

백유는 강제로 그를 보내려 하였다.

공손흑이 노하여 장차 백유씨를 치려 하자 대부들이 그를 말려 화해를 시켰다.

12월 기사날, 정나라의 대부들이 백유의 집에서 맹약을 맺었다.

그때 비심裨諶이 말하였다.

"이 맹약이 얼마나 가겠습니까? 《시》에 '군자가 너무 자주 맹약을 맺으니 난이 이 때문에 자꾸 많아지도다'라 하였습니다. 지금 이는 혼란만 불러 일으키는 것입니다. 아직 우리나라의 화가 끝나지 않았습니다. 틀림없이 3년이 지난 이후에야 해제될 것입니다."

연명然明이 물었다.

"정권이 장차 어디로 갈 것 같습니까?"

비심이 말하였다.

"선한 사람이 선하지 못한 사람을 대신하는 것은 천명입니다. 그 천명이 어찌 자산子産을 피해 가겠습니까? 그 차례를 뛰어넘지 않는다면 그는 반열에 자리를 차지하게 될 것입니다. 선한 사람을 골라서 등용한다면 자산은 세상에 융성한 대접을 받을 것입니다. 하늘이 길을 열어 장애를 없애 주면서 지금 백유의 넋을 빼앗고 있습니다. 자서子西가 세상을 떠나면 정권이 어찌 자산을 피하여 다른 데로 가겠습니까? 하늘이 정나라에 화를 내린 지가 오래지만 틀림없이 자산으로 하여금 이제는 쉴 수 있게 할 것입니다. 그가 정권을 잡으면 나라가 안정될 것입니다. 그렇게 되지 않으면 나라는 장차 망하고 말 것입니다."


【伯有】良霄. 鄭나라 외교관의 이름. 公孫輒의 아들. 杜預 注에 "良霄, 公孫輒子伯有也"라 함. 당시 鄭나라 정권을 잡고 있었음.

【公孫黑】鄭나라 대부. 子晳.

【己巳】12월 7일.

【裨諶】鄭나라 대부. 〈古今人名表〉에는 '裨湛'으로 되어 있음. '諶'은 杜預 注에 음이 실려 있지 않으나 《論語》 憲問篇 "子曰:「爲命, 裨諶草創之, 世叔討論之, 行人子羽脩飾之, 東里子産潤色之」"에 '時林反'으로 '심'이나 〈諺解〉에는 '裨諶(비팀)'으로 팀(침)으로 읽었음.

【詩】《詩經》 小雅 巧言篇에 "君子屢盟, 亂是用長. 君子信盜, 亂是用暴. 盜言孔甘, 亂是用餤. 匪其止共, 維王之邛"이라 함.

【紓】풀림. 해제됨.

【然明】鄭나라 대부. 이름은 鬷蔑.

【子産】公孫僑. 子國(公孫成)의 아들. 뒤에 鄭나라의 훌륭한 宰相이 되어 孔子가 자주 칭찬한 인물.

【位班】班列의 위치에 서게 됨. 子産이 재상이 되어 정권을 잡을 것임을 말함.

【子西】鄭나라 대부. 子駟의 아들. 公孫夏. 杜預 注에 "子西, 公孫夏, 子駟子"라 함.

【卽世】세상을 떠남.

【可以戾】안정될 수 있음. '戾'는 '定'과 같음.

## 180. 襄公 30年(B.C.543) 戊午

| 周 | 景王(姬貴) 2년 | 齊 | 景公(杵臼) 5년 | 晉 | 平公(彪) 15년 | 衛 | 襄公(惡) 원년 |
|---|---|---|---|---|---|---|---|
| 蔡 | 景公(固) 49년 | 鄭 | 簡公(嘉) 23년 | 曹 | 武公(滕) 12년 | 陳 | 哀公(溺) 26년 |
| 杞 | 文公(益姑) 7년 | 宋 | 平公(成) 33년 | 秦 | 景公(后伯車) 34년 | 楚 | 郟敖(麇) 2년 |
| 吳 | 夷末 원년 | 許 | 悼公(買) 4년 | | | | |

✹ **1344(襄30-1)**

三十年春王正月, 楚子使薳罷來聘.

30년 봄 주력 정월, 초자楚子가 위피薳罷를 우리나라에 예방하도록 보내
왔다.

【楚子】 당시 康王(昭)이 죽고 郟敖(熊麇)가 새 군주로 들어선 元年이었음.
【薳罷】 子蕩. 楚나라 令尹에 올랐었음. '薳'는 '蔿'와 같음. '罷'는 '피'(皮)로 읽음.
《公羊傳》에는 '薳頗'로 되어 있음.

㊩

三十年春王正月, 楚子使薳罷來聘, 通嗣君也.
穆叔問:「王子圍之爲政何如?」
對曰:「吾儕小人食而聽事, 猶懼不給命, 而不免於戾, 焉與知政?」

固問焉, 不告.
穆叔告大夫曰:「楚令尹將有大事, 子蕩將與焉助之, 匿其情矣.」


　　30년 봄 주력 정월, 초楚 군주가 위피薳罷를 노나라로 보내 예방하게 한 것은 새로 군주가 즉위하였음을 통고해 주기 위해서였다.
　　노나라의 목숙穆叔이 물었다.
　　"왕자 위圍의 정치는 어떠합니까?"
　　위피가 말하였다.
　　"저 같은 소인은 식록食祿을 얻어먹고 시키는 일을 따르며 도리어 명령대로 다 하지 못하여 죄에서 벗어나지 못할까 두려워할 뿐, 어찌 정치에 관여하겠습니까?"
　　고집스럽게 물었으나 그는 아무 말도 하지 않았다.
　　목숙은 대부들에게 이렇게 말하였다.
　　"초나라의 영윤은 장차 큰일을 벌일 것이오. 자탕子蕩은 장차 영윤을 도울 것이오. 그는 사정을 숨기고 있소."


【嗣君】康王의 뒤를 이은 郟敖(熊麇). 杜預 注에 "郟敖卽位"라 함.
【穆叔】叔孫豹. 魯나라 대부. 叔孫僑如의 아우. 叔孫穆叔. 叔孫. 叔孫穆子 등으로도 불림.
【王子】楚나라 令尹 왕자 圍. 원래 薳罷가 令尹이었으나 郟敖가 새로운 왕으로 들어서 王子 圍가 令尹에 오름. 杜預 注에 "王子圍爲令尹"이라 함.
【將有大事】令尹 王子 圍가 郟敖를 죽이고 自立하고자 함.
【子蕩】薳罷. 王子 圍의 계획을 도와주고자 함.


傳
子産相鄭伯以如晉, 叔向問鄭國之政焉.
　　對曰:「吾得見與否, 在此歲也. 駟·良方爭, 未知所成. 若有所成, 吾得見, 乃可知也.」

叔向曰：「不旣和矣乎？」

對曰：「伯有侈而愎, 子晳好在人上, 莫能相下也. 雖其和也, 猶相
積惡也, 惡至無日矣.」


자산子産이 정鄭 간공簡公을 도와 진晉나라에 갔더니 숙향叔向이 그에게
정나라의 정치에 대하여 물었다.

자산은 이렇게 대답하였다.

"내가 그 상황이 어찌 될지 알 수 있는 것은 올해를 보아야 할 것입니다.
사씨駟氏와 양씨良氏가 한창 다투고 있어 그 결말이 어찌 될지는 알 수 없습
니다. 만약 그 결말이 난다면 알 수 있을 것입니다."

숙향이 물었다.

"그들은 이미 화해를 하지 않았습니까?"

자산이 대답하였다.

"백유伯有는 거만한 데다가 괴팍하고 자석子晳은 다른 사람보다 위에
서기를 좋아하여 서로 지려 하지 않습니다. 비록 화해를 하였다고 해도
여전히 서로를 미워함이 쌓여 있어 증오가 극도에 이를 날이 머지않았
습니다."

【子産】公孫僑. 子國(公孫成)의 아들. 뒤에 鄭나라의 훌륭한 宰相이 되어 孔子가
　　자주 칭찬한 인물.
【鄭伯】당시 鄭나라 군주는 簡公(嘉). 재위 23년째였음.
【叔向】晉나라 대부. 叔肸. 羊舌肸, 자는 叔肸, 혹 叔譽.
【駟氏】子晳. 鄭나라 대부.
【良氏】良霄. 伯有. 公孫輒의 아들. 杜預 注에 "良霄, 公孫輒子伯有也"라 함. 당시
　　鄭나라 정권을 잡고 있었음.


㊝

二月癸未, 晉悼夫人食輿人之城杞者, 絳縣人或年長矣, 無子而往,
與於食.

有與疑年, 使之年.
曰:「臣. 小人也, 不知紀年. 臣生之歲, 正月甲子朔, 四百有四十五甲子矣, 其季於今三之一也.」
吏走問諸朝, 師曠曰:「魯叔仲惠伯會郤成子于承匡之歲也. 是歲也, 狄伐魯, 叔孫莊叔於是乎敗狄于鹹, 獲長狄僑如及虺也·豹也, 而皆以名其子. 七十三年矣.」
史趙曰:「亥有二首六身, 下二如身, 是其日數也.」
士文伯曰:「然則二萬六千六百有六旬也.」
趙孟問其縣大夫, 則其屬也.
召之而謝過焉, 曰:「武不才, 任君之大事, 以晉國之多虞, 不能由吾子, 使吾子辱在泥塗久矣, 武之罪也. 敢辭不才.」
遂仕之, 使助爲政, 辭以老.
與之田, 使爲君復陶, 以爲絳縣師, 而廢其輿尉.
於是魯使者在晉, 歸以語諸大夫.
季武子曰:「晉未可婾也. 有趙孟以爲大夫, 有伯瑕以爲佐, 有史趙·師曠而咨度焉, 有叔向·女齊以師保其君. 其朝多君子, 其庸可婾乎! 勉事之而後可.」


2월 계미날, 진晉나라 도공부인悼公夫人이 기杞나라 성을 쌓는 인부들에게 음식을 대접하였다. 강현絳縣의 어느 노인이 아들이 없어 그 부역에 나갔다가 밥을 먹는 데에 참석하게 되었다.

어떤 관리가 그의 나이가 의심스러워 나이를 물었다.

그러자 노인이 대답하였다.

"저는 소인으로 나이를 알지 못합니다. 제가 태어나던 해는 정월 갑자날 초하루로 이미 445번째의 갑자날이 되었으니 그 마지막 갑자날부터 오늘까지는 다음 갑자날까지 3분의 1이 되는 날짜입니다."

그리하여 관리가 조정으로 달려가 이를 물었더니 사광師曠이 이렇게 말하였다.

"노魯나라 숙중혜백叔仲惠伯이 우리나라 극성자郤成子와 승광承匡에서 만났던 해가 바로 그해입니다. 그해에 적狄이 노나라를 쳤고, 숙손장숙叔孫莊叔이 그 적인들을 함鹹에서 쳐부수어 장적교여長狄僑如와 훼虺·표豹를 쳐 죽이고 그들의 이름을 모두 그의 아들들 이름으로 삼았으니, 그로부터 73년이 지났습니다."

그러자 사조史趙가 이렇게 풀이하였다.

"그의 이름 해亥라는 글자는 '二'의 머리에 '六' 몸이 붙었으니, '二'를 아래로 내려 몸과 나란히 하면 그의 일수日數가 됩니다."

사문백土文伯이 말하였다.

"그렇다면 2만 6천6백60일이 됩니다."

조맹趙孟이 그에게 강현의 대부가 누구인지를 물었더니 노인은 바로 그 고을에 속하는 사람이었다.

조맹은 그 노인을 불러 잘못을 빌며 이렇게 말하였다.

"저(武)는 재능이 없는 몸으로 군주의 큰 임무를 맡고 있으나 이 진나라의 많은 걱정 때문에 그대를 제대로 쓰지 못한 채 토목 공사의 진흙 속에 오랫동안 곤욕을 치르게 하였으니 이는 저의 죄입니다. 감히 못난 재능을 사과드립니다."

그리고는 그에게 벼슬을 내려 자신의 정치를 도와 달라고 하였으나 그는 늙음을 이유로 사양하였다.

그리하여 그에게 토지를 내려주고 군주의 의복에 관한 일을 담당하는 복도復陶 벼슬을 주었으며, 강현의 사師로 삼고 이전의 여위輿尉는 파면하였다.

이때 노나라에서 온 사자가 진나라에 머물러 있다가 이런 일을 돌아가 여러 대부들에게 전해주었다.

계무자季武子가 이렇게 말하였다.

"진나라는 얕볼 수 없는 나라입니다. 조맹 같은 이가 대부가 되어 있고, 백하伯瑕 같은 이가 그를 돕고 있으며, 사조·사광 등이 있어 자문을 하고 있으며, 숙향叔向과 여제女齊 같은 이가 임금의 스승이 되어 있습니다. 그 나라 조정에는 많은 군자들이 있으니 어찌 얕잡아 볼 수 있겠습니까? 우리는 힘써 그들을 섬긴 이후에야 제대로 될 것입니다."

【二月】原典에는 '三月'로 되어 있으나 阮元의 〈校勘記〉 및 〈金澤文庫〉본에 의해
 고침.

【癸未】2월 22일.

【悼公夫人】晉 悼公(周)의 아내이며 平公(彪)의 생모. 杞나라 출신으로 이 때문에
 杞나라에 성을 쌓아주고 있었던 것이며 이들이 돌아오자 그 고마움을 표하기
 위하여 음식을 대접함. 襄公 29년을 볼 것. 杞나라는 姒姓, 周 武王이 殷을 멸한
 다음 禹의 후손 東樓公을 찾아 봉하였음. 지금의 河南 杞縣 일대.

【興人】杞나라에 성을 쌓아주는 일에 동원되었던 役夫들. 勞役者들.

【絳縣】晉나라의 도읍 絳을 중심으로 한 일대. 지금의 山西 侯馬市.

【師保】師傅와 保傅.《禮記》文王世子에 "三王敎世子, 大傅在前, 少傅在後; 入則
 有保, 出則有師, 是以敎喩而德成也"라 함.

【使之年】그에게 나이를 말해보도록 함. 杜預 注에 "使言其年"이라 함.

【四百有四十五甲子】甲子는 60년마다 한 번씩임.

【三之一】445의 ⅓은 148번째 들어섬. 구체적인 계산은 알 수 없음. 다만 甲子에서
 癸未까지는 20일이며 이해가 癸未이므로 이를 다시 20로 나눌 경우 7.4가 되며
 이를 10으로 곱하여 74(73)세에 들어선 것을 복잡하게 설명한 것이 아닌가 함.

【師曠】晉 平公 때의 유명한 樂師. 사리 판단과 예언 및 역사에 매우 밝았음.

【魯叔仲惠伯會郤成子于承匡】이는 文公 11(B.C.616)년을 볼 것.

【叔孫莊叔~以名其子】叔孫莊叔(叔孫得臣)이 長狄의 수령 僑如 등을 잡아 승리
 하자 자신의 아들 宣伯(僑如)과 그 아우 叔孫豹, 昭伯(帶) 등의 이름을 모두
 狄人의 이름으로 넣어 기념한 일. 역시 文公 11년을 볼 것.

【七十三年】B.C.616년에 태어나 이해 B.C.543년까지 73년이 됨. 실제로는 74세임.

【史趙】진나라 太史官. 역사 기록을 담당한 史官. 이름은 趙.

【亥有首六身】'亥'자의 篆書를 破字하여 풀이한 것. '二'는 머리. '六'자는 그 아랫
 부분을 말함. '亥'자 古字는 '𠦪'이였다 하며, 위의 '二'는 '2', 2 아래의 二는 '6'.
 이러한 6이 3개. 여기에 十을 더하여 '26660'이 됨. 이를 1년 365일로 나눌 경우
 약 73년이 됨을 말함. 그러나 이는 春秋시대 晉나라에서 쓰던 글자 字形으로
 풀이한 것으로 억측이 심하여 정확한 의미는 알 수 없음.

【趙孟】趙武. 趙朔의 아들. 趙文子. 趙朔과 趙莊姬 사이에 난 아들. 趙氏 집안의
 가장 훌륭한 아들로 자라 뒤에 晉六卿으로 자리를 굳힘. 시호는 文子. 그 후손이
 戰國시대 邯鄲을 중심으로 七雄의 하나인 趙나라로 크게 발전함.

【問其縣大夫】노인의 신분을 확인하기 위하여 그가 사는 고을의 대부가 누구

인지를 물어보았음. 노인의 대답에 정확하게 자신이 사는 고을 대부의 이름을
대답하여 그로 인해 틀림없는 그곳 사람임을 확인한 것임.
【復陶】의복을 관리하는 벼슬. 杜預 注에 "秦所遺羽衣也. 復陶, 主衣服之官"이라 함.
【縣師】杜預 主에 "縣師, 掌地域, 辨其夫家人民"이라 함.
【輿尉】賦役에 관한 일을 관리하는 책임자.
【季武子】季孫宿. 魯나라 대부. 季孫行父의 아들. 季孫으로도 부름. 《國語》에는
'季孫夙'으로 되어 있음.
【婾】'투'(偸)로 읽으며 '薄'의 뜻. '輕視하다 얕잡아보다'의 뜻.
【伯瑕】士匄의 字. 晉나라 대부. 范匄. 士文伯. 范文子(士燮)의 아들. 시호는 宣子.
范宣子로도 불림. '匄'는 '丐'로도 표기하며 음은 '古害反' '개'로 읽음.
【叔向】晉나라 대부. 叔肸. 羊舌肸, 자는 叔肸, 혹 叔譽.
【女齊】晉나라 대부. 女叔侯, 司馬侯.


㊅

夏四月己亥, 鄭伯及其大夫盟.
君子是以知鄭難之不已也.


여름 4월 기해날, 정鄭 간공簡公이 그 나라 대부들과 맹약을 맺었다.
군자는 이 일로 정나라의 환난이 끝나지 않을 것임을 알았다.


【己亥】4월에는 己亥가 없었음. 史官이 날짜를 잘못 기록한 것.
【盟】杜預 注에 "駟·良爭故"라 하여 駟氏(子皙)와 良氏(良霄, 伯有)의 다툼을 조정
하기 위한 맹약이었음을 말함.


**❊ 1345(襄30-2)**

夏四月, 蔡世子般弑其君固.


여름 4월, 채蔡나라 세자 반般이 군주 고固를 시해하였다.

【世子般】蔡 景公(景侯)의 아들. 아버지를 죽이고 임금 자리에 오름. 이가 靈侯
이며 B.C.542~530년까지 13년간 재위함.
【固】蔡 景侯(景公)의 이름. B.C.591~543년까지 49년간 재위하고 이해에 아들
般(靈侯)에게 시해를 당함.


㊝

蔡景侯爲大子般娶於楚, 通焉.
大子弒景侯.


　채蔡 경후景侯가 태자 반般을 위하여 초楚나라 공녀公女를 배필로 맞이
하고는 그 여자와 사통하였다.
　태자가 경후를 죽였다.


【景侯】蔡나라는 侯爵으로 '公'을 쓰지 않고 '侯'를 사용하였으며 기록에 따라
　景公으로도 부름.




❋ 1346(襄30-3)

五月甲午, 宋災, 宋伯姬卒.

5월 갑오날, 宋나라에 화재가 발생하여 송나라 백희伯姬가 죽었다.


【甲午】5월 5일.
【宋伯姬】共姬. 宋 共公(固)의 夫人이며 平公(成)의 어머니. 魯나라 출신. '伯'은
　맏딸임을 가리키며 '姬'는 魯나라 성씨.《公羊傳》과《穀梁傳》에는 '宋'자가 없이
　'伯姬'로만 되어 있음.

㊝

或叫于宋大廟, 曰:「譆譆! 出出!」
鳥鳴于亳社, 如曰:「譆譆!
甲午, 宋大災. 宋伯姬卒, 待姆也.
君子謂宋共姬:「女而不婦. 女待人, 婦義事也.」

송宋나라 태조묘太祖廟에서 혹 부르짖는 소리가 나 "아아! 나가거라, 나가거라!"하는 것이었다.

그런가 하면 새가 은殷나라 옛 도읍 박亳의 사당에서 우는 소리를 내었는데 역시 "아아!"하는 소리와 같았다.

갑오날, 송나라에 큰 화재가 나서 송나라 백희伯姬가 세상을 떠났는데 그는 시녀를 기다리다가 그대로 타 죽은 것이었다.

군자는 송 공희共姬를 이렇게 평하였다.

"딸로써 처녀일 때의 태도이지 부인일 경우 그렇게 해서는 안 되는 것이었다. 처녀라면 시중들 사람을 기다리지만 부인이라면 바르게 판단하여 행동해야 한다."


【譆譆, 出出】 슬퍼 탄식하며 부르짖는 소리. 象聲詞. ‘譆’는 탄식하는 소리이며 ‘出’은 ‘불길을 피해 빨리 나가라’의 뜻을 담고 있음.
【大廟】 太廟. 宋나라 始祖廟. 즉 宋 微子를 모신 사당. 宋나라는 殷나라의 후손으로 周 武王에 의해 微子(啓)가 봉을 받아 殷나라 제사를 이어받도록 한 것.
【亳社】 亳은 殷의 옛 도읍이 있던 곳으로 지금의 河北 北部. 社는 토지신의 사당. 宋나라는 殷나라의 후예였으므로 亳에 社를 두었음.
【姆】 女師. 君夫人의 시중을 드는 여자. 傅母.《公羊傳》何休 注에 "禮, 侯夫人必有傅母, 所以輔正其行, 衛其身也. 選老大夫爲傅, 選老大夫妻爲母"라 함.
【女而不婦】 "未嫁曰女, 已嫁曰婦"라 함.
【婦義事】 부인이라면 남의 부축이나 도움이 없더라도 비상시에 스스로 판단하여 일을 처리해야 함. 共姬는 成公 9년에 宋 共公에게 시집을 왔으며 시집온 지 6년 만에 共公이 죽어 34년을 과부로 살아 당시 이미 65세 좌우는 되었음.《穀梁傳》에는 "伯姬之舍失火, 左右曰:「夫人少辟火乎?」 伯姬曰:「婦人之義,

傅母不在, 宵不下堂.」左右又曰:「夫人少辟火乎?」伯姬曰:「婦人之義, 保母不在, 宵不下堂.」遂逮乎火而死」라 하였고,《公羊傳》에도 "宋災, 伯姬存焉. 有司復曰: 「火至矣, 請出.」伯姬曰:「不可, 吾聞之也, 婦人夜出, 不見傅母, 不下堂.」傅至矣, 母未至矣, 逮乎火而死"라 함. 그 밖에 《淮南子》(泰族訓),《列女傳》 등에도 실려 있음.




六月, 鄭子産如陳蒞盟, 歸, 復命.

告大夫曰:「陳, 亡國也, 不可與也. 聚禾粟, 繕城郭, 恃此二者, 而不撫其民. 其君弱植, 公子侈, 大子卑, 大夫敖, 政多門, 以介於大國, 能無亡乎? 不過十年矣.」


6월, 정鄭나라 자산子産이 진陳나라에 가 맹약에 참석하고 돌아와 이를 복명復命하였다.

그리고 대부들에게 말하였다.

"진나라는 망할 나라이니 동맹국이 될 수는 없습니다. 그 나라는 많은 곡식을 모아놓고 성곽을 잘 손질해 놓고서 이 두 가지를 믿고 백성을 사랑하지는 않고 있습니다. 그 임금은 약하고 공자들은 거만하며 태자는 무력하고 대부들은 오만하며 정치는 가닥을 잡을 수 없으면서 두 큰 나라 사이에 끼어 있으니 능히 망하지 않을 수 있겠습니까? 십 년도 넘기지 못할 것입니다."


【子産】鄭나라 현대부.
【與】杜預 注에 "不可與結好"라 함.
【弱植】약하게 심어진 나무와 같음. 당시 陳 哀公(溺)은 재위 26년째였으며 廢疾이 있었음.
【公子】당시 陳나라 공자는 '留'였음.
【大子】당시 陳나라 太子는 偃師였음.
【不過十年】杜預 注에 "爲昭八年楚滅陳傳"이라 함.

＊ **1347(襄30-4)**

天王弑其弟佞夫.

천왕이 그 아우 영부佞夫를 죽였다.


【天王】당시 周나라 왕은 景王(姬貴)으로 재위 2년째였음.
【佞夫】杜預 注에 "佞夫, 靈王子, 景王弟"라 함.《公羊傳》에는 '年夫'로 되어 있음.


＊ **1348(襄30-5)**

王子瑕奔晉.

왕자 하瑕가 진晉나라로 달아났다.


【王子瑕】周나라 王子.


⑬

初, 王儋季卒, 其子括將見王, 而歎.
單公子愆期爲靈王御士, 過諸廷, 聞其歎, 而言曰:「烏乎! 必有此夫!」
入以告王, 且曰:「必殺之! 不慼而願大, 視躁而足高, 必在他矣. 不殺, 必害.」
王曰:「童子何知!」
及靈王崩, 儋括欲立王子佞夫.
佞夫弗知.
戊子, 儋括圍蒍, 逐成愆.
成愆奔平畤.

五月癸巳, 尹言多·劉毅·單蔑·甘過·鞏成殺佞夫.

括·瑕·廖奔晉.

書曰「天王殺其弟佞夫」, 罪在王也.


당초, 주周 영왕靈王의 아우 왕자 담계儋季가 세상을 떠나자 아들 괄括이 천자를 뵈려고 궁중으로 가 탄식하였다.

그때 선공자單公子 건기愆期가 영왕의 御士였는데 마침 조정을 지나다가 그 탄식하며 말하는 것을 들었는데 그는 이렇게 말하는 것이었다.

"아! 틀림없이 내가 이 정권을 차지하게 될 것이로다!"

건기는 이 말을 듣고 궁 안으로 들어가 경왕景王에게 알리며 이렇게 말하였다.

"반드시 죽여야 합니다! 그는 아버지가 세상을 떠난 것은 조금도 슬퍼하지 않으면서 바라는 것은 큽니다. 눈빛이 조급하고 걸음은 높으니 틀림없이 마음은 다른 데에 있습니다. 죽이지 않으셨다가는 틀림없이 해를 입게 될 것입니다."

왕은 말하였다.

"어린것이 무엇을 알겠느냐?"

영왕이 붕어하자 담괄儋括은 왕자 영부佞夫를 세우고자 하였다.

영부는 이를 전혀 모르고 있었다.

무자날, 담괄이 위蔿 땅을 포위하여 성건成愆을 몰아내었다.

성건은 평치平畤로 달아났다.

5월 계사날, 윤언다尹言多·유의劉毅·선멸單蔑·감과甘過·공성鞏成이 영부를 죽였다.

괄括·하瑕·요廖 등은 진晉나라로 달아났다.

경經에 "천왕이 그 아우 영부를 죽였다"라고 쓴 것은 주나라 왕실에 죄가 있었기 때문이다.


【儋季】왕자 儋季. 周 簡王의 아들이며 靈王의 아우. 杜預 注에 "儋季, 周靈王弟"라 함. 당시 영왕은 이미 죽고 景王 재위 2년째였음.

【括】儋括. 儋季의 아들.
【單公子愆期】‘單’은 ‘선’으로 읽으며 周 王室의 卿士. 諸侯와 같은 등급이었으
　므로 그 아들도 ‘公子’라 불렀음. 그 공자의 이름이 愆期.
【御士】侍御之士. 임금을 가까이 모시는 士. 愆期는 前王 靈王의 御士였음.
【有此夫】此는 ‘조정, 정권’. ‘이것을 갖게 될 것이로다’의 뜻. 杜預 注에 “欲有此
　朝廷之權”이라 함.
【武子】28일.
【蔿】單公子 愆期의 采邑으로 지금의 河南 孟津 부근.
【成愆】杜預 注에 “成愆, 蔿邑大夫”라 함.
【平畤】蔿 근방 땅. 洛邑에서 가까웠으며 周나라 읍 이름.
【癸巳】5월 4일.
【尹言多·劉毅·單蔑·甘過·鞏成】杜預 注에 “五子, 周大夫”라 함.
【括·瑕·廖】經에는 王子 瑕만을 기록하였음.
【罪在王】杜預 注에 “佞夫不知故”라 함. 따라서 이는 周 景王의 오기임.


## ❉ 1349(襄30-6)

秋七月, 叔弓如宋, 葬宋共姬.

가을 7월, 노나라 숙궁叔弓이 송宋나라에 가서 송나라 공희共姬의 장례를
치러주었다.


【叔弓】魯나라 大夫. 子叔敬叔.《禮記》檀弓(下) 鄭玄 注에 의하면 叔老의 아들
　이며 魯 宣公의 아우 叔肸의 曾孫이라 함.
【共姬】宋나라 화재에 타 죽은 伯姬. 宋 共公(固)의 부인.


㉮

秋七月, 叔弓如宋, 葬共姬也.

가을 7월, 노나라 숙궁叔弓이 송宋나라에 간 것은 공희共姬의 장례를
치르기 위해서였다.

【葬共姬】杜預 注에 "傷伯姬之遇災, 故使卿共葬"이라 함. 昭公 3년 傳에도 "國薨,
　大夫弔, 景公葬事; 夫人, 士弔, 大夫送葬"이라 함.


**✹ 1350(襄30-7)**

鄭良霄出奔許, 自許入于鄭, 鄭人殺良霄.

정鄭나라 양소良霄가 허許나라로 달아났다가 다시 허나라에서 정나라로
돌아오자 정나라에서 양소를 죽였다.

【良霄】鄭나라 대권을 쥐었던 인물. 伯有. 公孫輒의 아들. 杜預 注에 "良霄, 公孫
　輒子伯有也"라 함.
【許】姜姓. 周 武王이 그 苗裔 文叔을 許에 봉함. 지금의 河南 許昌市 동쪽.


⑫

鄭伯有耆酒, 爲窟室, 而夜飮酒, 擊鐘焉.
朝至, 未已.
朝者曰:「公焉在?」
其人曰:「吾公在壑谷.」
皆自朝布路而罷.
旣而朝, 則又將使子晳如楚, 歸而飮酒.
庚子, 子晳以駟氏之甲伐而焚之.
伯有奔雍梁, 醒而後知之.
遂奔.

大夫聚謀, 子皮曰:「仲虺之志云:『亂者取之, 亡者侮之. 推亡·固存, 國之利也.』罕·駟·豐同生, 伯有汏侈, 故不免.」

人謂子產就直助彊, 子產曰:「豈爲我徒? 國之禍難, 誰知所敝? 或主彊直, 難乃不生? 姑成吾所.」

辛丑, 子產斂伯有氏之死者而殯之, 不及謀而遂行.

印段從之.

子皮止之, 衆曰:「人不我順, 何止焉?」

子皮曰:「夫子禮於死者, 況生者乎?」

遂自止之.

壬寅, 子產入.

癸卯, 子石入.

皆受盟于子晳氏.

乙巳, 鄭伯及其大夫盟于大宮, 盟國人于師之梁之外.

伯有聞鄭人之盟己也, 怒; 聞子皮之甲不與攻己也, 喜, 曰:「子皮與我矣.」

癸丑, 晨, 自墓門之瀆入, 因馬師頡介于襄庫, 以伐舊北門.

駟帶率國人以伐之.

皆召子產, 子產曰:「兄弟而及此, 吾從天所與.」

伯有死於羊肆.

子產襚之, 枕之股而哭之, 斂而殯諸伯有之臣在市側者, 旣而葬諸斗城.

子駟氏欲攻子產.

子皮怒之, 曰:「禮, 國之幹也. 殺有禮, 禍莫大焉.」

乃止.

於是游吉如晉還, 聞難, 不入. 復命于介.

八月甲子, 奔晉. 駟帶追之, 及酸棗.

與子上盟, 用兩珪質于河.

使公孫肸入盟大夫.

己巳, 復歸.

書曰「鄭人殺良霄」, 不稱大夫, 言自外入也.
於子蟜之卒也, 將葬, 公孫揮與裨竈晨會事焉.
過伯有氏, 其門上生莠.
子羽曰:「其莠猶在乎?」
於是歲在降婁, 降婁中而旦.
裨竈指之, 曰:「猶可以終歲, 歲不及此次也已.」
及其亡也, 歲在娵訾之口, 其明年乃及降婁.
僕展從伯有, 與之皆死.
羽頡出奔晉, 爲任大夫.
雞澤之會, 鄭樂成奔楚, 遂適晉.
羽頡因之, 與之比而事趙文子, 言伐鄭之說焉.
以宋之盟故, 不可.
子皮以公孫鉏爲馬師.


정鄭나라 백유伯有는 술을 좋아하여 집에 굴실窟室을 만들어 놓고 밤마다 술을 마시며 종鐘을 치면서 즐겨 아침이 되어도 그치지 않았다.

조정의 신하들이 그를 찾아와서 물었다.

"나리님 계신가?"

가신이 말하였다.

"우리 나리께서는 골짜기에 계십니다."

그런 대답을 듣고는 조회를 하러 모여들었던 신하들은 모두가 흩어져 돌아갔다.

이윽고 조회를 하게 되자 그는 다시 자석子晳을 초楚나라에 보내겠노라 하고는 돌아와 또 술판을 벌였다.

경자날, 자석은 사씨駟氏의 가문 무장병을 이끌고 백유를 공격하여 그 집을 불살라 버렸다.

백유는 옹량雍梁으로 달아나 술에서 깨어난 이후에야 그런 일이 벌어진 것을 알게 되었다.

그는 드디어 허許나라로 달아났던 것이다.

정나라 대부들이 모여 상의할 때 자피子皮가 말하였다.

"중훼仲虺의 기록에 '어지러운 자는 쳐서 **빼앗고** 달아나는 자는 모멸을 주어, 망할 자는 밀어 넘어뜨리고 존립할 자는 견고하게 해 주는 것이 나라에 이익이 된다'라 하였습니다. 한罕(子皮)·사駟(子晳)·풍豐(公孫段) 등은 형제들이고, 백유는 너무나 거만하였습니다. 그 때문에 화를 면하지 못한 것입니다."

어떤 이가 자산子産에게 곧은 편에 붙고 강한 편을 도우도록 일러주자 자산이 말하였다.

"그들이 어찌 내 편이 될 사람들이겠습니까? 나라의 재난을 그 누가 그치게 할 수 있을지 알겠습니까? 혹 강직한 것만을 주장한다고 환난이 일어나지 않았겠습니까? 나는 잠시 내 주장대로 할 것입니다."

7월 신축날, 자산은 백유씨 집안의 죽은 이들을 거두어 이들의 빈소를 차려준 다음 대부들의 모임이 있기 전에 나라를 떠나버렸다.

그러자 인단印段이 그를 따라 가고자 하였다.

자피가 이들을 말리려 하자 여러 사람들이 말하였다.

"그는 우리 의견을 따르지 않는데 어찌 말리십니까?"

자피가 말하였다.

"그분은 죽은 사람들에게조차 예를 지키는데 하물며 산 사람들에게야 어떻겠습니까?"

드디어 자신이 나서서 그들을 말렸다.

임인날, 자산이 되돌아왔다.

계묘날, 자석子石(印段)이 되돌아왔다.

그리고 모두가 자석의 집에서 맹약을 받아들였다.

을사날, 정 간공簡公 및 대부들이 태궁大宮에서 맹약을 맺었고, 나라 사람들과는 사지량문師之梁門 밖에서 맹약을 맺었다.

백유는 정나라 사람들이 자신을 두고 맹약을 맺었다는 소식을 듣자 노하면서 한편으로는 자피의 무사들이 자신을 공격하는 일에 참여하지 않았음을 듣고는 즐거워하며 이렇게 말하였다.

"자피는 내 편을 들어 줄 것이다."

계축날 새벽, 백유는 묘지로 통하는 성문의 개천 구멍을 통해 성 안으로 들어가 마사馬師 힐(頡: 羽頡)의 안내로 양고襄庫에서 무장하고 옛 북문北門을 공격하였다.

그러자 사대駟帶가 나라 사람들을 이끌고 백유를 쳤다.

이들은 모주가 자산을 불러 자신들 편을 삼고자 하였다. 그러자 자산은 이렇게 말하였다.

"형제이면서도 이런 지경에 이르렀으니 나는 하늘이 편드는 쪽을 따를 것이다."

백유가 양고기를 파는 가게에서 죽었다.

자산은 그에게 수의襚衣를 입히고 자신의 다리를 베개로 그 시신을 올려 놓고 곡을 하였다. 그리고는 염을 하여 시장 옆에 살고 있던 백유 가신의 집에 빈소를 차렸다가 얼마 뒤 두성斗城에 장례를 치러 주었다.

그러자 자사씨子駟氏 집안에서 자산을 치려하였다.

자피가 노하여 말하였다.

"예는 나라의 근간입니다. 예 있는 사람을 죽이면 그보다 더 큰 재앙은 없을 것입니다."

이리하여 사람들이 그만두었다.

이때 유길游吉은 진晉나라로 갔다가 돌아오는 도중에 난이 일어났다는 소식을 듣고 들어가지 않은 채 부사副使로 하여금 복명하도록 하였다.

8월 갑자날, 그는 진나라로 달아났다.

그러자 사대가 그를 뒤쫓아가 산조酸棗에서 붙잡았다.

유길은 자상子上(駟帶)과 맹약을 맺고 두 개의 구슬을 황하에 던지며 맹약의 신표로 삼았다.

그리고 공손힐公孫肸에게 도읍으로 들어가 대부들과 맹약을 맺도록 하고 자신은 기사날에 들어갔다.

경經에 "정나라가 양소를 죽였다"라 기록하였을 뿐 그를 '대부'라 칭하지 않은 것은 그가 국외에서 들어와 대부 자격을 잃었음을 밝힌 것이다.

옛날 자교子蟜(公孫蠆)가 죽어 장례를 치를 때 공손휘公孫揮와 비조裨竈가 새벽에 그 일로 모이게 되었다.

그들이 백유의 집 앞을 지나가는데 그 대문 위에 가라지풀이 자라고 있었다.

자우子羽(公孫揮)가 말하였다.

"백유는 죽어도 저 가라지는 그대로 남아 있을까?"

그때 세성歲星은 강루降婁의 위치에 있었고, 강루는 하늘 중앙에 있어 날이 밝아오고 있었다.

비조가 그것을 가리키며 말하였다.

"백유는 올해는 잘 넘길 수 있겠지만 세성이 다음번 강루에 가는 해까지는 살지 못할 것이다."

백유가 죽은 해에 세성은 추자娵訾 자리 언저리에 있었으며, 그 이듬해에는 강루 자리에 이르게 되었다.

복전僕展이 백유를 따라 함께 죽었다.

우힐羽頡은 진나라로 도망하여 임任 땅의 대부가 되었다.

계택雞澤의 회맹에 정나라 악성樂成은 초나라로 달아났다가 그 뒤에 다시 진나라로 갔다.

우힐은 악성에게 의지하여 진나라 조문자趙文子를 섬기면서 그에게 정나라를 쳐야 한다고 설득하였다.

그러나 조문자는 송나라에서의 맹약을 이유로 안 된다고 하였다.

한편 자피는 공손서公孫鉏를 마사馬師로 삼았다.


【伯有】良霄. 鄭나라 정권을 잡고 있었음.

【窟室】굴을 파서 만든 지하실. 아래의 '壑谷'과 같음.

【布路】杜預 注에 "布路, 分散"이라 함.

【庚子】7월 11일.

【子晳】公孫黑. 鄭나라 대부. 백유와 갈등을 빚으며 권력다툼을 하고 있었음.

【駟氏】子駟의 집안.

【雍梁】지금의 河南 新鄭縣 서남쪽이며 長葛縣 서쪽.

【子皮】鄭나라 대부. 子展의 아들. 罕虎. 아버지를 이어 上卿이 됨. 罕氏. 杜預 注에 "子皮代父爲上卿"이라 함. 子産(公孫僑)을 도와 나라를 잘 다스림.

【仲虺之志】《尙書》商書 仲虺之誥에 "佑賢輔德, 顯忠遂良. 兼弱攻昧, 取亂侮亡. 推亡固存, 邦乃其昌"이라 함. 仲虺는 湯임금을 도운 左相.

【罕·駟·豐】杜預 注에 "罕, 子皮; 駟, 子晳; 豐, 公孫段也. 三家本同母兄弟"라 함.
 모두 鄭나라 대부들.
【故不免】杜預 注에 "三家同出, 而伯有孤特, 又汰侈, 所以亡"이라 함.
【就直助彊】杜預 注에 "時謂子晳直, 三家彊"이라 하여 子晳과 子皮, 公孫段의
 편을 들 것을 권유한 것.
【豈爲我徒】杜預 注에 "徒, 黨也. 言不以駟·良爲黨"이라 함.
【敝】原典에는 '徼'으로 되어 있으나 〈金澤文庫〉본에 의해 바로 잡음. '敝'는
 '弊'와 같으며《周禮》大司馬 鄭玄 注에 "弊, 止也"라 하여 '그치게 하다'의 뜻.
【難乃不生】王引之《經義述聞》에 의해 疑問文으로 처리함.
【辛丑】7월 12일.
【印段】鄭나라 대부. 자는 子石(伯石). 諡號는 獻子.
【壬寅】7월 13일.
【癸卯】7월 14일.
【乙巳】7월 16일.
【鄭伯】당시 鄭나라 군주는 簡公(嘉).
【大宮】鄭나라 太廟. 즉 桓叔을 모신 사당.
【師之梁】鄭나라 성문 이름.
【癸丑】7월 24일.
【墓門】鄭나라 성문.
【竇】'竇'의 借字. 물이 흘러나가는 물길 구멍.
【馬師頡】당사 馬師 벼슬에 있던 頡. 羽頡, 子羽의 손자. 마사는 말을 다루는
 임무를 맡은 관리.
【襄庫】鄭 襄公이 만든 무기창고.
【馬師】관직 이름.
【頡】羽頡. 子羽의 손자.
【駟帶】子西의 아들. 子晳 집안의 宗主였음. 杜預 注에 "駟帶, 子西之子, 子晳之
 宗主"라 함.
【兄弟】良霄와 駟帶는 모두 鄭 穆公의 曾孫을 형제인 셈이며, 子産과 子晳, 伯石은
 穆公의 손자로 역시 같은 行列임.
【襂】小斂을 행함.
【斗城】지금의 河南 陳留 부근.
【欲攻子産】子産을 불러도 오지 않고 명확하게 자신들 편을 들어주지 않았으며

나아가 伯有(良霄)의 장례까지 치러주자 子駟氏(駟氏)들이 공격하고자 한 것.

【禮】杜預 注에 "斂葬伯有爲禮"라 함.

【游吉】子大叔. 鄭나라 대부. 游吉. 大叔은 太叔과 같음. 游販의 아우. '世叔'으로도 불리며 公孫蠆의 아들.

【介】副使.

【甲子】8월 6일.

【酸棗】지금의 河南 延津縣 서남쪽.

【子上】杜預 注에 "子上, 駟帶也. 沈珪於河爲信也"라 함.

【公孫胖】구체적으로 알 수 없으나 游吉의 介(副使)가 아닌가 함.

【己巳】8월 11일.

【子蟜】鄭나라 대부. 公孫蠆. 子游의 아들. 시호는 桓子. 그가 죽은 것은 襄公 19년이었음. 12년 전에 있었던 일을 이때에 그 예언이 맞은 것으로 거론한 것.

【莠】'유'로 읽음. 가라지풀. 강아지풀. 狗尾草라고도 하며 조와 비슷하게 생긴 禾科草本植物.

【子羽】杜預 注에 "子羽, 公孫揮. 以莠喩伯有, 伯有侈, 知其不能久存"이라 함.

【歲】歲星. 木星. 약 12년 週期라 하여 세성이라 부름.

【降婁】星宿 이름. 28宿의 奎와 婁에 해당함. 黃道 十二宮의 白羊宮에 해당함. 이 성수가 새벽에 中天에 보이는 때는 周曆 8월경이었음. 《禮記》月令에 "季夏旦奎中"이라 하여 周曆으로는 8월, 夏曆으로는 6월에 해당함.

【歲不及此次也】歲星이 이 자리에 다시 올 때까지 미치지 못함. 즉 별이 한 바퀴 돌아 같은 자리로 돌아오기까지는 12년이 걸리며 伯有가 앞으로 12년 이상은 살지 못할 것이라는 뜻.

【裨竈】鄭나라 대부. 예언과 天文 術數에 밝았던 듯함.

【歲終】歲星이 한 바퀴 돌아오는 기간. 약 12년. 木星이 降婁, 大梁, 沈實, 鶉首, 鶉火, 鶉尾, 壽星, 大火, 析木, 星紀, 玄枵, 娵訾를 돌아 다시 降婁까지 오는 기간.

【娵訾】성수 이름. 28수(宿)의 玄枵의 자리 壁과 室에 해당됨. 비조의 예언대로 伯有는 양공 30년 周曆 7월에 죽어 만 12년이 된 것임.

【僕展】鄭나라 대부. 伯有(良霄)의 일당.

【羽頡】馬師頡. 子羽의 후손.

【任】晉나라 읍. 지금의 河北 任縣.

【雞澤之會】襄公 3년을 볼 것.

【樂成】鄭나라 대부.

【趙文子】晉나라 대부. 趙武. 趙朔의 아들. 趙朔과 趙莊姬 사이에 난 아들. 趙氏
  집안의 가장 훌륭한 아들로 자라 뒤에 晉六卿으로 자리를 굳힘. 시호는 文子.
  그 후손이 戰國시대 邯鄲을 중심으로 七雄의 하나인 趙나라로 크게 발전함.
【宋之盟】宋나라 向戌이 '弭兵'을 위해 晉나라 趙文子와 楚나라 令尹 子木을
  중심으로 각 나라를 불러 宋나라 蒙門 밖에서 맺은 맹약. 襄公 27년을 볼 것.
【公孫鉏】子罕의 아들로 羽頡을 대신하여 馬師에 오름. 馬師는 관직 이름.


傳

楚公子圍殺大司馬蒍掩而取其室.

申無宇曰:「王子必不免. 善人, 國之主也. 王子相楚國, 將善是封殖,
而虐之, 是禍國也. 且司馬, 令尹之偏, 而王之四體也. 絕民之主, 去身
之偏, 艾王之體, 以禍其國, 無不祥大焉. 何以得免?」


초楚나라 공자 위圍가 대사마大司馬 위엄蒍掩을 죽이고 그의 재산을
차지하였다.

그러자 신무우申無宇가 말하였다.

"왕자 위는 틀림없이 화를 면하지 못할 것이다. 착한 사람은 나라의 주인
이다. 왕자는 초나라 재상으로서 장차 착한 자를 모아 봉해주어 늘어나도록
해야 함에도 도리어 학대하고 있으니 이는 나라에 화를 끼치는 일이다.
게다가 사마는 영윤의 한쪽 몸과 같고 왕의 사체四體이다. 그런데도 백성
들을 받치는 주인을 잘라버리고 자신의 몸 한쪽을 없애며 왕의 수족을
베어내어 나라에 화를 끼치고 있으니 이보다 상서롭지 못한 일은 없다.
어떻게 화를 면할 수 있겠는가?"


【公子圍】楚 共王의 아들이며 康王의 아우. 이름은 熊虔. 뒤에 靈王이 되어
  B.C.540~529년까지 12년간 재위함.
【蒍掩】《漢書》古今人表에는 '蒍奄'으로 되어 있음. 蒍子馮(蘧子馮)의 아들.
  楚나라 司馬에 오름.

【蔿掩】《漢書》古今人表에는 ‘蓮奄’으로 되어 있음. 蔿子馮(蓮子馮)의 아들.
　楚나라 大司馬에 오름. 襄公 25년을 볼 것.
【申無宇】楚나라 대부. 芋尹.
【封殖】배양하여 기름. 수를 늘임.
【艾】‘刈’와 같음. 베어버림.
【何以得免】결국 靈王은 昭公 13년(B.C.529) 시해를 당함. 杜預 注에 “爲昭十三年
　楚弒靈王傳”이라 함.


# ✸ 1351(襄 30-8)

冬十月, 葬蔡景公.

겨울 10월, 채蔡나라 경공景公의 장례를 치렀다.

【蔡景公】蔡 景侯(固). B.C.591〜543년까지 49년간 재위하고 아들 般의 아내와
사통하다가 시해를 당함. 靈侯(般)가 그 뒤를 이음.
＊無傳


# ✸ 1352(襄 30-9)

晉人・齊人・宋人・衛人・鄭人・曹人・莒人・邾人・滕人・
薛人・杞人・小邾人會于澶淵, 宋災故.

진인晉人, 제인齊人, 송인宋人, 위인衛人, 정인鄭人, 조인曹人, 거인莒人, 주인
邾人, 등인滕人, 설인薛人, 기인杞人, 소주인小邾人이 전연澶淵에서 만난 것은
송宋나라의 화재 때문이었다.

【邾】周나라 武王이 祝融 八姓의 하나였던 邾俠(曹俠)을 封하여 부용국으로
  삼았었으며 지금의 山東 鄒縣. 이 때문에 전국시대에 이름을 ‘鄒’로 바꾸었음.
  曹姓이며 子爵 작위를 받았으나 魯나라에 예속되어 있었음.

【滕】周 文王의 아들 叔繡가 받았던 封國. 侯爵이었으며 지금의 山東 滕縣 일대.
  戰國시대 齊나라에게 망함.

【杞】姒姓, 周 武王이 殷을 멸한 다음 禹의 후손 東樓公을 찾아 봉하였음. 지금의
  河南 杞縣 일대.

【小邾】諸侯의 分封이었으므로 ‘小邾’라 칭함.

【澶淵】지금의 河南 濮陽縣 서북. 원래 衛나라 땅이었으나 당시 晉나라가 차지함.
  江永은 “澶淵之地, 當在內黃之南, 河北省濮陽縣西北”이라 함.


㊟

爲宋災故, 諸侯之大夫會, 以謀歸宋財.

冬十月, 叔孫豹會晉趙武·齊公孫蠆·宋向戌·衛北宮佗·鄭罕虎
及小邾之大夫會于澶淵.

旣而無歸於宋, 故不書其人.

君子曰:「信其不可不愼乎! 澶淵之會, 卿不書, 不信也. 夫諸侯之
上卿, 會而不信, 寵·名皆棄, 不信之不可也如是.《詩》曰:『文王陟降,
在帝左右.』信之謂也; 又曰:『淑愼爾止, 無載爾僞.』不信之謂也.」

書曰「某人某人會于澶淵, 宋災故」, 尤之也; 不書魯大夫, 諱之也.


송宋나라 화재의 일로 제후의 대부들이 모여 송나라에게 재화로 도와
줄 것을 상의하였다.

겨울 10월, 숙손표叔孫豹는 진晉나라 조무趙武·제齊나라 공손채公孫蠆·
송나라 상술向戌·위衛나라 북궁타北宮佗·정鄭나라 한호罕虎·소주小邾의
대부와 전연澶淵에서 만났다.

그러나 모임을 가졌지만 송나라에 도움을 준 것은 없었다. 그 때문에
경經에는 그 모임에 참석한 사람들의 이름을 기록하지 않은 것이다.

군자는 이렇게 말하였다.

"신의는 삼가 지키지 않으면 안 된다. 전연의 모임에 경들의 이름을 쓰지 않은 것은 신의를 지키지 않았기 때문이었다. 무릇 제후의 상경上卿일지라도 모임을 갖고 신의를 지키지 않으면 그 지위나 이름을 모두 기록을 포기한다. 신의를 지키지 않음이 잘못 되었음은 이와 같다.《시》에는 '문왕文王의 신령이 오르내리며 언제나 천제天帝의 좌우에 계시네'라 하였으니 이는 문왕이 신의를 잘 지켰음을 말한 것이다. 그리고 또 '네 거동을 삼가고 네 거짓을 행하지 말라'라 하였으니 이는 불신을 경계한 것이다. 경에 '누구누구가 전연에서 모임을 가진 것은 송나라 화재건 때문이었다'라 쓴 것은 그들을 탓한 것이며, 노나라 대부를 기록하지 않은 것은 언급하기를 꺼렸기 때문이다."

【謀歸宋財】 송나라에 화재에 재물로 구원해 줄 것을 상의함.

【叔孫豹】 魯나라 대부. 叔孫僑如의 아우. 叔孫穆叔.

【趙武】 趙朔의 아들. 趙文子. 趙朔과 趙莊姬 사이에 난 아들. 趙氏 집안의 가장 훌륭한 아들로 자라 뒤에 晉六卿으로 자리를 굳힘. 시호는 文子. 그 후손이 戰國시대 邯鄲을 중심으로 七雄의 하나인 趙나라로 크게 발전함.

【公孫蠆】 齊나라에도 公孫蠆가 있음. 鄭나라 公孫蠆와 同名異人임.

【向戌】 宋나라 대부. 그의 采邑이 '合'이었으며 벼슬이 左師였음. 그 때문에 '合左師'라 부른 것임. '合'은 지금의 山東 棗莊市와 江蘇 沛縣 사이였다 함.

【北宮佗】 北宮括의 자가 '佗'였음. 衛나라 대부.

【罕虎】 鄭나라 대부.

【詩】《詩經》大雅 文王篇에 "文王在上, 於昭于天. 周雖舊邦, 其命維新. 有周不顯, 帝命不時. 文王陟降, 在帝左右. 亹亹文王, 令聞不已. 陳錫哉周, 侯文王孫子. 文王孫子, 本支百世. 凡周之士, 不顯亦世"라 함.

【淑愼爾止, 無載爾僞】《詩經》大雅 抑篇에 "辟爾爲德, 俾臧俾嘉. 淑愼爾止, 不愆于儀. 不僭不賊, 鮮不爲則. 投我以桃, 報之以李. 彼童而角, 實虹小子"라 하였으며 '無載爾僞'의 구절은 없음.

(傳)

鄭子皮授子産政, 辭曰:「國小而偪, 族大·寵多, 不可爲也.」

子皮曰:「虎帥以聽, 誰敢犯子? 子善相之. 國無小, 小能事大, 國乃寬.」

子産爲政, 有事伯石, 賂與之邑.

子大叔曰:「國皆其國也, 奚獨賂焉?」

子産曰:「無欲實難. 皆得其欲, 以從其事, 而要其成. 非我有成, 其在人乎? 何愛於邑, 邑將焉往?」

子大叔曰:「若四國何?」

子産曰:「非相違也, 而相從也, 四國何尤焉? 〈鄭書〉有之曰:『安定國家, 必大焉先.』姑先安大, 以待其所歸.」

旣伯石懼而歸邑, 卒與之.

伯有旣死, 使大史命伯石爲卿, 辭.

大史退, 則請命焉. 復命之, 又辭.

如是三, 乃受策入拜.

子産是以惡其爲人也, 使次己位.

子産使都鄙有章, 上下有服; 田有封洫, 廬井有伍.

大人之忠儉者, 從而與之; 泰侈者因而斃之.

豐卷將祭, 請田焉.

弗許, 曰:「唯君用鮮, 衆給而已.」

子張怒, 退而徵役.

子産奔晉, 子皮止之, 而逐豐卷.

豐卷奔晉, 子産請其田·里, 三年而復之, 反其田·里及其入焉.

從政一年, 輿人誦之, 曰:「取我衣冠而褚之, 取我田疇而伍之. 孰殺子産, 吾其與之.」

及三年, 又誦之, 曰:「我有子弟, 子産誨之. 我有田疇, 子産殖之. 子産而死, 誰其嗣之?」


정鄭나라 자피子皮가 자산子産에게 정권을 넘겨주자 자산은 이렇게 사양하였다.

"나라가 작아 큰 나라의 핍박을 받고, 호족豪族의 세력이 크고 총애를 받는 자가 많아 저는 할 수 없습니다."

그러자 자피가 말하였다.

"내(虎)가 다른 사람들을 통솔하여 그대의 말을 듣는다면 누가 감히 그대를 범하겠습니까? 그대는 잘하여 이끌어주시면 됩니다. 나라가 작다고 여길 것은 없습니다. 작아도 능히 큰 나라를 잘 섬기면 나라는 편안할 것입니다."

그리하여 자산이 정치를 맡았으며 일이 있어 백석伯石에게 읍邑을 주었다.

그랬더니 자태숙子大叔이 말하였다.

"나라의 일이란 모든 나라 사람이 함께 하는 것입니다. 어찌 그에게만 읍을 주는 것입니까?"

자산이 말하였다.

"사람이 욕심을 내지 않기란 실로 어려운 것입니다. 누구나 모두 욕심을 채우고자 그 맡은 일에 종사하는 것이며 그 일을 성취시키고자 하는 것입니다. 그렇게 되면 그 성과가 나에게 있는 것이 아니고 남에게 있는 것이겠습니까? 그런데 어찌 읍을 주는 것을 아깝게 여기겠습니까? 읍이야 장차 어디로 가겠습니까?"

자태숙이 말하였다.

"만약 사방 다른 나라의 간섭이 있으면 어떻게 하겠습니까?"

자산이 말하였다.

"서로 어긋나게 하자는 것이 아니라 서로 잘 따르기 위한 것입니다. 그런데 사방 다른 나라들이 무슨 탓을 하겠습니까? 〈정서鄭書〉에 '나라를 안정시키려면 모름지기 큰 씨족부터 앞세울 것'이라 기록되어 있습니다. 먼저 큰 씨족을 안심시키고서 그 일이 어찌 돌아갈지 기다리겠습니다."

얼마 뒤 백석은 두려워하며 읍을 반납하였지만 끝내 그에게 주었다.

백유伯有가 죽고 나자 간공은 태사大史에게 백석을 경卿으로 임명하도록 명하였으나 백석은 이를 사양하였다.

태사가 물러가고 명령을 청하여 다시 그를 임명하였으나 그는 또다시 사양하였다.

이와 같이 하기를 세 번, 그리고 나서야 백석은 임명의 사령을 받아들이고 조정으로 나아가 사례를 드렸다.

자산은 이 일로 그의 사람됨을 싫어하였으나 백석을 자기 다음의 지위에 두었다.

자산은 도읍과 지방을 구별하고 상하의 복장 제도를 마련하고 농토의 경계와 수로를 뚜렷이 하고, 농가를 정전井田에 따라 한 묶음씩 오伍를 단위로 하였다.

대인大人으로서 충성을 바치면서 검소한 생활을 하는 자는 그에 따라 상을 내리고, 사치하고 거만한 자는 그에 따라 벌을 주어 거꾸러지도록 하였다.

그런데 풍권豐卷이 제사를 지내기 위해 사냥을 허락해 달라고 요청하였다. 자산은 이를 거절하며 말하였다.

"오직 군주만이 제사에 사냥으로 잡은 신선한 고기를 쓰고, 일반 사람들은 그 사정에 맞게 공급을 받아 쓸 뿐입니다."

그러자 자장子張(豐卷)은 노하여 조정에서 물러나 군사를 모으기 시작하였다.

자산이 진晉나라로 달아나려 하자 자피가 그를 말리고 풍권을 내쫓았다.

풍권이 진나라로 달아나자 자산은 풍권의 땅과 마을을 자신이 관리하겠다고 요청하고, 3년 뒤에 풍권을 불러들여 그의 땅과 마을 및 그곳에서 거둬들인 것들까지 모두 돌려주었다.

자산이 정치를 행한 지 1년이 되었을 때 백성들은 이런 노래를 불렀다. "우리의 의관을 빼앗아 모아두고, 우리의 농토를 빼앗아 가서는 우리를 묶어 대오를 만들었네. 누가 자산을 죽여준다면 나는 그의 편을 들어 주겠네."

그러나 3년이 지나자 사람들은 다시 이렇게 노래를 불렀다. "우리의 어린 자제들, 자산이 훌륭히 가르쳤다네. 우리의 논밭은 자산이 이렇게 불려주었네. 자산이 죽으면 그 누가 뒤를 이어 이렇게 해 줄 수 있을까?"


【子皮】鄭나라 대부. 子展의 아들. 罕虎. 아버지를 이어 上卿이 됨. 罕氏. 杜預 注에 "子皮代父爲上卿"이라 함. 子産(公孫僑)을 인정하여 그에게 정권을 넘겨 주어 나라를 잘 다스림. 杜預 注에 "伯有死, 子皮知政, 以子産賢, 故讓之"라 함.

【伯石】정나라 대부. 公孫段, 子豐의 아들. 자는 子石. '伯石'이라 한 것은 印段과 구분하기 위한 것이었음.

【子大叔】鄭나라 대부. 游吉. '大叔'은 '太叔'과 같음. 游販의 아우. '世叔'으로도 불리며 公孫蠆의 아들.

【鄭書】鄭나라의 史冊. 鄭나라 政書의 簡策.

【大史】史官의 장. 조정 신하의 임명에 관한 사무도 맡아보았음.

【惡其爲人】伯石은 실제 卿의 지위를 원하면서도 세 번 거짓 사양을 한 것이라 판단한 것.

【都鄙】도시와 시골. 莊公 28년 傳에 "凡邑, 有宗廟先君之主曰都, 無曰鄙"라 함.

【章】《孔子家語》子貢問篇 "上下有章"의 注에 "章, 別也"라 함.

【田有封洫】'封'은 田界, '洫'(혁)은 溝洫. 水溝. 水路.

【廬井有伍】'廬井'은 농촌의 農家를 井田法에 조직화함을 말함. 井은 九夫를 一井이라 하여 公田의 소출은 세금으로 바치는 제도. '伍'는 가구를 統班으로 나누어 세금의 납부를 책임지도록 함을 뜻함.

【大人】卿大夫를 가리킴. 나라의 귀족이나 부호들.

【斃】踣와 같음. 거꾸러짐. 跌倒함.

【豐卷】鄭나라 귀족. 鄭 穆公의 아들 公子 豐의 후손.

【用鮮】사냥하여 신선한 고기를 제사에 씀.

【衆給而已】일반인들은 그의 유무에 따라 공급을 받아 쓸 뿐임.

【三年】《孟子》離婁(下)에 "有故而去, 則君使人導之出疆, 又先於其所往. 去三年不反, 然後收其田里"라 하여 국외로 도망간 자에게 3년이 지난 뒤에도 돌아오지 못하면 그 가산을 몰수하였음.

【從政】政治를 행함. 정치에 종사함.《論語》雍也篇에 "季康子問:「仲由可使從政也與?」子曰:「由也果, 於從政乎何有?」曰:「賜也可使從政也與?」曰:「賜也達, 於從政乎何有?」曰:「求也可使從政也與?」曰:「求也藝, 於從政乎何有?」"라 함.

【輿人】輿論을 형성하는 많은 백성들.

【褚】'貯'와 같음. 同音通假. 옷과 관련 되어 '褚'자를 쓴 것.《呂氏春秋》樂成篇에는 "我有衣冠, 而子産貯之"라 함.

# 181. 襄公 31年(B.C.542) 己未

| 周 | 景王(姬貴) 3년 | 齊 | 景公(杵臼) 6년 | 晉 | 平公(彪) 16년 | 衛 | 襄公(惡) 2년 |
|---|---|---|---|---|---|---|---|
| 蔡 | 靈公(般) 원년 | 鄭 | 簡公(嘉) 24년 | 曹 | 武公(滕) 13년 | 陳 | 哀公(溺) 27년 |
| 杞 | 文公(益姑) 8년 | 宋 | 平公(成) 34년 | 秦 | 景公(后伯車) 35년 | 楚 | 郟敖(麇) 3년 |
| 吳 | 夷末 2년 | 許 | 悼公(買) 5년 | | | | |

## ✽ 1353(襄31‑1)

三十有一年春王正月.

31년 봄 주력 정월.

⟨傳⟩

三十一年春王正月, 穆叔至自會.

見孟孝伯, 語之曰:「趙孟將死矣. 其語偸, 不似民主. 且年未盈五十, 而諄諄焉如八‧九十者, 弗能久矣. 若趙孟死, 爲政者其韓子乎! 吾子盍與季孫言之, 可以樹善, 君子也. 晉君將失政矣, 若不樹焉, 使早備魯, 旣而政在大夫, 韓子懦弱, 大夫多貪, 求欲無厭, 齊‧楚未足與也, 魯其懼哉!」

孝伯曰:「人生幾何, 誰能無偸? 朝不及夕, 將安用樹?」

穆叔出, 而告人曰:「孟孫將死矣. 吾語諸趙孟之偸也, 而又甚焉.」

又與季孫語晉故, 季孫不從.

及趙文子卒, 晉公室卑, 政在侈家.

韓宣子爲政, 不能圖諸侯.
魯不堪晉求, 讒慝弘多, 是以有平丘之會.


31년 봄, 주력 정월, 목숙穆叔이 모임에서 돌아와 맹효백孟孝伯을 만나
이렇게 말하였다.

"조맹趙孟은 곧 죽게 될 것입니다. 그의 말은 구차스러워 나라의 어른답지
않았습니다. 게다가 나이 아직 50세도 되지 않았으면서도 중얼중얼 하는
것이 마치 80, 90세나 된 사람 같았습니다. 그러니 오래 살지 못할 것입니다.
만약 조맹이 죽는 다면 그 다음 정권을 잡을 사람은 한자韓子일 것입니다!
그런데 그대는 어찌 이를 계손씨季孫氏에게 말하여 그와 친선을 심어두지
않습니까? 그는 군자입니다. 진나라 임금은 장차 정권을 잃게 될 것입니다.
만약 그에게 친선을 심어두지 않았다가 이윽고 정치가 대부들에게 가게
되면 한기는 나약하고 대부들은 탐욕스러워 우리에게 요구하는 것에
싫증을 내지 않을 것입니다. 지금 제齊나라나 초楚나라는 우리와 함께 하기
에는 아직 부족하니 노나라로서는 진나라가 두려운 존재가 될 것입니다!"

그러자 맹효백이 말하였다.

"사람이 살면 얼마나 살겠습니까? 누군들 능히 구차스럽지 않을 수
있겠습니까? 아침의 일이 저녁때까지도 미치지 못할 수도 있는데 어찌
친밀함을 심어놓으라는 것입니까?"

목숙은 물러나 다른 사람에게 이렇게 말하였다.

"맹손孟孫은 곧 죽을 것입니다. 내가 조맹의 구차스러움을 일러주었더니
그는 그보다 더 심하였다."

그는 다시 계손씨에게 진나라의 사정을 말하였더니 계손씨도 그의
의견을 따르지 않는 것이었다.

조문자趙文子가 세상을 떠나자 진나라 공실公室의 세력은 약해졌고
정권은 권세 있는 대부들의 손에 들어가게 되었다.

한선자韓宣子가 정치를 맡았으나 능히 제후들을 이끌 수가 없었다.

노나라는 진나라의 요구를 견뎌낼 수 없었으며 제후국 사이에는 참특
讒慝한 사건이 허다하게 생겨 결국 평구平丘에서 모임을 갖게 된 것이다.

【穆叔】叔孫豹. 魯나라 대부. 叔孫僑如의 아우. 叔孫穆叔. 叔孫. 叔孫穆子 등으로도 불림. 그가 澶淵의 회의를 마치고 돌아옴.

【趙孟】趙文子. 趙武. 趙朔의 아들. 趙文子. 趙朔과 趙莊姬 사이에 난 아들. 趙氏 집안의 가장 훌륭한 아들로 자라 뒤에 晉六卿으로 자리를 굳힘. 시호는 文子. 그 후손이 戰國시대 邯鄲을 중심으로 七雄의 하나인 趙나라로 크게 발전함.

【偷】그저 편안만을 추구함. 苟且함. 偷安과 같음.

【五十】杜預 注에 “成二年, 戰於鞌, 趙朔已死, 於是趙文子始生, 至襄三十年會澶淵, 年蓋四十七·八, 故言未盈五十”이라 함.

【韓子】진나라 대부. 韓起. 韓宣子. 韓厥의 아들이며 韓無忌의 아우. 시호는 宣子.

【季孫】季武子. 季孫宿. 魯나라 대부. 季孫行父의 아들. 季孫으로도 부름. 《國語》에는 ‘季孫夙’으로 되어 있음.

【樹善】친밀히 함. 친선을 심어둠.

【趙文子卒】趙孟(趙武)은 昭公 元年에 생을 마침.

【讒慝】진나라가 霸者로서 지도력을 발휘하지 못하자 국제간에 헐뜯고 비방하는 분쟁이 생김.

【平丘之會】昭公 13년의 이 모임에서 노나라는 다른 작은 나라한테 고발당해서 책망을 받았음. 杜預 注에 “平丘會在昭十三年, 晉人執季孫意如”라 함.


傳

齊子尾害閭丘嬰, 欲殺之, 使帥師以伐陽州.

我問師故.

夏五月, 子尾殺閭丘嬰, 以說于我師.

工僂灑·渻竈·孔虺·賈寅出奔莒.

出羣公子.


제齊나라 자미子尾는 여구영閭丘嬰이 자기를 해칠 것이라 생각하여 그를 죽이고자 여구영으로 하여금 군사를 이끌고 양주陽州를 치게 하였다.

우리 노나라가 군사를 일으킨 까닭을 물었다.

여름 5월, 자미는 여구영을 죽이고 우리 군사에게 이를 설명하였다.

이때 제나라 공루쇄工僂灑·성조渻竈·공훼孔虺·가인賈寅은 거莒나라로 달아났다.

　　여러 공자들도 축출하였다.


【子尾】齊나라 대부 公孫蠆. 齊 惠公의 손자. 公子 高祈(祈高)의 아들. 公孫蠆는
　鄭나라 公孫蠆(子蟜)와 同名異人이었음.
【閭丘嬰】齊나라 대부. 襄公 25년 魯나라로 도망갔다가 28년 慶氏에 의해 귀국
　했던 자. 襄公 28년 慶封이 쫓겨난 사건과 관련이 있음.
【陽州】魯나라 지명. 지금의 山東 東平縣 부근.《續山東考古錄》에 "東平縣
　西北有大陽莊近是"라 함.
【我問師故】陽州가 魯나라 땅이었으므로 이를 문책한 것. 杜預 注에 "魯以師往,
　問齊何故伐我"라 함.
【工僂灑·渻竈·孔虺·賈寅】杜預 注에 "四子, 嬰之黨"이라 함.
【莒】작위는 子爵. 지금의 山東 莒縣. 己姓이었음.
【出羣公子】杜預 注에 "爲昭十年欒·高之難復羣公子起本"이라 함.


# ※ 1354(襄31-2)

## 夏六月辛巳, 公薨於楚宮.

　　여름 6월 신사날, 양공襄公이 초궁楚宮에서 훙거하였다.


【辛巳】6월 28일.
【公】魯 襄公이 죽음. 襄公은 成公의 庶子. 이름은 午. 어머니는 成公의 첩
　定姒. B.C.573~542년까지 31년간 재위함. 諡法에 "因事有功曰襄. 辟土有德
　曰襄"이라 함.
【楚宮】楚나라 궁궐을 모방하여 지었던 궁궐. 杜預 注에 "適楚, 好其宮, 歸而
　作之"라 함.

※ **1355**(襄31 -3)

秋九月癸巳, 子野卒.

가을 9월 계사날, 자야子野가 죽었다.

【癸巳】9월 11일.
【子野】魯 襄公의 庶子. 양공과 그의 첩 胡女 敬歸 사이에 난 아들. 양공이 죽고
후계로 세워졌으나 양공의 죽음에 너무 애통해하다가 몸이 상하여 죽고 말았음.


⑱

公作楚宮, 穆叔曰:「〈大誓〉云:『民之所欲, 天必從之.』君欲楚
也夫, 故作其宮. 若不復適楚, 必死是宮也.」
六月辛巳, 公薨于楚宮.
叔仲帶竊其拱璧, 以與御人, 納諸其懷, 而從取之, 由是得罪.
立胡女敬歸之子子野, 次于季氏.
秋九月癸巳, 卒, 毁也.


양공襄公이 초楚나라를 모방하여 궁궐을 짓자 목숙穆叔이 이렇게 말하였다.
"〈태서大誓〉에 '백성들이 바라는 것은 하늘이 반드시 들어준다'라 하였다.
우리 임금께서 초나라처럼 하고자 하여 그 때문에 그 궁궐을 모방하여
지으신 것이다. 만약 다시 초나라에 가시지 못한다면 틀림없이 이 궁궐에서
돌아가실 것이다."
6월 신사날, 양공이 이 초궁에서 훙거하였다.
숙중대叔仲帶가 몰래 양공의 큰 벽璧을 훔쳐 이를 어인御人에게 주어 그
어인이 이를 품에 감추었다가 숙중대가 이를 갖게 되었다. 그는 이 일로
죄를 짓게 되었다.
호胡나라 공녀公女 경귀敬歸가 낳은 아들 자야子野가 양공의 후계자가
되어, 계손씨의 집에 머무르며 상주 노릇을 하였다.

　　가을 9월 계사날, 자야가 죽었는데 이는 너무 너무 슬퍼하다가 몸이
쇠약해졌기 때문이었다.


【穆叔】叔孫豹. 魯나라 대부. 叔孫僑如의 아우. 叔孫穆叔. 叔孫. 叔孫穆子 등으
　　로도 불림.
【大誓】《尙書》의 편명. 인용된 구절은 지금의 《尙書》에는 전하지 않음. 杜預
　　注에 "今尙書大誓亦無此文, 故諸儒疑之"라 함. 그러나 《僞古文尙書》泰誓篇
　　에는 "民之所欲, 天必從之, 爾尙弼予一人, 永淸四海. 時哉, 弗可失."이라 함. 이는
　　東晉 梅賾(枚賾)이 다시 바친 《僞古文尙書》임.
【拱璧】두 손으로 들 정도로 큰 옥구슬.
【得罪】그 자손들이 노나라에서 더 이상 대접을 받지 못함. 杜預 注에 "得罪謂
　　魯人薄之, 故子孫不得志於魯"라 함.
【胡女敬歸】胡나라 출신의 襄公 첩. 杜預 注에 "胡, 歸姓之國, 敬歸, 襄公妾"이라 함.
【次】원래 군사가 주둔함을 뜻함. 莊公 3년 傳에 "凡師, 一宿爲舍, 再宿爲信,
　　過信爲次"라 함. 그러나 여기서는 '일시 머물다'의 뜻.
【毀】杜預 注에 "過哀毀瘠, 以致滅性"이라 함.




✳ **1356(襄31-4)**

　　己亥, 仲孫羯卒.


　　기해날, 중손갈仲孫羯이 죽었다.


【己亥】9월 17일.
【仲孫羯】孟孝伯. 孟莊子(仲孫速)의 庶子 가운데 하나로 秩의 배다른 아우. 襄公
　　24년을 볼 것.



㊟

　　己亥, 孟孝伯卒.

立敬歸之娣齊歸之子公子裯.

穆叔不欲, 曰:「大子死, 有母弟, 則立之; 無, 則立長. 年鈞擇賢, 義鈞則卜, 古之道也. 非適嗣, 何必娣之子? 且是人也, 居喪而不哀, 在感而有嘉容, 是謂不度. 不度之人, 鮮不爲患. 若果立之, 必爲季氏憂.」

武子不聽, 卒立之.

比及葬, 三易衰, 衰衽如故衰.

於是昭公十九年矣, 猶有童心.

君子是以知其不能終也.


기해날, 맹효백孟孝伯이 세상을 떠났다.

경귀敬歸의 여동생 제귀齊歸가 낳은 아들 공자 주裯를 군주로 세웠다.

목숙穆叔은 그를 군주로 세울 생각이 없어 이렇게 말하였다.

"태자가 죽었을 때는 동복동생이 있으면 그분을 세우고, 없으면 이복형제 가운데에서 연장자를 세웁니다. 나이가 같다면 어진 이를 택하고, 어질기조차 같다면 점을 쳐서 정하는 것이 예로부터의 도입니다. 태자가 적자가 아닌 바에 하필 태자 모친 동생의 아들을 택해야 합니까? 게다가 이 사람은 상을 치르면서도 슬퍼하지 않았고, 슬퍼해야 할 때인데도 즐거워하는 얼굴빛이었으니 이를 일러 불효한 자라 하는 것입니다. 불효한 사람으로서 환난을 일으키지 않는 일이란 드뭅니다. 만약 그를 군주로 세운다면 틀림없이 계씨季氏 가문의 걱정거리가 될 것입니다."

그러나 계무자季武子는 이를 듣지 않고 마침내 그를 군주로 세웠다.

양공을 장사지낼 때까지 공자 주는 상복을 세 번이나 새로 바꾸어 입었는데도 그의 상복의 깃은 낡은 상복의 깃과 같았다.

그때 소공昭公(裯)은 나이가 열아홉이었으나 그때까지도 어린아이의 마음을 가지고 있었다.

군자는 이것으로 그가 무사히 끝맺음을 할 수 없을 것임을 알았다.


【仲孫羯】孟孝伯. 孟莊子(仲孫速)의 庶子 가운데 하나로 秩의 배다른 아우. 襄公 24년을 볼 것.

【齊歸】襄公의 첩. 胡나라 출신. 그의 언니 敬歸가 낳은 아들 子野가 다음 임금
　으로 세워졌으나 그가 襄公의 죽음에 너무 슬퍼하다가 죽자 그의 여동생인
　제귀가 낳은 裯가 임금 자리에 오름.
【公子裯】齊歸가 낳은 아들이며 뒤에 昭公이 되어 B.C.541~510년까지 32년간
　재위함.
【穆叔】叔孫豹. 魯나라 대부. 叔孫僑如의 아우. 叔孫穆叔. 叔孫. 叔孫穆子 등으
　로도 불림.
【義鈞】杜預 注에 "義鈞謂賢等"이라 함.
【不度】불효와 같음. 버릇이 없음.《禮記》祭統 孔穎達 疏에《孝經援神契》를
　인용하여 "天子之孝曰就, 諸侯曰度"라 함.
【武子】季武子. 季孫宿. 魯나라 대부. 季孫行父의 아들. 季孫으로도 부름.《國語》
　에는 '季孫夙'으로 되어 있음.
【故衰】'衰'는 '縗'와 같으며 '최'로 읽음. 喪服을 뜻함. 세 번이나 갈아입었음에도
　낡은 옷처럼 보일 정도로 놀이에 빠져 있었음을 말함.
【不能終】杜預 注에 "爲昭二十五年「公孫於齊」傳"이라 함.


## ✸ 1357(襄31-5)

冬十月, 滕子來會葬.

겨울 10월, 등자滕子가 노나라에 와서 장례에 참석하였다.


【滕】周 文王의 아들 叔繡가 받았던 封國. 侯爵이었으며 지금의 山東 滕縣 일대.
　戰國시대 齊나라에게 망함. 당시 군주는 성공이었음.


傳

冬十月, 滕成公來會葬, 惰而多涕.
　子服惠伯曰:「滕君將死矣. 怠於其位, 而哀已甚, 兆於死所矣, 能無
從乎?」

겨울 10월, 등滕 성공成公이 장례식에 참석하러 왔다. 그는 공경스러운 예는 지키지 못하면서 눈물만 흘릴 뿐이었다.

그러자 자복혜백子服惠伯이 이렇게 말하였다.

"등나라 군주는 곧 죽게 될 것이다. 자신의 지위에는 태만하면서 슬퍼하지만 심하니 이는 자신이 죽을 징조를 보인 것이다. 능히 그 징조대로 되지 않겠는가?"

【滕成公】당시 滕나라 군주.

【惰】杜預 注에 "惰, 不敬野"라 함.

【子服惠伯】노나라 孟椒. 孟獻子의 손자 子服惠伯. 杜預 注에 "孟椒, 孟獻子之孫子服惠伯"이라 하였고《國語》魯語(下) 韋昭 注에 "惠伯, 仲孫他之子子服椒也"라 함.


## ❀ 1358(襄31-6)

癸酉, 葬我君襄公.

계유날, 우리 임금 양공의 장례를 치렀다.

【癸酉】10월 21일.


㉑

癸酉, 葬襄公.

公薨之月, 子産相鄭伯以如晉, 晉侯以我喪故, 未之見也.

子産使盡壞其館之垣而納車馬焉.

士文伯讓之, 曰:「敝邑以政刑之不修, 寇盜充斥, 無若諸侯之屬辱在寡君者何? 是以令吏人完客所館, 高其閉閎, 厚其牆垣, 以無憂客使. 今吾子壞之, 雖從者能戒, 其若異客何? 以敝邑之爲盟主, 繕完·葺牆, 以待賓客. 若皆毀之, 其何以共命? 寡君使匄請命.」

對曰：「以敝邑褊小, 介於大國, 誅求無時, 是以不敢寧居, 悉索敝賦, 以來會時事. 逢執事之不閒, 而未得見；又不獲聞命, 未知見時. 不敢輸幣, 亦不敢暴露. 其輸之, 則君之府實也, 非薦陳之, 不敢輸也. 其暴露之, 則恐燥濕之不時而朽蠹, 以重敝邑之罪. 僑聞文公之爲盟主也, 宮室卑庳, 無觀臺榭, 以崇大諸侯之館, 館如公寢；庫廐繕修, 司空以時平易道路, 圬人以時塓館宮室；諸侯賓至, 甸設庭燎, 僕人巡宮；車馬有所, 賓從有代, 巾車脂轄, 隸人·牧·圉各瞻其事；百官之屬各展其物；公不留賓, 而亦無廢事；憂樂同之, 事則巡之；教其不知, 而恤其不足. 賓至如歸, 無寧菑患；不畏寇盜, 而亦不患燥濕. 今銅鞮之宮數里, 而諸侯舍於隸人, 門不容車, 而不可踰越；盜賊公行, 而天屬不戒. 賓見無時, 命不可知. 若又勿壞, 是無所藏幣以重罪也. 敢請執事, 將何所命之? 雖君之有魯喪, 亦敝邑之憂也. 若獲薦幣, 修垣而行, 君之惠也, 敢憚勤勞!」

文伯復命. 趙文子曰：「信. 我實不德, 而以隸人之垣以贏諸侯, 是吾罪也.」

使士文伯謝不敏焉.

晉侯見鄭伯, 有加禮, 厚其宴·好而歸之.

乃築諸侯之館.

叔向曰：「辭之不可以已也如是夫! 子產有辭, 諸侯賴之, 若之何其釋辭也?《詩》曰：『辭之輯矣, 民之協矣；辭之懌矣, 民之莫矣.』其知之矣.」


계유날, 양공의 장례를 치렀다.

양공이 죽은 그 달, 자산子産이 정鄭 간공簡公을 모시고 진晉나라에 갔더니 진 평공平公이 노나라 상 때문에 정나라 임금을 만나지 않고 있었다.

자산은 묵고 있는 숙소 담을 헐도록 하고 수레와 말을 안으로 들여놓았다.

그러자 진나라 사문백士文伯이 이 일을 이렇게 꾸짖었다.

"우리나라는 정치와 형벌이 제대로 다스려지지 않아 도둑들이 날뛰고 있습니다. 제후들의 사신들이 우리 군주를 찾아오는 경우 어떻게 할 수 없도록 하는 짓이 아닙니까? 이 까닭으로 관리들로 하여금 숙소를 완전히 방비하도록 하여 그 대문을 높이 하고 담장을 두텁게 쌓아 사신들이 걱정을 하지 않도록 하고 있는 것입니다. 그런데 지금 그대가 담을 헐었으니 비록 그대의 일행은 능히 경계를 할 수 있다 해도 다른 나라 손님은 어떻게 하라는 것입니까? 우리는 맹주국으로서 숙소를 완전히 고치고 담을 수리하여 빈객을 모시고 있습니다. 만약 이를 모두 헐어버리면 사신들의 요구를 어떻게 들어줄 수 있겠습니까? 그 때문에 우리 임금께서는 저(氏)를 보내 그대가 뜻을 들어보라 하셨습니다."

자산이 대답하였다.

"우리나라는 아주 작은 나라로서 큰 나라 사이에 끼여 있어 때도 없이 공물을 요구받고 있습니다. 그리하여 감히 편안히 있을 수도 없습니다. 이에 나라 백성들에게 모든 것을 거두어들여 이를 가지고 때에 맞추어 찾아온 것입니다. 그런데 집사들이 한가롭지 못한 때를 당하여 아직 귀국 임금을 만나뵙지도 못하였습니다. 그리고 어떤 명령도 받지 못하여 언제 만나게 될지 그 때도 알지 못하고 있습니다. 그리하여 감히 가지고 온 선물도 드릴 기회를 얻지 못하고 있으며 그렇다고 이를 밖에 그대로 노출시켜 놓을 수도 없습니다. 이를 그대로 들여보낸다면 임금의 창고로 들어갈 것이니 임금 앞에 펼쳐 보일 수도 없어 감히 들여보내지도 못하고 있습니다. 이를 밖에 그대로 드러나게 두었다가 메마르거나 습기가 차서 불시에 썩고 좀 먹게 되면 저희의 죄가 무겁게 됩니다. 제(僑)가 듣기로 귀국의 문공文公께서 맹주가 되셨을 때에는 궁실은 아주 낮고 누대도 없었으나 제후들을 위한 숙소는 높고 크게 지어 그 본관은 제후들이 본국에서 거처하는 곳과도 같았으며, 마구간이나 물건을 넣는 창고 또한 잘 손질하였으며, 사공司空이 때를 맞추어 길을 평탄하게 닦고, 미장이는 때를 놓치지 않고 숙소의 벽을 곱게 발랐다고 하더이다. 그리하여 제후국의 빈객이 도착하면 마당에 정료庭燎를 설치하여 불을 밝히고, 야경꾼은 야경을 돌며 수레와 말은 들 곳이 있었고, 빈객을 따라온 사람들 대신 수레에 포장을 치고 굴대빗장에 기름을 칠하며, 하인과 말 먹이는 사람들이 저마다 할 일을 하며, 백관의 관속들이 각자 자신의 물건을 펼쳐 손님을 맞아주었습니다. 그리고 문공께서는 빈객이 오래 머물지 않게 하시면서도 일이 어긋남이 없도록 하셨습니다. 그리하여 근심과 즐거움을 함께 하시며, 일이 있으면 친히 돌아보시고, 모르는 것은 가르쳐주시고, 모자란 것은 구휼해 주셨습니다. 이에 빈객들은 마치 자신의 집에 돌아가 쉬는 듯이 편히 여겨 아무런 걱정이 없었고 도둑을 두려워하지 않았으며 가지고 온 물건들이 마른다든가 습기가 차는 것도 걱정하지 않았던 것입니다. 지금 귀국의 동제銅鞮에 있는 별궁은 몇 리나 되는 크기지만 제후들이 쉬는 숙소는 노예의 집만도 못합니다. 수레도 들여놓을 수 없으며 담이 높아 넘어갈 수도 없습니다. 도적들이 공공연히 날뛰고, 천재에도 대비하지 않았습니다. 빈객은 언제 귀국 임금을 뵙게 될지도 정해지지 않고, 어떤 명이 나올지도 알 수가 없습니다. 그런데 만약 담을 헐지 않으면 가지고 온 물건들을 둘 데가 없어 중한 죄를 짓게 될 것입니다. 감히 청하건대 집사들은 장차 우리에게 무슨 명령을 내리시려는 것입니까? 비록 귀국 임금께서 노나라 국상에 대한 예 때문이라 하지만 이는 우리에게도 마찬가지의 근심이기도 합니다. 만약 물건들을 모두 임금에게 바치고 나서 담을 수리하고 돌아갈 수 있다면 그것은 귀국 임금의 은혜입니다. 그렇게 되면 감히 어찌 노고로움을 꺼려하겠습니까?"

문백이 조정에 나아가 복명復命하자 조문자趙文子가 말하였다.

"진실로 그렇구나. 내가 실로 부덕하여 하인들의 집 담장 안에 제후들을 맞이해 놓은 꼴이 되었소이다. 그것은 나의 죄입니다."

그리고는 문백으로 하여금 자신이 불민不敏을 사과하도록 하였다.

진 평공이 정 간공을 만나 그 자리에서 특별히 예를 갖추고 후한 향연을 베풀었으며 일을 잘 처리하고 돌려보냈다.

이에 제후들을 맞이할 숙소를 새로 지었다.

숙향叔向은 이렇게 말하였다.

"말은 하지 않으면 안 되는 것이 이와 같도다! 자산은 이런 말을 함으로써 제후들이 그의 덕을 보게 되었으니 어찌 좋은 말을 버리고 사양할 수 있겠는가? 《시》에 '말이 온화하면 사람들의 마음이 화합되고, 말이 부드러우면 백성들이 사람들이 안정된다'라 하였으니 자산은 그러한 뜻을 알고 있었던 것이다."

【子産】鄭나라 어진 대부. 公孫僑. 이때 鄭 簡公을 모시고 晉나라를 방문하였음.

【館】賓館. 客館. 외국 사신이 예방하였을 때 숙식하는 곳. 迎賓館.

【士文伯】晉나라 대부. 士匄. 당시 司功 벼슬로써 숙소를 관리하는 책임을 맡은 것으로 보임. 《廣韻》에 《世本》을 인용하여 “司功氏, 士匄弟佗爲晉司功, 因官 爲氏”라 함.

【充斥】횡행함. 마구 날뜀. 충만함. 雙聲連綿語.

【閈闔】문을 뜻함.

【共命】요구하는 것을 공급해줌. ‘共’은 ‘供’과 같음.

【暴露】가리개도 없이 햇볕에 그대로 노출시킴.

【朽蠹】썩거나 좀이 생김.

【文公】晉 文公(重耳). 그가 재위하던 B.C.636~628년까지 9년간 그는 春秋五霸의 하나로서 제후들에게 덕정을 베풀었음.

【公寢】방문을 온 제후들이 자신의 본국 정침에 있는 것처럼 편히 쉴 수 있도록 함.

【圬人】미장이. 泥工.

【塓】‘멱’으로 읽으며 흙을 바름.

【庭燎】고대 마당에 불을 피워 어둠을 밝히는 것. 《國語》周語(中)에 “甸人積薪, 火師監燎”라 하였고, 《詩經》小雅 庭燎篇에 “庭燎之光”이라 함. 《儀禮》大射 에는 “甸人執大燭於庭”이라 함.

【各展其物】杜預 注에 “展, 陳也. 謂羣官各陳其物以待賓”이라 함.

【銅鞮】晉나라 지명. 지금의 山西 沈州 부근. 晉나라 別宮이 있었음.

【天厲】天災. 생각지 않았던 여러 가지 재앙이나 사고. 杜預 注에 “厲, 猶災也, 言水潦無時”라 함. 원전에는 ‘夭厲’로 되어 있으나 〈校勘記〉에 의해 바로잡음. ‘厲’는 ‘癘’와 같음.

【亦敝邑之憂也】鄭, 魯, 진 모두 같은 姬姓으로 哀悼하기는 마찬가지였음을 말함.

【嬴】‘채우다. 수용하다’의 뜻. 여기에서는 ‘맞이하다’로 풀이.

【詩】《詩經》大雅 板篇에 “上帝板板, 下民卒癉. 出話不然, 爲猶不遠. 靡聖管管, 不實于亶. 猶之未遠, 是用大諫. 天之方難, 無然憲憲. 天之方蹶, 無然泄泄. 辭之 輯矣, 民之洽矣. 辭之懌矣, 民之莫矣”라 하였으며 ‘協’은 ‘洽’으로 되어 있음.

【趙文子】晉나라 대부. 趙武. 趙朔의 아들. 趙文子. 趙朔과 趙莊姬 사이에 난 아들. 趙氏 집안의 가장 훌륭한 아들로 자라 뒤에 晉六卿으로 자리를 굳힘. 시호는 文子. 그 후손이 戰國시대 邯鄲을 중심으로 七雄의 하나인 趙나라로 크게 발전함.

【叔向】晉나라 대부. 叔肸. 羊舌肸, 자는 叔肸, 혹 叔譽.

㉑

鄭子皮使印段如楚, 以適晉告, 禮也.

정鄭나라 자피子皮가 인단印段을 초楚나라로 보내어 정나라 군주가 진晉나라를 방문한 사실을 알리도록 하였는데 이는 예에 맞는 일이었다.

【子皮】鄭나라 대부. 子展의 아들. 罕虎. 아버지를 이어 上卿이 됨. 罕氏. 杜預注에 "子皮代父爲上卿"이라 함. 子産(公孫僑)을 도와 나라를 잘 다스림.
【印段】鄭나라 公孫黑肱의 아들.《說文》에는 '公孫叚'으로 표기되어 있음. 杜氏《世族譜》에 印段의 자는 子石(伯石)이며 諡號는 獻子라 하였음.《廣韻》'印'자注에는 "印段出自穆公子印, 以王父字爲氏"라 함.

＊ 1359(襄31-7)

十有一月, 莒人殺其君密州.

11월, 거莒나라가 그 임금 밀주密州를 시해하였다.

【莒】작위는 子爵. 지금의 山東 莒縣. 己姓이었음.
【密州】莒나라 犁比公의 이름. '買朱'(鉏)라고도 쓰며 이는 夷族의 이름을 소리 나는 대로 적은 것으로 봄.〈校勘記〉에 "傳作買朱鉏"라 하였고, 段玉裁의《經韻樓集》密州說에 "此左經曰'密州」, 左傳以買朱鉏釋之, 豈非通夷夏之語互訓之歟?"라 함.

㉑

莒犁比公生去疾及展輿.
旣立展輿, 又廢之.
犁比公虐, 國人患之.
十一月, 展輿因國人以攻莒子, 弑之, 乃立.

去疾奔齊, 齊出也; 展輿, 吳出也.
書曰「莒人弒其君買朱鉏」, 言罪之在也.


거莒나라 임금 이비공犁比公에게는 거질去疾과 전여展輿라는 두 아들이
있었다.
그는 일찍이 전여를 세자로 세웠다가 뒤에 폐위시켰다.
이비공은 잔학하여 나라 사람들이 걱정하였다.
11월, 전여가 나라 사람들을 이끌고 이비공을 공격하여 죽이고 스스로
군주가 되었다.
거질은 제齊나라로 달아났는데 그의 어머니가 제나라 출신이었기 때문
이었다. 전여는 어머니가 오吳나라 출신이었다.
경經에 "거나라 사람이 그의 임금 매주서買朱鉏를 죽였다"라 기록한 것은
임금에게 죄가 있었음을 말한 것이다.


【犁比公】 莒나라 군주 密州의 호.
【買朱鉏】 犁比公 이름 '密州'의 다른 표기. 급하게 읽으면 '密州'에 가까운 음이
  발음됨.
【展輿, 吳出】 杜預 注에 "爲明年奔吳傳"이라 함.


㉓

吳子使屈狐庸聘于晉, 通路也.
趙文子問焉, 曰:「延州來季子其果立乎? 巢隕諸樊, 閽戕戴吳,
天似啓之, 何如?」
對曰:「不立. 是二王之命也, 非啓季子也. 若天所啓, 其在今嗣君乎!
甚德而度. 德不失民, 度不失事. 民親而事有序, 其天所啓也. 有吳
國者, 必此君之子孫實終之. 季子, 守節者也. 雖有國, 不立.」


오吳나라 임금 이말夷末이 굴호용屈狐庸을 진晉나라를 보내어 예방하게
하였는데 이는 국교를 맺기 위한 것이었다.

조문자趙文子가 그에게 물었다.

"연주래延州來의 계자季子가 과연 군주에 오르겠습니까? 소巢 땅 사람이 오왕 제번諸樊을 죽이고 문지기가 대오戴吳를 죽였으니 하늘이 계자에게 길을 열어 준 것인데 어찌 되겠습니까?"

굴호용이 답하였다.

"그분은 군주가 되지 않을 것입니다. 그 두 군주는 각자 천명으로 죽은 것이지 계자의 앞길을 터준 것이 아닙니다. 만약 하늘이 앞길을 터준 것에 해당되는 분이라면 지금 임금 자리를 이어받은 분일 것입니다! 지금의 군주는 덕이 크고 도량이 있어 그 덕은 백성들을 잃지 않을 것이며, 그 도량은 일을 그르치지 않을 것입니다. 백성들이 친히 여기고 일에 순서가 있으니 그러한 것이 하늘이 길을 열어주신 것입니다. 오나라를 가지게 될 분은 틀림없이 지금의 임금 자손이며 끝까지 이어갈 것입니다. 계자는 절의를 지키는 분입니다. 비록 나라를 차지한다 해도 임금 자리에는 오르지는 않을 것입니다."

【吳君】 吳나라 군주. 餘祭를 이어 새로 들어선 夷末(餘昧).
【屈狐庸】 屈巫(申公巫臣)의 아들. 屈武는 成公 7년을 볼 것.
【通路也】 吳나라와 晉나라의 국교는 襄公 14년 이후 끊어졌음. 그것이 이번의 예방으로 다시 열리게 된 것임.
【趙文子】 晉나라 대부. 趙武. 趙朔의 아들. 趙文子. 趙朔과 趙莊姬 사이에 난 아들. 趙氏 집안의 가장 훌륭한 아들로 자라 뒤에 晉六卿으로 자리를 굳힘. 시호는 文子. 그 후손이 戰國시대 邯鄲을 중심으로 七雄의 하나인 趙나라로 크게 발전함.
【延州來】 延은 延陵. 季札이 처음 받은 채읍. 지금의 강소 상주시. 뒤에 州來를 더 받아 延州來라 부른 것. 州來는 지금의 安徽 鳳臺縣. 원래 楚나라 땅이었으나 成公 7년 吳나라가 차지했었음.
【季子】 季札. 延陵季子. 吳나라에 가장 덕 있는 인물로 알려짐. 각 典籍에 많은 故事와 逸話를 남김. 壽夢의 막내아들. 《公羊傳》에 "謁(遏)也, 餘祭也, 夷昧也, 與季札同母者四. 季子弱而才, 兄弟皆愛之, 同欲立之以爲君. 謁曰:「今若是迮而與季子國, 季子猶不受也. 請無與子而與弟, 弟兄迭爲君而致國乎季子.」皆曰: 「諾.」"이라 함.

【巢隕諸樊】巢나라 사람이 吳王 諸樊(遏)을 죽인 일. 襄公 25년을 볼 것.
【戴吳】戴吳는 餘祭. 吳王. 그가 죽은 사건은 襄公 29년을 볼 것.
【今嗣君】새로 왕위에 오른 군주 夷昧(餘昧, 夷末).
【子孫實終之】《史記》吳世家에 의하면 吳王 僚는 餘昧(夷昧, 夷末)의 아들이며
公子 光(闔閭)은 諸樊의 아들. 公子 光이 僚를 죽이고 자립하여 太子 夫差에게
왕위가 이어졌다가 越나라에게 망함.


㊙

十二月, 北宮文子相衛襄公以如楚, 宋之盟故也.
過鄭, 印段迋勞于棐林, 如聘禮而以勞辭.
文子入聘.
子羽爲行人, 馮簡子與子大叔逆客.
事畢而出, 言於衛侯曰:「鄭有禮, 其數世之福也, 其無大國之討乎!
《詩》云:『誰能執熱, 逝不以濯.』禮之於政, 如熱之有濯也. 濯以救熱,
何患之有?」
子産之從政也, 擇能而使之; 馮簡子能斷大事; 子大叔美秀而文,
公孫揮能知四國之爲, 而辨於其大夫之族姓·班位·貴賤·能否, 而又
善爲辭令.
裨諶能謀, 謀於野則獲, 謀於邑則否.
鄭國將有諸侯之事, 子産乃問四國之爲於子羽, 且使多爲辭令;
與裨諶乘以適野, 使謀可否; 而告馮簡子使斷之.
事成, 乃授子大叔使行之, 以應對賓客, 是以鮮有敗事.
北宮文子所謂有禮也.


12월, 위衛나라 북궁문자北宮文子가 위 양공襄公을 모시고 초楚나라에
갔는데 이는 송宋나라에서의 맹약에 따른 것이었다.
이들이 정鄭나라를 지나게 되자 인단印段이 비림棐林으로 가서 이들
일행을 위로하면서 마치 제후국의 빙례로써 위로의 말을 하였다.
북궁문자가 정나라 도읍으로 들어가 예방하였다.

정나라에서는 자우子羽가 행인行人이 되어 풍간자馮簡子, 자태숙子大叔과 함께 이들 빈객을 맞이하였다.

북궁문자는 일을 다 마치고 나와서 위 양공에게 이렇게 말하였다.

"정나라는 예가 있으니 이는 여러 대의 복이 될 것입니다. 그러니 큰 나라가 정나라를 칠 리는 없을 것입니다! 《시》에 '그 누가 뜨거운 것 잡고 나서 그 손을 찬물에 담그지 않겠는가?'라 하였습니다. 예는 정치에 있어서 뜨거운 것을 잡았던 손을 찬물에 담그는 것과 같습니다. 찬물에 담가 뜨거운 열기를 없앤다면 무슨 근심거리가 있겠습니까?"

자산子産은 정치를 하면서 재능 있는 이를 뽑아 그들에게 일을 시켰다. 그리하여 풍간자는 큰일에 결단을 잘 내렸고 자태숙은 모습이 준수하고 말을 잘하였으며, 공손휘公孫揮는 사방 나라들의 사정을 잘 알아 각국 대부들의 친족과 성씨·조정의 서열·귀천·능력 여하를 잘 변별하였으며 게다가 외교문서도 잘 지었다.

그리고 비심裨諶은 계책을 잘 세워 밖에 있을 때는 좋은 계획을 잘 내었지만 도읍 안에 있을 때는 좋은 계책이 나오지 않았다.

그래서 정나라가 다른 제후국들과 일이 생기게 되면 자산은 사방 나라의 사정은 자우子羽에게 물어 그로 하여금 외교문서를 짓게 하고 비심과 함께 수레를 타고 교외로 나가 그 일에 대한 가부의 계책을 짜도록 하여 이를 풍간자에게 일러주어 결단을 내리도록 하였다.

그리하여 일이 이루어지면 이를 자태숙에게 주어 실행에 옮기도록 하여 상대국 빈객을 상대하게 하였다. 그리하여 실패하는 일이 적었다.

이것이 북궁문자가 정나라가 예를 갖추었다고 이러한 예를 두고 말한 것이다.


【北宮文子】衛나라 대부. 北宮佗. 北宮括. 자가 '佗'였음.
【衛襄公】獻公(衎)의 아들이며 이름은 惡. B.C.543~535년까지 9년간 재위하였으며 靈公(元)에게 이어짐. 이해는 襄公 재위 2년째였음.
【宋之盟】宋나라 向戌이 '弭兵'을 위해 晉나라 趙文子와 楚나라 令尹 子木을 중심으로 각 나라를 불러 宋나라 蒙門 밖에서 맺은 맹약. 襄公 27년을 볼 것.

【印段】鄭나라 公孫黑肱의 아들. 《說文》에는 '公孫段'으로 표기되어 있음. 杜氏
　《世族譜》에 印段의 자는 子石(伯石)이며 諡號는 獻子라 하였음. 《廣韻》 '印'자
　注에는 "印段出自穆公子印, 以王父字爲氏"라 함.
【迁】'往'과 같음. 직접 가서 맞이하거나 위로함.
【棐林】지금의 河南 新鄭縣 북쪽. 北林.
【子羽】公孫揮. 鄭나라 대부이며 公子. 杜預 注에 "揮, 子羽也"라 함.
【馮簡子】鄭나라 대부. 《世本》에 "馮氏, 歸姓, 鄭大夫馮簡子之後"라 함.
【子大叔】정나라 대부. 游吉. 大叔은 太叔과 같음. 游販의 아우. '世叔'으로도
　불리며 역시 公孫蠆의 아들.
【詩】《詩經》 大雅 桑柔篇에 "憂心慇慇, 念我土宇. 我生不辰, 逢天僤怒. 自西徂東,
　靡所定處. 多我覯痻, 孔棘我圉. 爲謀爲毖, 亂況斯削. 告爾憂恤, 誨爾序爵. 誰能
　執熱, 逝不以濯. 其何能淑, 載胥及溺"이라 함.
【裨諶】鄭나라 대부. 〈古今人名表〉에는 '裨湛'으로 되어 있음. '諶'은 杜預 注에
　음이 실려 있지 않으나 《論語》 憲問篇 "子曰:「爲命, 裨諶草創之, 世叔討論之,
　行人子羽脩飾之, 東里子産潤色之.」"에 '時林反'으로 '심'이나 우리나라 조선시대
　〈諺解〉에는 '裨諶(비팀)'으로 팀(침)으로 읽었음.


㉰

鄭人游于鄉校, 以論執政.

　然明謂子産曰:「毀鄉校如何?」

　子産曰:「何爲? 夫人朝夕退而游焉, 以議執政之善否. 其所善者,
吾則行之; 其所惡者, 吾則改之, 是吾師也. 若之何毀之? 我聞: 忠善
以損怨, 不聞作威以防怨. 豈不遽止? 然猶防川. 大決所犯, 傷人必多,
吾不克救也. 不如小決使道, 不如吾聞而藥之也.」

　然明曰:「蔑也今而後知吾子之信可事也. 小人實不才, 若果行此,
其鄭國實賴之, 豈唯二三臣?」

　仲尼聞是語也, 曰:「以是觀之, 人謂子産不仁, 吾不信也.」


　정鄭나라 사람들이 향교鄉校에 모여 놀면서 자산子産의 정치를 비판하는
것이었다.

연명然明이 자산에게 말하였다.

"향교를 헐어버리는 것이 어떨까요?"

그러자 자산이 말하였다.

"어찌 그렇게 하겠습니까? 무릇 사람들이 아침저녁으로 하는 일을 끝내고 물러나 그곳에 놀면서 정치의 좋고 나쁜 점을 의논하고 있습니다. 그중에 훌륭한 것은 내가 그대로 실행하면 될 것이요, 그르다고 하는 것은 내가 고치면 되는 것이니 이는 나의 스승입니다. 이와 같거늘 어찌 이를 헐어버리겠습니까? 나는 충성되고 선함은 원망을 줄인다는 말은 들어보았지만 위세로써 원망을 막는다는 말은 들어보지 못하였습니다. 어찌 급하게 그들의 논평을 막을 수 없겠습니까? 그러나 사람들의 입을 막는 것은 개울물을 막는 것과 같습니다. 그 물을 한꺼번에 터뜨리면 다치는 사람이 틀림없이 많게 됩니다. 그때는 나로서는 구할 수가 없습니다. 그러니 조금씩 터서 길대로 흘러가게 하느니만 못합니다. 내가 그들의 논평을 듣고 이를 약으로 삼느니만 못합니다."

그러자 연명이 말하였다.

"저(蔑)는 지금에서야 그대가 믿고 섬겨야 할 분임을 알았습니다. 소인은 실로 재능이 모자랍니다. 만일 과연 이와 같이 실행한다면 우리 정나라는 실로 그대의 덕을 보게 될 것이니 어찌 조정의 몇 사람에게만 그치겠습니까?"

중니仲尼가 자산의 말을 듣고 말하였다.

"이로써 보건대 남이 자산이 어질지 못하다고 한다면 나는 그 말을 믿지 않을 것이다."

【鄕校】《周禮》에 1만 2천 5백戶를 鄕이라 하고 그 안에 두는 학교를 鄕校라 하였음. 杜預 注에 "鄕之學校"라 하였고, 《孟子》滕文公(上)에 "設爲庠序學校以 敎之"라 함. 이 고사는 《新序》雜事(4)와 《孔子家語》正論解에도 전재되어 있음.
【然明】鄭나라 대부. 鬷蔑. 襄公 24년을 볼 것.

㊄

子皮欲使尹何爲邑.

子産曰:「少, 未知可否.」

子皮曰:「愿, 吾愛之, 不吾叛也. 使夫往而學焉, 夫亦愈知治矣.」

子産曰:「不可. 人之愛人, 求利之也. 今吾子愛人則以政, 猶未能操刀而使割也, 其傷實多. 子之愛人, 傷之而已, 其誰敢求愛於子? 子於鄭國, 棟也. 棟折榱崩, 僑將厭焉, 敢不盡言? 子有美錦, 不使人學製焉. 大官·大邑, 身之所庇也, 而使學者製焉, 其爲美錦不亦多乎? 僑聞學而後入政, 未聞以政學者也. 若果行此, 必有所害. 譬如田獵, 射御貫, 則能獲禽, 若未嘗登車射御, 則敗績厭覆是懼, 何暇思獲?」

子皮曰:「善哉! 虎不敏. 吾聞:『君子務知大者·遠者, 小人務知小者·近者.』我, 小人也. 衣服附在吾身, 我知而愼之; 大官·大邑所以庇身也, 我遠而慢之. 微子之言, 吾不知也. 他日我曰:『子爲鄭國, 我爲吾家, 以庇焉, 其可也.』今而後知不足. 自今請, 雖吾家, 聽子而行.」

子産曰:「人心之不同如其面焉, 吾豈敢謂子面如吾面乎? 抑心所謂危, 亦以告也.」

子皮以爲忠, 故委政焉, 子産是以能爲鄭國.


정鄭나라 자피子皮가 자신의 읍을 윤하尹何에게 다스리도록 하려 하였다. 그러자 자산子産이 말하였다.

"그는 아직 어려 그 일을 잘 할 수 있을지 모르겠습니다."

이에 자피가 말하였다.

"그는 착한 사람입니다. 내가 총애하고 있어 나를 배반하지 않을 것입니다. 그로 하여금 나가 정치를 배우게 하면 그 역시 정치에 대하여 더욱 잘 알게 될 것입니다."

자산이 말하였다.

"안 됩니다. 사람이 다른 이를 사랑할 때에는 그에게 이로운 일이 있도록 해 주어야 합니다. 지금 그대는 그를 사랑하여 그에게 정치를 맡기고자 하시는데 이는 오히려 칼을 쓸 줄 모르는 자에게 물건을 자르도록 하는 것과 같습니다. 실로 상처를 많이 입게 될 것입니다. 그대가 남을 사랑하면서 그에게만 상처만 입히고 만다면 누가 감히 그대의 사랑을 받고자 하겠습니까? 그대는 우리 정나라에 있어서 동량입니다. 동량이 부러지고 서까래가 무너지면 나(僑)는 깔려 죽게 되는데 감히 제가 하고 싶은 말을 다하지 않을 수 있겠습니까? 그대에게 아름다운 비단이 있다면 그대는 그 비단을 이제 막 옷 짓기를 배우는 사람에게 주지는 않을 것입니다. 큰 벼슬이나 큰 읍은 자신의 몸을 감싸주는 것인데 이제 막 배우고 있는 자에게 시험 삼아 다스리게 하신다니 그것이 아름다운 비단보다 더 크지 않습니까? 저는 배우고 나서 정치에 입문한다는 말은 들었지만 정치에 입문하고 나서 배운다는 말은 듣지도 못하였습니다. 만약 과연 이대로 실행한다면 틀림없이 해를 입게 될 것입니다. 사냥에 이를 비유해 보건대 활쏘기와 수레 조종에 익숙하다면 능히 짐승을 잡을 수 있지만 만약 아직 수레를 타고 활을 쏘아본 적이 없었다면 잘못하다가 수레가 뒤집힐까 두려워하기만 할 것이니 어느 겨를에 짐승을 잡을 생각을 하겠습니까?"

자피가 말하였다.

"훌륭하군요! 제(虎)가 영민하지 못하였습니다. 내 듣기로 '군자는 큰일과 먼 앞날의 일을 알기 위해 힘쓰고, 소인은 작은 일과 눈앞의 일을 알기 위해 힘쓴다'라 하였는데 저는 소인이로군요. 의복은 내 몸에 붙어 있으니 내가 잘 알아 삼가 주의를 하였지만, 큰 벼슬과 큰 읍은 여러 사람의 몸을 비호하는 것인데도 나는 멀리 하고 소홀히 하였습니다. 그대의 말씀이 아니었더라면 저는 깨닫지 못하였을 것입니다. 지난날 내가 그대에게 '당신은 정나라를 다스리십시오. 나는 내 집안을 다스려 당신을 비호할 것이니 그렇게 하면 될 것입니다'라고 말했었습니다. 그런데 지금에서야 나는 내 자신이 모자라는 사람임을 알았습니다. 이제부터 청하건대 비록 내 집안일일지라도 그대의 가르침을 받아 행하겠습니다."

자산이 말하였다.

"사람들의 마음이 서로 다름은 마치 사람마다 얼굴이 다른 것과 같습니다.
그런데 제가 어찌 감히 그대의 얼굴을 제 얼굴처럼 하라고 하겠습니까?
저는 문득 위험한 일이라는 생각이 들어 제 의견을 말씀드린 것뿐입니다."
자피는 자산이 충실하다고 여겨 그 때문에 정나라 정치를 그에게 맡긴
것이며 자산은 이 까닭으로 능히 정나라를 잘 다스릴 수 있었던 것이다.


【子皮】鄭나라 대부. 子展의 아들. 罕虎. 아버지를 이어 上卿이 됨. 罕氏. 杜預
　注에 "子皮代父爲上卿"이라 함. 子産(公孫僑)을 인정하여 그에게 정권을 넘겨
　주어 나라를 잘 다스림. 杜預 注에 "伯有死, 子皮知政, 以子産賢, 故讓之"라 함.
【尹何】子皮가 신임하던 자신의 신하. 그러나 나이가 아직 어렸던 것으로 보임.
【愿】신중하고 훌륭함. 杜預 注에 "愿, 謹善也"라 함.
【敗績】全軍이 대패하였을 때 쓰는 말. 莊公 11년 傳에 "凡師, 敵未陳曰敗某師,
　皆陳曰戰, 大崩曰敗績"이라 함.



⑨傳

衛侯在楚, 北宮文子見令尹圍之威儀, 言於衛侯曰:「令尹似君矣,
將有他志. 雖獲其志, 不能終也.《詩》云:『靡不有初, 鮮克有終.』
終之實難, 令尹其將不免.」
　公曰:「子何以知之?」
　對曰:「《詩》云:『敬愼威儀, 惟民之則.』令尹無威儀, 民無則焉.
民所不則, 以在民上, 不可以終.」
　公曰:「善哉! 何謂威儀?」
　對曰:「有威而可畏謂之威, 有儀而可象謂之儀. 君有君之威儀,
其臣畏而愛之, 則而象之, 故能有其國家, 令聞長世. 臣有臣之威儀,
其下畏而愛之, 故能守其官職, 保族宜家. 順是以下皆如是, 是以上下
能相固也. 〈衛詩〉曰:『威儀棣棣, 不可選也.』言君臣·上下·父子·
兄弟·內外·大小皆有威儀也. 〈周詩〉曰:『朋友攸攝, 攝以威儀.』
言朋友之道必相敎訓以威儀也. 〈周書〉數文王之德, 曰『大國畏其力,
小國懷其德』, 言畏而愛之也.《詩》云『不識不知, 順帝之則』, 言則

而象之也. 紂囚文王七年, 諸侯皆從之囚, 紂於是乎懼而歸之, 可謂
愛之. 文王伐崇, 再駕而降爲臣, 蠻夷帥服, 可謂畏之. 文王之功, 天下
誦而歌舞之, 可謂則之. 文王之行, 至今爲法, 可謂象之. 有威儀也.
故君子在位可畏, 施舍可愛, 進退可度, 周旋可則, 容止可觀, 作事
可法, 德行可象, 聲氣可樂; 動作有文, 言語有章, 以臨其下, 謂之有
威儀也.」


　　위衛 영공襄公이 초楚나라에 머물 때, 북궁문자北宮文子가 초나라 영윤
자위子圍의 위의威儀를 보고 위 영공에게 이렇게 말하였다.

　　"영윤은 마치 군주와 같습니다. 장차 다른 뜻을 품을 것입니다. 비록 그
뜻을 이루더라도 좋게 끝을 맺을 수는 없을 것입니다. 《시》에 '처음에는
잘 하려 하지 않은 이 없건만 끝마무리를 제대로 하는 이는 적도다'라 하였
습니다. 끝을 잘 마무리한다는 것은 실로 어려운 일입니다. 영윤은 화를
면하지 못할 것입니다."

　　임금이 물었다.

　　"그대는 어떻게 그것을 알고 있소?"

　　북궁문자가 말하였다.

　　"《시》에 '위의를 공경스럽게 여기고 삼가라. 그래야 백성의 모범이 되리
라'라 하였습니다. 영윤에게는 진실한 위의가 없어 백성들이 본받을 바가
없습니다. 백성들이 본받지 못할 사람이면서 백성들의 위에 선다면 좋은
마무리를 거둘 수가 없습니다."

　　임금이 말하였다.

　　"훌륭하오! 그런데 무엇을 위의라 하는 것이오?"

　　북궁문자가 대답하였다.

　　"위엄이 있어 사람들이 두려워함을 위威라 하고, 의표가 있어 사람들의
상징이 됨을 의儀라 합니다. 임금으로서 임금의 위의를 가지고 있으면 그
신하들은 군주를 두려워하면서도 사랑하게 되고, 모범으로 삼아 본받게
됩니다. 그러므로 능히 그 나라를 보유할 수 있고 좋은 평판을 후세에 길이
남기게 됩니다. 신하들이 신하로서의 위의를 가지고 있으면 아랫사람들이

그를 두려워하면서도 사랑하게 됩니다. 그러므로 그의 관직을 지킬 수 있고 그의 일족을 지탱하며 그의 집안을 잘 이끌 수 있는 것입니다. 이렇게 순리대로 그 아랫사람들도 모두 이와 같이 되는 것이며 이로써 위아래가 서로 굳건하게 되는 것입니다. 〈위시衛詩〉에 '위의가 의젓하니 그 수는 일일이 셀 수가 없구나'라 하였으니 이는 군신·상하·부자·형제·내외·대소할 것 없이 모두가 위의를 가지고 있음을 말한 것입니다. 〈주시周詩〉에 '벗들이 서로 도와주되 그 도움은 위의여야 하리라'라 하였으니 이는 벗을 사귀는 도는 모름지기 서로 위의로써 가르쳐 줌을 말한 것입니다. 〈주서周書〉에 문왕文王의 덕을 칭송하여 '큰 나라는 문왕의 힘을 두려워하고, 작은 나라는 문왕의 덕을 친히 여겼다'라 하였으니 이는 두려워하되 사랑하였음을 말한 것입니다. 《시》에 '알지도 깨닫지도 못하는 사이 천제의 법칙을 따르게 되네'라 하였으니 이는 모범을 삼아 본받게 됨을 말한 것입니다. 은殷의 주왕紂王이 문왕을 7년을 가두자 제후들이 모두 문왕을 따라 자신들도 갇히겠다고 나섰습니다. 그러자 주는 두려움을 느끼고 그를 풀어 돌려보냈으니 이 일은 제후들이 문왕을 사랑하였다고 할 수 있는 것이며, 문왕이 숭崇나라를 치겠노라 두 번을 나서자 숭후崇侯는 항복하여 문왕의 신하가 되었고 사방 만이蠻夷들이 서로를 이끌고 와서 복종하였으니 그것은 문왕을 두려워한 것이라 말할 수 있는 것입니다. 그리고 문왕의 공은 천하 사람들이 기리어 노래 부르고 춤추었으니 이는 문왕을 본받은 것이라 말할 수 있고, 문왕의 행동은 오늘날까지 사람들의 법도가 되고 있으니 이는 본받은 것이라 말할 수 있는 것입니다. 이는 문왕이 위의를 가지고 있었기 때문이었습니다. 그러므로 군자는 지위에 있으면 가히 두려움의 대상이 되고 베풀면 사랑하는 대상이 되며, 진퇴의 행동은 척도가 되며, 주선周旋의 모습에는 법칙이 되며, 용지容止에는 볼 만한 것이 되며, 일을 처리하면 법이 되며, 덕행은 상징이 되며, 그 목소리와 기는 즐거움의 대상이 되어야 하는 것입니다. 동작에는 문아함이 있으며 언어에는 아름다움을 갖추어 그 아래에 임하여야 합니다. 이를 일러 위의를 갖추고 있다고 하는 것입니다."

【衛侯】衛襄公. 獻公(衎)의 아들이며 이름은 惡. B.C.543~535년까지 9년간 재위하였으며 靈公(元)에게 이어짐. 이해는 襄公 재위 2년째였음.

【北宮文子】衛나라 대부. 北宮佗. 北宮括. 자가 '佗'였음.

【圍】楚나라 令尹 子圍. 楚 共王의 아들이며 康王의 아우. 이름은 熊虔. 뒤에 靈王이 되어 B.C.540~529년까지 12년간 재위함.

【詩】《詩經》大雅 蕩篇에 "蕩蕩上帝, 下民之辟. 疾威上帝, 其命多辟. 天生烝民, 其命匪諶. 靡不有初, 鮮克有終"이라 함.

【詩】《詩經》大雅 抑篇에 "無競維人, 四方其訓之. 有覺德行, 四國順之. 訏謨定命, 遠猶辰告. 敬愼威儀, 維民之則. 其在于今, 興迷亂于政. 顚覆厥德, 荒湛于酒. 女雖湛樂從, 弗念厥紹. 罔敷求先王, 克共明刑. 肆皇天弗尙, 如彼泉流, 無淪胥以亡. 夙興夜寐, 洒掃庭內, 維民之章. 脩爾車馬, 弓矢戎兵. 用戒戎作, 用遏蠻方. 質爾人民, 謹爾侯度, 用戒不虞. 愼爾出話, 敬俺威儀, 無不柔嘉. 白圭之玷, 尙可磨也. 斯言之玷, 不可爲也"라 함.

【衛詩】《詩經》邶風 柏舟篇에 "汎彼柏舟, 亦汎其流. 耿耿不寐, 如有隱憂. 微我無酒, 以敖以遊. 我心匪鑒, 不可以茹. 亦有兄弟, 不可以據. 薄言往愬, 逢彼之怒. 我心匪石, 不可轉也. 我心匪席, 不可卷也. 威儀棣棣, 不可選也. 憂心悄悄, 慍于群小. 覯閔旣多, 受侮不少. 靜言思之, 寤辟有摽. 日居月諸, 胡迭而微. 心之憂矣, 如匪澣衣. 靜言思之, 不能奮飛"라 함.

【周詩】《詩經》大雅 旣醉篇에 "昭明有融, 高朗令終. 令終有俶, 公尸嘉告. 其告維何, 籩豆靜嘉. 朋友攸攝, 攝以威儀. 威儀孔時, 君子有孝子. 孝子不匱, 永錫爾類. 其類維何, 室家之壺. 君子萬年, 永錫祚胤"이라 함.

【周書】《僞古文尙書》周書 武成篇에 "王若曰: 「嗚呼, 羣后. 惟先王建邦啓土, 公劉克篤前烈, 至于大王肇基王迹, 王季其勤王家, 我文考文王, 克成厥勳, 誕膺天命, 以撫方夏, 大邦畏其力, 小邦懷其德. 惟九年, 大統未集. 予小子其承厥志.」"라 함.

【詩】《詩經》大雅 皇矣篇에 "帝謂文王, 予懷明德, 不大聲以色, 不長夏以革. 不識不知, 順帝之則. 帝謂文王, 詢爾仇方, 同爾兄弟, 以爾鉤援, 與爾臨衝, 以伐崇墉"이라 함.

【紂囚文王】殷의 末王 紂가 당시 西伯이었던 周 文王(姬昌)을 羑里의 감옥에 7년간 가둠. 《竹書紀年》에 "二十三年囚西伯于羑里, 二十九年釋西伯, 諸侯逆西伯, 歸于程"이라 하였고, 賈誼《新書》에도 "文王桎梏于羑里, 七年而後得免"이라 함. 賈誼《新書》에도 본 장의 내용이 전재되어 있음.

【伐崇】文王이 崇侯(虎)를 친 일. 僖公 19년을 볼 것.

## 양공(襄公) 在位期間(31년: B.C.572~542년)

| B.C. \ 國 | 周 | 齊 | 晉 | 衛 | 蔡 | 鄭 | 曹 | 陳 | 宋 | 秦 | 楚 | 燕 | 魯 |
|---|---|---|---|---|---|---|---|---|---|---|---|---|---|
| | 簡王 | 靈公 | 悼公 | 獻公 | 景公 | 成公 | 成公 | 成公 | 平公 | 景公 | 共王 | 武公 | 襄公 |
| 572 | 14 | 10 | 1 | 5 | 20 | 13 | 6 | 27 | 4 | 5 | 19 | 2 | 1 |
| 571 | 靈王 1 | 11 | 2 | 6 | 21 | 14 | 7 | 28 | 5 | 6 | 20 | 3 | 2 |
| 570 | 2 | 12 | 3 | 7 | 22 | 僖公 1 | 8 | 29 | 6 | 7 | 21 | 4 | 3 |
| 569 | 3 | 13 | 4 | 8 | 23 | 2 | 9 | 30 | 7 | 8 | 22 | 5 | 4 |
| 568 | 4 | 14 | 5 | 9 | 24 | 3 | 10 | 哀公 1 | 8 | 9 | 23 | 6 | 5 |
| 567 | 5 | 15 | 6 | 10 | 25 | 4 | 11 | 2 | 9 | 10 | 24 | 7 | 6 |
| 566 | 6 | 16 | 7 | 11 | 26 | 5 | 12 | 3 | 10 | 11 | 25 | 8 | 7 |
| 565 | 7 | 17 | 8 | 12 | 27 | 簡公 1 | 13 | 4 | 11 | 12 | 26 | 9 | 8 |
| 564 | 8 | 18 | 9 | 13 | 28 | 2 | 14 | 5 | 12 | 13 | 27 | 10 | 9 |
| 563 | 9 | 19 | 10 | 14 | 29 | 3 | 15 | 6 | 13 | 14 | 28 | 11 | 10 |
| 562 | 10 | 20 | 11 | 15 | 30 | 4 | 16 | 7 | 14 | 15 | 29 | 12 | 11 |
| 561 | 11 | 21 | 12 | 16 | 31 | 5 | 17 | 8 | 15 | 16 | 30 | 13 | 12 |
| 560 | 12 | 22 | 13 | 17 | 32 | 6 | 18 | 9 | 16 | 17 | 31 | 14 | 13 |
| 559 | 13 | 23 | 14 | 18 | 33 | 7 | 19 | 10 | 17 | 18 | 康王 1 | 15 | 14 |
| 558 | 14 | 24 | 15 | 殤公 1 | 34 | 8 | 20 | 11 | 18 | 19 | 2 | 16 | 15 |
| 557 | 15 | 25 | 平公 1 | 2 | 35 | 9 | 21 | 12 | 19 | 20 | 3 | 17 | 16 |
| 556 | 16 | 26 | 2 | 3 | 36 | 10 | 22 | 13 | 20 | 21 | 4 | 18 | 17 |
| 555 | 17 | 27 | 3 | 4 | 37 | 11 | 23 | 14 | 21 | 22 | 5 | 19 | 18 |
| 554 | 18 | 28 | 4 | 5 | 38 | 12 | 武公 1 | 15 | 22 | 23 | 6 | 文公 1 | 19 |
| 553 | 19 | 莊公 1 | 5 | 6 | 39 | 13 | 2 | 16 | 23 | 24 | 7 | 2 | 20 |
| 552 | 20 | 2 | 6 | 7 | 40 | 14 | 3 | 17 | 24 | 25 | 8 | 3 | 21 |
| 551 | 21 | 3 | 7 | 8 | 41 | 15 | 4 | 18 | 25 | 26 | 9 | 4 | 22 |
| 550 | 22 | 4 | 8 | 9 | 42 | 16 | 5 | 19 | 26 | 27 | 10 | 5 | 23 |
| 549 | 23 | 5 | 9 | 10 | 43 | 17 | 6 | 20 | 27 | 28 | 11 | 6 | 24 |
| 548 | 24 | 6 | 10 | 11 | 44 | 18 | 7 | 21 | 28 | 29 | 12 | 懿公 1 | 25 |
| 547 | 25 | 景公 1 | 11 | 12 | 45 | 19 | 8 | 22 | 29 | 30 | 13 | 2 | 26 |
| 546 | 26 | 2 | 12 | 獻公 1 | 46 | 20 | 9 | 23 | 30 | 31 | 14 | 3 | 27 |
| 545 | 27 | 3 | 13 | 2 | 47 | 21 | 10 | 24 | 31 | 32 | 15 | 4 | 28 |
| 544 | 景王 1 | 4 | 14 | 3 | 48 | 22 | 11 | 25 | 32 | 33 | 陝敖 1 | 惠公 1 | 29 |
| 543 | 2 | 5 | 15 | 襄公 1 | 49 | 23 | 12 | 26 | 33 | 34 | 2 | 2 | 30 |
| 543 | 3 | 6 | 16 | 2 | 靈公 1 | 24 | 13 | 27 | 34 | 35 | 3 | 3 | 31 |

※ 〈大事記〉(B.C.)

572: 諸侯軍, 宋나라 彭城을 포위하다. 9月, 周 簡王 崩御하다.

571: 魯나라 齊姜 죽다. 晉나라, 虎牢에 성을 쌓다.

570: 楚나라 子重, 吳나라를 치다. 晉나라 祁奚 관직에서 물러나다.

569: 晉나라, 魏絳을 시켜 戎과 화평을 맺다.

568: 楚나라 令尹 바뀌다. 吳나라가 완전히 晉나라 편이 되다. 魯나라 大夫 季文子 죽다

567: 齊나라, 萊나라를 멸망시키다.

566: 晉나라 韓無忌, 어진 일을 하다. 鄭나라 僖公이 살해되다. 陳나라 군주, 모임에서 달아나다.

565: 鄭나라가 蔡나라를 치고, 楚나라가 鄭나라를 치다.

564: 秦나라가 晉나라를 치고, 晉나라가 鄭나라를 치다.

563: 偪陽나라가 망하다. 鄭나라에 內亂이 일어나다.

562: 魯나라, 三軍을 편성하다. 秦나라와 晉나라가 싸워 晉나라가 지다.

561: 周나라 靈王, 齊나라 公女를 王后로 맞기로 하다. 秦나라 公女, 楚王과 婚姻하다.

560: 楚나라 共王이 죽다. 楚나라가 鄭나라 行人을 돌려보내다.

559: 吳나라 季札, 군주자리를 사양하다. 衛나라 군주 쫓겨나다. 晉나라 師曠, 군주에게 좋은
    말을 하다.

558: 宋나라가 鄭나라 堵女父 등을 돌려보내다. 宋나라 子罕, 玉을 마다하다.

557: 晉나라, 許나라와 楚나라를 치다. 魯나라 穆叔, 晉나라에 가서 구원을 청하다.

556: 宋나라 華臣, 陳나라로 달아나다.

555: 晉나라, 齊나라를 치다. 楚나라, 鄭나라를 치다.

554: 晉나라 장수 荀偃 죽다.

553: 蔡나라 사람이 公子 燮을 죽이다.

552: 楚나라 蕢子馮, 令尹을 사직하다. 晉나라, 欒盈을 축출하다. 10月, 孔子가 태어나다.

551: 齊나라 晏平仲, 군주에게 충간하다.

550: 陳나라 사람이 慶虎와 慶寅을 죽이다. 欒盈, 晉으로 돌아가 난을 일으키다. 魯나라 大夫
    藏武仲, 齊나라로 달아나다.

549: 魯나라 穆叔, 不朽를 이야기하다. 鄭나라 然明, 晉나라 程鄭을 평하다.

548: 齊나라 崔杼, 군주 莊公을 죽이다. 晉나라 程鄭이 죽다.

547: 衛나라 영후, 군주 殤公을 죽이다.

546: 宋나라 尙戌, 諸侯들의 和平모임을 주선하다. 齊나라 慶封, 崔杼 집안을 멸문하다.

545: 齊나라 慶封, 吳나라로 달아나다. 齊나라 晏子, 상으로 주는 땅을 거절하다.

544: 魯나라 公冶, 무례한 짓을 많이 하다. 吳나라 季札, 各國을 방문하다.

543: 宋나라에서 큰 불이 일어나다. 鄭나라 子産, 政治를 전담하다.

542: 魯나라 襄公이 죽다.

## 임동석(茁浦 林東錫)

慶北 榮州 上茁에서 출생. 忠北 丹陽 德尙골에서 성장. 丹陽初中 졸업. 京東高 서울
敎大 國際大 建國大 대학원 졸업. 雨田 辛鎬烈 선생에게 漢學 배움. 臺灣 國立臺灣師範
大學 國文硏究所(大學院) 博士班 졸업. 中華民國 國家文學博士(1983). 建國大學校
敎授. 文科大學長 역임. 成均館大 延世大 高麗大 外國語大 서울대 등 大學院 강의.
韓國中國言語學會 中國語文學硏究會 韓國中語中文學會 會長 역임. 저서에 《朝鮮
譯學考》(中文) 《中國學術槪論》 《中韓對比語文論》. 편역서에 《수레를 밀기 위해 내린
사람들》 《栗谷先生詩文選》. 역서에 《漢語音韻學講義》 《廣開土王碑硏究》 《東北
民族源流》 《龍鳳文化源流》 《論語心得》 〈漢語雙聲疊韻硏究〉 등 학술 논문 50여 편.


임동석중국사상100

# 춘추좌전 春秋左傳

左丘明 撰 / 林東錫 譯註
1판 1쇄 발행/2013년 4월 10일
2쇄 발행/2017년 11월 11일
발행인 고정일
발행처 동서문화사
창업 1956. 12. 12. 등록 16-3799
서울중구다산로12길6(신당동,4층) ☎546-0331~5 (FAX)545-0331
www.dongsuhbook.com
잘못 만들어진 책은 바꾸어 드립니다.

*

이 책의 출판권은 동서문화사가 소유합니다.
의장권 제호권 편집권은 저작권 법에 의해 보호를 받는 출판물이므로 무단전재와 무단복제를 금합니다.
이 책의 일부 또는 전부 이용하려면 저자와 출판사의 서면허락을 받아야 합니다.

*

사업자등록번호 211-87-75330
ISBN 978-89-497-0818-8 04080
ISBN 978-89-497-0542-2 (세트)